R + 1104
A.

3502

LES MEDITATIONS

METAPHYSIQVES
DE RENE' DES-CARTES,
TOVCHANT LA PREMIERE PHILOSOPHIE.

SECONDE EDITION.

Reueuë & corrigée par le Traducteur;
ET AVGMENTE'E DE LA VERSION D'VNE
Lettre de Mr Des-Cartes au R. P. Dinet; & de celle
des septiesmes Objections, & de leurs Responses.

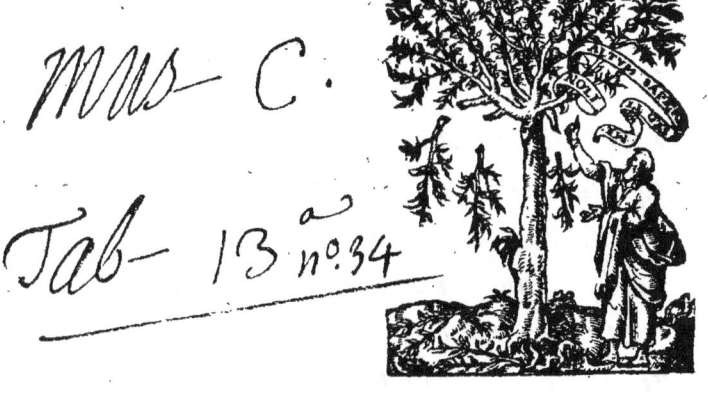

A PARIS,

Chez HENRY LE GRAS, au troisiéme Pillier de
la Grand' Salle du Palais, à L. couronnée.

M. DC. LXI.

A
MESSIEVRS
LES DOYEN ET DOCTEVRS DE LA SACRE'E FACVLTE' DE Theologie de Paris.

ESSIEVRS,

La raison qui me porte à vous presenter cet ouurage est si iuste, & quand vous en connoistrez le dessein, je m'asseure que vous en aurez aussi vne si iuste de le prendre en vostre protection, que ie pense ne pouuoir mieux faire pour vous le rendre en quelque sorte recommandable, que de vous dire en peu de mots ce que je m'y suis proposé. I'ay tousiours estimé que les deux questions de Dieu & de l'Ame, estoient les principales de celles qui doiuent plustost estre demonstrées par les

ã ij

EPISTRE.

raisons de la Philosophie, que de la Theologie: Car bien qu'il nous suffise à nous autres qui sommes fideles, de croire par la Foy qu'il y a vn Dieu, & que l'ame humaine ne meurt point auec le corps; certainement il ne semble pas possible de pouuoir iamais persuader aux Infideles aucune Religion, ny quasi méme aucune vertu Morale, si premierement on ne leur prouue ces deux choses par raison naturelle; Et dautant qu'on propose souuent en cette vie de plus grandes recompenses pour les vices que pour les vertus, peu de personnes prefereroient le iuste à l'vtile, si elles n'estoient retenuës, ny par la crainte de Dieu, ny par l'attente d'vne autre vie; Et quoy qu'il soit absolument vray, qu'il faut croire qu'il y a vn Dieu, parce qu'il est ainsi enseigné dans les Saintes Escritures, & d'autre part qu'il faut croire les Saintes Escritures, parce qu'elles viennent de Dieu; la raison de cela est que la Foy estant vn don de Dieu, celuy là méme qui donne la grace pour faire croire les autres choses, la peut aussi donner pour nous faire croire qu'il existe: on ne sçauroit neantmoins proposer cela aux Infidelles, qui pourroient s'imaginer que l'on commettroit en cecy la faute que les Logiciens nomment vn Cercle. Et de vray, i'ay pris garde que vous autres Messieurs auec tous les Theologiens, n'asseuriez pas seulement que l'existence de Dieu se peut prouuer par raison naturelle; mais aussi que l'on infere de la Sainte Escriture, que sa connois-

EPISTRE.

sance est beaucoup plus claire que celle que l'on a de plusieurs choses creées, & qu'en effet elle est si facile, que ceux qui ne l'ont point sont coupables. Comme il paroist par ces paroles de la Sagesse, chapitre 13. où il est dit, que leur ignorance n'est point pardonnable : car si leur esprit a penetré si auant dans la connoissance des choses du monde, comment est-il possible qu'ils n'en ayent point reconnu plus facilement le souuerain Seigneur ? *Et aux Romains chapitre premier, il est dit qu'ils sont* inexcusables; *Et encore au mesme endroit par ces paroles,* ce qui est connu de Dieu est manifeste dans eux, *il semble que nous soyons aduertis, que tout ce qui se peut sçauoir de Dieu, peut estre monstré par des raisons qu'il n'est pas besoin de tirer d'ailleurs que de nous mesmes, & de la simple consideration de la nature de nostre Esprit.* C'est pourquoy i'ay crû qu'il ne seroit pas contre le deuoir d'vn Philosophe, si ie faisois voir icy comment, & par quelle voye nous pouuons, sans sortir de nous mesmes, connoistre Dieu plus facilement & plus certainement, que nous ne connoissons les choses du monde. Et pour ce qui regarde l'Ame, quoy que plusieurs ayent crû qu'il n'est pas aysé d'en connoistre la nature, & que quelques-vns ayent mesme osé dire que les raisons humaines nous persuadoient qu'elle mouroit auec le corps, & qu'il n'y auoit que la seule Foy qui nous enseignast le contraire ; neantmoins dau-

ã iij

EPISTRE.

tant que le Concile de Latran tenu sous Leon X. en la Session 8. les condamne, & qu'il ordonne expressement aux Philosophes Chrestiens de respondre à leurs argumens, & d'employer toutes les forces de leur esprit pour faire connoistre la verité, i'ay bien osé l'entreprendre dans cet escrit. Dauantage, sçachant que la principale raison, qui fait que plusieurs impies ne veulent point croire qu'il y a vn Dieu, & que l'ame humaine est distincte du corps, est, qu'ils disent que personne iusques icy n'a pû demonstrer ces deux choses: quoy qu'elle ne sois point de leur opinion, mais qu'au contraire ie tienne que la pluspart des raisons qui ont esté aportées par tant de grands personnages touchant ces deux questions, sont autant de demonstrations quand elles sont bien entendües, & qu'il soit presque impossible d'en inuenter de nouuelles: si est-ce que ie croy qu'on ne sçauroit rien faire de plus vtile en la Philosophie, que d'en rechercher vne fois auec soin les meilleures, & les disposer en vn ordre si clair & si exact, qu'il soit constant desormais à tout le monde, que ce sont de veritables demonstrations. Et enfin, dautant que plusieurs personnes ont desiré cela de moy, qui ont connoissance que i'ay cultiué vne certaine methode pour resoudre toutes sortes de difficultez dans les sciences; methode qui de vray n'est pas nouuelle, n'y ayant rien de plus ancien que la verité, mais de laquelle ils sçauent que ie me suis seruy assez heureusement en d'autres rencontres, i'ay pensé qu'il estoit de mon deuoir d'en faire aussi l'espreuue sur vne matiere si importante. Or i'ay trauaillé de tout mon possible pour comprendre dans ce Traitté tout ce que i'ay pu découurir par son moyen. Ce n'est pas que i'aye icy ramassé toutes les diuerses raisons qu'on pourrait alleguer pour seruir de preuue à vn si grand sujet; car ie n'ay iamais creu que cela fust necessaire, sinon lors qu'il n'y en a aucune qui soit certaine; Mais seulement i'ay traitté les premieres & principales d'vne telle maniere, que i'ose bien les proposer pour de tres-euidentes & tres certaines demonstrations. Et ie diray de plus qu'elles sont telles, que ie ne pense pas qu'il y ayt aucune voye par où l'esprit humain en puisse iamais découurir de meilleures: car l'importance du sujet, & la gloire de Dieu à laquelle tout cecy se rapporte, me contraignent de parler icy vn peu plus librement de moy que ie n'ay de coustume. Neantmoins quelque certitude & euidence que ie trouue en mes raisons, ie ne puis pas me persuader que tout le monde soit capable de les entendre. Mais tout ainsi que dans la Geometrie il y en a plusieurs qui nous ont esté laissées par Archimede, par Apollonius, par Papus, & par plusieurs autres, qui sont receuës de tout le monde pour tres-certaines & tres-euidentes, parce qu'elles ne contiennent rien qui consideré separement ne soit tres facile à connoistre, & que par tout les choses qui suiuent

EPISTRE.

ont vne exacte liaison & dependance auec celles qui les precedent ; neantmoins parce qu'elles sont vn peu longues, & qu'elles demandent vn esprit tout entier, elles ne sont comprises & entenduës que de fort peu de personnes. De méme encore que i'estime que celles dont ie me sers icy, égalent, ou méme surpassent en certitude & euidence, les demonstrations de Geometrie, i'apprehende neantmoins qu'elles ne puissent pas estre assez suffisamment entenduës de plusieurs, tant parce qu'elles sont aussi vn peu longues, & dependantes les vnes des autres, que principalement, parce qu'elles demandent vn esprit entierement libre de tous préjugez, & qui se puisse aysément détacher du commerce des sens. Et à dire le vray, il ne s'en trouue pas tant dans le monde qui soient propres pour les Speculations de la Metaphysique, que pour celles de la Geometrie. Et de plus il y a encore cette difference, que dans la Geometrie chacun estãt preuenu de cette opinion, qu'il ne s'y auãce rien dont on n'ait vne demonstration certaine, ceux qui n'y sont pas entierement versez, pechent bien plus souuent en approuuant de fausses demonstrations, pour faire croire qu'ils les entendent, qu'en refutant les veritables. Il n'en est pas de mesme dans la Philosophie, où chacun croyant que tout y est problematique, peu de personnes s'adonnent à la recherche de la verité, & mesme beaucoup se voulant acquerir la reputation de forts Esprits, ne s'étudient à autre chose qu'à combattre

EPISTRE.

battre auec arrogance les veritez les plus apparentes. C'est pourquoy, MESSIEVRS, quelque force que puissent auoir mes raisons, parce qu'elles appartiennent à la Philosophie, ie n'espere pas qu'elles fassent vn grand effort sur les esprits, si vous ne les prenez en vostre protection. Mais l'estime que tout le monde fait de vostre Compagnie estant si grande, & le nom de Sorbonne d'vne telle authorité, que non seulement en ce qui regarde la Foy, après les sacrez Conciles, on n'a iamais tant déferé au iugement d'aucune autre Compagnie, mais aussi en ce qui regarde l'humaine Philosophie, chacun croyant qu'il n'est pas possible de trouuer ailleurs plus de solidité & de connoissance, ny plus de prudence & d'integrité pour donner son iugement : Ie ne doute point, si vous daignez prendre tant de soin de cét escrit, que de vouloir premierement le corriger; car ayant connoissance non seulement de mon infirmité, mais aussi de mon ignorance, ie n'oserois pas assurer qu'il n'y ait aucunes erreurs: puis après y adjoûter les choses qui y manquent; acheuer celles qui ne sont pas parfaites; & prendre vous mesmes la peine de donner vne explication plus ample à celles qui en ont besoin, ou du moins de m'en auertir afin que i'y trauaille : Et enfin, apres que les raisons par lesquelles ie prouue qu'il y a vn Dieu, & que l'ame humaine differe d'auec le corps, auront esté portées iusques à ce point de clarté & d'euidence, où ie m'assure qu'on les peut conduire,

ē

EPISTRE.

qu'elles deuront estre tenuës pour de tres-exactes demonstrations, si vous daignez les authoriser de vostre approbation, & rendre vn témoignage public de leur verité & certitude : Ie ne doute point, dis je, qu'après cela, toutes les erreurs & fausses opinions qui ont iamais esté touchant ces deux questions, ne soient bientost effacées de l'esprit des hommes. Car la verité fera que tous les doctes & gens d'esprit souscriront à vostre iugement ; Et vostre authorité, que les Athées, qui sont pour l'ordinaire plus arrogans que doctes & iudicieux, se despoüilleront de leur esprit de contradiction ; ou que peut-estre ils deffendront eux-mesmes les raisons qu'ils verront estre receuës par toutes les personnes d'esprit pour des demonstrations, de peur de paroistre n'en auoir pas l'intelligence : Et enfin tous les autres se rendront aysement à tant de témoignages, & il n'y aura plus personne qui ose douter de l'existence de Dieu, & de la distinction reelle & veritable de l'ame humaine d'auec le corps. C'est à vous maintenant à iuger du fruit qui reuiendroit de cette creance, si elle estoit vne fois bien establie, qui voyez les desordres que son doute produit : Mais ie n'aurois pas icy bonne grace de recommander dauantage la cause de Dieu & de la Religion, à ceux qui en ont tousiours esté les plus fermes Colomnes.

PREFACE DE L'AVTHEVR AV LECTEVR.

I'AY defia touché ces deux queſtions de Dieu, & de l'Ame humaine, dans le diſcours François que ie mis en lumiere en l'année 1637. touchant la methode pour bien conduire ſa raiſon, & chercher la verité dans les ſciences. Non pas à deſſein d'en traitter alors à plain fond, mais ſeulement comme en paſſant, afin d'apprendre par le jugement qu'on en feroit, de quelle ſorte i'en deurois traitter par apres. Car elles m'ont touſiours ſemblé eſtre d'vne telle importance, que je jugeois qu'il eſtoit à propos d'en parler plus d'vne fois. Et le chemin que ie tiens pour les expliquer eſt ſi peu battu, & ſi éloigné de la route ordinaire, que ie n'ay pas crû qu'il fuſt vtile de le monſtrer en François, & dans vn diſcours qui puſt eſtre lû de tout le monde, de peur que les foibles Eſprits ne cruſſent qu'il leur fut permis de tenter cette voye. Or ayant prié dans ce diſcours de la Methode, tous ceux qui auroient trouué dans mes eſcrits quelque choſe digne de cenſure, de me faire la faueur de m'en aduertir, on ne m'a rien objecté de remarquable que deux choſes ſur ce que j'auois dit touchant ces deux queſtions, auſquelles ie veux reſpondre icy en peu de mots, auant que d'entreprendre leur explication plus exacte. La premiere eſt, qu'il ne s'enſuit pas, de ce que l'eſprit humain faiſant reflexion ſur ſoy-meſme ne ſe connoiſt eſtre autre choſe qu'vne choſe qui penſe, que ſa nature, ou *ſon eſſence*, ne ſoit ſeulement que de penſer; en telle ſorte que ce mot *ſeulement* excluë toutes les autres choſes qu'on pourroit peut-eſtre auſſi dire appartenir à la Nature de l'Ame, A laquelle Objection ie répons que ce n'a point auſſi eſté en ce lieu-là mon intention de les exclure ſelon l'ordre de la verité de la choſe (de laquelle ie ne traittois pas alors) mais ſeulement ſelon l'ordre de ma penſée; Si bien que mon ſens

ẽ ij

PREFACE.

estoit, que ie ne connoissois rien que ie sceusse appartenir à mon Essence, sinon que i'estois vne chose qui pense, ou vne chose qui a en soy la faculté de penser. Or ie feray voir cy-apres, comment, de ce que ie ne connois rien autre chose qui appartienne à mon essence, il s'ensuit qu'il n'y a aussi rien autre chose qu'en effet luy appartienne. La seconde est, qu'il ne s'ensuit pas, de ce que i'ay en moy l'idée d'vne chose plus parfaite que ie ne suis, que cette Idée soit plus parfaite que moy, & beaucoup moins que ce qui est representé par cette Idée, existe. Mais ie réspons que dans ce mot d'*Idée* il y a icy de l'equiuoque ; Car ou il peut estre pris materiellement pour vne operation de mon Entendement, & en ce sens on ne peut pas dire qu'elle soit plus parfaite que moy; ou il peut estre pris objectiuement, pour la chose qui est representée par cette operation, laquelle, quoy qu'on ne suppose point qu'elle existe hors de mon Entendement, peut neantmoins estre plus parfaite que moy, à raison de son Essence. Or dans la suitte de ce Traitté, ie feray voir plus amplement, comment de ce seulement que i'ay en moy l'idée d'vne chose plus parfaite que moy, il s'ensuit que cette chose existe veritablement. Dauantage, i'ay veu aussi deux autres escrits assez amples sur cette matiere, mais qui ne combattoient pas tant mes raisons, que mes conclusions, & ce par des argumens tirez des lieux communs des Athées. Mais parce que ces sortes d'argumens ne peuuent faire aucune impression dans l'esprit de ceux qui entendront bien mes raisons, & que les jugemens de plusieurs personnes sont si foibles & si peu raisonnables, qu'ils se laissent bien plus souuent persuader par les premieres opinions qu'ils auront eu d'vne chose, pour fausses & esloignées de la raison qu'elles puissent estre, que par vne solide & veritable, mais posterieurement entenduë refutation de leurs opinions, Ie ne veux point icy y respondre, de peur d'estre premierement obligé de les rapporter. Ie diray seulement en general, que tout ce que disent les Athées, pour impugner l'existence de Dieu, depend tousiours ou de ce que l'on feint dans Dieu des Affections humaines, ou de ce qu'on attribuë à nos Esprits tant de force & de sagesse, que nous auons bien la presomption de vouloir determiner & comprendre ce que Dieu peut & doit faire: De sorte que tout ce qu'ils disent ne nous donnera aucune diffi-

PREFACE.

culté, pourueu feulement que nous nous reffouuenions, que nous deuons confiderer nos efprits cōme des chofes finies & limitées, & Dieu comme vn Eftre infiny & incomprehenfible. Maintenant, apres auoir aucunement reconnu les fentimens des hommes, j'entreprens derechef le Traitté de Dieu, & de l'Ame humaine, & enfemble de jetter les fondemens de la Premiere Philofophie; mais fans en attendre aucune loüange du vulgaire, ny efperer que mon Liure foit veu de plufieurs. Au contraire ie ne confeilleray iamais à perfonne de le lire, finon à ceux qui voudront auec moy mediter ferieufement, & qui pourront deftacher leur efprit du commerce des fens, & le deliurer entierement de toutes fortes de prejugez, lefquels ie ne fçay que trop eftre en fort petit nombre. Mais pour ceux, qui fans fe foucier beaucoup de l'ordre & de la liaifon de mes raifons, s'amuferont à findiquer fur chacune des parties, comme font plufieurs, ceux-là, dis-je, ne feront pas grand profit de la lecture de ce Traitté: Et bien que peut-eftre ils trouuent occafion de pointiller en plufieurs lieux, à grand' peine pourront-ils objecter rien de preffant, ou qui foit digne de refponfe. Et dautant que ie ne promets pas aux autres de les fatisfaire de prim'abord, & que ie ne prefume pas tant de moy que de croire pouuoir preuoir tout ce qui pourra faire de la difficulté à vn chacun, i'expoferay premierement dans ces Meditations les mefmes penfées par lefquelles ie me perfuade eftre paruenu à vne certaine & euidente connoiffance de la verité, afin de voir fi par les mefmes raifons qui m'ont perfuadé, ie pouray auffi en perfuader d'autres; Et apres cela ie répondray aux Objections qui m'ont efté faites par des perfonnes d'efprit & de doctrine, à qui i'auois enuoyé mes Meditations pour eftre examinées auant que de les mettre fous la Preffe; Car ils m'en ont fait vn fi grand nombre, & de fi differentes, que i'ofe bien me promettre qu'il fera difficile à vn autre d'en propofer aucunes qui foient de confequence, qui n'ayent point efté touchées. C'eft pourquoy ie fupplie ceux qui defireront lire ces Meditations, de n'en former aucun jugement, que premierement ils ne fe foient donné la peine de lire toutes ces Objections, & les Réponfes que i'y ay faites.

LE LIBRAIRE AV LECTEVR.

La satisfaction que ie puis promettre à toutes les personnes d'esprit dans la lecture de ce Liure, pour ce qui regarde l'Autheur & les Traducteurs, m'oblige à prendre garde plus soigneusement à contenter aussi le Lecteur de ma part, de peur que toute sa disgrace ne tombe sur moy seul. Ie tasche donc à le satisfaire, & par mon soin dans toute cette impression, & par ce petit éclaircissement, dans lequel ie le dois icy auertir de trois choses, qui sont de ma connoissance particuliere, & qui seruiront à la leur. La premiere est, quel a esté le dessein de l'Autheur, lors qu'il a publié cet ouurage en Latin. La seconde, comment, & pourquoy il paroist aujourd'huy traduit en François ; Et la troisiesme, quelle est la qualité de cette version.

I. Lors que l'Auteur apres auoir conceu ces Meditations dans son esprit, resolut d'en faire part au public, ce fut autant par la crainte d'étouffer la voix de la verité, qu'à dessein de la soûmettre à l'épreuue de tous les doctes ; A cet effet il leur voulut parler en leur langue, & à leur mode, & renferma toutes ses pensées dans le Latin, & les termes de l'Escole. Son intention n'a point esté frustrée, & son Liure a esté mis à la question dans tous les Tribunaux de la Philosophie. Les Objections jointes à ces Meditations le tesmoignent assez ; & monstrent bien que les sçauans du siecle se sont donné la peine d'examiner ſes propoſitions auec rigueur. Ce n'eſt pas à moy de juger auec quel ſuccez, puis que c'eſt moy qui les preſente aux autres pour les en faire juges. Il me ſuffit de croire pour moy, & d'aſſurer les autres, que tant de grands hommes n'ont pû ſe choquer ſans produire beaucoup de lumiere.

I I. Cependant ce Liure paſſe des Vniuerſitez dans les Palais des Grands, & tombe entre les mains d'vne perſonne d'vne condition tres-eminente. Apres en auoir lû les Meditations, & les auoir iugées dignes de ſa memoire, il prit la peine de les traduire en François; ſoit que par ce moyen il ſe voulut rendre plus propres & plus familieres ces notions aſſez nouuelles; ſoit qu'il n'euſt autre deſſein que d'honorer l'Autheur par vne ſi bonne marque de ſon eſtime. Depuis, vne autre perſonne auſſi de merite n'a pas voulu laiſſer imparfait cet ouurage ſi parfait, & marchant ſur les traces de ce Seigneur, a mis en noſtre langue les Objections qui ſuiuent les Meditations, auec les Réponſes qui les accompagnent; jugeant bien que pour pluſieurs perſonnes, le François ne rendroit pas ces Meditations plus intelligibles que le Latin, ſi elles n'eſtoient accompagnées des Objections, & de leurs Reſponſes, qui en ſont comme les Commentaires. L'Auteur ayant eſté auerty de la bonne fortune des vnes & des autres, a non ſeulement conſenty, mais auſſi deſiré, & prié ces Meſſieurs, de trouuer bon que leurs verſions fuſſent imprimées, parce qu'il auoit remarqué que ſes Meditations auoient eſté accüeillies & receuës auec quelque ſatisfaction, par vn plus grand nombre de ceux qui ne s'appliquent point à la Philoſophie de l'Eſcole, que de ceux qui s'y appliquent. Ainsi, comme il auoit donné sa premiere impression Latine au desir de trouuer des contredisans, il a crû deuoir cette seconde Françoise au fauorable accüeil de tant de persones, qui goustant desia ses nouuelles pensées, sembloient desirer qu'on leur ostast la langue & le goust de l'Escole, pour les accommoder au leur.

III. On trouuera par tout cette version assez iuste, & si religieuse, que iamais elle ne s'est escartée du sens de l'Auteur. Ie le pourrois assurer sur la seule connoissance que i'ay de la lumiere de l'esprit des Traducteurs, qui facilement n'auront pas pris le change. Mais i'en ay encore vne autre certitude plus authentique, qui est qu'ils ont (comme il estoit iuste) reserué à l'Auteur le droit de reueuë & de correction. Il en a vsé, mais pour se corriger plustost qu'eux, & pour éclaircir seulement ses propres pensées. Ie veux dire, que trouuant quelques endroits où il luy a semblé qu'il ne les auoit pas renduës assez claires dans le Latin pour toutes sortes de personnes, il les a voulu icy éclaircir par quelque petit changement, que l'on reconnoistra bien-tost en conferant le François auec le Latin. Ce qui a donné le plus de peine aux Traducteurs dans tout cet ouurage, a esté la rencontre de quantité de mots de l'Art, qui estant rudes & barbares dans le Latin mesme, le sont beaucoup plus dans le François, qui est moins libre, moins hardy, & moins accoucoustumé à ces termes de l'Escole ; Ils n'ont osé pourtant les oster par tout, parce qu'il leur eust fallu alors changer le sens, ce que leur defendoit la qualité d'Interpretes

tes qu'ils auoient prise : D'autre part, lors que cette verſion a paſſé ſous les yeux de l'Autheur, il l'a trouuée ſi bonne, qu'il n'en a voulu iamais changer le ſtyle, & s'en eſt touſiours deffendu par ſa modeſtie, & l'eſtime qu'il fait de ſes Traducteurs; de ſorte que par vne deference reciproque, les vns & les autres les ayant quelquefois laiſſez, il en eſt reſté quelques-vns dans cet ouurage.

I'adjouſterois maintenant, s'il m'eſtoit permis, que ce Liure contenant des Meditations fort libres, & qui peuuent meſme ſembler extrauagantes à ceux qui ne ſont pas accouſtumez aux Speculations de la Metaphyſique, il ne ſera ny vtile, ny agreable aux Lecteurs qui ne pourront appliquer leur eſprit auec beaucoup d'attention à ce qu'ils liſent, ny s'abſtenir d'en iuger auant que de l'auoir aſſez examiné. Mais i'ay peur qu'on ne me reproche que ie paſſe les bornes de mon meſtier, ou pluſtoſt que ie ne le ſçay guere, de mettre vn ſi grand obſtacle au debit de mon Liure, par cette large exception de tant de perſonnes à qui ie ne l'eſtime pas propre. Ie me tais donc, & n'effarouche plus le monde. Mais auparauant, ie me ſens encore obligé d'auertir les Lecteurs d'apporter beaucoup d'equité & de docilité à la Lecture de ce Liure; car s'ils y viennent auec cette mauuaiſe humeur, & cet eſprit contrariant de quantité de perſonnes qui ne liſent que pour diſputer, & qui faiſans profeſſion de chercher la verité, ſemblent auoir peur de la trouuer, puis qu'au meſme moment qu'il leur en paroiſt quelque ombre, ils taſchent de la combattre, & de la deſtruire, il n'en feront iamais ny profit, ny jugement raiſonnable. Il le faut lire ſans preuention, ſans precipitation, & à deſſein de s'inſtruire ; donnant d'abord à ſon Autheur l'eſprit d'Eſcholier, pour prendre par apres celuy de Cenſeur. Cette methode eſt ſi neceſſaire pour cette Lecture, que ie la puis nommer la clef du Liure, ſans laquelle perſonne ne le ſçauroit bien entendre.

ABBREGE
DES SIX MEDITATIONS SVIVANTES.

ANS la premiere ie mets en auant les raisons pour lesquelles nous pouuons douter generalement de toutes choses, & particulierement de choses materielles; au moins tant que nous n'aurons point d'autres fondemens dans les sciences que ceux que nous auons eu iusqu'à present. Or bien que l'vtilité d'vn doute si general ne paroisse pas d'abord, elle est toutesfois en cela tres-grande, qu'il nous deliure de toutes sortes de prejugez, & nous prepare vn chemin tres-facile pour accoustumer nostre esprit à se détacher des sens: & enfin en ce qu'il fait qu'il n'est pas possible que nous puissions iamais plus douter des choses que nous découurirons par apres estre veritables.

Dans la seconde, l'esprit, qui vsant de sa propre liberté suppose que toutes les choses ne sont point de l'existence desquelles il a le moindre doute, reconnoist qu'il est absolument impossible que cependant il n'existe pas luy-mesme. Ce qui est aussi d'vne tres grande vtilité, dautant que par ce moyen il fait aisement distinction des choses qui luy appartiennent, c'est à dire à la nature intellectuelle, & de celles qui appartiennent au corps. Mais parce qu'il peut arriuer que quelques-vns attendront de moy en ce lieu

ABBREGE'.

là des raisons pour prouuer l'immortalité de l'ame, i'estime les deuoir icy auertir, qu'ayant tasché de ne rien escrire dans tout ce Traitté, dont ie n'eusse des demonstrations tres-exactes, ie me suis veu obligé de suiure vn ordre semblable à celuy dont se seruent les Geometres, qui est d'auancer premierement toutes les choses desquelles depend la proposition que l'on cherche, auant que d'en rien conclure.

Or la premiere & principale chose qui est requise pour bien connoistre l'immortalité de l'Ame, est d'en former vne conception claire & nette, & entierement distincte de toutes les conceptions que l'on peut auoir du corps : Ce qui a esté fait en ce lieu-là. Il est requis outre cela de sçauoir que toutes les choses que nous conceuons clairement & distinctement sont vrayes, de la façon que nous les conceuons : Ce qui n'a pû estre prouué auant la quatriéme Meditation. De plus il faut auoir vne conception distincte de la nature corporelle, laquelle se forme partie dans cette seconde, & partie dans la cinquiesme & sixiesme Meditation. Et enfin l'on doit conclure de tout cela que les choses que l'on conçoit clairement & distinctement estre des substances diuerses, ainsi que l'on conçoit l'Esprit & le Corps, sont en effet des substances reellement distinctes les vnes des autres. Et c'est ce que l'on conclut dans la sixiéme Meditation. Ce qui se confirme encore dans cette mesme Meditation, de ce que nous ne conceuons aucun corps que comme diuisible : au lieu que l'esprit, ou l'Ame de l'homme, ne se peut conceuoir que comme indiuisible ; Car en effet nous ne sçaurions conceuoir la moitié d'aucune Ame, côme nous pouuons faire du plus petit de tous les corps ; en sorte que l'on reconnoist que leurs natures ne sont pas seulement diuerses, mais mesme en quelque façon contraires. Or ie n'ay pas traitté plus auant de cette matiere dans cet escrit, tant parce que cela suffit pour monstrer assez clai-

ABBREGE.

rement que de la corruption du corps la mort de l'Ame ne s'enſuit pas, & ainſi pour donner aux hommes l'eſperance d'vne ſeconde vie apres la mort; comme auſſi parce que les premiſſes deſquelles on peut conclure l'immortalité de l'Ame, dependent de l'explication de toute la Phyſique. Premierement, pour ſçauoir que generalement toutes les ſubſtances, c'eſt à dire toutes les choſes qui ne peuuent exiſter ſans eſtre creées de Dieu, ſont de leur nature incorruptibles; & qu'elles ne peuuent iamais ceſſer d'eſtre, ſi Dieu meſme en leur déniant ſon concours ne les reduit au neant. Et en ſuite pour remarquer que le corps pris en general eſt vne ſubſtance, c'eſt pourquoy auſſi il ne perit point; Mais que le corps humain, entant qu'il differe des autres corps, n'eſt compoſé que d'vne certaine configuration de membres, & d'autres ſemblables accidens; Là où l'Ame humaine n'eſt point ainſi compoſée d'aucuns accidens, mais eſt vne pure ſubſtance. Car encore que tous ſes accidens ſe changent, par exemple, encore qu'elle conçoiue de certaines choſes, qu'elle en veüille d'autres, & qu'elle en ſente d'autres, &c. l'Ame pourtant ne deuient point autre: au lieu que le corps humain deuient vne autre choſe, de cela ſeul que la figure de quelques-vnes de ſes parties ſe trouue changée; D'où il s'enſuit que le corps humain peut bien facilement perir, mais que l'eſprit, ou l'Ame de l'homme (ce que ie ne diſtingue point) eſt immortelle de ſa nature.

Dans la troiſiéme Meditation, i'ay ce me ſemble expliqué aſſez au long le principal argument dont ie me ſers pour prouuer l'exiſtence de Dieu. Mais neantmoins, parce que ie n'ay point voulu me ſeruir en ce lieu-là d'aucunes comparaiſons tirées des choſes corporelles, afin d'éloigner autant que ie pourrois les eſprits des Lecteurs de l'vſage & du commerce des ſens, peut-eſtre y eſt-il reſté beaucoup d'obſcuritez (leſquelles, comme i'eſpere,

ĩ iij

ABBREGE.

seront entierement éclaircies dans les réponses que i'ay faites aux Objections qui m'ont depuis esté proposées.) Comme entr'autres celle-cy : Comment l'idée d'vn Estre souuerainement parfait, laquelle se trouue en nous, contient tant de realité objectiue, c'est à dire participe par representation à tant de degrez d'estre & de perfection, qu'elle doit venir d'vne cause souuerainement parfaite. Ce que i'ay éclaircy dans ces réponses par la comparaison d'vne machine fort ingenieuse & artificielle, dont l'idée se rencontre dans l'esprit de quelque ouurier ; Car comme l'artifice objectif de cette idée doit auoir quelque cause, sçauoir est ou la science de cet ouurier, ou celle de quelque autre de qui il ayt receu cette idée; de mesme il est impossible que l'idée de Dieu qui est en nous, n'ayt pas Dieu mesme pour sa cause.

Dans la quatriéme, il est prouué que toutes les choses que nous conceuons fort clairement & fort distinctement sont toutes vrayes : & ensemble est expliqué en quoy consiste la nature de l'erreur ou fausseté ; Ce qui doit necessairement estre sceu, tant pour confirmer les veritez precedentes, que pour mieux entendre celles qui suiuent. Mais cependant il est à remarquer, que ie ne traitte nullement en ce lieu-là du peché, c'est à dire de l'erreur qui se commet dans la poursuitte du bien & du mal : mais seulement de celle qui arriue dans le jugement, & le discernement du vray & du faux. Et que ie n'entens point y parler des choses qui appartiennent à la Foy, ou à la conduite de la vie, mais seulement de celles qui regardent les veritez speculatiues, & qui peuuent estre connuës par l'ayde de la seule lumiere naturelle.

Dans la cinquiéme, outre que la nature corporelle prise en general y est expliquée, l'existence de Dieu y est encore demonstrée par vne nouuelle raison, dans laquelle neantmoins peutestre s'y rencontrera-t'il aussi quelques difficultez, mais on en

ABBREGE.

verra la solution dans les réponses aux Objections qui m'ont esté faites. Et de plus ie fais voir de quelle façon il est veritable que la certitude mesme des demonstrations Geometriques depend de la connoissance de Dieu.

Enfin, dans la sixiéme, ie distingue l'action de l'entendement d'auec celle de l'imagination; les marques de cette distinction y sont décrites; I'y monstre que l'ame de l'homme est réellement distincte du corps, & toutesfois qu'elle luy est si étroittement conjointe & vnie, qu'elle ne compose que comme vne mesme chose auec luy; Toutes les erreurs qui procedent des sens y sont exposées, auec les moyens de les euiter; Et enfin i'y apporte toutes les raisons, desquelles on peut conclure l'existence des choses materielles: Non que ie les iuge fort vtiles pour prouuer ce qu'elles prouuent; à sçauoir, qu'il y a vn Monde, que les hommes ont des corps, & autres choses semblables, qui n'ont iamais esté mises en doute par aucun homme de bon sens; mais parce qu'en les considerant de prés, l'on vient à connoistre qu'elles ne sont pas si fermes, ny si euidentes que celles qui nous conduisent à la connoissance de Dieu, & de nostre ame; En sorte que celles-cy sont les plus certaines, & les plus euidentes, qui puissent tomber en la connoissance de l'esprit humain. Et c'est tout ce que i'ay eu dessein de prouuer dans ces six Meditations. Ce qui fait que i'obmets icy beaucoup d'autres questions, dont i'ay aussi parlé par occasion dans ce Traitté.

MEDITATIONS
TOVCHANT LA PREMIERE.
PHILOSOPHIE

Dans lesquelles l'existence de Dieu, & la distinction réelle entre l'Ame & le Corps de l'homme, sont demonstrées.

PREMIERE MEDITATION.

Des choses que l'on peut reuoquer en doute.

CE n'est pas d'aujourd'huy que ie me suis apperçeu, que dés mes premieres années j'ay receu quâtité de fausses opinions pour veritables, & que ce que i'ay depuis fondé sur des principes si mal asseurez, ne sçauroit estre que fort douteux & incertain. Et dés lors j'ay bien jugé qu'il me falloit entreprédre serieusement vne fois en

A

ma vie, de me défaire de toutes les opinions que j'auois receuës auparauant en ma creance, & commencer tout de nouueau dés les fondemens, si ie voulois establir quelque chose de ferme & de constant dans les sciences. Mais cette entreprise me semblant estre fort grande, j'ay attendu que i'eusse atteint vn âge qui fust si meur, que ie n'en pûsse esperer d'autre apres luy auquel ie fusse plus propre à l'executer: Ce qui m'a fait differer si long-temps, que desormais ie croirois commettre vne faute, si i'employois encore à deliberer le temps qui me reste pour agir.

Aujourd'huy donc que fort à propos pour ce dessein i'ay deliuré mon esprit de toutes sortes de soins, que par bon-heur ie ne me sens agité d'aucunes passions, & que ie me suis procuré vn repos asseuré dans vne paisible solitude, ie m'appliqueray serieusement & auec liberté, à destruire generalement toutes mes anciennes opinions. Or pour cet effet il ne sera pas necessaire que ie monstre qu'elles sont toutes fausses, de quoy peut-estre ie ne viendrois iamais à bout; Mais dautant que la raison me persuade desia que ie ne dois pas moins soigneusement m'empescher de donner creance aux choses qui ne sont pas entierement certaines & indubitables, qu'à celles qui me paroissent manifestement estre fausses, ce me sera assez pour les rejetter toutes, si ie puis trouuer en chacune quelque raison de douter. Et pour cela il ne sera pas aussi besoin que ie les examine chacune en particulier; ce qui seroit d'vn trauail infiny : Mais parce que la ruyne des fondemens entraisne necessairement auec soy tout le reste de l'edifice, ie m'attaqueray d'abord aux principes fur lefquels toutes mes anciennes opinions eſtoient appuyées.

Tout ce que i'ay receu iufqu'à prefent pour le plus vray & affuré, ie l'ay appris des fens, ou par les fens. Or i'ay quelquefois éprouué que ces fens eſtoient trompeurs; & il eſt de la prudence de ne fe fier iamais entierement à ceux qui nous ont vne fois trompez.

Mais peut-eſtre qu'encore que les fens nous trompent quelquefois, touchant des chofes fort peu fenfibles, & fort efloignées, il s'en rencontre neantmoins beaucoup d'autres, defquelles on ne peut pas raifonnablement douter; quoy que nous les connoiffions par leur moyen. Par exemple, que ie fuis icy, affis aupres du feu, veſtu d'vne robe de chambre, ayant ce papier entre les mains, & autres chofes de cette nature; Et comment eſt-ce que ie pourrois nier que ces mains & ce corps-cy foient à moy? Si ce n'eſt peut-eſtre que ie me compare à certains infenfez, de qui le cerueau eſt tellement troublé & offufqué par les noires vapeurs de la bile, qu'ils affurent conſtamment qu'ils font des Roys, lors qu'ils font tres pauures; qu'ils font veſtus d'or & de pourpre, lors qu'ils font tout nuds, ou qui s'imaginent eſtre des cruches, ou auoir vn corps de verre. Mais quoy? ce font des fous, & ie ne ferois pas moins extrauagant, fi ie me reglois fur leurs exemples.

Toutesfois i'ay icy à confiderer que ie fuis homme, & par confequent que i'ay couſtume de dormir, & de me reprefenter en mes fonges les mefmes chofes, ou quelquefois de moins vray-femblables, que ces infenfez, lors qu'ils veillent. Combien de fois m'eſt-il arriué de fonger la nuit que i'eſtois en ce lieu, que i'eſtois habillé, que i'eſtois aupres du feu, quoy que ie fuſſe tout nud dedans mon lict? Il me ſemble bien à preſent que ce n'eſt point auec des yeux endormis que ie regarde ce papier; que cette teſte que ie branſle n'eſt point aſſoupie; que c'eſt auec deſſein & de propos deliberé que i'étens cette main, & que ie la ſens; ce qui arriue dans le ſommeil ne ſemble point ſi clair ny ſi diſtinct que tout cecy. Mais en y penſant ſoigneuſement ie me reſſouuiens d'auoir ſouuent eſté trompé en dormant par de ſemblables illuſions. Et en m'arreſtant ſur cette penſé, ie voy ſi manifeſtement qu'il n'y a point d'indices certains par où l'on puiſſe diſtinguer nettement la veille d'auec le ſommeil, que i'en ſuis tout eſtonné, & mon eſtonnement eſt tel, qu'il eſt preſque capable de me perſuader que ie dors.

Suppoſons donc maintenant que nous ſommes endormis, & que toutes ces particularitez-cy, à ſçauoir, que nous ouurons les yeux, que nous branſlons la teſte, que nous eſtendons les mains, & choſes ſemblables, ne ſont que de fauſſes illuſions; Et penſons que peut-eſtre nos mains, ny tout noſtre corps, ne ſont pas tels que nous les voyons. Toutesfois il faut au moins auoüer que les choſes qui nous ſont repreſentées dans le ſommeil, ſont cóme des tableaux & des peintures, qui ne peuuent eſtre formées qu'à la reſſemblance de quelque choſe de reel, & de veritable; & qu'ainſi pour le moins ces choſes generales, à ſçauoir des yeux, vne teſte, des mains, & tout vn corps, ne ſont pas choſes imaginaires, mais vrayes & exiſtantes. Car de vray les Peintres, lors meſmes qu'ils s'eſtudient auec le plus d'artifice à repreſenter des Syrenes

& des Satyres par des figures bijares & extraordinaires, ne peuuent toutesfois leur donner des formes & des natures entierement nouuelles, mais font seulement vn certain mélange & composition des membres de diuers animaux; Ou bien si peut-estre leur imagination est assez extrauagante pour inuenter quelque chose de si nouueau, que iamais on n'ait rien veu de semblable, & qu'ainsi leur ouurage represente vne chose purement feinte & absolumét fausse, certes à tout le moins les couleurs dont ils le composent doiuent-elles estre veritables.

Et par la mesme raison, encore que ces choses generales, à sçauoir vn corps, des yeux, vne teste, des mains, & autres semblables, pûssent estre imaginaires; Toutesfois il faut necessairement auoüer, qu'il y en a au moins quelques autres encore plus simples, & plus vniuerselles, qui sont vrayes & existantes; du mélange desquelles, ne plus ne moins que de celuy de quelques veritables couleurs, toutes ces images des choses qui resident en nostre pensée, soit vrayes & réelles, soit feintes & fantastiques, sont formées. De ce genre de choses est la nature corporelle en general, & son estenduë; ensemble la figure des choses estenduës, leur quantité ou grandeur, & leur nombre; comme aussi le lieu où elles sont, le temps qui mesure leur durée, & autres semblables.

C'est pourquoy peut-estre que de là nous ne conclurons pas mal, si nous disons que la Physique, l'Astronomie, la Medecine, & toutes les autres sciences qui dependent de la consideration des choses composées, sont fort douteuses & incertaines; Mais que l'Arithmetique, la Geometrie, & les autres sciences de cette nature, qui ne traittent que de choses fort simples, & fort generales, sans se mettre beaucoup en peine si elles sont dans la nature, où si elles n'y sont pas, contiennent quelque chose de certain, & d'indubitable; Car soit que ie veille, ou que ie dorme, deux & trois ioints ensemble formeront tousiours le nombre de cinq; & le quarré n'aura iamais plus de quatre costez; & il ne semble pas possible que des veritez si claires & si apparentes puissent estre soupçonnées d'aucune fausseté, ou d'incertitude.

Toutesfois il y a long-temps que i'ay dans mon esprit vne certaine opinion, qu'il y a vn Dieu qui peut tout, & par qui i'ay esté fait & creé tel que ie suis. Or que sçay-je s'il n'a point fait qu'il n'y ayt aucune Terre, aucun Ciel, aucun corps estendu, aucune figure, aucune grandeur, aucun lieu? & que neantmoins i'aye les sentimens de toutes ces choses, & que tout cela ne me semble point exister autrement que ie le voy? Et mesme comme ie iuge quelquesfois que les autres se trompent dans les choses qu'ils pensent le mieux sçauoir; Que sçay-ie s'il n'a point fait que ie me trompe aussi toutes les fois que ie fais l'addition de deux & de trois, ou que ie nombre les costez d'vn quarré, ou que ie iuge de quelque chose encore plus facile, si l'on se peut imaginer rien de plus facile que cela? Mais peut-estre que Dieu n'a pas voulu que ie fusse deceu de la sorte, car il est dit souuerainement bon. Toutesfois si cela repugnoit à sa bonté de m'auoir fait tel que ie me trompasse tousiours, cela sembleroit aussi luy estre aucunement contraire de permettre que ie me trompe quelquesfois; & neantmoins ie ne puis douter qu'il ne le permette.

A

Il y aura peut-estre icy des personnes qui aymeroient mieux nier l'existence d'vn Dieu si puissant, que de croire que toutes les autres choses sont incertaines: mais ne leur resistons pas pour le present, & supposons en leur faueur que tout ce qui est dit icy d'vn Dieu soit vne fable; Toutesfois, de quelque façon qu'ils supposent que ie sois paruenu à l'estat, & à l'estre que ie possede, soit qu'ils l'attribuent à quelque destin ou fatalité, soit qu'ils le referent au hazard, soit qu'ils veüillent que ce soit par vne continuelle suitte & liaison des choses, ou enfin par quelque autre maniere; puis que faillir & se tromper est vne imperfection, d'autant moins puissant sera l'Auteur qu'ils assigneront à mon origine, d'autant plus sera-t'il probable, que ie suis tellement imparfait que ie me trompe tousiours. Ausquelles raisons ie n'ay certes rien à répondre; mais enfin ie suis contraint d'aduoüer, qu'il n'y a rien de tout ce que ie croyois autrefois estre veritable, dont ie ne puisse en quelque façon douter. Et cela non point par inconsideration ou legereté, mais pour des raisons tres-fortes & meurement consideréés. De sorte que desormais ie ne dois pas moins soigneusement m'empescher d'y donner creance, qu'à ce qui seroit manifestement faux, si ie veux trouuer quelque chose de certain & d'asseuré dans les sciences.

Mais il ne suffit pas d'auoir fait ces remarques, il faut encore que ie prenne soin de m'en souuenir: car ces anciennes & ordinaires opinions me reuiennent encore souuent en la pensée; le long & familier vsage qu'elles ont eu auec moy, leur donnant droit d'occuper mon esprit contre mon gré, & de se rendre presque maistresses de ma creance; Et ie ne me defaccouftumeray iamais de leur deferer, & de prendre confiance en elles, tant que ie les confidereray telles qu'elles font en effet, c'eſt à ſçauoir en quelque façon douteuſes, cóme ie viens de monſtrer, & toutesfois fort probables, en ſorte que l'on a beaucoup plus de raiſó de les croire que de les nier. C'eſt pourquoy ie penſe que ie ne feray pas mal, ſi prenant de propos deliberé vn ſentiment contraire, ie me trompe moy-meſme, & ſi ie feins pour quelque temps que toutes ces opinions ſont entierement fauſſes & imaginaires; juſqu'à ce qu'enfin, ayant tellement balancé mes anciens & mes nouueaux prejugez qu'ils ne puiſſent faire pancher mon aduis plus d'vn coſté que d'vn autre, mon jugement ne ſoit plus deſormais maiſtriſé par de mauuais vſages, & détourné du droit chemin qui le peut conduire à la connoiſſance de la verité. Car ie ſuis aſſeuré que cependant il ne peut y auoir de peril ny d'erreur en cette voye, & que ie ne ſçaurois aujourd'huy trop accorder à ma défiance, puis qu'il n'eſt pas maintenant queſtion d'agir, mais ſeulement de mediter & de connoiſtre.

Ie ſuppoſeray donc, non pas que Dieu, qui eſt tres-bon, & qui eſt la ſouueraine ſource de verité, mais qu'vn certain mauuais genie, non moins ruſé & trompeur que puiſſant, a employé toute ſon induſtrie à me tromper. Ie penſeray que le Ciel, l'air, la terre, les couleurs, les figures, les ſons, & toutes les autres choſes exterieures, ne ſont rien que des illuſions & reſueries, dont il s'eſt ſeruy pour tendre des pieges à ma credulité. Ie me confidereray moy-meſme comme n'ayant point de mains, point d'yeux, point de chair, point de ſang, comme n'ayant aucuns

cuns sens, mais croyant fauſſement auoir toutes ces choſes; Ie demeureray obſtinément attaché à cette penſée, & ſi par ce moyen il n'eſt pas en mon pouuoir de paruenir à la connoiſſance d'aucune verité, à tout le moins il eſt en ma puiſſance de ſuſpendre mon jugement; C'eſt pourquoy ie prendray garde ſoigneuſement de ne receuoir en ma croyance aucune fauſſeté; & prepareray ſi bien mon eſprit à toutes les ruſes de ce grand trompeur, que pour puiſſant & ruſé qu'il ſoit, il ne me pourra jamais rien impoſer.

Mais ce deſſein eſt penible & laborieux, & vne certaine pareſſe m'entraine inſenſiblement dans le train de ma vie ordinaire. Et tout de meſme qu'vn eſclaue qui joüiſſoit dans le ſommeil d'vne liberté imaginaire, lors qu'il commence à ſoupçonner que ſa liberté n'eſt qu'vn ſonge, craint de ſe réueiller, & conſpire auec ces illuſions agreables, pour en eſtre plus longuement abuſé: Ainſi ie retombe inſenſiblement de moy-meſme dans mes anciennes opinions, & j'apprehende de me réueiller de cét aſſoupiſſement; de peur que les veilles laborieuſes qui auroient à ſucceder à la tranquilité de ce repos, au lieu de m'apporter quelque iour & quelque lumiere dans la connoiſſance de la verité, ne fuſſent pas ſuffiſantes pour éclaircir toutes les tenebres des difficultez qui viennent d'eſtre agitées.

B

MEDITATION SECONDE.

De la nature de l'Esprit humain; Et qu'il est plus aisé à connoistre que le Corps.

LA Meditation que ie fis hier m'a remply l'esprit de tant de doutes, qu'il n'est plus desormais en ma puissance de les oublier: Et cependant ie ne voy pas de quelle façon je les pouray resoudre: & comme si tout à coup j'estois tombé dans vne eau tres-profonde, ie suis tellement surpris, que ie ne puis ny asseurer mes pieds dans le fond, ny nager pour me soustenir au dessus. Ie m'efforceray neantmoins, & suiuray derechef la mesme voye où i'estois entré hier, en m'éloignant de tout ce en quoy ie pouray imaginer le moindre doute, tout de mesme que si ie connoissois que cela fust absolument faux; & ie continueray tousiours dans ce chemin, jusqu'à ce que j'aye rencontré quelque chose de certain; ou du moins, si ie ne puis autre chose, jusqu'à ce que j'aye apris certainement, qu'il n'y a rien au monde de certain.

SECONDE.

Archimedes, pour tirer le Globe terrestre de sa place, & le transporter en vn autre lieu, ne demandoit rien qu'vn point qui fust ferme & immobile; Ainsi j'auray droit de conceuoir de hautes esperances, si ie suis assez heureux pour trouuer seulement vne chose qui soit certaine & indubitable.

Ie suppose donc que toutes les choses que ie voy sont fausses, je me persuade que rien n'a jamais esté de tout ce que ma memoire remplie de mensonges me represente : je pense n'auoir aucuns sens ; je croy que le corps, la figure, l'étenduë, le mouuement & le lieu ne sont que des fictions de mon Esprit. Qu'est-ce donc qui pourra estre estimé veritable ? peut-estre rien autre chose, sinon qu'il n'y a rien au monde de certain.

Mais que sçay-je s'il n'y a point quelque autre chose differente de celles que ie viens de juger incertaines, de laquelle on ne puisse auoir le moindre doute? N'y a t'il point quelque Dieu, ou quelque autre puissance, qui me met en l'esprit ces pensées? Cela n'est pas necessaire ; car peut-estre que ie suis capable de les produire de moy-mesme. Moy donc à tout le moins ne suis-je point quelque chose? Mais j'ay desia nié que j'eusse aucuns sens ny aucun corps ; je hesite neantmoins : car que s'ensuit-il de là ? Suis je tellement dependant du corps & des sens, que ie ne puisse estre sans eux? Mais ie me suis persuadé qu'il n'y auoit rien du tout dans le monde, qu'il n'y auoit aucun ciel, aucune terre, aucuns esprits, ny aucuns corps : Ne me suis-je donc pas aussi persuadé que ie n'estois point? Tant s'en faut, j'estois sans doute si ie me suis persuadé, ou seulement si j'ay pensé quelque chose : Mais il y a vn ie ne sçay quel trompeur tres-puissant & tres-rusé, qui employe toute son industrie à me tromper tousiours : Il n'y a donc point de doute que ie suis, s'il me trompe ; Et qu'il me trompe tant qu'il voudra, il ne sçauroit jamais faire que ie ne sois rien, tant que ie penseray estre quelque chose. De sorte qu'apres y auoir bien pensé, & auoir soigneusement examiné toutes choses : Enfin il faut conclure & tenir pour constant, que cette proposition, *Ie suis, j'existe*, est necessairement vraye, toutes les fois que ie la prononce, ou que ie la conçoy en mon Esprit.

Mais ie ne connois pas encore assez clairement quel ie suis, moy qui suis certain que ie suis : De sorte que desormais il faut que ie prenne soigneusement garde de ne prendre pas imprudemment quelque autre chose pour moy, & ainsi de ne me point méprendre dans cette connoissance, que ie soûtiens estre plus certaine & plus éuidente que toutes celles que j'ay euës auparauant.

C'est pourquoy ie considereray maintenant tout de nouueau ce que ie croyois estre auant que i'entrasse dans ces dernieres pensées ; & de mes anciennes opinions ie retrancheray tout ce qui peut estre tant soit peu combattu, par les raisons que i'ay tantost alleguées, en sorte qu'il ne demeure precisement que cela seul qui est entieremét certain & indubitable. Qu'est-ce donc que i'ay crû estre cy-deuant ? Sans difficulté i'ay pensé que i'estois vn homme ; Mais qu'est-ce qu'vn homme ? Diray-je que c'est vn Animal raisonnable ? Non certes ; car il me faudroit par apres rechercher ce que c'est qu'Animal, & ce que c'est que Raisonnable, & ainsi d'vne seule question ie tomberois insensiblement en vne infinité d'autres plus difficiles & plus embarassées, & ie ne voudrois pas abuser du peu de temps & de loisir qui me reste, en l'employant à démesler de semblables difficultez. Mais ie m'arresteray pluftost à considerer icy les pensées qui naissoient cy-deuant d'elles-mêmes en mon esprit, & qui ne m'estoiét inspirées que de ma seule Nature, lors que ie m'appliquois à la consideration de mon Estre. Ie me considerois premierement comme ayant vn visage, des mains, des bras, & toute cette machine composée d'os & de chair, telle qu'elle paroist en vn cadavre, laquelle ie designois par le nom de Corps: Ie considerois outre cela que ie me nourissois, que ie marchois, que ie sentois & que ie pensois, & ie rapportois toutes ces actions à l'Ame; Mais ie ne m'arrestois point à penser ce que c'estoit que cette Ame; ou bien si ie m'y arrestois, je m'imaginois qu'elle estoit quelque chose d'extremement rare & subtil, comme vn vent, vne flamme, ou vn air tres-delié qui estoit insinué & répandu dans mes plus grossieres parties. Pour ce qui estoit du Corps, ie ne doutois nullement de sa Nature; Mais ie pensois la connoistre fort distinctement; & si ie l'eusse voulu expliquer suiuant les notions que j'en auois alors, ie l'eusse décrite en cette sorte. Par le corps j'entens tout ce qui peut estre terminé par quelque figure; qui peut estre compris en quelque lieu, & remplir vn espace en telle sorte que tout autre corps en soit exclus; qui peut estre senty, ou par l'attouchement, ou par la veuë, ou par l'ouye, ou par le goust, ou par l'odorat; qui peut estre meu en plusieurs façons, non pas à la verité par luy-mesme, mais par quelque chose d'estranger duquel il soit touché, & dont il reçoiue l'impression; Car d'auoir la puissance de se mouuoir de soy-mesme, comme aussi de sentir, ou de penser, ie ne croyois nullement que cela appartinst à la nature du corps; au contraire ie m'étonnois plustost de voir que de semblables facultez se rencontroient en quelques vns.

Mais moy qui suis-je maintenant que ie suppose qu'il y a vn certain genie qui est extrememét puissant, & si ie l'ose dire malicieux & rusé, qui employe toutes ses forces & toute son industrie à me tromper ? puis je asseurer que j'aye la moindre chose de toutes celles que i'ay dit nagueres appartenir à la Nature du Corps? Ie m'areste à y penser auec attention, ie passe & repasse toutes ces choses en mon esprit, & ie n'en rencontre aucune que ie puisse dire estre en moy. Il n'est pas besoin que ie m'areste à les dénõbrer. Passons donc aux attributs de l'Ame, & voyons s'il y en a quelqu'vn qui soit en moy. Les premiers sont de me nourir & de marcher : mais s'il est vray que ie n'ay point de corps, il est vray aussi que ie ne puis marcher ny me nourir. Vn autre est de sentir; mais on ne peut aussi sentir sans le corps ; outre que j'ay pensé sentir autrefois plusieurs choses pendant le sommeil, que j'ay reconnu à mon réueil n'auoir point en effet senties. Vn autre est de penser, & ie trouue icy que la pensée est vn attribut qui m'appartient; Elle seule ne peut estre détachée de moy: *Ie suis, i'existe*, cela est certain ; mais combien de temps? à sçauoir autant de temps que ie pense; car peut-estre mesme qu'il se pourroit faire, si ie cessois totalement de penser, que ie cesserois en mesme temps tout à fait d'estre. Ie n'admets maintenant rien qui ne soit necessairement vray ; je ne suis donc precisement parlant, *qu'vne chose qui pense*, c'est à dire vn Esprit, vn Entendement ou vne Raison, qui font des termes dont la signification m'estoit auparauant inconnuë. Or ie suis vne chose vraye & vrayement existante; mais quelle chose? ie l'ay dit, vne chose qui pense. Et quoy dauantage? l'exciteray mon imagination pour voir si ie ne suis point encore quelque chose de plus Ie ne suis point cét assemblage de membres, que l'on appelle le corps humain ; je ne suis point vn air delié & penetrant répandu dans tous ces membres; ie ne suis point vn vent, vn souffle, vne vapeur, ny rien de tout ce que ie puis feindre & m'imaginer, puis que j'ay supposé que tout cela n'estoit rien, & que sans changer cette supposition, ie trouue que ie ne laisse pas d'estre certain que ie suis quelque chose.

Mais peut-estre est-il vray que ces mesmes choses-là que ie suppose n'estre point, parce qu'elles me sont inconnuës, ne sont point en effet differentes de moy que ie connois? Ie n'en sçay rien ; ie ne dispute pas maintenant de cela : ie ne puis donner mon jugement que des choses qui me sont connuës : Ie connois que i'existe, & ie cherche quel ie suis, moy que ie connois estre. Or il est trescertain que la connoissance de mon Estre ainsi precisement pris, ne depend point des choses dont l'existence ne m'est pas encore connuë : par consequent elle ne depend d'aucunes de celles que ie puis feindre par mon imagination. Et mesmes ces termes de feindre & d'imaginer, m'auertissent de mon erreur. Car ie feindrois en effet si ie m'imaginois estre quelque chose ; puis qu'imaginer n'est rien autre chose que contempler la figure, ou l'image d'vne chose corporelle : Or ie sçay desia certainement que ie suis, & que tout ensemble il se peut faire que toutes ces images-là, & generalement toutes les choses qui se rapportent à la nature du corps, ne soient que des songes ou des chimeres. En suitte dequoy, ie voy clairemét que j'ay aussi peu de raison, en disant: I'exciteray mon imagination pour connoistre plus distinctement quel je suis, que si je disois, je suis maintenant éueillé, & j'apperçoy que chose de réel & de veritable; mais parce que je ne l'apperçoy pas encore assez nettement, je m'endormiray tout exprés, afin que mes songes me representent cela mesme auec plus de verité & d'euidence. Et partant ie connois manifestement que rien de tout ce que ie puis comprendre par le moyen de l'imagination, n'appartient à cette connoissance que j'ay de moy-mesme, & qu'il est besoin de rappeller & détourner son esprit de cette façon de conceuoir, afin qu'il puisse luy-mesme connoistre bien distinctement sa nature.

Mais qu'est-ce donc que ie suis? *vne chose qui pense*: Qu'est-ce qu'vne chose qui pense? c'est à dire vne chose qui doute, qui entend, qui conçoit, qui affirme, qui nie, qui veut, qui ne veut pas, qui imagine aussi, & qui sent. Certes ce n'est pas peu, si toutes ces choses apartiennent à ma Nature. Mais pourquoy n'y apartiendroient elles pas? Ne suis-je pas celuy-là mesme qui maintenant doute presque de tout, qui neantmoins entens & conçoy certaines choses, qui assure & affirme celles-là seules estre veritables, qui nie toutes les autres, qui veux & desire d'en connoistre dauantage, qui ne veux pas estre trompé, qui imagine beaucoup de choses, mesme quelquefois en dépit que j'en aye, & qui en sens aussi beaucoup, comme par l'entremise des organes du corps. Y a-il rien de tout cela qui ne soit aussi veritable, qu'il est certain que je suis & que j'existe, quand mesme je dormirois fois toufiours, & que celuy qui m'a donné l'eftre fe feruiroit de toute fon induftrie pour m'abufer? Y a-t'il auffi aucun de ces attributs qui puiffe eftre diftingué de ma penfée, ou qu'on puiffe dire eftre feparé de moy-mefme? Car il eft de foy fi euident que c'eft moy qui doute, qui entens, & qui defire, qu'il n'eft pas icy befoin de rien adjoufter pour l'expliquer. Et j'ay auffi certainement la puiffance d'imaginer: car encore qu'il puiffe arriuer (côme j'ay fuppofé auparauant) que les chofes que j'imagine ne foient pas vrayes, neantmoins cette puiffance d'imaginer ne laiffe pas d'eftre reellement en moy, & fait partie de ma penfée. Enfin je fuis le mefme qui fens, c'eft à dire qui apperçoy certaines chofes comme par les organes des fens: puis qu'en effet je voy de la lumiere, j'oy du bruit, je fens de la chaleur. Mais l'on me dira que ces apparences-là font fauffes, & que je dors. Qu'il foit ainfi, toutesfois à tout le moins il eft tres-certain qu'il me femble que je voy de la lumiere, que j'oy du bruit, & que je fens de la chaleur; cela ne peut eftre faux; & c'eft proprement ce qui en moy s'appelle fentir; & cela pris ainfi précifément, n'eft rien autre chofe que penfer. D'où je commence à connoiftre quel je fuis, auec vn peu plus de clarté & de diftinction que cy-deuant.

Mais neantmoins il me femble encore, & je ne puis m'empefcher de croire, que les chofes corporelles, dont les images fe forment par la penfée, qui tombent fous les fens, & que les fens mefmes examinent, ne foient beaucoup plus diftinctement connuës, que cette je ne fçay quelle partie de moy-mefme qui ne tombe point fous l'imagination: Quoy qu'en effet cela foit bien étrange,

C

de dire que je connoisse & comprenne plus distinctement des choses dont l'existence me paroist douteuse, qui me sont inconnuës, & qui ne m'appartiennent point, que celles de la verité desquelles ie suis persuadé, qui me sont connuës, & qui appartiennent à ma propre nature, & en vn mot, que moy-mesme. Mais je voy bien ce que c'est, mon esprit est vn vagabond qui se plaist à s'égarer, & qui ne sçauroit encore souffrir qu'on le retienne dans les justes bornes de la verité. Laschons-luy donc encore vne fois la bride, & luy donnant toute sorte de liberté, permettons luy de considerer les objets qui luy paroissent au dehors, afin que venant cy-apres à la retirer doucement & à propos, & à l'arrester sur la consideration de son estre & des choses qu'il trouue en luy, il se laisse apres cela plus facilement regler & conduire.

Considerons donc maintenant les choses que l'on estime vulgairement estre les plus faciles de toutes à connoistre, & que l'on croit aussi estre le plus distinctement connuës, c'est à sçauoir les corps que nous touchons & que nous voyons; non pas à la verité les corps en general, car ces notions generales sont d'ordinaire vn peu plus confuses, mais considerons en vn en particulier. Prenons par exemple ce morceau de cire, il vient tout fraischement d'estre tiré de la ruche, il n'a pas encore perdu la douceur du miel qu'il contenoit, il retient encore quelque chose de l'odeur des fleurs dont il a esté recüeilly, sa couleur, sa figure, sa grandeur sont apparentes, il est dur, il est froid, il est maniable, & si vous frappez dessus, il rendra quelque son. Enfin, toutes les choses qui peuuent distinctement faire connoistre vn corps, se rencontrent en celuy-cy.

Mais voicy que pendant que je parle on l'approche du feu, ce qui y restoit de saueur s'exhale, l'odeur s'éuapore, sa couleur se change, sa figure se perd, sa grandeur augmente, il deuient liquide, il s'échauffe, à peine le peut on manier, & quoy que l'on frappe dessus il ne rendra plus aucun son. La mesme cire demeure-t'elle encore apres ce changement ? il faut aduoüer qu'elle demeure, personne n'en doute, personne ne juge autrement. Qu'est-ce donc que l'on connoissoit en ce morceau de cire auec tant de distinction ? Certes ce ne peut estre rien de tout ce que j'y ay remarqué par l'entremise des sens, puis que toutes les choses qui tomboient sous le goust, sous l'odorat, sous la veuë, sous l'attouchement, & sous l'ouye se trouuent changées, & que cependant la mesme cire demeure. Peut-estre estoit-ce ce que je pese maintenât, à sçauoir que cette cire n'estoit pas, ny cette douceur de miel, ny cette agreable odeur de fleurs, ny cette blancheur, ny cette figure, ny ce son ; mais seulemét vn corps qui vn peu auparauant me paroissoit sensible sous ces formes, & qui maintenant se fait sentir sous d'autres. Mais qu'est-ce precisement parlant que j'imagine, lors que je la conçoy en cette sorte ? Considerons-le attentiuement, & retrachant toutes les choses qui n'apartiennent point à la cire, voyons ce qui reste. Certes il ne demeure rien que quelque chose d'estendu, de flexible & de muable. Or qu'est-ce que cela flexible & muable ? n'est-ce pas que j'imagine que cette cire estant ronde, est capable de deuenir quarrée, & de passer du quarré en vne figure triangulaire ? non certes ce n'est pas cela, puis que je la conçoy capable de receuoir vne infinité de semblables changemens; & je ne sçaurois neantmoins parcourir cette infinité par mon imagination, & par consequent cette conception que j'ay de la cire ne s'accomplit pas par la faculté d'imaginer. Qu'est-ce maintenant que cette extension? n'est-elle pas aussi inconnuë? car elle deuient plus grande quand la cire se fond, plus grande quand elle bout, & plus grande encore quand la chaleur augmente; & je ne conceurois pas clairement & selon la verité ce que c'est que de la cire, si je ne pensois que mesme ce morceau que nous considerons, est capable de receuoir plus de varietez selon l'extension, que je n'en ay jamais imaginé. Il faut donc demeurer d'accord, que je ne sçaurois pas mesme comprendre par l'imagination ce que c'est que ce morceau de cire, & qu'il n'y a que mon entendement seul qui le comprenne. Ie dis ce morceau de cire en particulier; car pour la cire en general il est encore plus euident. Mais quel est ce morceau de cire qui ne peut estre compris que par l'entendement ou par l'esprit? Certes c'est le mesme que je voy, que je touche, que j'imagine, & enfin c'est le mesme que j'ay tousiours crû que c'estoit au commencement; Or ce qui est icy grandement à remarquer, c'est que sa perception n'est point vne vision, ny vn attouchement, ny vne imagination, & ne l'a jamais esté, quoy qu'il le semblast ainsi auparauant, mais seulement vne inspection de l'esprit, laquelle peut estre imparfaite & confuse, comme elle estoit auparauant, ou bien claire & distincte, comme elle est à present, selon que mon attention se porte plus ou moins aux choses qui sont en elle, & dont elle est composée.

Cependant je ne me sçaurois trop étonner, quand je

considere combien mon esprit a de foiblesse & de pente qui le porte insensiblement dans l'erreur; Car encore que sans parler je considere tout cela en moy-mesme, les paroles toutesfois m'arrestent, & je suis presque deceu par les termes du langage ordinaire: Car nous disons que nous voyons la mesme cire, si elle est presente, & non pas que nous jugeons que c'est la mesme, de ce qu'elle a mesme couleur & mesme figure: d'où je voudrois presque conclure, que l'on connoist la cire par la vision des yeux, & non par la seule inspection de l'esprit. Si par hazard je ne regardois d'vne fenestre des hommes qui passent dans la ruë, à la veuë desquels je ne manque pas de dire que je voy des hommes, tout de mesme que je dis que je voy de la cire, & ce pendant que voy-je de cette fenestre, sinon des chappeaux & des manteaux, qui pouroient couurir des machines artificielles qui ne se remueroient que par ressors, mais je juge que ce sont des hommes; & ainsi je comprens par la seule puissance de juger qui reside en mon esprit, ce que je croyois voir de mes yeux.

Vn homme qui tasche d'éleuer sa connoissance au delà du commun, doit auoir honte de tirer des occasions de douter des formes de parler que le vulgaire a inuentées: I'ayme mieux passer outre, & considerer si je conceuois auec plus d'euidence & de perfection ce que c'estoit que de la cire, lors que je l'ay d'abord apperceuë, & que j'ay creu la connoistre par le moyen des sens exterieurs, ou à tout le moins par le sens commun, ainsi qu'ils appellent, c'est à dire par la faculté Imaginatiue, que je ne la conçoy à present, apres auoir plus soigneu-

C iij

sement examiné ce qu'elle est, & de quelle façon elle peut estre connuë. Certes il seroit ridicule de mettre cela en doute; Car qui auoit-il dans cette premiere perception qui fust distinct ? Qui auoit-il qui ne semblast pouuoir tomber en mesme sorte dans le sens du moindre des animaux ? Mais quand je distingue la cire d'auec ses formes exterieures, & que tout de mesme que si je luy auois osté ses vestemens, je la considere toute nuë, il est certain que bien qu'il se puisse encore rencontrer quelque erreur dans mon jugement, je ne la puis neantmoins conceuoir de cette sorte sans vn esprit humain.

Mais enfin que diray-je de cet esprit, c'est à dire de moy-mesme ; car jusques icy je n'admets en moy rien autre chose que l'Esprit : Quoy donc ? moy qui semble conceuoir auec tant de netteté & de distinction ce morceau de cire, ne me connois-je pas moy-mesme, non seulement auec bien plus de verité & de certitude, mais encore auec beaucoup plus de distinction & de netteté? Car si je juge que la cire est ou existe, de ce que je la voy : Certes il suit bien plus euidemment que je suis, ou que j'existe moy-mesme de ce que je la voy : car il se peut faire que ce que je voy ne soit pas en effet de la cire, il se peut faire aussi que je n'aye pas mesme des yeux pour voir aucune chose ; mais il ne se peut faire que lors que je voy, ou (ce que je ne distingue point) lors que je pense voir, que moy qui pense ne sois quelque chose. De mesme si je juge que la cire existe, de ce que je la touche, il s'ensuiura encore la mesme chose, à sçauoir que je suis : & si je le juge de ce que mon imagination ou quelque autre cause que ce soit me le persuade, ie concluray toûjours la mesme chose. Et ce que j'ay remarqué icy de la cire, se peut appliquer à toutes les autres choses qui me sont exterieures, & qui se rencontrent hors de moy. Et de plus si la notion ou perception de la cire m'a semblé plus nette & plus distincte, apres que non seulement la veuë, ou le toucher, mais encore beaucoup d'autres causes me l'ont renduë plus manifeste; auec combien plus d'euidence, de distinction, & de netteté, faut-il aduoüer que je me connois à present moy-mesme? Puis que toutes les raisons qui seruent à connoistre & conceuoir la nature de la cire, ou de quelque autre corps que ce soit, prouuent beaucoup mieux la nature de mon esprit. Et il se rencontre encore tant d'autres choses en l'esprit mesme, qui peuuent contribuer à l'éclaircissement de sa nature, que celles qui dependent du corps, comme celles-cy, ne meritent quasi pas d'estre mises en compte.

Mais enfin me voicy insensiblement reuenu où ie voulois, car puis que c'est vne chose qui m'est à present manifeste, que les corps méme ne sont pas proprement connus par les sens, ou par la faculté d'imaginer, mais par le seul entendement, & qu'ils ne sont pas connus, de ce qu'ils sont veus ou touchez, mais seulement de ce qu'ils sont entendus, ou bien compris par la pensée; Ie voy clairement qu'il n'y a rien qui me soit plus facile à connoistre que mon esprit. Mais par ce qu'il est mal-aysé de se deffaire si promptement d'vne opinion à laquelle on s'est accoustumé de longue main, il sera bon que ie m'areste vn peu en cet endroit, afin que par la longueur de ma meditation, i'imprime plus profondement en ma memoire cette nouuelle connoissance.

MEDITATION
TROISIESME.

De Dieu, qu'il existe.

IE fermeray maintenant les yeux, je boucheray mes oreilles, je détourneray tous mes sens, j'effaceray mesme de ma pensée toutes les images des choses corporelles, ou du moins, parce qu'à peine cela se peut-il faire, je les reputeray comme vaines & comme fausses, & ainsi m'entretenant seulement moy-mesme, & considerant mon interieur, je tascheray de me rendre peu à peu plus connu & plus familier à moy-mesme. Ie suis vne chose qui pense, c'est à dire qui doute, qui affirme, qui nie, qui connoist peu de choses, qui en ignore beaucoup, qui ayme, qui hayt, qui veut, qui ne veut pas, qui imagine aussi, & qui sent. Car, ainsi que j'ay remarqué cy-deuant, quoy que les choses que je sens & que j'imagine, ne soient peut estre rien du tout hors de moy, & en elles-mesmes, je suis neantmoins assuré que ces façons de penser que j'appelle sentimens

sentimens & imaginations, entant seulement qu'elles sont des façons de penser, resident & se rencontrent certainement en moy. Et dans ce peu que je viens de dire, je croy auoir rapporté tout ce que je sçay veritablement, ou du moins tout ce que jusques icy j'ay remarqué que je sçauois.

Maintenant pour tascher d'estendre ma connoissance plus auant, j'vseray de circonspection, & considereray auec soin si je ne pouray point encore découurir en moy quelques autres choses que je n'aye point encore jusques icy aperceuës. Ie suis asseuré que je suis vne chose qui pense ; mais ne sçay-je donc pas aussi ce qui est requis pour me rendre certain de quelque chose ? Certes dans cette premiere connoissance il n'y a rien qui m'assure de la verité, que la claire & distincte perception de ce que je dis, laquelle de vray ne seroit pas suffisante pour m'assurer que ce que je dis est vray, s'il pouuoit iamais arriuer, qu'vne chose que je conceurois ainsi clairement & distinctement se trouuast fausse : Et partant il me semble que desia je puis establir pour regle generale, que toutes les choses que nous conceurons fort clairement & fort distinctement, sont toutes vrayes.

Toutefois j'ay receu & admis cy-deuant plusieurs choses comme tres-certaines & tres-manifestes, lesquelles neantmoins j'ay reconnu par apres estre douteuses & incertaines. Quelles estoient donc ces choses-là ? C'estoit la Terre, le Ciel, les Astres, & toutes les autres choses que j'apperceuois par l'entremise de mes sens ; Or qu'est-ce que je conceuois clairement & distinctement en elles? Certes rien autre chose sinon que les idées ou les pensées de ces choses-là se presentoient à mon esprit. Et encore à present je ne nie pas que ces idées ne se rencontrent en moy. Mais il y auoit encore vne autre chose que j'asseurois, & qu'à cause de l'habitude que j'auois à la croire, je pensois apperceuoir tres-clairement, quoy que veritablement je ne l'apperceusse point, à sçauoir qu'il y auoit des choses hors de moy d'où procedoient ces idées, & ausquelles elles estoient tout à fait semblables; & c'estoit en cela que je me trompois, ou si peut-estre je jugeois selon la verité, ce n'estoit aucune connoissance que j'eusse, qui fust cause de la verité de mon jugement.

Mais lors que je consideroislquelque chose de fort simple, & de fort facile touchant l'Arithmetique & la Geometrie; par exemple, que deux & trois joints ensemble produisent le nombre de cinq, & autres choses semblables, ne les conceuois-je pas au moins assez clairement pour asseurer qu'elles estoient vrayes? Certes si j'ay jugé depuis qu'on pouuoit douter de ces choses, ce n'a point esté pour autre raison, que parce qu'il me venoit en l'esprit, que peut-estre quelque Dieu auoit pû me donner vne telle nature, que je me trompasse mesme touchant les choses qui me semblent les plus manifestes; Or toutes les fois que cette opinion cy-deuant conceuë de la souueraine puissance d'vn Dieu se presente à ma pensée, je suis contraint d'auoüer qu'il luy est facile, s'il le veut, de faire en sorte que je m'abuse, mesme dans les choses que je croy connoistre auec vne euidence tres-grande : Et au contraire toutes les fois que je me tourne vers les choses que je pense conceuoir fort clairement, je suis tellement persuadé par elles, que de moy-mesme je me laisse emporter à ces paroles; Me trompe qui pourra, si est-ce qu'il ne sçauroit jamais faire, que je ne sois rien, tandis que je penseray estre quelque chose, ou que quelque iour il soit vray que je n'aye jamais esté, estant vray maintenant que je suis, ou bien que deux & trois joints ensemble fassent plus ny moins que cinq, ou choses semblables, que je voy clairement ne pouuoir estre d'autre façon que je les conçoy.

Et certes puis que je n'ay aucune raison de croire qu'il y ait quelque Dieu qui soit trompeur, & mesme que je n'ay pas encore consideré celles qui prouuent qu'il y a vn Dieu, la raison de douter qui depend seulement de cette opinion est bien legere, & pour ainsi dire Metaphysique. Mais afin de la pouuoir tout à fait oster, je dois examiner s'il y a vn Dieu, si tost que l'occasion s'en presentera; & si je trouue qu'il y en ayt vn, je dois aussi examiner s'il peut estre trompeur; car sans la connoissance de ces deux veritez, je ne voy pas que je puisse jamais estre certain d'aucune chose.

Et afin que je puisse auoir occasion d'examiner cela sans interrompre l'ordre de mediter que je me suis proposé, qui est de passer par degrez des notions que je trouueray les premieres en mon esprit, à celles que j'y pourray trouuer par apres: Il faut icy que je diuise toutes mes pensées en certains genres, & que je considere dans lesquels de ces genres il y a proprement de la verité ou de l'erreur.

Entre mes pensées quelques-vnes sont comme les images des choses, & c'est à celles-là seules que conuient proprement le nom d'idée. Comme lors que je me represente vn homme, ou vne Chimere, ou le Ciel, ou vn Ange,

D ij

ou Dieu méme ; D'autres outre cela ont quelques autres formes, comme lors que ie veux, que ie crains, que i'affirme, ou que ie nie, ie conçoy bien alors quelque chose, comme le sujet de l'action de mon esprit, mais j'adiouste aussi quelque autre chose par cette action à l'idée que j'ay de cette chose-là : & de ce genre de pensées les vnes sont appellées volontez ou affections, & les autres jugemens.

Maintenant pour ce qui concerne les idées, si on les considere seulement en elles-mesmes, & qu'on ne les rapporte point à quelque autre chose, elles ne peuuent à proprement parler estre fausses : Car soit que j'imagine vne Chevre, ou vne Chimere, il n'est pas moins vray que j'imagine l'vne que l'autre.

Il ne faut pas craindre aussi qu'il se puisse rencontrer de la fausseté dans les affections ou volontez : car encore que je puisse desirer des choses mauuaises, ou mesme qui ne furent jamais, toutesfois il n'est pas pour cela moins vray que ie les desire.

Ainsi il ne reste plus que les seuls jugemens, dans lesquels ie dois prendre garde soigneusemét de ne me point tromper. Or la principale erreur, & la plus ordinaire qui s'y puisse rencontrer, consiste en ce que ie iuge que les idées qui sont en moy, sont semblables ou conformes à des choses qui sont hors de moy : Car certainement si je consideroi seulement les idées comme de certains modes ou façons de ma pensée, sans les vouloir rapporter à quelque autre chose d'exterieur, à peine me pouroient-elles donner occasion de faillir.

Or entre ces idées les vnes me semblent estre nées auec moy, les autres estre estrangeres & venir de dehors,

& les autres estre faites & inuentées par moy-mesme. Car que i'aye la faculté de conceuoir ce que c'est qu'on nomme en general vne chose, ou vne verité, ou vne pensée, il me semble que ie ne tiens point cela d'ailleurs que de ma nature propre. Mais si i'oy maintenant quelque bruit, si ie voy le Soleil, si ie sens de la chaleur, iusqu'à cette heure i'ay iugé que ces sentimens procedoiét de quelques choses qui existent hors de moy; Et enfin il me semble que les Syrenes, les Hypogrifes, & toutes les autres semblables Chimeres sont des fictions & inuentions de mon esprit. Mais aussi peut-estre me puis-je persuader que toutes ces idées sont du genre de celles que i'appelle étrangeres, & qui viennent de dehors, ou bien qu'elles sont toutes nées auec moy, ou bien qu'elles ont toutes esté faites par moy: car ie n'ay point encore clairement découuert leur veritable origine. Et ce que i'ay principalement à faire en cet endroit, est de considerer touchant celles qui me semblent venir de quelques objets qui sont hors de moy, quelles sont les raisons qui m'obligent à les croire semblables à ces objets.

La premiere de ces raisons est qu'il me semble que cela m'est enseigné par la nature; & la seconde que j'experimente en moy-mesme que ces idées ne dépendent point de ma volonté, car souuent elles se presentent à moy malgré moy, comme maintenant soit que ie le veüille, soit que ie ne le veüille pas, je sens de la chaleur, & pour cela ie me persuade que ce sentiment, ou bien cette idée de la chaleur est produite en moy par vne chose differente de moy, à sçauoir par la chaleur du feu auprés duquel ie suis assis. Et ie ne voy rien qui me semble plus raisonnable, que de iuger que cette chose étrangere en-voye & imprime en moy sa ressemblance plustost qu'aucune autre chose.

Maintenant il faut que ie voye si ces raisons sont assez fortes & conuaincantes. Quand ie dis qu'il me semble que cela m'est enseigné par la Nature, i'entens seulement par ce mot de Nature vne certaine inclination qui me porte à le croire, & non pas vne lumiere naturelle qui me fasse connoistre que cela est veritable; Or ces deux façons de parler different beaucoup entr'elles. Car ie ne sçaurois rien reuoquer en doute de ce que la lumiere naturelle me fait voir estre vray, ainsi qu'elle m'a tantost fait voir, que de ce que ie doutois, ie pouuois conclure que j'estois: Dautant que ie n'ay en moy aucune autre faculté, ou puissance, pour distinguer le vray d'auec le faux, qui me puisse enseigner que ce que cette lumiere me montre cóme vray ne l'est pas, & à qui ie me puisse tant fier qu'à elle. Mais pource qui est des inclinations qui me semblent aussi m'estre naturelles, i'ay souuent remarqué lors qu'il a esté question de faire choix entre les vertus & les vices, qu'elles ne m'ont pas moins porté au mal qu'au bien, c'est pourquoy ie n'ay pas suiet de les suiure non plus en ce qui regarde le vray & le faux.

Et pour l'autre raison, qui est que ces idées doiuent venir d'ailleurs, puis qu'elles ne dépendent pas de ma volonté, ie ne la trouue non plus conuaincante. Car tout de mesme que ces inclinations, dont ie parlois tout maintenant, se trouuent en moy, nonobstant qu'elles ne s'accordent pas tousiours auec ma volonté, ainsi peut-estre qu'il y a en moy quelque faculté ou puissance propre à produire ces idées fans l'ayde d'aucunes chofes exterieures, bien qu'elle ne me foit pas encore connuë: comme en effet il m'a toufiours femblé iufques icy, que lors que je dors, elles fe forment ainfi en moy fans l'ayde des objets qu'elles reprefentent. Et enfin, encore que ie demeuraffe d'accord qu'elles font caufées par ces objets, ce n'eft pas vne confequence neceffaire qu'elles doiuent leur eftre femblables. Au contraire i'ay fouuent remarqué en beaucoup d'exemples qu'il y auoit vne grande difference entre l'objet & fon idée. Comme par exemple, je trouue en moy deux idées du Soleil toutes diuerfes; l'vne tire fon origine des fens, & doit eftre placée dans le genre de celles que j'ay dit cy-deffus venir de dehors, par laquelle il me paroift extremement petit; l'autre eft prife des raifons de l'Aftronomie, c'eft à dire de certaines notions nées auec moy, ou enfin eft formée par moy-méme de quelque forte que ce puiffe eftre, par laquelle il me paroift plufieurs fois plus grand que toute la terre. Certes ces deux idées que ie conçoy du Soleil ne peuuent pas eftre toutes deux femblables au mefme Soleil ; & la raifon me fait croire, que celle qui vient immediatement de fon apparence, eft celle qui luy eft le plus diffemblable.

Tout cela me fait affez connoiftre que jufques à cette heure ce n'a point efté par vn jugement certain & premedité, mais feulement par vne aueugle & temeraire impulfion, que j'ay creu qu'il y auoit des chofes hors de moy, & differentes de mon eftre, qui par les organes de mes fens, ou par quelque autre moyen que ce puiffe eftre, enuoyoient en moy leurs idées ou images, & y imprimoient leurs reffemblances.

Mais il se presente encore vne autre voye pour rechercher si entre les choses dont j'ay en moy des idées, il y en a quelques-vnes qui existent hors de moy. A sçauoir, si ces idées sont prises entant seulement que ce sont de certaines façons de penser, je ne reconnois entr'elles aucune difference ou inegalité, & toutes me semblent proceder de moy d'vne mesme façon ; Mais les considerant comme des images, dont les vnes representent vne chose, & les autres vne autre, il est euident qu'elles sont fort differentes les vnes des autres ; Car en effet celles qui me representent des substances, sont sans doute quelque chose de plus, & contiennent en soy (pour ainsi parler) plus de realité objectiue, c'est à dire participent par representation à plus de dégrez d'estre ou de perfection, que celles qui me representent seulement des modes ou accidens. De plus, celle par laquelle je conçoy vn Dieu souuerain, eternel, infiny, immuable, tout connoissant, tout-puissant, & Createur vniuersel de toutes les choses qui sont hors de luy ; Celle-là, dis-je, a certainement en soy plus de realité objectiue, que celles par qui les substances finies me sont representées.

Maintenant c'est vne chose manifeste par la lumiere naturelle, qu'il doit y auoir pour le moins autant de realité dans la cause efficiente & totale que dans son effect: Car d'où est-ce que l'effect peut tirer sa realité, sinon de sa cause ? & comment cette cause la luy pourroit-elle communiquer, si elle ne l'auoit en elle mesme ?

Et de là il suit, non seulement que le neant ne sçauroit produire aucune chose, mais aussi que ce qui est plus parfait, c'est à dire qui contient en soy plus de realité, ne

peut

peut estre vne suitte & vne dépendance du moins parfait. Et cette verité n'est pas seulement claire & euidente dans les effets qui ont cette realité que les Philosophes appellent Actuelle ou Formelle; mais aussi dans les idées où l'on considere seulement la realité qu'ils nomment Objectiue: Par exemple, la pierre qui n'a point encore esté, non seulement ne peut pas maintenant commencer d'estre, si elle n'est produite par vne chose qui possede en soy formellement, ou eminément, tout ce qui entre en la composition de la pierre, c'est à dire qui contienne en soy les mesmes choses, ou d'autres plus excellentes que celles qui sont dans la pierre; & la chaleur ne peut estre produite dans vn sujet qui en estoit auparauant priué, si ce n'est par vne chose qui soit d'vn ordre, d'vn degré ou d'vn genre au moins aussi parfait que la chaleur; & ainsi des autres; Mais encore outre cela l'idée de la chaleur, ou de la pierre ne peut pas estre en moy, si elle n'y a esté mise par quelque cause, qui contienne en soy pour le moins autant de realité, que j'en conçoy dans la chaleur ou dans la pierre: Car encore que cette cause-là ne transmette en mon idée aucune chose de sa realité actuelle ou formelle, on ne doit pas pour cela s'imaginer que cette cause doiue estre moins reelle; mais on doit sçauoir que toute idée estant vn ouurage de l'esprit, sa nature est telle qu'elle ne demande de soy aucune autre realité formelle, que celle qu'elle reçoit & emprunte de la pensée, ou de l'esprit, dont elle est seulement vn mode, c'est à dire vne maniere ou façon de penser. Or afin qu'vne idée contienne vne telle realité objectiue plustost qu'vne autre, elle doit sans doute auoir cela de quelque cause, dans laquelle

E.

il se rencontre pour le moins autant de realité formelle, que cette idée contient de realité objectiue ; Car si nous supposons qu'il se trouue quelque chose dans vne idée, qui ne se rencontre pas dans sa cause, il faut donc qu'elle tienne cela du neant; Mais pour imparfaite que soit cette façon d'estre, par laquelle vne chose est objectiuement ou par representation dans l'entendement par son idée, certes on ne peut pas neantmoins dire que cette façon & maniere-là d'estre ne soit rien, ny par consequent que cette idée tire son origine du neant. Et ie ne dois pas aussi m'imaginer que la realité que ie considere dans mes idées n'estant qu'objectiue, il n'est pas necessaire que la mesme realité soit formellement ou actuellement dans les causes de ces idées, mais qu'il suffit qu'elle soit aussi objectiuement en elles : Car tout ainsi que cette maniere d'estre objectiuement, appartient aux idées de leur propre nature; de mesme aussi la maniere ou la façon d'estre formellement, appartient aux causes de ces idées (à tout le moins aux premieres & principales) de leur propre nature. Et encore qu'il puisse arriuer qu'vne idée donne la naissance à vne autre idée, cela ne peut pas toutesfois estre à l'infiny, mais il faut à la fin paruenir à vne premiere idée, dont la cause soit comme vn patron ou vn original, dans lequel toute la realité ou perfection, soit contenuë formellement & en effet, qui se rencontre seulement objectiuement ou par representation dans ces idées. En sorte que la lumiere naturelle me fait connoistre euidemment, que les idées sont en moy comme des tableaux, ou des images, qui peuuent à la verité facilement déchoir de la perfection des choses dont elles ont esté tirées, mais qui ne peuuent jamais rien contenir de plus grand ou de plus parfait.

Et d'autant plus longuement & soigneusement j'examine toutes ces choses, d'autant plus clairement & distinctement je connois qu'elles sont vrayes. Mais enfin que concluray-je de tout cela ? C'est à sçauoir, que si la Realité ou perfection objectiue de quelqu'vne de mes idées est telle, que je connoisse clairement que cette mesme Realité ou Perfection n'est point en moy ny formellement, ny eminemment, & que par consequent ie ne puis moy-mesme en estre la cause : Il suit de là necessairement que ie ne suis pas seul dans le monde, mais qu'il y a encore quelque autre chose qui existe, & qui est la cause de cette idée ; Au lieu que s'il ne se rencontre point en moy de telle idée, ie n'auray aucun argument qui me puisse conuaincre, & rendre certain de l'existence d'aucune autre chose que de moy-mesme, car ie les ay tous soigneusement recherchez, & ie n'en ay pû trouuer aucun autre jusqu'à present.

Or entre toutes ces idées qui sont en moy, outre celle qui me represéte moy-mesme à moy-mesme, de laquelle il ne peut y auoir icy aucune difficulté, il y en a vne autre qui me represéte vn Dieu, d'autres des choses corporelles & inanimées, d'autres des Anges, d'autres des animaux, & d'autres enfin qui me representent des hômes semblables à moy. Mais pour ce qui regarde les idées qui me represétét d'autres hômes, ou des animaux, ou des Anges, ie conçoy facilement qu'elles peuuent estre formées par le mélange & la composition des autres idées que i'ay des choses corporelles & de Dieu, encore que hors de moy il n'y

E ij

euſt point d'autres hommes dans le monde, ny aucuns Animaux, ny aucuns Anges. Et pour ce qui regarde les idées des choſes corporelles, ie n'y reconnois rien de ſi grand ny de ſi excellent, qui ne me ſemble pouuoir venir de moy-meſme ; Car ſi ie les conſidere de plus prés, & ſi ie les examine de la meſme façon que j'examinay hier l'idée de la cire, ie trouue qu'il ne s'y rencontre que fort peu de choſe que je conçoiue clairement & diſtinctemét, à ſçauoir, la grandeur ou bien l'extenſion en longueur, largeur & profondeur ; la figure qui reſulte de la terminaiſon de cette extenſion, la ſituation que les corps diuerſement figurez gardent entr'eux, & le mouuement ou le changement de cette ſituation, auſquelles on peut adjouſter la ſubſtance, la durée & le nombre. Quant aux autres choſes, comme la lumiere, les couleurs, les ſons, les odeurs, les ſaueurs, la chaleur, le froid, & les autres qualitez qui tombent ſous l'attouchement, elles ſe rencontrent dans ma penſée auec tant d'obſcurité & de confuſion, que j'ignore meſme ſi elles ſont vrayes ou fauſſes, c'eſt à dire ſi les idées que ie conçoy de ces qualitez, ſont en effet les idées de quelques choſes reelles, ou bien ſi elles ne me repreſentent que des eſtres chimeriques, qui ne peuuent exiſter. Car encore que i'aye remarqué cy-deuant, qu'il n'y a que dans les jugemens que ſe puiſſe rencontrer la vraye & formelle fauſſeté, il ſe peut neantmoins trouuer dans les idées vne certaine fauſſeté materielle, à ſçauoir, lors qu'elles repreſentent ce qui n'eſt rien, comme ſi c'eſtoit quelque choſe. Par exemple, les idées que i'ay du froid & de la chaleur ſont ſi peu claires & ſi peu diſtinctes, qu'elles ne me ſçauroient apprendre si le froid est seulement vne priuation de la chaleur, ou la chaleur vne priuation du froid, ou bien si l'vne & l'autre sont des qualitez reelles, ou si elles ne le sont pas; Et dautant que les idées estans comme des images, il n'y en peut auoir aucune qui ne nous semble representer quelque chose; s'il est vray de dire que le froid ne soit autre chose qu'vne priuation de la chaleur, l'idée qui me le represente comme quelque chose de reel, & de positif, ne sera pas mal à propos appellée fausse; & ainsi des autres. Mais à dire le vray il n'est pas necessaire que je leur attribuë d'autre autheur que moy-mesme; Car si elles sont fausses, c'est à dire si elles representent des choses qui ne sont point, la lumiere naturelle me fait connoistre qu'elles procedent du neant, c'est à dire qu'elles ne sont en moy, que parce qu'il manque quelque chose à ma nature, & qu'elle n'est pas toute parfaite. Et si ces idées sont vrayes, neantmoins parce qu'elles me font paroistre si peu de realité, que mesme je ne sçaurois distinguer la chose representée d'auec le non-estre, je ne voy pas pourquoy ie ne pourois point en estre l'autheur.

Quant aux idées claires & distinctes que i'ay des choses corporelles, il y en a quelques-vnes qu'il semble auoir pû tirer de l'idée que i'ay de moy-mesme; comme celle que i'ay de la substance, de la durée, du nombre, & d'autres choses semblables; Car lors que ie pense que la pierre est vne substance, ou bien vne chose qui de soy est capable d'exister, & que ie suis aussi moy-mesme vne substance; quoy que ie conçoiue bien que ie suis vne chose qui pense, & non étenduë, & que la pierre au contraire est vne chose étenduë, & qui ne pese point; & qu'ainsi entre ces deux conceptions il se rencontre vne notable differéce ; toutesfois elles semblent conuenir en ce point qu'elles representent toutes deux des substances ; De méme quand ie pense que ie suis maintenāt, & que ie me ressouuiens outre cela d'auoir esté autresfois, & que ie conçoy plusieurs diuerses pensées dont ie connois le nombre, alors i'acquiers en moy les idées de la durée & du nombre, lesquelles par apres ie puis transferer à toutes les autres choses que ie voudray.

Pour ce qui est des autres qualitez dont les idées des choses corporelles sont composées, à sçauoir l'étenduë, la figure, la situation & le mouuement, il est vray qu'elles ne sont point formellement en moy, puis que je ne suis qu'vne chose qui pense ; Mais parce que ce sont seulement de certains modes de la substance, & que ie suis moy-mesme vne substance, il semble qu'elles puissent estre contenuës en moy Eminemment.

Partant il ne reste que la seule idée de Dieu, dans laquelle il faut considerer s'il y a quelque chose qui n'ayt pû venir de moy-mesme. Par le nom de Dieu i'entends vne substance infinie, eternelle, immuable, independante, toute connoissante, toute-puissante, & par laquelle moy-mesme, & toutes les autres choses qui sont (s'il est vray qu'il y en ayt qui existent) ont esté creées & produites. Or ces auantages sont si grands & si eminens, que plus attentiuement ie les considere, & moins ie me persuade que l'idée que i'en ay puisse tirer son origine de moy seul. Et par consequent il faut necessairement conclure de tout ce que i'ay dit auparauant, que *Dieu existe* Car encore que l'idée de la substance soit en moy, de cela mesme que ie suis vne substance, ie n'aurois pas neantmoins l'idée d'vne substance infinie, moy qui suis vn Estre finy, si elle n'auoit esté mise en moy par quelque Substance qui fut veritablement infinie.

Et ie ne me dois pas imaginer que ie ne conçoy pas l'infiny par vne veritable idée, mais seulement par la negation de ce qui est finy, de méme que ie comprens le repos & les tenebres par la negation du mouuement & de la lumiere: Puis qu'au contraire ie voy manifestement qu'il se rencontre plus de realité dans la substance infinie, que dans la substance finie; & partant que i'ay en quelque façon premierement en moy la notion de l'infiny, que du finy, c'est à dire de Dieu, que de moy-méme : Car comment seroit-il possible que ie pusse connoistre que ie doute, & que ie desire, c'est à dire qu'il me manque quelque chose, & que ie ne suis pas tout parfait, si ie n'auois en moy aucune idée d'vn estre plus parfait que le mien, par la comparaison duquel ie connoistrois les defauts de ma nature?

Et l'on ne peut pas dire que peut-estre cette idée de Dieu est materiellement fausse, & par consequent que ie la puis tenir du neant, c'est à dire qu'elle peut estre en moy, pource que i'ay du defaut, comme i'ay tantost dit des idées de la chaleur & du froid, & d'autres choses semblables: Car au contraire, cette idée estant fort claire & fort distincte, & contenant en soy plus de realité objectiue qu'aucune autre, il n'y en a point qui de soy soit plus vraye, ny qui puisse estre moins soupçonnée d'erreur & de fausseté.

Cette idée, dis-je, d'vn Estre souuerainement parfait &

infiny eſt tres-vraye: car encore que peut-eſtre l'on puiſſe feindre qu'vn tel Eſtre n'exiſte point, on ne peut pas
feindre neantmoins que ſon idée ne me repreſente rien
de reel, comme j'ay tantoſt dit de l'idée du froid.

Elle eſt auſſi fort claire & fort diſtincte, puis que tout
ce que mon eſprit conçoit clairement & diſtinctement
de réel & de vray, & qui contient en ſoy quelque perfection, eſt contenu & renfermé tout entier dans cette idée.

Et cecy ne laiſſe pas d'eſtre vray, encore que ie ne
comprenne pas l'infiny, & qu'il ſe rencontre en Dieu
vne infinité de choſes que ie ne puis comprendre, ny peut
eſtre auſſi atteindre aucunement de la penſée : car il eſt
de la nature de l'infiny, que moy qui ſuis finy & borné
ne le puiſſe comprendre ; Et il ſuffit que i'entende bien
cela, & que ie iuge que toutes les choſes que ie conçoy
clairement, & dans leſquelles ie ſçay qu'il y a quelque
perfection, & peut-eſtre auſſi vne infinité d'autres que
i'ignore, ſont en Dieu formellement ou eminemment,
afin que l'idée que i'en ay ſoit la plus vraye, la plus claire, & la plus diſtincte de toutes celles qui ſont en mon
eſprit.

Mais peut-eſtre auſſi que ie ſuis quelque choſe de plus
que ie ne m'imagine, & que toutes les perfections que
i'attribuë à la nature d'vn Dieu, ſont en quelque façon
en moy en Puiſſance, quoy qu'elles ne ſe produiſent pas
encore, & ne ſe faſſent point paroiſtre par leurs actions.
En effet i'experimente deſia que ma connoiſſance s'augmente & ſe perfectionne peu à peu ; & ie ne voy rien
qui puiſſe empeſcher qu'elle ne s'augmente ainſi de plus

en plus iufques à l'infiny; ny auſſi pourquoy eſtant ainſi accreuë & perfectionnée, ie ne pourois pas acquerir par ſon moyen toutes les autres perfections de la Nature Diuine; ny enfin pourquoy la puiſſance que i'ay pour l'acquiſition de ces perfections, s'il eſt vray qu'elle ſoit maintenant en moy, ne ſeroit pas ſuffiſante pour en produire les idées. Toutesfois en y regardant vn peu de prés, ie reconnois que cela ne peut eſtre; Car premierement encore qu'il fuſt vray que ma connoiſſance acquiſt tous les iours de nouueaux degrez de perfection, & qu'il y euſt en ma nature beaucoup de choſes en puiſſance, qui n'y ſont pas encore actuellement: Toutesfois tous ces auantages n'appartiennent & n'approchent en aucune ſorte de l'idée que i'ay de la Diuinité, dans laquelle rien ne ſe rencontre ſeulement en puiſſance, mais tout y eſt actuellement & en effet. Et meſme n'eſt-ce pas vn argument infaillible & tres-certain d'imperfection en ma connoiſſance, de ce qu'elle s'accroiſt peu à peu, & qu'elle s'augmente par degrez? Dauantage, encore que ma connoiſſance s'augmentaſt de plus en plus, neantmoins ie ne laiſſe pas de conceuoir qu'elle ne ſçauroit eſtre actuellement infinie, puis qu'elle n'arriuera iamais à vn ſi haut point de perfection, qu'elle ne ſoit encore capable d'acquerir quelque plus grand accroiſſement. Mais ie conçoy Dieu actuellement infiny en vn ſi haut degré, qu'il ne ſe peut rien adjouſter à la ſouueraine perfection qu'il poſſede. Et enfin ie comprens fort bien que l'Eſtre objectif d'vne idée ne peut eſtre produit par vn Eſtre qui exiſte ſeulement en puiſſance, lequel à proprement parler n'eſt rien, mais ſeulement par vn Eſtre formel ou actuel.

Et certes ie ne voy rien en tout ce que ie viens de dire, qui ne soit tres-aisé à connoistre par la lumiere naturelle à tous ceux qui voudront y penser soigneusement; mais lors que ie relasche quelque chose de mon attention, mon esprit se trouuant obscurcy, & comme aueuglé par les images des choses sensibles, ne se ressouuient pas facilement de la raison pourquoy l'idée que i'ay d'vn estre plus parfait que le mien, doit necessairement auoir esté mise en moy, par vn estre qui soit en effet plus parfait.

C'est pourquoy ie veux icy passer outre, & considerer si moy-mesme qui ay cette idée de Dieu, ie pourois estre, en cas qu'il n'y eust point de Dieu. Et ie demande, de qui aurois-je mon existence? peut-estre de moy-mesme, ou de mes parens, ou bien de quelques autres causes moins parfaites que Dieu ; car on ne se peut rien imaginer de plus parfait, ny mesme d'égal à luy.

Or si j'estois independant de tout autre, & que je fusse moy-mesme l'auteur de mon estre, je ne douterois d'aucune chose, je ne conceurois point de desirs ; & enfin il ne me manqueroit aucune perfection : Car ie me serois donné moy-mesme toutes celles dont i'ay en moy quelque idée ; & ainsi ie serois Dieu.

Et ie ne me dois pas imaginer que les choses qui me manquent sont peut-estre plus difficiles à acquerir, que celles dont ie suis desia en possession ; car au contraire il est tres-certain, qu'il a esté beaucoup plus difficile que moy, c'est à dire vne chose ou vne substance qui pense, sois sorty du neant, qu'il ne me seroit d'acquerir les lumieres & les conoissances de plusieurs choses que i'ignore, & qui ne font que des accidens de cette fubftance ; Et certainement fi ie m'eftois donné ce plus que ie viens de dire, c'eft à dire fi i'eftois moy-mefme l'auteur de mon Eftre, ie ne me ferois pas au moins dénié les chofes qui fe peuuent auoir auec plus de facilité, comme font vne infinité de connoiffances dont ma nature fe trouue dénuée : Ie ne me ferois pas mefme dénié d'aucune des chofes que ie voy eftre contenuës dans l'idée de Dieu ; parce qu'il n'y en a aucune qui me femble plus difficile à faire ou à acquerir ; Et s'il y en auoit quelqu'vne qui fuft plus difficile, certainement elle me paroiftroit telle, (fuppofé que j'euffe de moy toutes les autres chofes que je poffede) parce que je verrois en cela ma puiffance terminée.

Et encore que ie puiffe fuppofer que peut-eftre i'ay toufiours efté comme ie fuis maintenant, ie ne fçaurois pas pour cela euiter la force de ce raifonnement, & ne laiffe pas de connoiftre qu'il eft neceffaire que Dieu foit l'auteur de mon exiftence ; Car tout le temps de ma vie peut eftre diuifé en vne infinité de parties, chacune defquelles ne depend en aucune façon des autres ; & ainfi de ce qu'vn peu auparauant i'ay efté, il ne s'enfuit pas que ie doiue maintenant eftre, fi ce n'eft qu'en ce moment quelque caufe me produife, & me crée, pour ainfi dire, derechef, c'eft à dire me conferue.

En effet c'eft vne chofe bien claire & bien euidente (à tous ceux qui confidereront auec attention la nature du temps) qu'vne fubftance pour eftre conferuée dans tous les momens qu'elle dure, a befoin du mefme pouuoir & de la mefme action qui feroit neceffaire pour la produire & la créer tout de nouueau, fi elle n'eftoit point encore

En sorte que c'est vne chose que la lumiere naturelle nous fait voir clairement, que la Conseruation & la Creation ne different qu'au regard de nostre façon de penser, & non point en effet.

Il faut donc seulement icy que je m'interroge & me consulte moy-mesme, pour voir si i'ay en moy quelque pouuoir & quelque vertu, au moyen de laquelle je puisse faire, que moy qui suis maintenant, ie sois encore vn moment apres : Car puis que je ne suis rien qu'vne chose qui pense (ou du moins puis qu'il ne s'agit encore iusques icy precisement que de cette partie-là de moy-mesme) si vne telle puissance residoit en moy, certes ie deurois à tout le moins le penser, & en auoir connoissance ; Mais je n'en ressens aucune dans moy ; & par là je connois euidemment que ie dépends de quelque Estre different de moy.

Mais peut-estre que cet Estre-là duquel ie dépens, n'est pas Dieu, & que ie suis produit ou par mes parens, ou par quelques autres causes moins parfaites que luy ? Tant s'en faut, cela ne peut estre ; Car comme i'ay desia dit auparauant, c'est vne chose tres-euidente qu'il doit y auoir pour le moins autant de realité dans la cause que dans son effet : Et partant, puis que ie suis vne chose qui pense, & qui ay en moy quelque idée de Dieu, quelle que soit enfin la cause de mon Estre, il faut necessairement auoüer qu'elle est aussi vne chose qui pense, & qu'elle a en soy l'idée de toutes les perfections que i'attribuë à Dieu. Puis l'on peut derechef rechercher si cette cause tient son origine & son existence de soy-mesme, ou de quelque autre chose : Car si elle la tient de soy-mesme, il s'enfuit par les raisons que i'ay cy-deuant alleguées, que cette cause est Dieu : puis qu'ayant la vertu d'estre & d'exister par soy, elle doit aussi sans doute auoir la puissance de posseder actuellement toutes les perfections dont elle a en soy les idées, c'est à dire toutes celles que ie conçoy estre en Dieu. Que si elle tient son existence de quelque autre cause que de soy, on demandera derechef par la mesme raison de cette seconde cause, si elle est par soy, ou par autruy, jusques à ce que de degrez en degrez on paruienne enfin à vne derniere cause, qui se trouuera estre Dieu. Et il est tres-manifeste qu'en cela il ne peut y auoir de progrez à l'infiny, veu qu'il ne s'agit pas tant icy de la cause qui m'a produit autresfois, comme de celle qui me conserue presentement.

On ne peut pas feindre aussi que peut-estre plusieurs causes ont ensemble concouru en partie à ma productiõ, & que de l'vne i'ay receu l'idée d'vne des perfections que i'attribuë à Dieu, & d'vne autre l'idée de quelque autre, en sorte que toutes ces perfections se trouuent bien à la verité quelque part dans l'Vniuers, mais ne se rencontrent pas toutes jointes & assemblées dans vne seule qui soit Dieu : Car au contraire l'vnité, la simplicité, ou l'inseparabilité de toutes les choses qui sont en Dieu, est vne des principales perfections que je conçoy estre en luy; Et certes l'idée de cette vnité de toutes les perfections de Dieu, n'a pû estre mise en moy par aucune cause, de qui je n'aye point aussi receu les idées de toutes les autres perfections ; Car elle n'a pû faire que ie les comprisse toutes jointes ensemble, & inseparables, sans auoir fait en sorte en mesme temps que ie sçeusse ce qu'elles estoient,

F iiij

& que ie les connuſſe toutes en quelque façon.

Enfin pour ce qui regarde mes parens, deſquels il ſemble que ie tire ma naiſſance, encore que tout ce que i'en ay iamais pû croire ſoit veritable, cela ne fait pas toutesfois que ce ſoit eux qui me conſeruent; ny meſme qui m'ayent fait & produit en tant que ie ſuis vne choſe qui penſe, n'y ayant aucun rapport entre l'action corporelle, par laquelle i'ay couſtume de croire qu'ils m'ont engendré, & la production d'vne telle ſubſtance : Mais ce qu'ils ont tout au plus contribué à ma naiſſance, eſt qu'ils ont mis quelques diſpoſitions dans cette matiere, dans laquelle i'ay iugé iuſques icy que moy, c'eſt à dire mon Eſprit, lequel ſeul ie prens maintenant pour moy-meſme, eſt renfermé; Et partant il ne peut y auoir icy à leur eſgard aucune difficulté, mais il faut neceſſairement conclure que de cela ſeul que i'exiſte, & que l'idée d'vn eſtre ſouuerainement parfait (c'eſt à dire de Dieu) eſt en moy, l'exiſtence de Dieu eſt tres-euidemment demonſtrée.

Il me reſte ſeulement à examiner de quelle façon i'ay acquis cette idée : Car ie ne l'ay pas receuë par les ſens, & jamais elle ne s'eſt offerte à moy contre mon attente, ainſi que font d'ordinaire les idées des choſes ſenſibles, lors que ces choſes ſe preſentent, ou ſemblent ſe preſenter aux organes exterieurs des ſens; Elle n'eſt pas auſſi vne pure production ou fiction de mon eſprit, car il n'eſt pas en mon pouuoir d'y diminuer ny d'y adjouſter aucune choſe; Et par conſequent il ne reſte plus autre choſe à dire, ſinon que cette idée eſt née & produite auec moy dés lors que j'ay eſté creé, ainſi que l'eſt l'idée de moy-meſme.

Et de vray on ne doit pas trouuer étrange, que Dieu en me creant ayt mis en moy cette idée pour eftre comme la marque de l'ouurier emprainte fur fon ouurage; Et il n'est pas auſſi neceſſaire que cette marque foit quelque choſe de different de cet ouurage meſme: Mais de cela ſeul que Dieu m'a creé, il eſt fort croyable qu'il m'a en quelque façon produit à ſon Image & ſemblance, & que je conçoy cette reſſemblance (dans laquelle l'idée de Dieu ſe trouue contenuë) par la meſme faculté par laquelle ie me conçoy moy-meſme; c'eſt à dire que lors que ie fais reflexion ſur moy, non ſeulement ie connois que ie ſuis vne choſe imparfaite, incomplete, & dependante d'autruy, qui tend & qui aſpire ſans ceſſe à quelque choſe de meilleur & de plus grand que ie ne ſuis, mais ie connois auſſi en meſme temps, que celuy duquel je dépens poſſede en ſoy toutes ces grandes choſes auſquelles i'aſpire, & dont ie trouue en moy les idées, non pas indefiniment, & ſeulement en puiſſance, mais qu'il en joüit en effet, actuellement, & infiniment; & ainſi qu'il eſt Dieu: Et toute la force de l'argument dont i'ay icy vſé pour prouuer l'exiſtence de Dieu, conſiſte en ce que ie reconnois qu'il ne ſeroit pas poſſible que ma nature fuſt telle qu'elle eſt, c'eſt à dire que j'euſſe en moy l'idée d'vn Dieu, ſi Dieu n'exiſtoit veritablement; ce meſme Dieu, dis-je, duquel l'idée eſt en moy, c'eſt à dire qui poſſede toutes ces hautes perfections, dont noſtre eſprit peut bien auoir quelque legere idée, ſans pourtant les pouuoir comprendre, qui n'eſt ſujet à aucuns defauts, & qui n'a rien de toutes les choſes qui denotent quelque imperfection.

D'où il eſt aſſez euident qu'il ne peut eſtre trompeur; puis que la lumiere naturelle nous enſeigne que la tromperie depend neceſſairement de quelque defaut.

Mais auparauant que i'examine cela plus ſoigneuſement, & que ie paſſe à la conſideration des autres veritez que l'on en peut recüeillir, il me ſemble tres-à propos de m'arreſter quelque temps à la contemplation de ce Dieu tout parfait, de peſer tout à loiſir ſes merueilleux attributs, de conſiderer, d'admirer, & d'adorer l'incomparable beauté de cette immenſe lumiere, au moins autant que la force de mon eſprit, qui en demeure en quelque ſorte éblouy, me le poura permettre.

Car comme la foy nous apprend que la Souueraine felicité de l'autre vie, ne conſiſte que dans cette contemplation de la Majeſté diuine: Ainſi experimentons nous dés maintenant, qu'vne ſemblable Meditation, quoy qu'incomparablement moins parfaite, nous fait jouyr du plus grand contentement que nous ſoyons capables de reſſentir en cette vie.

MEDITATION

MEDITATION QVATRIESME.

Du Vray, & du Faux.

IE me suis tellement accoustumé ces iours passez à détacher mon esprit des sens, & i'ay si exactement remarqué qu'il y a fort peu de choses que l'on connoisse auec certitude touchant les choses corporelles, qu'il y en a beaucoup plus qui nous sont connuës touchant l'esprit humain, & beaucoup plus encore de Dieu mesme, qu'il me sera maintenant aysé de détourner ma pensée de la consideration des choses sensibles, ou imaginables, pour la porter à celles qui estans dégagées de toute matiere sont purement intelligibles.

Et certes l'idée que i'ay de l'esprit humain, entant qu'il est vne chose qui pense, & non estenduë en longueur, largeur & profondeur, & qui ne participe à rien de ce qui appartient au corps, est incomparablement plus distin-

G.

que l'idée d'aucune chose corporelle. Et lors que ie considere que ie doute, c'est à dire que ie suis vne chose incomplete & dependante, l'idée d'vn estre complet & independant, c'est à dire de Dieu, se presente à mon esprit auec tant de distinction & de clarté : Et de cela seul que cette idée se trouue en moy, ou bien que ie suis, ou existe, moy qui possede cette idée, ie conclus si euidemment l'existence de Dieu, & que la mienne depend entierement de luy en tous les momens de ma vie, que ie ne pense pas que l'esprit humain puisse rien connoistre auec plus d'euidence & de certitude. Et desia il me semble que je découure vn chemin, qui nous conduira de cette contemplation du vray Dieu (dans lequel tous les tresors de la science & de la sagesse sont renfermez) à la connoissance des autres choses de l'Vniuers.

Car premierement ie reconnois qu'il est impossible que iamais il me trompe, puis qu'en toute fraude & tromperie il se rencontre quelque sorte d'imperfection : Et quoy qu'il semble que pouuoir tromper soit vne marque de subtilité, ou de puissance, toutesfois vouloir tromper témoigne sans doute de la foiblesse ou de la malice. Et partant cela ne peut se rencontrer en Dieu.

En suitte ie connois par ma propre experience qu'il y a en moy vne certaine Faculté de juger, ou de discerner le vray d'auec le faux, laquelle sans doute i'ay receuë de Dieu, aussi bien que tout le reste des choses qui sont en moy, & que je possede ; Et puis qu'il est impossible qu'il veüille me tromper, il est certain aussi qu'il ne me l'a pas donnée telle, que ie puisse iamais faillir, lors que j'en vseray comme il faut. Et il ne resteroit aucun doute touchant cela, si l'on n'en pouuoit ce semble tirer cette consequence, qu'ainsi donc ie ne me puis iamais tromper; Car si tout ce qui est en moy, vient de Dieu, & s'il n'a mis en moy aucune Faculté de faillir, il semble que ie ne me doiue iamais abuser. Aussi est-il vray que lors que ie me regarde seulement comme venant de Dieu, & que je me tourne tout entier vers luy, je ne découure en moy aucune cause d'erreur ou de fausseté: Mais aussi-tost apres reuenant à moy, l'experience me fait cónoistre que je suis neatmoins sujet à vne infinité d'erreurs. Desquelles venant à rechercher la cause, ie remarque qu'il ne se presente pas seulement à ma pensée vne réelle & positiue idée de Dieu, ou bien d'vn Estre souuerainement parfait, mais aussi, pour ainsi parler, vne certaine idée negatiue du neant, c'est à dire de ce qui est infiniment éloigné de toute sorte de perfection. Et que ie suis comme vn milieu entre Dieu & le neant, c'est à dire placé de telle sorte entre le Souuerain Estre & le Non Estre, qu'il ne se rencontre de vray rien en moy qui me puisse conduire dans l'erreur, entant qu'vn souuerain Estre m'a produit: Mais que si ie me considere comme participant en quelque façon du neant ou du non estre, c'est à dire, entant que ie ne suis pas moy-mesme le souuerain estre, & qu'il me manque plusieurs choses, ie me trouue exposé à vne infinité de manquemens; de façon que ie ne me dois pas estonner si ie me trompe.

Et ainsi ie connois que l'erreur, entant que telle, n'est pas quelque chose de réel qui depende de Dieu, mais que c'est seulement vn défaut; & partant que pour faillir ie n'ay pas besoin d'vne faculté qui m'ait esté donnée de

G. ij.

Dieu, particulierement pour cét effet ; mais qu'il arriue que ie me trompe, de ce que la puissance que Dieu m'a donnée pour discerner le vray d'auec le faux, n'est pas en moy infinie.

Toutesfois cela ne me satisfait pas encore tout à fait, car l'erreur n'est pas vne pure negation, c'est à dire, n'est pas le simple defaut ou manquement de quelque perfection qui ne m'est point deuë, mais c'est vne priuation ou le manquement de quelque connoissance qu'il semble que ie deurois auoir. Or en considerant la nature de Dieu, il ne semble pas possible qu'il ait mis en moy quelque faculté qui ne soit pas parfaite en son genre, c'est à dire, qui manque de quelque perfection qui luy soit deuë: Car s'il est vray que plus l'artisan est expert, plus les ouurages qui sortent de ses mains sont parfaits & accomplis, quelle chose peut auoir esté produite par ce souuerain Createur de l'Vniuers, qui ne soit parfaite & entierement acheuée en toutes ses parties ? Et certes il n'y a point de doute que Dieu n'ait pû me créer tel que ie ne me trompasse iamais : Il est certain aussi qu'il veut tousiours ce qui est le meilleur; est-ce donc vne chose meilleure que ie puisse me tromper, que de ne le pouuoir pas ?

Considerant cela auec attention, il me vient d'abord en la pensée que ie ne me dois pas estonner, si ie ne suis pas capable de comprendre pourquoy Dieu fait ce qu'il fait ; & qu'il ne faut pas pour cela douter de son existence, de ce que peut-estre ie voy par experience beaucoup d'autres choses qui existent, bien que ie ne puisse comprendre pour quelle raison, ny comment Dieu les a faites : Car sçachant desia que ma Nature est extremement foible &

limitée, & que celle de Dieu au contraire est immense, incomprehensible, & infinie; ie n'ay plus de peine à reconnoistre qu'il y a vne infinité de choses en sa puissance, desquelles les causes surpassent la portée de mon esprit; Et cette seule raison est suffisante pour me persuader que tout ce genre de causes qu'on a coustume de tirer de la fin, n'est d'aucun vsage dans les choses Physiques, ou naturelles : car il ne me semble pas que ie puisse sans temerité rechercher & entreprendre de découurir les fins impenetrables de Dieu.

De plus il me vient encore en l'esprit, qu'on ne doit pas considerer vne seule creature separément, lors qu'on recherche si les ouurages de Dieu sont parfaits, mais generalement toutes les creatures ensemble : Car la mesme chose qui pourroit peut-estre auec quelque sorte de raison sembler fort imparfaite, si elle estoit seule dans le monde, ne laisse pas d'estre tres-parfaite, estant consideree comme faisant partie de tout cét Vniuers : Et quoy que depuis que i'ay fait dessein de douter de toutes choses, ie n'aye encore connu certainement que mon existence, & celle de Dieu : Toutesfois aussi depuis que i'ay reconnu l'infinie puissance de Dieu, ie ne sçaurois nier qu'il n'ait produit beaucoup d'autres choses, ou du moins qu'il n'en puisse produire, en sorte que i'existe, & sois placé dans le monde, comme faisant partie de l'vniuersité de tous les estres.

En suitte dequoy venant à me regarder de plus prés, & considerer quelles sont mes erreurs, (lesquelles seules témoignent qu'il y a en moy de l'imperfection) ie trouue qu'elles dépendent du concours de deux causes, à sçauoir

G iij

de la faculté de connoistre qui est en moy ; & de la faculté d'élire, ou bien de mon libre arbitre ; c'est à dire, de mon entendement, & ensemble de ma volonté. Car par l'entendement seul ie n'asseure ny ne nie aucune chose, mais ie conçoy seulement les idées des choses, que ie puis asseurer ou nier. Or en le considerant ainsi precisement, on peut dire qu'il ne se trouue iamais en luy aucune erreur, pourueu qu'on prenne le mot d'erreur en sa propre signification. Et encore qu'il y ait peut-estre vne infinité de choses dans le monde, dont ie n'ay aucune idée en mon entendement, on ne peut pas dire pour cela qu'il soit priué de ces idées, comme de quelque chose qui soit deuë à sa nature, mais seulement qu'il ne les a pas ; parce qu'en effet il n'y a aucune raison qui puisse prouuer que Dieu ait deu me donner vne plus grande & plus ample faculté de connoistre, que celle qu'il m'a donnée : Et quelque adroit & sçauant ouurier que ie me le represente, ie ne dois pas pour cela penser, qu'il ait deu mettre dans chacun de ses ouurages toutes les perfections qu'il peut mettre dans quelques vns. Ie ne puis pas aussi me plaindre que Dieu ne m'ait pas donné vn libre arbitre, ou vne volonté assez ample & assez parfaite : puis qu'en effet ie l'experimente si ample & si estenduë, qu'elle n'est renfermée dans aucunes bornes. Et ce qui me semble icy bien remarquable, est que de toutes les autres choses qui sont en moy, il n'y en a aucune si parfaite & si grande, que ie ne reconnoisse bien qu'elle pourroit estre encore plus grande & plus parfaite. Car, par exemple, si ie considere la faculté de conceuoir qui est en moy, ie trouue qu'elle est d'vne fort petite estenduë, & grandement limitée, & tout enfemble ie me reprefente l'idée d'vne autre faculté beaucoup plus ample, & mefme infinie; & de cela feul que ie puis me reprefenter fon idée, ie connois fans difficulté qu'elle appartient à la nature de Dieu. En mefme façon fi i'examine la memoire, ou l'imagination, ou quelqu'autre faculté qui foit en moy, ie n'en trouue aucune qui ne foit tres-petite & bornée, & qui en Dieu ne foit immenfe & infinie. Il n'y a que la volonté feule, ou la feule liberté du franc arbitre que i'experimente en moy eftre fi grande, que ie ne conçoy point l'idée d'aucune autre plus ample & plus étenduë: En forte que c'eft elle principalement qui me fait connoiftre que ie porte l'image & la reffemblance de Dieu. Car encore qu'elle foit incomparablement plus grande dans Dieu, que dans moy, foit à raifon de la connoiffance & de la puiffance, qui fe trouuent jointes auec elles, & qui la rendent plus ferme & plus efficace; foit à raifon de l'objet, d'autant qu'elle fe porte & s'eftend infiniment à plus de chofes; Elle ne me femble pas toutesfois plus grande, fi ié la confidere formellement & precifement en elle-mefme : Car elle confifte feulement en ce que nous pouuons faire vne mefme chofe, ou ne la faire pas, (c'eft à dire affirmer ou nier, pourfuiure ou fuir vne mefme chofe) ou pluftoft elle confifte feulement en ce que pour affirmer ou nier, pourfuiure ou fuir les chofes que l'entendement nous propofe, nous agiffons de telle forte que nous ne fentons point qu'aucune force exterieure nous y contraigne. Car afin que ie fois libre, il n'eft pas neceffaire que ie fois indifferent à choifir l'vn ou l'autre des deux contraires; mais pluftoft, d'autant plus que ie panche vers l'vn, soit que ie connoiſſe éuidemment que le bien & le vray s'y rencontrent, ſoit que Dieu diſpoſe ainſi l'interieur de ma penſée, d'autant plus librement i'en fais choix, & ie l'embraſſe: Et certes la grace diuine & la connoiſſance naturelle, bien loin de diminuer ma liberté, l'augmentent pluſtoſt, & la fortifient. De façon que cette indifference que ie ſens, lors que ie ne ſuis point emporté vers vn coſté pluſtoſt que vers vn autre par le poids d'aucune raiſon, eſt le plus bas degré de la liberté, & fait pluſtoſt paroiſtre vn défaut dans la connoiſſance, qu'vne perfection dans la volonté; Car ſi ie connoiſſois touſiours clairement ce qui eſt vray, & ce qui eſt bon, ie ne ſerois jamais en peine de deliberer quel iugement, & quel choix ie deurois faire; & ainſi ie ſerois entierement libre, ſans jamais eſtre indifferent.

De tout cecy ie reconnois, que ny la puiſſance de vouloir, laquelle i'ay receuë de Dieu, n'eſt point d'elle-meſme la cauſe de mes erreurs: car elle eſt tres-ample & tres-parfaite en ſon genre; ny auſſi la puiſſance d'entendre ou de conceuoir: car ne conceuant rien que par le moyen de cette puiſſance que Dieu m'a donnée pour conceuoir, ſans doute que tout ce que ie conçoy, ie le conçoy comme il faut, & il n'eſt pas poſſible qu'en cela ie me trompe. D'où eſt-ce donc que naiſſent mes erreurs? c'eſt à ſçauoir, de cela ſeul, que la volonté eſtant beaucoup plus ample & plus étenduë que l'entendement, ie ne la contiens pas dans les meſmes limites, mais que ie l'eſtens auſſi aux choſes que ie n'entens pas; auſquelles eſtant de ſoy indifferente, elle s'égare fort aiſement, & choiſit le faux pour le vray, & le mal pour le bien. Ce qui fait que ie me trompe, & que ie peche.

Par

Par exemple, examinant ces iours passez si quelque chose existoit veritablement dans le monde, & connoissant que de cela seul que i'examinois cette question, il suiuoit tres-euidemment que i'existois moy-mesme, ie ne pouuois pas m'empescher de juger qu'vne chose que ie conceuois si clairement estoit vraye, non que ie m'y trouuasse forcé par aucune cause exterieure; mais seulement, parce que d'vne grande clarté qui estoit en mon entendement, a suiuy vne grande inclination en ma volonté; & ie me suis porté à croire auec d'autant plus de liberté, que ie me suis trouué auec moins d'indifference. Au contraire à present ie ne connois pas seulement que i'existe, en tant que ie suis quelque chose qui pense; mais il se presente aussi à mon esprit vne certaine idée de la nature corporelle: ce qui fait que ie doute si cette nature qui pense qui est en moy, ou plustost que ie suis moy-mesme, est differente de cette nature corporelle, ou bien si toutes deux ne sont qu'vne mesme chose: Et ie suppose icy que ie ne connois encore aucune raison qui me persuade plustost l'vn que l'autre: d'où il suit que ie suis entierement indifferent à le nier, ou à l'asseurer, ou bien mesme à m'abstenir d'en donner aucun jugement.

Et cette indifference ne s'étend pas seulement aux choses dont l'entendement n'a aucune connoissance; mais generalement aussi à toutes celles qu'il ne découure pas auec vne parfaite clarté, au moment que la volonté en delibere; car pour probables que soient les conjectures qui me rendent enclin à juger quelque chose, la seule connoissance que i'ay que ce ne sont que des conjectures, & non des raisons certaines & indubitables, suffit pour me donner occasion de juger le contraire : Ce que j'ay suffisamment experimenté ces iours passez, lors que j'ay posé pour faux, tout ce que j'auois tenu auparauant pour tres-veritable, pour cela seul que i'ay remarqué que l'on en pouuoit en quelque façon douter.

Or si ie m'abstiens de donner mon jugement sur vne chose, lors que ie ne la conçoy pas auec assez de clarté & de distinction ; il est euident que ie fais bien, & que ie ne suis point trompé ; Mais si ie me determine à la nier, ou asseurer, alors ie ne me sers pas comme ie dois de mon libre arbitre ; Et si i'assure ce qui n'est pas vray, il est euident que ie me trompe ; mesme aussi encore que ie iuge selon la verité, cela n'arriue que par hazard, & ie ne laisse pas de faillir, & d'vser mal de mon libre arbitre. Car la lumiere naturelle nous enseigne, que la connoissance de l'entendement doit tousiours preceder la determination de la volonté. Et c'est dans ce mauuais vsage du libre arbitre, que se rencontre la priuation qui constitue la forme de l'erreur. La priuation, dis-je, se rencontre dans l'operation, entant qu'elle procede de moy, mais elle ne se trouue pas dans la faculté que i'ay receuë de Dieu, ny mesme dans l'operation, entant qu'elle depend de luy. Car ie n'ay certes aucun sujet de me plaindre, de ce que Dieu ne m'a pas donné vne intelligence plus ample, ou vne lumiere naturelle plus que celle qu'il m'a donnée ; puis qu'il est de la nature d'vn entendement finy, de ne pas entendre plusieurs choses, & de la nature d'vn entendement creé d'estre finy : Mais j'ay tout sujet de luy rendre graces, de ce que ne m'ayant jamais rien deu, il m'a neantmoins donné tout le peu de perfections qui est en moy ; bien loin de conceuoir des sentimens si injustes, que de m'imaginer qu'il m'ait osté, ou retenu injustement les autres perfections qu'il ne m'a point données. Ie n'ay pas aussi sujet de me plaindre, de ce qu'il m'a donné vne volonté plus ample que l'entendement, puis que la volonté ne consistant que dans vne seule chose, & comme dans vn indiuisible, il semble que sa nature est telle qu'on ne luy sçauroit rien oster sans la destruire ; Et certes plus elle a d'estenduë, & plus ay-ie à remercier la bonté de celuy qui me l'a donnée. Et enfin ie ne dois pas aussi me plaindre, de ce que Dieu concourt auec moy pour former les actes de cette volonté, c'est à dire les jugemens dans lesquels ie me trompe : Parce que ces actes-là sont entierement vrays, & absolument bons, entant qu'ils dependent de Dieu, & il y a en quelque sorte plus de perfection en ma nature, de ce que ie les puis former, que si ie ne le pouuois pas. Pour la priuation dans laquelle seule consiste la raison formelle de l'erreur, & du peché, elle n'a besoin d'aucun concours de Dieu, parce que ce n'est pas vne chose, ou vn estre, & que si on la rapporte à Dieu comme à sa cause, elle ne doit pas estre nommée priuation, mais seulement negation, selon la signification qu'on donne à ces mots dans l'Eschole.

Car en effet ce n'est point vne imperfection en Dieu, de ce qu'il m'a donné la liberté de donner mon jugement, ou de ne le pas donner, sur certaines choses dont il n'a pas mis vne claire & distincte connoissance en mon entendement ; mais sans doute c'est en moy vne imperfection, de ce que ie n'vse pas bien de cette liberté, & que ie donne temerairement mon jugement, sur des choses, que ie ne conçoy qu'auec obſcurité & confuſion.

Ie voy neantmoins qu'il eſtoit aiſé à Dieu de faire en ſorte que ie ne me trompaſſe iamais, quoy que ie demeuraſſe libre, & d'vne connoiſſance bornée; à ſçauoir s'il euſt donné à mon entendement vne claire & diſtincte intelligence de toutes les choſes dont ie deuois jamais deliberer, ou bien ſeulement s'il euſt ſi profondement graué dans ma memoire la reſolution de ne juger jamais d'aucune choſe ſans la conceuoir clairement & diſtinctement, que ie ne la peuſſe jamais oublier. Et ie remarque bien qu'entant que ie me conſidere tout ſeul, comme s'il n'y auoit que moy au monde, j'aurois eſté beaucoup plus parfait que ie ne ſuis, ſi Dieu m'auoit creé tel que ie ne failliſſe jamais. Mais ie ne puis pas pour cela nier, que ce ne ſoit en quelque façon vne plus grande perfection dans l'Vniuers, de ce que quelques vnes de ſes parties ne ſont pas exemptes de deffaut, que d'autres le ſont, que ſi elles eſtoient toutes ſemblables : Et ie n'ay aucun droit de me plaindre, que Dieu m'ayant mis au monde, n'ait pas voulu me mettre au rang des choſes les plus nobles & les plus parfaites: Meſme j'ay ſujet de me contenter, de ce que s'il ne m'a pas donné la perfection de ne point faillir par le premier moyen que j'ay cy deſſus declaré, qui depend d'vne claire & éuidente cônoiſſance de toutes les choſes dont ie puis deliberer, il a au moins laiſſé en ma puiſſance l'autre moyen, qui eſt de retenir fermement la reſolution de ne iamais donner mon jugement ſur les choſes dont la verité ne m'eſt pas clairement connuë: Car quoy que j'experimente en moy cette foibleſſe, de ne pouuoir attacher continuellement mon eſprit à vne meſme penſée, ie puis toutesfois par vne meditation attentiue & fouuent reiterée, me l'imprimer si fortement en la memoire, que ie ne manque iamais de m'en ressouuenir, toutes les fois que j'en auray besoin, & acquerir de cette façon l'habitude de ne point faillir ; Et dautant que c'est en cela que consiste la plus grande & la principale perfection de l'homme, i'estime n'auoir pas aujourd'huy peu gagné par cette Meditation, d'auoir découuert la cause de l'erreur & de la fausseté.

Et certes il n'y en peut auoir d'autres que celle que ie viens d'expliquer ; Car toutes les fois que ie retiens tellement ma volonté dans les bornes de ma connoissance, qu'elle ne fait aucun jugement que des choses qui luy sont clairement & distinctement representées par l'entendement, il ne se peut faire que ie me trompe ; Parce que toute conception claire & distincte est sans doute quelque chose, & partant elle ne peut tirer son origne du neant, mais doit necessairement auoir Dieu pour son auteur ; Dieu, dis-je, qui estant souuerainement parfait ne peut estre cause d'aucune erreur ; Et par consequent il faut conclure qu'vne telle conception, ou vn tel jugement est veritable.

Au reste ie n'ay pas seulement apris aujourd'huy ce que ie dois éuiter pour ne plus faillir, mais aussi ce que ie dois faire pour paruenir à la connoissance de la verité. Car certainement j'y paruiendray si j'arreste suffisamment mon attention sur toutes les choses que ie conçois parfaitement, & si ie les separe des autres que ie ne conçois qu'auec confusion, & obscurité. A quoy doresnauant ie prendray soigneusement garde.

MEDITATION CINQVIESME.

De l'essence des choses materielles : Et de rechef de Dieu, qu'il existe.

IL me reste beaucoup d'autres choses à examiner touchant les Attributs de Dieu, & touchant ma propre Nature, c'est à dire celle de mon Esprit; mais i'en reprendray peut-estre vne autrefois la recherche. Maintenant (apres auoir remarqué ce qu'il faut faire ou éuiter pour paruenir à la connoissance de la verité) ce que j'ay principalement à faire, est d'essayer de sortir & me débarasser de tous les doutes ou ie suis tombé ces iours passez, & de voir si l'on ne peut rien connoistre de certain touchant les choses Materielles.

Mais auant que j'examine s'il y a de telles choses qui existent hors de moy, ie dois considerer leurs idées, entant qu'elles sont en ma pensée, & voir quelles sont celles qui sont distinctes, & quelles sont celles qui sont confuses.

En premier lieu, j'imagine distinctement cette quantité, que les Philosophes appellent vulgairement la quantité continuë, ou bien l'extension en longueur, largeur, & profondeur, qui est en cette quantité, ou plutost en la chose à qui on l'attribuë. De plus, ie puis nombrer en elle plusieurs diuerses parties, & attribuer à chacune de ces parties toutes sortes de grādeurs, de figures, de situations, & de mouuemens : Et enfin ie puis assigner à chacun de ces mouuemens toutes sortes de durées.

Et ie ne connois pas seulement ces choses auec distinction, lors que ie les considere ainsi en general ; mais aussi pour peu que i'y applique mon attention, je viens à connoistre vne infinité de particularitez touchant les nombres, les figures, les mouuemens, & autres choses semblables, dont la verité se fait paroistre auec tant d'éuidence, & s'accorde si bien auec ma nature, que lors que ie commence à les découurir, il ne me semble pas que i'apprenne rien de nouueau, mais plutost que ie me ressouuiens de ce que ie sçauois desia auparauant, c'est à dire, que j'aperçoy des choses qui estoient desia dans mon esprit, quoy que ie n'eusse pas encore tourné ma pensée vers elles.

Et ce que ie trouue icy de plus considerable, c'est que ie trouue en moy vne infinité d'idées de certaines choses, qui ne peuuent pas estre estimées vn pur neant, quoy que peut-estre elles n'ayent aucune existance hors de ma pensée ; & qui ne sont pas feintes par moy, bien qu'il soit en ma liberté de les penser, ou de ne les penser pas ; mais qui ont leurs vrayes & immuables natures. Comme, par exemple, lors que j'imagine vn triangle, encore qu'il n'y ait peut-estre en aucun lieu du monde hors de ma pensée vne telle figure, & qu'il n'y en ait iamais eu, il ne laisse pas neantmoins d'y auoir vne certaine nature, ou forme, ou essence determinée de cette figure, laquelle est immuable & eternelle, que ie n'ay point inuentée, & qui ne dépend en aucune façon de mon esprit; comme il paroist de ce que l'on peut demonstrer diuerses proprietez de ce triangle, à sçauoir, que ses trois angles sont égaux à deux droits, que le plus grand angle est soustenu par le plus grand costé, & autres semblables, lesquelles maintenant soit que ie le veüille, ou non, ie reconnois tres-clairement & tres-euidemment estre en luy, encore que ie n'y aye pensé auparauant en aucune façon, lors que ie me suis imaginé la premiere fois vn triangle ; & partant on ne peut pas dire que ie les aye feintes & inuentées.

Et ie n'ay que faire icy de m'objecter, que peut-estre cette idée du triangle est venuë en mon esprit par l'entremise de mes sens, pour auoir veu quelquefois des corps de figure triangulaire ; Car ie puis former en mon esprit vne infinité d'autres figures, dont on ne peut auoir le moindre soupçon que jamais elles me soient tombées sous les sens, & ie ne laisse pas toutesfois de pouuoir demonstrer diuerses proprietez touchant leur nature, aussi bien que touchant celle du triangle : lesquelles certes doiuent estre toutes vrayes, puis que ie les conçoy clairement ; & partant elles sont quelque chose, & non pas vn pur neant : car il est tres-euident que tout ce qui est vray est quelque chose ; la verité estant vne mesme chose auec l'Estre : Et i'ay desia amplement demonstré cy-dessus que toutes les choses que ie connois clairement &
distincte-

distinctement sont vrayes. Et quoy que ie ne l'eusse pas demonstré, toutesfois la nature de mon esprit est telle, que ie ne me sçaurois empescher de les estimer vrayes, pendant que ie les conçoy clairement & distinctement. Et ie me ressouuiens, que lors mesme que i'estois encore fortemét attaché aux objets des sens, j'auois tenu au nombre des plus constantes veritez, celles que ie conceuois clairement & distinctement touchant les figures, les nombres, & les autres choses qui appartiennent à l'Arithmetique, & à la Geometrie.

Or maintenant si de cela seul que ie puis tirer de ma pensée l'idée de quelque chose, il s'ensuit que tout ce que ie reconnois clairement & distinctement appartenir à cette chose, luy appartient en effet, ne puis-je pas tirer de cecy vn argument, & vne preuue demonstratiue de l'existence de Dieu? Il est certain que ie ne trouue pas moins en moy son idée, c'est à dire, l'idée d'vn estre souuerainement parfait, que celle de quelque figure, ou de quelque nombre que ce soit; Et ie ne connois pas moins clairement & distinctement, qu'vne actuelle, & eternelle existence appartient à sa nature, que ie connois que tout ce que ie puis démonstrer de quelque figure, ou de quelque nombre, appartient véritablement à la nature de cette figure, ou de ce nombre; Et partant encore que tout ce que j'ay conclu dans les meditations precedentes, ne se trouuast point veritable, l'existence de Dieu deuroit passer en mon esprit au moins pour aussi certaine que i'ay estimé jusques icy toutes les veritez des Mathematiques, qui ne regardent que les nombres, & les figures; bien qu'à la verité cela ne paroisse pas d'abord entierement

I

manifeste, mais semble auoir quelque apparence de Sophisme. Car ayant accoustumé dans toutes les autres choses de faire distinction entre l'existence, & l'essence, ie me persuade aysément que l'existence peut estre separée de l'essence de Dieu, & qu'ainsi on peut conceuoir Dieu comme n'estant pas actuellement. Mais neantmoins lors que i'y pense auec plus d'attention, ie trouue manifestement que l'existence ne peut non plus estre separée de l'essence de Dieu, que de l'essence d'vn triangle rectiligne, la grandeur de ses trois angles égaux à deux droits: ou bien de l'idée d'vne montagne, l'idée d'vne valée : En sorte qu'il n'y a pas moins de repugnance de conceuoir vn Dieu (c'est à dire vn estre souuerainement parfait) auquel manque l'existence (c'est à dire auquel manque quelque perfection) que de conceuoir vne montagne qui n'ayt point de valée.

Mais encore qu'en effet ie ne puisse pas conceuoir vn Dieu sans existence, non plus qu'vne montagne sans valée, toutesfois, comme de cela seul que ie conçoy vne motagne auec vne valée, il ne s'ensuit pas qu'il y ayt aucune montagne dans le monde ; De mesme aussi quoy que ie conçoiue Dieu comme existant, il ne s'ensuit pas ce semble pour cela que Dieu existe : Car ma pensée n'impose aucune necessité aux choses ; Et comme il ne tient qu'à moy d'imaginer vn cheual aislé, encore qu'il n'y en ayt aucun qui ayt des aisles, ainsi ie pourrois peut-estre attribuer l'existence à Dieu, encore qu'il n'y eust aucun Dieu qui existast.

Tant s'en faut, c'est icy qu'il y a vn Sophisme caché sous l'apparence de cette objection ; Car de ce que ie ne puis conceuoir vne montagne sans vne valée, il ne s'ensuit pas qu'il y ayt au monde aucune montagne, ny aucune valée, mais seulement que la montagne & la valée, soit qu'il y en ayt, soit qu'il n'y en ayt point, sont inseparables l'vne de l'autre : Au lieu que de cela seul, que ie ne puis conceuoir Dieu que comme existant, il s'ensuit que l'existence est inseparable de luy, & partant qu'il existe veritablement. Non que ma pensée puisse faire que cela soit, ou qu'elle impose aux choses aucune necessité; mais au contraire, la necessité qui est en la chose mesme, c'est à dire la necessité de l'existence de Dieu, me determine à auoir cette pensée. Car il n'est pas en ma liberté de conceuoir vn Dieu sans existence (c'est à dire vn estre souuerainement parfait sans vne souueraine perfection) comme il m'est libre d'imaginer vn cheual sans aisles, ou auec des aisles.

Et l'on ne doit pas aussi dire icy, qu'il est à la verité necessaire que i'auoüe que Dieu existe, après que i'ay supposé qu'il possede toutes sortes de perfections, puis que l'existence en est vne, mais que ma premiere supposition n'estoit pas necessaire ; non plus qu'il n'est point necessaire de penser que toutes les figures de quatre costez se peuuent inscrire dans le cercle, mais que supposant que i'aye cette pensée, ie suis contraint d'auoüer que le rhombe y peut estre inscrit, puis que c'est vne figure de quatre costez, & ainsi ie seray contraint d'auoüer vne chose fausse. On ne doit point, dis-je, alleguer cela. Car encore qu'il ne soit pas necessaire que ie tombe iamais dans aucune pensée de Dieu ; neantmoins, toutes les fois qu'il m'arriue de penser à vn Estre premier & souuerain, & de tirer,

I ij

pour ainsi dire, son idée du tresor de mon esprit, il est necessaire que ie luy attribuë toutes sortes de perfectiõs, quoy que ie ne vienne pas à les nombrer toutes, & à appliquer mon attention sur chacune d'elles en particulier. Et cette necessité est suffisante pour faire que par apres (sitost que ie viens à reconnoistre que l'existence est vne perfection.) ie conclus fort bien que cet Estre premier & souuerain existe: De mesme qu'il n'est pas necessaire que i'imagine iamais aucun triangle; mais toutes les fois que ie veux considerer vne figure rectilique composée seulement de trois angles, il est absolument necessaire que ie luy attribuë toutes les choses qui seruent à conclure, que les trois angles ne sont pas plus grands que deux droicts, encore que peut-estre ie ne considere pas alors cela en particulier. Mais quand i'examine quelles figures sont capables d'estre inscrites dans le cercle, il n'est en aucune façon necessaire que ie pense que toutes les figures de quatre costez sont de ce nombre; au contraire ie ne puis pas mesme feindre que cela soit, tant que ie ne voudray rien receuoir en ma pensée, que ce que ie pouray conceuoir clairement & distinctement. Et par consequent il y a vne grande difference entre les fausses suppositions, comme est celle-cy, & les veritables idées qui sont nées auec moy, dont la premiere & principale est celle de Dieu.

Car en effet ie reconnois en plusieurs façons que cette idée n'est point quelque chose de feint ou d'inuenté, dependant seulement de ma pensée; mais que c'est l'image d'vne vraye & immuable nature. Premierement à cause que ie ne sçaurois conceuoir autre chose que Dieu seul, à l'essence de laquelle l'existence appartienne auec necessité. Puis aussi, pource qu'il ne m'est pas possible de conceuoir deux ou plusieurs Dieux tels que luy. Et posé qu'il y en ayt vn maintenant qui existe, ie voy clairement qu'il est necessaire qu'il ayt esté auparauant de toute eternité, & qu'il soit eternellement à l'auenir. Et enfin, parce que ie conçois plusieurs autres choses en Dieu, où ie ne puis rien diminuer, ny changer.

Au reste de quelque preuue & argument que ie me serue, il en faut tousiours reuenir là, qu'il n'y a que les choses que ie conçoy clairement & distinctement, qui ayent la force de me persuader entierement. Et quoy qu'entre les choses que ie conçoy de cette sorte, il y en ayt à la verité quelques-vnes manifestement connuës d'vn chacun, & qu'il y en ayt d'autres aussi qui ne se découurent qu'à ceux qui les considerent de plus prés, & qui les examinent plus exactement, toutesfois apres qu'elles sont vne fois découuertes, elles ne sont pas estimées moins certaines les vnes que les autres. Comme, par exemple, en tout triangle rectangle, encore qu'il ne paroisse pas d'abord si facilement que le quarré de la base est égal aux quarrez des deux autres costez, comme il est euident que cette base est opposée au plus grand angle, neantmoins depuis que cela a esté vne fois reconnu, on est autant persuadé de la verité de l'vn que de l'autre. Et pour ce qui est de Dieu, certes si mon esprit n'estoit preuenu d'aucuns prejugez, & que ma pensée ne se trouuast point diuertie par la presence continuelle des images des choses sensibles, il n'y auroit aucune chose que ie connusse plutost, ny plus facilement que luy. Car y a-t'il rien de soy plus clair & plus manifeste, que de penser qu'il y a vn Dieu, c'est à dire vn estre souuerain & parfait, en l'idée duquel seul l'existence necessaire ou eternelle est comprise, & par consequent qui existe ?

Et quoy que pour bien conceuoir cette verité, i'aye eu besoin d'vne grande application d'esprit: Toutesfois à present ie ne m'en tiens pas seulement aussi asseuré, que de tout ce qui me semble le plus certain : Mais outre cela ie remarque que la certitude de toutes les autres choses en depend si absolument, que sans cette connoissance il est impossible de pouuoir iamais rien sçauoir parfaitement.

Car encore que ie sois d'vne telle nature, que dés aussi tost que ie comprens quelque chose fort clairement & fort distinctement, ie ne puis m'empescher de la croire vraye; neantmoins parce que je suis aussi d'vne telle nature, que ie ne puis pas auoir l'esprit continuellement attaché à vne mesme chose, & que souuent ie me ressouuiens d'auoir iugé vne chose estre vraye, lors que ie cesse de considerer les raisons qui m'ont obligé à la iuger telle, il peut arriuer pendant ce temps-là que d'autres raisons se presentent à moy, lesquelles me feroient aisement changer d'opinion, si i'ignorois qu'il y eust vn Dieu ; Et ainsi ie n'aurois iamais vne vraye & certaine science d'aucune chose que ce soit, mais seulement de vagues & inconstantes opinions.

Comme, par exemple, lors que ie considere la nature du triangle rectiligne, ie connois euidemment, moy qui suis vn peu versé dans la Geometrie, que ses trois angles sont égaux à deux droits ; & il ne m'est pas possible de ne le point croire, pendant que i'applique ma pensée à sa demonstration ; mais aussi-tost que ie l'en détourne, encore que ie me ressouuienne de l'auoir clairement comprise ; Toutesfois il se peut faire aisément que ie doute de sa verité, si i'ignore qu'il y ayt vn Dieu : Car ie puis me persuader d'auoir esté fait tel par la Nature, que ie me puisse aisément tromper, mesme dans les choses que ie croy comprendre auec le plus d'éuidence & de certitude; Veu principalement que ie me ressouuiens d'auoir souuent estimé beaucoup de choses pour vrayes & certaines, lesquelles par apres d'autres raisons m'ont porté à juger absolument fausses.

Mais apres auoir reconnu qu'il y a vn Dieu ; pource qu'en mesme temps i'ay reconnu aussi que toutes choses dependent de luy, & qu'il n'est point trompeur, & qu'en suite de cela i'ay jugé que tout ce que ie conçoy clairement & distinctement ne peut manquer d'estre vray ; encore que ie ne pense plus aux raisons pour lesquelles i'ay jugé cela estre veritable ; pourueu seulement que ie me ressouuienne de l'auoir clairement & distinctement compris ; on ne me peut apporter aucune raison contraire, qui me le fasse iamais reuoquer en doute, & & ainsi i'en ay vne vraye & certaine science. Et cette méme science s'estend aussi à toutes les autres choses que ie me ressouuiens d'auoir autresfois demonstrées, comme aux veritez de la Geometrie, & autres semblables : Car qu'est-ce que l'on me peut objecter pour m'obliger à les reuoquer en doute ? Sera-ce que ma Nature est telle que ie suis fort sujet à me méprendre ? Mais ie sçay desia que ie ne puis me tromper dans les jugemens dont ie connois clairement les raisons ? Sera-ce que i'ay estimé autrefois beaucoup de choses pour vrayes, & pour certaines, que i'ay reconnu par aprés estre fausses ? Mais ie n'auois connu clairement ny distinctement aucunes de ces choses-là, & ne sçachant point encore cette regle, par laquelle ie m'asseure de la verité, i'auois esté porté à les croire, par des raisons que i'ay reconnu depuis estre moins fortes, que ie ne me les estois pour lors imaginées. Que me pourra-t'on donques objecter dauantage ? sera-ce que peut-estre ie dors (comme ie me l'estois moy-mesme objecté cy-deuant) ou bien que toutes les pensées que i'ay maintenant ne sont pas plus vrayes que les réueries que nous imaginons estant endormis ? Mais quand bien mesme ie dormirois, tout ce qui se presente à mon esprit auec euidence, est absolument veritable.

Et ainsi ie reconnois tres-clairement que la certitude & la verité de toute science, depend de la seule connoissance du vray Dieu ; En sorte qu'auant que ie le connusse, ie ne pouuois sçauoir parfaitement aucune autre chose. Et à present que ie le connois, i'ay le moyen d'acquerir vne science parfaite touchant vne infinité de choses ; non seulement de celles qui sont en luy, mais aussi de celles qui appartiennent à la nature corporelle, entant qu'elle peut seruir d'objet aux demonstrations des Geometres, lesquels n'ont point d'egard à son existence.

MEDITATION
SIXIESME.

De l'existence des choses materielles : Et de la reelle distinction qui est entre l'ame & le corps de l'homme.

IL ne me reste plus maintenant qu'à examiner s'il y a des choses materielles; & certes au moins sçay-je desia qu'il y en peut auoir, entant qu'on les considere comme l'objet des demonstrations de Geometrie, veu que de cette façon ie les conçoy fort clairement & fort distinctement. Car il n'y a point de doute que Dieu n'ayt la puissance de produire toutes les choses que ie suis capable de conceuoir auec distinction ; & ie n'ay jamais jugé qu'il luy fust impossible de faire quelque chose, que par cela seul que ie trouuois de la contradiction à la pouuoir bien conceuoir. De plus, la faculté d'imaginer qui est en moy, & de laquelle ie voy par experience que ie me sers lors que ie m'applique à la consideration des choses materielles, est capable de me persuader leur existence: Car quand

K

je considere attentiuement ce que c'est que l'imagination, ie trouue qu'elle n'est autre chose qu'vne certaine application de la faculté qui connoist, au corps qui luy est intimement present, & partant qui existe.

Et pour rendre cela tres-manifeste, ie remarque premierement la difference qui est entre l'imagination, & la pure intellection, ou conception. Par exemple, lors que i'imagine vn triangle, non seulement ie conçoy que c'est vne figure composée de trois lignes, mais auec cela i'enuisage ces trois lignes comme presentes par la force & l'application interieure de mon esprit; & c'est proprement ce que i'appelle imaginer. Que si ie veux penser à vn Chiliogone, ie conçoy bien à la verité que c'est vne figure composée de mille costez, aussi facilement que ie conçoy qu'vn triangle est vne figure composée de trois costez seulement, mais ie ne puis pas imaginer les mille costez d'vn Chiliogone, comme ie fais les trois d'vn triangle, ny pour ainsi dire, les regarder comme presens auec les yeux de mon esprit. Et quoy que suiuant la coustume que i'ay de me seruir tousiours de mon imagination, lors que ie pense aux choses corporelles, il arriue qu'en conceuant vn Chiliogone ie me represente confusement quelque figure, toutesfois il est tres-euident que cette figure n'est point vn Chiliogone; puis qu'elle ne differe nullement de celle que ie me representerois, si ie pensois à vn Myriogone, ou à quelque autre figure de beaucoup de costez; & qu'elle ne sert en aucune façon à découurir les proprietez qui font la difference du Chiliogone d'auec les autres Polygones.

Que s'il est question de considerer vn Pentagone, il

est bien vray que ie puis conceuoir sa figure, aussi bien que celle d'vn Chiliogone, sans le secours de l'imagination ; mais ie la puis aussi imaginer en appliquant l'attention de mon esprit à chacun de ses cinq costez, & tout ensemble à l'aire, ou à l'espace qu'ils renferment. Ainsi ie connois clairement que i'ay besoin d'vne particuliere contention d'esprit pour imaginer, de laquelle ie ne me sers point pour conceuoir, ou pour entendre ; & cette particuliere contention d'esprit montre éuidemment la difference qui est entre l'imagination & l'intellection, ou conception pure.

Ie remarque outre cela que cette vertu d'imaginer qui est en moy, entant qu'elle differe de la puissance de conceuoir, n'est en aucune façon necessaire à ma nature, ou à mon essence, c'est à dire à l'essence de mon esprit : Car encore que ie ne l'eusse point, il est sans doute que ie demeurerois tousiours le mesme que ie suis maintenant: d'où il semble que l'on puisse conclure qu'elle depend de quelque chose qui differe de mon esprit. Et ie conçoy facilement que si quelque corps existe, auquel mon esprit soit tellement conjoint & vny, qu'il se puisse appliquer à le considerer quand il luy plaist, il se peut faire que par ce moyen il imagine les choses corporelles; En sorte que cette façon de penser differe seulement de la pure intellection, en ce que l'esprit en conceuant se tourne en quelque façon vers soy-mesme, & considere quelqu'vne des idées qu'il a en soy : mais en imaginant il se tourne vers le corps, & considere en luy quelque chose de conforme à l'idée qu'il a luy-mesme formée, ou qu'il a receuë par les sens. Ie conçoy, dis-je, aisement que l'imagination se peut faire de cette sorte, s'il est vray qu'il y ayt des corps: Et parce que ie ne puis rencontrer aucune autre voye pour expliquer comment elle se fait, ie conjecture de là probablement qu'il y en a; Mais ce n'est que probablement; & quoy que i'examine soigneusement toutes choses, ie ne trouue pas neantmoins que de cette idée distincte de la nature corporelle que i'ay en mon imagination, ie puisse tirer aucun argument qui concluë auec necessité l'existence de quelque corps.

Or i'ay accoustumé d'imaginer beaucoup d'autres choses, outre cette nature corporelle qui est l'objet de la Geometrie; à sçauoir, les couleurs, les sons, les saueurs, la douleur, & autres choses semblables, quoy que moins distinctement: Et dautant que i'apperçoy beaucoup mieux ces choses-là par les sens, par l'entremise desquels & de la memoire, elles semblent estre paruenuës jusqu'à mon imagination, je croy que pour les examiner plus commodement, il est à propos que i'examine en mesme temps ce que c'est que sentir; & que ie voye si de ces idées que ie reçoy en mon esprit par cette façon de penser, que j'appelle sentir, ie ne pouray point tirer quelque preuue certaine de l'existence des choses corporelles.

Et premierement je rappelleray en ma memoire quelles sont les choses que i'ay cy-deuant tenuës pour vrayes, comme les ayant receuës par les sens, & sur quels fondemens ma creance estoit appuyée: En apres i'examineray les raisons qui m'ont obligé depuis à les reuoquer en doute; Et enfin ie considereray ce que j'en dois maintenant croire.

Premierement doncques i'ay senty que i'auois vne teſte, des mains, des pieds, & tous les autres membres dont est composé ce corps que ie consideroiscomme vne partie de moy-mesme, ou peut-estre aussi comme le tout. De plus i'ay senty que ce corps estoit placé entre beaucoup d'autres, desquels il estoit capable de receuoir diuerses commoditez & incommoditez, & ie remarquois ces cómoditez par vn certain sentiment de plaisir ou de volupté, & ces incommoditez par vn sentiment de douleur. Et outre ce plaisir & cette douleur, ie ressentois aussi en moy la faim, la soif, & d'autres semblables appetits ; comme aussi de certaines inclinations corporelles vers la joye, la tristesse, la colere, & autres semblables passions. Et au dehors outre l'extension, les figures, les mouuemens des corps, ie remarquois en eux de la dureté, de la chaleur, & toutes les autres qualitez qui tombent sous l'attouchement; De plus i'y remarquois de la lumiere, des couleurs, des odeurs, des saueurs, & des sons, dont la varieté me donnoit moyen de distinguer le Ciel, la Terre, la Mer, & generalement tous les autres corps les vns d'auec les autres.

Et certes considerant les idées de toutes ces qualitez qui se presentoient à ma pensée, & lesquelles seules ie sentois proprement & immediatement, ce n'estoit pas sans raison que ie croyois sentir des choses entierement differentes de ma pensée, à sçauoir, des corps d'où procedoient ces idées ; Car i'experimentois qu'elles se presentoient à elle sans que mon consentement y fust requis, en sorte que ie ne pouuois sentir aucun objet, quelque volonté que i'en eusse, s'il ne se trouuoit present à l'organe d'vn de mes sens ; & il n'estoit nullement en mon pouuoir de ne le pas sentir, lorsqu'il s'y trouuoit present.

Et parce que les idées que ie receuois par les sens estoient beaucoup plus viues, plus expresses, & mesme à leur façon plus distinctes, qu'aucunes de celles que ie pouuois feindre de moy-mesme en meditant, ou bien que ie trouuois imprimées en ma memoire, il sembloit qu'elles ne pouuoient proceder de mon esprit. De façon qu'il estoit necessaire qu'elles fussent causées en moy par quelques autres choses. Desquelles choses n'ayant aucune connoissance, sinon celle que me donnoient ces mesmes idées, il ne me pouuoit venir autre chose en l'esprit, sinon que ces choses-là estoient semblables aux idées qu'elles causoient.

Et pource que ie me ressouuenois aussi que ie m'estois plutost seruy des sens, que de ma raison, & que ie reconnoissois que les idées que ie formois de moy-mesme, n'estoient pas si expresses, que celles que ie receuois par les sens, & mesme qu'elles estoient le plus souuent composées des parties de celles-cy, ie me persuadois aisément que ie n'auois aucune idée dans mon esprit, qui n'eust passé auparauant par mes sens.

Ce n'estoit pas aussi sans quelque raison que ie croyois que ce corps (lequel par vn certain droit particulier i'appellois mien) m'appartenoit plus proprement, & plus étroitement que pas vn autre ; Car en effect ie n'en pouuois jamais estre separé comme des autres corps : Ie ressentois en luy & pour luy tous mes appetits, & toutes mes affections ; & enfin i'estois touché des sentimens de plaisir & de douleur en ses parties, & non pas en celles des autres corps qui en sont separez.

Mais quand i'examinois pourquoy de ce ie ne sçay quel sentiment de douleur suit la tristesse en l'esprit, & du sentiment de plaisir naist la joye ; ou bien pourquoy cette ie ne sçay quelle émotion de l'estomach, que j'appelle faim, nous fait auoir enuie de manger, & la secheresse du gosier nous fait auoir enuie de boire, & ainsi du reste, ie n'en pouuois rendre aucune raison, sinon que la Nature me l'enseignoit de la sorte ; car il n'y a certes aucune affinité ny aucun rapport (au moins que ie puisse comprendre,) entre cette émotion de l'estomac & le desir de manger, non plus qu'entre le sentiment de la chose qui cause de la douleur, & la pensée de tristesse que fait naistre ce sentiment. Et en mesme façon il me sembloit que i'auois appris de la nature toutes les autres choses que ie jugeois touchant les objets de mes sens ; pource que je remarquois que les jugemens que i'auois coustume de faire de ces objets, se formoient en moy auant que i'eusse le loisir de peser & considerer aucunes raisons qui me pûssent obliger à les faire.

Mais par apres plusieurs experiences ont peu à peu ruiné toute la créace que i'auois adjoustée à mes sens : Car j'ay obserué plusieurs fois que des tours qui de loin m'auoient semblé rondes, me paroissoient de prés estre quarrées, & que des colosses éleuez sur les plus hauts sommets de ces tours, me paroissoient de petites statuës à les regarder d'embas ; & ainsi dans vne infinité d'autres rencontres, i'ay trouué de l'erreur dans les jugemens fondez sur les sens exterieurs ; & non pas seulement sur les sens exterieurs, mais mesme sur les interieurs : Car y a-t'il chose plus intime, ou plus interieure que la douleur ? Et cependant i'ay autresfois appris de quelques perfonnes qui auoient les bras & les jambes couppées, qu'il leur fembloit encore quelquefois fentir de la douleur dans la partie qu'ils n'auoient plus. Ce qui me donnoit fujet de penfer, que ie ne pouuois auffi eftre entierement affeuré d'auoir mal à quelqu'vn de mes membres, quoy que ie fentiffe en luy de la douleur.

Et à ces raifons de douter i'en ay encore adjoufté depuis peu deux autres fort generales. La premiere eft, que ie n'ay iamais rien crû fentir eftant éueillé, que ie ne puiffe quelquefois croire auffi fentir quand ie dors; Et comme ie ne croy pas que les chofes qu'il me femble que ie fens en dormant, procedent de quelques objets hors de moy, ie ne voyois pas pourquoy ie deuois pluftoft auoir cette creance, touchant celles qu'il me femble que ie fens eftant éueillé. Et la feconde, que ne connoiffant pas encore, ou pluftoft feignant de ne pas connoiftre l'autheur de mon Eftre, ie ne voyois rien qui puft empefcher que je n'euffe efté fait tel par la Nature, que ie me trompaffe mefme dans les chofes qui me paroiffoient les plus veritables.

Et pour les raifons qui m'auoient cy-deuant perfuadé la verité des chofes fenfibles, ie n'auois pas beaucoup de peine à y refpondre. Car la nature femblant me porter à beaucoup de chofes dont la raifon me détournoit, ie ne croyois pas me deuoir confier beaucoup aux enfeignemens de cette nature. Et quoy que les idées que ie reçoy par les fens ne dépendent point de ma volonté, ie ne penfois pas deuoir pour cela conclure qu'elles procedoient de chofes differentes de moy, puis que peut-eftre

il fe

il se peut rencontrer en moy quelque faculté (bien qu'elle m'ayt esté iusques icy inconnuë) qui en soit la cause, & qui les produise.

Mais maintenant que ie commence à me mieux connoistre moy-mesme, & à découurir plus clairement l'autheur de mon origine, ie ne pense pas à la verité que ie doiue temerairement admettre toutes les choses que les sens semblent nous enseigner; mais ie ne pense pas aussi que ie les doiue toutes generalement reuoquer en doute.

Et premierement, pource que ie sçay que toutes les choses que ie conçoy clairement & distinctement, peuuent estre produites par Dieu telles que ie les conçoy, il suffit que ie puisse conceuoir clairement & distinctement vne chose sans vne autre, pour estre certain que l'vne est distincte ou differente de l'autre, parce qu'elles peuuent estre mises separement, au moins par la toute-puissance de Dieu; & il n'importe par quelle puissance cette separation se fasse, pour estre obligé à les iuger differentes: Et partant de cela mesme que ie connois auec certitude que i'existe, & que ce pendant ie ne remarque point qu'il appartienne necessairement aucune autre chose à ma nature, ou à mon essence, sinon que ie suis vne chose qui pense, ie conclus fort bien que mon essence consiste en cela seul, que ie suis vne chose qui pense, ou vne substance dont toute l'essence ou la nature n'est que de penser. Et quoy que peut-estre, ou plutost certainement (comme ie le diray tantost) i'aye vn corps auquel ie suis tres-étroitement conjoint; neantmoins pource que d'vn costé i'ay vne claire & distincte idée de moy-mesme, entant que ie suis seulement vne chose qui pense & non étenduë, & que d'vn autre i'ay vne idée di-

L.

stincte du corps, entant qu'il est seulement vne chose étenduë & qui ne pense point, il est certain que moy, c'est à dire mon ame, par laquelle ie suis ce que ie suis, est entierement & veritablement distincte de mon corps, & qu'elle peut estre, ou exister sans luy.

De plus, ie trouue en moy diuerses facultez de penser qui ont chacune leur maniere particuliere ; par exemple, ie trouue en moy les facultez d'imaginer & de sentir, sans lesquelles ie puis bien me conceuoir clairement & distinctement tout entier, mais non pas reciproquement elles sans moy, c'est à dire sans vne substance intelligente à qui elles soient attachées, ou à qui elles appartiennent. Car dans la notion que nous auons de ces facultez, ou (pour me seruir des termes de l'école) dans leur concept formel, elles enferment quelque sorte d'intellection : d'où ie conçoy qu'elles sont distinctes de moy, comme les modes le sont des choses.

Ie connois aussi quelques autres facultez, comme celles de changer de lieu, de prendre diuerses situations, & autres semblables, qui ne peuuent estre conceuës, non plus que les precedentes, sans quelque substance à qui elles soient attachées, ny par consequent exister sans elle; Mais il est tres-euident que ces facultez, s'il est vray qu'elles existent, doiuent appartenir à quelque substance corporelle, ou étenduë, & non pas à vne substance intelligente : Puis que dans leur concept clair & distinct, il y a bien quelque sorte d'extension qui se trouue contenuë, mais point du tout d'intelligence.

De plus ie ne puis douter qu'il n'y ayt en moy vne certaine faculté Passiue de sentir, c'est à dire de receuoir & de connoistre les idées des choses sensibles, mais elle me seroit inutile, & ie ne m'en pourrois aucunement seruir, s'il n'y auoit aussi en moy, ou en quelque autre chose, vne autre faculté Actiue, capable de former & produire ces idées. Or cette faculté actiue ne peut estre en moy entant que je ne suis qu'vne chose qui pense, veu qu'elle ne presuppose point ma pensée, & aussi que ces idées-là me sont souuent representées sans que i'y contribuë en aucune façon, & mesme souuent contre mon gré ; il faut donc necessairement qu'elle soit en quelque substance differente de moy, dans laquelle toute la realité, qui est objectiuement dans les idées qui sont produites par cette faculté, soit contenuë formellement ou eminemment, (comme ie l'ay remarqué cy-deuant :) Et cette substance est ou vn corps, c'est à dire vne nature corporelle, dans laquelle est contenu formellement & en effect, tout ce qui est objectiuement & par representation dans ces idées; ou bien c'est Dieu mesme, ou quelqu'autre creature plus noble que le corps, dans laquelle cela mesme est contenu eminemment.

Or Dieu n'estant point trompeur, il est tres-manifeste qu'il ne m'enuoye point ces idées immediatement par luy-mesme, ny aussi par l'entremise de quelque creature, dans laquelle leur realité ne soit pas contenuë formellement, mais seulement eminemment. Car ne m'ayant donné aucune faculté pour connoistre que cela soit, mais au contraire vne tres-grande inclination à croire qu'elles partent des choses corporelles, ie ne voy pas comment on pourroit l'excuser de tromperie, si en effect ces idées partoient d'ailleurs, ou estoient produites par d'autres causes que par des choses

L ij

corporelles: Et partant il faut conclure qu'il y a des choses corporelles qui existent.

Toutefois elles ne sont peut-estre pas entierement telles que nous les aperceuons par les sens, car il y a bien des choses qui rendent cette perception dès sens fort obscure & confuse: mais au moins faut-il auoüer que toutes les choses que i'y conçoy clairement & distinctement, c'est à dire toutes les choses generalement parlant, qui sont comprises dans l'objet de la Geometrie speculatiue, s'y rencontrent veritablement.

Mais pour ce qui est des autres choses, lesquelles ou sont seulement particulieres, par exemple, que le Soleil soit de telle grandeur, & de telle figure, &c. ou bien sont conceuës moins clairement & moins distinctement, comme la lumiere, le son, la douleur, & autres semblables, il est certain qu'encore qu'elles soient fort douteuses & incertaines, toutesfois de cela seul que Dieu n'est point trópeur, & que par consequent il n'a point permis qu'il pust y auoir aucune fausseté dans mes opinions, qu'il ne m'ayt aussi donné quelque faculté capable de la corriger, ie croy pouuoir conclure asseurement, que i'ay en moy les moyens de les connoistre auec certitude.

Et premierement, il n'y a point de doute que tout ce que la Nature m'enseigne contient quelque verité. Car par la nature consideree en general, ie n'entens maintenant autre chose que Dieu mesme, ou bien l'ordre & la disposition que Dieu a établie dans les choses creées; Et par ma nature en particulier, ie n'entens autre chose que la complexion ou l'assemblage de toutes les choses que Dieu m'a données.

Or il n'y a rien que cette nature m'enseigne plus expressement, ny plus sensiblement, sinon que i'ay vn corps qui est mal disposé quand ie sens de la douleur, qui a besoin de manger ou de boire, quand i'ay les sentimens de la faim ou de la soif, &c. Et partant ie ne dois aucunement douter qu'il n'y ayt en cela quelque verité.

La nature m'enseigne aussi par ces sentimens de douleur, de faim, de soif, &c. Que ie ne suis pas seulement logé dans mon corps, ainsi qu'vn pilote en son nauire, mais outre cela que je luy suis conjoint tres-estroittement, & tellement confondu & meslé, que je compose comme vn seul tout auec luy. Car si cela n'estoit, lors que mon corps est blessé, ie ne sentirois pas pour cela de la douleur, moy qui ne suis qu'vne chose qui pense, mais i'apperceurois cette blessure par le seul entendement, comme vn Pilote apperçoit par la veuë si quelque chose se rompt dans son vaisseau. Et lors que mon corps a besoin de boire ou de manger, ie connoistrois simplement cela mesme, sans en estre aduerty par des sentimens confus de faim & de soif. Car en effect tous ces sentimens de faim, de soif, de douleur, &c. ne font autre chose que de certaines façons confuses de penser, qui prouiennent & dependent de l'vnion, & comme du mélange de l'esprit auec le corps.

Outre cela la Nature m'enseigne que plusieurs autres corps existent autour du mien, desquels i'ay à poursuiure les vns, & à fuir les autres. Et certes, de ce que ie sens differentes sortes de couleurs, d'odeurs, de saueurs, de sons, de chaleur, de dureté, &c. Ie conclus fort bien qu'il y a dans les corps, d'où procedent toutes ces diuerses perceptions des sens, quelques varietez qui leur répondent, quoy

L iij

que peut-eſtre ces varietez ne leur ſoient point en effect ſemblables ; Et de ce qu'entre ces diuerſes perceptions des ſens, les vnes me ſont agreables & les autres deſagreables, il n'y a point de doute que mon corps (ou pluroſt moy-meſme tout entier, entant que ie ſuis compoſé de Corps & d'Ame) ne puiſſe receuoir diuerſes commoditez ou incommoditez des autres corps qui l'enuironnent.

Mais il y a pluſieurs autres choſes qu'il ſemble que la Nature m'ayt enſeignées, leſquelles toutesfois ie n'ay pas veritablement apprifes d'elle, mais qui ſe ſont introduites en mon Eſprit, par vne certaine couſtume que i'ay de juger inconſiderement des choſes ; & ainſi il peut ayſément arriuer qu'elles côtiennent quelque fauſſeté. Comme par exemple, l'opinion que i'ay que tout eſpace dans lequel il n'y a rien qui meuue, & faſſe impreſſion ſur mes ſens, ſoit vuide ; Que dans vn corps qui eſt chaud, il y ayt quelque choſe de ſemblable à l'idée de la chaleur qui eſt en moy ; Que dans vn corps blanc ou noir, il y ayt la méme blancheur ou noirceur que ie ſens ; Que dans vn corps amer ou doux, il y ayt le meſme gouſt ou la meſme ſaueur, & ainſi des autres ; Que les Aſtres, les Tours, & tous les autres corps eſloignez ſoient de la meſme figure & grandeur, qu'ils paroiſſent de loing à nos yeux, &c.

Mais afin qu'il n'y ayt rien en cecy que ie ne conçoiue diſtinctement, ie dois preciſement definir ce que i'entens proprement lors que ie dis que la nature m'enſeigne quelque choſe. Car ie prens icy la nature en vne ſignification plus reſſerrée, que lors que ie l'appelle vn aſſemblage, ou vne complexion de toutes les choſes que Dieu m'a données ; veu que cet aſſemblage ou complexion comprend beaucoup de choses qui n'apartiennent qu'à l'Esprit seul, desquelles ie n'entens point icy parler, en parlant de la nature : Comme par exemple, la notion que i'ay de cette verité, que ce qui a vne fois esté fait ne peut plus n'auoir point esté fait, & vne infinité d'autres semblables, que ie connois par la lumiere naturelle sans l'ayde du corps ; & qu'il en comprend aussi plusieurs autres qui n'appartiennent qu'au corps seul, & ne sont point icy non plus contenuës sous le nom de nature ; comme la qualité qu'il a d'estre pesant, & plusieurs autres semblables, desquelles ie ne parle pas aussi, mais seulement des choses que Dieu m'a données, comme estant composé d'esprit & de corps. Or cette nature m'apprend bien à fuir les choses qui causent en moy le sentiment de la douleur, & à me porter vers celles qui me font auoir quelque sentiment de plaisir ; mais ie ne voy point qu'outre cela elle m'apprenne que de ces diuerses perceptions des sens nous deuions iamais rien conclure touchant les choses qui sont hors de nous, sans que l'esprit les ayt soigneusement & meurement examinées ; Car c'est ce me semble à l'esprit seul, & non point au composé de l'esprit & du corps, qu'il appartient de connoistre la verité de ces choses-là.

Ainsi quoy qu'vne estoille ne fasse pas plus d'impression en mon œil que le feu d'vne chandelle, il n'y a toutesfois en moy aucune faculté reelle, ou naturelle, qui me porte à croire qu'elle n'est pas plus grande que ce feu, mais ie l'ay iugé ainsi dés mes premieres années sans aucun raisonnable fondement ; Et quoy qu'en approchant du feu ie sente de la chaleur, & mesme que m'en approchant vn peu trop prés je reſſente de la douleur, il n'y a toutesfois aucune raiſon qui me puiſſe perſuader qu'il y a dans le feu quelque choſe de ſemblable à cette chaleur, non plus qu'à cette douleur : mais ſeulement i'ay raiſon de croire qu'il y a quelque choſe en luy, quelle qu'elle puiſſe eſtre, qui excite en moy ces ſentimens de chaleur, ou de douleur.

De meſme auſſi quoy qu'il y ayt des eſpaces dans leſquels ie ne trouue rien qui excite & meuue mes ſens, ie ne dois pas conclure pour cela que ces eſpaces ne contiennent en eux aucun corps; mais ie voy que tant en cecy, qu'en pluſieurs autres choſes ſemblables, i'ay accouſtumé de peruertir & confondre l'ordre de la nature : parce que ces ſentimens, ou perceptions des ſens n'ayant eſté miſes en moy que pour ſignifier à mon eſprit quelles choſes ſont conuenables ou nuiſibles au compoſé dont il eſt partie, & juſques là eſtant aſſez claires & aſſez diſtinctes, ie m'en ſers neantmoins comme ſi elles eſtoient des regles tres-certaines, par leſquelles je pûſſe connoiſtre immediatement l'eſſence, & la nature des corps qui ſont hors de moy, de laquelle toutesfois elles ne me peuuent rien enſeigner que de fort obſcur & confus.

Mais i'ay deſia cy-deuant aſſez examiné, comment, nonobſtant la ſouueraine bonté de Dieu, il arriue qu'il y ayt de la fauſſeté dans les iugemens que ie fais en cette ſorte. Il ſe preſente ſeulement encore icy vne difficulté touchant les choſes que la nature m'enſeigne deuoir eſtre ſuiuies, ou euitées, & auſſi touchant les ſentimens interieurs qu'elle a mis en moy; car il me ſemble y auoir quelquefois remarqué de l'erreur, & ainſi que ie ſuis directement

SIXIESME.

ment trompé par ma nature. Comme, par exemple, le goust agreable de quelque viande en laquelle on aura meslé du poison, peut m'inuiter à prendre ce poison & ainsi me tromper. Il est vray toutes-fois qu'en cecy la nature peut estre excusée, car elle me porte seulement à desirer la viande dans laquelle se rencontre vne saueur agreable, & non point à desirer le poison, lequel luy est inconnu : De façon que ie ne puis conclure de cecy autre chose, sinon que ma nature ne connoist pas entierement & vniuersellement toutes choses: Dequoy certes il n'y a pas lieu de s'estonner, puis que l'homme estant d'vne nature finie, ne peut aussi auoir qu'vne connoissance d'vne perfection limitée.

Mais nous nous trompons aussi assez souuent, mesme dans les choses ausquelles nous sommes directement portez par la nature, comme il arriue aux malades, lors qu'ils desirent de boire ou de manger des choses qui leur peuuent nuire. On dira peut-estre icy que ce qui est cause qu'ils se trompent, est que leur nature est corrompuë; mais cela n'oste pas la difficulté; car vn homme malade n'est pas moins veritablement la creature de Dieu, qu'vn homme qui est en pleine santé; & partant il repugne autant à la bonté de Dieu, qu'il ayt vne nature trompeuse & fautiue, que l'autre. Et comme vne horloge composée de roües & de contrepoids, n'obserue pas moins exactement toutes les loix de la nature, lors qu'elle est mal faite, & qu'elle ne montre pas bien les heures, que lors qu'elle satisfait entierement au desir de l'ouurier; De mesme aussi, si ie considere le corps de l'homme, comme estant vne machine tellement bastie & composée d'os, de nerfs,

M

de muscles, de veines, de sang & de peau, qu'encore bien qu'il n'y eust en luy aucun esprit, il ne laisseroit pas de se mouuoir en toutes les mesmes façons qu'il fait à present, lors qu'il ne se meut point par la direction de sa volonté, ny par consequent par l'aide de l'esprit, mais seulement par la disposition de ses organes, ie reconnois facilement qu'il seroit aussi naturel à ce corps, estant par exemple hydropique, de souffrir la secheresse du gozier, qui a coustume de porter à l'esprit le sentiment de la soif, & d'estre disposé par cette secheresse à mouuoir ses nerfs, & ses autres parties, en la façon qui est requise pour boire, & ainsi d'augmenter son mal, & se nuire à soy-mesme, qu'il luy est naturel, lors qu'il n'a aucune indisposition, d'estre porté à boire pour son vtilité par vne semblable secheresse de gozier. Et quoy que regardant à l'vsage auquel vne horloge a esté destinée par son ouurier, ie puisse dire qu'elle se destourne de sa nature, lors qu'elle ne marque pas bien les heures; Et qu'en mesme façon considerant la machine du corps humain, comme ayant esté formée de Dieu pour auoir en soy tous les mouuemens qui ont coustume d'y estre, j'aye sujet de penser qu'elle ne suit pas l'ordre de sa nature, quand son gozier est sec, & que le boire nuit à sa conseruation; ie reconnois toutesfois que cette derniere façon d'expliquer la nature est beaucoup differente de l'autre; Car celle-cy n'est autre chose qu'vne certaine denomination exterieure, laquelle depend entierement de ma pensée, qui compare vn homme malade & vne horloge mal faite, auec l'idée que i'ay d'vn homme sain, & d'vne horloge bien faite, & laquelle ne signifie rien qui se trouue en effect dans la chose dont elle se dit; au lieu que par l'autre façon d'expliquer la nature, i'entens quelque chose qui se rencontre veritablement dans les choses, & partant qui n'est point sans quelque verité.

Mais certes, quoy qu'au regard d'vn corps hydropique, ce ne soit qu'vne denomination exterieure, quand on dit que sa nature est corrompuë, lors que sans auoir besoin de boire, il ne laisse pas d'auoir le gosier sec & aride ; Toutesfois au regard de tout le composé, c'est à dire de l'esprit, ou de l'ame vnie au corps, ce n'est pas vne pure denomination, mais bien vne veritable erreur de nature, de ce qu'il a soif, lors qu'il luy est tres-nuisible de boire ; & partant il reste encore à examiner, comment la bonté de Dieu n'empesche pas que la nature de l'homme prise de cette sorte soit fautiue & trompeuse.

Pour commencer donc cet examen, ie remarque icy premierement, qu'il y a vne grande difference entre l'esprit & le corps; en ce que le corps de sa nature est tousiours diuisible, & que l'esprit est entierement indiuisible. Car en effect quand ie le considere, c'est à dire quand ie me considere moy-mesme, entant que ie suis seulement vne chose qui pense, ie ne puis distinguer en moy aucunes parties, mais ie connois & conçoy fort clairement que ie suis vne chose absolument vne & entiere. Et quoy que tout l'esprit semble estre vny à tout le corps, toutesfois lors qu'vn pied, ou vn bras, ou quelqu'autre partie vient à en estre separée, ie connois fort bien que rien pour cela n'a esté retranché de mon esprit. Et les facultez de vouloir, de sentir, de conceuoir, &c. ne peuuent pas non plus estre dites proprement ses parties : Car c'est le mesme esprit qui s'employe tout entier à vouloir, & tout entier à

M ij

sentir & à conceuoir, &c. Mais c'est tout le contraire dans les choses corporelles, ou estenduës: Car ie n'en puis imaginer aucune, pour petite qu'elle soit, que ie ne mette aisement en pieces par ma pensée, ou que mon esprit ne diuise fort facilement en plusieurs parties ; & par consequent que ie ne connoisse estre diuisible. Ce qui suffiroit pour m'enseigner que l'esprit, ou l'ame de l'homme est entierement differente du corps, si ie ne l'auois desia d'ailleurs assez appris.

Ie remarque aussi que l'esprit ne reçoit pas immediatement l'impression de toutes les parties du corps, mais seulement du cerueau, ou peut-estre mesme d'vne de ses plus petites parties, à sçauoir, de celle où s'exerce cette faculté qu'ils appellent le sens commun ; laquelle toutes les fois qu'elle est disposée de mesme façon, fait sentir la mesme chose à l'esprit, quoy que cependant les autres parties du corps puissent estre diuersement disposées; comme le témoignent vne infinité d'experiences, lesquelles il n'est pas icy besoin de rapporter.

Ie remarque outre cela que la nature du corps est telle, qu'aucune de ses parties ne peut estre meuë par vne autre partie vn peu esloignée, qu'elle ne le puisse estre aussi de la mesme sorte par chacune des parties qui sont entre deux, quoy que cette partie plus esloignée n'agisse point. Comme, par exemple, dans la corde A B C D qui est toute tenduë, si l'on vient à tirer & remuer la derniere partie D, la premiere A ne sera pas meuë d'vne autre façon, qu'elle le pourroit aussi estre, si on tiroit vne des parties moyennes, B, ou C, & que la derniere D demeurast cependant immobile. Et en mesme façon, quand ie ressens de la douleur au pied, la Physique m'apprend que ce sentiment se communique par le moyen des nerfs dispersez dans le pied, qui se trouuant tendus comme des cordes depuis là iusqu'au cerueau, lors qu'ils sont tirez dans le pied, tirent aussi en mesme temps l'endroit du cerueau d'où ils viennent, & auquel ils aboutissent, & y excitent vn certain mouuement que la nature a institué pour faire sentir de la douleur à l'esprit, comme si cette douleur estoit dans le pied ; Mais parce que ces nerfs doiuent passer par la jambe, par la cuisse, par les reins, par le dos, & par le col, pour s'estendre depuis le pied iusqu'au cerueau, il peut arriuer qu'encore bien que leurs extremitez qui sont dans le pied ne soient point remuées, mais seulement quelques-vnes de leurs parties qui passent par les reins, ou par le col, cela neantmoins excite les mesmes mouuemens dans le cerueau, qui pouroient y estre excitez par vne blessure receuë dans le pied ; ensuitte dequoy il sera necessaire que l'esprit ressente dans le pied, la mesme douleur que s'il y auoit receu vne blessure : Et il faut iuger le semblable de toutes les autres perceptions de nos sens.

Enfin ie remarque, que puisque chacun des mouuemens qui se font dans la partie du cerueau, dont l'esprit reçoit immediatement l'impression, ne luy fait ressentir qu'vn seul sentiment, on ne peut en cela souhaitter ny imaginer rien de mieux, sinon que ce mouuement fasse ressentir à l'esprit, entre tous les sentimens qu'il est capable de causer, celuy qui est le plus propre & le plus ordinairement vtile à la conseruation du corps humain, lors qu'il est en pleine santé. Or l'experience nous fait con-

M iij

noiftre, que tous les fentimens que la nature nous a donnez font tels que je viens de dire : Et partant il ne fe trouue rien en eux, qui ne faſſe paroiſtre la puiſſance, & la bonté de Dieu.

Ainſi, par exemple, lors que les nerfs qui font dans le pied font remuez fortement, & plus qu'à l'ordinaire, leur mouuement paſſant par la moüelle de l'eſpine du dos juſqu'au cerueau, y fait là vne impreſſion à l'eſprit qui luy fait ſentir quelque choſe, à ſçauoir de la douleur, comme eſtant dans le pied, par laquelle l'eſprit eſt auerty, & excité à faire ſon poſſible pour en chaſſer la cauſe, comme tres-dangereuſe & nuiſible au pied.

Il eſt vray que Dieu pouuoit eſtablir la nature de l'hôme de telle ſorte, que ce meſme mouuement dans le cerueau fiſt ſentir toute autre choſe à l'eſprit : Par exemple, qu'il ſe fiſt ſentir ſoy-meſme, ou entant qu'il eſt dans le cerueau, ou entant qu'il eſt dans le pied, ou bien entant qu'il eſt en quelqu'autre endroit entre le pied & le cerueau, ou enfin quelque autre choſe telle qu'elle peuſt eſtre ; mais rien de tout cela n'euſt ſi bien contribué à la conſeruation du corps, que ce qu'il luy fait ſentir.

De meſme lors que nous auons beſoin de boire, il naiſt de là vne certaine ſechereſſe dans le goſier, qui remuë ſes nerfs, & par leur moyen les parties interieures du cerueau, & ce mouuement fait reſſentir à l'eſprit le ſentiment de la ſoif, parce qu'en cette occaſion-là, il n'y a rien qui nous ſoit plus vtile, que de ſçauoir que nous auons beſoin de boire pour la conſeruation de noſtre ſanté, & ainſi des autres.

D'où il eſt entierement manifeſte, que nonobſtant la

souueraine bonté de Dieu, la nature de l'homme, entant qu'il est composé de l'esprit & du corps, ne peut qu'elle ne soit quelquefois fautiue & trompeuse.

Car s'il y a quelque cause qui excite, non dans le pied, mais en quelqu'vne des parties du nerf, qui est tendu depuis le pied iusqu'au cerueau, ou mesme dans le cerueau, le mesme mouuement qui se fait ordinairement quand le pied est mal disposé, on sentira de la douleur comme si elle estoit dans le pied ; & le sens sera naturellement trompé ; parce qu'vn mesme mouuement dans le cerueau ne pouuant causer en l'esprit qu'vn mesme sentiment, & ce sentiment estant beaucoup plus souuent excité par vne cause qui blesse le pied, que par vne autre qui soit ailleurs, il est bien plus raisonnable qu'il porte tousiours à l'esprit la douleur du pied, que celle d'aucune autre partie. Et s'il arriue que par fois, la secheresse du gosier ne vienne pas comme à l'ordinaire de ce que le boire est necessaire pour la santé du corps, mais de quelque cause toute contraire, comme il arriue à ceux qui sont hydropiques ; Toutesfois il est beaucoup mieux qu'elle trompe en ce rencontre-là, que si au contraire elle trompoit tousiours lors que le corps est bien disposé, & ainsi des autres.

Et certes cette consideration me sert beaucoup, non seulement pour reconnoistre toutes les erreurs ausquelles ma nature est sujette, mais aussi pour les euiter, ou pour les corriger plus facilement : car sçachant que tous mes sens me signifient plus ordinairement le vray que le faux, touchant les choses qui regardent les commoditez ou incommoditez du corps, & pouuant presque tousiours me seruir de plusieurs d'entr'eux, pour examiner vne mesme chose, & outre cela pouuant vser de ma memoire pour lier & ioindre les connoissances presentes aux passées, & de mon entendement qui a desia découuert toutes les causes de mes erreurs, ie ne dois plus craindre desormais qu'il se rencontre de la fausseté dans les choses qui me sont le plus ordinairement representées par mes sens, & ie dois rejetter tous les doutes de ces jours passez, comme hyperboliques & ridicules; particulierement cette incertitude si generale touchant le sommeil, que ie ne pouuois distinguer de la veille. Car à present i'y rencontre vne tres-notable difference, en ce que nostre memoire ne peut iamais lier & ioindre nos songes les vns auec les autres, & auec toute la suitte de nostre vie, ainsi qu'elle a de coustume de ioindre les choses qui nous arriuent estant éueillez: Et en effet, si quelqu'vn, lors que ie veille, m'apparoissoit tout soudain, & disparoissoit de mesme, comme font les images que ie voy en dormant, en sorte que ie ne pusse remarquer ny d'où il viendroit, ny où il iroit, ce ne seroit pas sans raison que ie l'estimerois vn spectre ou vn phantosme formé dans mon cerueau, & semblable à ceux qui s'y forment quand ie dors, plutost qu'vn vray homme. Mais lors que j'apperçoy des choses dont ie connois distinctement & le lieu d'où elles viennent, & celuy où elles sont, & le temps auquel elles m'aparoissent, & que sans aucune interruption ie puis lier le sentiment que i'en ay, auec la suitte du reste de ma vie, ie suis entierement asseuré que ie les apperçoy en veillant, & non point dans le sommeil. Et ie ne dois en aucune façon douter de la verité de ces choses-là, si apres auoir appellé tous mes sens, ma memoire, & mon entendement pour les

examiner,

examiner, il ne m'est rien rapporté par aucun d'eux, qui ayt de la repugnance auec ce qui m'est rapporté par les autres. Car de ce que Dieu n'est point trompeur, il suit necessairement que ie ne suis point en cela trompé.

Mais parce que la necessité des affaires nous oblige souuent à nous determiner, auant que nous ayons eu le loisir de les examiner si soigneusement, il faut auoüer que la vie de l'homme est sujette à faillir fort souuent dans les choses particulieres : & enfin il faut reconnoistre l'infirmité & la foiblesse de nostre Nature.

FIN.

OBIECTIONS
FAITES PAR DES PERSONNES
tres-doctes, contre les precedentes Meditations, auec les répon-
ces de l'Auteur.

PREMIERES OBIECTIONS.

Faites par Monsieur Caterus, sçauant Theologien du Pays-bas.

ESSIEVRS,

Aussi-tost que i'ay reconnu le desir que vous auiez que j'examinasse auec soin les écrits de Monsieur Des-Cartes, j'ay pensé qu'il estoit de mon deuoir de satisfaire en cette occasion à des personnes qui me sont si cheres, tant pour vous témoigner parlà, l'estime que ie fais de vostre amitié, que pour vous faire connoistre ce qui manque à ma suffisance, & à la perfection de mon esprit; afin que doresnauant vous ayez vn peu plus de charité pour moy, si i'en ay besoin, & que vous m'épargniez vne autrefois, si ie ne puis porter la charge que vous m'auez imposée.

On peut dire auec verité selon que i'en puis juger, que Monsieur Des Cartes est vn homme d'vn tres-grand esprit, & d'vne tres-profonde modestie, & sur lequel ie ne pense pas que Momus le plus médisant de son siecle peust trouuer à reprendre: *Ie pense*, dit-il, *donc ie suis*, voire méme ie suis la pensée mesme, ou l'esprit, cela est vray: Or est-il qu'en pensant, i'ay en moy les idées des choses, & premierement celle d'vn estre tres-parfait & infiny, ie l'accorde: Mais ie n'en suis pas la cause, moy qui n'égale pas la realité objectiue d'vne telle idée; doncques quelque chose de plus parfait que moy en est la cause; & partant il y a vn estre different de moy qui existe, & qui a plus de perfections que ie n'ay pas. Ou comme dit Sainct Denys au chapitre cinquiesme des Noms Diuins, il y a quelque nature qui ne possede pas l'estre à la façon des autres choses, mais qui embrasse & contient en soy tressimplement, & sans aucune circonscription, tout ce qu'il y a d'essence dans l'estre, & en qui toutes choses sont renfermées comme dans la cause premiere, & vniuerselle.

Mais ie suis icy contraint de m'arrester vn peu, de peur de me fatiguer trop: Car i'ay desia l'esprit aussi agité que le flotant Euripe: i'accorde, ie nie, i'approuue, ie refute, ie ne veux pas m'esloigner de l'opinion de ce grand homme, & toutesfois ie n'y puis consentir. Car, ie vous prie, quelle cause requiert vne idée? Ou dites-moy ce que c'est qu'idée. Si ie l'ay bien compris, *C'est la chose mesme pensée, entant qu'elle est objectiuement dans l'entendement.* Mais qu'est ce qu'estre objectiuement dans l'entendement? Si ie l'ay bien appris : C'est terminer à la façon d'vn objet l'acte de l'entendement, ce qui en effet n'est qu'vne denomination exterieure, & qui n'adjouste rien de reel à la chose. Car tout ainsi qu'estre veu, n'est en moy autre chose sinon que l'acte que la vision tend vers moy; de mesme estre pensé, ou estre objectiuement dans l'entendement, c'est terminer & arrester en soy la pensée de l'esprit; ce qui se peut faire sans aucun mouuement & changement en la chose, voire mesme sans que la chose soit. Pourquoy donc recherchay-je la cause d'vne chose, qui actuellement n'est point, qui n'est qu'vne simple denomination, & vn pur neant?

Et neantmoins, dit ce grand esprit, *de ce qu'vne idée contient vne telle realité objectiue, ou celle-là plustost qu'vne autre, elle doit sans doute auoir cela de quelque cause.* Au contraire, d'aucune: car la realité objectiue est vne pure denomination, actuellemét elle n'est point. Or l'influence que donne vne cause est reelle & actuelle. Ce qui actuellement n'est point ne la peut pas receuoir, & partant ne peut pas dépendre, ny proceder d'aucune veritable cause, tant s'en faut qu'il en requiere. Doncques i'ay des idées, mais il n'y a point de causes de ces idées : tant s'en faut qu'il y en ayt vne plus grande que moy, & infinie.

Mais quelqu'vn me dira peut-estre, si vous n'assignez point de cause aux idées, dites-nous au moins la raison pourquoy cette idée contient plustost cette realité objectiue que celle-là. C'est tres-bien dit. Car ie n'ay pas couſtume d'eſtre reſerué auec mes amis, mais ie traitte auec eux liberalement. Ie dis vniuerſellement de toutes les idées, ce que Monſieur Des-Cartes a dit autrefois du triangle : *Encore que peut-eſtre*, dit-il, *il n'y ayt en aucun lieu du monde hors de ma penſée vne telle figure, & qu'il n'y en ayt iamais eu, il ne laiſſe pas neantmoins d'y auoir vne certaine nature, ou forme, ou eſſence determinée de cette figure, laquelle eſt immuable & eternelle.* Ainſi cette verité eſt eternelle, & elle ne requiert point de cauſe. Vn bateau eſt vn bateau, & rien autre choſe; Dauus eſt Dauus, & non Oedipus. Si neantmoins vous me preſſez de vous dire vne raiſon : Ie vous diray que cela vient de l'imperfection de noſtre eſprit qui n'eſt pas infiny : Car ne pouuant par vne ſeule apprehenſion embraſſer l'vniuers, (c'eſt à dire tout l'Eſtre & tout le Bien en general) qui eſt tout enſemble, & tout à la fois, il le diuiſe & le partage ; & ainſi ce qu'il ne ſçauroit enfanter, ou produire tout entier, il le conçoit petit à petit, ou bien comme on dit en l'eſcole (*Inadæquatè*) imparfaitement, & par partie.

Mais ce grand homme pourſuit : *Or pour imparfaite que ſoit cette façon d'eſtre, par laquelle vne choſe eſt obiectiuement dans l'entendement par ſon idée, certes on ne peut pas neantmoins dire que cette façon & maniere-là ne ſoit rien, ny par conſequent que cette idée vienne du neant.*

Il y a icy de l'equiuoque, car ſi ce mot *Rien* eſt la méme choſe que n'eſtre pas actuellement, en effect ce n'eſt rien, parce qu'elle n'eſt pas actuellement, & ainſi elle vient du neant, c'eſt à dire qu'elle n'a point de cauſe : Mais ſi ce mot *Rien* dit quelque choſe de feint par l'eſprit, qu'ils appellent vulgairement, *Eſtre de raiſon*, ce n'eſt pas vn *rien*, mais quelque chose de reel, qui est conceuë distinctement. Et neantmoins parce qu'elle est seulement conceuë, & qu'actuellement elle n'est pas ; elle peut à la verité estre conceuë, mais elle ne peut aucunement estre causée, ou mise hors de l'entendement.

Mais ie veux, dit-il, *outre cela examiner, si moy qui ay cette idée de Dieu, ie pourrois estre, en cas qu'il n'y eust point de Dieu*, ou comme il dit immediatement auparauant, *en cas qu'il n'y eust point d'estre plus parfait que le mien, & qui ayt mis en moy son idée.* Car, dit-il, *de qui aurois-je mon existence? Peut-estre de moy-mesme, ou de mes parens, ou de quelques autres*, &c. *Or est-il que si ie l'auois de moy-mesme, ie ne douterois point, ny ne desirerois point, & il ne me manqueroit aucune chose ; car ie me serois donné toutes les perfections dont i'ay en moy quelque idée, & ainsi moy-mesme ie serois Dieu. Que si i'ay mon existence d'autruy, ie viendray enfin à ce qui l'a de soy, & ainsi le mesme raisonnement que ie viens de faire pour moy, est pour luy, & prouue qu'il est Dieu.* Voilà certes à mon auis la mesme voye que suit Sainct Thomas, qu'il appelle la voye de la causalité de la cause efficiente, laquelle il a tirée du Philosophe ; horsmis que Sainct Thomas, ny Aristote ne se sont pas souciez des causes des idées. Et peut-estre n'en estoit-il pas besoin ; Car pourquoy ne suiuray-je pas la voye la plus droite, & la moins écartée ? Ie pense, donc ie suis, voire mesme ie suis l'esprit mesme, & la pensée ; Or cette pensée & cet esprit, ou il est par soy-mesme, ou par autruy ; si par autruy, celuy-là enfin par qui est-il ? s'il est par soy, donc il est Dieu ; car ce qui est par soy se sera aysément donné toutes choses.

Ie prie icy ce grand personnage, & le conjure de ne se

point cacher à vn Lecteur qui est desireux d'apprendre, & qui peut-estre n'est pas beaucoup intelligent. Car ce mot *Par soy* est pris en deux façons ; en la premiere il est pris positiuement, à sçauoir par soy-mesme, comme par vne cause, & ainsi ce qui seroit par soy, & se donneroit l'estre à soy-mesme, si par vn choix preueu & premedité il se donnoit ce qu'il voudroit, sans doute qu'il se donneroit toutes choses, & partant il seroit Dieu. En la seconde, ce mot *Par soy*, est pris negatiuement, & est la mesme chose que *de soy-mesme*, ou *non par autruy* : & c'est de cette façon (si ie m'en souuiens,) qu'il est pris de tout le monde.

Or maintenant si quelque chose est *Par soy*, c'est à dire, *Non par autruy* ; comment prouuerez-vous pour cela qu'elle comprend tout, & qu'elle est infinie ? Car à present ie ne vous écoute point si vous dites, puis qu'elle est par soy, elle se sera ayſément donné toutes choses ; dautant qu'elle n'est pas par soy comme par vne cause, & qu'il ne luy a pas esté possible, auant qu'elle fust, de preuoir ce qu'elle pouroit estre, pour choisir ce qu'elle seroit apres. Il me souuient d'auoir autrefois entendu Suarez raisonner de la sorte ; Toute limitation vient d'vne cause, car vne chose est finie, & limitée, ou parce que la cause ne luy a pû donner rien de plus grand, ny de plus parfait ; ou parce qu'elle ne l'a pas voulu : Si donc quelque chose est par soy, & non par vne cause, il est vray de dire qu'elle est infinie, & non limitée.

Pour moy ie n'acquiesce pas tout à fait à ce raisonnemét ; Car qu'vne chose soit par soy tant qu'il vous plaira, c'est à dire qu'elle ne soit point par autruy, que pourrez-vous dire si cette limitation vient de ses principes internes &

constituans, c'est à dire de sa forme mesme, & de son essence, laquelle neantmoins vous n'auez pas encore prouué estre infinie? Certainement si vous supposez que le chaud est chaud, il sera chaud par ses principes internes & constituans, & non pas froid, encore que vous imaginiez qu'il ne soit pas par autruy, ce qu'il est. Ie ne doute point que Monsieur Des-Cartes ne manque pas de raisons pour substituer à ce que les autres n'ont peut-estre pas assez suffisamment expliqué, ny déduit assez clairement.

Enfin ie conuiens auec ce grand homme, en ce qu'il establit pour regle generale, *Que les choses que nous conceuons fort clairement, & fort distinctement, sont toutes vrayes.* Mesme ie croy que tout ce que ie pense est vray: Et il y a desia long-temps que i'ay renoncé à toutes les Chimeres, & à tous les Estres de raison ; Car aucune puissance ne se peut destourner de son propre object ; si la volonté se meut, elle tend au bien ; les sens mesmes ne se trompent point : car la veuë void ce qu'elle void, l'oreille entend ce qu'elle entend, & si on void de l'oripeau, on void bien : mais on se trompe lors qu'on determine par son jugemēt, que ce que l'on void est de l'or. Et alors c'est qu'on ne conçoit pas bien, ou plutost qu'on ne conçoit point : car comme chaque faculté ne se trompe point vers son propre objet, si vne fois l'entendement conçoit clairement & distinctement vne chose, elle est vraye ; De sorte que Monsieur Des-Cartes attribuë auec beaucoup de raison toutes les erreurs au iugement, & à la volonté.

Mais maintenant voyons si ce qu'il veut inferer de cette regle est veritable. Ie connois, dit-il, clairement & distinctement l'Estre infiny ; Donc c'est vn estre vray, &
qui

qui est quelque chose. Quelqu'vn luy demandera ; Connoissez-vous clairement & distinctement l'Estre infiny? Que veut donc dire cette commune Maxime, laquelle est receuë d'vn chacun : *L'infini entant qu'infini est inconnu* ? Car si lors que ie pense à vn Chyliogone, me representant confusément quelque figure, ie n'imagine ou ne connois pas distinctement ce Chyliogone, parce que ie ne me represente pas distinctement ses mille costez, comment est-ce que ie conceuray distinctement, & non pas confusément l'Estre infiny entant qu'infiny, veu que ie ne puis voir clairement, & comme au doigt & à l'œil, les infinies perfections dont il est composé?

Et c'est peut-estre ce qu'a voulu dire saint Thomas: Car ayant nié que cette proposition, *Dieu est*, fust claire & connuë sans preuue : Il se fait à soy-mesme cette objection des paroles de saint Damascene ; La connoissance que Dieu est, est naturellement empreinte en l'esprit de tous les hommes ; Donc c'est vne chose claire, & qui n'a point besoin de preuue pour estre connuë. A quoy il respond, Connoistre que Dieu est en general, & comme il dit, sous quelque confusion, à sçauoir entant qu'il est la beatitude de l'homme, cela est naturellement imprimé en nous ; mais ce n'est pas, dit-il, connoistre simplement que *Dieu est* ; tout ainsi que connoistre que quelqu'vn vient, ce n'est pas cónoistre Pierre, encore que ce soit Pierre qui vienne, &c. Comme s'il vouloit dire, que Dieu est connu sous vne raison commune, ou de fin derniere, ou mesme de premier estre, & tres-parfait, ou enfin sous la raison d'vn estre qui comprend, & embrasse confusément & en general toutes choses : mais non pas sous la raison

O

precife de fon eftre, car ainfi il eft infiny, & nous eft inconnu. Ie fçay que Monfieur Des-Cartes refpondra facilement à celuy qui l'interrogera de la forte ; Ie croy neanmoins que les chofes que i'allegue icy feulement par forme d'entretien & d'exercice, feront qu'il fe reffouuiendra de ce que dit Boëce, qu'il y a certaines notions communes, qui ne peuuent eftre connuës fans preuue que par les fçauans ; De forte qu'il ne fe faut pas fort eftonner, fi ceux-là interrogent beaucoup, qui defirent fçauoir plus que les autres ; & s'ils s'arreftent long-temps à confiderer ce qu'ils fçauent auoir efté dit & auancé, comme le premier & principal fondement de toute l'affaire ; & que neantmoins ils ne peuuent entendre fans vne longue recherche, & vne tres-grande attention d'efprit.

Mais demeurons d'accord de ce principe, & fupofons que quelqu'vn ayt l'idée claire & diftincte d'vn eftre fouuerain, & fouuerainement parfait ; que pretendez-vous inferer de là ? C'eft à fçauoir, que cet eftre infiny exifte, & cela fi certainement, *que ie dois eftre au moins auffi affuré de l'exiftence de Dieu, que ie l'ay efté iufques icy de la verité des demonftrations Mathematiques : En forte qu'il n'y a pas moins de repugnance de conceuoir vn Dieu (c'eft à dire vn eftre fouuerainement parfait) auquel manque l'exiftence (c'eft à dire auquel manque quelque perfection) que de conceuoir vne montagne qui n'ait point de valée.* C'eft icy le nœud de toute la queftion, qui cede à prefent, il faut qu'il fe confeffe vaincu : pour moy qui ay à faire auec vn puiffant aduerfaire, il faut que i'efquiue vn peu, afin qu'ayant à eftre vaincu, ie differe au moins pour quelque temps, ce que ie ne puis euiter.

Et premierement encore que nous n'agissions pas icy par autorité, mais seulement par raison, neantmoins de peur qu'il ne semble que ie me veüille opposer sans sujet à ce grand esprit, écoutez plutost saint Thomas qui se fait à soy-mesme cette objection; Aussi-tost qu'on a compris & entendu ce que signifie ce nom *Dieu*, on sçait que Dieu est, car par ce nom on entend vne chose telle, que rien de plus grand ne peut estre conceu. Or ce qui est dans l'entendement & en effet, est plus grand que ce qui est seulement dans l'entendement; C'est pourquoy, puis que ce nom *Dieu* estant entendu, Dieu est dans l'entendement, il s'ensuit aussi qu'il est en effet: lequel argument ie rens ainsi en forme. Dieu est ce qui est tel que rien de plus grand ne peut estre conceu, mais ce qui est tel que rien de plus grand ne peut estre conceu, enferme l'existence; Dôcques Dieu par son nom, ou par son concept enferme l'existence; & partant il ne peut estre, ny estre conceu sans existence. Maintenant, dites-moy ie vous prie, n'est-ce pas là le mesme argument de Monsieur Des-Cartes. Saint Thomas definit Dieu ainsi; Ce qui est tel que rien de plus grand ne peut estre conceu: Monsieur Des-Cartes l'appelle vn estre souuerainement parfait, certes rien de plus grand que luy ne peut estre conceu. Saint Thomas poursuit: Ce qui est tel que rien de plus grand ne peut estre conceu enferme l'existence, autrement quelque chose de plus grand que luy pouroit estre conceu, à sçauoir ce qui est conceu enferme aussi l'existence. Mais Monsieur Des-Cartes ne semble-t'il pas se seruir de la mesme mineure dans son argument? Dieu est vn estre souuerainement parfait; or est-il que l'Estre souuerainement parfait enferme l'exiſtence, autrement il ne ſeroit pas ſouuerainemēt parfait. Saint Thomas infere, doncques, puis que ce nom *Dieu* eſtant compris & entendu, il eſt dans l'entendemēt, il s'enſuit auſſi qu'il eſt en effect : C'eſt à dire, de ce que dans le concept, ou la notion eſſentielle d'vn eſtre tel que rien de plus grand ne peut eſtre conceu, l'exiſtence eſt compriſe & enfermée, il s'enſuit que cet eſtre exiſte. Monſieur Des-Cartes infere la meſme choſe. *Mais, dit-il, de cela ſeul que ie ne puis conceuoir Dieu ſans exiſtence, il s'enſuit que l'exiſtence eſt inſeparable de luy, & partant qu'il exiſte veritablement.* Que maintenant ſaint Thomas réponde à ſoy meſme, & à Monſieur Des-Cartes. Poſé, dit-il, que chacun entende que par ce nom *Dieu* il eſt ſignifié ce qui a eſté dit, à ſçauoir, ce qui eſt tel que rien de plus grand ne peut eſtre conceu, il ne s'enſuit pas pour cela qu'on entende que la choſe qui eſt ſignifiée par ce nom ſoit dans la nature, mais ſeulement dans l'apprehenſion de l'entendement. Et on ne peut pas dire qu'elle ſoit en effect, ſi on ne demeure d'accord qu'il y a en effect quelque choſe telle, que rien de plus grand ne peut eſtre conceu ; Ce que ceux-là nient ouuertement, qui diſent qu'il n'y a point de Dieu. D'où ie répons auſſi en peu de paroles ; encore que l'on demeure d'accord que l'eſtre ſouuerainement parfait par ſon propre nom, emporte l'exiſtence, neantmoins il ne s'enſuit pas que cette meſme exiſtence ſoit dans la nature actuellement quelque choſe, mais ſeulement qu'auec le concept, ou la notion de l'eſtre ſouuerainement parfait, celle de l'exiſtence eſt inſeparablement conjointe. D'où vous ne pouuez pas inferer que l'exiſtence de Dieu ſoit actuellement quelque choſe, ſi vous ne suppofez que cet eftre fouuerainement parfait exifte actuellement; car pour lors il contiendra actuellement toutes les perfections, & celle auffi d'vne exiftence reelle.

Trouuez bon maintenant, Meffieurs, qu'apres tant de fatigues ie delaffe vn peu mon efprit. Ce compofé, *vn lion exiftant*, enferme effentiellement ces deux parties, à fçauoir, vn lion, & l'exiftence ; Car fi vous oftez l'vne ou l'autre, ce ne fera plus le mefme compofé. Maintenant Dieu n'a-t'il pas de toute eternité connu clairement & diftinctement ce compofé ? Et l'idée de ce compofé, entant que tel, n'enferme-t'elle pas effentiellement l'vne & l'autre de ces parties ? C'eft à dire l'exiftence n'eft-elle pas de l'effence de ce compofé *vn lion exiftant* ? Et neantmoins la diftincte connoiffance que Dieu en a euë de toute eternité, ne fait pas neceffairement que l'vne ou l'autre partie de ce compofé foit, fi on ne fuppofe que tout ce compofé eft actuellement : car alors il enfermera & contiendra en foy toutes fes perfections effentielles, & partant auffi l'exiftence actuelle. De mefme, encore que ie connoiffe clairement & diftinctement l'eftre fouuerain, & encore que l'eftre fouuerainement parfait dans fon concept effentiel enferme l'exiftence, neantmoins il ne s'enfuit pas que cette exiftence foit actuellement quelque chofe; fi vous ne fuppofez que cet eftre fouuerain exifte; car alors auec toutes fes autres perfections, il enfermera auffi actuellement celle de l'exiftence : & ainfi il faut prouuer d'ailleurs que cet eftre fouuerainement parfait exifte.

I'en diray peu touchant l'Effence de l'ame & fa diftinction reelle d'auec le corps; Car ie confeffe que ce grand efprit m'a défia tellement fatigué, qu'au delà ie ne puis.

O iij

quasi plus rien. S'il y a vne distinction entre l'ame & le corps, il semble la prouuer de ce que ces deux choses peuuent estre conceuës distinctement & separement l'vne de l'autre. Et sur cela ie mets ce sçauant homme aux prises auec Scot: qui dit qu'afin qu'vne chose soit conceuë distinctement & separement d'vne autre, il suffit qu'il y ayt entr'elles vne distinction qu'il appelle *formelle & obiective*, laquelle il met entre *la distinction reelle*, *& celle de raison*, & c'est ainsi qu'il distingue la iustice de Dieu d'auec sa misericorde; car elles ont, dit-il, auant aucune operation de l'entendement, des raisons formelles differentes, en sorte que l'vne n'est pas l'autre; & neantmoins ce seroit vne mauuaise consequence de dire, la iustice peut estre conceuë separement d'auec la misericorde, donc elle peut aussi exister separement. Mais ie ne voy pas que i'ay desia passé les bornes d'vne lettre.

Voilà, Messieurs, les choses que i'auois à dire touchant ce que vous m'auez proposé, c'est à vous maintenant d'en estre les Iuges. Si vous prononcez en ma faueur, il ne sera pas mal-aisé d'obliger Monsieur Des-Cartes à ne me vouloir point de mal, si ie luy ay vn peu contredit; que si vous estes pour luy, ie donne dés à present les mains, & me confesse vaincu, & ce d'autant plus volontiers, que ie craindrois de l'estre encore vne autre fois. Adieu.

REPONSES DE L'AVTEVR
aux premieres Obiections faites par Mr Caterus, sçauant Theologien du Pays-bas.

MESSIEVRS,

Ie vous confesse que vous auez suscité contre moy vn puissant aduersaire, duquel l'esprit & la doctrine eussent pû me donner beaucoup de peine, si cet officieux & deuot Theologien n'eust mieux aimé fauoriser la cause de Dieu, & celle de son foible defenseur, que de la combattre à force ouuerte. Mais quoy qu'il luy ayt esté tres-honneste d'en vser de la sorte, ie ne pourois pas m'exempter de blâme, si ie taschois de m'en preualoir: C'est pourquoy mon dessein est plutost de découurir icy l'artifice dont il s'est seruy pour m'assister, que de luy répondre comme à vn aduersaire.

Il a commencé par vne briéue deduction de la principale raison dont ie me sers pour prouuer l'existence de

Dieu, afin que les Lecteurs s'en reſſouuinſſent d'autant mieux. Puis ayant ſuccinctement accordé les choſes qu'il a jugé eſtre ſuffiſamment demonſtrées, & ainſi les ayant appuyées de ſon authorité, il eſt venu au nœud de la difficulté, qui eſt de ſçauoir ce qu'il faut icy entendre par le nom *d'idée*, & quelle cauſe cette idée requiert. Or i'ay eſcrit en quelque part, *que l'idée eſt la choſe meſme conceuë, ou penſée, entant qu'elle eſt objectiuement dans l'entendement*, leſquelles paroles il feint d'entendre tout autrement que ie ne les ay dites, afin de me donner occaſion de les expliquer plus clairement. *Eſtre*, dit-il, *obiectiuement dans l'entendement, c'eſt terminer à la façon d'vn objet l'acte de l'entendement, ce qui n'eſt qu'vne denomination exterieure, & qui n'adjouſte rien de reel à la choſe, &c.* Où il faut remarquer qu'il a égard à la choſe meſme, entant qu'elle eſt hors de l'entendement, au reſpect de laquelle c'eſt de vray vne denomination exterieure qu'elle ſoit objectiuement dans l'entendement; Mais que ie parle de l'idée qui n'eſt iamais hors de l'entendement, & au reſpect de laquelle *eſtre obiectiuement* ne ſignifie autre choſe, qu'eſtre dans l'entendement en la maniere que les objets ont coûtume d'y eſtre. Ainſi par exemple, ſi quelqu'vn demande, qu'eſt-ce qu'il arriue au Soleil de ce qu'il eſt objectiuement dans mon entendement, on répond fort bien qu'il ne luy arriue rien qu'vne denomination exterieure, ſçauoir eſt qu'il termine à la façon d'vn objet l'operation de mon entendement: Mais ſi l'on demande de l'idée du Soleil ce que c'eſt, & qu'on réponde que c'eſt la choſe meſme penſée, entant qu'elle eſt objectiuement dans l'entendement, perſonne n'entendra que c'eſt le Soleil meſme;

entant

entant que cette exterieure denomination est en luy. Et là *estre obiectiuement dans l'entendement*, ne signifiera pas terminer son operation à la façon d'vn objet, mais bien este dans l'entendement en la maniere que ses objets ont coûtume d'y estre : En telle sorte que l'idée du Soleil est le Soleil mesme existant dans l'entendement, non pas à la verité formellement, comme il est au Ciel, mais objectiment, c'est à dire en la maniere que les objets ont coustume d'exister dans l'entendement : laquelle façon d'estre est de vray bien plus imparfaite que celle par laquelle les choses existent hors de l'entendement ; mais pourtant ce n'est pas vn pur rien, comme i'ay desia dit cy-deuant. Et lors que ce sçauant Theologien dit qu'il y a de l'equiuoque en ces paroles, *vn pur rien*, il semble auoir voulu m'auertir de celle que ie viens tout maintenant de remarquer, de peur que ie n'y prisse pas garde. Car il dit premierement, qu'vne chose ainsi existante dans l'entendement par son idée, n'est pas vn estre réel, ou actuel, c'est à dire, que ce n'est pas quelque chose qui soit hors de l'entendement ; ce qui est vray ; En aprés il dit aussi, que ce n'est pas quelque chose de feint par l'esprit, ou vn estre de raison, mais quelque chose de réel, qui est conceu distinctement : par lesquelles paroles il admet entierement tout ce que i'ay auancé : mais neantmoins il adjoûte, parce que cette chose est seulement conceuë, & qu'actuellement elle n'est pas (c'est à dire, parce qu'elle est seulement vne idée, & non pas quelque chose hors de l'entendement) elle peut à la verité estre conceuë, mais elle ne peut aucunement estre causée, ou mise hors de l'entendement, c'est à dire, qu'elle n'a pas besoin de cause pour exister

P

hors de l'entendement ; ce que ie confeſſe ; car hors de luy, elle n'eſt rien ; mais certes elle a beſoin de cauſe pour eſtre conceuë, & c'eſt de celle-là ſeule qu'il eſt icy queſtion. Ainſi ſi quelqu'vn a dans l'eſprit l'idée de quelque machine fort artificielle, on peut auec raiſon demander quelle eſt la cauſe de cette idée ; & celuy-là ne ſatisferoit pas, qui diroit que cette idée hors de l'entendement n'eſt rien, & partant qu'elle ne peut eſtre cauſée, mais ſeulement conceuë ; Car on ne demande icy rien autre choſe, ſinon quelle eſt la cauſe pourquoy elle eſt conceuë ; Celuy-là ne ſatisfera pas non plus, qui dira que l'entendement meſme en eſt la cauſe, comme eſtant vne de ſes operations ; car on ne doute point de cela, mais ſeulement on demande quelle eſt la cauſe de l'artifice objectif qui eſt en elle. Car que cette idée contienne vn tel artifice objectif plutoſt qu'vn autre, elle doit ſans doute auoir cela de quelque cauſe ; & l'artifice objectif eſt la meſme choſe au reſpect de cette idée, qu'au reſpect de l'idée de Dieu, la realité ou perfection objectiue. Et de vray l'on peut aſſigner diuerſes cauſes de cét artifice ; car ou c'eſt quelque réelle & ſemblable machine qu'on aura veuë auparauant, à la reſſemblance de laquelle cette idée a eſté formée ; ou vne grande connoiſſance de la mechanique qui eſt dans l'entendement de celuy qui a cette idée ; ou peut-eſtre vne grande ſubtilité d'eſprit, par le moyen de laquelle il a pû l'inuenter ſans aucune autre connoiſſance precedente. Et il faut remarquer que tout l'artifice, qui n'eſt qu'objectiuement dans cette idée, doit par neceſſité eſtre formellement ou eminemment dans ſa cauſe, quelle que cette cauſe puiſſe eſtre. Le meſme auſſi faut-il penser de la réalité objectiue qui est dans l'idée de Dieu. Mais en qui est-ce que toute cette realité, ou perfection, se pourra ainsi rencontrer, sinon en Dieu réellement existant? Et cét esprit excellent a fort bien veu toutes ces choses, c'est pourquoy il confesse qu'on peut demander, pourquoy cette idée contient cette realité objectiue plutost qu'vne autre; à laquelle demande il a répondu premierement, *Que de toutes les idées il en est de mesme que de ce que i'ay escrit de l'idée du triangle; sçauoir est, que bien que peut-estre il n'y ait point de triangle en aucun lieu du monde, il ne laisse pas neantmoins d'y auoir vne certaine nature, ou forme, ou essence determinée du triangle, laquelle est immuable & eternelle*: Et laquelle il dit n'auoir pas besoin de cause. Ce que neantmoins il a bien iugé ne pouuoir pas satisfaire; car encore que la nature du triangle soit immuable & eternelle, il n'est pas pour cela moins permis de demander pourquoy son idée est en nous? C'est pourquoy il a adjousté. *Si neantmoins vous me pressez de vous dire vne raison, ie vous diray que cela vient de l'imperfection de nostre esprit*, &c. Par laquelle réponse il semble n'auoir voulu signifier autre chose, sinon que ceux qui se voudront icy éloigner de mon sentiment, ne pourront rien répondre de vray-semblable. Car en effet, il n'est pas plus probable de dire que la cause pourquoy l'idée de Dieu est en nous, soit l'imperfection de nostre esprit, que si on disoit, que l'ignorance des mechaniques fût la cause pourquoy nous imaginons plutost vne machine fort pleine d'artifice, qu'vne autre moins parfaite; Car tout au contraire, si quelqu'vn a l'idée d'vne machine, dans laquelle soit contenu tout l'artifice que l'on sçauroit imaginer,

P ij

l'on infere fort bien de là, que cette idée procede d'vne cause dans laquelle il y auoit reellement & en effet tout l'artifice imaginable, encore qu'il ne soit qu'objectiuement, & non point en effet dans cette idée : Et par la méme raison, puis que nous auons en nous l'idée de Dieu, dans laquelle toute la perfection est contenuë que l'on puisse iamais conceuoir, on peut de là conclure tres-euidemment, que cette idée depend & procede de quelque cause, qui contient en soy veritablement toute cette perfection, à sçauoir de Dieu reellement existant. Et certes la difficulté ne paroistroit pas plus grande en l'vn qu'en l'autre, si, comme tous les hommes ne sont pas sçauans en la mechanique, & pour cela ne peuuent pas auoir des idées de machines fort artificielles, ainsi tous n'auoient pas la mesme faculté de conceuoir l'idée de Dieu ; mais parce qu'elle est empreinte d'vne mesme façon dans l'esprit de tout le monde, & que nous ne voyons pas qu'elle nous vienne iamais d'ailleurs que de nous-mesmes, nous supposons qu'elle appartient à la nature de nostre esprit. Et certes non mal à propos, mais nous oublions vne autre chose que l'on doit principalement considerer, & d'où depend toute la force, & toute la lumiere, ou l'intelligence de cet argument, qui est, que cette faculté d'auoir en soy l'idée de Dieu, ne pourroit estre en nous, si nostre esprit estoit seulement vne chose finie, comme il est en effet, & qu'il n'eust point pour cause de son estre, vne cause qui fust Dieu. C'est pourquoy outre cela i'ay demandé, sçauoir si ie pourrois estre, en cas que Dieu ne fust point; non tant pour apporter vne raison differente de la precedente, que pour l'expliquer plus parfaitement.

Mais icy la courtoisie de cet aduersaire me jette dans vn passage assez difficile, & capable d'attirer sur moy l'enuie & la jalousie de plusieurs ; Car il compare mon argument auec vn autre tiré de Saint Thomas & d'Aristote, comme s'il vouloit par ce moyen m'obliger à dire la raison, pourquoy estant entré auec eux dans vn mesme chemin, ie ne l'ay pas neantmoins suiuy en toutes choses; mais ie le prie de me permettre de ne point parler des autres, & de rendre seulement raison des choses que i'ay écrites. Premierement, donc, ie n'ay point tiré mon argument de ce que ie voyois, que dans les choses sensibles, il y auoit vn ordre, ou vne certaine suitte de causes efficientes ; partie à cause que i'ay pensé que l'existence de Dieu estoit beaucoup plus euidente que celle d'aucune chose sensible ; & partie aussi pour ce que ie ne voyois pas que cette suitte de causes me peust conduire ailleurs, qu'à me faire connoistre l'imperfection de mon esprit, en ce que ie ne puis comprendre comment vne infinité de telles causes ont tellement succedé les vnes aux autres de toute eternité, qu'il n'y en ayt point eu de premiere : Car certainement de ce que ie ne puis comprendre cela, il ne s'ensuit pas qu'il y en doiue auoir vne premiere : non plus que de ce que ie ne puis comprendre vne infinité de diuisions en vne quantité finie, il ne s'ensuit pas que l'on puisse venir à vne derniere, apres laquelle cette quantité ne puisse plus estre diuisée : mais bien il suit seulement que mon entendement qui est finy, ne peut comprendre l'infiny. C'est pourquoy i'ay mieux aymé appuyer mon raisonnement sur l'existence de moy-mesme, laquelle ne depend d'aucune suite de causes, & qui m'est si connuë

P iij

que rien ne le peut eſtre dauantage : Et m'interrogeant ſur cela moy-meſme, ie n'ay pas tant cherché par quelle cauſe i'ay autrefois eſté produit, que i'ay cherché quelle eſt la cauſe qui à preſent me conſerue, afin de me deliurer par ce moyen de toute ſuite, & ſucceſſion de cauſes. Outre cela ie n'ay pas cherché quelle eſt la cauſe de mon eſtre, entant que ie ſuis compoſé de corps & d'ame, mais ſeulement & preciſement entant que ie ſuis vne choſe qui penſe, ce que ie croy ne ſeruir pas peu à ce ſujet : Car ainſi i'ay pû beaucoup mieux me deliurer des prejugez, conſiderer ce que dicte la lumiere naturelle, m'interroger moy-meſme, & tenir pour certain que rien ne peut eſtre en moy, dont ie n'aye quelque connoiſſance : Ce qui en effect eſt tout autre choſe, que ſi de ce que ie voy que ie ſuis né de mon pere, ie conſiderois que mon pere vient auſſi de mon ayeul : & ſi, voyant qu'en recherchant ainſi les peres de mes peres ie ne pourois pas continuer ce progrez à l'infiny, pour mettre fin à cette recherche, ie concluois qu'il y a vne premiere cauſe. De plus ie n'ay pas ſeulement recherché quelle eſt la cauſe de mon eſtre, entant que ie ſuis vne choſe qui penſe ; mais ie l'ay principalement & preciſement recherchée, entant que ie ſuis vne choſe qui penſe, qui entre pluſieurs autres penſées reconnois auoir en moy l'idée d'vn eſtre ſouuerainement parfait ; Car c'eſt de cela ſeul que depend toute la force de ma demonſtration. Premierement parce que cette idée me fait connoiſtre ce que c'eſt que Dieu, au moins autant que ie ſuis capable de le connoiſtre : Et ſelon les loix de la vraye Logique, on ne doit iamais demander d'aucune choſe, *Si elle eſt*, qu'on ne ſçache premierement, *Ce qu'elle eſt.* En ſecond lieu, parce que c'eſt cette meſme idée qui me donne occaſion d'examiner ſi ie ſuis par moy, ou par autruy; & de reconnoiſtre mes défauts. Et en dernier lieu, c'eſt elle qui m'aprend que non ſeulement il y a vne cauſe de mon eſtre; mais de plus auſſi, que cette cauſe contient toutes ſortes de perfections; Et partant qu'elle eſt Dieu. Enfin ie n'ay point dit qu'il eſt impoſſible qu'vne choſe ſoit la cauſe efficiente de ſoy-meſme; Car encore que cela ſoit manifeſtement veritable, lors qu'on reſtraint la ſignification d'efficient à ces cauſes qui ſont differentes de leurs effets, ou qui les precedent en temps, il ſemble toutesfois que dans cette queſtion elle ne doit pas eſtre ainſi reſtrainte; tant parce que ce ſeroit vne queſtion friuole; Car qui ne ſçait qu'vne meſme choſe ne peut pas eſtre differente de ſoy-meſme, ny ſe preceder en temps? Comme auſſi parce que la lumiere naturelle ne nous dicte point, que ce ſoit le propre de la cauſe efficiente de preceder en temps ſon effet; Car au contraire à proprement parler, elle n'a point le nom ny la nature de cauſe efficiente, ſinon lors qu'elle produit ſon effet, & partant elle n'eſt point deuant luy. Mais certes la lumiere naturelle nous dicte qu'il n'y a aucune choſe de laquelle il ne ſoit loiſible de demander, pourquoy elle exiſte, ou bien dont on ne puiſſe rechercher la cauſe efficiente; ou ſi elle n'en a point, demander pourquoy elle n'en a pas beſoin; De ſorte que ſi ie penſois qu'aucune choſe ne peuſt en quelque façon eſtre à l'eſgard de ſoy-meſme, ce que la cauſe efficiente eſt à l'eſgard de ſon effect, tant s'en faut que delà ie vouluſſe conclure qu'il y a vne premiere cauſe, qu'au contraire de celle-là meſme qu'on appelleroit premiere, ie rechercherois derechef la cause, & ainsi ie ne viendrois iamais à vne premiere. Mais certes i'auouë franchement qu'il peut y auoir quelque chose dans laquelle il y ait vne puissance si grande & si inépuisable, qu'elle n'ait iamais eu besoin d'aucun secours pour exister, & qui n'en ait pas encore besoin maintenant pour estre conseruée; & ainsi qui soit en quelque façon la cause de soy-mesme; & ie conçoy que Dieu est tel : Car tout de mesme que bien que i'eusse esté de toute eternité, & que par consequent il n'y eust rien eu auant moy, neantmoins parce que ie voy que les parties du temps peuuent estre separées les vnes d'auec les autres, & qu'ainsi de ce que ie suis maintenant il ne s'ensuit pas que ie doiue estre encore aprés, si, pour ainsi parler, ie ne suis creé de nouueau à chaque moment par quelque cause, ie ne ferois point difficulté d'appeller, *Efficiente*, la cause qui me crée continuellement en cette façon, c'est à dire qui me conserue. Ainsi encore que Dieu ait toûjours esté, neantmoins parce que c'est luy-mesme qui en effect se conserue, il semble qu'assez proprement il peut estre dit, & appelé *la cause de soy-mesme*. (Toutesfois il faut remarquer que ie n'entens pas icy parler d'vne conseruation qui se fasse par aucune influence réelle, & positiue de la cause efficiente, mais que i'entens seulement que l'essence de Dieu est telle, qu'il est impossible qu'il ne soit, ou n'existe pas tousiours.)

Cela estant posé il me sera facile de répondre à la distinction du mot, *Par soy*, que ce tres-docte Theologien m'auertit deuoir estre expliquée ; Car encore bien que ceux, qui ne s'attachant qu'à la propre & étroite signification

fication d'efficient, pensent qu'il est impossible qu'vne chose soit la cause efficiente de soy-mesme, & ne remarquent icy aucun autre genre de cause, qui ait raport & analogie auec la cause efficiente, encore, dis je, que ceux-là n'ayent pas de coustume d'entendre autre chose, lors qu'ils disent que quelque chose est *par soy*, sinon qu'elle n'a point de cause; Si toutesfois ils veulent pluftost s'arrester à la chose qu'aux paroles, ils reconnoistront facilement que la signification negatiue du mot *Par soy*, ne procede que de la seule imperfection de l'esprit humain, & qu'elle n'a aucun fondement dans les choses: mais qu'il y en a vne autre positiue tirée de la verité des choses, & sur laquelle seule mon argument est appuyé. Car si, par exemple, quelqu'vn pense qu'vn Corps soit par soy, il peut n'entendre par là autre chose, sinon que ce corps n'a point de cause: Et ainsi il n'assure point ce qu'il pense par aucune raison positiue, mais seulement d'vne façon negatiue, parce qu'il ne connoist aucune cause de ce corps: mais cela témoigne quelque imperfection en son iugement; Comme il reconnoistra facilement aprés, s'il considere que les parties du temps ne dependent point les vnes des autres, & que partant de ce qu'il a supposé que ce corps iusqu'à cette heure a esté par soy, c'est à dire sans cause, il ne s'ensuit pas pour cela qu'il doiue estre encore à l'auenir, si ce n'est qu'il y ait en luy quelque puissance réelle & positiue, laquelle, pour ainsi dire, le produise continuellement; Car alors voyant que dans l'idée du corps, il ne se rencontre point vne telle puissance, il luy sera aisé d'inferer de là que ce corps n'est pas par soy; Et ainsi il prendra ce mot, *Par soy* po-

Q

sitiuement. De mesme lors que nous disons que Dieu est par soy, nous pouuons aussi à la verité entendre cela negatiuement, comme voulant dire qu'il n'a point de cause ; Mais si nous auons auparauant recherché la cause pourquoy il est, ou pourquoy il ne cesse point d'estre, & que considerans l'immense & incomprehensible puissance qui est contenuë dans son idée, nous l'ayons reconnuë si pleine & si abondante, qu'en effect elle soit la vraye cause pourquoy il est, & pourquoy il continuë ainsi toûjours d'estre, & qu'il n'y en puisse auoir d'autre que celle-là, nous disons que Dieu est *par soy*, non plus negatiuement, mais au contraire tres Positiuement. Car encore qu'il ne soit pas besoin de dire qu'il est la cause efficiente de soy-mesme, de peur que peut estre on n'entre en dispute du mot ; neantmoins parce que nous voyons que ce qui fait qu'il est par soy, ou qu'il n'a point de cause differente de soy-mesme, ne procede pas du neant, mais de la réeelle, & veritable immensité de sa puissance ; Il nous est tout à fait loisible de penser qu'il fait en quelque façon la méme chose à l'esgard de soy-méme, que la cause efficiente à l'esgard de son effect, & partant qu'il est par soy positiuemēt. Il est aussi loisible à vn chacū de s'interroger soy-mesme, sçauoir si en ce mesme sens il est par soy ; Et lors qu'il ne trouue en soy aucune puissance capable de le conseruer seulement vn moment, il conclut auec raison qu'il est par vn autre, & mesme par vn autre qui est par soy ; Pource qu'estant icy question du temps present, & nont point du passé, ou du futur, le progrez ne peut pas estre continué à l'infiny ; Voire mesme i'adjousteray icy de plus (ce que neantmoins ie n'ay point écrit ailleurs) qu'on ne peut pas seulement aller iusqu'à vne seconde cause ; pour ce que celle qui a tant de puissance que de conseruer vne chose qui est hors de soy, se conserue à plus forte raison soy-mesme par sa propre puissance, & ainsi elle est *par soy*.

Et pour preuenir icy vne obiection que l'on pouroit faire, à sçauoir que peut-estre celuy qui s'interroge ainsi soy-mesme, à la puissance de se conseruer sans qu'il s'en apperçoiue ; Ie dis que cela ne peut estre, & que si cette puissance estoit en luy il en auroit necessairement connoissance; Car comme il ne se considere en ce moment que comme vne chose qui pense, rien ne peut estre en luy dont il n'ait ou ne puisse auoir connoissance ; à cause que toutes les actions d'vn esprit (comme seroit celle de se conseruer soy-mesme si elle procedoit de luy) estant des pensées, & partant estant presentes & connuës à l'esprit, celle-là, comme les autres, luy seroit aussi presente & connuë, & par elle il viendroit necessairement à connoistre la faculté qui la produiroit : Toute action nous menant necessairement à la connoissance de la faculté qui la produit.

Maintenant lors qu'on dit que toute limitation est par vne cause, ie pense à la verité qu'on entend vne chose vraye, mais qu'on ne l'exprime pas en termes assez propres, & qu'on n'oste pas la difficulté; Car à proprement parler, la limitation est seulement vne negation d'vne plus grande perfection, laquelle negation n'est point par vne cause, mais bien la chose limitée. Et encore

Q ij

qu'il soit vray que toute chose est limitée par vne cause, cela neantmoins n'est pas de soy manifeste, mais il le faut prouuer d'ailleurs. Car, comme répond fort bien ce subtil Theologien, vne chose peut-estre limitée en deux façons, ou parce que celuy qui la produite ne luy a pas donné plus de perfections, ou parce que sa nature est telle, qu'elle n'en peut receuoir qu'vn certain nombre, comme il est de la nature du triangle de n'auoir pas plus de trois costez: Mais il me semble que c'est vne chose de soy éuidente, & qui n'a pas besoin de preuue, que tout ce qui existe, est ou par vne cause, ou par soy, comme par vne cause; car puis que nous conceuons & entendons fort bien, non seulement l'existence, mais aussi la negation de l'existence, il n'y a rien que nous puissions feindre estre tellement par soy, qu'il ne faille donner aucune raison, pourquoy plutost il existe, qu'il n'existe point; Et ainsi nous deuons tousiours interpreter ce mot, *estre par soy* positiuement, & comme si c'estoit estre par vne cause, à sçauoir par vne surabondance de sa propre puissance, laquelle ne peut-estre qu'en Dieu seul, ainsi qu'on peut ayſément démontrer.

Ce qui m'est en suite accordé par ce sçauant Docteur, bien qu'en effect il ne reçoiue aucun doute, est neantmoins ordinairement si peu consideré, & est d'vne telle importance pour tirer toute la Philosophie hors des tenebres où elle semble estre enseuelie, que lors qu'il le confirmé par son authorité, il m'ayde beaucoup en mon dessein.

Et il demande icy auec beaucoup de raison, si ie connois clairement & distinctement l'infiny; Car bien que i'aye taché de preuenir cette objection, neantmoins elle se presente si facilement à vn chacun, qu'il est necessaire que i'y réponde vn peu amplement. C'est pourquoy ie diray icy premierement que l'infiny, entant qu'infiny, n'est point à la verité compris, mais que neantmoins il est entendu ; car entendre clairement & distinctement qu'vne chose est telle, qu'on ne peut du tout point y rencontrer de limites, c'est clairement entendre qu'elle est infinie. Et ie mets icy de la distinction entre *l'indefiny*, & *l'infiny*, Et il n'y a rien que ie nomme proprement infiny, sinon ce en quoy de toutes parts ie ne rencontre point de limites, auquel sens Dieu seul est infiny; mais pour les choses où sous quelque consideration seulement ie ne voy point de fin, comme l'étenduë des espaces imaginaires, la multitude des nombres, la diuisibilité des parties de la quantité, & autres choses semblables, ie les appelle *indefinies*, & non pas *infinis*, parceque de toutes parts elle ne sont pas sans fin, ny sans limites.

De plus, ie mets distinction entre la raison formelle de l'infiny, ou l'infinité, & la chose qui est infinie. Car quant à l'infinité, encore que nous la conceuions estre tres positiue, nous ne l'entendons neantmoins que d'vne façon negatiue, sçauoir est, de ce que nous ne remarquons en la chose aucune limitation; Et quant à la chose qui est infinie, nous la conceuons à la verité positiuement, mais non pas selon toute son étenduë, C'est à dire que nous ne comprenons pas tout ce qui est intelligible en elle. Mais tout ainsi que lors que nous iettons les yeux sur la mer, on ne laisse pas de dire que nous la voyons, quoy que nostre veuë n'en atteigne pas toutes les parties, & n'en mesure pas la vaste étenduë: Et de vray lors que nous ne la regardons que de loin; comme si nous la voulions embrasser toute auec les yeux, nous ne la voyons que confusement; Comme aussi n'imaginons nous que confusement vn Chiliogone, lors que nous tâchons d'imaginer tous ses costez ensemble; mais lors que nostre veuë s'arreste sur vne partie de la mer seulement, cette vision alors peut estre fort claire & fort distincte, comme aussi l'imagination d'vn Chiliogone, lors qu'elle s'étend seulement sur vn ou deux de ses costez. De mesme i'auoüé auec tous les Theologiens, que Dieu ne peut estre compris par l'esprit humain ; & mesme qu'il ne peut-estre distinctement connu par ceux qui tâchent de l'embrasser tout entier, & tout à la fois par la pensée, & qui le regardent comme de loin ; auquel sens Saint Thomas a dit au lieu cy-deuant cité, que la connoissance de Dieu est en nous sous vne espece de confusion seulement, & comme sous vne image obscure ; Mais ceux qui considerent attentiuement chacune de ses perfections, & qui appliquent toutes les forces de leur esprit à les contempler, non point à dessein de les comprendre, mais plustost de les admirer, & reconnoistre combien elles sont au delà de toute comprehension, ceux-là, dis-je, trouuent en luy incomparablement plus de choses, qui peuuent estre clairement & distinctement connuës, & auec plus de facilité, qu'il ne s'en trouue en aucune des choses creées. Ce que Saint Thomas a fort bien reconnu luy-mesme en ce lieu-là, comme il est aisé de voir de ce qu'en l'article suiuant il assure que l'existence de DIEV peut estre demonstrée. Pour moy, toutes les fois que i'ay dit que Dieu pouuoit estre connu clairement & distinctement, ie n'ay iamais entendu parler que de cette connoiſſance finie, & accommodée à la petite capacité de nos eſprits; auſſi n'a-t'il pas eſté neceſſaire de l'entendre autrement pour la verité des choſes que i'ay auancées, comme on verra facilement, ſi on prend garde que ie n'ay dit cela qu'en deux endroits, en l'vn deſquels il eſtoit queſtion de ſçauoir ſi quelque choſe de réel eſtoit contenu dans l'idée que nous formons de Dieu, ou bien s'il n'y auoit qu'vne negation de choſe, (ainſi qu'on peut douter ſi dans l'idée du froid, il n'y a rien qu'vne negation de chaleur) ce qui peut aiſement eſtre connu encore qu'on ne comprenne pas l'infiny. Et en l'autre i'ay maintenu que l'exiſtence n'apartenoit pas moins à la nature de l'eſtre ſouuerainement parfait, que trois coſtez apartiennent à la nature du triangle: Ce qui ſe peut auſſi aſſez entendre ſans qu'on ait vne connoiſſance de Dieu ſi étenduë, qu'elle comprenne tout ce qui eſt en luy.

Il compare icy derechef vn de mes argumens auec vn autre de Saint Thomas, afin de m'obliger en quelque façon de monſtrer lequel des deux a le plus de force. Et il me ſemble que ie le puis faire ſans beaucoup d'enuie, parce que Saint Thomas ne s'eſt pas ſeruy de cét argument comme ſien, & il ne conclut pas la meſme choſe que celuy dont ie me ſers; & enfin ie ne m'éloigne icy en aucune façon de l'opinion de cét Angelique Docteur. Car on luy demande, ſçauoir, ſi la connoiſſance de l'exiſtence de Dieu eſt ſi naturelle à l'eſprit humain, qu'il ne ſoit pas beſoin de la prouuer, c'eſt à dire ſi elle eſt claire & manifeſte à vn chacun, Ce qu'il nie, & moy auec luy. Or l'argument qu'il s'objecte à ſoy-meſme, ſe peut ainſi proposer. Lors qu'on comprend & entend ce que signifie ce nom *Dieu*, on entend vne chose telle que rien de plus grand ne peut estre conceu ; Mais c'est vne chose plus grande d'estre en effect & dans l'entendement, que d'estre seulement dans l'entendement ; Doncques, lors qu'on comprend & entend ce que signifie ce nom *Dieu*, on entend que Dieu est en effect & dans l'entendement. Où il y a vne faute manifeste en la forme, car on deuoit seulement conclure. Doncques, lors qu'on comprend & entend ce que signifie ce nom *Dieu*, on entend qu'il signifie vne chose qui est en effect, & dans l'entendement : Or ce qui est signifié par vn mot, ne paroist pas pour cela estre vray. Mais mon argument a esté tel. Ce que nous conceuons clairement & distinctement apartenir à la nature où à l'essence, ou à la forme immuable & vraye de quelque chose, cela peut estre dit ou affirmé auec verité de cette chose ; mais aprés que nous auons assez soigneusement recherché ce que c'est que Dieu, nous conceuons clairement & distinctement qu'il appartient à sa vraye & immuable nature qu'il existe ; Doncques alors nous pouuons affirmer auec verité qu'il existe. Ou du moins la conclusion est legitime. Mais la maieure ne se peut aussi nier, parce qu'on est desia demeuré d'accord cy deuant, que tout ce que nous entendons ou conceuons clairement & distinctement est vray. Il ne reste plus que la mneure, où ie confesse que la difficulté n'est pas petite. Premierement, parce que nous sommes tellement accoustumez dans toutes les autres choses de distinguer l'existence de l'essence, que nous ne prenons pas assez garde, comment elle appartient à l'essence de

Dieu

Dieu, pluſtoſt qu'à celle des autres choſes: Et auſſi pource que ne diſtinguant pas aſſez ſoigneuſement les choſes qui appartiennent à la vraye & immuable eſſence de quelque choſe, de celles qui ne luy ſont attribuées que par la fiction de noſtre entendement: encore que nous apperceuions aſſez clairement que l'exiſtence appartient à l'eſſence de Dieu, nous ne concluons pas toutesfois de là que Dieu exiſte, pource que nous ne ſçauons pas ſi ſon eſſence eſt immuable & vraye, ou ſi elle a ſeulement eſté faite & inuentée par noſtre eſprit. Mais pour oſter la premiere partie de cette difficulté, il faut faire diſtinction entre l'exiſtence Poſſible & la Neceſſaire; & remarquer que l'exiſtence poſſible eſt contenuë dans la notion, ou dans l'idée de toutes les choſes que nous conceuons clairement & diſtinctement, mais que l'exiſtence neceſſaire n'eſt contenuë que dans l'idée ſeule de Dieu: Car ie ne doute point que ceux qui conſidereront auec attention cette difference qui eſt entre l'idée de Dieu & toutes les autres idées, n'apperçoiuent fort bien, qu'encore que nous ne conceuions jamais les autres choſes, ſinon comme exiſtantes, il ne s'enſuit pas neantmoins de là qu'elles exiſtent, mais ſeulement qu'elles peuuent exiſter; parce que nous ne conceuons pas qu'il ſoit neceſſaire que l'exiſtence actuelle ſoit conjointe auec leurs autres proprietez: mais que de ce que nous conceuons clairement que l'exiſtence actuelle eſt neceſſairement & touſiours conjointe auec les autres attributs de Dieu, il ſuit de là neceſſairement que Dieu exiſte. Puis pour oſter l'autre partie de la difficulté, il faut prendre garde que les idées qui ne contiennent pas de vrayes & im-

R

muables natures, mais seulement de feintes & composées par l'entendement, peuuent estre diuisées par l'entendement mesme, non seulement par vne abstraction ou restriction de sa pensée, mais par vne claire & distincte operation; en sorte que les choses que l'entendement ne peut pas ainsi diuiser, n'ont point sans doute esté faites ou composées par luy. Par exemple, lors que ie me represente vn cheual aislé, ou vn lion actuellement existant, ou vn triangle inscrit dans vn quarré, ie conçoy facilement que ie puis aussi tout au contraire me representer vn cheual qui n'ait point d'aisles, vn lion qui ne soit point existant, vn triangle sans quarré: Et partant que ces choses n'ont point de vrayes & immuables natures. Mais si ie me represente vn triangle, ou vn quarré (ie ne parle point icy du lion ny du cheual, pource que leurs natures ne nous sont pas entierement connuës) alors certes toutes les choses que ie reconoistray estre contenuës dans l'idée du triangle, Comme que ses trois angles sont égaux à deux droits, &c. Ie l'asseureray auec verité d'vn triangle; & d'vn quarré, tout ce que ie trouueray estre contenu dans l'idée du quarré, Car encore que ie puisse conceuoir vn triangle, en restraignant tellement ma pensée, que ie ne conçoiue en aucune façon que ses trois angles sont égaux à deux droits, ie ne puis pas neantmoins nier cela de luy par vne claire & distincte operation, c'est à dire entendant nettement ce que ie dis. De plus si ie considere vn triangle inscrit dans vn quarré, non afin d'attribuer au quarré ce qui appartient seulement au triangle, ou d'attribuer au triangle ce qui appartient au quarré, mais pour examiner seulement les choses qui naissent de la conjonction de l'vn & de l'autre, la nature de cette figure composée du triangle & du quarré ne sera pas moins vraye & immuable, que celle du seul quarré, ou du seul triangle; De façon que ie pouray assurer auec verité que le quarré n'est pas moindre que le double du triangle qui luy est inscrit, & autres choses semblables qui appartiennent à la nature de cette figure composée. Mais si ie considere que dans l'idée d'vn corps tres-parfait l'existence est contenuë, & cela pource que c'est vne plus grande perfection d'estre en effect, & dans l'entendement, que d'estre seulement dans l'entendement, ie ne puis pas de là conclure que ce corps tres-parfait existe, mais seulement qu'il peut exister, Car ie reconnois assez que cette idée a esté faite par mon entendement mesme, lequel a joint ensemble toutes les perfections corporelles; & aussi que l'existence ne resulte point des autres perfections qui sont comprises en la nature du corps, pource que l'on peut également affirmer ou nier qu'elles existent, c'est à dire les conceuoir comme existantes ou non existantes. Et de plus à cause qu'en examinant l'idée du corps, ie ne voy en luy aucune force par laquelle il se produise, ou se conserue luy-mesme: Ie conclus fort bien que l'existence necessaire, de laquelle seule il est icy question, conuient aussi peu à la nature du corps, tant parfait qu'il puisse estre, qu'il apartient à la nature d'vne montagne de n'auoir point de valée, ou à la nature du triangle d'auoir ses trois angles plus grands que deux droits. Mais maintenant si nous demandons non d'vn corps, mais d'vne chose, telle qu'elle puisse estre, qui ait en soy toutes les perfections qui peuuent estre ensemble, sçauoir si l'existence doit estre contée parmy elles. Il est vray que d'abord nous en pourons douter, parce que nostre esprit qui est finy, n'ayant coustume de les considerer que separées, n'aperceura peut-estre pas du premier coup, combien necessairement elles sont iointes entr'elles. Mais si nous examinons soigneusement, sçauoir, Si l'existence conuient à l'Estre souuerainemét Puissant, & quelle sorte d'existence, nous pourrons clairement & distinctement connoistre, premierement qu'au moins l'existence possible luy conuient, comme à toutes les autres choses dont nous auons en nous quelque idée distincte, mesme à celles qui sont composées par les fictions de nostre esprit. En apres parce que nous ne pouuons penser que son existence est possible, qu'en mesme temps prenant garde à sa puissance infinie, nous ne connoissions qu'il peut exister par sa propre force, nous conclurons de là que reellemét il existe, & qu'il a été de toute eternité; car il est tres-manifeste par la lumiere naturelle, que ce qui peut exister par sa propre force, existe tousiours; Et ainsi nous connoistrons que l'existence necessaire est contenuë dans l'idée d'vn Estre souuerainement Puissant, non par vne fiction de l'entendement, mais parce qu'il appartient à la vraye & immuable nature d'vn tel Estre, d'exister: Et il nous sera aussi aysé de connoistre qu'il est impossible que cet Estre souuerainement puissant n'ayt point en soy toutes les autres perfections qui sont contenuës dans l'idée de Dieu, en sorte que de leur propre nature, & sans aucune fiction de l'entendement, elles soient toutes jointes ensemble, & existent dans Dieu.

AVX PREMIERES OBIECTIONS. 133

Toutes lefquelles chofes font manifeftes à celuy qui y penfe ferieufement, & ne different point de celles que i'auois defia cy-deuant efcrites, fi ce n'eft feulement en la façon dont elles font icy expliquées, laquelle i'ay expreffément changée pour m'accommoder à la diuerfité des efprits. Et ie confefferay icy librement que cet argument eft tel, que ceux qui ne fe reffouuiendront pas de toutes les chofes qui feruent à fa demonftration, le prendront ayfement pour vn Sophifme ; & que cela m'a fait douter au commencement fi ie m'en deuois feruir, de peur de donner occafion à ceux qui ne le comprendroient pas, de fe défier auffi des autres. Mais pource qu'il n'y a que deux voyes par lefquelles on puiffe prouuer qu'il y a vn Dieu, fçauoir, l'vne par fes effects, & l'autre par fon effence, ou fa nature mefme, & que i'ay expliqué, autant qu'il m'a efté poffible, la premiere dans la troifiefme Meditation, i'ay creu qu'apres cela, ie ne deuois pas obmettre l'autre.

Pour ce qui regarde la diftinction Formelle que ce tres docte Theologien dit auoir prife de Scot, ie réponds briéuement qu'elle ne differe point de la Modale, & qu'elle ne s'étend que fur les Eftres Incomplets, lefquels i'ay foigneufement diftinguez de ceux qui font Complets ; Et qu'à la verité elle fuffit pour faire qu'vne chofe foit conceuë feparement & diftinctement d'vne autre, par vne abftraction de l'efprit qui conçoiue la chofe imparfaitement ; mais non pas pour faire que deux chofes foient conceuës tellement diftinctes & feparées l'vne de l'autre, que nous entendions que chacune eft vn eftre complet,

R iij

& different de tout autre ; Car pour cela il est besoin d'vne distinction reelle. Ainsi, par exemple, entre le mouuement & la figure d'vn mesme corps, il y a vne distinction formelle ; & ie puis fort bien conceuoir le mouuement sans la figure, & la figure sans le mouuement, & l'vn & l'autre sans penser particulierement au corps qui se meut, ou qui est figuré ; Mais ie ne puis pas neantmoins conceuoir pleinement & parfaitement le mouuement, sans quelque corps auquel ce mouuement soit attaché ; ny la figure sans quelque corps où reside cette figure ; ny enfin ie ne puis pas feindre que le mouuement soit en vne chose dans laquelle la figure ne puisse estre, ou la figure en vne chose incapable de mouuement. De mesme ie ne puis pas conceuoir la justice sans vn juste, ou la misericorde sans vn misericordieux ; Et on ne peut pas feindre que celuy-là mesme qui est juste ne puisse pas estre misericordieux : Mais ie conçoy pleinement ce que c'est que le corps (c'est à dire, ie concoy le corps comme vne chose complete) en pensant seulement que c'est vne chose étenduë, figurée, mobile, &c. encore que nie de luy toutes les choses qui appartiennent à la nature de l'esprit ; Et ie conçoy aussi que l'esprit est vne chose complete, qui doute, qui entend, qui veut, &c. encore que ie nie qu'il y ayt en luy aucune des choses qui sont contenuës en l'idée du corps. Ce qui ne se pouroit aucunement faire, s'il n'y auoit vne distinction reelle entre le corps & l'esprit.

Voylà, Messieurs, ce que i'ay eu à répondre aux objections subtiles & officieuses de vostre amy commun.

AVX PREMIERES OBIECTIONS.

Mais si ie n'ay pas esté assez heureux d'y satisfaire entierement, je vous prie que ie puisse estre aduerty des lieux qui meritent vne plus ample explication, ou peut-estre mesme sa censure : Que si ie puis obtenir cela de luy par vostre moyen, ie me tiendray à vous infiniment vostre obligé.

SECONDES OBIECTIONS
recueillies par le R. P. Merſenne, de la bouche de diuers Theologiens, & Philoſophes.

ONSIEVR,

Puis que pour confondre les nouueaux Geans du ſiecle, qui oſent attaquer l'Auteur de toutes choſes, vous auez entrepris d'en affermir le trône en demonſtrant ſon exiſtence, & que voſtre deſſein ſemble ſi bien conduit, que les gens de bien peuuent eſperer qu'il ne ſe trouuera deſormais perſonne, qui apres auoir leu attentiuement vos Meditations, ne confeſſe qu'il y a vn Dieu Eternel, de qui toutes choſes dependent ; Nous auons iugé à propos de vous auertir, & vous prier tout enſemble, de répandre encore ſur de certains lieux, que nous vous marquerons cy-apres, vne telle lumiere, qu'il ne reſte rien dans tout voſtre ouurage, qui ne ſoit, s'il eſt poſſible,

OBIECTIONS SECONDES. 137

possible, tres-clairement & tres-manifestement demonstré. Car dautant que depuis plusieurs années vous auez par de continuelles Meditations tellement exercé vostre esprit, que les choses qui semblent aux autres obscures & incertaines, vous peuuent paroistre plus claires; & que vous les conceuez peut-estre par vne simple inspection de l'esprit, sans vous apperceuoir de l'obscurité que les autres y trouuent, il sera bon que vous soyez auerty de celles qui ont besoin d'estre plus clairement & plus amplement expliquées, & demonstrées; Et lors que vous nous aurez satisfait en cecy, nous ne jugeons pas qu'il y ayt gueres personne qui puisse nier que les raisons, dont vous auez commencé la deduction pour la gloire de Dieu, & l'vtilité du public, ne doiuent estre prises pour des demonstrations.

Premierement, vous vous ressouuiendrez que ce n'est pas tout de bon & en verité, mais seulement par vne fiction d'esprit, que vous auez rejetté, autant qu'il vous a esté possible, tous les fantosmes des corps, pour conclure que vous estes seulement vne chose qui pense; de peur qu'aprés cela vous ne croyiez peut-estre que l'on puisse conclure qu'en effect & sans fiction vous n'estes rien autre chose qu'vn esprit, ou vne chose qui pense; Et c'est tout ce que nous auons trouué digne d'obseruation touchant vos deux premieres Meditations: dans lesquelles vous faites voir clairement, qu'au moins il est certain que vous qui pensez, estes quelque chose. Mais arrestons-nous vn peu icy. Iusques-là vous connoissez que vous estes vne chose qui pense, mais vous ne sçauez pas encore ce que c'est que cette chose qui pense: Et que sçauez vous si ce

S

n'est point vn corps, qui par ses diuers mouuemens & rencontres, fait cette action que nous appellons du nom de pensée? Car encores que vous croyiez auoir rejetté toutes sortes de corps, vous vous estes pû tromper en cela, que vous ne vous estes pas rejetté vous-mesme, qui peut-estre estes vn corps. Car comment prouuez-vous qu'vn corps ne peut penser? ou que des mouuemens corporels ne sont point la pensée mesme? Et pourquoy tout le sisteme de vostre corps, que vous croyez auoir rejetté, ou quelques parties d'iceluy, par exemple celles du cerueau, ne pouroient-elles pas concourir à former ces sortes de mouuemens que nous appellons des pensées? Ie suis, dites-vous, vne chose qui pense? mais que sçauez-vous si vous n'estes point aussi vn mouuement corporel, ou vn corps remué?

Secondement, de l'idée d'vn Estre souuerain, laquelle vous soustenez ne pouuoir estre produite par vous, vous osez conclure l'existence d'vn souuerain Estre, duquel seul peut proceder l'idée qui est en vostre esprit. Comme si nous ne trouuions pas en nous vn fondement suffisant, sur lequel seul estant appuyez nous pouuons former cette idée, quoy qu'il n'y eust point de souuerain Estre, ou que nous ne sçeussions pas s'il y en a vn, & que son existence ne nous vinst pas mesme en la pensée : Car ne voy-je pas que moy qui pense, i'ay quelque degré de perfection? Et ne voy-je pas aussi que d'autres que moy ont vn semblable degré? Ce qui me sert de fondement pour penser à quelque nombre que ce soit, & ainsi pour adjouster vn degré de perfectió à vn autre jusqu'à l'infiny; tout de mesme que bien qu'il n'y eust au monde qu'vn degré de chaleur ou de lumiere, ie pourois neantmoins en adjouster & en feindre toufiours de nouueaux jufques à l'infiny. Pourquoy pareillement ne pouray-je pas adjouster à quelque degré d'eftre que i'apperçoy eftre en moy, tel autre degré que ce foit, & de tous les degrez capables d'eftre adjouftez, former l'idée d'vn eftre parfait ? Mais dites-vous, l'effet ne peut auoir aucun degré de perfectió, ou de realité, qui n'ayt efté auparauant dans fa caufe; Mais (outre que nous voyons tous les iours que les mouches, & plufieurs autres animaux, comme auffi les plantes font produites par le Soleil, la pluye, & la terre, dans lefquels il n'y a point de vie comme en ces animaux, laquelle vie eft plus noble qu'aucun autre degré purement corporel, d'où il arriue que l'effect tire quelque realité de fa caufe, qui neantmoins n'eftoit pas dans fa caufe :) Mais, dis-je, cette idée n'eft rien autre chofe qu'vn eftre de raifon, qui n'eft pas plus noble que voftre efprit qui la conçoit. De plus, que fçauez-vous fi cette idée fe fuft iamais offerte à voftre efprit, fi vous euffiez paffé toute voftre vie dans vn defert, & non point en la compagnie de perfonnes fçauantes ? Et ne peut-on pas dire que vous l'auez puifée des penfées que vous auez euës auparauauant, des enfeignemens des liures, des difcours & entretiés de vos amis, &c. & non pas de voftre efprit feul, ou d'vn fouuerain Eftre exiftant; Et partant il faut prouuer plus clairement que cette idée ne pouroit eftre en vous, s'il n'y auoit point de fouuerain Eftre ; & alors nous ferós les premiers à nous rendre à voftre raifonnement, & nous y donnerons tous les mains. Or que cette idée procede de ces notions anticipées, cela paroift ce femble affez clairement,

S ij

de ce que les Canadiens, les Hurons, & les autres hommes Sauuages, n'ont point en eux vne telle idée, laquelle vous pouuez mesme former de la connoissance que vous auez des choses corporelles; en sorte que vostre idée ne represente rien que ce monde corporel, qui embrasse toutes les perfections que vous sçauriez imaginer : De sorte que vous ne pouuez conclure autre chose, sinon qu'il y a vn estre corporel tres-parfait, si ce n'est que vous adjoustiez quelque chose de plus, qui éleue nostre esprit jusqu'à la connoissance des choses spirituelles, ou incorporelles. Nous pouuons icy encore dire, que l'idée d'vn Ange peut estre en vous, aussi bien que celle d'vn Estre tres-parfait, sans qu'il soit besoin pour cela qu'elle soit formée en vous par vn Ange reellement existant, bien que l'Ange soit plus parfait que vous. Mais ie dis de plus, que vous n'auez pas l'idée de Dieu, non plus que celle d'vn nombre, ou d'vne ligne infinie; laquelle quand vous pouriez auoir, ce nombre neantmoins est entierement impossible : Adjoustez à cela que l'idée de l'vnité & simplicité d'vne seule perfection, qui embrasse & contienne toutes les autres, se fait seulement par l'operation de l'entendement qui raisonne, tout ainsi que se font les vnitez vniuerselles, qui ne sont point dans les choses, mais seulement dans l'entendement, comme on peut voir par l'vnité Generique, transcendantale, &c.

En troisiesme lieu, puis que vous n'estes pas encore asseuré de l'existence de Dieu, & que vous dites neantmoins que vous ne sçauriez estre asseuré d'aucune chose, ou que vous ne pouuez rien connoistre clairement & distinctement, si premierement vous ne connoissez certainement & clairement que Dieu existe ; Il s'ensuit que vous ne sçauez pas encore que vous eftes vne chofe qui penfe puis que felon vous, cette connoiffance dépend de la connoiffance claire d'vn Dieu exiftant, laquelle vous n'auez pas encore demonftrée, aux lieux où vous concluez que vous connoiffez clairement ce que vous eftes. Adjouftez à cela qu'vn Athée connoift clairement & diftinctement, que les trois angles d'vn triagle font égaux à deux droits; quoy que neantmoins il foit fort efloigné de croire l'exiftence de Dieu, puis qu'il la nie tout à fait ; parce, dit-il, que fi Dieu exiftoit, il y auroit vn fouuerain Eftre, & vn fouuerain Bien, c'eft à dire vn infiny ; Or ce qui eft infiny en tout genre de perfection, excluttoute autre chofe que ce foit, non feulement toute forte d'eftre, & de bien, mais auffi toute forte de Non-eftre & de Mal; & neantmoins il y a plufieurs eftres, & plufieurs biens : Comme auffi plufieurs non eftres, & plufieurs maux ; A laquelle objection nous jugeons à propos que vous répondiez, afin qu'il ne refte plus rien aux Impies à objecter, & qui puiffe feruir de pretexte à leur impieté.

En quatriefme lieu, vous niez que Dieu puiffe mentir, ou deceuoir ; quoy que neantmoins il fe trouue des Scolaftiques qui tiennent le contraire, comme Gabriel, Ariminenfis, & quelques autres qui penfent que Dieu ment, abfolument parlant, c'eft à dire qu'il fignifie quelque chofe aux hommes contre fon intention, & contre ce qu'il a decreté & refolu ; comme lors que fans adjoufter de condition, il dit aux Niniuites par fon Prophete, *Encore quarante iours & Niniue fera fubuertie* ; Et lors qu'il a dit plufieurs autres chofes qui ne font point arriuées, parce qu'il n'a pas voulu que telles parolles répondiffent à fon intention, ou à son decret. Que s'il a endurcy & aueuglé Pharaon, & s'il a mis dans les Prophetes vn esprit de mensonge; comment pouuez vous dire que nous ne pouuons estre trompez par luy? Dieu ne peut-il pas se comporter enuers les hommes, comme vn Medecin enuers ses malades, & vn pere enuers ses enfans, lesquels l'vn & l'autre trompent si souuent, mais tousiours auec prudence & vtilité? Car si Dieu nous monstroit la verité toute nuë; Quel œil, ou plustost quel esprit auroit assez de force pour la supporter?

Combien qu'à vray dire il ne soit pas necessaire de feindre vn Dieu trompeur, afin que vous soyez deceu dans les choses que vous pensez connoistre clairement & distinctement, veu que la cause de cette deception peut estre en vous, quoy que vous n'y songiez seulement pas. Car que sçauez-vous si vostre nature n'est point telle, qu'elle se trompe tousiours, ou du moins fort souuent? Et d'où auez-vous apris que touchant les choses que vous pensez connoistre clairement & distinctement, il est certain que vous n'estes iamais trompé, & que vous ne le pouuez estre? Car combien de fois auons nous veu que des personnes se sont trompées en des choses qu'elles pensoient voir plus clairement que le Soleil? Et partant ce principe d'vne claire & distincte connoissance, doit estre expliqué si clairement & si distinctement, que personne desormais, qui ait l'esprit raisonnable, ne puisse estre deceu dans les choses qu'il croira sçauoir clairement & distinctement; autrement nous ne voyons point, encore que nous puissions répondre auec certitude de la verité d'aucune chose.

En cinquiefme lieu, fi la volonté ne peut iamais faillir, ou ne peche point, lors qu'elle fuit, & fe laiffe conduire par les lumieres claires & diftinctes de l'efprit qui la gouuerne &fi au côtraire elle fe met en danger de faillir, lors qu'elle pourfuit & embraffe les connoiffances obfcures & confufes de l'entendement; prenez garde que delà il femble que l'on puiffe inferer que les Turcs & les autres infideles, non feulement ne pechent point lors qu'ils n'embraffent pas la Religion Chreftienne & Catholique; mais mefme qu'ils pechent lors qu'ils l'embraffent, puis qu'ils n'en connoiffent point la verité, ny clairement ny diftinctement. Bien plus, fi cette regle que vous établiffez eft vraye, il ne fera permis à la volonté d'embraffer que fort peu de chofes, veu que nous ne connoiffons quafi rien auec cette clarté & diftinction que vous requerez, pour former vne certitude qui ne puiffe eftre fujette à aucun doute. Prenez donc garde, s'il vous plaift, que voulant affermir le party de la verité, vous ne prouuiez plus qu'il ne faut, & qu'au lieu de l'appuyer vous ne la renuerfiez.

En fixiefme lieu, dans vos refponfes aux precedentes objections, il femble que vous ayez manqué de bien tirer la conclufion, dont voicy l'argument. *Ce que clairement & diftinctement nous entendons appartenir à la nature, ou à l'effence, ou à la forme immuable & vraye de quelque chofe, cela peut eftre dit ou affirmé auec verité de cette chofe; Mais (apres que nous auons foigneufement obferué ce que c'eft que Dieu) nous entendons clairement & diftinctement qu'il appartient à fa vraye & immuable nature, qu'il exifte;* Il faudroit conclure : Doncques (apres que nous auons affez soigneusement obserué ce que c'est que Dieu) nous pouuons dire ou affirmer cette verité, qu'il appartient à la nature de Dieu qu'il existe. D'où il ne s'ensuit pas que Dieu existe en effect, mais seulement qu'il doit exister si sa nature est possible, ou ne repugne point ; c'est à dire que la nature, ou l'essence de Dieu ne peut estre conceuë sans existence, en telle sorte que si cette essence est, il existe reellement ; Ce qui se rapporte à cet argument que d'autres proposent de la sorte : S'il n'implique point que Dieu soit, il est certain qu'il existe ; Or il n'implique point qu'il existe : Doncques, &c. Mais on est en question de la mineure, à sçauoir, *qu'il n'implique point qu'il existe*, la verité de laquelle quelques-vns de nos aduersaires reuoquent en doute, & d'autres la nient. De plus, cette clause de vostre raisonnement (*apres que nous auons assez clairement reconnu ou obserué ce que c'est que Dieu*) est supposée comme vraye, dont tout le monde ne tombe pas encore d'accord, veu que vous auoüez vous-mesme que vous ne comprenez l'infiny qu'imparfaitement ; Le mesme faut-il dire de tous ses autres attributs ; Car tout ce qui est en Dieu estant entierement infiny, quel est l'esprit qui puisse comprendre la moindre chose qui soit en Dieu, que tres-imparfaitement ? Comment donc pouuez-vous auoir assez clairement & distinctement obserué ce que c'est que Dieu ?

En septiesme lieu, nous ne trouuons pas vn seul mot dans vos Meditations touchant l'immortalité de l'ame de l'homme, laquelle neantmoins vous deuiez principalement prouuer, & en faire vne tres-exacte demonstration pour confondre ces personnes indignes de l'immortalité,

puis

puis qu'ils la nient, & que peut-eſtre ils la deteſtent. Mais outre cela nous craignons que vous n'ayez pas encore aſſez prouué la diſtinction qui eſt entre l'ame & le corps de l'homme, comme nous auons deſia remarqué en la premiere de nos obſeruations; à laquelle nous adjouſtons qu'il ne ſemble pas que de cette diſtinction de l'ame d'auec le corps, il s'enſuiue qu'elle ſoit incorruptible ou immortelle : Car qui ſçait, ſi ſa nature n'eſt point limitée ſelon la durée de la vie corporelle; Et ſi Dieu n'a point tellement meſuré ſes forces & ſon exiſtence, qu'elle finiſſe auec le corps.

Voylà, Monſieur, les choſes auſquelles nous deſirons que vous apportiez vne plus grande lumiere, afin que la lecture de vos tres-ſubtiles, & comme nous eſtimons tres-veritables Meditations, ſoit profitable à tout le monde. C'eſt pourquoy ce ſeroit vne choſe fort vtile, ſi à la fin de vos ſolutions, apres auoir premierement auancé quelques definitions, demandes, & axiomes, vous concluyez le tout ſelon la methode des Geometres, en laquelle vous eſtes ſi bien verſé, afin que tout d'vn coup, & comme d'vne ſeule œillade, vos Lecteurs y puiſſent voir dequoy ſe ſatisfaire, & que vous rempliſſiez leur eſprit de la connoiſſance de la Diuinité.

RÉPONSES DE L'AVTEVR
aux secondes Obiections recueillies de plusieurs Theologiens, & Philosophes par le R. P. Mersenne.

ESSIEVRS,

C'est auec beaucoup de satisfaction que i'ay leu les observations que vous auez faites sur mon petit traitté de la premiere Philosophie; car elles m'ont fait connoistre la bienueillance que vous auez pour moy, vostre pieté enuers Dieu, & le soin que vous prenez pour l'auancement de sa gloire : Et ie ne puis que ie ne me réjouysse, non seulement de ce que vous auez jugé mes raisons dignes de vostre censure, mais aussi de ce que vous n'auancez rien contre elles, à quoy il ne me semble que ie pouray répondre assez commodement.

En *premier lieu*, vous m'auertissez de me ressouuenir, *Que ce n'est pas tout de bon & en verité, mais seulement par vne fiction d'esprit, que i'ay rejetté les idées, ou les fantosmes des* corps, pour conclure que ie suis vne chose qui pense, de peur que peut-estre ie n'estime qu'il suit de là que ie ne suis qu'vne chose qui pense. Mais i'ay desia fait voir dans ma seconde Meditatiō, que ie m'en estois assez souuenu, veu que i'y ay mis ces paroles. *Mais aussi peut-il arriuer que ces mesmes choses que ie supose n'estre point, parce qu'elles me sont inconnues, ne sont point en effet differentes de moy que ie connois: Ie n'en sçay rien, ie ne dispute pas maintenant de cela, &c.* Par lesquelles i'ay voulu expressément aduertir le Lecteur, que ie ne cherchois pas encore en ce lieu-là si l'esprit estoit different du corps, mais que j'examinois seulement celles de ses proprietez, dont ie puis auoir vne claire & asseurée connoissance. Et dautant que i'en ay là remarqué plusieurs, ie ne puis admettre sans distinction ce que vous adjoustez en suite: *Que ie ne sçay pas neantmoins ce que c'est qu'vne chose qui pense*: Car bien que i'auouë que ie ne sçauois pas encore si cette chose qui pense n'estoit point differente du corps, ou si elle l'estoit, ie n'auouë pas pour cela que ie ne la connoissois point: Car qui a iamais tellement connu aucune chose, qu'il sceust n'y auoir rien en elle que cela mesme qu'il connoissoit? Mais nous pensons d'autant mieux connoistre vne chose, qu'il y a plus de particularitez en elle que nous connoissons; ainsi nous auons plus de connoissance de ceux auec qui nous conuersons tous les jours, que de ceux dont nous ne connoissons que le nom, ou le visage, & toutesfois nous ne iugeons pas que ceux-cy nous soient tout à fait inconnus; auquel sens ie pense auoir assez demonstré, que l'esprit consideré sans les choses que l'on a de coustume d'attribuer au corps, est plus connu que le corps consideré

T ij

sans l'esprit; Et c'est tout ce que i'auois dessein de prouuer en cette seconde Meditation.

Mais ie voy bien ce que vous voulez dire, c'est à sçauoir, que n'ayant escrit que six Meditations touchant la
premiere Philosophie, les Lecteurs s'estonneront que dãs
les deux premieres ie ne concluë rien autre chose que
ce que ie viens de dire tout maintenant, & que pour cela ils les trouueront trop steriles, & indignes d'auoir esté
mises en lumiere. A quoy ie répons seulement que ie ne
crains pas que ceux qui auront leu auec iugement le reste de ce que i'ay escrit, ayent occasion de soupçonner
que la matiere m'ait manqué; mais qu'il m'a semblé tres-
raisonnable, que les choses qui demandent vne particuliere attention, & qui doiuent estre considerées separement d'auec les autres, fussent mises dans des Meditations separées.

C'est pourquoy ne sçachant rien de plus vtile pour
paruenir à vne ferme & asseurée connoissance des choses, que si auparauant que de rien établir on s'acoustu-
me à douter de tout, & principalement des choses corporelles, encore que i'eusse veu il y a long-temps plusieurs liures escrits par les Sceptiques, & Academiciens
touchant cette matiere, & que ce ne fust pas sans quelque dégoust que ie remâchois vne viande si commune,
ie n'ay peu toutesfois me dispenser de luy donner vne
Meditation toute entiere; Et ie voudrois que les Lecteurs n'employassent pas seulement le peu de temps
qu'il faut pour la lire, mais quelques mois, ou du moins
quelques Semaines, à considerer les choses dont elle
traite, auparauant que de passer outre: Car ainsi ie ne

doute point qu'ils ne fissent bien mieux leur profit de la lecture du reste.

De plus, à cause que nous n'auons eu iusques icy aucunes idées des choses qui appartiennent à l'esprit, qui n'ayent esté tres-confuses, & mélées auec les idées des choses sensibles; Et que ç'a esté la premiere & principale cause pourquoy on n'a pû entendre assez clairement aucune des choses qui se sont dites de Dieu & de l'ame; I'ay pensé que ie ne ferois pas peu, si ie monstrois comment il faut distinguer les proprietez ou qualitez de l'esprit, des proprietez ou qualitez du corps, & comment il les faut reconnoistre : Car encore qu'il ait desia esté dit par plusieurs, que pour bien conceuoir les choses immaterielles, ou Metaphysiques, il faut éloigner son esprit des sens, neantmoins personne, que ie sçache, n'auoit encore montré par quel moyen cela se peut faire. Or le vray, & à mon iugement l'vnique moyé pour cela, est contenu dans ma seconde Meditation; mais il est tel que ce n'est pas assez de l'auoir enuisagé vne fois, il le faut examiner souuent, & le considerer long-temps, afin que l'habitude de confondre les choses intellectuelles auec les corporelles, qui s'est enracinée en nous pendant tout le cours de nostre vie, puisse estre effacée par vne habitude contraire de les distinguer, acquise par l'exercice de quelques iournées. Ce qui m'a semblé vne cause assez iuste pour ne point traiter d'autre matiere en la seconde Meditation.

Vous demandez icy comment ie démonstre que le corps ne peut penser: Mais pardonnez-moy si ie répons que ie n'ay pas encore donné lieu à cette question, n'ayant commencé à en traiter que dans la sixiéme Meditation, par ces paroles. *C'est assez que ie puisse clairement & distinctement conceuoir vne chose sans vne autre, pour estre certain que l'vne est distincte ou differente de l'autre, &c.* Et vn peu apres, *Encore que i'aye vn corps qui me soit fort estroitement conioint; neantmoins parce que d'vn costé i'ay vne claire & distincte idée de moy-mesme, entant que ie suis seulement vne chose qui pense, & non étenduë, & que d'vn autre, i'ay vne claire & distincte idée du corps, entant qu'il est seulement vne chose étenduë, & qui ne pense point. Il est certain que moy, c'est à dire mon esprit, ou mon ame, par laquelle ie suis ce que ie suis, est entierement & veritablement distincte de mon corps, & qu'elle peut estre, ou exister sans luy.* A quoy il est aisé d'adjouster. *Tout ce qui peut penser est esprit, ou s'apelle esprit.* Mais puis que le corps & l'esprit sont réellement distincts, nul corps n'est esprit. Doncques nul corps ne peut penser.

Et certes ie ne voy rien en cela que vous puissiez nier; Car nierez vous qu'il suffit que nous conceuions clairement vne chose sans vne autre, pour sçauoir qu'elles sont réellement distinctes? donnez-nous donc quelque signe plus certain de la distinction réelle, si toutesfois on en peut donner aucun; Car que direz-vous? sera-ce que ces choses-là sont réellement distinctes, chacune desquelles peut exister sans l'autre ? Mais derechef ie vous demanderay, d'où vous connoissez qu'vne chose peut exister sans vne autre? Car afin que ce soit vn signe de distinction, il est necessaire qu'il soit connu.

Peut estre direz-vous que les sens vous le font connoistre, parce que vous voyez vne chose en l'absence de l'autre, ou que vous la touchez, &c. Mais la foy des sens est plus incertaine que celle de l'entendement; &

il se peut faire en plusieurs façons qu'vne seule & mesme chose paroisse à nos sens sous diuerses formes, ou en plusieurs lieux, ou manieres, & qu'ainsi elle soit prise pour deux. Et enfin si vous vous ressouuenez de ce qui a esté dit de la cire à la fin de la seconde Meditation, vous sçaurez que les corps mesmes ne sont pas proprement connus par les sens, mais par le seul entendement; en telle sorte que sentir vne chose sans vne autre, n'est rien autre chose sinon auoir l'idée d'vne chose, & sçauoir que cette idée n'est pas la mesme que l'idée d'vne autre: Or cela ne peut estre connu d'ailleurs, que de ce qu'vne chose est conceuë sans l'autre; Et cela ne peut estre certainement connu, si l'on n'a l'idée claire & distincte de ces deux choses: Et ainsi ce signe de réelle distinction doit estre reduit au mien pour estre certain:

Que s'il y en a qui nient qu'ils ayent des idées distinctes de l'esprit & du corps, ie ne puis autre chose que les prier de considerer assez attentiuement les choses qui sont contenuës dans cette seconde Meditation; & de remarquer que l'opinion qu'ils ont que les parties du cerueau concourent auec l'esprit pour former nos pensées, n'est fondée sur aucune raison positiue, mais seulement sur ce qu'ils n'ont iamais experimenté d'auoir esté sans corps, & qu'assez souuent ils ont esté empeschez par luy dans leurs operations; Et c'est le mesme que si quelqu'vn, de ce que dés son enfance il auroit eu des fers aux pieds, estimoit que ces fers fissent vne partie de son corps, & qu'ils luy fussent necessaires pour marcher.

En second lieu, lors que vous dites, *Que nous trouuons en nous-mesmes vn fondement suffisant pour former l'idée de Dieu,* vous ne dites rien de contraire à mon opinion. Car i'ay dit moy-mesme en termes exprés à la fin de la troisiéme Meditation: *Que cette idée est née auec moy, & qu'elle ne me vient point d'ailleurs que de moy-mesme.* I'auoüe aussi, que nous la pourions former encore que nous ne sçeussions pas qu'il y a vn souuerain Estre, mais non pas si en effet il n'y en auoit point; Car au contraire i'ay aduerty, *que toute la force de mon argument consiste en ce qu'il ne se pourroit faire que la faculté de former cette idée fust en moy, si ie n'auois esté creé de Dieu.*

Et ce que vous dites des mouches, des plantes, &c. ne prouue en aucune façon que quelque degré de perfection peut estre dans vn effect, qui n'ait point esté auparauant dans sa cause. Car, ou il est certain qu'il n'y a point de perfection dans les animaux qui n'ont point de raison, qui ne se rencôtre aussi dans les corps inanimez, ou s'il y en a quelqu'vne, qu'elle leur vient d'ailleurs; Et que le Soleil, la pluye, & la terre, ne sont point les causes totales de ces animaux. Et ce seroit vne chose fort éloignée de la raison, si quelqu'vn de cela seul qu'il ne connoist point de cause qui concoure à la generation d'vne mouche, & qui ait autant de degrez de perfection qu'en a vne mouche, n'estant pas cependant assuré qu'il n'y en ait point d'autres que celles qu'il connoist, prenoit de là occasion de douter d'vne chose, laquelle, comme ie diray tantost plus au long, est manifeste par la lumiere naturelle.

A quoy i'adjouste que ce que vous objectez icy des mouches, estant tiré de la consideration des choses materielles, ne peut venir en l'esprit de ceux, qui suiuans

l'ordre

l'ordre de mes Meditations détourneront leurs pensées des choses sensibles, pour commencer à Philosopher.

Il ne me semble pas aussi que vous prouuiez rien contre moy, en disant, *Que l'idée de Dieu qui est en nous n'est qu'vn estre de raison;* Car cela n'est pas vray si *par vn estre de raison* l'on entend vne chose qui n'est point; mais seulement si toutes les operations de l'entendement sont prises pour des *Estres de raison*, c'est à dire pour des Estres qui partent de la raison; auquel sens tout ce monde peut aussi estre appellé vn estre de raison Diuine, c'est à dire vn estre creé par vn simple acte de l'entendement Diuin. Et i'ay desia suffisamment auerty en plusieurs lieux, que ie parlois seulement de la perfection, ou realité objectiue de cette idée de Dieu, laquelle ne requiert pas moins vne cause, qui contienne en effect tout ce qui n'est contenu en elle qu'objectiuement, ou par representation, que fait l'artifice objectif, ou representé, qui est en l'idée que quelque artisan a d'vne machine fort artificielle.

Et certes ie ne voy pas que l'on puisse rien adjouster pour faire connoistre plus clairement que cette idée ne peut estre en nous, si vn souuerain Estre n'existe; si ce n'est que le Lecteur prenant garde de plus prés aux choses que i'ay desia escrites, se deliure luy-mesme des préiugez qui offusquent peut-estre sa lumiere naturelle, & qu'il s'accoustume à donner creance aux premieres notions, dont les connoissances sont si vrayes & si éuidentes, que rien ne le peut estre dauantage, plustost qu'à des opinions obscures & fausses, mais qu'vn long vsage a profondement grauées en nos esprits.

V

Car, qu'il n'y ait rien dans vn effect, qui n'ait esté d'vne semblable ou plus excellente façon dans sa cause, c'est vne premiere notion, & si euidente qu'il n'y en a point de plus claire; & cette autre commune notion, *que de rien, rien ne se fait*, la comprend en soy; par ce que si on accorde qu'il y ait quelque chose dans l'effect, qui n'ait point esté dans sa cause, il faut aussi demeurer d'accord que cela procede du neant; Et s'il est éuident que le neant ne peut estre la cause de quelque chose, c'est seulement par ce que dans cette cause il n'y auroit pas la mesme chose que dans l'effect.

C'est aussi vne premiere notion que toute la realité, ou toute la perfection, qui n'est qu'objectiuement dans les idées, doit estre formellement ou éminemment dans leurs causes; Et toute l'opinion que nous auons iamais euë de l'existence des choses qui sont hors de nostre esprit, n'est appuyée que sur elle seule. Car d'ou nous a peu venir le soupçon qu'elles existoient, sinon de cela seul que leurs idées venoient par les sens fraper nostre esprit?

Or qu'il y ait en nous quelque idée d'vn Estre souuerainement puissant, & parfait, & aussi que la realité objectiue de cette idée ne se trouue point en nous, ny formellement, ny emminemment, cela deuiendra manifeste à ceux qui y penseront serieusement, & qui voudront auec moy prendre la peine d'y mediter : Mais ie ne le sçaurois pas mettre par force en l'esprit de ceux qui ne liront mes Meditations que comme vn Roman, pour se des-ennuyer, & sans y auoir grande attention. Or de tout cela on conclud tres manifestement que Dieu exiſté. Et toutes-fois en faueur de ceux dont la lumiere naturelle eſt ſi foible, qu'ils ne voyent pas que c'eſt vne premiere notion, *Que toute la perfection qui eſt objectiuement dans vne idée, doit eſtre réellement dans quelqu'vne de ſes cauſes*, ie l'ay encore démontré d'vne façon plus ayſée à conceuoir, en monſtrant que l'eſprit qui a cette idée ne peut pas exiſter par ſoy-meſme ; & partant ie ne voy pas ce que vous pouriez deſirer de plus pour donner les mains, ainſi que vous auez promis.

Ie ne voy pas auſſi que vous prouuiez rien contre moy, en diſant que i'ay peut-eſtre receu l'idée qui me repreſente Dieu, *des penſées que i'ay eues auparauant, des enſeignemens des liures, des diſcours & entretiens de mes amis, &c. & non pas de mon eſprit ſeul*. Car mon argument aura touſiours la meſme force, ſi m'adreſſant à ceux de qui l'on dit que ie l'ay receuë, ie leur demande s'ils l'ont par eux-meſmes, ou bien par autruy, au lieu de le demander de moy-meſme : Et ie concluray touſiours que celuy-là eſt Dieu, de qui elle eſt premierement deriuée.

Quant à ce que vous adjouſtez en ce lieu-là, qu'elle peut eſtre formée de la conſideration des choſes corporelles, cela ne me ſemble pas plus vray ſemblable, que ſi vous diſiez, que nous n'auons aucune faculté pour ouyr, mais que par la ſeule veuë des couleurs nous paruenons à la connoiſſance des ſons. Car on peut dire qu'il y a plus d'analogie, ou de raport entre les couleurs, & les ſons, qu'entre les choſes corporelles, & Dieu. Et lors que vous demandez que i'adjouſte quelque choſe qui nous éleue iuſqu'à la connoiſſance de l'eſtre immateriel, ou ſpiri-

V ij

tuel, ie ne puis mieux faire que de vous renuoyer à ma seconde Meditation, afin qu'au moins vous connoissiez qu'elle n'est pas tout à fait inutile; Car que pourrois-je faire icy par vne ou deux periodes, si ie n'ay pû rien auancer par vn long discours preparé seulement pour ce sujet, & auquel il me semble n'auoir pas moins apporté d'industrie, qu'en aucun autre escrit que i'aye publié.

Et encore qu'en cette Meditation i'aye seulement traité de l'esprit humain, elle n'est pas pour cela moins vtile à faire connoistre la difference qui est entre la nature diuine, & celle des choses materielles. Car ie veux bien icy auoüer franchement, que l'idée que nous auons, par exemple, de l'entendement Diuin, ne me semble point diferer de celle que nous auons de nostre propre entendement, sinon seulement comme l'idée d'vn nombre infiny differe de l'idée du nombre binaire, ou du ternaire; & il en est de mesme de tous les attributs de Dieu, dont nous reconnoissons en nous quelque vestige.

Mais outre cela, nous conceuons en Dieu vne immensité, simplicité, ou vnité absoluë, qui embrasse & contient tous ses autres attributs, & de laquelle nous ne trouuons, ny en nous, ny ailleurs, aucun exemple, mais elle est (ainsi que i'ay dit auparauant) *comme la marque de l'ouurier imprimée sur son ouurage*. Et par son moyen nous connoissons qu'aucune des choses, que nous conceuons estre en Dieu, & en nous, & que nous considerons en luy par parties, & comme si elles estoient distinctes, à cause de la foiblesse de nostre entendement, &

que nous les experimentons telles en nous, ne conuiennent point à Dieu, & à nous, en la façon qu'on nomme vniuoque dans les escoles : Comme aussi nous connoissons que de plusieurs choses particulieres qui n'ont point de fin, dont nous auons les idées, comme d'vne connoissance sans fin, d'vne puissance, d'vn nombre, d'vne longueur, &c. qui sont aussi sans fin, il y en a quelques-vnes qui sont contenuës formellement dans l'idée que nous auons de Dieu, comme la connoissance, & la puissance, & d'autres qui n'y sont qu'eminemment comme le nombre & la longueur ; ce qui certes ne seroit pas ainsi, si cette idée n'estoit rien autre chose en nous qu'vne fiction.

Et elle ne seroit pas aussi conceuë si exactement de la mesme façon de tout le monde. Car c'est vne chose tres-remarquable, que tous les Metaphysiciens s'accordent vnanimement dans la description qu'ils font des attributs de Dieu, (au moins de ceux qui peuuent estre connus par la seule raison humaine) en telle sorte qu'il n'y a aucune chose Physique, ny sensible, aucune chose dont nous ayons vne idée si expresse, & si palpable, touchant la nature de laquelle il ne se rencontre chez les Philosophes vne plus grande diuersité d'opinions, qu'il ne s'en rencontre touchant celle de Dieu.

Et certes iamais les hommes ne pourroient s'éloigner de la vraye connoissance de cette Nature Diuine, s'ils vouloient seulement porter leur attention sur l'idée qu'ils ont de l'Estre souuerainement parfait. Mais ceux qui méslent quelques autres idées auec celle-là, composent par ce moyen vn Dieu Chimerique, en la nature duquel il y a des choses qui se contrarient, & après l'auoir ainsi composé, ce n'est pas merueille s'il nient qu'vn tel Dieu, qui leur est representé par vne fausse idée, existe. Ainsi, lors que vous parlez icy d'vn Estre corporel tres-parfait, si vous prenez le nom de tres parfait absolument, en sorte que vous entendiez que le corps est vn Estre dans lequel toutes les perfections se rencontrent, vous dites des choses qui se contrarient; d'autant que la nature du corps enferme plusieurs imperfections; par exemple, que le corps soit diuisible en parties, que chacune de ses parties ne soit pas l'autre, & autres semblables; car c'est vne chose de soy manifeste, que c'est vne plus grande perfection de ne pouuoir estre diuisé, que de le pouuoir estre, &c. Que si vous entendez seulement ce qui est tres-parfait dans le genre de corps, cela n'est point le vray Dieu.

Ce que vous adjoustez de l'idée d'vn Ange laquelle est plus parfaite que nous, à sçauoir, qu'il n'est pas besoin qu'elle ait esté mise en nous par vn Ange, i'en demeure aisement d'accord: car i'ay desia dit moy-mesme dans la troisiéme Meditation, *qu'elle peut estre composée des idées que nous auons de Dieu & de l'homme*. Et cela ne m'est en aucune façon contraire.

Quant à ceux qui nient d'auoir en eux l'idée de Dieu, & qui au lieu d'elle forgent quelque Idole, &c. ceux-là dis-je nient le nom, & accordent la chose; Car certainement ie ne pense pas que cette idée soit de mesme nature que les images des choses materielles depeintes en la fantaisie; mais au contraire ie croy qu'elle ne peut estre conceuë que par l'entendement seul, & qu'en effet elle n'est que cela mesme que nous aperceuons par son moyen, soit lors qu'il conçoit, soit lors qu'il iuge, soit lors qu'il raisonne. Et ie pretens maintenir que de cela seul que quelque perfection, qui est au dessus de moy, deuient l'objet de mon entendement, en quelque façon que ce soit qu'elle se presente à luy; par exemple, de cela seul que i'aperçoy que ie ne puis iamais en nombrant arriuer au plus grand de tous les nombres, & que de là ie connois qu'il y a quelque chose en matiere de nombrer qui surpasse mes forces, ie puis conclure necessairement, non pas à la verité qu'vn nombre infiny existe, ny aussi que son existence implique contradiction, comme vous dites, mais que cette puissance que i'ay de comprendre qu'il y a tousiours quelque chose de plus à conceuoir dans le plus grand des nombres, que ie ne puis iamais conceuoir, ne me vient pas de moy-mesme, & que ie l'ay receuë de quelque autre Estre qui est plus parfait que ie ne suis.

Et il importe fort peu qu'on donne le nom d'Idée à ce concept d'vn nombre indefiny, ou qu'on ne luy donne pas. Mais pour entendre quel est cét Estre plus parfait que ie ne suis, & si ce n'est point ce mesme nombre, dont ie ne puis trouuer la fin, qui est réellement existant, & infiny, ou bien si c'est qu'elqu'autre chose, il faut considerer toutes les autres perfections, lesquelles, outre la puissance de me donner cette idée, peuuent estre en la mesme chose en qui est cette puissance. Et ainsi on trouuera que cette chose est Dieu.

Enfin, lors que Dieu est dit estre *inconceuable*, cela s'entend d'vne pleine & entiere conception, qui comprenne, & embrasse parfaitement tout ce qui est en luy, & non pas de cette mediocre & imparfaite qui est en nous, laquelle neantmoins sufit pour connoistre qu'il existe. Et vous ne prouuez rien contre moy, en disant que l'idée de l'vnité de toutes les perfections qui sont en Dieu est formée de la mesme façon que l'vnité generique, & celle des autres vniuersaux. Mais neantmoins elle en est fort differente : car elle denote vne particuliere, & positiue perfection en Dieu, au lieu que l'vnité generique n'adiouste rien de réel à la nature de chaque indiuidu.

En troisiesme lieu, où i'ay dit que nous ne pouuons rien sçauoir certainement, si nous ne connoissons premierement que Dieu existe : I'ay dit en termes exprez, que ie ne parlois que de la science de ces conclusions, *dont la memoire nous peut reuenir en l'esprit, lors que nous ne pensons plus aux raisons d'où nous les auons tirées.* Car la connoissance des premiers principes, ou axiomes, n'a pas accoustumé d'estre appellée science par les Dialecticiens. Mais quand nous apercevons que nous sommes des choses qui pensent, c'est vne premiere notion qui n'est tirée d'aucun syllogisme : Et lors que quelqu'vn dit, *Ie pense, donc ie suis, ou i'existe* : il ne conclut pas son existence de sa pensée, comme par la force de quelque syllogisme, mais comme vne chose connuë de soy, il la void par vne simple inspection de l'esprit ; comme il paroist de ce que s'il la deduisoit d'vn syllogisme, il auroit deu auparauant connoistre cette Maieure ; *Tout ce qui pense est, ou existe* : mais au contraire elle luy est enseignée de ce qu'il sent en luy-mesme qu'il ne se peut pas faire qu'il pense, s'il n'existe.

Car

AVX SECONDES OBIECTIONS. 161

Car c'eſt le propre de noſtre eſprit, de former les propoſitions generales de la connoiſſance des particulieres.

Or qu'vn Athée puiſſe connoiſtre clairement que les trois angles d'vn triangle ſont égaux à deux droits, ie ne le nie pas; mais ie maintiens ſeulement que la connoiſſance qu'il en a n'eſt pas vne vraye ſcience; parce que toute connoiſſance qui peut eſtre renduë douteuſe ne doit pas eſtre appellée du nom de ſcience; & puis que l'on ſuppoſe que celuy-là eſt vn Athée, il ne peut pas eſtre certain de n'eſtre point deceu dans les choſes qui luy ſemblent eſtre tres-euidentes, comme il a deſia eſté montré cy-deuant; & encore que peut-eſtre ce doute ne luy vienne point en la penſée, il luy peut neantmoins venir s'il l'examine, où s'il luy eſt propoſé par vne autre: Et iamais il ne ſera hors du danger de l'auoir, ſi premierement il ne reconnoiſt vn Dieu.

Et il n'importe pas que peut-eſtre il eſtime qu'il a des demonſtrations pour prouuer qu'il n'y a point de Dieu; Car ces demonſtrations pretenduës eſtant fauſſes, on luy en peut touſiours faire connoiſtre la fauſſeté, & alors on le fera changer d'opinion. Ce qui à la verité ne ſera pas difficile, ſi pour toutes raiſons il aporte ſeulement celles que vous alleguez icy, c'eſt à ſçauoir, *que l'infiny en tout genre de perfection exclud toute autre ſorte d'eſtre &c.*

Car premierement, ſi on luy demande d'où il a pris que cette excluſion de tous les autres eſtres apartient à la nature de l'infiny, il n'aura rien qu'il puiſſe répondre pertinemment: d'autant que par le nom *d'infiny*, on n'a pas coûtume d'entendre ce qui exclut l'exiſtence des choſes finies, & qu'il ne peut rien ſçauoir de la nature d'vne chose qu'il pense n'estre rien du tout, & par consequent n'auoir point de nature, sinon ce qui est contenu dans la seule & ordinaire signification du nom de cette chose.

De plus, à quoy seruiroit l'infinie puissance de cét infiny imaginaire, s'il ne pouuoit iamais rien créer? Et enfin de ce que nous experimentons auoir en nous-mesmes quelque puissance de penser, nous conceuons facilement qu'vne telle puissance peut estre en quelque autre, & mesme plus grande qu'en nous: mais encore que nous pensions que celle-là s'augmente à l'infiny, nous ne craindrons pas pour cela que la nostre deuienne moindre. Il en est de mesme de tous les autres attributs de Dieu, mesme de la puissance de produire quelques effets hors de soy, pourueu que nous suposions qu'il n'y en à point en nous, qui ne soit soumise à la volonté de Dieu; & partant il peut estre conceu tout à fait infiny sans aucune exclusion des choses creées.

En quatriesme lieu, *lors que ie dis que Dieu ne peut mentir, n'y estre trompeur*, ie pense conuenir auec tous les Theologiens qui ont iamais esté, & qui seront à l'auenir. Et tout ce que vous alleguez au contraire n'a pas plus de force, que si ayant nié que Dieu se mist en colere, ou qu'il fust sujet aux autres passions de l'ame, vous m'objectiez les lieux de l'écriture où il semble que quelques passions humaines luy sont attribuées.

Car tout le monde connoist assez la distinction qui est entre ces façons de parler de Dieu, dont l'écriture se sert ordinairement, qui sont accommodées à la capacité du vulgaire, & qui contiennent bien quelque verité, mais seulement entant qu'elle est raportée aux hommes; & celles qui expriment vne verité plus simple & plus pure, & qui ne change point de nature, encore qu'elle ne leur soit point raportée; desquelles chacun doit vser en philosophant, & dont i'ay deu principalement me seruir dans mes Meditations, veu qu'en ce lieu là mesme ie ne suposois pas encore qu'aucun homme me fust connu, & que ie ne me consideroispas non plus, en tant que composé de corps & d'esprit, mais comme vn esprit seulement.

D'où il est euident que ie n'ay point parlé en ce lieu-là du mensonge qui s'exprime par des paroles, mais seulement de la malice interne & formelle qui se rencontre dans la tromperie; Quoy que neantmoins ces paroles que vous aportez du Prophete, *Encore quarante iours & Niniue sera subuertie*, ne soient pas mesme vn mensonge verbal, mais vne simple menace, dont l'euenement dépendoit d'vne condition: & lors qu'il est dit *que Dieu a endurcy le cœur de Pharaon*, ou quelque chose de semblable, il ne faut pas penser qu'il ait fait cela positiuement mais seulement negatiuement, à sçauoir ne donnant pas à Pharaon vne grace efficace pour se conuertir.

Ie ne voudrois pas neantmoins condamner ceux qui disent que Dieu peut proferer par ses Prophetes quelque mensonge verbal, tels que sont ceux dont se seruent les Medecins quand ils deçoiuent leurs malades pour les guerir; c'est à dire qui fust exempt de toute la malice qui se rencontre ordinairement dans la tromperie: Mais bien dauantage nous voyons quelques fois que nous sommes réellement trompez par cét instinct naturel

X ij

qui nous a esté donné de Dieu, comme lors qu'vn hydropique a soif; Car alors il est réellement poussé à boire par la nature qui luy a esté donnée de Dieu pour la conseruation de son corps, quoy que neantmoins cette nature le trópe, puis que le boire luy doit estre nuisible; mais i'ay expliqué dans la sixiéme Meditation, comment cela peut compatir auec la bonté, & la verité de Dieu.

Mais dans les choses qui ne peuuent pas estre ainsi expliquées, à sçauoir, dans nos iugemens tres-clairs & tres-exacts, lesquels s'ils estoient faux ne pouroient estre corrigez par d'autres plus clairs, ny par l'ayde d'aucune autre faculté naturelle, ie soustiens hardiment que nous ne pouuons estre trompez. Car Dieu estant le souuerain Estre, il est aussi necessairement le souuerain Bien, & la souueraine Verité: & partant il repugne que quelque chose vienne de luy, qui tende positiuement à la fausseté. Mais puis qu'il ne peut y auoir en nous rien de réel, qui ne nous ait esté donné par luy (comme il a esté demontré en prouuant son existence) & puis que nous auons en nous vne faculté réelle pour connoistre le vray, & le distinguer d'auec le faux (comme on peut prouuer de cela seul que nous auons en nous les idées du vray & du faux) si cette faculté ne tendoit au vray, au moins lors que nous nous en seruons comme il faut (c'est à dire lors que nous ne donnons nostre consentement qu'aux choses que nous conceuons clairement & distinctement: car on ne sçauroit feindre vn autre bon vsage de cette faculté) ce ne seroit pas sans raison que Dieu qui nous l'a donnée seroit tenu pour vn trompeur.

Et ainsi vous voyez qu'aprés auoir connu que Dieu

existe, il est necessaire de feindre qu'il soit trompeur, si nous voulons réuoquer en doute les choses que nous conceuons clairement & distinctement; Et parce que cela ne se peut pas mesme feindre, il faut necessairement admettre ces choses comme tres-vrayes & tres-asseurées.

Mais dautant que ie remarque icy, que vous vous arrestez encore aux doutes que i'ay proposez dans ma premiere Meditation, & que ie pensois auoir leuez assez exactement dans les suiuantes, i'expliqueray icy derechef le fondement sur lequel il me semble que toute la certitude humaine peut estre apuyée.

Premierement aussi tost que nous pensons conceuoir clairement quelque verité nous sommes naturellement portez à la croire. Et si cette croyance est si ferme, que nous ne puissions iamais auoir aucune raison de douter de ce que nous croyons de la sorte, il n'y a rien à rechercher dauantage, nous auons touchant cela toute la certitude qui se peut raisonnablement souhaiter.

Car que nous importe si peut-estre quelqu'vn feint, que cela mesme, de la verité duquel nous sommes si fortement persuadez, paroist faux aux yeux de Dieu, ou des Anges, & que partant absolument parlant il est faux; qu'auons-nous à faire de nous mettre en peine de cette fausseté absoluë, puis que nous ne la croyons point du tout, & que nous n'en auons pas mesme le moindre soupçon; Car nous suposons vne croyance ou vne persuasion si ferme qu'elle ne puisse estre ébranlée; laquelle par consequent est en tout la mesme chose qu'vne tres-parfaite certitude. Mais on peut bien douter si l'on a quelque certitude de cette nature, ou quelque persuafion qui foit ferme, & immuable.

Et certes il eſt manifeſte qu'on n'en peut pas auoir des choſes obſcures & confuſes, pour peu d'obſcurité ou de confuſion que nous y remarquions; car cette obſcurité quelle qu'elle ſoit, eſt vne cauſe aſſez ſuffiſante pour nous faire douter de ces choſes. On n'en peut pas auſſi auoir des choſes qui ne ſont aperceuës que par les ſens, quelque clarté qu'il y ait en leur perception, parce que nous auons ſouuent remarqué que dans le ſens il peut y auoir de l'erreur, comme lors qu'vn hidropique a ſoif ou que la neige paroiſt jaune à celuy qui à la iauniſſe. Car celuy-là ne la void pas moins clairement & diſtinctement de la ſorte, que nous à qui elle paroiſt blanche; Il reſte donc, que ſi on en peut auoir, ce ſoit ſeulement des choſes que l'eſprit conçoit clairement & diſtinctement.

Or entre ces choſes il y en a de ſi claires, & tout enſemble de ſi ſimples, qu'il nous eſt impoſſible de penſer à elles que nous ne les croyons eſtre vrayes; par exemple que i'exiſte lors que ie penſe, que les choſes qui ont vne fois eſté faites ne peuuent n'auoir point eſté faites, & autres choſes ſemblables, dont il eſt manifeſte que nous auons vne parfaite certitude.

Car nous ne pouuons pas douter de ces choſes-là ſans penſer à elles, mais nous n'y pouuons jamais penſer ſans croire qu'elles ſont vrayes, comme ie viens de dire; Doncques nous n'en pouuons douter que nous ne les croyons eſtre vrayes, c'eſt à dire que nous n'en pouuons jamais douter.

Et il ne ſert de rien de dire *que nous auons ſouuent expe-*

rimenté que des personnes se sont trompées en des choses qu'elles pensoient voir plus clairement que le Soleil: Car nous n'auons iamais veu, ny nous ny personne, que cela soit arriué à ceux qui ont tiré toute la clarté de leur perception de l'entendement seul, mais bien à ceux qui l'ont prise des sens, ou de quelque faux preiugé. Il ne sert aussi de rien de vouloir feindre que peut-estre ces choses semblent fausses à Dieu, ou aux Anges; parce que l'euidence de nostre perception ne nous permettra iamais d'écouter celuy qui le voudroit feindre, & qui nous le voudroit persuader.

Il y a d'autres choses que nostre entendement conçoit aussi fort clairement, lors que nous prenons garde de prés aux raisons d'où depend leur connoissance, & pour ce nous ne pouuons pas alors en douter; mais parce que nous pouuons oublier ces raisons, & cependant nous ressouuenir des conclusiós qui en ont esté tirées, on demande si on peut auoir vne ferme & immuable persuasion de ces conclusions, tandis que nous nous ressouuenons qu'elles ont esté déduites de principes tres euidens; Car ce souuenir doit estre suposé pour pouuoir estre appellées des conclusions. Et ie répons que ceux-là en peuuent auoir qui connoissent tellement Dieu, qu'ils sçauent qu'il ne se peut pas faire, que la faculté d'entendre qui leur a esté donnée par luy ait autre chose que la verité pour objet : mais que les autres n'en ont point, & cela a esté si clairement expliqué à la fin de la cinquiéme Meditation que ie ne pense pas y deuoir icy rien adjouster.

En cinquième lieu, Ie m'étonne que vous niiez que la volonté se met en danger de faillir, lors qu'elle poursuit

& embrasse les connoissances obscures & confuses de l'entendement; Car qu'est-ce qui la peut rendre certaine si ce qu'elle suit n'est pas clairement connu? Et quel a iamais esté le Philosophe, ou le Theologien, ou bien seulement l'homme vsant de raison, qui n'ait confessé que le danger de faillir où nous nous exposons est d'autant moindre, que plus claire est la chose que nous conceuons auparauant que d'y donner nostre consentement; & que ceux-là pechent qui sans connoissance de cause portent quelque iugement: Or nulle conception n'est dite obscure ou confuse, sinon parce qu'il y a en elle quelque chose de contenu, qui n'est pas connuë.

Et partant ce que vous objectez touchant la foy qu'on doit embrasser, n'a pas plus de force contre moy, que contre tous ceux qui ont iamais cultiué la raison humaine, & à vray dire elle n'en a aucune contre pas vn. Car encore qu'on die que la foy a pour objet des choses obscures, neantmoins ce pourquoy nous les croyons n'est pas obscur, mais il est plus clair qu'aucune lumiere naturelle. D'autant qu'il faut distinguer entre la matiere, ou la chose à laquelle nous donnons nostre creance, & la raison formelle qui meut nostre volonté à la donner. Car c'est dans cette seule raison formelle que nous voulons qu'il y ait de la clarté, & de l'euidence. Et quant à la matiere personne n'a iamais nié qu'elle peut estre obscure, voire l'obscurité mesme; Car quand ie iuge que l'obscurité doit estre ostée de nos pensées pour leur pouuoir donner nostre consentement sans aucun danger de faillir, c'est l'obscurité mesme qui me sert de matiere pour former vn iugement clair & distinct.

Outre

Outre cela il faut remarquer que la clarté, ou l'euidence, par laquelle nostre volonté peut estre excitée à croire, est de deux sortes; l'vne qui part de la lumiere naturelle, & l'autre qui vient de la grace diuine.

Or quoy qu'on die ordinairement que la foy est des choses obscures, toutesfois cela s'entend seulement de sa matiere, & non point de la raison formelle pour laquelle nous croyons? car au contraire cette raison formelle consiste en vne certaine lumiere interieure, de laquelle Dieu nous ayant surnaturellement éclairez, nous auons vne confiance certaine, que les choses qui nous sont proposées à croire ont esté reuelées par luy, & qu'il est entierement impossible qu'il soit menteur & qu'il nous trompe; ce qui est plus assuré que toute autre lumiere naturelle, & souuent mesme plus euident, à cause de la lumiere de la grace.

Et certes les Turcs & les autres Infidelles, lors qu'ils n'embrassent point la Religion Chrestienne, ne pechent pas pour ne vouloir point adjouster foy aux choses obscures, comme estant obscures, mais ils pechent, ou de ce qu'ils resistent à la grace Diuine, qui les auertit interieurement, ou que pechans en d'autres choses ils se rendent indignes de cette grace. Et ie diray hardiment qu'vn infidele, qui destitué de toute grace surnaturelle, & ignorant tout à fait que les choses que nous autres Chrestiens croyons ont esté reuelées de Dieu; neantmoins attiré par quelques faux raisonnemens se porteroit à croire ces mesmes choses qui luy seroient obscures, ne seroit pas pour cela fidele, mais plutost qu'il pecheroit en ce qu'il ne se seruiroit pas comme il faut de sa raison.

Et ie ne penſe pas que iamais aucun Theologien ortodoxe ait eu d'autres ſentimens touchant cela; Et ceux auſſi qui liront mes Meditations n'auront pas ſujet de croire que ie n'aye point connu cette lumiere ſurnaturelle, puis que dans la quatriéme, où i'ay ſoigneuſement recherché la cauſe de l'erreur ou fauſſeté, i'ay dit en paroles expreſſes *qu'elle diſpoſe l'interieur de noſtre penſée à vouloir, & que neantmoins elle ne diminuë point la liberté.*

Au reſte, ie vous prie icy de vous ſouuenir, que touchant les choſes que la volonté peut embraſſer, i'ay toûjours mis vne tres-grande diſtinction entre l'vſage de la vie, & la contemplation de la verité. Car pour ce qui regarde l'vſage de la vie, tant s'en faut que ie penſe qu'il ne faille ſuiure que les choſes que nous connoiſſons tres-clairement, qu'au contraire ie tiens qu'il ne faut pas meſme toûjours attendre les plus vray-ſemblables, mais qu'il faut quelques fois entre pluſieurs choſes tout à fait inconnuës & incertaines, en choiſir vne, & s'y determiner, & aprés cela s'y arreſter auſſi fermement, tant que nous ne voyons point de raiſons au contraire, que ſi nous l'auions choiſie pour des raiſons certaines & tres-euidentes; ainſi que i'ay deſia expliqué dans le diſcours de la Methode p. 26. Mais où il ne s'agit que de la contemplation de la verité, qui a iamais nié qu'il faille ſuſpendre ſon iugement à l'egard des choſes obſcures, & qui ne ſont pas aſſez diſtinctement connuës. Or que cette ſeule contemplatió de la verité ſoit le ſeul but de mes Meditations outre que cela ſe reconnoiſt aſſez clairement par elles-meſmes, ie l'ay de plus declaré en paroles expreſſes ſur la fin de la premiere, en diſant, *que ie ne pouuois pour lors vſer de trop de defiance, d'autant que ie ne m'appliquois pas aux* choses qui regardent l'vsage de la vie, mais seulement à la recherche de la verité.

En sixiéme lieu, où vous reprenez la conclusion d'vn syllogisme que i'auois mis en forme, il semble que vous pechiez vous-mesmes en la forme; car pour conclure ce que vous voulez, la majeure deuoit estre telle, *ce que clairement & distictement nous conceuons apartenir à la nature de quelque chose, cela peut estre dit ou affirmé auec verité apartenir à la nature de cette chose*: Et ainsi elle ne contiendroit rien qu'vne inutile, & superfluë repetition: Mais la maieure de mon argument a esté telle.

Ce que clairement & distinctement nous conceuons apartenir à la nature de quelque chose, cela peut estre dit ou affirmé auec verité de cette chose. C'est à dire, si estre animal apartient à l'essence ou à la nature de l'homme, on peut asseurer que l'homme est animal; si auoir les trois angles égaux à deux droits apartient à la nature du triangle rectiligne, on peut asseurer que le triangle rectiligne a ses trois angles égaux à deux droits; si exister apartiét à la nature de Dieu on peut asseurer que Dieu, existe, &c. Et la mineure a esté telle: *Or est-il qu'il apartient à la nature de Dieu d'exister*: D'où il est euident qu'il faut conclure comme i'ay fait; c'est à sçauoir, *Doncques on peut auec verité asseurer de Dieu qu'il existe*; & non pas comme vous voulez. *Doncques nous pouuons asseurer auec verité qu'il apartient à la nature de Dieu d'exister.*

Et partant pour vser de l'exception que vous aportez ensuite, il vous eust falu nier la majeure, & dire que ce que nous conceuons clairement & distinctement apartenir à la nature de quelque chose, ne peut pas pour cela estre dit, ou affirmé de cette chose, si ce n'est que sa

Y ij

nature soit possible, ou ne repugne point. Mais voyez ie vous prie la foiblesse de cette exception. Car, ou bien par ce mot de *possible* vous entendez, comme l'on fait d'ordinaire, tout ce qui ne repugne point à la pensée humaine; auquel sens il est manifeste que la nature de Dieu, de la façon que ie l'ay décrite, est possible, parce que ie n'ay rien suposé en elle, sinon ce que nous conceuons clairement & distinctement luy deuoir apartenir, & ainsi ie n'ay rien suposé, qui repugne à la pensée, ou au concept humain : ou bien vous feignez quelque autre possibilité de la part de l'objet mesme, laquelle, si elle ne conuient auec la precedente, ne peut iamais estre connuë par l'entendement humain, & partant elle n'a pas plus de force pour nous obliger à nier la nature de Dieu, ou son existence, que pour détruire toutes les autres choses qui tombent sous la connoissance des hommes ; Car par la mesme raison que l'on nie que la nature de Dieu est possible, encore qu'il ne se rencontre aucune impossibilité de la part du concept, ou de la pensée, mais qu'au contraire toutes les choses qui sont contenuës dans ce concept de la nature Diuine, soient tellement connexes entr'elles, qu'il nous semblent y auoir de la contradiction à dire qu'il y en ait quelqu'vne qui n'apartienne pas à la nature de Dieu, on poura aussi nier qu'il soit possible que les trois angles d'vn triangle soient égaux à deux droits, ou que celuy qui pense actuellement existe : & à bien forte raison poura-t'on nier, qu'il y ait rien de vray de toutes les choses que nous aperceuons par les sens; Et ainsi toute la connoissance humaine sera renuersée, sans aucune raison ny fondement.

Et pour ce qui est de cét argument que vous comparez auec le mien, à sçauoir, *s'il n'implique point que Dieu existe, il est certain qu'il existe; mais il n'implique point : doncques, &c.* materiellement parlant il est vray, mais formellement c'est vn sophisme; Car dans la majeure ce mot *il implique*, regarde le concept de la cause par laquelle Dieu peut estre, & dans la mineure il regarde le seul concept de l'existence & de la nature de Dieu, comme il paroist de ce que si on nie la majeure, il la faudra prouuer ainsi.

Si Dieu n'existe point encore, il implique qu'il existe, parce qu'on ne sçauroit assigner de cause suffisante pour le produire : Mais il n'implique point qu'il existe, comme il a esté accordé dans la mineure, Doncques &c.

Et si on nie la mineure, il la faudra prouuer ainsi. Cette chose n'implique point dans le concept formel de laquelle il n'y a rien qui enferme contradiction; Mais dans le concept formel de l'existence ou de la nature Diuine, il n'y a rien qui enferme contradiction. Doncques &c. Et ainsi ce mot *Il implique*, est pris en deux diuers sens.

Car il se peut faire qu'on ne conceura rien dans la chose mesme qui empesche qu'elle ne puisse exister, & que cependant on conceura quelque chose de la part de sa cause qui empesche qu'elle ne soit produite.

Or, encore que nous ne conceuions Dieu que tres imparfaitement ; cela n'empesche pas qu'il ne soit certain que sa nature est possible, ou qu'elle n'implique point.

Ny aussi que nous ne puissions asseurer auec verité que nous l'auons assez soigneusement examinée, & assez clairement connuë: (à sçauoir autant qu'il suffit pour con-

Y iij

noiſtre qu'elle eſt poſſible, & auſſi que l'exiſtence neceſ-ſaire luy apartient) Car toute impoſſibilité, ou, s'il m'eſt permis de me ſeruir icy du mot de l'école, toute impli-cance conſiſte ſeulement en noſtre concept, ou penſée, qui ne peut conjoindre les idées qui ſe contrarient les vnes les autres; & elle ne peut conſiſter en aucune cho-ſe qui ſoit hors de l'entendement; parce que de cela meſ-me qu'vne choſe eſt hors de l'entendement, il eſt mani-feſte qu'elle n'implique point, mais qu'elle eſt poſſible.

Or l'impoſſibilité que nous trouuons en nos penſées ne vient que de ce qu'elles ſont obſcures & confuſes, & il n'y en peut auoir aucune dans celles qui ſont claires & diſtinctes; & partant afin que nous puiſſions aſſurer que nous connoiſſons aſſez la nature de Dieu, pour ſçauoir qu'il n'y a point de repugnance qu'elle exiſte, il ſuffit que nous entendions clairement & diſtinctement toutes les choſes que nous apperceuons eſtre en elle, quoy que ces choſes ne ſoient qu'en petit nombre, au regard de celles que nous n'aperceuons pas, bien qu'elles ſoient auſſi en elle; & qu'auec cela nous remarquions que l'e-xiſtence neceſſaire eſt l'vne des choſes que nous aperce-uons ainſi eſtre en Dieu.

En ſeptiéme lieu, I'ay deſia donné la raiſon dans l'abre-gé de mes Meditations, pourquoy ie n'ay rien dit icy touchant l'immortalité de l'ame; I'ay auſſi fait voir cy-deuant comme quoy i'ay ſuffiſamment prouué la diſtin-ction qui eſt entre l'eſprit & toute ſorte de corps.

Quant à ce que vous adjouſtez *que de la diſtinction de l'ame d'auec le corps, il ne s'enſuit pas qu'elle ſoit immortelle, par-ce que nonobſtant cela on peut dire que Dieu l'a faite d'vne telle*

Nature, que sa durée finit auec celle de la vie du corps: Ie confesse que ie n'ay rien à y répondre ; car ie n'ay pas tant de presomption que d'entreprendre de determiner par la force du raisonnement humain, vne chose qui ne dépend que de la pure volonté de Dieu.

La connoissance naturelle nous aprend que l'esprit est different du corps, & qu'il est vne substance; Et aussi que le corps humain, entant qu'il differe des autres corps, est seulement composé d'vne certaine configuration de membres, & autres semblables accidens; & enfin que la mort du corps dépend seulement de quelque diuision, ou changement de figure. Or nous n'auons aucun argument, ny aucun exemple, qui nous persuade que la mort, ou l'aneantissement d'vne substance telle qu'est l'esprit, doiue suiure d'vne cause si legere, comme est vn changement de figure, qui n'est autre chose qu'vn mode, & encore vn mode non de l'esprit, mais du corps, qui est réellement distinct de l'esprit. Et mesme nous n'auons aucun argument, ny exemple, qui nous puisse persuader qu'il y a des substances qui sont sujettes à estre aneanties. Ce qui suffit pour conclure, que l'esprit, ou l'ame de l'homme (autant que cela peut estre connu par la Philosophie naturelle) est immortelle.

Mais si on demande, si Dieu par son absoluë puissance n'a point peut-estre determiné que les Ames des hommes cessent d'estre, au mesme temps que les corps ausquels elles sont vnies sont destruits ; c'est à Dieu seul d'en répondre. Et puis qu'il nous a maintenant reuelé que cela n'arriuera point, il ne nous doit plus rester touchant cela aucun doute.

Au reste, i'ay beaucoup à vous remercier de ce que vous auez daigné si officieusemēt, & auec tant de franchise m'auertir non seulement, des choses qui vous ont semblé dignes d'explication, mais aussi des difficultez qui pouuoient m'estre faites par les Athées, ou par quelques enuieux, & medisans.

Car encore que ie ne voye rien entre les choses que vous m'auez proposées, que ie n'eusse auparauant rejetté ou expliqué dans mes Meditations, (comme, par exemple, ce que vous auez allegué des mouches qui sont produites par le Soleil, des Canadiens, des Niniuites, des Turcs, & autres choses semblables, ne peut venir en l'esprit de ceux qui suiuans l'ordre de ces Meditations, mettront à part pour quelque temps toutes les choses qu'ils ont aprises des sens, pour prendre garde à ce que dicte la plus pure & plus saine raison; C'est pourquoy ie pensois auoir des-ja rejetté toutes ces choses) Encore, dis-je, que cela soit, ie iuge neantmoins que ces objections seront fort vtiles a mon dessein; d'autant que ie ne me promets pas d'auoir beaucoup de lecteurs, qui veuillent aporter tant d'attention aux choses que i'ay escrites, qu'estant paruenus à la fin, ils se ressouuiennent de tout ce qu'ils auront leu auparauant: Et ceux qui ne le feront pas, tomberont aisément en des difficultez, ausquelles ils verront puis aprez que i'auray satisfait par cette réponse, ou du moins ils prendront de là occasion d'examiner plus soigneusement la verité.

Pour ce qui regarde le Conseil que vous me donnez, de disposer mes raisons selon la Methode des Geometres, afin que tout d'vn coup les lecteurs les puissent comprendre,

prendre, ie vous diray icy en qu'elle façon i'ay des-ja taché cy-deuant de la fuiure, & comment i'y tafcheray encore cy-apres.

Dans la façon d'écrire des Geometres ie diſtingue deux chofes, à ſçauoir l'ordre, & la maniere de démontrer.

L'ordre confiſte en cela ſeulement, que les choſes qui ſont propoſées les premieres, doiuent eſtre connuës ſans l'aide des ſuiuantes, & que les ſuiuantes doiuent aprés eſtre diſpoſées de telle façon, qu'elles ſoient démontrées par les ſeules choſes qui les precedent. Et certainement i'ay taché autant que i'ay pû de ſuiure cét ordre en mes Meditations. Et c'eſt ce qui a fait que ie n'ay pas traité dans la ſeconde de la diſtinction qui eſt entre l'eſprit & le corps, mais ſeulement dans la ſixiéme, & que i'ay obmis tout exprés beaucoup de choſes dans tout ce traité, parcequ'elles preſupoſoient l'explication de pluſieurs autres.

La maniere de démontrer eſt double, l'vne ſe fait par l'analyſe ou reſolution, & l'autre par la ſyntheſe, ou compoſition.

L'analyſe montre la vraye voye par laquelle vne choſe a eſté methodiquement inuentée, & fait voir comment les effets dépendent des cauſes; en ſorte que ſi le lecteur la veut ſuiure, & jetter les yeux ſoigneuſement ſur tout ce qu'elle contient, il n'entendra pas moins parfaitement la choſe ainſi démontrée, & ne la rendra pas moins ſienne, que ſi luy-meſme l'auoit inuentée.

Mais cette ſorte de demonſtration n'eſt pas propre à conuaincre les lecteurs opiniaſtres, ou peu attentifs; car ſi on laiſſe échaper ſans y prendre garde la moindre des choses qu'elle propose, la necessité de ses conclusions ne paroistra point, & on n'a pas coustume d'y exprimer fort amplement, les choses qui sont assez claires d'elles-mesmes, bien que ce soit ordinairement celles ausquelles il faut le plus prendre garde.

La synthese au contraire par vne voye toute differente, & comme en examinant les causes par leurs effets, (bien que la preuue qu'elle contient soit souuent aussi des effets par les causes) démontre à la verité clairement ce qui est contenu en ses conclusions, & se sert d'vne longue suitte de definitions, de demandes, d'axiomes, de theoremes, & de problemes, afin que si on luy nie quelques consequences, elle face voir comment elles sont contenuës dans les antecedens, & qu'elle arrache le consentement du lecteur tant obstiné & opiniastre qu'il puisse estre: mais elle ne donne pas comme l'autre vne entiere satisfaction à l'esprit de ceux qui desirent d'apprendre, parce qu'elle n'enseigne pas la methode par laquelle la chose a esté inuentée.

Les anciens Geometres auoient coutume de se seruir seulement de cette synthese dans leurs écrits, non qu'ils ignorassent entierement l'analyse, mais à mon auis parce qu'ils en faisoient tant d'état qu'ils la reseruoient pour eux seuls, comme vn secret d'importance.

Pour moy, i'ay suiuy seulement la voye analytique dans mes Meditations, pource qu'elle me semble estre la plus vraye, & la plus propre pour enseigner: mais quant à la synthese, laquelle sans doute est celle que vous desirez icy de moy, encore que touchant les choses qui se traitent en la Geomettrie, elle puisse vtilement estre mise aprés l'Analyse, elle ne conuient pas toutesfois si bien aux matieres qui apartiennent à la Metaphysique. Car il y a cette difference que les premieres notions qui sont suposées pour démontrer les propositions Geometriques, ayant de la conuenance auec les sens, sont receuës facilement d'vn chacun; c'est pourquoy il n'y a point là de difficulté, sinon à bien tirer les consequences; Ce qui se peut faire par toutes sortes de personnes, mesmes par les moins attentiues, pourueu seulement qu'elles se ressouuienent des choses precedentes; Et on les oblige aisément à s'en souuenir, en distinguant autant de diuerses propositions qu'il y a de choses à remarquer dans la difficulté proposée, afin qu'elles s'arrestent separement sur chacune, & qu'on les leur puisse citer par apres, pour les auertir de celles ausquelles elles doiuent penser. Mais au contraire touchant les questions qui apartiennent à la Metaphysique, la principale difficulté est de conceuoir clairement & distinctement les premieres notions. Car encore que de leur nature elles ne soient pas moins claires, & mesme que souuent elles soient plus claires que celles qui sont considerées par les Geometres; neantmoins dautant qu'elles semblent ne s'accorder pas auec plusieurs preiugez que nous auons receus par les sens, & ausquels nous sommes acoustumez dés nostre enfance, elles ne sont parfaitement comprises que par ceux qui sont fort attentifs, & qui s'estudient à détacher autant qu'ils peuuent leur esprit du commerce des sens: c'est pourquoy si on les proposoit toutes seules, elles seroient aisement niées par ceux qui ont l'esprit porté à la contradiction.

Z ij

Et c'est ce qui a esté la cause que i'ay pluſtoſt écrit des Meditations que des diſputes, ou des queſtions, comme font les Philoſophes, ou bien des theoremes ou des problemes comme les Geometres, afin de témoigner par là que ie n'ay écrit que pour ceux qui ſe voudront donner la peine de mediter auec moy ſerieuſement, & conſiderer les choſes auec attention: Car de cela meſme que quelqu'vn ſe prepare à impugner la verité, il ſe rend moins propre à la comprendre, dautant qu'il détourne ſon eſprit de la conſideration des raiſons qui la perſuadent, pour l'apliquer à la recherche de celles qui la détruiſent.

Mais neantmoins pour témoigner combien ie défere à voſtre conſeil, ie tacheray icy d'imiter la ſyntheſe des Geometres, & y feray vn abregé des principales raiſons dont i'ay vſé pour démontrer l'exiſtence de Dieu, & la diſtinction qui eſt entre l'eſprit & le corps humain: ce qui ne ſeruira peut-eſtre pas peu pour ſoulager l'attention des Lecteurs.

RAISONS QVI
PROVVENT L'EXISTENCE DE Dieu, & la distinction qui est entre l'Esprit & le Corps humain, disposées d'vne façon Geometrique.

Definitions.

I. PAR le nom *de pensée*, ie comprens tout ce qui est tellement en nous, que nous l'apperceuons immediatement par nous-mesme, & en auons vne connoissance interieure: Ainsi toutes les operations de la volonté, de l'entendement, de l'imagination, & des sens sont des pensées Mais i'ay adiousté *immediatement* pour exclure les choses qui suiuent & dépendent de nos pensées ; Par exemple, le mouuement volontaire a bien à la verité la volonté pour son principe, mais luy-mesme neantmoins n'est pas vne pensée. Ainsi se promener n'est pas vne pensée, mais bien le sentiment ou la connoissance que l'on a qu'on se promene.

Z iij

II. Par le nom *d'Idée*, i'entens cette forme de chacune de nos pensées, par la perception immediate de laquelle nous auons connoissance de ces mesmes pensées. De sorte que ie ne puis rien exprimer par des paroles, lors que i'entens ce que ie dis, que de cela mesme il ne soit certain que i'ay en moy l'idée de la chose qui est signifiée par mes paroles. Et ainsi ie n'appelle pas du nom d'idée les seules images qui sont dépeintes en la fantaisie; au contraire ie ne les appelle point icy de ce nom, entant qu'elles sont en la fantaisie corporelle, c'est à dire entant qu'elles sont dépeintes en quelques parties du cerueau, mais seulement entant qu'elles informent l'esprit mesme, qui s'aplique à cette partie du cerueau.

III. *Par la realité objectiue d'vne Idée*, j'entens l'entité ou l'estre de la chose representée par cette idée, entant que cette entité est dans l'idée; & de la mesme façon on peut dire vne perfection objectiue, ou vn artifice objectif &c. Car tout ce que nous conceuons comme estant dans les objects des idées, tout cela est objectiuement, ou par representations dans les idées mesmes.

IV. Les mesmes choses sont dites estre *formellement* dans les objets des idées, quand elles sont en eux telles que nous les conceuons; & elles sont dites y estre *eminemment* quand elles n'y sont pas à la verité telles, mais qu'elles sont si grandes, qu'elles peuuent supléer à ce defaut par leur excellence.

V. Toute chose, dans laquelle reside immediatement comme dans vn sujet, ou par laquelle existe quelque chose que nous aperceuōs, c'est à dire quelque proprieté, qualité, ou attribut, dont nous auons en nous vne réelle idée, s'appelle *Substance*. Car nous n'auons point d'autre idée de la substance precisément prise, sinon qu'elle est vne chose dans laquelle existe formellement, ou eminemment cette proprieté ou qualité que nous aperceuons, ou qui est objectiuement dans quelqu'vne de nos idées; dautant que la lumiere naturelle nous enseigne que le neant ne peut auoir aucun attribut qui soit réel.

VI. La substance, dans laquelle reside immediatement la pensée, est icy appellée *Esprit*. Et toutesfois ce nom est équiuoque, en ce qu'on l'attribuë aussi quelques fois au vent, & aux liqueurs fort subtiles: mais ie n'en sçache point de plus propre.

VII. La substance, qui est le sujet immediat de l'extension locale, & des accidens qui presupposent cette extension, comme sont la figure, la situation, & le mouuement de lieu, &c. s'appelle *Corps*: Mais de sçauoir si la substance qui est appellée Esprit, est la mesme que celle que nous apelons Corps, ou bien si ce sont deux substances diuerses, c'est ce qui sera examiné cy aprés.

VIII. La substance que nous entendons estre souuerainement parfaite, & dans laquelle nous ne conceuons rien qui enferme quelque defaut ou limitation de perfection, s'appelle *Dieu*.

IX. Quand nous disons que quelque attribut est contenu dans la nature, ou dans le concept d'vne chose, c'est de mesme que si nous disions que cet attribut est vray de cette chose, & qu'on peut assurer qu'il est en elle.

X. Deux substances sont dites estre réellement, distinctes, quand chacune d'elles peut exister sans l'autre.

Demandes.

JE demande *premierement*, que les Lecteurs considerent combien foibles sont les raisons qui leur ont fait iusques icy adjouster foy à leurs sens & combien sont incertains tous les iugemens qu'ils ont depuis apuyez sur eux; & qu'ils repassent si long-temps & si souuent cette consideration en leur esprit, qu'enfin ils acquierent l'habitude de ne se plus fier si fort en leurs sens; Car i'estime que cela est necessaire pour se rendre capable de connoistre la verité des choses Metaphysiques, lesquelles ne dépendent point des sens.

En second lieu, Ie demande qu'ils considerent leur propre esprit, & tous ceux de ses attributs dont ils reconnoistront ne pouuoir en aucune façon douter, encore mesme qu'ils suposassent que tout ce qu'ils ont iamais receu par les sens fust entierement faux; & qu'ils ne cessent point de le considerer, que premierement ils n'ayent acquis l'vsage de le conceuoir distinctement, & de croire qu'il est plus aisé à connoistre que toutes les choses corporelles.

En troisiesme lieu. Qu'ils examinent diligemment les propositions qui n'ont pas besoin de preuue pour estre connuës, & dont chacun trouue les notions en soy-mesme, comme sont celles-cy. *Qu'vne mesme chose ne peut pas estre & n'estre pas tout ensemble. Que le neant ne peut estre la cause efficiente d'aucune chose*: & autres semblables;

&

& qu'ainsi ils exercent cette clairté de l'entendement qui leur a esté donnée par la nature, mais que les perceptions des sens ont accoustumé de troubler, & d'obscurcir; qu'ils l'exercent, dis-je, toute pure, & deliurée de leurs prejugez; Car par ce moyen la verité des axiomes suiuans leur sera fort euidente.

En quatriéme lieu. Qu'ils examinent les idées de ces natures, qui contiennent en elles vn assemblage de plusieurs attributs ensemble, comme est la nature du triangle, celle du quarré, ou de quelque autre figure; Comme aussi la nature de l'esprit, la nature du corps, & par dessus toutes la nature de Dieu, ou d'vn Estre souuerainement parfait. Et qu'ils prennent garde qu'on peut asseurer auec verité, que toutes ces choses-là sont en elles, que nous conceuons clairement y estre contenuës. Par exemple, parce que dans la nature du triangle rectiligne cette proprieté se trouue contenuë, que ses trois angles sont égaux à deux droits; & que dans la nature du corps, ou d'vne chose estenduë, la diuisibilité y est comprise, (car nous ne conceuons point de chose estenduë si petite, que nous ne la puissions diuiser, au moins par la pensée:) Il est vray de dire que les trois angles de tout triangle rectiligne sont égaux à deux droits, & que tout corps est diuisible.

En cinquiesme lieu. Ie demande qu'ils s'arrestent long-temps à contempler la nature de l'Estre souuerainement parfait: Et entr'autres choses, qu'ils considerent que dans les idées de toutes les autres Natures, l'existence possible se trouue bien contenuë; mais que dans l'idée de Dieu ce n'est pas seulement vne existence Possible qui se trouue

Aa

contenüe, mais vne existence absolument Necessaire. Car de cela seul, & sans aucun raisonnement, ils connoistront que Dieu existe; & il ne leur sera pas moins clair & euident sans autre preuue, qu'il leur est manifeste que deux est vn nombre pair, & que trois est vn nombre impair, & choses semblables. Car il y a des choses qui sont ainsi connuës sans preuues par quelques-vns, que d'autres n'entendent que par vn long discours, & raisonnement.

En sixiesme lieu. Que considerant auec soin tous les exemples d'vne claire & distincte perception, & tous ceux dont la perception est obscure & confuse, desquels j'ay parlé dans mes Meditations, ils s'accoustument à distinguer les choses qui sont clairement connuës, de celles qui sont obscures : car cela s'apprend mieux par des exemples, que par des regles ; & ie pense qu'on n'en peut donner aucun exemple, dont ie n'aye touché quelque chose.

En septiesme lieu. Ie demande que les lecteurs prenant garde qu'ils n'ont iamais reconnu aucune fausseté dans les choses qu'ils ont clairement conceuës, & qu'au contraire ils n'ont iamais rencontré, sinon par hasard, aucune verité dans les choses qu'ils n'ont conceuës qu'auec obscurité: Ils considerent que ce seroit vne chose tout à fait déraisonnable, si pour quelques prejugez des sens, ou pour quelques suppositions faites à plaisir, & fondées sur quelque chose d'obscur, & d'inconnu, ils reuoquoient en doute les choses que l'entendement conçoit clairement & distinctement. Au moyen dequoy ils admettront facilement les Axiomes suiuans pour vrays, & pour indubitables ; Bien que j'auouë que plusieurs d'entr'eux eussent pû estre mieux expliquez, & eussent dû estre plustost proposez comme des Theoremes, que comme des Axiomes, si i'eusse voulu estre plus exact.

AXIOMES,

OV

Notions communes.

I. IL n'y a aucune chose existante de laquelle on ne puisse demander quelle est la cause pourquoy elle existe. Car cela mesme se peut demander de Dieu. Non qu'il ayt besoin d'aucune cause pour exister, mais parce que l'immensité mesme de sa nature est la cause, ou la raison pour laquelle il n'a besoin d'aucune cause pour exister.

II. Le temps present ne dépend point de celuy qui l'a immediatement precedé, c'est pourquoy il n'est pas besoin d'vne moindre cause pour conseruer vne chose, que pour la produire la premiere fois.

III. Aucune chose, ny aucune perfection de cette chose actuellement existante, ne peut auoir le *Neant*, ou vne chose non existante, pour la cause de son existence.

IV. Toute la realité, ou perfection qui est dans vne chose, se rencontre formellement, ou eminemment, dans sa cause premiere & totale.

V. D'où il suit aussi que la realité objectiue de nos idées requiert vne cause, dans laquelle cette mesme realité soit contenuë, non pas simplement objectiuement, mais formellement, ou eminemment. Et il faut remarquer que cet Axiome doit si necessairement estre admis, que de luy seul depend la connoissance de toutes les choses tant sensibles, qu'insensibles : Car d'où sçauons-nous, par exemple, que le Ciel existe, est-ce parce que nous le voyons ? Mais cette vision ne touche point l'esprit, sinon entant qu'elle est vne idée : vne idée, dis-je, inherente en l'esprit mesme, & non pas vne image dépeinte en la fantaisie ; & à l'occasion de cette idée nous ne pouuons pas iuger que le Ciel existe, si ce n'est que nous supposions que toute idée doit auoir vne cause de sa realité objectiue, qui soit reellement existente ; laquelle cause nous jugeons que c'est le Ciel mesme, & ainsi des autres.

VI. Il y a diuers degrez de realité, c'est à dire d'entité, ou de perfection : Car la substance a plus de realité que l'accident ou le mode ; & la substance infinie que la finie ; C'est pourquoy aussi il y a plus de realité objectiue dans l'idée de la substance, que dans celle de l'accident, & dans l'idée de la substance infinie, que dans l'idée de la substance finie.

VII. La volonté se porte volontairement, & librement, (car cela est de son essence) mais neantmoins infailliblement au bien qui luy est clairement connu : C'est pourquoy si elle vient à connoistre quelques perfections qu'elle n'ait pas, elle se les donnera aussi-tost, si elles sont en sa puissance : car elle connoistra que cela luy est vn plus grand bien de les auoir, que de ne les auoir pas.

VIII. Ce qui peut faire le plus, ou le plus difficile, peut aussi faire le moins, ou le plus facile.

IX. C'est vne chose plus grande & plus difficile de créer

ou conseruer vne substance, que de créer ou conseruer ses attributs, ou proprietez; Mais ce n'est pas vne chose plus grande, ou plus difficile, de créer vne chose que de la conseruer, ainsi qu'il a des-ja esté dit.

X. Dans l'idée, ou le concept de chaque chose, l'existence y est contenuë, parce que nous ne pouuons rien conceuoir que sous la forme d'vne chose qui existe; mais auec cette difference, que dans le concept d'vne chose limitée, l'existence possible ou contingente est seulement contenuë; & dans le concept d'vn Estre souuerainement parfait, la parfaite & necessaire y est comprise.

PROPOSITION PREMIERE.

L'existence de Dieu se connoist de la seule consideration de sa nature.

Demonstration.

Dire que quelque attribut est contenu dans la nature, ou dans le concept d'vne chose, c'est le mesme que de dire que cet attribut est vray de cette chose, & qu'on peut assurer qu'il est en elle, par la definition neufiéme.)

Or est-il que l'existence necessaire est contenuë dans la nature, ou dans le concept de Dieu, (par l'Axiome dixiéme)

Doncques il est vray de dire que l'existence necessaire est en Dieu, ou bien que Dieu existe.

Et ce syllogisme est le mesme dont ie me suis seruy en

ma réponse au sixiéme article de ces objections: & sa conclusion peut estre connuë sans preuue par ceux qui sont libres de tous prejugez, comme il a esté dit en la cinquiéme demande. Mais parce qu'il n'est pas aisé de paruenir à vne si grande clairté d'esprit, nous tascherons de prouuer la mesme chose par d'autres voyes.

PROPOSITION SECONDE.

L'existence de Dieu est démontrée par ses effets, de cela seul que son idée est en nous.

Demonstration.

La realité objectiue de chacune de nos idées requiert vne cause, dans laquelle cette mesme realité soit contenuë non pas simplement objectiuement, mais formellement, ou eminemment, (par l'Axiome cinquiéme)

Or est-il que nous auons en nous l'idée de Dieu, (par la definition deuxiéme, & huitiéme) & que la realité objectiue de cette idée n'est point contenuë en nous, ny formellement, ny eminemment, (par l'Axiome sixiéme) & qu'elle ne peut estre contenuë dans aucun autre, que dans Dieu mesme, (par la definition huitiéme)

Doncques cette idée de Dieu qui est en nous, demande Dieu pour sa cause: Et par consequent Dieu existe, (par l'Axiome troisiéme)

PROPOSITION TROISIESME.

L'existence de Dieu est encore demontrée de ce que nous-mesmes, qui auons en nous son idée, nous existons.

Demonstration.

SI i'auois la puissance de me conseruer moy-mesme, i'aurois aussi à plus forte raison le pouuoir de me donner toutes les perfections qui me manquent, (par l'Axiome 8. & 9.) Car ces perfections ne sont que des attributs de la substance, & moy ie suis vne substance;

Mais ie n'ay pas la puissance de me donner toutes ces perfections, car autrement ie les possederois des-ja, (par l'Axiome 7.)

Doncques ie n'ay pas la puissance de me conseruer moy mesme.

En aprés, ie ne puis exister sans estre conseruè tant que i'existe, soit par moy-mesme, suposé que i'en aye le pouuoir, soit par vn autre qui ait cette puissance, (par l'Axiome 1. & 2.)

Or est-il que i'existe, & toutesfois ie n'ay pas la puissance de me conseruer moy-mesme, comme ie viens de prouuer.

Doncques ie suis conseruè par vn autre.

De plus, celuy par qui ie suis conseruè a en soy formellement, ou eminemment, tout ce qui est en moy, (par l'Axiome 4.)

Or est-il que i'ay en moy la perception de plusieurs perfections qui me manquent, & celle aussi de l'idée de Dieu, (par la definition 2. & 8.)

Doncques la perception de ces mesmes perfections est aussi en celuy par qui ie suis conserué.

Enfin, celuy-là mesme par qui ie suis conserué, ne peut auoir la perception d'aucunes perfections qui luy manquent, c'est à dire qu'il n'ayt point en soy formellement, ou eminemment, (par l'Axiome 7.) Car ayant la puissance de me conseruer, comme il a esté dit maintenant, il auroit à plus forte raison le pouuoir de se les donner luy-mesme, si elles luy manquoient, (par l'Axiome 8. & 9.).

Or est il qu'il a la perception de toutes les perfections que ie reconnois me manquer, & que ie conçoy ne pouuoir estre qu'en Dieu seul, comme ie viens de prouuer.

Doncques il les a toutes en soy formellement ou eminemment ; Et ainsi il est Dieu.

COROLLAIRE.

Dieu a creé le Ciel & la Terre, & tout ce qui y est contenu. Et outre cela il peut faire toutes les choses que nous conceuons clairement, en la maniere que nous les conceuons.

Demonstration.

TOutes ces choses suiuent clairement de la proposition precedente. Car nous y auons prouué l'existence de Dieu, parce qu'il est necessaire qu'il y ayt vn

Estre

Estre qui existe, dans lequel toutes les perfections, dont il y a en nous quelque idée, soient contenuës formellement, ou eminemment.

Or est-il que nous auons en nous l'idée d'vne puissance si grande, que par celuy-là seul en qui elle reside, non seulement le Ciel & la Terre, &c. doiuent auoir esté creez; mais aussi toutes les autres choses que nous conceuons comme possibles, peuuent estre produites.

Doncques en prouuant l'existence de Dieu, nous auons aussi prouué de luy toutes ces choses.

PROPOSITION QVATRIESME.

L'Esprit & le Corps sont réellement distincts.

Demonstration.

TOut ce que nous conceuons clairement peut estre fait par Dieu en la maniere que nous le conceuons, (par le Corollaire precedent.)

Mais nous conceuons clairement l'esprit, c'est à dire vne substance qui pense, sans le corps, c'est à dire sans vne substance étenduë, (par la demande 2.) & d'autre part nous conceuons aussi clairement le corps sans l'esprit, (ainsi que chacun accorde facilement.)

Doncques au moins par la toute-puissance de Dieu, l'esprit peut estre sans le corps, & le corps sans l'esprit.

Maintenant les substances qui peuuent estre l'vne sans l'autre sont réellement distinctes, (par la definition 10.)

Or est-il que l'esprit & le corps sont des substances; (par les definitions 5. 6. & 7.) qui peuuent estre l'vne sans l'autre (comme ie le viens de prouuer.)

Doncques, l'esprit & le corps sont réellement distincts.

Et il faut remarquer que ie me suis icy seruy de la toute-puissance de Dieu pour en tirer ma preuue; non qu'il soit besoin de quelque puissance extraordinaire pour separer l'esprit d'auec le corps, mais pource que n'ayant traitté que de Dieu seul dans les propositions precedentes, ie ne la pouuois tirer d'ailleurs que de luy. Et il importe fort peu par quelle puissance deux choses soient separées, pour connoistre qu'elles soient reellement distinctes.

TROISIESMES OBIECTIONS
FAITES PAR MONSIEVR HOBBES,
Celebre Philosophe Anglois.

Auec les Responses de l'Autheur.

SVR LA PREMIERE MEDITATION
Des choses qui peuuent estre reuoquées en doute.

OBIECTION PREMIERE.

IL paroist assez par ce qui a esté dit dans cette Meditation, qu'il n'y a point de marque certaine & euidente, par laquelle nous puissions reconnoistre & distinguer nos songes d'auec la veille, & d'auec vne vraye perception des sens; & partant que ces images ou ces fantosmes que nous sentons estant éueillez (ne plus ne moins que ceux que nous apperceuons estant endormis) ne sont point des accidens attachez à des objets exterieurs, & ne sont point des preuues suffisantes pour monstrer que ces objets exterieurs existent veritablement. C'est pourquoy, si sans nous ayder d'aucun autre raisonnemét, nous fuiuons feulement le témoignage de nos fens, nous aurons iufte fujet de douter fi quelque chofe exifte, ou non. Nous reconnoiffons donc la verité de cette Meditation. Mais dautant que Platon a parlé de cette incertitude des chofes fenfibles, & plufieurs autres anciens Philofophes auant & apres luy, & qu'il eft aifé de remarquer la difficulté qu'il y a de difcerner la veille du fommeil, j'euffe voulu que cet excellent Auteur de nouuelles fpeculations fe fuft abftenu de publier des chofes fi vieilles.

RESPONSE.

LES raifons de douter qui font icy receuës pour vrayes par ce Philofophe, n'ont efté propofées par moy que comme vray-femblables : Et ie m'en fuis feruy, non pour les debiter comme nouuelles, mais en partie pour preparer les efprits des Lecteurs à confiderer les chofes intellectuelles, & les diftinguer des corporelles, à quoy elles m'ont toûjours femblé tres-neceffaires; en partie pour y répondre dans les Meditations fuiuantes; & en partie auffi pour faire voir combien les veritez que ie propofe en fuite font fermes & affûrées, puis qu'elles ne peuuent eftre ébranlées par des doutes fi generaux, & fi extraordinaires. Et ce n'a point efté pour acquerir de la gloire que je les ay rapportées; mais ie penfe n'auoir pas efté moins obligé de les expliquer, qu'vn Medecin de décrire la maladie dont il a entrepris d'enfeigner la cure.

OBIECTION SECONDE.

Sur la seconde Meditation.

De la nature de l'Esprit humain.

IE suis vne chose qui pense ; c'est fort bien dit. Car de ce que ie pense, ou de ce que i'ay vne idée, soit en veillant, soit en dormant, l'on infere que ie suis pensant : car ces deux choses, *Ie pense*, & *ie suis pensant*, signifient la méme chose. De ce que ie suis pensant, il s'ensuit *que ie suis*; parce que ce qui pense n'est pas vn rien. Mais où nostre Autheur adjouste, c'est à dire, *vn Esprit, vn Ame, vn Entendement, vne Raison*: de là naist vn doute. Car ce raisonnement ne me semble pas bien déduit, de dire *ie suis pensant*, donc *ie suis vne pensée* : ou bien *ie suis intelligent*, donc *ie suis vn Entendement*. Car de la mesme façon ie pourois dire, *ie suis promenant*, donc *ie suis vne promenade*. Monsieur Des-Cartes donc prend la chose intelligente, & l'intellection, qui en est l'acte, pour vne mesme chose ; ou du moins il dit que c'est le mesme que la chose qui entend, & l'entendement, qui est vne puissance ou faculté d'vne chose intelligente. Neantmoins tous les Philosophes distinguent le sujet de ses Facultez, & de ses Actes, c'est à dire de ses Proprietez, & de ses Essences ; Car c'est autre chose que la chose mesme *qui est*, & autre chose que son *Essence* ; Il se peut donc faire qu'vne chose qui pense soit le sujet de l'esprit, de la raison, ou de l'entendement, & partant que ce soit quelque chose de corporel, dont le contraire est pris ou auancé, & n'est pas prouué. Et neantmoins c'est en cela que consiste le fondement de la conclusion qu'il semble que Monsieur Des-Cartes veüille establir.

Au mesme endroit il dit : *Ie connois que i'existe, & ie cherche quel ie suis, moy que ie connois estre. Or il est tres-certain que cette notion, & connoissance de moy-mesme ainsi precisément prise, ne depend point des choses dont l'existence ne m'est pas encore connuë.*

Il est tres-certain que la connoissance de cette proposition *i'existe*, dépend de celle-cy, *ie pense*, comme il nous a fort bien enseigné : Mais d'où nous vient la connoissance de celle-cy, *ie pense* ? Certes ce n'est point d'autre chose, que de ce que nous ne pouuons conceuoir aucun acte sans son sujet, comme la pensée sans vne chose qui pense, la science sans vne chose qui sçache, & la promenade sans vne chose qui se promene.

Et de là il semble suiure, qu'vne chose qui pense est quelque chose de corporel ; Car les sujets de tous les actes semblent estre seulement entendus sous vne raison corporelle, ou sous vne raison de matiere, comme il a luy-mesme monstré vn peu apres par l'exemple de la cire, laquelle, quoy que sa couleur, sa dureté, sa figure, & tous ses autres actes soient changez, est tousiours conceuë estre la mesme chose, c'est à dire, la mesme matiere sujette à tous ces changemens. Or ce n'est pas par vne autre pensée que i'infere que ie pense : Car encore que quelqu'vn puisse penser qu'il a pensé, (laquelle pensée n'est rien autre chose qu'vn souuenir) neantmoins il est tout à fait impossible, de penser qu'on pense, ny de sçauoir qu'on sçait : Car ce seroit vne interrogation qui ne finiroit iamais, d'où sçauez-vous que vous sçauez, que vous sçauez, que vous sçauez, &c.

Et partant puis que la connoissance de cette proposition, *I'existe*, depend de la connoissance de celle cy, *Ie pense*; & la connoissance de celle-cy, de ce que nous ne pouuons separer la pensée d'vne matiere qui pense; Il semble qu'on doit plustost inferer qu'vne chose qui pense est materielle, qu'immaterielle.

RESPONSE.

OV j'ay dit, c'est à dire *vn esprit, vne ame, vn entendement, vne raison &c*. Ie n'ay point entendu par ces noms les seules facultez, mais les choses doüées de la faculté de penser, comme par les deux premiers on a coutume d'entendre; Et assez souuent aussi par les deux derniers: Ce que i'ay si souuent expliqué, & en termes si exprés, que ie ne voy pas qu'il y ait eu lieu d'en douter.

Et il n'y a point icy de raport, ou de conuenance, entre la promenade & la pensée, parce que la promenade n'est iamais prise autrement que pour l'action mesme; mais la pensée se prend quelquesfois pour l'action, quelquesfois pour la faculté, & quelques-fois pour la chose en laquelle reside cette faculté.

Et ie ne dis pas que l'intellection, & la chose qui entend soient vne mesme chose, non pas mesme la chose qui entend, & l'entendement, si l'entendement est pris pour vne faculté, mais seulement lors qu'il est pris pour la chose mesme qui entend. Or i'auoüe franchement que pour signifier vne chose, ou vne substance, laquelle ie voulois depouiller de toutes les choses qui ne luy apartiennent point, ie me suis seruy de termes autant simples & abstraits que i'ay pû, comme au contraire ce Philosophe, pour signifier la mesme substance, en employe d'autres fort concrets, & composez, à sçauoir ceux de sujet, de matiere, & de corps, afin d'empescher autant qu'il peut, qu'on ne puisse separer la pensée d'auec le corps. Et ie ne crains pas que la façon dont il se sert, qui est de joindre ainsi plusieurs choses ensemble, soit trouuée plus propre pour paruenir à la connoissance de la verité, qu'est la mienne, par laquelle ie distingue autant que ie puis chaque chose. Mais ne nous arrestons pas dauantage aux paroles, venons à la chose dont il est question.

Il se peut faire, dit il, *qu'vne chose qui pense soit quelque chose de corporel, dont le contraire est pris ou auancé, & n'est pas proué.* Tant s'en faut, ie n'ay point auancé le contraire, & ne m'en suis en façon quelconque serui pour fondement, mais ie l'ay laissé entierement indeterminé iusqu'à la sixiéme Meditation, dans laquelle il est prouué.

En aprés il dit fort bien, *que nous ne pouuons conceuoir aucun acte sans son sujet, comme la pensée sans vne chose qui pense, parce que la chose qui pense n'est pas vn rien*: mais c'est sans aucune raison, & contre toute bonne Logique, & mesme contre la façon ordinaire de parler, qu'il adiouste, *que de là il semble suiure qu'vne chose qui pense est quelque chose de corporel*; Car les sujets de tous les actes sont bien à la verité entendus comme estans des substances, (ou si vous voulez comme des matieres, à sçauoir des matieres Metaphysiques) mais non pas pour cela comme des corps.

Au contraire tous les Logiciens, & presque tout le monde auec eux, ont coutume de dire qu'entre les substances les vnes sont spirituelles, & les autres corporelles. Et ie n'ay prouué autre chose par l'exemple de la cire, sinon que la couleur, la dureté, la figure &c, n'appartiennent point à la raison formelle de la cire. C'est à dire qu'on peut conceuoir tout ce qui se trouue necessairement dans la cire, sans auoir besoin pour cela de penser à elles: Ie n'ay point aussi parlé en ce lieu-là de la raison formelle de l'esprit, ny mesme de celle du corps.

Et il ne sert de rien de dire, comme fait icy ce Philosophe, qu'vne pensée ne peut pas estre le sujet d'vne autre pensée. Car qui a iamais feint cela que luy? Mais ie tacheray icy d'expliquer en peu de paroles tout le subjet dont est question.

Il est certain que la pensée ne peut pas estre sans vne chose qui pense, & en general aucun accident, ou aucun acte ne peut estre sans vne substance de laquelle il soit l'acte. Mais dautant que nous ne connoissons pas la substance immediatement par elle mesme, mais seulement par ce qu'elle est le sujet de quelques actes, il est fort conuenable à la raison, & l'vsage mesme le requiert, que nous appellions de diuers noms ces substances que nous connoissons estre les suiets de plusieurs actes, ou accidens, entierement differens; & qu'aprés cela nous examinions si ces diuers noms signifient des choses differentes, ou vne seule & mesme chose.

Or il y a certains actes que nous apellons *corporels*, com-

Cc

me la grandeur, la figure, le mouuement, & toutes les autres choses qui ne peuuent estre conceuës sans vne extension locale, & nous apellons du nom de *Corps* la substance en laquelle ils resident: & on ne peut pas feindre que ce soit vne autre substance qui soit le sujet de la figure, vne autre qui soit le sujet du mouuement local, &c. parce que tous ces actes conuiennent entr'eux, en ce qu'ils presupposent l'estenduë. En aprés il y a d'autres actes que nous appellons *Intellectuels*, comme entendre, vouloir, imaginer, sentir, &c. tous lesquels conuiennent entr'eux en ce qu'ils ne peuuent estre sans pensée, ou perception, ou conscience & connoissance: Et la substance en laquelle ils resident, nous la nommons *vne chose qui pense, ou vn esprit*, ou de tel autre nom qu'il nous plaist, pourueu que nous ne la confondions point auec la substance corporelle; dautant que les actes intellectuels n'ont aucune affinité auec les actes corporels, & que la pensée, qui est la raison commune en laquelle ils conuiennent, differe totalement de l'extension, qui est la raison commune des autres.

Mais aprés que nous auons formé deux concepts clairs & distincts de ces deux substances, il est aysé de connoistre par ce qui a esté dit en la sixiesme Meditation, si elles ne sont qu'vne mesme chose, ou si elles en sont deux differentes.

OBIECTION TROISIESME.

Qvi a-t'il donc qui soit distingué de ma pensée? qui a-t'il que l'on puisse dire estre separé de moy-mesme?

Quelqu'vn répondra peut-estre à cette question: Ie suis distingué de ma pensée moy-mesme qui pense, & quoy qu'elle ne soit pas à la verité separée de moy-mesme, elle est neantmoins differente de moy: de la mesme façon que la promenade (comme il a esté dit cy-dessus) est distinguée de celuy qui se promene: que si Monsieur Des Cartes monstre que celuy qui entend & l'entendement sont vne mesme chose, nous tomberons dans cette façon de parler scholastique, l'entendement entend, la veuë void, la volonté veut; & par vne juste analogie, on pourra dire aussi que la promenade, ou du moins la faculté de se promener, se promene; toutes lesquelles choses sont obscures, impropres, & fort éloignées de la netteté ordinaire de Monsieur Des Cartes.

RESPONSE.

IE ne nie pas que moy, qui pense, ne sois distingué de ma pensée, comme vne chose l'est de son mode; mais où ie demande, *qui a-t'il donc qui soit distingué de ma pensée?* j'entends cela des diuerses façons de penser qui sont là enoncées, & non pas de ma substance; & où j'adjouste, *qui a-t'il que l'on puisse dire estre separé de moy-mesme?* Ie veux dire seulement que toutes ces manieres de penser qui sont en moy, ne peuuent auoir aucune existence hors de moy:

& ie ne voy pas qu'il y ayt en cela aucun lieu de douter, ny pourquoy l'on me blâme icy d'obscurité.

OBIECTION QVATRIESME.

IL faut donc que ie demeure d'accord que ie ne sçaurois pas mesme comprendre par mon imagination, ce que c'est que ce morceau de cire, & qu'il n'y a que mon entendement seul qui le comprenne.

Il y a grande difference entre imaginer, c'est à dire auoir quelque idée, & conceuoir de l'entendement, c'est à dire conclure en raisonnant que quelque chose est, ou existe. Mais Monsieur Des-Cartes ne nous a pas expliqué en quoy ils different. Les anciens Peripateticiens ont aussi enseigné assez clairement, que la substance ne s'apperçoit point par les sens, mais qu'elle se collige par la raison.

Que dirons-nous maintenant, si peut-estre le raisonnement n'est rien autre chose qu'vn assemblage & vn enchaisnement de noms par ce mot, *Est* ? D'où il s'ensuiuroit que par la raison nous ne concluons rien du tout touchant la nature des choses, mais seulement touchant leurs appellations, c'est à dire, que par elle nous voyons simplement si nous assemblons bien ou mal les noms des choses, selon les conuentions que nous auons faites à nostre fantaisie touchant leurs significations. Si cela est ainsi, comme il peut estre, le raisonnement dépendra des noms, les noms de l'imagination, & l'imagination peut-estre (& cecy selon mon sentiment) du mouuement des organes corporels, & ainsi l'esprit ne fera rien autre chose, qu'vn mouuement en certaines parties du corps organique.

RESPONSE.

I'Ay expliqué dans la seconde Meditation la difference qui est entre l'imagination, & le pur concept de l'entendement, ou de l'esprit, lors qu'en l'exemple de la cire i'ay fait voir quelles sont les choses que nous imaginons en elle, & quelles sont celles que nous conceuons par le seul entendement. Mais i'ay encore expliqué ailleurs comment nous entendons autrement vne chose que nous ne l'imaginons, en ce que que pour imaginer, par exemple, vn pentagone, il est besoin d'vne particuliere contention d'esprit qui nous rende cette figure, (c'est à dire ses cinq costez & l'espace qu'ils réferment,) comme presente, de laquelle nous ne nous seruons point pour conceuoir. Or l'assemblage qui se fait dans le raisonnement, n'est pas celuy des noms, mais bien celuy des choses signifiées par les noms, & ie m'estonne que le contraire puisse venir en l'esprit de personne.

Car qui doute qu'vn François, & qu'vn Alleman ne puissent auoir les mesmes pensées, ou raisonnemens touchant les mesmes choses, quoy que neantmoins ils conçoiuent des mots entierement differens? Et ce Philosophe ne se condamne-t'il pas luy-mesme, lors qu'il parle des conuentions que nous auons faites à nostre fantaisie touchant la signification des mots? Car s'il admet que quelque chose est signifiée par les paroles, pourquoy ne veut-il pas que nos discours, & raisonnemens soient pluſtoſt de la choſe qui eſt ſignifiée, que des paroles ſeules? Et certes de la meſme façon, & auec vne auſſi iuſte raiſon qu'il conclut que l'eſprit eſt vn mouuement, il pouroit auſſi conclure que la terre eſt le Ciel, ou telle autre choſe qu'il luy plaira ; pource qu'il n'y a point de choſes au monde, entre leſquelles il n'y ayt autant de conuenance, qu'il y a entre le mouuement & l'eſprit, qui ſont de deux genres entieremens differens.

OBIECTION CINQVIESME.

Svr la Troisiesme Meditation.

De Dieu.

Qvelques-vnes d'entre-elles (à ſçauoir d'entre les penſées des hommes) ſont comme les images des choſes auſquelles ſeules conuient proprement le nom d'Idée, comme lors que ie penſe à vn homme, à vn Chymere, au Ciel, à vn Ange, ou à Dieu.

Lors que ie penſe à vn homme, ie me repreſente vne Idée, ou vne image compoſée de couleur, & de figure, de laquelle ie puis douter ſi elle a la reſſemblance d'vn homme, ou ſi elle ne l'a pas. Il en eſt de meſme lors que ie penſe au ciel. Lors que ie penſe à vne Chymere, ie me repreſente vne Idée, ou vne image, de laquelle ie puis douter ſi elle eſt le pourtrait de quelque animal qui n'exiſte point, mais qui puiſſe eſtre, ou qui ait eſté autrefois, ou bien qui n'ait iamais eſté.

Et lors que quelqu'vn penſe à vn Ange, quelquesfois

l'image d'vne flamme se presente à son esprit, & quelquesfois celle d'vn jeune enfant qui a des aisles, de laquelle ie pense pouuoir dire auec certitude qu'elle n'a point la ressemblance d'vn Ange, & partant qu'elle n'est point l'Idée d'vn Ange : mais croyant qu'il y a des creatures inuisibles, & immaterielles, qui sont les ministres de Dieu, nous donnons à vne chose que nous croyons, ou suposons, le nom d'Ange, quoy que neantmoins l'Idée sous laquelle i'imagine vn Ange, soit composée des Idées des choses visibles.

Il en est de mesme du nom venerable de Dieu, de qui nous n'auons aucune image, ou idée; c'est pourquoy on nous defend de l'adorer sous vne image, de peur qu'il ne nous semble que nous conceuions, celuy qui est inconceuable.

Nous n'auons donc point en nous ce semble, aucune Idée de Dieu; Mais tout ainsi qu'vn aueugle né, qui s'est plusieurs fois aproché du feu, & qui en a senti la chaleur, reconnoist qu'il y a quelque chose par quoy il a esté échaufé, & entendant dire que cela s'appelle du feu, conclut qu'il y a du feu, & neantmoins n'en connoist pas la figure, ny la couleur, & n'a à vray dire aucune idée, ou image du feu, qui se presente à son esprit.

De mesme, l'homme voyant qu'il doit y auoir quelque cause de ses images, ou de ses idées, & de cette cause vne autre premiere, & ainsi de suite, est enfin conduit à vne fin, ou à vne supposition de quelque cause eternelle, qui, pource qu'elle n'a jamais commencé d'estre, ne peut auoir de cause qui la precede, ce qui fait qu'il conclut necessairement qu'il y a vn Estre Eternel qui existe; & neantmoins il n'a point d'Idée qu'il puisse dire estre celle de cet Estre Eternel, mais il nomme, ou appelle du nom de Dieu cette chose que la foy, ou sa raison luy persuade.

Maintenant, dautant que de cette supposition, à sçauoir que nous auons en nous l'Idée de Dieu, Monsieur Des-Cartes vient à la preuue de cette proposition, *que Dieu* (c'est à dire vn Estre tout puissant, tres-sage, Createur, de l'Vniuers, &c.) *existe*, il a deu mieux expliquer cette Idée de Dieu, & de là en conclure non seulement son existence, mais aussi la creation du monde.

RESPONSE.

PAr le nom d'Idée, il veut seulement qu'on entende icy les images des choses materielles dépeintes en la fantaisie corporelle; Et cela estant suposé il luy est aisé de monstrer qu'on ne peut auoir aucune propre, & veritable idée de Dieu, ny d'vn Ange; Mais i'ay souuent auerty, & principalement en ce lieu-là mesme, que ie prens le nom d'Idée, pour tout ce qui est conceu immediatement par l'esprit; en sorte que lors que ie veux, & que ie crains, parce que ie conçoy en mesme temps que ie veux, & que ie crains, ce vouloir, & cette crainte sont mis par moy au nombre des Idées; & ie me suis serui de ce mot, parce qu'il estoit desia communement receu par les Philosophes, pour signifier les formes des conceptions de l'entendement diuin, encore que nous ne reconnoissions en Dieu aucune fantaisie, ou imagination corporelle, & ie n'en sçauois point de plus propre. Et ie pense auoir

auoir assez expliqué l'idée de Dieu, pour ceux qui veulent conceuoir le sens que ie donne à mes paroles, mais pour ceux qui s'attachent à les entendre autrement que ie ne fais, ie ne le pourrois iamais assez. Enfin, ce qu'il adjouste icy de la creation du monde est tout à fait hors de propos : Car i'ay prouué que Dieu existe, auant que d'examiner s'il y auoit vn monde creé par luy, & de cela seul que Dieu, c'est à dire vn Estre souuerainement puissant, existe, il suit que s'il y a vn monde, il doit auoir esté creé par luy.

OBIECTION SIXIESME.

Mais il y en a d'autres (à sçauoir d'autres pensées) qui contiennent de plus d'autres formes, par exemple, lors que ie veux, que ie crains, que i'affirme, que ie nie, ie conçoy bien à la verité tousiours quelque chose comme le sujet de l'action de mon esprit, mais i'adjouste aussi quelque autre chose par cette action à l'idée que i'ay de cette chose-là ; & de ce genre de pensées les vnes sont appellées volontez, ou affections, & les autres iugemens.

Lors que quelqu'vn veut, ou craint, il a bien à la verité l'image de la chose qu'il craint, & de l'action qu'il veut, mais qu'est-ce que celuy qui veut, ou qui craint, embrasse de plus par sa pésée, cela n'est pas icy expliqué. Et quoy qu'à le bien prendre la crainte soit vne pensée, ie ne voy pas comment elle peut estre autre que la pensée, ou l'idée de la chose que l'on craint. Car qu'est-ce autre chose que la crainte d'vn lion qui s'auance vers nous, sinon l'idée de ce lion, & l'effet (qu'vne telle idée engendre dans le cœur) par lequel celuy qui craint est porté à ce mouuement animal que nous appellons fuite. Maintenant ce mouuement de fuite n'est pas vne pensée ; & partant il reste que dans la crainte il n'y a point d'autre pensée, que celle qui consiste en la ressemblance de la chose que l'on craint ; le mesme se peut dire aussi de la volonté.

Dauantage l'affirmation, & la negation ne se font point sans parole & sans noms ; d'où vient que les bestes ne peuuent rien affirmer, ny nier, non pas mesme par la pensée, & partant ne peuuent aussi faire aucun iugement ; & neantmoins la pensée peut estre semblable dans vn homme, & dans vne beste. Car quand nous affirmons qu'vn homme court, nous n'auons point d'autre pensée que celle qu'a vn chien qui voit courir son maistre, & partant l'affirmation & la negation n'adjoustent rien aux simples pensées, si ce n'est peut-estre la pensée que les noms, dont l'affirmation est composée, sont les noms de la chose mesme qui est en l'esprit de celuy qui affirme ; Et cela n'est rien autre chose que comprendre par la pensée la ressemblance de la chose, mais cette ressemblance deux fois.

RESPONSE.

IL est de soy tres-euident, que c'est autre chose de voir vn lion, & ensemble de le craindre, que de le voir seulement : Et tout de mesme que c'est autre chose de voir vn homme qui court, que d'assurer qu'on le void. Et ie ne remarque rien icy qui ayt besoin de response, ou d'explication.

OBIECTION SEPTIESME.

IL me reste seulement à examiner de quelle façon i'ay acquis cette idée, car ie ne l'ay point receuë par les sens, & iamais elle ne s'est offerte à moy contre mon attente, comme font d'ordinaire les idées des choses sensibles, lors que ces choses se presentent aux organes exterieurs de mes sens, ou qu'elles semblent s'y presenter. Elle n'est pas aussi vne pure production, ou fiction de mon esprit, car il n'est pas en mon pouuoir d'y diminuer, ny d'y adiouster aucune chose ; & partant il ne reste plus autre chose à dire, sinon que, comme l'idée de moy-mesme, elle est née & produite auec moy dés lors que i'ay esté creé.

S'il n'y a point d'idée de Dieu, (or on ne prouue point qu'il y en ayt) comme il semble qu'il n'y en a point, toute cette recherche est inutile. Dauantage, l'idée de moy mesme me vient (si on regarde le corps) principalement de la veuë, (si l'ame) nous n'en auons aucune idée; mais la raison nous fait conclure, qu'il y a quelque chose de renfermé dans le corps humain, qui luy donne le mouuement animal, qui fait qu'il sent, & se meut ; Et cela, quoy que ce soit, sans aucune idée nous l'appellons *Ame*.

RESPONSE.

S'Il y a vne idée de Dieu, (comme il est manifeste qu'il y en a vne) toute cette objection est renuersée ; Et lors qu'on adjouste que nous n'auons point d'idée de l'ame, mais qu'elle se collige par la raison, c'est de mesme que si on disoit, qu'on n'en a point d'image dépeinte en la fantaisie, mais qu'on en a neantmoins cette notion, que iusques icy i'ay apellé du nom d'idée.

OBIECTION HVITIESME.

Ais l'autre idée du Soleil est prise des raisons de l'Astronomie, c'est à dire de certaines notions qui sont naturellement en moy.

Il semble qu'il ne puisse y auoir en mesme temps qu'vne idée du Soleil, soit qu'il soit veu par les yeux, soit qu'il soit conceu par le raisonnement estre plusieurs fois plus grand qu'il ne paroist à la veuë: Car cette derniere n'est pas l'idée du Soleil, mais vne consequence de nostre raisonnement, qui nous aprend que l'idée du Soleil seroit plusieurs fois plus grande, s'il estoit regardé de beaucoup plus prés. Il est vray qu'en diuers temps il peut y auoir diuerses idées du Soleil, comme si en vn temps il est regardé seulement auec les yeux, & en vn autre auec vne lunette d'aproche; Mais les raisons de l'Astronomie ne rendent point l'idée du Soleil plus grande, ou plus petite, seulement elles nous enseignent que l'idée sensible du Soleil est trompeuse.

RESPONSE.

IE répons derechef, que ce qui est dit icy n'estre point l'idée du Soleil, & qui neantmoins est décrit, c'est cela mesme que i'appelle du nom d'idée. Et pendant que ce Philosophe ne veut pas conuenir auec moy de la signification des mots, il ne me peut rien obiecter qui ne soit friuole.

OBIECTION NEVFIESME.

Car en effet les Idées qui me representent des substances, sont sans doute quelque chose de plus & ont pour ainsi dire plus de realité obiectiue, que celles qui me representent seulement des modes, ou accidens. Comme aussi celle par laquelle ie conçoy vn Dieu souuerain, eternel, infiny, tout connoissant, tout puissant, & createur vniuersel de toutes les choses qui sont hors de luy, a aussi sans doute en soy plus de realité objectiue, que celles par qui les substances finies me sont representées.

I'ay desia plusieurs fois remarqué cy-deuant que nous n'auions aucune idée de Dieu, ny de l'ame, i'adioute maintenant ny de la substance; car i'auoue bien que la substance, entant qu'elle est vne matiere capable de receuoir diuers accidens, & qui est sujette à leurs changemens, est aperceuë, & prouuée par le raisonnement, mais neantmoins elle n'est point conceuë, ou nous n'en auons aucune idée. Si cela est vray, comment peut on dire que les idées qui nous representent des substances sont quelque chose de plus, & ont plus de realité obiectiue, que celles qui nous representent des accidens? De plus, il semble que Mr Des-Cartes n'ait pas assez consideré ce qu'il veut dire par ces mots, *Ont plus de realité*. La realité reçoit-elle le plus & le moins? ou s'il pense qu'vne chose soit plus chose qu'vne autre, qu'il considere comment il est possible que cela puisse estre rendu clair à l'esprit, & expliqué auec toute la clarté, & l'euidence qui est requise en vne démonstration, & auec laquelle il a plusieurs-fois traité d'autres matieres.

RESPONSE.

I'Ay plusieurs-fois dit que i'apellois du nom d'jdée cela mesme que la raison nous fait connoistre, comme aussi toutes les autres choses que nous conceuons, de quelque façon que nous les conceuions. Et i'ay suffisamment expliqué comment la realité reçoit le plus & le moins, en disant que la substance est quelque chose de plus que le mode, & que s'il y a des qualités réelles, ou des substances incompletes, elles sont aussi quelque chose de plus que les modes, mais quelque chose de moins que les substances completes: & enfin que s'il y a vne substance infinie, & independante, cette substance a plus d'Estre ou plus de realité que la substance finie, & dépendante. Ce qui est de soy si manifeste, qu'il n'est pas besoin d'y aporter vne plus ample explication.

OBIECTION DIXIESME.

ET partant il ne reste que la seule jdée de Dieu, dans laquelle il faut considerer s'il y a quelque chose qui n'ait peu venir de moy-mesme. Par le nom de Dieu i'entens vne substance infinie, independante, souuerainement intelligente, souuerainement puiſſante; & par laquelle non ſeulement moy, mais toutes les autres choſes qui ſont, (s'il y en a d'autres qui exiſtent) ont eſté creées. Toutes leſquelles choſes, à dire le vray, ſont telles, que plus i'y penſe, & moins me ſemblent elles pouuoir venir de moy ſeul. Et par conſequent il faut conclure de tout ce qui a eſté dit cy deuant, que Dieu exiſte neceſſairement.

Conſiderant les attributs de Dieu, afin que de là nous en ayons l'Idée, & que nous voyions s'il y a quelque choſe en elle qui n'ait peu venir de nous-meſme, ie trouue, ſi ie ne me trompe, que ny les choſes que nous conceuons par le nom de Dieu ne viennent point de nous, ny qu'il n'eſt pas neceſſaire qu'elles viennent d'ailleurs que des obiets exterieurs. Car par le nom de Dieu i'entens *vne ſubſtance*, c'eſt à dire, i'entens que Dieu exiſte, (non point par vne jdée, mais par raiſonnement) *infinie* (c'eſt à dire, que ie ne puis conceuoir, ny imaginer ſes termes, ou ſes dernieres parties, que ie n'en puiſſe encore imaginer d'autres au delà) d'où il ſuit que le nom d'*Infini* ne nous fournit pas l'idée de l'infinité Diuine, mais bien celle de mes propres termes, & limites; *Independante*, c'eſt à dire, ie ne conçoy point de cauſe de laquelle Dieu puiſſe venir. D'où il paroiſt que ie n'ay point d'autre idée qui réponde à ce nom *d'indépendant*, ſi non la memoire de mes propres idées qui ont toutes leur commencement en diuers temps, & qui par conſequent ſont dependantes.

C'eſt pourquoy dire que Dieu eſt *indépendant*, ce n'eſt rien dire autre choſe, ſinon que Dieu eſt du nombre des choſes dont ie ne puis imaginer l'origine; tout ainſi que dire que Dieu eſt *infini*, c'eſt de meſme que ſi nous disions qu'il est du nombre des choses dont nous ne conceuons point les limites. Et ainsi toute cette idée de Dieu est refutée; Car quelle est cette idée qui est sans fin, & sans origine.

Souuerainement intelligente. Ie demande icy par quelle idée Monsieur Des-Cartes conçoit l'intellection de Dieu.

Souuerainement puissante: ie demande aussi par quelle idée sa puissance qui regarde les choses futures, c'est à dire non existantes, est entenduë.

Certes pour moy, ie conçois la puissance par l'image ou la memoire des choses passées, en raisonnant de cette sorte; il a fait ainsi, Donc il a peu faire ainsi: Donc tant qu'il sera, il poura encore faire ainsi: C'est à dire il en a la puissance. Or toutes ces choses sont des idées qui peuuent venir des obiets exterieurs.

Createur de toutes les choses qui sont au monde. Ie puis former quelque image de la creation par le moyen des choses que i'ay veuës; par exemple, de ce que i'ay vû vn homme naissant, & qui est paruenu d'vne petitesse presque inconceuable à la forme & à la grandeur qu'il a maintenāt; Et personne à mon auis n'a d'autre idée à ce nom de Createur; Mais il ne suffit pas pour prouuer la creation du monde, que nous puissions imaginer le monde creé.

C'est pourquoy encore qu'on eust démontré qu'vn estre *infini, independant, tout puissant, &c.* existe, il ne s'en suit pas neantmoins qu'vn createur existe; si ce n'est que quelqu'vn pense qu'on infere fort bien, de ce qu'vn certain Estre existe, lequel nous croyons auoir creé toutes les autres choses, que pour cela le monde a autrefois esté creé par luy. Dauantage,

Dauantage, où il dit que l'idée de Dieu & de nostre ame est née, & residante en nous, ie voudrois bien sçauoir si les ames de ceux-là pensent, qui dorment profondement, & sans aucune réuerie: Si elles ne pensent point elles n'ont alors aucunes idées; & partant il n'y a point d'idée qui soit née & residante en nous, car ce qui est né & residant en nous est tousjours present à nostre pensée.

RESPONSE.

Aucune chose de celle que nous attribuons à Dieu ne peut venir des obiets exterieurs, comme d'vne cause exemplaire: Car il n'y a rien en Dieu de semblable aux choses exterieures, c'est à dire aux choses corporelles. Or il est manifeste que tout ce que nous conceuons estre en Dieu de dissemblable aux choses exterieures, ne peut venir en nostre pensée par l'entremise de ces mesmes choses, mais seulement par celle de la cause de cette diuersité, c'est à dire de Dieu.

Et ie demande icy de quelle façon ce Philosophe tire l'intellection de Dieu des choses exterieures: Car pour moy i'explique aisement quelle est l'idée que i'en ay, en disant que par le mot d'idée i'entens la forme de toute perception; Car qui est celuy qui conçoit quelque chose, qui ne s'en aperçoiue? & partant qui n'ait cette forme, ou cette idée de l'intellection; laquelle venant à étendre à l'infini, il forme l'idée de l'intellection Diuine: & ce que ie dis de cette perfection se doit entendre de mesme de toutes les autres.

Mais dautant que ie me suis serui de l'idée de Dieu qui est en nous, pour démontrer son existence, & que dans cette idée vne puissance si immense est contenuë, que nous conceuons qu'il repugne, s'il est vray que Dieu existe, que quelque autre chose que luy existe, si elle n'a esté creée par luy, il suit clairement de ce que son existence a esté démontrée, qu'il a esté aussi démontré que tout ce monde, c'est à dire, toutes les autres choses differentes de Dieu qui existent, ont esté creées par luy.

Enfin lors que ie dis que quelque idée est née auec nous, ou qu'elle est naturellement emprainte en nos ames, ie n'entens pas qu'elle se presente tousiours à nostre pensée, car ainsi il n'y en auroit aucune, mais seulement que nous auons en nous mesmes la faculté de la produire.

OBIECTION VNZIESME.

ET toute la force de l'argument dont i'ay vsé pour prouuer l'existence de Dieu, consiste en ce que ie voy qu'il ne seroit pas possible que ma nature fust telle qu'elle est, c'est à dire que i'eusse en moy l'idée de Dieu, si Dieu n'existoit veritablement, à sçauoir ce mesme Dieu dont i'ay en moy l'idée.

Doncques, puis que ce n'est pas vne chose démontrée que nous ayons en nous l'idée de Dieu, & que la Religion Chrestienne nous oblige de croire que Dieu est inconceuable, c'est à dire, selon mon opinion, qu'on n'en peut auoir d'idée, il s'ensuit que l'existence de Dieu n'a point esté démontrée, & beaucoup moins la creation.

RESPONSE.

LOrs que Dieu est dit Inconceuable, cela s'entend d'vne conception qui le comprenne totalement, & parfaitement. Au reste i'ay desia tant de fois expliqué, comment nous auons en nous l'idée de Dieu, que ie ne le puis encore icy repeter sans ennuyer les lecteurs.

OBIECTION DOVZIESME.

SVR LA QVATRIESME MEDITATION.

Du vray & du faux.

ET ainsi ie connois que l'erreur entant que telle, n'est pas quelque chose de réel qui dépende de Dieu, mais que c'est seulement vn défaut; et partant que pour faillir ie n'ay pas besoin de quelque faculté qui m'ait esté donnée de Dieu particulierement pour cet effect.

Il est certain que l'ignorance est seulement vn défaut, & qu'il n'est pas besoin d'aucune faculté positiue pour ignorer; mais quant à l'erreur, la chose n'est pas si manifeste: Car il semble que si les pierres, & les autres choses inanimées ne peuuent errer, c'est seulement parce qu'elles n'ont pas la faculté de raisonner, ny d'imaginer: Et partant il faut conclure que pour errer il est besoin d'vn entendement, ou du moins d'vne imagination, qui sont des facultez toutes deux positiues, accordée à tous ceux qui errent, mais aussi à eux seuls.

Outre cela Monsieur Des-Cartes adioute, *I'aperçoy que mes erreurs dépendent du concours de deux causes, à sçauoir de la faculté de connoistre qui est en moy, & de la faculté d'élire, ou bien de mon libre arbitre.* Ce qui me semble auoir de la contradiction auec les choses qui ont esté dites auparauant. Où il faut aussi remarquer que la liberté du franc arbitre est suposée sans estre prouuée, quoy que cette suposition soit contraire à l'opinion des Caluinistes.

RESPONSE.

ENcore que pour faillir il soit besoin de la faculté de raisonner (ou pour mieux dire de iuger, c'est à dire d'affirmer & de nier) dautant que c'en est le defaut, il ne s'ensuit pas pour cela que ce défaut soit réel; non plus que l'aueuglement n'est pas appellé réel; quoy que les pierres ne soyent pas dites aueugles, pour cela seulement qu'elles ne sont pas capables de voir; Et ie suis étonné de n'auoir encore pû rencontrer dans toutes ces obiections aucune consequence qui me semblast estre bien déduite de ses principes.

Ie n'ay rien suposé, ou auancé touchant la liberté, que ce que nous ressentons tous les iours en nous mesmes, & qui est tres-connu par la lumiere naturelle: Et ie ne puis comprendre pourquoy il est dit icy que cela répugne, ou a de la contradiction auec ce qui a esté dit auparauant.

Mais encore que peut-estre il y en ait plusieurs, qui lors qu'ils considerent la préordination de Dieu, ne peuuent comprendre comment nostre liberté peut subsister

& s'accorder auec elle, il n'y a neantmoins personne, qui se regardant seulement soy-mesme, ne ressente, & n'experimente que la volonté & la liberté ne sont qu'vne mesme chose, ou plustost qu'il n'y a point de difference entre ce qui est volontaire, & ce qui est libre. Et ce n'est pas icy, le lieu d'examiner quelle est en cela l'opinion des Caluinistes.

OBIECTION TREIZIESME.

Par exemple, examinant ces jours passez si quelque chose existoit veritablement dans le monde; & prenant garde que de cela seul que i'examinois cette question, il suiuoit tres-euidemment que i'existois moy-mesme, ie ne pouuois pas m'empescher de iuger qu'vne chose que ie conceuois si clairement estoit vray; non que ie m'y trouuasse forcé par vne cause exterieure; mais seulement parce que d'vne grande clarté qui estoit en mon entendement, a suiui vne grande inclination en ma volonté, & ainsi ie me suis porté à croire auec d'autant plus de liberté, que ie me suis trouué auec moins d'indifference.

Cette façon de parler, vne grande clarté dans l'entendement est metaphorique, & partant n'est pas propre à entrer dans vn argument: Or celuy qui n'a aucun doute prétend auoir vne semblable clarté, & sa volonté n'a pas vne moindre inclination pour affirmer ce dont il n'a aucun doute, que celuy qui a vne parfaite science. Cette clarté peut donc bien estre la cause pourquoy quelqu'vn aura & deffendra auec opiniâtreté quelque opinion, mais elle ne luy sçauroit faire connoistre auec certitude qu'elle est vraye.

De plus, non seulement sçauoir qu'vne chose est vraye, mais aussi la croire, ou luy donner son adueu & consentement, ce sont choses qui ne dépendent point de la volonté; car les choses qui nous sont prouuées par de bons argumens, ou racontées comme croyables, soit que nous le veuillions, ou non, nous sommes contraints de les croire. Il est bien vray qu'affirmer ou nier, soûtenir ou refuter des propositions, ce sont des actes de la volonté, mais il ne s'ensuit pas que le consentement & l'adueu interieur depende de la volonté.

Et partant la conclusion qui suit n'est pas suffisamment démontrée. *Et c'est dans ce mauuais vsage de nostre liberté, que consiste cette priuation qui constituë la forme de l'erreur.*

RESPONSE.

IL importe peu que cette façon de parler *vne grande clarté*, soit propre, ou non à entrer dans vn argument, pourueu qu'elle soit propre pour expliquer nettemét nostre pensée, comme elle l'est en effect. Car il n'y a personne qui ne sçache que par ce mot, *vne clarté dans l'entendement*, on entend vne clarté ou perspicuité de connoissance, que tous ceux-là n'ont peut-estre pas qui pensent l'auoir; mais cela n'empesche pas qu'elle ne differe beaucoup d'vne opinion obstinée, qui a esté conceuë sans vne euidente perception.

Or quand il est dit icy que soit que nous voulions, ou que nous ne voulions pas, nous donnons nostre creance aux choses que nous conceuons clairement; c'est de mesme que si on disoit, que soit, que nous voulions, ou que nous ne voulions pas, nous voulons & desirons les choses bonnes quand elles nous sont clairement connuës: Car cette façon de parler, *soit que nous ne voulions pas*, n'a point de lieu en telles occasions, parce qu'il y a de la contradiction à vouloir, & ne vouloir pas vne mesme chose.

OBIECTION QVATORZIESME.

SVR LA CINQVIESME MEDITATION.

De l'Essence des choses corporelles.

COmme par exemple, lors que i'imagine vn triangle, encore qu'il n'y ait peut-estre en aucun lieu du monde hors de ma pensée vne telle figure, *&* qu'il n'y en ait iamais eu, il ne laisse pas neantmoins d'y auoir vne certaine nature, ou forme, ou essence déterminée de cette figure laquelle est immuable, *&* eternelle, que ie n'ay point inuentée, *&* qui ne depend en aucune façon de mon esprit, comme il paroist de ce que l'on peut démontrer diuerses proprietez de ce triangle.

S'il n'y a point de triangle en aucun lieu du monde, ie ne puis comprendre comment il a vne nature, car ce qui n'est nulle part, n'est point du tout, & n'a donc point aussi d'estre, ou de nature. L'idée que nostre esprit conçoit du triangle, vient d'vn autre triangle que nous auons veu, ou inuenté sur les choses que nous auons veuës; mais depuis qu'vne fois nous auons appellé du nom de Triangle la chose d'où nous pensons que l'idée du triangle tire son origine, encore que cette chose perisse, le nom demeure toujours. De mesme si nous auons vne fois conceu par la pensée que tous les angles d'vn triangle pris ensemble sont égaux à deux droits, & que nous ayons donné cet autre nom au triangle : *qu'il est vne chose qui a trois angles égaux à deux droits*; quand il n'y auroit au monde aucun triangle, le nom neantmoins ne laisseroit pas de demeurer. Et ainsi la verité de cette proposition sera eternelle, *que le triangle est vne chose qui a trois angles égaux à deux droits*; mais la nature du triangle ne sera pas pour cela eternelle; Car s'il arriuoit par hazard que tout triangle generalement perist, elle cesseroit aussi d'estre.

De mesme cette proposition *l'homme est vn animal* sera vraye éternellement, à cause des noms; mais suposé que le genre humain fût aneanty, il n'y auroit plus de nature humaine.

D'où il est euident que l'essence, entant qu'elle est distinguée de l'existence, n'est rien autre chose qu'vn assemblage de noms par le verbe *Est*; Et partant l'essence sans l'existence est vne fiction de nostre esprit: Et il semble que comme l'image d'vn homme qui est dans l'esprit, est à cet homme, ainsi l'essence est à l'existence; ou bien comme cette proposition *Socrate est homme*, est à celle-cy *Socrate est*, ou *existe*; Ainsi l'essence de Socrate est à l'existence du mesme Socrate : Or cecy *Socrate est homme*, quand Socrate n'existe point, ne signifie autre chose qu'vn assemblage de noms, Et ce mot *Est*, ou *Estre*, a sous soy l'image de l'Vnité d'vne chose, qui est designée par deux noms.

RESPONSE.

RESPONSE.

La distinction qui est entre l'essence & l'existence est connuë de tout le monde; & ce qui est dit icy des noms éternels, au lieu des concepts, ou des idées d'vne eternelle verité, a desia esté cy deuant assez refuté, & reietté.

OBIECTION QVINZIESME.

Sur la sixiesme Meditation.

De l'Existence des choses materielles.

Car Dieu ne m'ayant donné aucune faculté pour connoistre que cela soit (à sçauoir que Dieu par luy-mesme ou par l'entremise de quelque creature plus noble que le corps, m'enuoye les idées du corps) mais au contraire m'ayant donné vne grande inclination à croire qu'elles me sont enuoyées, ou qu'elles partent des choses corporelles, ie ne voy pas comment on pouroit l'excuser de tromperie, si en effect ces idées partoient d'ailleurs, ou m'estoient enuoyées par d'autres causes que par des choses corporelles; & partant il faut auouër qu'il y a des choses corporelles qui existent.

C'est la commune opinion que les Medecins ne pechent point qui deçoiuent les malades pour leur propre santé, ny les peres qui trompent leurs enfans pour leur propre bien; & que le mal de la tromperie ne consiste pas dans la fausseté des paroles, mais dans la malice de ce-

F f.

luy qui trompe. Que Monsieur Des-Cartes prenne donc garde si cette proposition, *Dieu ne nous peut iamais tromper*, prise vniuersellement est vraye, car si elle n'est pas vraye ainsi vniuersellement prise, cette conclusion n'est pas bonne, *donc il y a des choses corporelles qui existent.*

RESPONSE.

POur la verité de cette conclusion, il n'est pas necessaire que nous ne puissions iamais estre trompez (car au contraire i'ay auoüé franchement que nous le sommes souuent) mais seulement que nous ne le soyons point, quand nostre erreur feroit paroistre en Dieu vne volonté de deceuoir, laquelle ne peut estre en luy. Et il y a encore icy vne consequence qui ne me semble pas estre bien déduite de ses principes.

OBIECTION DERNIERE.

CAr ie reconnois maintenant qu'il y a entre *l'vne & l'autre*) sçauoir est entre la veille & le sommeil) *vne tres notable difference, en ce que nostre memoire ne peut iamais lier & ioindre nos songes les vns aux autres, & auec toute la suite de nostre vie, ainsi qu'elle a de couiume de ioindre les choses qui nous arriuent estant eueillez.*

Ie demande sçauoir si c'est vne chose certaine, qu'vne personne songeant qu'elle doute si elle songe, ou non, ne puisse songer que son songe est ioint & lié auec les idées d'vne longue suite de choses passées. Si elle le peut les choses qui semblent ainsi à celuy qui dort estre les actions de sa vie passée, peuuent estre tenuës pour vrayes, tout de mesme que s'il estoit éueillé. De plus, dautant, comme il dit luy mesme, que toute la certitude de la science, & toute sa verité dépend de la seule connoissance du vray Dieu, ou bien vn Athée ne peut pas reconnoistre qu'il veille par la memoire des actions de sa vie passée, ou bien vne personne peut sçauoir qu'elle veille sans la connoissance du vray Dieu.

RESPONSE.

CEluy qui dort & songe, ne peut pas ioindre & assembler parfaitement & auec verité ses resueries auec les idées des choses passées, encore qu'il puisse songer qu'il les assemble, Car qui est-ce qui nie que celuy qui dort se puisse tromper? Mais aprés estant éueillé il connoistra facilement son erreur.

Et vn Athée peut reconnoistre qu'il veille par la memoire des actions de sa vie passée, mais il ne peut pas sçauoir que ce signe est suffisant pour le rendre certain qu'il ne se trompe point, s'il ne sçait qu'il a esté creé de Dieu, & que Dieu ne peut estre trompeur.

QVATRIESMES OBIECTIONS.

Faites par Monsieur Arnaud Docteur en Theologie.

Lettre dudit S. au R. P. Mersenne.

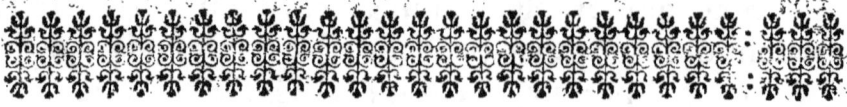ON REVEREND PERE,

Ie mets au rang des signalez bienfaits la communication qui m'a esté faitte par vostre moyen des meditations de Monsieur Des-Cartes; Mais comme vous en sçauiez le prix, aussi me l'auez vous venduë fort cherement, puis que vous n'auez point voulu me faire participant de cet excellent ouurage, que ie ne me sois premierement obligé de vous en dire mon sentiment. C'est vne condition à laquelle ie ne me serois point engagé, si le desir de connoistre les belles choses n'estoit en moy fort violent, & contre laquelle ie reclamerois volontiers, si ie pensois pouuoir obtenir de vous aussi facilement vne exception pour m'estre laissé emporter par cette loüable curiosité, comme autrefois le Preteur en accordoit à ceux de qui la crainte ou la violence auoit arraché le consentement.

Car que voulez-vous de moy? mon jugement touchant l'auteur? nullement; il y a long-temps que vous sçauez en quel estime i'ay sa personne, & le cas que ie fais de son esprit, & de sa doctrine: Vous n'ignorez pas aussi les fâcheuses affaires qui me tiennent à present occupé, & si vous aués meilleure opinion de moy que ie ne merite, il ne s'ensuit pas que ie n'aye point connoissance de mon peu de capacité; Cependant, ce que vous voulez soûmettre à mon examen, demande vne tres-haute suffisance, auec beaucoup de tranquillité & de loisir, afin que l'esprit estant degagé de l'embaras des affaires du monde ne pense qu'à soy-mesme. Ce que vous iugez bien ne se pouuoir faire sans vne meditation tres-profonde, & vne tres-grande recollection d'esprit. I'obeiray neantmoins puis que vous le voulez, mais à condition que vous serez mon garend, & que vous répondrez de toutes mes fautes. Or quoy que la Philosophie se puisse vanter d'auoir seule enfanté cet ouurage, neantmoins par ce que nostre auteur, en cela tres-modeste, se vient luy-mesme presenter au tribunal de la Theologie, ie iouëray icy deux personnages; dans le premier paroissant en Philosophe, ie representeray les principales difficultez que ie iugeray pouuoir estre proposées par ceux de cette profession touchant les deux questions de la nature de l'esprit humain, & de l'existence de Dieu; Et aprés cela prenant l'habit d'vn Theologien, ie mettray en auant les scrupules qu'vn homme de cette robe pouroit rencontrer en tout cet ouurage.

Ff iij

De la nature de l'esprit humain.

LA premiere chose que ie trouue icy digne de remarque, est de voir que Monsieur Des-Cartes establisse pour fondement & premier principe de toute sa Philosophie, ce qu'auant luy Saint Augustin homme de tres-grand esprit & d'vne singuliere doctrine, non seulement en matiere de Theologie, mais aussi en ce qui concerne l'humaine Philosophie, auoit pris pour la baze & le soutien de la sienne. Car dans le liure second du libre arbitre chap. 3: Alipius disputant auec Euodius, & voulant prouuer qu'il y a vn Dieu, *premierement, dit-il, ie vous demande, afin que nous commencions par les choses les plus manifestes, sçauoir si vous estes, ou si peut-estre vous ne ne craignez point de vous méprendre en répondant à ma demande; combien qu'à vray dire si vous n'estiez point, vous ne pouriez iamais estre trompé?* Ausquelles paroles reuiennent celles-cy de nostre auteur. *Mais il y a vn ie ne sçay quel trompeur tres-puissant & tres-ruzé, qui met toute son industrie à me tromper tousiours; Il est donc sans doute que ie suis, s'il me trompe.* Mais poursuiuons, & afin de ne nous point éloigner de nostre sujet, voyons comment de ce principe on peut conclure que nostre esprit est distinct, & separé du corps.

Ie puis douter si i'ay vn corps, voire mesme ie puis douter s'il y a aucun corps au monde, & neantmoins ie ne puis pas douter que ie ne sois, ou que ie n'existe, tandis que ie doute, ou que ie pense.

Doncques moy qui doute, & qui pense, ie ne suis point vn corps, autrement en doutant du corps, ie douterois de moy-mesme.

Voire mesme encore que ie soutienne opiniastrément qu'il n'y a aucun corps au monde, cette verité neantmoins subsiste tousiours, *ie suis quelque chose,& partant ie ne suis point vn corps.* Certes cela est subtil; Mais quelqu'vn pourra dire (ce que mesme nostre auteur s'obiecte) de ce que ie doute, ou mesme de ce que ie nie qu'il y ait aucun corps, il ne s'ensuit pas pour cela qu'il n'y en ait point.

Mais aussi peut-il arriuer, que ces choses mesmes que ie supose n'estre point, parcequ'elles me sont inconnues, ne sont point en effect differentes de moy, que ie connois. Ie n'en sçay rien, dit-il, *ie ne dispute pas maintenant de cela. Ie ne puis donner mon iugement que des choses qui me sont connues; ie connois que i'existe, & ie cherche quel ie suis, moy que ie connois estre. Or il est tres-certain que cette notion & connoissance de moy-mesme, ainsi precisement prise, ne depend point des choses dont l'existence ne m'est pas encore connue.*

Mais puis qu'il confesse luy-mesme que par l'argument qu'il a proposé dans son traitté de la Methode pag. 34. la chose en est venuë seulement à ce point, qu'il a esté obligé d'exclure de la nature de son esprit, tout ce qui est corporel & dependāt du corps, *non pas eu égard à la verité de la chose, mais seulement suiuant l'ordre de sa pensée, & de son raisonnement,* (en telle sorte que son sens estoit qu'il ne connoissoit rien qu'il sceust appartenir à son essence, sinon qu'il estoit vne chose qui pense) il est euident par cette réponse que la dispute en est encore aux mesmes termes, & partant que la question dont il nous promet la solution demeure encore en son entier : à sçauoir, *comment de ce qu'il ne connoist rien autre chose qui appartienne à son essence (sinon qu'il est vne chose qui pense) il s'ensuit qu'il n'y a aussi rien autre chose qui en effect luy appartienne.* Ce que toutes-fois ie n'ay peu découurir dans toute l'étenduë de la seconde meditation tant i'ay l'esprit pesant & grossier. Mais autant que ie le puis coniecturer, il en vient à la preuue dans la sixiéme, pour ce qu'il a creu qu'elle dépendoit de la connoissance claire & distincte de Dieu, qu'il ne s'estoit pas encore acquise dans la seconde meditation; voicy donc comment il prouue, & decide cette difficulté.

Pource, dit-il, *que ie sçay que toutes les choses que ie conçoy clairement & distinctement peuuent estre produites par Dieu telles que ie les conçoy, il suffit que ie puisse conceuoir clairement & distinctement vne chose sans vne autre, pour estre certain que l'vne est distincte ou differente de l'autre, parcequ'elles peuuent estre separées, au moins par la toute puissance de Dieu; & il n'importe pas par quelle puissance cette separation se fasse pour estre obligé à les iuger differentes. Doncques pour ce que d'vn costé i'ay vne claire & distincte idée de moy-mesme, entant que ie suis seulement vne chose qui pense & non étendue; & que d'vn autre i'ay vne idée distincte du corps, entant qu'il est seulement vne chose étendue, & qui ne pense point, il est certain que ce moy, c'est à dire mon ame par laquelle ie suis ce que ie suis, est entierement & veritablement distincte de mon corps, & qu'elle peut estre ou exister sans luy, en sorte qu'encore qu'il ne fust point, elle ne lairroit pas d'estre tout ce qu'elle est.*

Il

Il faut icy s'aréter vn peu, car il me semble que dans ce peu de paroles consiste tout le nœud de la difficulté.

Et premierement afin que la majeure de cet argument soit vraye, cela ne se doit pas entendre de toute sorte de connoissance, ny mesme de toute celle qui est claire & distincte, mais seulement de celle qui est pleine & entiere, (c'est à dire qui comprend tout ce qui peut estre connu de la chose) Car Monsieur Des-Cartes confesse luy-mesme dans ses réponses aux premieres obiections qu'il n'est pas besoin d'vne distinction réelle, mais que la formelle suffit, afin qu'vne chose puisse estre conceuë distinctement & separement d'vne autre, par vne abstraction de l'esprit qui ne conçoit la chose qu'imparfaitement, & en partie; d'où vient qu'au mesme lieu il adioute.

Mais ie conçoy pleinement ce que c'est que le corps (c'est à dire, ie conçoy le corps comme vne chose complete) en pensant seulement que c'est vne chose étendue, figurée, mobile, &c. encore que ie nie de luy toutes les choses qui apartiennent à la nature de l'esprit: Et d'autre part ie conçoy que l'esprit est vne chose complete, qui doute qui entend, qui veut &c. encore que ie nie qu'il y ait en luy aucune des choses qui sont contenues en l'Idée du corps. Doncques il y a vne distinction reelle entre le corps & l'esprit.

Mais si quelqu'vn vient à reuoquer en doute cette mineure, & qu'il soutienne que l'idée que vous auez de vous-mesme n'est pas entiere, mais seulement imparfaite, lors que vous vous conceuez (c'est à dire vostre Esprit) comme vne chose qui pense, & qui n'est point étenduë: Et pareillement lors que vous vous conceuez (c'est à dire voſtre corps) comme vne choſe étenduë, & qui ne penſe point: Il faut voir comment cela a eſté prouué dans ce que vous auez dit auparauant: Car ie ne penſe pas que ce ſoit vne choſe ſi claire, qu'on la doiue prendre pour vn principe indémonſtrable, & qui n'ait pas beſoin de preuue.

Et quant à ſa premiere partie, à ſçauoir *que vous conceuez pleinement ce que c'eſt que le corps, en penſant ſeulement que c'eſt vne choſe étendue, figurée, mobile, &c. encore que vous nyiez de luy toutes les choſes qui apartiennent à la nature de l'eſprit,* elle eſt de peu d'importance; Car celuy qui maintiendroit que noſtre eſprit eſt corporel, n'eſtimeroit pas pour cela que tout corps fuſt eſprit; Et ainſi le corps ſeroit à l'eſprit comme le genre eſt à l'eſpece; Mais le genre peut eſtre entendu ſans l'eſpece, encore que l'on nie de luy tout ce qui eſt propre & particulier à l'eſpece, d'où vient cet axiome de Logique, que *l'eſpece eſtant niée le genre n'eſt pas nié,* ou bien, *là où eſt le genre il n'eſt pas neceſſaire que l'eſpece ſoit*: ainſi ie puis conceuoir la figure ſans conceuoir aucune des proprietez qui ſont particulieres au cercle. Il reſte donc encore à prouuer que l'Eſprit peut eſtre pleinement & entierement entendu ſans le corps.

Or pour prouuer cette propoſition ie n'ay point ce me ſemble trouué de plus propre argument dans tout cet ouurage que celuy que i'ay alegué au commencement, à ſçauoir *ie puis nier qu'il y ait aucun corps au monde, aucune choſe étendue, & neantmoins ie ſuis aſſuré que ie ſuis, tandis que ie le nie, ou que ie penſe, ie ſuis donc vne choſe qui penſe, & non point vn corps; & le corps n'apartient point à la connoiſſance que i'ay de moy-meſme.*

Mais ie voy que de là il refulte feulement que ie puis acquerir quelque connoiffance de moy-mefme fans la connoiffance du corps; mais que cette connoiffance foit complette & entiere en telle forte que ie fois affuré que ie ne me trompe point, lors que i'exclus le corps de mon effence, cela ne m'eft pas encore entierement manifefte, par exemple.

Pofons que quelqu'vn fçache que l'angle au demy-cercle eft droit, & partant que le triangle fait de cet angle & du diametre du cercle & rectangle : Mais qu'il doute, & ne fçache pas encor certainement, voire mefme qu'ayant efté deceu par quelque fophifme, il nie que le quarré de la baze d'vn triangle rectangle foit égal aux quarez des coftez; il femble que felon ce que propofe Monfieur Des-Cartes, il doiue fe confirmer dans fon erreur, & fauffe opinion: Car, dira-t'il, ie connois clairement & diftinctement que ce triangle eft rectangle, ie doute neantmoins que le quaré de fa baze foit égal aux quarez des coftez, donc il n'eft pas de l'effence de ce triangle que le quarré de fa baze foit égal aux quarez des coftez.

En aprés encore que ie nie que le quarré de fa baze foit égal aux quarez des coftez, ie fuis neantmoins affuré qu'il eft rectangle, & il me demeure en l'efprit vne claire & diftincte connoiffance qu'vn des angles de ce triangle eft droit, ce qu'eftant, Dieu mefme ne fçauroit faire qu'il ne foit pas rectangle.

Et partant ce dont ie doute, & que ie puis mefme nier, la mefme idée me demeurant en l'efprit, n'apartient point à fon effence.

De plus, pource que ie sçay que toutes les choses que ie conçoy clairement & distinctement, peuuent estre produites par Dieu telles que ie les conçoy, c'est assez que ie puisse conceuoir clairement & distinctement vne chose sans vne autre, pour estre certain que l'vne est differente de l'autre, parce que Dieu les peut separer. Mais ie conçoy clairement & distinctement que ce triangle est rectangle, sans que ie sçache que le quaré de sa baze soit égal aux quarez des costez; Doncques au moins par la toute puissance de Dieu il se peut faire vn triangle rectangle dont le quarré de la baze ne sera pas égal aux quarez des costez.

Ie ne voy pas ce que l'on peut icy répondre, si ce n'est que cet homme ne connoist pas clairement & distinctement la nature du triangle rectangle; Mais d'où puis-ie sçauoir que ie connois mieux la nature de mon esprit, qu'il ne connoist celle de ce triangle? Car il est aussi asseuré que le triangle au demy-cercle a vn angle droit, ce qui est la notion du triangle rectangle, que ie suis assuré que i'existe, de ce que ie pense.

Tout ainsi donc que celuy-là se trompe, de ce qu'il pense qu'il n'est pas de l'essence de ce triangle (qu'il connoist clairement, & distinctement estre rectangle) que le quarré de sa baze soit égal aux quarez des costez; pourquoy peut-estre ne me trompay-ie pas aussi, en ce que ie pense que rien autre chose n'apartiét à ma nature) que ie sçay certainement & distinctement estre vne chose qui pense) sinon que ie suis vne chose qui pense? veu que peut estre il est aussi de mon essence que ie sois vne chose étenduë.

Et certainement, dira quelqu'vn, ce n'est pas mer-

ueille, si lors que de ce que ie pense, ie viens à conclure que ie suis, l'Idée que de là ie forme de moy-mesme ne me represente point autrement à mon esprit que comme vne chose qui pense, puis qu'elle a esté tirée de ma seule pensée; De sorte que ie ne voy pas que de cette dée l'on puisse tirer aucun argument, pour prouuer que rien autre chose n'appartient à mon essence, que ce qui est contenu en elle.

On peut adioûter à cela que l'argument proposé semble prouuer trop, & nous porter dans cette opinion de quelques Platoniciens (laquelle neantmoins nostre auteur refute) que rien de corporel n'appartient à nostre essence, en sorte que l'homme soit seulement vn esprit, & que le corps n'en soit que le vehicule, ou le char qui le porte, d'où vient qu'ils definissent l'homme, *vn esprit vsant, ou se seruant du corps.*

Que si vous répondez que le corps n'est pas absolument exclus de mon essence, mais seulement entant que precisement ie suis vne chose qui pense, on pouroit craindre que quelqu'vn ne vinst à soupçonner que peut-estre la notion ou l'idée que i'ay de moy-mesme, entant que ie suis vne chose qui pense, ne soit pas l'idée ou la notion de quelque estre complet, qui soit pleinement & parfaitement conceu, mais seulement celle d'vn Estre incomplet, qui ne soit conceu qu'imparfaitement, & auec quelque sorte d'abstraction d'esprit, ou restriction de la pensée.

D'où il suit que côme les Geometrres conçoiuent la ligne comme vne longueur sans largeur, & la superficie côme vne longueur & largeur sans profondeur, quoy qu'il n'y ait point de longueur sans largeur, ny de largeur sans profondeur; Peut-estre aussi quelqu'vn pouroit-il mettre en doute, sçauoir si tout ce qui pense, n'est point aussi vne chose étenduë, mais qui outre les proprietez qui luy sont communes auec les autres choses étenduës, côme d'estre mobile, figurable, &c. ait aussi cette particuliere vertu & faculté de penser, ce qui fait que par vne abstraction de l'esprit, elle peut estre conceuë auec cette seule vertu, comme vne chose qui pense, quoy qu'en effect les proprietez & qualitez du corps conuiennent à toutes les choses qui ont la faculté de penser; tout ainsi que la quantité peut estre conceuë auec la longueur seule, quoy qu'en effect il n'y ait point de quantité à laquelle auec la longueur, la largeur & la profondeur ne conuiennent.

Ce qui augmente cette difficulté, est que cette vertu de penser semble estre attachée aux organes corporels, puisque dans les enfans elle paroist assoupie, & dans les foux tout affait éteinte, & perduë, ce que ces personnes impies & meurtrieres des ames nous obiectent principalement.

Voilà ce que i'auois à dire touchant la distinction réelle de l'esprit d'auec le corps; mais puis que Monsieur Des-Cartes a entrepris de démontrer l'immortalité de l'ame, on peut demander auec raison si elle suit euidemment de cette distinction; Car selon les principes de la Philosophie ordinaire, cela ne s'ensuit point du tout; veu qu'ordinairement ils disent que les ames des bestes sont distinctes de leurs corps, & que neantmoins elles perissent auec eux.

J'auois étendu iusques-icy cet escrit, & mon dessein estoit de montrer comment selon les principes de nostre auteur (lesquels ie pensois auoir recueillis de sa façon de Philosopher) de la réelle distinction de l'esprit d'auec le corps, son immortalité se conclut facilement; lors qu'on m'a mis entre les mains vn sommaire des six meditations fait par le mesme auteur, qui outre la grande lumiere qu'il apporte à tout son ouurage, contenoit sur ce sujet les mesmes raisons que i'auois meditées pour la solution de cette question.

Pour ce qui est des ames des bestes, il a desia assez fait connoistre en d'autres lieux, que son opinion est qu'elles n'en ont point, mais bien seulement vn corps figuré d'vne certaine façon, & composé de plusieurs differens organes, disposez de telle sorte, que toutes les operations que nous remarquons en elles peuuent estre faites en luy, & par luy.

Mais il y a lieu de craindre que cette opinion ne puisse pas trouuer creance dans les esprits des hommes, si elle n'est soutenuë & prouuée par de tres fortes raisons. Car cela semble incroyable d'abord, qu'il se puisse faire, sans le ministere d'aucune ame, que la lumiere, par exemple, qui reflechit d'vn corps d'vn loup dans les yeux d'vne brebis, remuë tellement les petits filets de ses nerfs optiques, qu'en vertu de ce mouuement qui va iusqu'au cerueau, les esprits animaux soyent répandus dans ses nerfs, en la maniere qui est requise pour faire que cette brebis prenne la fuite.

J'adiousteray seulement icy que i'aprouue grandement ce que Monſieur Des-Cartes dit touchant la diſtinction qui eſt entre l'imagination, & la conception pure, ou l'intelligence; Et que c'a touſiours eſté mon opinion, que les choſes que nous conceuons par la raiſon ſont beaucoup plus certaines que celles que les ſens corporels nous font aperceuoir. Car il y a long temps que i'ay apris de Saint Auguſtin Chap. 15. De la quantité de l'ame, qu'il faut reietter le ſentiment de ceux qui ſe perſuadent que les choſes que nous voyons par l'eſprit, ſont moins certaines que celles que nous voyons par les yeux du corps, qui ſont preſque touſiours troublez par la pituite. Ce qui fait dire au meſme Saint Auguſtin dans le liure premier de ſes Solil. Chapitre 4. Qu'il a experimenté pluſieurs fois qu'en matiere de Geometrie les ſens ſont comme des vaiſſeaux.

Car, dit-il, lors que pour l'eſtabliſſement & la preuue de quelque propoſition de Geometrie, ie me ſuis laiſſé conduire par mes ſens iuſqu'au lieu où ie pretendois aller, ie ne les ay pas pluſtoſt quittez, que venant à repaſſer par ma penſée toutes les choſes qu'ils ſembloient m'auoir apriſes, ie me ſuis trouué l'eſprit auſſi inconſtant que ſont les pas de ceux que l'on vient de mettre à terre aprés vne longue nauigation. C'eſt pourquoy ie penſe qu'on pourroit pluſtoſt trouuer l'art de nauiger ſur la terre, que de pouuoir comprendre la Geomettrie par la ſeule entremiſe des ſens, quoy qu'il ſemble pourtant qu'ils n'aident pas peu ceux qui commencent à l'apprendre.

De Dieu.

LA premiere raiſon que noſtre auteur apporte pour démontrer l'Exiſtence de Dieu, laquelle il a entrepris

trepris de prouuer dans sa troisiesme Meditation, contient deux parties, la premiere est que Dieu existe, parce que son idée est en moy; Et la seconde que moy qui ay vne telle jdée, ie ne puis venir que de Dieu.

Touchant la premiere partie, il n'y a qu'vne seule chose que ie ne puis approuuer, qui est que Monsieur Des-Cartes ayant fait voir que la fausseté ne se trouue proprement que dans les iugemens, il dit neantmoins vn peu aprés qu'il y a des idées qui peuuent non pas à la verité formellement, mais materiellement estre fausses, ce qui me semble auoir de la répugnance auec ses principes.

Mais de peur qu'en vne matiere si obscure ie ne puisse pas expliquer ma pensée assez nettement, ie me seruiray d'vn exemple qui la rendra plus manifeste. *Si*, dit-il, *le froid est seulement vne priuation de la chaleur, l'idée qui me le represente comme vne chose positiue, sera materiellement fausse.*

Au contraire, si le froid est seulement vne priuation, il ne pourra y auoir aucune idée du froid, qui me le represente, comme vne chose positiue, & icy nostre auteur confond le iugement auec l'idée.

Car qu'est-ce que l'idée du froid? C'est le froid mesme entant qu'il est obiectiuement dans l'entendement: mais si le froid est vne priuation, il ne sçauroit estre obiectiuement dans l'entendement par vne idée, de qui l'estre obiectif soit vn estre positif: Doncques si le froid est seulement vne priuation, iamais l'idée n'en pourra estre positiue, & consequemment il n'y en pourra auoir aucune qui soit materiellement fausse.

Hh

Cela se confirme par le mesme argument que Monsieur Des-Cartes employe pour prouuer que l'idée d'vn Estre infini est necessairement vraye: Car, dit-il, bien que l'on puisse feindre qu'vn tel Estre n'existe point, on ne peut pas neantmoins feindre que son idée ne me represente rien de réel.

La mesme chose se peut dire de toute idée positiue; Car encore que l'on puisse feindre que le froid, que ie pense estre representé par vne idée positiue, ne soit pas vne chose positiue, on ne peut pas neantmoins feindre qu'vne idée positiue ne me represente rien de réel, & de positif; veu que les idées ne sont pas apellées positiues selon l'estre qu'elles ont en qualité de Modes, ou de manieres de penser, car en ce sens elles seroient toutes positiues: Mais elles sont ainsi appellées de l'estre obiectif qu'elles contiennent, & representent à nostre esprit. Partant cette idée peut bien n'estre pas l'idée du froid, mais elle ne peut pas estre fausse.

Mais direz vous, elle est fausse pour cela mesme qu'elle n'est pas l'idée du froid; au contraire c'est vostre iugement qui est faux, si vous la iugez estre l'idée du froid; mais pour elle il est certain qu'elle est tres-vraye. Tout ainsi que l'idée de Dieu ne doit pas materiellement mesme estre apellée fausse, encore que quelqu'vn la puisse transferer & raporter à vne chose qui ne soit point Dieu, comme ont fait les idolatres.

Enfin cette idée du froid que vous dites estre materiellement fausse, que represente-t'elle à vostre esprit? vne priuation: Donc elle est vraye; vn estre positif? Donc elle n'est pas l'idée du froid: Et de plus quelle est la cause de cet estre positif obiectif, qui selon vostre opinion fait que cette idée soit materiellement fausse? C'est, dites vous, *moy mesme entant que ie participe du neant*: Doncques l'estre obiectif positif de quelque idée peut venir du neant, ce qui neantmoins repugne tout à fait à vos premiers fondemens.

Mais venons à la seconde partie de cette démonstration, en laquelle on demande, *si moy qui ay l'Idée d'vn Estre infiny, ie puis estre par vn autre, que par vn Estre infini, & principalement si ie puis estre par moy mesme*. Monsieur Des-Cartes soutient que ie ne puis estre par moy-mesme, dautant que *si ie me donnois l'Estre, ie me donnerois aussi toutes les perfections dont ie trouue en moy quelque idée*. Mais l'auteur des premieres obiectiós replique fort subtilemẽt: *Estre par soy ne doit pas estre pris positiuement, mais negatiuemẽt en sorte que ce soit le mesme que n'estre pas par autruy*. Or, adiouste-t'il *si quelque chose est par soy, c'est à dire non par autruy, comment prouuerez-vous pour cela qu'elle comprend tout, & qu'elle est infinie*; Car à present ie ne vous écoute point si vous dites, puis qu'elle est par soy, elle se sera aisement donné toutes choses; dautant qu'elle n'est pas par soy comme par vne cause, & qu'il ne luy a pas esté possible auant qu'elle fust, de preuoir ce qu'elle pouroit estre pour choisir ce qu'elle seroit après.

Pour soudre cet argument Monsieur Des-Cartes répond que cette façon de parler *estre par soy*, ne doit pas estre prise *negatiuement, mais positiuement*, eu égard mesme à l'existence de Dieu; en telle sorte que Dieu fait en quelque façon la mesme chose à l'égard de soy-mesme, que la cause efficiente à l'egard de son effect. Ce qui me semble vn peu hardy, & n'estre pas veritable.

Hh ij

C'est pourquoy ie conuiens en partie auec luy, & en partie ie n'y conuiens pas. Car i'auoüe bien que ie ne puis estre par moy-mesme que positiuement, mais ie nie que le mesme se doiue dire de Dieu; au contraire ie trouue vne manifeste contradiction, que quelque chose soit par soy positiuement, & comme par vne cause. C'est pourquoy ie conclus la mesme chose que nostre auteur, mais par vne voye tout à fait differente; en cette sorte.

Pour estre par moy-mesme, ie deurois estre par moy *positiuement*, & comme par vne cause, doncques il est impossible que ie sois par moy-mesme; la maieure de cet argument est prouuée par ce qu'il dit luy-mesme, *que les parties du temps pouuant estre separées, & ne dépendant point les vnes des autres, il ne s'ensuit pas de ce que ie suis, que ie doiue estre encor à l'auenir, si ce n'est qu'il y ait en moy quelque puissance réelle & positiue, qui me crée quasi derechef en tous les momens.*

Quant à la mineure, à sçauoir, *que ie ne puis estre par moy positiuement, & comme par vne cause*, elle me semble si manifeste par la lumiere naturelle, que ce seroit en vain qu'on s'arresteroit à la vouloir prouuer, puis que ce seroit perdre le temps à prouuer vne chose connuë, par vne autre moins connuë. Nostre auteur mesme semble en auoir reconnu la verité, lors qu'il n'a pas osé la nier ouuertement. Car ie vous prie, examinons soigneusement ces paroles de sa réponse aux premieres obiections.

Ie n'ay pas dit, dit-il, *qu'il est impossible qu'vne chose soit la cause efficiente de soy-mesme; car encore que cela soit manifestement veritable, quand on restraint la signification d'efficient à* des sortes de causes qui sont differentes de leurs effects, ou qui les precedent en temps, il ne semble pas neantmoins que dans cette question on la doiue ainsi restraindre, par ce que la lumiere naturelle ne nous dicte point, que ce soit le propre de la cause efficiente de preceder en temps son effet.

Cela est fort bon pour ce qui regarde le premier membre de cette distinction: mais pourquoy a t'il obmis le second, & que n'a-t'il adiouté que la mesme lumiere naturelle ne nous dicte point, que ce soit le propre de la cause efficiente d'estre differente de son effect, sinon parce que la lumiere naturelle ne luy permettoit pas de le dire?

Et de vray, tout effect estant dépendant de sa cause, & receuant d'elle son estre, n'est-il pas tres-euident qu'vne mesme chose ne peut pas dépendre, ny receuoir l'estre de soy-mesme?

De plus toute cause est la cause d'vn effect, & tout effect est l'effect d'vne cause, & partant il y a vn rapport mutuel entre la cause & l'effect: or il ne peut y auoir de rapport mutuel qu'entre deux choses.

En aprés on ne peut conceuoir sans absurdité, qu'vne chose reçoiue l'estre, & que neantmoins cette mesme chose ait l'estre auparauant que nous ayons conceu qu'elle l'ait receu. Or cela arriueroit si nous attribuions les notions de cause & d'effect à vne mesme chose au regard de soy-mesme. Car quelle est la notion d'vne cause? Donner l'estre; quelle est la notion d'vn effect? Le receuoir. Or la notion de la cause precede naturellement la notion de l'effect,

Maintenant nous ne pouuons pas conceuoir vne cho-

Hh iij

se sous la notion de cause, comme donnant l'estre, si nous ne conceuons qu'elle l'a: car personne ne peut donner ce qu'il n'a pas ; Doncques nous conceurions premierement qu'vne chose a l'estre, que nous ne conceurions qu'elle l'a receu, & neantmoins en celuy qui reçoit, receuoir precede l'auoir.

Cette raison peut estre encore ainsi expliquée, personne ne donne ce qu'il n'a pas, doncques personne ne se peut donner l'estre que celuy qui l'a desia: Or s'il la desia pourquoy se le donneroit-il?

Enfin il dit qu'il *est manifeste par la lumiere naturelle que la creation n'est distinguée de la conseruation que par la raison*: Mais il est aussi manifeste par la mesme lumiere naturelle, que rien ne se peut créer soy-mesme; ny par consequent aussi se conseruer.

Que si de la These generale nous descendons à l'hypothese speciale de Dieu, la chose sera encore à mon aduis plus manifeste, à sçauoir, que Dieu ne peut estre par soy *positiuement*, mais seulement *negatiuement*, c'est à dire *non par autruy*.

Et premierement cela est euident par la raison que Monsieur Des-Cartes aporte pour prouuer que si vn corps *est par soy*, il doit estre par soy *positiuement*. Car, dit-il, les parties du temps ne dependent point les vnes des autres ; & partant, de ce que l'on supose qu'vn corps iusqu'à cette heure a esté par soy, c'est à dire sans cause, il ne s'ensuit pas pour cela qu'il doiue estre encore à l'auenir; si ce n'est qu'il y ait en luy quelque puissance réelle & positiue, qui pour ainsi dire le reproduise continuellement.

Mais tant s'en faut que cette raison puisse auoir lieu

lors qu'il est question d'vn Estre souuerainement parfait & infini, qu'au contraire pour des raisons tout à fait opposées il faut conclure tout autrement: Car dans l'idée d'vn Estre infini, l'infinité de sa durée y est aussi contenuë, c'est à dire qu'elle n'est renfermée d'aucunes limites, & partant qu'elle est indiuisible, permanente, & subsistante toute à la fois, & dans laquelle on ne peut sans erreur, & qu'improprement, à cause de l'imperfection de nostre esprit, conceuoir de passé ny d'auenir.

D'où il est manifeste qu'on ne peut conceuoir qu'vn Estre infiny existe, quand ce ne seroit qu'vn moment, qu'on ne conçoiue en mesme temps qu'il a tousiours esté, & qu'il sera eternellement (ce que nostre auteur mesme dit en quelque endroit) Et partantque c'est vne chose superfluë de demander pourquoy il perseuere dans l'estre.

Voire mesme, comme l'enseigne Saint Augustin (lequel aprés les auteurs sacrez a parlé de Dieu plus hautement, & plus dignement qu'aucun autre) en Dieu il n'y a point de passé, ny de futur, mais vn continuel present; ce qui fait voir clairement qu'on ne peut sans absurdité demander pourquoy Dieu perseuere dans l'estre, veu que cette question enuelope manifestement le deuant & l'aprés, le passé & le futur, qui doiuent estre bannis de l'idée d'vn Estre infini.

De plus on ne sçauroit conceuoir que Dieu soit par soy *positiuement*, comme s'il s'estoit luy-mesme premierement produit; car il auroit esté auparauant que d'estre, mais seulement (comme nostre auteur declare en plusieurs lieux) par ce qu'en effect il se conserue.

Mais la conseruation ne conuient pas mieux à l'Estre infini que la premiere production. Car qu'est-ce, ie vous prie que la conseruation, sinon vne continuelle reproduction d'vne chose, d'où il arriue que toute conseruation supose vne premiere production ; Et c'est pour cela mesme que le nom de continuation, comme aussi celuy de conseruation, estant plutost des noms de puissance que d'acte, emportent auec soy quelque capacité, ou disposition à receuoir; mais l'Estre infini est vn acte tres pur, incapable de telles dispositions.

Concluons donc que nous ne pouuons conceuoir que Dieu soit par soy *positiuement*, si non à cause de l'imperfection de nostre esprit, qui conçoit Dieu à la façon des choses creées ; ce qui sera encore plus euident par cette autre raison.

On ne demande point la cause efficiente d'vne chose, sinon à raison de son existence, & non à raison de son essence ; par exemple, quand on demande la cause efficiente d'vn triangle, on demande qui a fait que ce triangle soit au monde; mais ce ne seroit pas sans absurdité que ie demanderois la cause efficiente pourquoy vn triangle a ses trois angles égaux à deux droits; Et à celuy qui feroit cette demande, on ne répondroit pas bien par la cause efficiente, mais on doit seulement répondre, parce que telle est la nature du triangle: D'où vient que les Mathematiciens qui ne se mettent pas beaucoup en peine de l'existence de leur obiet, ne font aucune demonstration par la cause efficiente, & finale. Or il n'est pas moins de l'essence d'vn Estre infini d'exister, voire mesme, si vous le voulez, de perseuerer dans l'estre: qu'il est

est de l'essence d'vn triagle d'auoir ses trois angles égaux à deux droits: Doncques tout ainsi qu'à celuy qui demanderoit, pourquoy vn triangle a ses trois angles égaux à deux droits, on ne doit pas répondre par la cause efficiente, mais seulement parce que telle est la nature immuable & eternelle du triangle; De mesme si quelqu'vn demande pourquoy Dieu est, ou pourquoy il ne cesse point d'estre, il ne faut point chercher en Dieu, ny hors de Dieu de cause efficiente, ou quasi efficiente, (car ie ne dispute pas icy du nom, mais de la chose) mais il faut dire pour toute raison, parce que telle est la nature de l'Estre souuerainement parfait.

C'est pourquoy, à ce que dit Monsieur Des-Cartes, *que la lumiere naturelle nous dicte, qu'il n'y a aucune chose de laquelle il ne soit permis de demander pourquoy elle existe, ou dont on ne puisse rechercher la cause efficiente, ou bien si elle n'en a point, demander pourquoy elle n'en a pas besoin.* Ie répons que si on demande pourquoy Dieu existe, il ne faut pas répondre par la cause efficiente, mais seulement parce qu'il est Dieu, c'est à dire vn Estre infini: Que si on demande quelle est sa cause efficiente, il faut répondre qu'il n'en a pas besoin: & enfin si on demande pourquoy il n'en a pas besoin, il faut répondre parce qu'il est vn Estre infiny, duquel l'existence est son essence: Car il n'y a que les choses dans lesquelles il est permis de distinguer l'existence actuelle de l'essence, qui ayent besoin de cause efficiente.

Et partant, ce qu'il adioute immediatement aprés les paroles que ie viens de citer, se détruit de soy-mesme; à sçauoir, *Si ie pensois, dit-il, qu'aucune chose ne peust en quel-*

Ii

que façon estre à l'égard de soy-mesme, ce que la cause efficiente est à l'égard de son effect; tant s'en faut que de là ie voulusse conclure qu'il y a vne premiere cause, qu'au contraire de celle-la mesme qu'on appelleroit premiere, ie rechercherois derechef la cause, & ainsi ie ne viendrois iamais à vne premiere.

Car au contraire, si ie pensois que de quelque chose que ce fust il falust rechercher la cause efficiente, ou quasi efficiente, i'aurois dans l'esprit de chercher vne cause differente de cette chose: dautant qu'il est manifeste que rien ne peut en aucune façon estre à l'égard de soy mesme, ce que la cause efficiente est à l'égard de son effect.

Or il me semble que nostre auteur doit estre auerti de considerer diligemment & auec attention toutes ces choses, parce que ie suis asseuré qu'il y a peu de Theologiens qui ne s'offensent de cette proposition, à sçauoir que *Dieu est par soy positiuement, & comme par vne cause.*

Il ne me reste plus qu'vn scrupule, qui est, de sçauoir comment il se peut deffendre de ne pas commettre vn cercle, lors qu'il dit, *que nous ne sommes assurez que les choses que nous conceuons clairement & distinctement sont vrayes, qu'à cause que Dieu est, ou existe.*

Car nous ne pouuons estre assurez que Dieu est, sinon parce que nous conceuons cela tres clairement & tres distinctement; doncques auparauant que d'estre asseurez de l'existence de Dieu, nous deuons estre asseurez que toutes les choses que nous conceuons clairement & distinctement sont toutes vrayes.

I'adiousteray vne chose qui m'estoit échapée, c'est à sçauoir, que cette proposition me semble fausse que Monsieur Des-Cartes donne pour vne verité tres constante, à sçauoir que rien ne peut estre en luy, entant qu'il est vne chose qui pense, dont il n'ait connoissance. Car par ce mot, en luy entant qu'il est vne chose qui pense, il n'entend autre chose que son Esprit, entant qu'il est distingué du corps. Mais qui ne void qu'il peut y auoir plusieurs choses en l'esprit, dont l'esprit mesme n'ait aucune connoissance; par exemple, l'esprit d'vn enfant qui est dans le ventre de sa mere, a bien la vertu ou la faculté de penser, mais il n'en a pas connoissance : Ie passe sous silence vn grand nombre de semblables choses.

Des choses qui peuuent arrester les Theologiens.

ENfin pour finir vn discours qui n'est desia que trop ennuyeux, ie veux icy traitter les choses le plus briéuement qu'il me sera possible, & à ce sujet mon dessein est de marquer seulement les difficultez, sans m'arester à vne dispute plus exacte.

Premierement ie crains que quelques-vns ne s'offensent de cette libre façon de philosopher, par laquelle toutes choses sont réuoquées en doute. Et de vray nostre auteur mesme confesse dans sa Methode que cette voye est dangereuse pour les foibles esprits : i'auoüe neantmoins qu'il tempere vn peu le sujet de cette crainte dans l'abregé de sa premiere Meditation.

Toutesfois ie ne sçay s'il ne seroit point à propos de la munir de quelque preface, dans laquelle le lecteur fust auerti, que ce n'est pas serieusement, & tout de bon que l'on doute de ces choses, mais afin qu'ayant pour quelque temps mis à part toutes celles *qui peuuent laisser*

I i ij

le moindre doute, ou comme parle nostre auteur en vn autre endroit, *qui peuuent donner à nostre esprit vne occasion de douter la plus hyperbolique*, nous voyions si aprés cela il n'y aura pas moyen de trouuer quelque verité qui soit si ferme & si asseurée, que les plus opiniastres n'en puissent aucunement douter. Et aussi au lieu de ces paroles *ne connoissant pas l'auteur de mon origine*, ie penserois qu'il vaudroit mieux mettre, *feignant de ne pas connoistre*.

Dans la quatriéme Meditation qui traite du vray & du faux, ie voudrois pour plusieurs raisons qu'il seroit long de raporter icy, que Monsieur Des-Cartes dans son abregé, ou dans le tissu mesme de cette Meditation, auertist le lecteur de deux choses.

La premiere, que lors qu'il explique la cause de l'erreur, il entend principalement parler de celle qui se commet dans le discernement du vray & du faux, & non pas de celle qui arriue dans la poursuite du bien & du mal.

Car puis que cela suffit pour le dessein & le but de nostre auteur, & que les choses qu'il dit icy touchant la cause de l'erreur souffriroient de tres-grandes obiections, si on les étendoit aussi à ce qui regarde la poursuite du bien & du mal, il me semble qu'il est de la prudence, & que l'ordre mesme, dont nostre auteur paroist si ialoux, requiert, que toutes les choses qui ne seruent point au suiet, & qui peuuent donner lieu à plusieurs disputes, soient retranchées, de peur que tandis que le Lecteur s'amuse inutilement à disputer des choses qui sont superflues, il ne soit diuerti de la connoissance des necessaires.

La seconde chose dont ie voudrois que noſtre auteur donnaſt quelque auertiſſement, eſt, que lors qu'il dit que nous ne deuons donner noſtre creance qu'aux choſes que nous conceuons clairement & diſtinctement, cela s'entend ſeulement des choſes qui concernent les ſciences, & qui tombent ſous noſtre intelligence, & non pas de celles qui regardent la foy, & les actions de noſtre vie: Ce qui a fait qu'il a touſiours condamné l'arrogance & preſomption de ceux qui opinent. C'eſt à dire de ceux qui preſument ſçauoir ce qu'ils ne ſçauent pas, mais qu'il n'a iamais blâmé la iuſte perſuaſion de ceux qui croyent auec prudence.

Car comme remarque fort iudicieuſement S. *Auguſtin* au *Chap*, 15. *de l'vtilité de la croyance ; il y a trois choſes en l'Eſprit de l'homme qui ont entr'elles vn tres grand raport, & ſemblent quaſi n'eſtre qu'vne meſme choſe, mais qu'il faut neantmoins tres-ſoigneuſement diſtinguer; ſçauoir eſt,* entendre, croire, & opiner.

Celuy-là entend, *qui comprend quelque choſe par des raiſons certaines.* Celuy-là croit, *lequel emporté par le poids & le credit de quelque graue & puiſſante autorité, tient pour vray cela meſme qu'il ne comprend pas par des raiſons certaines.* Celuy-là opine, *qui ſe perſuade, ou plutoſt qui preſume de ſçauoir ce qu'il ne ſçait pas,*

Or c'eſt vne choſe honteuſe, & fort indigne d'vn homme que d'opiner, pour deux raiſons: la premiere pource que celuy-là n'eſt plus en eſtat d'aprendre, qui s'eſt déſia perſuadé de ſçauoir ce qu'il ignore; & la ſeconde pource que la preſomption eſt de ſoy la marque d'vn eſprit malfait, & d'vn homme de peu de ſens.

Doncques ce que nous entendons nous le deuons à la raison. Ce que nous croyons, à l'autorité: Ce que nous opinons à l'erreur. Ie dis cela afin que nous sçachions qu'adioutant foy, mesme aux choses que nous ne comprenons pas encore, nous sommes exemps de la presomption de ceux qui opinent.

Car ceux qui disent qu'il ne faut rien croire que ce que nous sçauons, taschent seulement de ne point tomber dans la faute de ceux qui opinent, laquelle en effect est de soy honteuse & blasmable: Mais si quelqu'vn considere auec soin la grande difference qu'il y a, entre celuy qui presume sçauoir ce qu'il ne sçait pas, & celuy qui croit ce qu'il sçait bien qu'il n'entend pas, y estant toutesfois porté par quelque puissante autorité, il verra que celuy-cy euite sagement le peril de l'erreur, le blasme de peu de confiance & d'humanité, & le peché de superbe. Et vn peu après Chap. 12. il adioute.

On peut aporter plusieurs raisons qui feront voir qu'il ne reste plus rien d'asseuré parmy la societé des hommes, si nous sommes resolus de ne rien croire que ce que nous pourons connoistre certainement. Iusques icy, Saint Augustin.

Monsieur Des-Cartes peut maintenant iuger combien il est necessaire de distinguer ces choses, de peur que plusieurs de ceux qui panchent auiourd'huy vers l'impieté, ne puissent se seruir de ses paroles, pour combatre la foy & la verité de nostre creance.

Mais ce dont ie preuoy que les Theologiens s'offenseront le plus, est que selon ses principes, il ne semble pas que les choses que l'Eglise nous enseigne touchant le sacré mystere de l'Eucharistie, puissent subsister & demeurer en leur entier.

Car nous tenons pour article de foy que la *substance du*

pain estant ostée du pain Eucharistique, les seuls accidens y demeurent: or ces accidens sont l'étenduë, la figure, la couleur, l'odeur, la saueur, & les autres qualitez sensibles.

De qualitez sensibles nostre auteur n'en reconnoist point, mais seulement certains differens mouuemens des petits corps qui sont autour de nous, par le moyen desquels nous sentõs ces differentes impressions, lesquelles puis aprés nous apellons du nom de couleur, de saueur, d'odeur &c. Ainsi il reste seulement la figure, l'étenduë, & la mobilité. Mais nostre auteur nie que ces facultez puissent estre entenduës sans quelque substance en laquelle elles resident, & partant aussi qu'elles puissent exister sans elle: Ce que mesme il repete dans les réponses aux premieres obiections.

Il ne reconnoist point aussi entre ces modes ou affections & la substance, d'autre distinction que la formelle, laquelle ne suffit pas, ce semble, pour que les choses qui sont ainsi distinguées, puissent estre separées l'vne de l'autre, mesme par la toute puissance de Dieu. Ie ne doute point que Monsieur Des-Cartes, dont la pieté nous est tres connuë, n'examine & ne pese diligemment ces choses, & qu'il ne iuge bien qu'il luy faut soigneusement prendre garde, qu'en taschant de soutenir la cause de Dieu contre l'impieté des libertins, il ne semble pas leur auoir mis des armes en main, pour combatre vne foy que l'autorité du Dieu qu'il defend a fondée, & au moyen de laquelle il espere paruenir à cette vie immortelle qu'il a entrepris de persuader aux hommes.

RESPONSES DE L'AVTEVR

Aux quatriémes obiections faites par Monsieur Arnauld Docteur en Theologie.

Lettre de l'Auteur au R. P. Mersenne.

MON REVEREND PERE.

Il m'eust esté difficile de souhaiter vn plus clair-voyant, & plus officieux examinateur de mes écrits, que celuy dont vous m'auez enuoyé les remarques; Car il me traite auec tant de douceur & de ciuilité, que ie voy bien que son dessein n'a pas esté de rien dire contre moy, ny contre le suiet que i'ay traitté, & neantmoins c'est auec tant de soin qu'il a examiné ce qu'il a combatu, que i'ay raison de croire que rien ne luy a échapé. Et outre cela il insiste si viuement contre les choses qui n'ont pû obtenir de luy son approbation, que ie n'ay pas suiet de craindre qu'on estime que la complaisance luy ait rien fait dissimuler; C'est pourquoy ie me me mets pas tant en peine des objections qu'il m'a faites, que je me réjouys de ce qu'il n'y a point plus de choses en mon escrit ausquelles il contredise.

Réponse à la premiere partie.

DE LA NATVRE DE L'ESPRIT HVMAIN.

IE ne m'arresteray point icy à le remercier du secours qu'il m'a donné, en me fortifiant de l'autorité de saint Augustin, & de ce qu'il a proposé mes raisons de telle sorte, qu'il sembloit auoir peur que les autres ne les trouuassent pas assez fortes & conuaincantes.

Mais ie diray d'abord en quel lieu i'ay commencé de prouuer comment *de ce que ie ne connois rien autre chose qui appartienne à mon essence,* c'est à dire à l'essence de mon esprit, *sinon que ie suis vne chose qui pense, il s'ensuit qu'il n'y a aussi rien autre chose qui en effect luy appartienne*: C'est au mesme lieu où i'ay prouué que Dieu est, où existe, ce Dieu, dis-je, qui peut faire toutes les choses que ie conçoy clairement & distinctement comme possibles.

Car quoy que peut-estre il y ayt en moy plusieurs choses que ie ne connois pas encore, (comme en effect ie supposois en ce lieu-là que ie ne sçauois pas encore que l'esprit eust la force de mouuoir le corps, ou qu'il luy fust substantiellement vny) neantmoins dautant que ce que ie connois estre en moy, me suffit pour subsister auec cela seul, ie suis assuré que Dieu me pouuoit creer sans les autres choses que ie ne connois pas encore, & partant que ces autres choses n'appartiennent point à l'essence de mon esprit.

K k

Car il me semble qu'aucune des choses sans lesquelles vne autre peut estre, n'est comprise en son essence; & encore que l'esprit soit de l'essence de l'homme, il n'est pas neantmoins à proprement parler de l'essence de l'esprit, qu'il soit vny au corps humain.

Il faut aussi que i'explique icy quelle est ma pensée, lors que ie dis, *qu'on ne peut pas inferer vne distinction réelle entre deux choses, de ce que l'vne est conceuë sans l'autre par vne abstraction de l'esprit qui conçoit la chose imparfaitement, mais seulement de ce que chacune d'elles est conceue sans l'autre pleinement, ou comme vne chose complete.*

Car ie n'estime pas que pour établir vne distinction réelle entre deux choses, il soit besoin d'vne connoissance entiere & parfaite, comme le pretend Monsieur Arnauld ; Mais il y a en cela cette difference, qu'vne connoissance, pour estre *entiere & parfaite*, doit contenir en soy toutes & chacunes les proprietez qui sont dans la chose connuë: Et c'est pour cela qu'il n'y a que Dieu seul qui sçache qu'il a les connoissances entieres & parfaites de toutes choses.

Mais quoy qu'vn entendement creé ait peut-estre en effect les connoissances entieres & parfaites de plusieurs choses, neantmoins iamais il ne peut sçauoir qu'il les a, si Dieu mesme ne luy reuele particulierement; Car pour faire qu'il ait vne connoissance pleine & entiere de quelque chose, il est seulement requis que la puissance de connoistre qui est en luy égale cette chose, ce qui se peut faire aysement : Mais pour faire qu'il sçache qu'il a vne telle connoissance, ou bien que Dieu n'a rien mis de plus dans cette chose, que ce qu'il en connoist, il faut que par sa puissance de connoistre, il égale la puissance infinie de Dieu: ce qui est entierement impossible.

Or pour connoistre la distinction réelle qui est entre deux choses, il n'est pas necessaire que la connoissance que nous auons de ces choses soit entiere & parfaite, si nous ne sçauons en mesme temps qu'elle est telle: mais nous ne le pouuons iamais sçauoir, comme ie viens de prouuer: donc il n'est pas necessaire qu'elle soit entiere & parfaite.

C'est pourquoy, où i'ay dit *qu'il ne suffit pas qu'vne chose soit conceue sans vne autre par vne abstraction de l'esprit qui conçoit la chose imparfaitement*, ie n'ay pas pensé que de là l'on peust inferer, que pour establir vne distinction réelle, il fust besoin d'vne connoissance entiere & parfaite, mais seulement d'vne qui fust telle, que nous ne la rendissions point *imparfaite & defectueuse* par l'abstraction & restriction de nostre esprit.

Car il y a bien de la difference entre auoir vne connoissance entierement parfaite, de laquelle personne ne peut iamais estre assuré, si Dieu mesme ne luy reuele: Et auoir vne connoissance parfaite iusqu'à ce point, que nous sçachions qu'elle n'est point renduë imparfaite par aucune abstraction de nostre esprit.

Ainsi, quand i'ay dit qu'il faloit conceuoir *pleinement* vne chose ce n'estoit pas mon intention de dire que nostre conception deuoit estre entiere & parfaite; mais seulement que nous la deuions assez connoistre, pour sçauoir qu'elle estoit *complete*.

Ce que ie pensois estre manifeste, tant par les choses que i'auois dit auparauant, que par celles qui suiuent immediatement aprés: Car i'auois distingué vn peu auparauant les Estres imcomplets de ceux qui sont complets, & i'auois dit *qu'il estoit necessaire que chacune des choses qui sont distinguées réellement, fust conceue comme vn Estre par soy, & distinct de tout autre.*

Et vn peu apres, au mesme sens que i'ay dit que ie conceuois *pleinement* ce que c'est que le corps, i'ay adiouté au mesme lieu que ie conceuois aussi que l'esprit *est vne chose complete*, prenant ces deux façons de parler *conceuoir pleinement*, & *conceuoir que c'est vne chose complete*, en vne seule & mesme signification.

Mais on peut icy demander auec raison ce que i'entens par *vne chose complete*, & comment ie prouue que *pour la distinction réelle, il suffit que deux choses soient conceues l'vne sans l'autre comme deux choses completes.*

A la premiere demande ie répons, que par *vne chose complete*, ie n'entens autre chose qu'vne substance reuëtuë de formes, ou d'attributs, qui suffisent pour me faire connoistre qu'elle est vne substance.

Car comme i'ay desia remarqué ailleurs, nous ne connoissons point les substances immediatement par elles mesmes, mais de ce que nous aperceuons quelques formes, ou attributs, qui doiuent estre attachez à quelque chose pour exister, nous apelons du nom de *Substance* cette chose à laquelle ils sont attachez.

Que si aprés cela nous voulions dépoüiller cette mesme substance de tous ces attributs qui nous la font connoistre, nous détruirions toute la connoissance que nous en auons, & ainsi nous pourions bien à la verité dire quelque chose de la substance, mais tout ce que nous en dirions ne consisteroit qu'en paroles, desquelles nous ne conceurions pas clairement & distinctement la signification.

Ie sçay bien qu'il y a des substances que l'on appelle vulgairement *incompletes*; Mais si on les appelle ainsi, parce que de soy elles ne peuuent pas subsister toutes seules, & sans estre soutenuës par d'autres choses, ie confesse qu'il me semble qu'en cela il y a de la contradiction, qu'elles soient des substances, c'est à dire des choses qui subsistent par soy, & qu'elles soient aussi incompletes, c'est à dire des choses qui ne peuuent pas subsister par soy. Il est vray qu'en vn autre sens on les peut apeller incompletes, non qu'elles ayent rien d'incomplet entant qu'elles sont des substances, mais seulement entant qu'elles se raportent à quelqu'autre substance, auec laquelle elles composent vn tout par soy, & distinct de tout autre.

Ainsi la main est vne substance incomplete, si vous la rapportez à tout le corps dont elle est partie; mais si vous la considerez toute seule elle est vne substance complete: Et pareillement l'esprit & le corps sont des substances incompletes, lors qu'ils sont rapportez à l'homme qu'ils composent, mais estant considerez separement ils sont des substances completes.

Car tout ainsi qu'estre étendu, diuisible, figuré, &c. sont des formes ou des attributs par le moyen desquels ie connois cette substance qu'on apelle *corps*; de mesme estre intelligent, voulant, doutant, &c. sont des formes par le moyen desquelles ie connois cette substance qu'on appelle *Esprit*: Et ie ne comprens pas moins que la substance qui pense est vne chose complete, que ie comprens que la substance étenduë en est vne.

Et ce que Monsieur Arnauld a adiouté, ne se peut dire en façon quelconque, à sçauoir, que peut estre le corps se raporte à l'esprit comme le genre à l'espece : car encore que le genre puisse estre conceu sans cette particuliere difference specifique, ou sans celle-là, l'espece toutes-fois ne peut en aucune façon estre conceuë sans le genre.

Ainsi, par exemple, nous conceuons aisément la figure sans penser au cercle (quoy que cette conception ne soit pas distincte, si elle n'est raportée à quelque figure particuliere, ny d'vne chose complete, si elle ne comprend la nature du corps) mais nous ne pouuons conceuoir aucune difference specifique du cercle, que nous ne pensions en mesme temps à la figure.

Au lieu que l'esprit peut estre conceu distinctement, & pleinement, c'est à dire autant qu'il faut pour estre tenu pour vne chose complete, sans aucune de ces formes, ou attributs, au moyen desquels nous reconnoissons que le corps est vne substance, comme ie pense auoir sufisamment demonstré dans la seconde meditation ; Et le corps est aussi conceu distinctement, & comme vne chose complette, sans aucune des choses qui appartiennent à l'esprit.

Icy neantmoins Monsieur Arnauld passe plus auant, & dit, *encore que ie puisse acquerir quelque notion de moy mesme sans la notion du corps, il ne resulte pas neantmoins de là, que cette notion soit complete & entiere, en telle sorte que ie sois assuré que ie ne me trompe point, lors que i'exclus le corps de mon essence.*

Ce qu'il explique par l'exemple du triangle inscrit au demy-cercle, que nous pouuons clairement & distinctement conceuoir estre rectangle, encore que nous ignorions, ou mesme que nous nyions, que le quarré de sa baze soit égal aux quarrez des costez, & neantmoins on ne peut pas de là inferer qu'on puisse faire vn triangle rectangle, duquel le quarré de la baze ne soit pas égal aux quarrez des costez.

Mais pour ce qui est de cet exemple il differe en plusieurs façons de la chose proposée. Car *premierement* encore que peut-estre par vn triangle on puisse entendre vne substance dont la figure est triangulaire, certes la proprieté d'auoir le quarré de la baze égal aux quarez des costez n'est pas vne substance, & partant chacune de ces deux choses ne peut pas estre entenduë comme vne chose complete, ainsi que le sont *l'esprit* & le *corps*: Et mesme cette proprieté ne peut pas estre appellée vne chose, au mesme sens que i'ay dit *que c'est assez que ie puisse conceuoir vne chose* (c'est à sçauoir vne chose complete) *sans vn autre &c.* comme il est aisé de voir par ces paroles qui suiuent; *De plus ie trouue en moy des facultez &c.* Car ie n'ay pas dit que ces facultez fussent *des choses*, mais i'ay voulu expressément faire distinction entre les choses, c'est à dire entre les substances, & les modes de ces choses, c'est à dire les facultez de ces substances.

En second lieu, encore que nous puissions clairement & distinctement conceuoir que le triangle au demy-cercle est rectangle, sans apperceuoir que le quarré de la baze est égal aux quarrez des costez; neantmoins nous ne pouuons pas conceuoir ainsi clairement vn triangle duquel le quarré de la baze soit égal aux quarrez des costez, sans que nous aperceuions en mesme temps qu'il est rectangle : Mais nous conceuons clairement & distinctement l'esprit sans le corps, & reciproquement le corps sans l'esprit.

En troisiesme lieu, encore que le concept, ou l'idée du triangle inscrit au demy-cercle, puisse estre telle, qu'elle ne contienne point l'égalité qui est entre le quarré de la baze & les quarrez des costez, elle ne peut pas neantmoins estre telle, que l'on conçoiue que nulle proportion qui puisse estre entre le quarré de la baze & les quarrez des costez n'apartient à ce triangle ; & partant tandis que l'on ignore quelle est cette proportion, on n'en peut nier aucune que celle qu'on connoist clairement ne luy point appartenir, ce qui ne peut iamais estre entendu de la proportion d'égalité qui est entr'eux.

Mais il n'y a rien de contenu dans le concept du corps de ce qui apartient à l'esprit, & reciproquement dans le concept de l'esprit rien n'est compris de ce qui apartient au corps.

C'est pourquoy bien que i'aye dit, *que c'est assez que ie puisse conceuoir clairement & distinctement vne chose sans vne autre &c.* on ne peut par pour cela former cette mineure. *Or est il que ie conçoy clairement & distinctement que ce triangle est rectangle, encore que ie doute, ou que ie nie que le quaré de sa baze soit égal aux quarez des costez, &c.*

Premierement, parce que la proportion qui est entre le quarré de la baze & les quarrez des costez n'est pas vne chose complete.

Secondement, parce que cette proportion d'égalité ne

ne peut estre clairement entenduë que dans vn triangle rectangle.

Et en troisiesme lieu, parce qu'vn triangle mesme ne sçauroit estre distinctement conceu, si on nie la proportion qui est entre les quarez de ses costez & de sa baze.

Mais maintenant il faut passer à la seconde demande, & monstrer comment il est vray *que de cela seul que ie conçoy clairement & distinctement vne substance sans vne autre, ie suis asseuré qu'elles s'excluent mutuellement l'vne l'autre; & sont reellement distinctes*, ce que ie montre en cette sorte.

La notion *de la substance* est telle, qu'on la conçoit comme vne chose qui peut exister par soy-mesme, c'est à dire sans le secours d'aucune autre substance, & il n'y a iamais eu personne qui ait conceu deux substances par deux differents concepts, qui n'ait iugé qu'elles estoient réellement distinctes.

C'est pourquoy si ie n'eusse point cherché de certitude plus grande que la vulgaire, ie me fusse contenté d'auoir montré en la seconde Meditation, que *l'esprit* est conceu comme vne chose subsistante, quoy qu'on ne luy attribuë rien de ce qui apartient au corps, & qu'en mesme façon *le corps* est conceu comme vne chose subsistante, quoy qu'on ne luy attribuë rien de ce qui appartient à l'esprit: Et ie n'aurois rien adiousté dauantage pour prouuer que l'esprit est réellement distingué du corps, d'autant que nous auons coûtume de iuger que toutes les choses sont en effect, & selon la verité, telles qu'elles paroissent à nostre pensée.

Mais d'autant qu'entre ces doutes hyperboliques que i'ay proposez dans ma premiere Meditation, cetuy-cy en estoit vn, à sçauoir, que ie ne pouuois estre asseuré *que les choses fussent en effect, & selon la verité telles que nous les conceuons*, tandis que ie suposois que ie ne connoissois pas l'auteur de mon origine, tout ce que i'ay dit de Dieu & de la verité dans la 3. 4. & 5. Meditation, sert à cette conclusion de la réelle distinction *de l'esprit d'auec le corps*, laquelle enfin i'ay acheuée dans la sixiéme.

Ie conçoy fort bien, dit Monsieur Arnauld, *la nature du triangle inscrit dans le demy-cercle, sans que ie sçache que le quaré de sa baze est égal aux quarez des costez*. A quoy ie répons que ce triangle peut veritablement estre conceu, sans que l'on pense à la proportion qui est entre le quaré de sa baze, & les quarez de ses costez: mais qu'on ne peut pas conceuoir que cette proportion doiue estre niée de ce triangle, c'est à dire qu'elle n'apartient point à sa nature. Or il n'en est pas de mesme de l'esprit; Car non seulement nous conceuons qu'il est sans le corps, mais aussi nous pouuons nier qu'aucune des choses qui apartiennent au corps, apartienne à l'esprit; car c'est le propre & la nature des substances de s'exclure mutuellement l'vne l'autre.

Et ce que Monsieur Arnauld a adiouté ne m'est aucunement contraire, à sçauoir, *que ce n'est pas merueille si lors que de ce que ie pense ie viens à conclure que ie suis, l'idée que de là ie forme de moy-mesme, me represente seulement comme vne chose qui pense*: car de la mesme façon lors que i'examine la nature du corps, ie ne treuue rien en elle qui ressente la pensée; & on ne sçauroit auoir vn plus fort argument de la distinction de deux choses, que lors que venant à les considerer toutes deux separement, nous ne trouuons aucune chose dans l'vne qui ne soit entierement differente de ce qui se retrouue en l'autre.

Ie ne voy pas aussi pourquoy *cet argument semble prouuer trop* ; car ie ne pense pas que pour montrer qu'vne chose est réellement distincte d'vne autre, on puisse rien dire de moins, sinon que par la toute puissance de Dieu elle en peut estre separée : & il m'a semblé que i'auois pris garde assez soigneusement, à ce que personne ne pust pour cela penser *que l'homme n'est rien qu'vn esprit vsant, ou se seruant du corps.*

Car mesme dans cette sixiéme meditation, ou i'ay parlé de la distinction de l'esprit d'auec le corps, i'ay aussi monstré qu'il luy est substantiellement vny : & pour le prouuer ie me suis seruy de raisons qui sont telles, que ie n'ay point souuenance d'en auoir iamais leu ailleurs de plus fortes, & conuaincantes.

Et comme celuy qui diroit que le bras d'vn homme est vne substance réellement distincte du reste de son corps, ne nieroit pas pour cela qu'il est de l'essence de l'homme entier; & que celuy qui dit que ce mesme bras est de l'essence de l'homme entier, ne donne pas pour cela occasion de croire qu'il ne peut pas subsister par soy, ainsi ie ne pense pas auoir trop prouué en montrant que l'esprit peut estre sans le corps; ny auoir aussi trop peu dit, en disant qu'il luy est substantiellement vny; parce que cette vnion substantielle n'empéche pas qu'on ne puisse auoir vne claire & distincte idée, ou concept de l'esprit seul, comme d'vne chose complete; c'est pourquoy le concept de l'esprit differe beaucoup de celuy de la superficie, & de la ligne, qui ne peuuent pas estre ainsi entenduës comme des choses completes, si outre la longueur & la largeur, on ne leur attribuë aussi la profondeur.

Et enfin de ce que *la faculté de penser est assoupie dans les enfans, & que dans les foux elle est*, non pas à la verité éteinte, mais TROVBLE'E, il ne faut pas penser qu'elle soit tellement attachée aux organes corporels, qu'elle ne puisse estre sans eux. Car de ce que nous voyons souuent qu'elle est empêchée par ces organes, il ne s'ensuit aucunement qu'elle soit produite par eux; & il n'est pas possible d'en donner aucune raison, tant legere qu'elle puisse estre.

Ie ne nie pas neantmoins que cette étroite liaison de l'esprit & du corps que nous experimentons tous les iours, ne soit cause que nous ne découurons pas aisément, & sans vne profonde meditation, la distinction réelle qui est entre l'vn & l'autre.

Mais à mon iugement, ceux qui repasseront souuent dans leur esprit les choses que i'ay escrites dans ma seconde Meditation, se persuaderont aisément que l'esprit n'est pas distingué du corps par vne seule fiction, ou abstraction de l'entendement; mais qu'il est connu comme vne chose distincte, par ce qu'il est tel en effect.

Ie ne répons rien à ce que Monsieur Arnauld a icy adiouté touchant l'immortalité de l'ame, puis que cela ne m'est point contraire; mais pour ce qui regarde les ames des bestes, quoy que leur consideration ne soit pas de ce lieu, & que sans l'explication de toute la physique ie n'en puisse dire dauantage que ce que i'ay desia dit dans la 5. partie de mon traité de la Methode :: Toutesfois ie diray encore icy qu'il me semble que c'est vne chose fort remarquable, qu'aucun mouuement ne se peut faire, soit dans les corps des bestes, soit mesme dans les nostres, si ces corps n'ont en eux tous les organes, & instrumens, par le moyen desquels ces mesmes mouuemens pourroient aussi estre accomplis dans vne machine; en sorte que mesme dans nous, ce n'est pas l'esprit (ou l'ame) qui meut immediatement les membres exterieurs, mais seulement il peut déterminer le cours de cette liqueur fort subtile, qu'on nomme les esprits animaux, laquelle coulant continuellement du cœur par le cerueau dans les muscles, est la cause de tous les mouuemens de nos membres; & souuent en peut causer plusieurs differens, aussi facilement les vns que les autres. Et mesme il ne le determine pas tousiours, car entre les mouuemens qui se font en nous, il y en a plusieurs qui ne dépendent point du tout de l'esprit; comme sont le batement du cœur, la digestion des viandes, la nutrition, la respiration de ceux qui dorment; & mesme en ceux qui sont éueillez, le marcher, chanter, & autres actions semblables, quand elles se font sans que l'esprit y pense. Et lors que ceux qui tombent de haut, presentent leurs mains les premieres pour sauuer leur teste, ce n'est point par le conseil de leur raison qu'ils font cette action; & elle ne dépend point de leur esprit, mais seulement de ce que leurs sens estans touchez par le danger present, causent quelque changement en leur cerueau, qui détermine les esprits animaux à passer de là dans les nerfs, en la façon qui est requise pour produire ce mouuement, tout de mesme que dans vne machine, & fans que l'esprit le puisse empécher.

Or puisque nous experimentons cela en nous mesmes? pourquoy nous étonnerons nous tant, si la lumiere reflechie du corps d'vn loup dans les yeux d'vne brebis, a la mesme force pour exciter en elle le mouuement de la fuite?

Aprés auoir remarqué cela, si nous voulons vn peu raisonner pour connoistre si quelques mouuemens des bestes sont semblables à ceux qui se font en nous par le ministere de l'esprit, ou bien à ceux qui dépendent seulement des esprits animaux, & de la disposition des organes, il faut considerer les differences qui sont entre les vns & les autres, lesquelles i'ay expliquées dans la cinquiéme partie du discours de la Methode, car ie ne pense pas qu'on en puisse trouuer d'autres; & alors on verra facilement que toutes les actions des bestes sont seulement semblables à celles que nous faisons sans que nostre esprit y contribuë.

A raison de quoy nous serons obligez de conclure, que nous ne connoissons en effect en elles aucun autre principe de mouuement que la seule disposition des organes, & la continuelle affluence des esprits animaux produits par la chaleur du cœur, qui atenuë, & subtilise le sang; & ensemble nous reconnoistrons que rien ne nous a cy-deuant donné occasion de leur en attribuer vn autre, sinon que ne distinguans pas ces deux principes du mouuement, & voyans que l'vn, qui dépend seulement des esprits animaux & des organes, est dans les bestes aussi bien que dans nous, nous auons creu inconsiderément que l'autre, qui dépend de l'esprit & de la pensée, estoit aussi en elles.

Et certes, lors que nous nous sommes persuadez quelque chose dés nostre ieunesse, & que nostre opinion s'est fortifiée par le temps, quelques raisons qu'on employe par aprés pour nous en faire voir la fausseté, ou plutost quelque fausseté que nous remarquions en elle, il est neantmoins tres difficile de l'oster entierement de nostre creance, si nous ne les repassons souuent en nostre esprit, & ne nous acoûtumons ainsi à déraciner peu à peu, ce que l'habitude à croire, plutost que la raison, auoit profondement graué en nostre esprit.

RESPONSE.

à l'autre partie, *De Dieu.*

IVsques icy i'ay tâché de resoudre les argumens qui m'ont esté proposez par Mr Arnauld, & me suis mis en deuoir de soûtenir tous ses efforts, mais desormais imitant ceux qui ont à faire à vn trop fort aduersaire, ie tascheray plutost d'éuiter les coups, que de m'opposer directement à leur violence.

Il traite seulement de trois choses dans cette partie, qui peuuent facilement estre accordées selon qu'il les entend, mais ie les prenois en vn autre sens lors que ie les ay écrites, lequel sens me semble aussi pouuoir estre receu comme veritable.

La premiere est, *que quelques idées sont materiellemẽt fausses*; c'est à dire selon mon sens, qu'elles sont telles qu'elles donnent au iugement matiere ou occasion d'erreur;

mais luy considerant les idées prises formellement, soutient qu'il n'y a en elles aucune fausseté.

La seconde, *que Dieu est par soy positiuement, & comme par vne cause*, où i'ay seulement voulu dire que la raison pour laquelle Dieu n'a besoin d'aucune cause efficiente pour exister, est fondée en vne chose positiue, à sçauoir dans l'immensité mesme de Dieu, qui est la chose la plus positiue qui puisse estre; mais luy prenant la chose autrement, prouue que Dieu n'est point produit par soy-mesme & qu'il n'est point conserué par vne action positiue de la cause efficiente, dequoy ie demeure aussi d'accord.

Enfin la troisiéme est, *qu'il ne peut y auoir rien dans nostre esprit dont nous n'ayons connoissance*, ce que i'ay entendu des operations, & luy le nie des puissances.

Mais ie tascheray d'expliquer tout cecy plus au long. Et premierement où il dit, *que si le froid est seulement vne priuation, il ne peut y auoir d'idée qui me le represente comme vne chose positiue*, il est manifeste qu'il parle de l'idée prise *formellement*.

Car puis que les idées mesmes ne sont rien que des formes, & qu'elles ne sont point composées de matiere, toutes & quantes fois qu'elles sont considerées en tant qu'elles representent quelque chose, elles ne sont pas prises *materiellement*, mais *formellement*; que si on les consideroit, non pas entant qu'elles representent vne chose, ou vn autre, mais seulement comme estant des operations de l'entendement, on pouroit bien à la verité dire qu'elles seroient prises materiellement, mais alors elles ne se raporteroient point du tout à la verité ny à la fausseté des obiets.

C'est

C'est pourquoy ie ne pense pas qu'elles puissent estre dites materiellement fausses, en vn autre sens que celuy que i'ay desia expliqué; C'est à sçauoir, soit que le froid soit vne chose positiue, soit qu'il soit vne priuation, ie n'ay pas pour cela vne autre idée de luy, mais elle demeure en moy la mesme que i'ay tousiours euë; laquelle ie dis me donner matiere ou occasion d'erreur, s'il est vray que le froid soit vne priuation, & qu'il n'ait pas autant de realité que la chaleur; dautant que venant à considerer l'vne & l'autre de ces idées, selon que ie les ay receuës des sens, ie ne puis reconnoistre qu'il y ait plus de realité qui me soit representée par l'vne que par l'autre.

Et certes *ie n'ay pas confondu le iugement auec l'idée*: car i'ay dit qu'en celle-cy se rencontroit vne fausseté *materielle*, mais dans le iugement il ne peut y en auoir d'autre qu'vne *formelle*. Et quand il dit que *l'idée du froid est le froid mesme entant qu'il est obiectiuement dans l'entendement;* ie pense qu'il faut vser de distinction; car il arriue souuent dans les idées obscures & confuses, entre lesquelles celles du froid & de la chaleur doiuent estre mises, qu'elles se raportent à d'autres choses, qu'à celles dont elles sont veritablement les idées.

Ainsi, si le froid est seulement vne priuation, l'idée du froid n'est pas le froid mesme entant qu'il est obiectiuement dans l'entendement, mais quelque autre chose qui est prise faussement pour cette priuation; sçauoir est, vn certain sentiment qui n'a aucun estre hors de l'entendement.

Il n'en est pas de mesme de l'idée de Dieu, au moins

M m

de celle qui est claire & distincte, parce qu'on ne peut pas dire qu'elle se raporte à quelque chose à quoy elle ne soit pas conforme.

Quant aux idées confuses des Dieux qui sont forgées par les Idolatres, ie ne voy pas pourquoy elles ne pourroient point aussi estre dites materiellement fausses, entant qu'elles seruent de matiere à leurs faux iugemens.

Combien qu'à dire vray, celles qui ne donnent, pour ainsi dire, au iugement aucune occasion d'erreur, ou qui la donnent fort legere, ne doiuent pas auec tant de raison, estre dites materiellement fausses, que celles qui la donnent fort grande; Or il est aisé de faire voir par plusieurs exemples, qu'il y en a qui donnent vne bien plus grande occasion d'erreur les vnes que les autres.

Car elle n'est pas si grande en ces idées confuses que nostre esprit inuente luy-mesme (telles que sont celles des faux Dieux) qu'en celles qui nous sont offertes confusément par les sens, comme sont les idées du froid & de la chaleur, s'il est vray, comme i'ay dit, qu'elles ne representent rien de réel.

Mais la plus grande de toutes est dans ces idées qui naissent de l'appetit sensitif; Par exemple, l'idée de la soif dans vn hydropique ne luy est-elle pas en effet occasion d'erreur, lors qu'elle luy donne suiet de croire que le boire luy sera profitable, qui toutesfois luy doit estre nuisible?

Mais Monsieur Arnauld demande ce que cette idée du froid me represente, laquelle i'ay dit estre materiellement fausse: Car, dit-il, *si elle represente vne priuation,* donc elle est vraye, si vn estre positif, donc elle n'est pas l'idée du froid. Ce que ie luy accorde, mais ie ne l'appelle fausse, que parce qu'estant obscure & confuse, ie ne puis discerner si elle me represente quelque chose, qui hors de mon sentiment soit positiue, ou non; c'est pourquoy i'ay occasion de iuger que c'est quelque chose de positif, quoy que peut-estre ce ne soit qu'vne simple priuation.

Et partant il ne faut pas demander *qu'elle est la cause de cét estre positif obiectif, qui selon mon opinion fait que cette idée est materiellement fausse*: dautãt que ie ne dis pas qu'elle soit faite materiellement fausse par quelque estre positif, mais par la seule obscurité, laquelle neantmoins a pour suiet & fondement vn estre positif, à sçauoir le sentiment mesme.

Et de vray cét estre positif est en moy, entant que ie suis vne chose vraye, mais l'obscurité laquelle seule me donne occasion de iuger que l'idée de ce sentiment represente quelque obiet hors de moy, qu'on appelle froid, n'a point de cause réelle, mais elle vient seulement de ce que ma nature n'est pas entierement parfaite.

Et cela ne renuerse en façon quelconque mes fondemens. Mais ce que i'aurois le plus à craindre, seroit que ne m'estant iamais beaucoup arresté à lire les liures des Philosophes, ie n'aurois peut-estre pas suiuy assez exactement leur façon de parler, lors que i'ay dit que ces idées, qui donnent au iugement matiere ou occasion d'erreur, estoient *materiellement fausses*, si ie ne trouuois que ce mot, *materiellement* est pris en la mesme signification par le premier auteur qui m'est tombé par ha-

Mm ij

zard entre les mains pour m'en éclaircir ; c'est Suarez en la dispute, section 2. n. 4.

Mais passons aux choses que Monsieur Arnauld desapprouue le plus, & qui toutes fois me semblent meriter le moins sa censure, c'est à sçauoir, où i'ay dit *qu'il nous estoit loisible de penser que Dieu fait en quelque façon la mesme chose à l'égard de soy-mesme, que la cause efficiente à l'égard de son effet.*

Car par cela mesme i'ay nié ce qui luy semble vn peu hardy, & n'estre pas veritable, à sçauoir, que Dieu soit la cause efficiente de soy-mesme ; parce qu'en disant *qu'il fait en quelque façon la mesme chose*, i'ay monstré que ie ne croyois pas que ce fut entierement la mesme : Et en mettant deuant ces paroles, *Il nous est tout à fait loisible de penser*, i'ay donné à connoistre que ie n'expliquois ainsi ces choses, qu'à cause de l'imperfection de l'esprit humain.

Mais qui plus est, dans tout le reste de mes écrits, i'ay tousiours fait la mesme distinction. Car dés le commencement où i'ay dit, *qu'il n'y a aucune chose dont on ne puisse chercher la cause efficiente*, i'ay adiousté, *Ou si elle n'en a pour, demander pourquoy elle n'en a pas besoin* ; lesquelles paroles témoignent assez que i'ay pensé que quelque chose estoit, qui n'a pas besoin de cause efficiente.

Or quelle chose peut estre telle, excepté Dieu ? Et mesme vn peu aprés i'ay dit *qu'il y auoit en Dieu vne grande & si inépuisable puissance, qu'il n'a iamais eu besoin d'aucun secours pour exister, & qu'il n'en a pas encore besoin pour estre conserué ; en telle sorte qu'il est en quelque façon la cause de soy-mesme.*

Là où ces paroles, *la cause de soy-mesme*, ne peuuent en façon quelconque estre entenduës de la cause efficiente, mais seulement que cette puissance inépuisable qui est en Dieu, est la cause ou la raison pour laquelle il n'a pas besoin de cause.

Et dautant que cette puissance inépuisable, ou cette immensité d'essence est *tres-positiue*, pour cela i'ay dit que la cause, ou la raison pour laquelle Dieu n'a pas besoin de cause, est *positiue*. Ce qui ne se pourroit dire en mesme façon d'aucune chose finie, encore qu'elle fust tres-parfaite en son genre.

Car si on disoit qu'vne chose finie fust *par soy*, cela ne pourroit estre entendu que d'vne façon *negatiue*, dautant qu'il seroit impossible d'apporter aucune raison qui fust tirée de la nature positiue de cette chose, pour laquelle nous deussions conceuoir, qu'elle n'auroit pas besoin de cause efficiente.

Et ainsi en tous les autres endroits i'ay tellement comparé la cause formelle, ou la raison prise de l'essence de Dieu, qui fait qu'il n'a pas besoin de cause pour exister, ny pour estre conserué, auec la cause efficiente, sans laquelle les choses finies ne peuuent exister, que par tout il est aisé de connoistre de mes propres termes, qu'elle est tout à fait differente de la cause efficiente.

Et il ne se trouuera point d'endroit, où i'aye dit que Dieu se conserue par vne influence positiue, ainsi que les choses creées sont conseruées par luy; mais bien seulemét ay-ie dit que l'immensité de sa puissance, ou de son essence, qui est la cause pourquoy il n'a pas besoin de conseruateur, est vne chose *positiue*.

Et partant ie puis facilement admettre tout ce que Monsieur Arnauld apporte pour prouuer que Dieu n'est pas la cause efficiente de soy-mesme, & qu'il ne se conserue pas par aucune influence positiue, ou bien par vne continuelle reproduction de soy-mesme, qui est tout ce que l'on peut inferer de ses raisons.

Mais il ne niera pas aussi, comme i'espere, que cette immensité de puissance, qui fait que Dieu n'a pas besoin de cause pour exister, est en luy vne chose *positiue*, & que dans toutes les autres choses on ne peut rien conceuoir de semblable, qui soit *positif*, à raison dequoy elles n'ayent pas besoin de cause efficiente pour exister; ce que j'ay seulement voulu signifier, lors que i'ay dit qu'aucune chose ne pouuoit estre cōceuë exister *par soy*, que *negatiuement*, horsmis Dieu seul; Et ie n'ay pas eu besoin de rien auancer dauantage pour répondre à la difficulté qui m'estoit proposée.

Mais dautant que Monsieur Arnauld m'auertit icy si serieusement, *qu'il y aura peu de Theologiens qui ne s'offensent de cette proposition, à sçauoir, que Dieu est par soy positiuement, & comme par vne cause*; Ie diray icy la raison pourquoy cette façon de parler est à mon aduis, non seulement tres-vtile en cette question, mais mesme necessaire, & fort éloignée de tout ce qui pouroit donner lieu ou occasion de s'en offenser.

Ie sçay que nos Theologiens traittans des choses diuines ne se seruent point du nom *de cause*, lors qu'il s'agit de la procession des personnes de la tres-Sainte Trinité, & que là où les Grecs ont mis indifferemment αἴτιον, & ἀρχὴ, ils ayment mieux vser du seul nom *de principe*, comme tres-general, de peur que de là ils ne donnent occasion de juger que le Fils est moindre que le Pere.

Mais où il ne peut y auoir vne semblable occasion d'erreur; & lors qu'il ne s'agit pas des personnes de la Trinité, mais seulement de l'vnique essence de Dieu, ie ne voy pas pourquoy il faille tant fuir le nom *de cause*, principalement lors qu'on en est venu à ce point, qu'il semble tres-vtile de s'en seruir, & en quelque façon necessaire.

Or ce nom ne peut estre plus vtilement employé que pour démonstrer l'existence de Dieu; & la necessité de s'en seruir ne peut estre plus grande, que si sans en vser on ne la peut clairement démonstrer.

Et ie pense qu'il est manifeste à tout le monde, que la consideration de la cause efficiente est le premier & principal moyen, pour ne pas dire le seul, & l'vnique, que nous ayons pour prouuer l'existence de Dieu.

Or nous ne pouuons nous en seruir, si nous ne donnons licence à nostre esprit de rechercher les causes efficientes de toutes les choses qui sont au monde, sans 'en excepter Dieu mesme; car pour quelle raison l'exceptions nous de cette recherche, auant qu'il ait esté prouué qu'il existe.

On peut donc demander de chaque chose si elle est *par soy*, ou par *autruy*; & certes par ce moyen on peut conclure l'existence de Dieu, quoy qu'on n'explique pas en termes formels & precis, comment on doit entendre ces paroles, *estre par soy*.

Car tous ceux qui suiuent seulemēt la conduite de la lumiere naturelle, forment tout aussi-tost en eux dans cette rencontre vn certain concept qui participe de la cause efficiente, & de la formelle, & qui est commun à l'vne & à l'autre ; c'est à sçauoir que ce qui est *par autruy*, est par luy comme par vne cause efficiente; & que ce qui est *par soy*, est comme par vne cause formelle; c'est à dire, par ce qu'il a vne telle nature qu'il n'a pas besoin de cause efficiente ; c'est pourquoy ie n'ay pas expliqué cela dans mes Meditations, & ie l'ay obmis, comme estant vne chose de soy manifeste, & qui n'auoit pas besoin d'aucune explication.

Mais lors que ceux qu'vne longue accoustumance a confirmez dans cette opinion de juger que rien ne peut estre la cause efficiente de soy-mesme, & qui sont soigneux de distinguer cette cause de la formelle, voyent que l'on demande si quelque chose est *par soy*, il arriue aisément que ne portans leur esprit qu'à la seule cause efficiente proprement prise, ils ne pensent pas que ce mot *par soy*, doiue estre entendu comme *par vne cause*, mais seulement *negatiuement*, & comme *sans cause* ; en sorte qu'ils pensent qu'il y a quelque chose qui existe, de laquelle on ne doit point demander pourquoy elle existe.

Laquelle interpretation du mot *par soy*, si elle estoit receuë, nous osteroit le moyen de pouuoir démontrer l'existence de Dieu par les effets, comme il a esté fort bien prouué par l'auteur des premieres obiections ; c'est pourquoy elle ne doit aucunement estre admise.

Mais pour y répondre pertinemment, i'estime qu'il est necessaire de montrer qu'entre *la cause efficiente proprement dite, & point de cause*, il y a quelque chose qui tient

tient comme le milieu, à sçauoir, *l'Essence positiue d'vne chose*, à laquelle l'idée ou le concept de la cause efficiente se peut étendre, en la mesme façon que nous auons coustume d'étendre en Geometrie le concept d'vne ligne circulaire la plus grande qu'on puisse imaginer, au concept d'vne ligne droite; ou le concept d'vn polygone rectiligne qui a vn nombre indefiny de costez, au concept du cercle.

Et ie ne pense pas que i'eusse iamais pû mieux expliquer cela, que lors que i'ay dit, *que la signification de la cause efficiente ne doit pas estre restrainte en cette question à ces causes qui sont differentes de leurs effets, ou qui les precedent en temps; tant parceque ce seroit vne chose friuole & inutile, puis qu'il n'y a personne qui ne sçache, qu'vne mesme chose ne peut pas estre differente de soy-mesme, ny se preceder en temps, que parce que l'vne de ces deux conditions peut estre ostée de son concept, la notion de la cause efficiente ne laissant pas de demeurer toute entiere.*

Car qu'il ne soit pas necessaire qu'elle precede en temps son effet, il est euident, puis qu'elle n'a le nom & la nature de cause efficiente que lors qu'elle produit son effet, comme il a des-ja esté dit.

Mais de ce que l'autre condition ne peut pas aussi estre ostée, on doit seulement inferer que ce n'est pas vne cause efficiente proprement dite, ce que i'auoüe, mais non pas que ce n'est point du tout vne cause positiue, qui par analogie puisse estre raportée à la cause efficiente, & cela est seulement requis en la question proposée. Car par la mesme lumiere naturelle, par laquelle ie conçoy que ie me serois donné toutes les perfections dont i'ay en moy quelque idée, si ie m'estois donné l'estre, ie conçoy aussi que rien ne se le peut donner en la maniere qu'on a coustume de restraindre la signification de la cause efficiente proprement dite, à sçauoir, en sorte qu'vne mesme chose, entant qu'elle se donne l'estre, soit differente de soy-mesme entant qu'elle le reçoit, parce qu'il y a de la contradiction entre ces deux choses, estre le mesme, & non le mesme, ou different.

C'est pourquoy, lors que l'on demande si quelque chose se peut donner l'estre à soy-mesme, il faut entendre la mesme chose que si on demandoit, sçauoir si la nature, ou l'essence de quelque chose peut estre telle qu'elle n'ait pas besoin de cause efficiente pour estre, ou exister.

Et lors qu'on adjouste, *si quelque chose est telle elle se donera toutes les perfections dont elle a les idées, s'il est vray qu'elle ne les ayt pas encore* ; Cela veut dire qu'il est impossible qu'elle n'ayt pas actuellement toutes les perfections dont elle a les idées ; dautant que la lumiere naturelle nous fait connoistre, que la chose dont l'essence est si immense qu'elle n'a pas besoin de cause efficiente pour estre, n'en a pas aussi besoin pour auoir toutes les perfections dont elle a les idées, & que sa propre essence luy donne eminemment, tout ce que nous pouuons imaginer pouuoir estre donné à d'autres choses par la cause efficiente.

Et ces mots, *si elle ne les a pas encore, elle se les donnera*, seruent seulement d'explication ; dautant que par la mesme lumiere naturelle nous comprenons que cette chose ne peut pas auoir au moment que ie parle, la vertu & la volonté de se donner quelque chose de nouneau, mais que son essence est telle, qu'elle a eu de toute eternité tout ce que nous pouuons maintenant penser qu'elle se donneroit, si elle ne l'auoit pas encore.

Et neantmoins toutes ces manieres de parler, qui ont raport & analogie auec la cause efficiente, sont tres necessaires pour conduire tellement la lumiere naturelle, que nous conceuions clairement ces choses : Tout ainsi qu'il y a plusieurs choses qui ont esté démontrées par Archimede touchant la Sphere, & les autres figures composées de lignes courbes, par la comparaison de ces mesmes figures, auec celles qui sont composées de lignes droites; ce qu'il auroit eu peine à faire comprendre s'il en eust vsé autrement.

Et comme ces sortes de demonstrations ne sont point desaprouuées, bien que la Sphere y soit consideree comme vne figure qui a plusieurs costez; de mesme ie ne pense pas pouuoir estre icy repris, de ce que ie me suis serui de l'analogie de la cause efficiente, pour expliquer les choses qui apartiennent à la cause formelle, c'est à dire à l'essence mesme de Dieu.

Et il n'y a pas lieu de craindre en cecy aucune occasion d'erreur; dautant que tout ce qui est le propre de la cause efficiente, & qui ne peut estre étendu à la cause formelle, porte auec soy vne manifeste contradiction, & partant ne pouroit iamais estre crû de personne; à sçauoir, qu'vne chose soit differente de soy-mesme, ou bien qu'elle soit ensemble la mesme chose, & non la mesme.

Et il faut remarquer que i'ay tellement attribué à Dieu la dignité d'estre la cause, qu'on ne peut pas de là inferer que ie luy aye aussi attribué l'imperfection d'estre l'effet; car comme les Theologiens, lors qu'ils disent que le pere est le *principe* du fils, n'auouent pas pour cela que le fils soit *principié*, ainsi, quoy que i'aye dit que Dieu pouuoit en quelque façon estre dit *la cause de soy-mesme*, il ne se trouuera pas neantmoins que ie l'aye nommé en aucun lieu *l'effet de soy-mesme*; Et ce d'autant qu'on a de coustume de raporter principalement l'effet à la cause efficiente, & de le iuger moins noble qu'elle, quoy que souuent il soit plus noble que ses autres causes.

Mais lors que ie prens l'essence entiere de la chose pour la cause formelle; ie ne suis en cela que les vestiges d'Aristote: Car au liu. 2. de ses Analyt. poster. chap. 16. ayant obmis la cause materielle, la premiere qu'il nomme est celle qu'il appelle αἰτίαν τὸ τί ἦν εἶ), ou, comme l'ont tourné ses interpretes *la cause formelle*, laquelle il étend à toutes les essences de toutes les choses, parce qu'il ne traite pas en ce lieu-là des causes du composé physique, non plus que ie fais icy, mais generalement des causes d'où l'on peut tirer quelque connoissance.

Or pour faire voir qu'il estoit malaisé dans la question proposée de ne point attribuer à Dieu le nom de *cause*, il n'en faut point de meilleure preuue, que de ce que Monsieur Arnauld ayant tâché de conclure par vne autre voye la mesme chose que moy, il n'en est pas neantmoins venu à bout, au moins à mon iugement.

Car aprés auoir amplement montré que Dieu n'est pas la cause efficiente de soy-mesme, parce qu'il est de la nature de la cause efficiente d'estre differente de son effect, ayant aussi fait voir qu'il n'est pas par soy *positiuement*, entendant par ce mot *positiuement*, vne influence positiue de la cause, & aussi qu'à vray dire il ne se conserue pas soy-mesme, prenant le mot de *conseruation*, pour vne continuelle reproduction de la chose (de toutesquelles choses ie suis d'accord auec luy,) aprés tout cela il veut derechef prouuer que Dieu ne doit pas estre dit la cause efficiente de soy-mesme; *parce que*, dit-il; *la cause efficiente d'vne chose n'est demandée qu'à raison de son existence, & iamais à raison de son essence: or est il qu'il n'est pas moins de l'essence d'vn estre infini d'exister, qu'il est de l'essence d'vn triangle, d'auoir ses trois angles égaux à deux droits; doncques il ne faut non plus répondre par la cause efficiente, lors qu'on demande pourquoy Dieu existe, que lors qu'on demande pourquoy les trois angles d'vn triangle sont égaux à deux droits.*

Lequel syllogisme peut ayfément estre renuoyé contre son auteur, en cette maniere. Quoy qu'on ne puisse pas demander la cause efficiente à raison de l'essence, on la peut neantmoins demander à raison de l'existence; mais en Dieu l'essence n'est point distinguée de l'existence, doncques on peut demander la cause efficiente de Dieu.

Mais pour concilier ensemble ces deux choses, on doit dire qu'à celuy qui demande pourquoy Dieu existe, il ne faut pas à la verité répondre par la cause efficiente proprement dite, mais seulement par l'essence mesme de la chose, ou bien par la cause formelle, laquelle, pour cela mesme qu'en Dieu l'existence n'est point distinguée de l'essence, a vn tres-grand raporauec la cause efficiente, & partant peut estre appellée quasi cause efficiente.

Enfin il adiouste, *qu'à celuy qui demande la cause efficiente de Dieu, il faut répondre qu'il n'en a pas besoin: & derechef à celuy qui demande pourquoy il n'en a pas besoin, il faut repondre, parce qu'il est vn Estre infini duquel l'existence est son essence: car il n'y a que les choses dans lesquelles il est permis de distinguer l'existence actuelle de l'essence, qui ayent besoin de cause efficiente.*

D'où il infere que ce que i'auois dit auparauant est entierement renuersé; c'est à sçauoir, *si ie pensois qu'aucune chose ne peust en quelque façon estre à l'égard de soy-mesme, ce que la cause efficiente est à l'égard de son effect, iamais en cherchant les causes des choses ie ne viendrois à vne premiere*; ce qui neantmoins ne me semble aucunement renuersé, non pas mesme tant soit peu affoibly, ou ébranlé; car il est certain que la principale force non seulement de ma démonstration, mais aussi de toutes celles qu'on peut aporter pour prouuer l'existence de Dieu par les effets en dépend entierement; Or presque tous les Theologiens soutiennent qu'on n'en peut aporter aucune si elle n'est tirée des effets.

Et partant tants'en faut qu'il apporte quelque éclaircissement à la preuue, & demonstration de l'existence de Dieu, lors qu'il ne permet pas qu'on luy attribue à l'égard de soy-mesme, l'analogie de la cause efficiente, qu'au contraire il l'obscurcit, & empesche que les lecteurs ne la puissent comprendre; particulierement vers la fin, où il conclut *que s'il pensoit qu'il fallust rechercher la cause efficiente, ou quasi efficiente de chaque chose* il chercheroit vne cause differente de cette chose.

Car comment est ce que ceux qui ne connoissent pas encore Dieu, rechercheroient la cause efficiente des autres choses, pour arriuer par ce moyen à la connoissance de Dieu, s'ils ne pensoient qu'on peut rechercher la cause efficiente de chaque chose ?

Et comment enfin s'arresteroient-ils à Dieu, comme à la cause premiere, & mettroient-ils en luy la fin de leur recherche, s'ils pensoient que la cause efficiente de chaque chose deust estre cherchée differente de cette chose ?

Certes il me semble que Monsieur Arnauld a fait en cecy la mesme chose, que si, (aprés qu'Archimede parlant des choses qu'il a demonstrées de la Sphere par analogie aux figures rectilignes inscrites dans la Sphere mesme, auroit dit, si je pensois que la Sphere ne peust estre prise pour vne figure rectiligne ou quasi rectiligne, dont les costez sont infinis, ie n'attribuërois aucune force à cette demonstration, parce qu'elle n'est pas veritable, si vous considerez la Sphere comme vne figure curuiligne ainsi qu'elle est en effet, mais bien si vous la considerez comme vne figure rectiligne dont le nombre des costez est infiny.)

Si, dis-je, Monsieur Arnauld ne trouuant pas bon qu'on appellast ainsi la Sphere, & neantmoins desirant soutenir la demonstration d'Archimede, disoit, si je pensois que ce qui se conclut icy, se deust entendre d'vne figure rectiligne dont les costez sont infinis, ie ne croirois point du tout cela de la Sphere, parce que i'ay vne connoissance certaine que la Sphere n'est point vne figure rectiligne.

Par lesquelles paroles, il est sans doute qu'il ne feroit pas la mesme chose qu'Archimede, mais qu'au contraire il se feroit vn obstacle à soy-mesme, & empescheroit les autres de bien comprendre sa demonstration.

Ce que i'ay deduit icy plus au long que la chose ne sembloit peut-estre le meriter, afin de monstrer que ie prens soigneusement garde à ne pas mettre la moindre chose dans mes escrits, que les Theologiens puissent censurer auec raison.

Enfin i'ay desia fait voir assez clairement dans les réponses aux secondes obiections, nombre 3. & 4. que ie ne suis point tombé dans la faute qu'on appelle cercle, lors que i'ay dit, que nous ne sommes assurez que les choses que nous conceuons fort clairement & fort distinctement sont toutes vrayes, qu'à cause que Dieu est, ou existe: & que nous ne sommes assurez que Dieu est, ou existe, qu'à cause que nous conceuons cela fort clairement & fort distinctement; en faisant distinction des choses que nous conceuons en effet fort clairement, d'auec celles que nous nous ressouuenons d'auoir autresfois fort clairement conceuës.

Car premierement nous sommes assurez que Dieu existe, pource que nous prestons nostre attention aux raisons qui nous prouuent son existence. Mais aprés cela il suffit que nous nous ressouuenions d'auoir conceu vne chose clairement, pour estre assurez qu'elle est vraye; ce qui ne suffiroit pas, si nous ne sçauions que Dieu existe, & qu'il ne peut estre trompeur.

Pour la question sçauoir s'il ne peut y auoir rien dans nostre esprit, entant qu'il est vne chose qui pense, dont luy-

luy-mesme n'ait vne actuelle connoissance, il me semble qu'elle est fort aisée à resoudre, par ce que nous voyons fort bien qu'il n'y a rien en luy, lors qu'on le considere de la sorte, qui ne soit vne pensée, ou qui ne depende entierement de la pensée, autrement cela n'apartiendroit pas à l'esprit, entant qu'il est vne chose qui pense; Et il ne peut y auoir en nous aucune pensée, de laquelle, dans le mesme moment qu'elle est en nous, nous n'ayons vne actuelle connoissance.

C'est pourquoy ie ne doute point que l'esprit, aussitost qu'il est infus dans le corps d'vn enfant, ne commence à penser, & que deslors il ne sçache qu'il pense, encore qu'il ne se ressouuienne pas par aprés de ce qu'il a pensé, parce que les especes de ses pensées ne demeurent pas empraintes en sa memoire.

Mais il faut remarquer que nous auons bien vne actuelle connoissance des actes, ou des operations de nostre esprit, mais non pas tousiours de ses puissances, ou de ses facultez, si ce n'est en puissance; En telle sorte que lors que nous nous disposons à nous seruir de quelque faculté, tout aussi-tost si cette faculté est en nostre esprit, nous en acquerons vne actuelle connoissance; C'est pourquoy nous pouuons alors nier assûrement qu'elle y soit, si nous ne pouuons en acquerir cette connoissance actuelle.

Oo

RESPONSE

Aux choses qui peuuent arrester les Theologiens.

IE me suis opposé aux premieres raisons de Monsieur Arnauld, i'ay taché de parer aux secondes, & ie donne entierement les mains à celles qui suiuent, excepté à la derniere; au suiet de laquelle i'ay lieu d'esperer qu'il ne me sera pas difficile de faire en sorte que luy-mesme s'accommode à mon aduis.

Ie confesse donc ingenuëment auec luy que les choses qui sont contenuës dans la premiere Meditation, & mesmes dans les suiuantes, ne sont pas propres à toutes sortes d'esprits, & qu'elles ne s'aiustent pas à la capacité de tout le monde; mais ce n'est pas d'auiourd'huy que i'ay fait cette declaration; ie l'ay dé-ja faite, & la feray encore autant de fois que l'occasion s'en presentera.

Aussi a-ce esté la seule raison qui m'a empesché de traiter de ces choses dans le discours de la Methode qui estoit en langue vulgaire, & que i'ay reserué de le faire dans ces Meditations, qui ne doiuent estre leuës, comme i'en ay plusieurs fois auerty, que par les plus forts esprits.

Et on ne peut pas dire que i'eusse mieux fait, si ie me fusse abstenu d'écrire des choses dont la lecture ne doit pas estre propre, ny vtile à tout le monde: car ie les croy si necessaires, que ie me persuade que sans elles on ne peut iamais rien establir de ferme & d'asseuré dans la Philosophie.

Et quoy que le fer & le feu ne se manient iamais sans peril, par des enfans, ou par des imprudens, neantmoins parce qu'ils sont vtiles pour la vie, il n'y a personne qui iuge qu'il se faille abstenir pour cela de leur vsage.

Or maintenant que dans la quatriéme Meditation ie n'aye eu dessein de traitter que de l'erreur *qui se commet dans le discernement du vray, & du faux*, & non pas de celle qui arriue dans la poursuite du bien & du mal; & que i'aye tousiours excepté les choses qui regardent la foy, & les actions de nostre vie, lors que i'ay dit que nous ne deuons donner creance qu'aux choses que nous connoissons euidemment, tout le contenu de mes Meditations en fait foy; & outre cela ie l'ay expressement declaré dans les réponses aux secondes obiections, nombre cinquiéme, comme aussi dans l'abregé de mes Meditations; ce que ie dis pour faire voir combien ie defere au iugement de Monsieur Arnaud, & l'estime que ie fais de ses conseils.

Il reste le Sacrement de l'Eucharistie auec lequel Monsieur Arnaud iuge que mes opinions ne sçauroient conuenir, *parce que*, dit-il, *nous tenons pour article de foy que la substance du pain estant ostée du pain Eucharistique, les seuls accidens y demeurent*: or il pense que ie n'admets point d'accidens réels, mais seulement des modes, *qui ne sçauroient estre conceus sans quelque substance en laquelle ils resident, ny par consequent aussi exister sans elle.*

A laquelle obiection ie pourois tres facilement m'exempter de répondre, en disant que iusques icy ie n'ay iamais nié qu'il y eust des accidens réels: car encore que ie ne m'en sois point serui dans la dioptrique, &

Oo ij

dans les meteores, pour expliquer les choses que ie traittois alors, i'ay dit neantmoins en termes exprez dans les meteores p. 164. que ie ne voulois pas nier qu'il y en eust.

Et dans ces Meditations i'ay de vray suposé que ie ne les connoissois pas bien encore, mais non pas que pour cela il n'y en eust point: Car la maniere d'écrire analytique que i'y ay suiuie permet de faire quelques-fois des supositions, lors qu'on n'a pas encore assez soigneusement examiné les choses, comme il a paru dans la premiere meditation, où i'auois suposé beaucoup de choses, que i'ay depuis refutées dans les suiuantes.

Et certes ce n'a point esté icy mon dessein de rien definir touchant la nature des accidens, mais i'ay seulement proposé ce qui m'a semblé d'eux de prim' abord, & enfin de ce que i'ay dit que les modes ne sçauroient estre conceus sans quelque substance en laquelle ils resident, on ne doit pas inferer que i'aye nié que par la toute puissance de Dieu ils en puissent estre separez, parce que ie tiens pour tres-asseuré, & croy fermement que Dieu peut faire vne infinité de choses, que nous ne sommes pas capables d'entendre, ny de conceuoir.

Mais pour proceder icy auec plus de franchise, ie ne dissimuleray point que ie me persuade qu'il n'y a rien autre chose par quoy nos sens soient touchez, que cette seule superficie qui est le terme des dimensions du corps qui est senty, ou aperceu par les sens; car c'est en la superficie seule que se fait le contact, lequel est si necessaire pour le sentiment, que i'estime que sans luy pas vn de nos sens ne pouroit estre meu; Et ie ne suis pas le seul de cette opinion, Aristote mesme, & quantité d'autres Philosophes auant moy en ont esté : De sorte que, par exemple, le pain & le vin ne sont point aperceus par les sens, sinon entant que leur superficie est touchée par l'organe du sens, ou immediatement, ou mediatement par le moyen de l'air ou des autres corps, comme ie l'estime, ou bien comme disent plusieurs Philosophes, par le moyen des especes intentionelles.

Et il faut remarquer que ce n'est pas la seule figure exterieure des corps qui est sensible aux doigts & à la main qui doit estre prise pour cette superficie, mais qu'il faut aussi considerer tous ces petits interualles qui sont, par exemple, entre les petites parties de la farine dont le pain est composé, comme aussi entre les particules de l'eau de vie, de l'eau douce, du vinaigre, de la lie ou du tartre, du mélange desquelles le vin est composé, & ainsi entre les petites parties des autres corps, & penser que toutes les petites superficies qui terminent ces interualles, font partie de la superficie de chaque corps.

Car de vray ces petites parties de tous les corps ayans diuerses figures & grosseurs, & differens mouuemens, iamais elles ne peuuent estre si bien arrangées, ny si iustement iointes ensemble qu'il ne reste plusieurs interualles autour d'elles, qui ne sont pas neantmoins vuides, mais qui sont remplis d'air, ou de quelque autre matiere, comme il s'en voit dans le pain qui sont assez larges, & qui peuuent estre remplis non seulement d'air, mais aussi d'eau, de vin, ou de quelque autre liqueur. Et puis que le pain demeure tousiours le mesme encore que l'air, ou telle autre matiere qui est contenuë dans les pores soit changée, il est constant que ces choses

Oo iij

n'appartiennent point à la substance du pain: & partant que sa superficie n'est pas celle qui par vn petit circuit l'enuironne tout entier, mais celle qui touche & enuirône immediatement chacune de ses petites parties.

Il faut aussi remarquer que cette superficie n'est pas seulement remuée toute entiere, lors que toute la masse du pain est portée d'vn lieu en vn autre, mais qu'elle est aussi remuée en partie, lors que quelques vnes de ses petites parties sont agitées par l'air, ou par les autres corps qui entrent dans ses pores: Tellement que s'il y a des corps qui soient d'vne telle nature, que quelques vnes de leurs parties, ou toutes celles qui les composent, se remuent continuellement (ce que i'estime estre vray de plusieurs parties du pain, & de toutes celles du vin) il faudra aussi conceuoir que leur superficie est dans vn continuel mouuement.

Enfin il faut remarquer que par la superficie du pain, ou du vin, ou de quelque autre corps que ce soit, on n'entend pas icy aucune partie de la substance, ny mesme de la quantité de ce mesme corps, ny aussi aucunes parties des autres corps qui l'enuironnent, mais seulement *ce terme que l'on conçoit estre moyen, entre chacune des particules de ce corps, & les corps qui les enuironnent, & qui n'a point d'autre entité que la modale.*

Ainsi puis que le contact se fait dans ce seul terme, & que rien n'est senty si ce n'est par contact, c'est vne chose manifeste que de cela seul que les substances du pain & du vin sont dites estre tellement changées en la substance de quelque autre chose, que cette nouuelle substance soit contenuë precisement sous les mesmes termes sous qui les autres estoient contenuës, ou qu'elle existe dans le mesme lieu où le pain & le vin existoient auparauant, (ou plutost, dautant que leurs termes sont continuellement agitez, dans lequel ils existeroient s'ils estoient presens,) il s'ensuit necessairement que cette nouuelle substance doit mouuoir tous nos sens de la mesme façon que feroient le pain, & vin, s'il n'y auoit point eu de Transubstantiation.

Or l'Eglise nous enseigne dans le Concile de Trente section 13. can. 2. & 4. *qu'il se fait vne conuersion de toute la substance du pain, en la substance du Corps de nostre Seigneur Iesus-Christ, demeurant seulement l'espece du pain.* Où ie ne voy pas ce que l'on peut entendre par *l'espece du pain*, si ce n'est cette superficie qui est moyenne entre chacune de ses petites parties, & les corps qui les enuironnent.

Car comme il a desia esté dit, le contact se fait en cette seule superficie ; & Aristote mesme confesse, que non seulement ce sens, que par vn priuilege special on nomme *l'attouchement*, mais aussi tous les autres ne sentent que par le moyen de l'atouchement. C'est dans le liure 3. de l'ame chap. 13. où sont ces mots καὶ τὰ ἄλλα αἰσθητήρια ἁφῇ αἰσθάνεται.

Or il n'y a personne qui pense que par l'espece on entende icy autre chose, que ce qui est precisement requis pour toucher les sens. Et il n'y a aussi personne qui croye la conuersion du pain au Corps de Christ, qui ne pense que ce Corps de Christ, est precisement contenu sous la mesme superficie sous qui le pain seroit contenu s'il estoit present ; Quoy que neantmoins il ne soit pas là comme proprement dans vn lieu ; *mais sa-*

cramentellement, & de cette maniere d'exister, laquelle quoy que nous ne puissions qu'à peine exprimer par paroles, aprés neantmoins que nostre esprit est éclairé des lumieres de la foy, nous pouuons conceuoir comme possible à Dieu, & laquelle nous sommes obligez de croire tres-fermement. Toutes lesquelles choses me semblēt estre si commodement expliquées par mes principes, que non seulement ie ne crains pas d'auoir rien dit icy qui puisse offenser nos Theologiens, qu'au contraire i'espere qu'ils me sçauront gré de ce que les opinions que ie propose dans la Physique sont telles, qu'elles conuiennent beaucoup mieux auec la Theologie, que celles qu'on y propose d'ordinaire. Car de vray l'Eglise n'a iamais enseigné (au moins que ie sçache) que les especes du pain & du vin qui demeurent au Sacrement de l'Eucharistie, soient des accidens réels, qui subsistent miraculeusement tous seuls, aprés que la substance à laquelle ils estoient attachez a esté ostée.

Mais à cause que peut estre les premiers Theologiens, qui ont entrepris d'expliquer cette question par les raisons de la Philosophie naturelle, se persuadoient si fortement que ces accidens qui touchent nos sens estoient quelque chose de réel, different de la substance, qu'ils ne pensoient pas seulement que iamais on en peust douter, ils auoient suposé sans aucune valable raison, & sans y auoir bien pensé, que les especes du pain estoient des accidens réels de cette nature: en suitte de quoy ils ont mis toute leur estude à expliquer comment ces accidens peuuent subsister sans suiet. En quoy ils ont trouué tant de difficultez, que cela seul leur deuoit faire

faire juger qu'ils s'estoient détournez du droit chemin; ainsi que font les voyageurs quand quelque sentier les a conduits à des lieux pleins d'espines, & inaccessibles. Car premierement, ils semblent se contredire (au moins ceux qui tiennent que les objets ne meuuent nos sens que par le moyen du contact) lors qu'ils supposent qu'il faut encore quelque autre chose dans les objets pour mouuoir les sens, que leurs superficies diuersement disposées: dautant que c'est vne chose qui de soy est euidente, que la superficie seule suffit pour le contact ; Et s'il y en a qui ne veuillent pas tomber d'accord que nous ne sentons rien sans contact, ils ne peuuent rien dire touchant la façon dont les sens sont meus par leurs objects, qui ayt aucune apparence de verité. Outre cela l'esprit humain ne peut pas conceuoir que les accidens du pain soient reels, & que neantmoins ils existent sans sa substance, qu'il ne les conçoiue à la façon des substances : En sorte qu'il semble qu'il y ayt de la contradiction, que toute la substance du pain soit changée, ainsi que le croit l'Eglise, & que cependant il demeure quelque chose de reel qui estoit auparauant dans le pain ; parce qu'on ne peut pas conceuoir qu'il demeure rien de reel, que ce qui subsiste, & encore qu'on nomme cela vn accident, on le conçoit neantmoins comme vne substance. Et c'est en effect la mesme chose que si on disoit qu'à la verité toute la substance du pain est changée, mais que neantmoins cette partie de sa substance qu'on nomme accident reel demeure: dans lesquelles paroles s'il n'y a point de contradiction, certainement dans le concept il en paroist beaucoup. Et

P p

il semble que ce soit principalement pour ce sujet, que quelques-vns se sont esloignez en cecy de la creance de l'Eglise Romaine. Mais qui pourra nier que lors qu'il est permis, & que nulle raison ny Theologique, ny mesme Philosophique ne nous oblige à embrasser vne opinion plustost qu'vne autre, il ne faille principalement choisir celles qui ne peuuent donner occasion ny pretexte à personne de s'esloigner des veritez de la Foy? Or que l'opinion qui admet des accidens reels ne s'accommode pas aux raisons de la Theologie, ie pense que cela se void icy assez clairement; & qu'elle soit tout à fait contraire à celles de la Philosophie, i'espere dans peu le démonstrer euidemment dans vn Traitté des Principes que i'ay dessein de publier, & d'y expliquer comment la couleur, la saueur, la pesanteur, & toutes les autres qualitez qui touchent nos sens, dependent seulement en cela de la superficie exterieure des corps. Au reste on ne peut pas supposer que les accidens soient reels, sans qu'au miracle de la Transubstantiation, lequel seul peut estre inferé des paroles de la consecration, on n'en adjouste sans necessité vn nouueau & incomprehensible, par lequel ces accidens reels existent tellement sans la substance du pain, que cependant ils ne soient pas eux-mesmes faits des substances: Ce qui ne repugne pas seulement à la raison humaine, mais mesme à l'axiome des Theologiens, qui disent que les paroles de la Consecration n'operent rien que ce qu'elles signifient; & qui ne veulent pas attribuer à miracle les choses qui peuuent estre expliquées par raison naturelle. Toutes lesquelles difficultez sont entierement

AVX QVATRIESMES OBIECTIONS. 299
leuées, par l'explication que ie donne à ces choses. Car
tant s'en faut que selon l'explication que i'y donne, il
soit besoin de quelque miracle pour conseruer les accidens apres que la substance du pain est ostée; qu'au contraire sans vn nouueau miracle (à sçauoir par lequel
les dimensions fussent changées) ils ne peuuent pas
estre ostez. Et les histoires nous apprennent que cela
est quelquefois arriué, lors qu'au lieu du pain consacré,
il a paru de la chair, ou vn petit enfant entre les mains
du Prestre : Car iamais on n'a creu que cela soit arriué
par vne cessation de miracle, mais on a tousiours attribué cet effect à vn miracle nouueau. Dauantage il n'y a
rien en cela d'incomprehensible, ou de difficile, que
Dieu Createur de toutes choses puisse changer vne substance en vne autre, & que cette derniere substance
demeure precisément sous la mesme superficie, sous
qui la premiere estoit contenuë. On ne peut aussi rien
dire de plus conforme à la raison, ny qui soit plus communement receu par les Philosophes, que non seulement tout sentiment, mais generalement toute action
d'vn corps sur vn autre se fait par le contact, & que ce
contact peut estre en la seule superficie : D'où il suit
euidemment que la mesme superficie doit tousiours
agir ou patir de la mesme façon, quelque changement
qui arriue en la substance qu'elle couure.

C'est pourquoy, s'il m'est icy permis de dire la verité
sans enuie, j'ose esperer que le temps viendra, auquel
cette opinion, qui admet des accidens reels, sera rejettée
par les Theologiens comme peu seure en la foy, repu-
gnante à la raison, & du tout incomprehensible, & que

Pp ij

la mienne fera receuë en fa place, comme certaine & indubitable. Ce que j'ay crû ne deuoir pas icy diſſimuler, pour preuenir autant qu'il m'eſt poſſible les calomnies de ceux qui voulant paroiſtre plus ſçauans que les autres, & ne pouuant ſouffrir qu'on propoſe aucune opinion differente des leurs, qui ſoit eſtimée vraye & importante, ont couſtume de dire qu'elle repugne aux veritez de la Foy, & taſchent d'abolir par authorité, ce qu'ils ne peuuent refuter par raiſon. Mais j'appelle de leur Sentence à celle des bons & ortodoxes Theologiens, au jugement & à la cenſure deſquels ie me ſoûmettray touſiours tres-volontiers.

CINQVIESMES OBIECTIONS
FAITES PAR MONSIEVR GASSENDY.

Monsieur Gassendy à Monsieur Des-Cartes.

MONSIEVR,

Le Reuerend Pere Mersenne m'a beaucoup obligé de me faire participant de ces sublimes Meditations que vous auez écrittes touchant la premiere Philosophie : Car certainement la grandeur du sujet, la force des pensées, & la pureté de la diction m'ont plû extraordinairement. Aussi à vray dire est-ce auec plaisir que je vous voy auec tant d'esprit & de courage trauailler si heureusement à l'auancement des sciences, & que vous commencez à nous découurir des choses qui ont esté inconnues à tous les siecles passez. Vne seule chose m'a fasché, qu'il a desiré de moy que si apres la lecture de vos Meditations il me restoit quelques doutes ou scrupules en l'esprit, je vous en écriuisse. Car j'ay bien jugé que ie ne ferois paroistre autre chose que le defaut de mon esprit, si ie n'acquiesçois pas à vos raisons, ou pluſtoſt ma temerité, si i'oſois proposer la moindre choſe à l'encontre. Neantmoins ie ne l'ay pû refuser aux sollicitations de mon amy, ayant pensé que vous prendrez en bonne part vn deſſein qui vient pluſtoſt de luy que de moy ; & ſçachant d'ailleurs que vous eſtes si humain, que vous croirez facilement que ie n'ay point eu d'autre pensée que celle de vous proposer nuement mes doutes, & mes difficultez. Et certes ce ſera bien aſſez ſi vous prenez la patience de les lire d'vn bout à l'autre. Car de penser qu'elles vous doiuent émouuoir, & vous donner la moindre défiance de vos raisonnemens, ou vous obliger à perdre le temps à leur répódre, que vous deuez mieux employer, i'en ſuis fort eſloigné, & ne vous le conseillerois pas. Ie n'oſerois pas méme vous les proposer ſans rougir, eſtant aſſuré qu'il n'y en a pas vne qui ne vous ayt plusieurs fois paſſé par l'eſprit, & que vous n'ayez ou expreſſément mépriſée, ou jugé deuoir eſtre diſſimulée. Ie les propoſe donc, mais ſans autre deſſein que celuy d'vne ſimple propoſition, laquelle je fais, non contre les choſes que vous traittez, & dont vous auez entrepris la demonſtration, mais ſeulement contre la Methode & les raiſons dont vous vſez pour les demonſtrer. Car de vray je fais profeſſion de croire qu'il y a vn Dieu, & que nos ames ſont immortelles : & je n'ay de la difficulté qu'à comprendre la force & l'energie du raiſonnement que vous employez pour la preuue de ces veritez Metaphyſiques, & des autres queſtions que vous inſerez dans voſtre ouurage.

CONTRE LA PREMIERE MEDITATION.

Des choses qui peuuent estre reuoquées en doute.

POur ce qui regarde la premiere Meditation, il n'est pas besoin que ie m'y arreste beaucoup; Car i'approuue le dessein que vous auez pris de vous défaire de toutes sortes de prejugez. Il n'y a qu'vne chose que ie ne comprens pas bien, qui est de sçauoir pourquoy vous n'auez pas mieux aymé tout simplement, & en peu de paroles, tenir toutes les choses que vous auiez connues iusques alors pour incertaines, afin puis apres de mettre à part celles que vous reconnoistriez estre vrayes, que les tenant toutes pour fausses, ne vous pas tant dépoüiller d'vn ancien prejugé, que vous reuestir d'vn autre tout nouueau. Et remarquez comme quoy il a esté necessaire pour obtenir cela de vous, de feindre vn Dieu trompeur, ou vn ie ne sçay quel mauuais genie qui employast toute son industrie à vous surprendre, bien qu'il semble que c'eust esté assez d'alleguer pour raison de vostre défiance, le peu de lumiere de l'esprit humain, & la seule foiblesse de la nature. Outre cela vous feignez que vous dormez, afin que vous ayez occasion de reuoquer toutes choses en doute, & que vous puissiez prendre pour des illusions tout ce qui se passe icy-bas. Mais pouuez-vous pour cela assez sur vous-mesme, que de croire que vous ne soyez point éueillé, & que toutes les choses qui sont & qui se passent deuant vos yeux, soient fausses & trompeuses? Quoy que vous en disiez, il n'y aura personne qui se persuade, que vous soyez pleinement persuadé qu'il n'y a rien de vray de tout ce que vous auez jamais connu; & que les sens, ou le sommeil, ou Dieu, ou vn mauuais genie vous ont continuellement imposé. N'eust-ce pas esté vne chose plus digne de la candeur d'vn Philosophe, & du zele de la verité, de dire les choses simplement, de bonne foy, & comme elles sont, que non pas, comme on vous pourroit objecter, recourir à cette machine, forger ces illusions, rechercher ces détours, & ces nouueautez? Neantmoins puis que vous l'auez ainsi trouué bon, ie ne contesteray pas dauantage.

CONTRE LA SECONDE MEDITATION.

De la nature de l'Esprit humain; Et qu'il est plus aysé à le connoistre que le Corps.

Touchant la seconde: Ie voy que vous n'estes pas encore hors de vostre enchantement & illusion, & neantmoins qu'à trauers de ces fantosmes, vous ne laissez pas d'apperceuoir qu'au moins est-il vray, que vous qui estes ainsi charmé, & enchanté, estes quelque chose; c'est pourquoy vous concluez que cette proposition, *ie suis, i'existe*, autant de fois que vous la proferez, ou que vous la conceuez en vostre esprit, est necessairement vraye: mais ie ne voy pas que vous ayez eu besoin d'vn si grand appareil

appareil, puis que d'ailleurs vous estiez desia certain de voſtre exiſtence, & que vous pouuiez inferer la meſme choſe de quelque autre que ce fuſt de vos actions, eſtant manifeſte par la lumiere naturelle, que tout ce qui agit, eſt, ou exiſte. Vous adjouſtez à cela *que neantmoins vous ne ſçauez pas encore aſſez ce que vous eſtes*: ie ſçay que vous le dites tout de bon, & je vous l'accorde fort volontiers; car c'eſt en cela que conſiſte tout le nœud de la difficulté: Et en effet c'eſtoit tout ce qu'il vous falloit rechercher ſans tant de détours, & ſans vſer de toute cette ſuppoſition. En ſuite de cela vous vous propoſez d'examiner *ce que vous auez penſé eſtre iuſques icy, afin qu'apres en auoir retranché tout ce qui peut receuoir le moindre doute, il ne demeure rien qui ne ſoit certain, & inébranlable.* Certainement vous le pouuez faire auec l'aprobation d'vn chacun. Ayant tenté ce beau deſſein, & en ſuite trouué que vous auez touſiours crû eſtre vn homme, vous vous faites cette demande; *Qu'eſt-ce donc qu'vn homme?* ou aprés auoir rejetté de propos deliberé la definition ordinaire, vous vous arreſtez aux choſes qui s'offroient autresfois à vous de prim'abord; par exemple, *que vous auez vn viſage, des mains, & tous ces autres membres, que vous apeliez du nom de corps; comme auſſi que vous eſtes nourry, que vous marchez, que vous ſentez, & que vous penſez, ce que vous raportiez à l'ame.* Ie vous accorde tout cela, pourueu que nous nous gardiós de la diſtinction que vous mettez entre l'eſprit & le corps. Vous dites *que vous ne vous arreſtiez point alors à penſer ce que c'eſtoit que l'ame, ou bien ſi vous vous y arreſtiez, que vous imaginiez qu'elle eſtoit quelque choſe de fort ſubtil, ſemblable au vent, au feu, ou à l'air, infus & répandu dans*

Qq

les parties les plus grossieres de vostre corps. cela certes est digne de remarque, *mais que pour le corps vous ne doutiez nullement que ce ne fust vne chose dont la nature consistoit à pouuoir estre figurée, compris en quelque lieu, remplir vn espace & en exclure tout autre corps; à pouuoir estre aperceuë par le touchement, par la veuë, par l'ouye, par l'odorat, & par le goust, & estre meuë en plusieurs façons.* Vous pouuez encore aujourd'huy attribuer aux corps les mesmes choses pourueu que vous ne les attribuyez pas toutes à chacun d'eux : car le vent est vn corps, & neantmoins il ne s'aperçoit point par la veuë, & que vous n'en excluyez pas les autres choses que vous raportiez à l'ame : car le vent, le feu, & plusieurs autres corps se meuuent d'eux-mesmes, & ont la vertu de mouuoir les autres.

Quant à ce que vous dites en suite, *que vous n'accordiez pas lors au corps la vertu de se mouuoir soy-mesme* : ie ne voy pas comment vous le pouriez maintenant deffendre : comme si tout corps deuoit estre de sa nature immobile, & si aucun mouuement ne pouuoit partir que d'vn principe incorporel, & que ny l'eau ne peust couler, ny l'animal marcher, sans le secours d'vn moteur intelligent, ou spirituel.

2. En aprés vous examinez si suposé vostre illusion vous *pouuez asseurer qu'il y ait en vous aucune des choses que estimiez apartenir à la nature du corps.* Et aprés vn long examen vous dites que vous ne trouuez rien de semblable en vous. C'est icy que vous commencez à ne vous plus considerer comme vn homme tout entier, mais comme cette partie la plus intime & la plus cachée de vous-mesme, telle que vous estimiez cy-deuant qu'estoit l'ame. Dites

je vous prie, ô *Ame*, ou qui que vous soïez, auez-vous jusques icy corrigé cette pensée par laquelle vous vous imaginiez estre quelque chose de semblable au vent, ou à quelque autre corps de cette nature, infus & répandu dans toutes les parties de vostre corps ? Certes vous ne l'auez point fait : Pourquoy donc ne pourriez-vous pas encore étre vn vent, ou plutost vn esprit fort subtil & fort délié, excité par la chaleur du cœur, ou par telle autre cause que ce soit, & formé du plus pur de vostre sang, qui estant répandu dans tous vos membres leur donniez la vie, & voïez auec l'œil, oïez auec l'oreille, pensiez auec le cerueau, & ainsi exerciez toutes les fonctions qui vous sont communement attribuées. S'il est ainsi, pourquoy n'aurez-vous pas la mesme figure que vostre corps, tout ainsi que l'air a la mesme que le vaisseau dans lequel il est contenu ? pourquoy ne croiray-je pas que vous soïez enuironnée par le mesme contenant que vostre corps, ou par la peau mesme qui le couure ? Pourquoy ne me sera-t'il pas permis de penser que vous remplissez vn espace, ou du moins ces parties de l'espace de vostre corps grossier, ny ses plus subtiles parties ne remplissent point ? Car de vray le corps a des petits pores dans lesquels vous estes répanduë, en sorte que là où sont vos parties, les siennes n'y sont point : en mesme façon que dans du vin & de l'eau mélez ensemble, les parties de l'vn ne sont pas au mesme endroit que les parties de l'autre, quoy que la veuë ne le puisse pas discerner ? Pourquoy n'exclurez vous pas vn autre corps du lieu que vous occupez, veu qu'en tous les petits espaces que vous remplissez, les parties de vostre corps massif & grossier ne

Qq ij

peuuent pas estre ensemble auec vous ? pourquoy ne penseray-je pas que vous vous mouuez en plusieurs façons ? Car puisque vos membres reçoiuent plusieurs & diuers mouuemens par vostre moyen, comment les pourriez-vous mouuoir sans vous mouuoir vous-mesme ? Certainement ny vous ne pouuez mouuoir les autres sans estre meuë vous-mesme, puisque cela ne se fait point sans effort; ny il n'est pas possible que vous ne soyez point meuë par le mouuement du corps. Si donc toutes ces choses sont veritables, comment pouuez vous dire qu'il n'y a rien en vous de tout ce qui appartient au corps ?

3. Puis continuant vostre examen, vous trouuez aussi dites vous, *qu'entre les choses qui sont attribuées à l'ame, celles-cy, à sçauoir, estre nourry, & marcher ne sont point en vous.* Mais premierement vne chose peut estre corps, & n'estre point nourrie. En aprés si vous estes vn corps tel que nous auons décrit cy-deuant les esprits animaux, pourquoy puisque vos membres grossiers sont nourris d'vne substance grossiere, ne pourriez-vous pas, vous qui estes subtile, estre nourrie d'vne substance plus subtile ? De plus quand ce corps dont ils sont parties croist, ne croissez vous pas aussi ? & quand il est affoibly n'estes vous pas aussi vous mesme affoiblie ? Pour ce qui regarde le marcher, puisque vos membres ne se remuent, & ne se portent en aucun lieu, si vous ne les faites mouuoir & ne les y portez vous-mesme, comment cela se peut-il faire sans aucune démarche de vostre part ? Vous répondrez, Mais *s'il est vray que ie n'aye point de corps, il s'ensuit aussi que ie ne puis marcher.* Si en disant cecy vostre dessein

est de nous joüer, ou si vous estes joüée vous mesme, il ne s'en faut pas beaucoup mettre en peine : que si vous le dites tout de bon, il faut non seulement que vous prouuiez que vous n'auez point de corps que vous informiez ; mais aussi que vous n'estes point de la nature de ces choses qui marchent, & qui sont nourries.

Vous adjoutez encore à cela *que mesme vous n'auez aucun sentiment, & ne sentez pas les choses.* Mais certes, c'est vous mesme qui voyez les couleurs, qui oyez les sons, &c. *Cela,* dites vous, *ne se fait point sans corps :* Ie le croy ; mais premierement vous en auez vn, & vous estes dans l'œil, lequel de vray ne voit point sans vous, & de plus vous pouuez estre vn corps fort subtil qui operiez par les organes des sens. *Il m'a semblé,* dites vous, *sentir plusieurs choses en dormant, que i'ay depuis reconnu n'auoir point senties.* Mais encore que vous vous trompiez, de ce que sans vous seruir de l'œil, il vous semble que vous sentiez ce qui ne se peut sentir sans luy, vous n'auez pas neantmoins tousiours éprouué la mesme fausseté : & puis vous vous en estes seruie autrefois, & c'est par luy que vous auez senty, & receu les images, dont vous pouuez à present vous seruir sans luy.

Enfin vous remarquez que vous pensez : certainement cela ne se peut nier : mais il vous reste toûjours à prouuer que la faculté de penser est tellement au dessus de la nature corporelle, que ny ces esprits qu'on nomme animaux, ny aucun autre corps pour délié, subtil, pur, & agile qu'il puisse estre, ne sçauroit estre si bien preparé, ou receuoir de telles dispositions que de pouuoir estre rendu capable de la pensée. Il faut aussi prouuer en

Qq iij

mesme temps que les ames des bestes ne sont pas corporelles, car elles pensent, ou si vous voulez, outre les fonctions des sens exterieurs, elles connoissent quelque chose interieurement, non seulement en veillant, mais aussi lors qu'elles dorment. Enfin il faut prouuer que ce corps grossier & pesant ne contribuë rien à vostre pensée (quoy que neantmoins vous n'ayez iamais esté sans luy, & que vous n'ayez iamais rien pensé en estant separée,) & partant que vous pensez independemment de luy : en telle sorte que vous ne pouuez estre empeschée par les vapeurs, ou par ces fumées noires & épaisses, qui causent neantmoins quelquefois tant de trouble au cerueau.

4. Apres quoy vous concluez ainsi ; *Ie ne suis donc precisement qu'vne chose qui pense, c'est à dire vn esprit, vne ame, vn entendement, vne raison.* Ie reconnois icy que ie me suis trompé, car ie pensois parler à vne ame humaine, ou bien à ce principe interne, par lequel l'homme vit, sent, se meut, & entend, & neantmoins ie ne parlois qu'à vn pur esprit : car ie voy que vous ne vous estes pas seulement dépoüillé du corps, mais aussi d'vne partie de l'ame. Suiuez-vous en cela l'exemple de ces anciens, lesquels croyans que l'ame estoit diffuse par tout le corps, estimoient neantmoins que sa principale partie, quo les Grecs appellent τὸ ἡγεμονικὸν auoit son siege en vne certaine partie du corps, comme au cœur, ou au cerueau. Non qu'ils creussent que l'ame mesme ne se trouuoit point en cette partie, mais parce qu'ils croyoient que l'esprit estoit comme adjousté & vny en ce lieu-là à l'ame, & qu'il formoit auec elle cette partie. Et de vray ie deubois

estre souuenu, apres ce que vous en auez dit dans vostre traitté de la Methode : car vous faites voir là dedans que vostre pensée est que tous ces offices que l'on attribüe ordinairement à l'ame vegetatiue, & sensitiue, ne dependent point de l'ame raisonnable, & qu'ils peuuent estre exercez auant qu'elle soit introduite dans le corps, comme ils s'exercent tous les iours dans les bestes, que vous soustenez n'auoir point du tout de raison. Mais ie ne sçay comment ie l'auois oublié, sinon parce que i'estois demeuré incertain, si vous ne vouliez pas qu'on appelast du nom d'ame, ce principe interne, par lequel nous croissons ainsi que les bestes & sentons, ou si vous croïez que ce nom ne conuinst proprement qu'à nostre esprit; quoyque neātmoins ce principe soit dit proprement animer, & que l'esprit ne nous serue à autre chose qu'à penser, ainsi que vous l'asseurez vous mesme. Quoy qu'il en soit, ie veux bien que vous soïez doresnauant appellé *vn esprit*, & que vous ne soïez precisement qu'vne chose qui pense.

Vous adjoustez, *que la pensée seule ne peut estre separée de vous*. On ne peut pas vous nier cela, principalement si vous n'estes qu'vn esprit : Et si vous ne voulez point admettre d'autre distinction entre la substance de l'ame & la vostre, que celle qu'on nomme en l'eschole distinction de raison. Toutefois ie hesite, & ne sçay pas bien alors que vous dites *que la pensée est inseparable de vous*, vous entendez que tandis que vous estes, vous ne cessez jamais de penser. Certainement cela a beaucoup de conformité auec cette pensée de quelques anciens Philosophes, qui pour prouuer que l'ame de l'homme est immortelle, disoient qu'elle estoit dans vn continuel mouuement; c'est à dire selon mon sens qu'elle pensoit toûjours. Mais il sera mal-aisé de persuader ceux qui ne pourront comprendre comment il seroit possible que vous pussiez penser au milieu d'vn sommeil lethargique, ou que vous eussiez pensé dans le ventre de vostre mere. A quoy i'adjouste que ie ne sçay si vous croyez auoir esté infus dans vostre corps, ou dans quelqu'vne de ses parties, dés le ventre de vostre mere, ou au moment de sa sortie. Mais ie ne veux pas vous presser dauantage sur cela; ny mesme vous demander si vous auez memoire de ce que vous pensiez estant encore dedans son ventre, ou incontinent apres les premiers iours, ou les premiers mois ou années de vostre sortie; ny, si vous me répondez que vous auez oublié toutes ces choses, vous demander encore pourquoy vous les auez oubliées. Ie veux seulement vous auertir de considerer combien obscure & legere a deu estre en ce temps-là vostre pensée, pour ne pas dire que vous n'en pouuiez quasi point auoir.

Vous dites en suitte, *que vous n'estes point cét assemblage de membres, qu'on nomme le corps humain.* Cela vous doit estre accordé, parce que vous n'estes icy consideré que comme vne chose qui pense, & comme cette partie du composé humain, qui est distincte de celle qui est exterieure & grossiere. Ie ne suis pas aussi, dites-vous, *vn air delié infus dedans ces membres, ny vn vent, ny vn feu, ny vne vapeur, ny vne exhalaison, ny rien de tout ce ie me puis feindre & imaginer: Car i'ay supposé que tout cela n'estoit point, & neantmoins sans changer cette supposition, ie ne laisse pas d'estre certain que ie suis quelque chose.* Mais

arrestez

arreſtez-vous là s'il vous plaiſt, ô Eſprit; & faites enfin que toutes ces ſuppoſitions, ou pluſtoſt toutes ces fictions ceſſent, & diſparoiſſent pour iamais. *Ie ne ſuis pas*, dites-vous, *vn air ou quelque autre choſe de ſemblable* : Mais ſi l'ame toute entiere eſt quelque choſe de pareil, pourquoy vous, qu'on peut dire en eſtre la plus noble partie, ne ſerez-vous pas creu eſtre comme la fleur la plus ſubtile, ou la portion la plus pure & la plus viue de l'ame. *Peut-eſtre*, dites vous, *que ces choſes que ie ſuppoſe n'eſtre point, ſont quelque choſe de reel, qui n'eſt point different de moy que ie connois. Ie n'en ſçay rien neantmoins, & ie ne diſpute pas maintenant de cela*; Mais ſi vous n'en ſçauez rien, ſi vous ne diſputez pas de cela, pourquoy dites vous que vous n'eſtes rien de tout cela ? *Ie ſçay*, dites vous, *que i'exiſte : Or cette connoiſſance ainſi préciſement priſe ne peut pas dépendre ny proceder des choſes que ie ne connois point encore.* Ie le veux, mais au moins ſouuenez-vous que vous n'auez point encore prouué que vous n'eſtes point vn air, vne vapeur, ou quelque choſe de cette nature.

5. Vous décriuez en ſuitte ce que c'eſt que vous apelez imagination. Car vous dites, *qu'imaginer n'eſt rien autre choſe que contempler la figure ou l'image d'vne choſe corporelle.* Mais c'eſt afin d'inferer que vous connoiſſez voſtre nature par vne ſorte de penſée bien differente de l'imagination. Toutesfois puis qu'il vous eſt permis de donner telle definition que bon vous ſemble à l'imagination, dites-moy, ie vous prie, s'il eſt vray que vous ſoyez corporel (comme cela pouroit eſtre, car vous n'auez pas encore prouué le contraire) pourquoy ne pourrez vous pas vous contempler ſous vne fi-

R r

gure ou image coporelle ; & ie vous demande, lors que vous contemplez, qu'experimentez vous qui se presente à voſtre pensée, ſinon vne ſubſtance pure, claire, ſubtile, qui comme vn vent agreable ſe répandant par tout le corps, ou du moins par le cerueau, ou quelque vne de ſes parties, l'anime, & fait en cet endroit là toutes les fonctions que vous croyez exercer. *Ie reconnois, dites-vous, que rien de ce que ie puis conceuoir par le moyen de l'imagination n'apartient à cette connoiſſance que i'ay de moy-meſme.* Mais vous ne dites pas comment vous le connoiſſez, & ayant dit vn peu auparauant que vous ne ſçauiez pas encore ſi toutes ces choſes appartenoient à voſtre Eſſence, d'où pouuez vous, ie vous prie, inferer maintenant cette conſequence.

6. Vous pourſuiuez, *qu'il faut ſoigneuſement retirer ſon Eſprit de ces choſes, afin qu'il puiſſe luy-meſme connoiſtre tres diſtinctement ſa nature.* Cet aduis eſt fort bon, mais après vous en eſtre ainſi tres-ſoigneuſement retiré, dites nous, ie vous prie, quelle diſtincte connoiſſance vous auez de voſtre nature ? Car de dire ſeulement que vous eſtes vne choſe qui penſe, vous dites vne operation que nous connoiſſions tous auparauant : mais vous ne nous faites point connoiſtre quelle eſt la ſubſtance qui agit, de quelle nature elle eſt, comment elle eſt vnie au corps, comment & auec combien de varietez elle ſe porte à faire tant de choſes diuerſes, ny pluſieurs autres choſes ſemblables que nous auons iuſques icy ignorées. Vous dites *que l'on conçoit par l'entendement ce qui ne peut eſtre conceu par l'imagination* (laquelle vous voulez eſtre vne meſme choſe auec le ſens commun.) Mais, ô bon

prit, pouuez-vous nous montrer qu'il y ait en nous plusieurs facultez, & non pas vne seule, par laquelle nous connoissions generalement toutes choses ? Quand les yeux ouuers ie regarde le Soleil, c'est vn manifeste sentiment, puis quand les yeux fermez ie me le represente en moy-mesme, c'est vne manifeste interieure connoissance. Mais en fin comment pouray-je discerner que i'aperçoy le Soleil par le sens commun, ou par la faculté imaginatiue, & non point par l'esprit, ou par l'entendement, en sorte que ie puisse comme bon me semblera, conceuoir le Soleil, tantost par vne intellection qui ne soit point vne imagination, & tantost par vne imagination qui ne soit point vne intellection ? Certes, si le cerueau estant troublé, ou l'imagination blessée, l'entendement ne laissoit pas de faire ses propres, & pures fonctions, alors on pouroit veritablement dire que l'intellection est distinguée de l'imagination, & que l'imagination est distinguée de l'intellection. Mais puis que nous ne voyons point que cela se fasse, il est certes tres-difficile d'establir entr'elles vne vraye & certaine difference. Car de dire, comme vous faites, *que c'est vne imagination, lors que nous contemplons l'image d'vne chose corporelle*, ne voyez vous pas qu'estant impossible de contempler autrement les corps, il s'ensuiuroit aussi qu'ils ne pouroient estre connus que par l'imagination, ou s'ils le pouuoient estre autrement, que cette autre faculté de connoistre ne pouroit estre discernée.

Aprés cela vous dites, *que vous ne pouuez encore vous empescher de croire, que les choses corporelles dont les images*

Rr ij

se forment par la pensée, & qui tombent sous les sens, ne soient plus distinctement conniies, que ce ie ne sçay quoy de vous-mesme qui ne tombe point sous l'imagination ; en sorte qu'il est étrange, que des choses douteuses, & qui sont hors de vous, soient plus clairement & plus distinctement connues, & comprises. Mais premierement vous faites tres-bien, lors que vous dites, *ce ie ne sçay quoy de vous-mesme*, car à dire vray, vous ne sçauez ce que c'est, & n'en connoissez point la nature, & partant vous ne pouuez pas estre certain, s'il est tel qu'il ne puisse tomber sous l'imagination. De plus toute nostre connoissance semble venir originairement des sens ? & encore que vous ne soyez pas d'accord en ce point auec le commun des Philosophes, qui disent, *que tout ce qui est dans l'entendement doit premierement auoir esté dans le sens* : cela toutesfois n'en est pas moins veritable ? & ce d'autant plus qu'il n'y a rien dans l'entendement qui ne se soit premierement offert à luy, & qui ne luy soit venu comme par rencontre, ou comme disent les Grecs ἐϰ πϱοσπτώσεων, quoy que neantmoins cela s'acheue par aprés & se perfectionne par le moyen de l'analogie, composition, diuision, augmentation, diminution, & par plusieurs autres semblables manieres, qu'il n'est pas besoin de raporter en ce lieu cy. Et partant ce n'est pas merueille si les choses qui se presentent, & qui frapent elles-mesmes les sens, font vne impression plus forte à l'esprit que celles qu'il se figure & se represente luy-mesme, sur le modele & à l'occasion des choses qui luy ont touché les sens. Il est bien vray que vous dites que les choses corporelles sont incertaines, mais si vous voulez auoüer la verité, vous n'estes pas moins certain de l'exiſtence du corps dans lequel vous habitez, & de celle de toutes les autres choſes qui ſont autour de vous, que de voſtre exiſtence propre. Et meſme n'ayant que la ſeule penſée, par qui vous vous rendiez manifeſte à vous-meſme, qu'eſt-ce que cela, au reſpect des diuers moyens que ces choſes ont pour ſe manifeſter? car non ſeulement elles ſe manifeſtent par pluſieurs differentes operations, mais outre cela elles ſe font connoiſtre par pluſieurs accidens tres-ſenſibles & tres-euidens, cóme par la grandeur, la figure, la ſolidité, la couleur, la ſaueur, &c. en ſorte que bien qu'elles ſoient hors de vous, il ne ſe faut pas eſtonner ſi vous les connoiſſez, & comprenez plus diſtinctement que vous-meſme. Mais, me direz-vous, comment ſe peut-il faire que ie conçoiue mieux vne choſe étrangere que moy-meſme? Ie vous répons, de la meſme façon que l'œil void toutes autres choſes, & ne ſe void pas ſoy-meſme.

7. *Mais*, dites vous, *qu'eſt-ce donc que ie ſuis? vne choſe qui penſe. Qu'eſt-ce qu'vne choſe qui penſe? C'eſt à dire vne choſe qui doute, qui entend, qui affirme, qui nie, qui imagine auſſi, & qui ſent.* Vous en dites icy beaucoup, ie ne m'arreſteray pas neantmoins ſur chacune de ces choſes, mais ſeulement ſur ce que vous dites que vous eſtes vne choſe qui ſent. Car de vray cela m'eſtonne, veu que vous auez deſia cy-deuant aſſuré le contraire. N'auez vous point peut-eſtre voulu dire, qu'outre l'eſprit il y a en vous vne faculté corporelle qui reſide dans l'œil, dans l'oreille, & dans les autres organes des ſens: laquelle receuant les eſpeces des choſes ſenſibles, commence tellement la ſenſation que vous l'acheuez apres

R r iij

cela vous mesme, & que c'est vous qui en effect voyez, qui oyez, & qui sentez toutes choses? C'est ie croy pour cette raison que vous mettez le sentiment & l'imagination entre les especes de la pensée. Ie veux bien pourtant que cela soit; mais voyez neantmoins si le sentiment qui est dans les bestes, n'estant point different du vostre, ne doit pas aussi estre appellé du nom de pensée, & qu'ainsi il y ait aussi en elles vn esprit qui vous ressemble en quelque façon? Mais, direz-vous, i'ay mon siege dans le cerueau; & là, sans changer de demeure, ie reçoy tout ce qui m'est raporté par les esprits qui se coulent le long des nerfs: & ainsi à proprement parler, la sensation qu'on dit se faire par tout le corps, se fait & s'accomplit chez moy. Ie le veux; mais il y a aussi pareillement des nerfs dans les bestes, il y a des esprits, il y a vn cerueau, & dans ce cerueau il y a vn principe connoissant, qui reçoit en mesme façon ce qui luy est rapporté par les esprits, & qui acheue & termine la sensation. Vous direz que ce principe n'est rien autre chose dans le cerueau des bestes que ce que nous appellons fantaisie, ou bien faculté imaginatiue. Mais vous-mesmes montrez nous que vous estes autre chose dans le cerueau de l'homme, qu'vne fantaisie ou imaginatiue humaine. Ie vous demandois tantost vn argument, ou vne marque certaine, par laquelle vous nous fissiez connoistre que vous estes autre chose qu'vne fantaisie humaine, mais ie ne pense pas que vous en puissiez apporter aucune. Ie sçay bien que vous nous pourrez faire voir des operations beaucoup plus releuées que celles qui se font par les bestes: mais tout ainsi qu'encore que l'homme soit le plus noble & le plus parfait des animaux ; il n'eſt pourtant pas oſté du nombre des animaux, ainſi quoy que cela prouue tres-bien que vous eſtes la plus excellente de toutes les fantaiſies, ou imaginations, vous ſerez neantmoins touſiours cenſé eſtre de leur nombre. Car que vous vous appelliez par vne ſpeciale denomination *vn eſprit*, ce peut eſtre vn nom d'vne nature plus noble, mais non pas pour cela diuerſe. Certainement pour prouuer que vous eſtes d'vne nature entierement diuerſe (c'eſt à dire, comme vous pretendez, d'vne nature ſpirituelle, ou incorporelle,) vous deuriez produire quelque action autrement que ne font les beſtes, & ſi vous n'en pouuez produire hors le cerueau, au moins en deuriez vous produire quelqu'vne independemment du cerueau : ce que toutesfois vous ne faites point. Car il n'eſt pas pluſtoſt troublé, qu'auſſi toſt vous l'eſtes vous meſme, s'il eſt en deſordre, vous vous en reſſentez, s'il eſt opprimé, & totalement offuſqué, vous l'eſtes pareillement, & ſi quelques images des choſes s'échapent de luy, vous n'en retenez aucun veſtige. *Toutes choſes, dites-vous, ſe font dans les beſtes par vn aueugle impulſion des eſprits animaux, & de tous les autres organes : de la meſme façon que ſe font les mouuements dans vne horloge, ou dans vne autre ſemblable machine.* Mais quand cela ſeroit vray à l'eſgard de ces fonctions-cy, à ſçauoir la nutrition, le battement des arteres, & autres ſemblables, qui ſe font auſſi de meſme façon dans les hommes, peut-on aſſeurer que les actions des ſens, ou ces mouuemens qui ſont appellez les paſſions de l'ame, ſoient produits dans les beſtes par vne aueugle impulsion des esprits animaux, & non pas dans les hommes ? vn morceau de chair enuoye son image dans l'œil du chien, laquelle s'estant coulée iusques au cerueau s'attache, & s'vnit à l'ame auec des crochets imperceptibles, aprés quoy l'ame mesme, & tout le corps auquel elle est attachée comme par de secrettes & inuisibles chaisnes, sont emportez vers le morceau de chair. En mesme façon aussi la pierre, dont on l'a menacé enuoye son image, laquelle, comme vne espece de leuier, enleue & porte l'ame, & auec elle le corps à prendre la fuite. Mais toutes ces choses ne se font-elles pas de la mesme façon dans l'homme ? si ce n'est peut estre qu'il y ait vne autre voye, qui vous soit connuë, selon laquelle ces operations s'executent, & laquelle s'il vous plaisoit de nous enseigner, nous vous serions fort obligez. Ie suis libre, me direz-vous, & il est en mon pouuoir de retenir, ou de pousser l'homme à la fuite du mal, comme à la poursuitte du bien. Mais ce principe connoissant qui est dans la beste fait le semblable ; & encore que le chien se iette quelquefois sur sa proye sans aucune apprehension des coups ou des menaces, combien de fois arriue-til le semblable à l'homme ? le chien, dites vous, iappe & aboye par vne pure impulsion, & non point par vn choix premedité, ainsi que parle l'homme. Mais n'y a-t'il pas lieu de croire que l'homme parle par vne semblable impulsion : car ce que vous attribuez à vn choix, procede de la force du mouuement qui l'agite ; & mesme dans la beste on peut dire qu'il y a vn choix, lors que l'impulsion qui la fait agir est fort violente. Et de vray i'ay l'ay veu vn chien qui temperoit & ajuſtoit tellement ſa voix auec le ſon d'vne trompette, qu'il en imitoit tous les tons & les changemens, quelques ſubits & impreueus qu'ils peuſſent eſtre, & quoy que le maiſtre les eleuaſt & abbaiſſaſt d'vne cadence, tantoſt lente, & tantoſt redoublée, ſans aucun ordre, & à ſa ſeule fantaiſie. Les beſtes, dites-vous, n'ont point de raiſon: ouy bien de raiſon humaine, mais elles en ont vne à leur mode, qui eſt telle qu'on ne peut pas dire qu'elles ſoient irraiſonnables, ſi ce n'eſt en comparaiſon de l'homme; quoy que d'ailleurs le diſcours, ou la raiſon, ſemble eſtre vne faculté auſſi generale, & qui leur peut auſſi legitimement eſtre attribuée, que ce principe, ou cette faculté par laquelle elles connoiſſent, appellée vulgairement le ſens interne. Vous dites qu'elles ne raiſonnent point. Mais quoy que leurs raiſonnemens ne ſoient pas ſi parfaits, ny d'vne ſi grande étenduë que ceux des hommes: ſi eſt-ce neantmoins qu'elles raiſonnent, & qu'il n'y a point en cela de difference entr'elles & nous, que ſelon le plus & le moins. Vous dites qu'elles ne parlent point; mais quoy qu'elles ne parlent pas à la façon des hommes, (auſſi ne le font-elles point) elles parlent toutesfois à la leur, & pouſſent des voix qui leur ſont propres, & dont elles ſe ſeruent comme nous nous ſeruons des noſtres. Mais, dites-vous, vn inſenſé meſme peut former & aſſembler pluſieurs mots pour ſignifier quelque choſe, ce que neantmoins la plus ſage des beſtes ne ſçauroit faire. Mais voyez, ie vous prie, ſi vous eſtes aſſez equitable, d'exiger d'vne beſte des paroles d'vn

Sſ

homme, & cependant de ne prendre pas garde à celles qui leur sont propres. Mais toutes ces choses sont d'vne plus longue discussion.

8. Vous apportez en suite *l'exemple de la cire, & touchant cela vous dites plusieurs choses, pour faire voir que ce qu'on appelle les accidens de la cire, est autre chose que la cire mesme, ou sa substance : & que c'est le propre de l'esprit ou de l'entendement seul, & non point du sens, ou de l'imagination, de conceuoir distinctement la cire, ou la substance de la cire.* Mais premierement c'est vne chose dont tout le monde tombe d'accord, qu'on peut faire abstraction du concept de la cire, ou de sa substance, de celuy de ses accidens. Mais pour cela pouuez-vous dire que vous conceuez distinctement la substance, ou la nature de la cire. Il est bien vray qu'outre la couleur, la figure, la fusibilité, &c. nous conceuons qu'il y a quelque chose qui est le sujet des accidens, & des changemens que nous auons obseruez; mais de sçauoir quelle est cette chose, ou ce que ce peut estre, certainement nous ne le sçauons point : car elle demeure tousjours cachée, & ce n'est quasi que par conjecture que nous iugeons qu'il doit y auoir quelque sujet, qui serue de soûtien & de fondement à toutes les variations dont la cire est capable. C'est pourquoy ie m'estonne comment vous osez dire, qu'aprés auoir ainsi despoüillé la cire de toutes ses formes, ne plus ne moins que de ses vestemens, vous conceuez plus clairement & plus parfaitement ce qu'elle est. Car ie veux bien que vous conceuiez que la cire, ou plustost la substance de la cire, doit estre quelque chose de different de toutes ces formes : toutesfois vous

ne pouuez pas dire que vous conceuiez ce que c'eſt, ſi vous n'auez deſſein de nous tromper, ou ſi vous ne voulez eſtre trompé vous meſme. Car cela ne vous eſt pas rendu manifeſte, comme vn homme le peut eſtre, de qui nous auions ſeulement apperceu la robbe, & le chappeau, quand nous venons à les luy oſter pour ſçauoir ce que c'eſt, ou quel il eſt. En aprés, puis que vous penſez comprendre en quelque façon quelle eſt cette choſe, dites nous, ie vous prie, comment vous la conceuez ? n'eſt-ce pas comme quelque choſe de fuſible, & d'eſtendu ? Car ie ne penſe pas que vous la conceuiez comme vn point, quoy qu'elle ſoit telle, qu'elle s'eſtende tantoſt plus, & tantoſt moins. Maintenant cette ſorte d'eſtenduë ne pouuant pas eſtre infinie, mais ayant ſes bornes & ſes limites, ne la conceuez vous pas auſſi en quelque façon figurée ? puis la conceuant de telle ſorte qu'il vous ſemble que vous la voyez, ne luy attribuez vous pas quelque ſorte de couleur, quoy que tres-obſcure & confuſe ? Certainement comme elle vous paroiſt auoir plus de corps & de matiere que le pur vuide, auſſi vous ſemble t'elle plus viſible ; Et partant voſtre intellection eſt vn eſpece d'imagination. Si vous dites que vous la conceuez ſans eſtenduë, ſans figure, & ſans couleur, dites nous donc naïfuement ce que c'eſt ?

Ce que vous dites *des hommes que nous auons veus & conceus par l'eſprit, de qui neantmoins nous n'auons apperceu que les chappeaux, ou les habits*, ne nous monſtre pas que ce ſoit pluſtoſt l'entendement, que la faculté imaginatiue, qui iuge. Et de fait vn chien, en qui vous

Sſ ij

n'admettez pas vn esprit semblable au vostre, ne iuget'il pas de mesme façon, lors que sans voir autre chose que la robbe ou le chappeau de son maistre, il ne laisse pas de le reconnoistre ? Bien d'auantage, encore que son maistre soit debout, qu'il se couche, qu'il se courbe, qu'il se racourcisse, ou qu'il s'estende, il connoist tousjours son maistre, qui peut estre sous toutes ces formes, mais non pas plustost sous l'vne que sous l'autre, tout de mesme que la cire ? Et lors qu'il court aprés vn lievre, & qu'aprés l'auoir veu viuant, & tout entier, il le void mort, escorché & despecé en plusieurs morceaux, pensez vous qu'il n'estime pas que ce soit tousjours le mesme lieure ? Et partant ce que vous dites *que la perception de la couleur, de la dureté, de la figure, &c. n'est point vne vision, ny vn tact, &c. mais seulement vne inspection de l'esprit*, ie le veux bien, pourueu que l'esprit ne soit point distingué réellement de la faculté imaginatiue. Et lors que vous adjoûtez *que cette inspection peut estre imparfaite & confuse, ou bien parfaite & distincte, selon que plus ou moins on examine les choses dont la cire est composée*, cela ne nous monstre pas que l'inspection que l'esprit a faite, de ce ie ne sçay quoy qui se retrouue en la cire outre ses formes exterieures, soit vne claire & distincte connoissance de la cire ; mais bien seulement vne recherche, ou inspection faite par les sens de tous les accidens qu'ils ont pû remarquer en la cire, & de tous les changemens dont elle est capable. Et de là nous pouuons bien à la verité comprendre & expliquer ce que nous entendons par le nom de cire, mais de pouuoir cóprendre, & mesme de pouuoir aussi faire conceuoir aux autres ce que c'eſt que cette ſubſtance, qui eſt d'autant plus occulte qu'elle eſt conſiderée toute nuë, c'eſt vne choſe qui nous eſt entierement impoſſible.

9. Vous adjoûtez incontinent aprés. *Mais que diray-ie de cét eſprit, ou pluſtoſt de moy-meſme, car iuſques icy ie n'admets rien autre choſe en moy que l'Eſprit ? que prononteray-ie, dis-ie, de moy qui ſemble conceuoir auec tant de netteté, & de diſtinction ce morceau de cire ? ne me connois-ie pas moy-meſme non ſeulement auec bien plus de verité & de certitude, mais encore auec beaucoup plus de diſtinction & d'euidence ? Car ſi ie iuge que la cire eſt, ou exiſte, de ce que ie la voy, certes il ſuit bien plus euidemment, que ie ſuis, ou que i'exiſte moy-meſme, de ce que ie la voy : Car il ſe peut faire que ce que ie voy ne ſoit pas en effect de la cire, il peut aſſi arriuer que ie n'aye pas meſme des yeux pour voir aucune choſe, mais il ne ſe peut pas faire que lors que ie voy, ou (ce que ie ne diſtingue plus) lors que ie penſe voir, que moy qui penſe ne ſois quelque choſe : De meſme ſi ie iuge que la cire exiſte de ce que ie la touche, il s'enſuiura encore la meſme choſe. Et ce que i'ay remarqué icy de la cire, ſe peut appliquer à toutes les autres choſes qui me ſont exterieures, & qui ſe rencontrent hors de moy.* Ce ſont là vos propres paroles, que ie rapporte icy pour vous faire remarquer qu'elles prouuent bien à la verité que vous connoiſſez diſtinctement que vous eſtes, de ce que vous voyez, & connoiſſez diſtinctement l'exiſtence de cette cire, & de tous ſes accidens: mais qu'elles ne prouuent point que pour cela vous connoiſſiez diſtinctement ou indiſtinctement ce que vous eſtes, ou quelle eſt voſtre nature, & neantmoins

c'estoit ce qu'il falloit principalement prouuer, puis qu'on ne doute point de vostre existence. Prenez garde cependant, pour ne pas insister icy beaucoup, aprés n'auoir pas voulu m'y arrester auparauant, que tandis que vous n'admettez rien autre chose en vous que l'esprit, & que pour cela mesme vous ne voulez pas demeurer d'accord que vous ayez des yeux, des mains, ny aucun des autres organes du corps, vous parlez neantmoins de la cire & de ses accidens que vous voyez, & que vous touchez, &c. lesquels pourtant à dire vray, vous ne pouuez voir, ny toucher, ou, pour parler selon vous, vous ne pouuez penser voir, ny toucher sans yeux & sans mains.

Vous poursuiuez, *or si la notion ou perception de la cire, semble estre plus nette & plus distincte, aprés qu'elle a esté descouuerte non seulement par la veuë, ou par l'attouchement, mais aussi par beaucoup d'autres causes, auec combien plus d'euidence, de distinction, & de netteté me dois-ie connoistre moy-mesme: puis que toutes les raisons qui seruent à connoistre la nature de la cire, ou de quelque autre corps, prouuent beaucoup plus facilement, & plus euidemment la nature de mon esprit?* Mais comme tout ce que vous auez inferé de la cire, prouue seulement qu'on a connoissance de l'existence de l'esprit, & non pas de sa nature, de mesme toutes les autres choses n'en prouueront pas dauantage. Que si vous voulez outre cela inferer quelque chose de cette perception de la substance de la cire, vous n'en pouuez conclure autre chose, sinon que comme nous ne conceuons cette substance que fort confusément, & comme vn ie ne sçay quoy; de mesme l'esprit ne peut estre conceu qu'en cette maniere ; de sorte qu'on peut en toute verité repeter icy ce que vous auez dit autre part, *ce ie ne sçay quoy de vous mesme.*

Vous concluez ; *mais enfin me voicy insensiblement renenu où ie voulois, car puis que c'est vne chose qui m'est à present connuë, que l'esprit & les corps mesmes ne sont pas proprement conceus par les sens, ou par la faculté imaginatiue, mais par le seul entendement, & qu'ils ne sont pas connus de ce qu'ils sont veus, ou touchez, mais seulement de ce qu'ils sont entendus, ou bien compris par la pensée ; ie connois tres-euidemment qu'il n'y a rien qui me soit plus facile à connoistre que mon esprit.* C'est bien dit à vous ; mais quant à moy ie ne voy pas d'où vous pouuez inferer, que l'on puisse connoistre clairement autre chose de vostre esprit, sinon qu'il existe. D'où vient que ie ne voy pas aussi que ce qui auoit esté promis par le titre mesme de cette meditation ; à sçauoir, que par elle *l'esprit humain seroit rendu plus aisé à connoistre que le corps*, ait esté accomply : Car vostre dessein n'a pas esté de prouuer l'existence de l'esprit humain, ou que son existence est plus claire que celle du corps ; puis qu'il est certain que personne ne met en doute son existence : vous auez sans doute voulu rendre sa nature plus manifeste que celle du corps, & neantmoins ie ne voy point que vous l'ayez fait en aucune façon. En parlant de la nature du corps, vous auez dit vous mesme, ô Esprit, que nous en connoissons plusieurs choses, comme l'estenduë, la figure, le mouuement, l'occupation de lieu, &c. Mais de vous qu'en auez vous dit ? sinon que vous n'estes point vne assemblage de parties corporelles, ny vn air, ny vn vent, ny vne chose qui marche, ou qui sente, &c. Mais quand on vous accorderoit toutes ces choses (quoy que vous en ayez neantmoins refuté quelques-vnes) ce n'est pas toutesfois ce que nous attendions. Car de vray toutes ces choses ne sont que des negations; & on ne vous demande pas que vous nous disiez ce que vous n'estes point, mais bien que vous nous appreniez ce que vous estes. Voila pourquoy vous dites enfin, *que vous estes vne chose qui pense, c'est à dire qui donne, qui affirme, qui nie, &c.* Mais premierement dire que vous estes *vne chose*, ce n'est rien dire de connu; car ce mot est vn terme general, vague, estendu, indeterminé, & qui ne vous conuient pas plustost qu'à tout ce qui est au monde, & qu'à tout ce qui n'est pas vn pur rien. Vous estes vne chose ? c'est à dire, vous n'estes pas vn rien, ou pour parler en d'autres termes, mais qui signifient la mesme chose, vous estes quelque chose; Mais vne pierre aussi n'est pas vn rien, ou si vous voulez est quelque chose, & vne mouche pareillement, & tout ce qui est au monde. En aprés dire que vous estes *vne chose qui pense*, c'est bien à la verité dire quelque chose de connu, mais qui n'estoit pas auparauant inconnuë, & qui n'estoit pas aussi ce qu'on demandoit de vous : car qui doute que vous ne soyez vne chose qui pense ? Mais ce que nous ne sçauons pas, & que pour cela nous desirons d'apprendre, c'est de connoistre & de penetrer dans l'interieur de cette substance, dont le propre est de penser. C'est pourquoy comme c'est ce que nous cherchons, aussi vous faudroit-il conclure, non pas que vous estes vne chose qui pense, mais quelle est

est cette chose qui a pour proprieté de penser. Quoy donc si on vous prioit de nous donner vne connoissance du vin plus exacte & plus releuée que la vulgaire, penseriez vous auoir satisfait, en disant que le vin est vne chose liquide, que l'on exprime du raisin, qui est tantost blanche & tantost rouge, qui est douce, qui enyure, &c. mais ne tâcheriez vous pas de découurir & de manifester autant que vous pourriez l'interieur de sa substance ; en faisant voir comme cette substance est composée d'esprits ou eaux de vie, de flegme, de tartre, & de plusieurs autres parties meslées ensemble dans vne iuste proportion, & temperament. Ainsi donc puis qu'on attend de vous, & que vous nous promettez vne connoissance de vous-mesme plus exacte que l'ordinaire, vous iugez bien que ce n'est pas assez de nous dire comme vous faites, que vous estes vne chose qui pense, qui doute, qui entend, &c. mais que vous deuez trauailler sur vous mesme, comme par vne espece d'operation chymique, de telle sorte, que vous puissiez nous découurir & faire connoistre l'interieur de vostre substance. Et quand vous l'aurez fait, ce sera à nous aprés cela à examiner, si vous estes plus connu que le corps, dont l'anatomie, la chymie, tant d'arts differens, tant de sentimens, & tant de diuerses experiences, nous manifestent si clairement la nature.

Tt

CONTRE LA TROISIESME

MEDITATION.

De Dieu, qu'il existe.

PRemierement, de ce que vous auez reconnu que la claire & distincte connoissance de cette proposition, *ie suis vne chose qui pense*, est la cause de la certitude que vous en auez, vous inferez que vous pouuez établir pour regle generale, *que les choses que nous conceuons fort clairement & fort distinctement sont toutes vrayes*. Mais quoy que iusques icy on n'ait peu trouuer de regle plus asseurée de nostre certitude parmy l'obscurité des choses humaines: neantmoins voyant que tant de grands esprits, qui semblent auoir deu connoistre fort clairement & fort distinctement plusieurs choses, ont estimé que la verité estoit cachée dans le sein de Dieu mesme, ou dans le profond des abismes, n'y a-t'il pas lieu de soupçonner que cette regle peut estre fausse? Et certes aprés ce que disent les Sceptiques, dont vous n'ignorez pas les argumens, de quelle verité pouuons-nous respondre, comme d'vne chose clairement connuë, sinon qu'il est vray que les choses paroissent ce qu'elles paroissent à chacun? Par exemple, ie sens manifestement & distinctement que la saueur du melon est tres-agreable à mon goust, partant il est vray que la saueur du melon me paroist de la sorte; mais que pour cela il soit vray qu'elle est telle dans le melon, comment le pourois-je croire, moy qui en ma jeuneſſe, & dans l'eſtat d'vne ſanté parfaite, en ay jugé tout autrement, pource que je ſentois alors maniſeſtement vne autre ſaueur dans le melon. Ie voy meſme encore à preſent que pluſieurs perſonnes en jugent autrement: Ie voy que pluſieurs animaux qui ont le gouſt fort exquis, & vne ſanté tres-vigoureuſe, ont d'autres ſentimens que les miens. Eſt-ce donc que le vray repugne & eſt oppoſé à ſoy-meſme, ou pluſtoſt n'eſt-ce pas qu'vne choſe n'eſt pas vraye en ſoy, encore qu'elle ſoit conceuë clairement & diſtinctement? mais qu'il eſt vray ſeulement qu'elle eſt ainſi clairement & diſtinctement conceuë. Il en eſt preſque de meſme des choſes qui regardent l'eſprit. I'euſſe juré autrefois qu'il eſtoit impoſſible de paruenir d'vne petite quantité à vne plus grande, ſans paſſer par vne égale I'euſſe ſouſtenu au peril de ma vie, qu'il ne ſe pouuoit pas faire que deux lignes qui s'approchoient continuellement, ne ſe touchaſſent enfin, ſi on les prolongeoit à l'infiny. Ces choſes me ſembloient ſi claires & ſi diſtinctes, que je les tenois pour des axiomes tres-vrais & tres-indubitables; & apres cela neantmoins il y a eu des raiſons qui m'ont perſuadé le contraire, pour l'auoir conceu plus clairement & plus diſtinctement. Et à preſent méme quand je viens à penſer à la nature des ſuppoſitions Mathematiques, mon eſprit n'eſt pas ſans quelque doute & défiace de leur verité. Auſſi j'auouë bien qu'on peut dire qu'il eſt vray que je connois telles & telles propoſitions, ſelon que je ſuppoſe, ou que je conçoy la nature de la quantité, de la ligne, de la ſuperficie, &c.

Tt ij

mais que pour cela elles soient en elles-mesmes telles que je les conçoy, on ne le peut auancer auec certitude. Et quoy qu'il en soit des veritez Mathematiques, je vous demande (pour ce qui regarde les autres choses dont il est maintenant question,) pourquoy donc y a-t'il tant d'opinions differentes parmy les hommes? Chacun pense conceuoir fort clairement & fort distinctement celle qu'il deffend : & ne dites point que la plus part ne sont pas fermes dans leurs opinions, ou qu'ils feignent seulement de les bien entendre ; car ie sçay qu'il y en a plusieurs qui les soustiendront au peril de leur vie, quoy qu'ils en voyent d'autres portez de la mesme passion pour l'opinion contraire : si ce n'est peut estre que vous croyiez que mesme à ce dernier moment on déguise encore ses sentimens, & qu'il n'est pas temps de tirer la verité du plus profond de sa conscience? Et vous touchez vous-mesme cette difficulté, lors que vous dites, *que vous auez receu autrefois plusieurs choses pour tres-certaines & tres-euidentes, que vous auez depuis reconnu estre douteuses & incertaines* ; mais vous la laissez indecise, & ne confirmez point vostre regle; seulement vous prenez de là occasion de discourir des idées par qui vous pourriez auoir esté abusé, comme representant quelques choses hors de vous, qui pourtant hors de vous ne sont peut-estre rien ; en suitte dequoy vous parlez derechef d'vn Dieu trompeur, par qui vous pourriez auoir esté deceu touchãt la verité de ces propositions: *deux & trois joints ensemble font le nombre de cinq. Vn quaré n'a pas plus de quatre costez*, afin de nous signifier par là qu'il faut attendre la confirmation de vostre regle,

CINQVIESMES. 353

iusques à ce que vous ayez prouué qu'il y a vn Dieu, qui ne peut estre trompeur. Combien qu'à vray dire, il n'est pas tant besoin que vous trauailliez à confirmer cette regle, qui peut si facilement nous faire receuoir le faux pour le vray, & nous induire en erreur, qu'il est necessaire que vous nous enseigniez vne bonne methode, qui nous apprenne à bien diriger nos pensées, & qui nous fasse en mesme temps connoistre, quand il est vray que nous nous trompons, ou que nous ne nous trompons pas, toutes les fois que nous pensons conceuoir clairement & distinctement quelque chose.

2. Aprés cela vous distinguez *les idées (que vous voulez estre des pensées entant qu'elles sont comme des images) en trois façons, dont les vnes sont nées auec nous, les autres viennent de dehors, & sont estrangeres, & les autres sont faites & inuentées par nous. Soubz le premier genre, vous y mettez l'intelligence que vous auez de ce que c'est qu'on nomme en general vne chose, ou vne verité, ou vne pensée: Soubz le second, vous placez l'idée que vous auez du bruit que vous oyez, du Soleil que vous voyez, du feu que vous sentez: Soubz le troisiéme, vous y rangez les syrenes, les hypogrifes, & les autres semblables Chymeres, que vous forgez & inuentez de vous mesme; & en suite vous dites que peut-estre il se peut faire que toutes vos idées soient estrangeres, ou toutes nées auec vous, ou toutes faites par vous, dautant que vous n'en connoissez pas encore assez clairement & distinctement l'origine.* C'est pourquoy pour empécher l'erreur qui se pourroit cependant glisser, iusqu'à ce que leur origine vous soit entierement connuë, ie veux icy vous faire remarquer, qu'il semble

Tt iij

que toutes les idées viennent de dehors, & qu'elles procedent des choses qui existent hors de l'entendement, & qui tombent sous quelqu'vn de nos sens. Car de vray l'esprit n'a pas seulement la faculté, (ou plustost luy-mesme est vne faculté) de conceuoir ces idées étrangeres qui emanent des objects exterieurs, & qui passent iusqu'à luy par l'entremise des sens, de les conceuoir, dis-je, toutes nuës & distinctes, & telles qu'il les reçoit en luy ; mais de plus il a encore la faculté de les assembler & diuiser diuersement, de les étendre & racourcir, de les comparer & composer en plusieurs autres manieres. Et de là il s'ensuit, qu'au moins ce troisiéme genre d'idées que vous établissez, n'est point differend du second : Car en effect l'idée d'vne chymere n'est point differente de celles de la teste d'vn Lion, du ventre d'vne chevre, & de la queuë d'vn serpent, de l'assemblage desquelles l'esprit en fait & composé vne seule, puis qu'estant prises separement, ou considerées chacune en particulier elles sont estrangeres, & viennent de dehors. Ainsi l'idée d'vn geant, ou d'vn homme que l'on conçoit grand comme vne montagne, ou si vous voulez comme tout le monde, est la mesme que l'idée estrangere d'vn homme d'vne grandeur ordinaire, que l'esprit a étenduë à sa fantaisie, quoy qu'il la conçoiue d'autant plus confusément, qu'il l'a dauantage aggrandie. De mesme aussi l'idée d'vne pyramide, d'vne ville, ou de telle autre chose que ce soit qu'on n'aura iamais veuë, est la mesme que l'idée estrangere (mais vn peu défigurée, & par consequent confuse) d'vne pyramide, ou d'vne ville qu'on aura veuë auparauant, laquelle l'esprit aura en quelque façon multipliée, diuisée, & comparée.

Pour ces especes que vous appellez naturelles, ou que vous dites estre nées auec nous, ie ne pense pas qu'il y en ayt aucune de ce genre, & mesme toutes celles qu'on appelle de ce nom, semblent auoir vne origine estrangere. *I'ay*, dites-vous, *comme vne suitte & dependance de ma nature, d'entendre ce que c'est qu'on nomme en general vne chose.* Ie ne pense pas que vous vouliez parler de la faculté mesme d'entendre, de laquelle il ne peut y auoir aucun doute, & dont il n'est pas icy question ; mais plustost vous entendez parler de l'idée d'vne chose. Vous ne parlez pas aussi de l'idée d'vne chose particuliere ; car le Soleil, cette pierre, & toutes les choses singulieres, sont du genre des choses dont vous dites que les idées sont estrangeres, & non pas naturelles. Vous parlez donc de l'idée d'vne chose considerée en general, & entant qu'elle est synonime auec l'estre, & d'égale estenduë que luy. Mais, je vous prie, comment cette idée generale peut-elle estre dans l'esprit, si en mesme temps il n'y a en luy autant de choses singulieres, & mesme les genres de ces choses, desquelles l'esprit faisant abstraction forme vn concept, ou vne idée qui conuienne à toutes en general, sans estre propre à pas vne en particulier ? Certainement si l'idée d'vne chose est naturelle, celle d'vn animal, d'vne plante, d'vne pierre, & de tous les vniuersaux, sera aussi naturelle, & il ne sera pas besoin de nous tant trauailler à faire le discernement de plusieurs choses singulieres, afin qu'en ayant retranché toutes les differences, nous ne retenions rien que ce qui paroiſtra clairement eſtre commun à toutes en general, ou bien, ce qui eſt le meſme, afin que nous en formiós vne idée generique. Vous dites auſſi *que vous auez comme vn apanage de voſtre nature d'entendre ce que c'eſt que verité, ou bien*, comme je l'interprete, *que l'idée de la verité eſt naturellement empreinte en voſtre ame*. Mais ſi la verité n'eſt rien autre choſe que la conformité du jugement auec la choſe dont on le porte, la verité n'eſt qu'vne relation, & par conſequent n'eſt rien de diſtinct de la choſe meſme & de ſon idée comparées l'vne auec l'autre : ou ce qui ne differe point, n'eſt rien de diſtinct de l'idée de la choſe, laquelle n'a pas ſeulement la vertu de ſe repreſenter elle-meſme, mais auſſi la choſe telle qu'elle eſt. C'eſt pourquoy l'idée de la verité eſt la meſme que l'idée de la choſe, entant qu'elle luy eſt conforme, ou bien entant qu'elle la repreſente telle qu'elle eſt en effect. De façon que ſi l'idée de la choſe n'eſt point née auec nous, & qu'elle ſoit eſtrangere, l'idée de la verité ſera auſſi eſtrangere, & non pas née auec nous. Et cecy s'entendant de chaque verité particuliere, ſe peut auſſi entendre de la verité conſiderée en general, dont la notion ou l'idée ſe tire (ainſi que nous venons de dire de l'idée d'vne choſe en general) des notiós, ou des idées de chaque verité particuliere. Vous dites encore, *que c'eſt vne choſe qui vous eſt naturelle d'entendre ce que c'eſt que penſée* (c'eſt à dire ſelon que je l'interprete touſiours) *que l'idée de la penſée eſt née auec vous, & vous eſt naturelle*. Mais tout ainſi que l'eſprit, de l'idée d'vne ville, forme l'idée d'vne autre ville, de meſme auſſi il peut de l'idée d'vne action, par

exemple

exemple, d'vne vision, ou d'vne autre semblable, former l'idée d'vne autre action, à sçauoir, de la pensée mesme: Car il y a tousiours vn certain rapport & analogie entre les facultez qui connoissent, qui fait que l'vne conduit aysement à la connoissance de l'autre ; combien qu'à vray dire il ne se faut pas beaucoup mettre en peine de sçauoir de quel genre est l'idée de la pensée, nous deuons pluſtoſt reseruer ce soin pour l'idée de l'esprit mesme, ou de l'ame, laquelle si nous accordons vne fois qu'elle soit née auec nous, il n'y aura pas grand inconuenient de dire aussi le mesme de l'idée de la pensée; c'eſt pourquoy il faut attendre iuſqu'à ce qu'il ayt esté prouué de l'esprit, que son idée est naturellement en nous.

3. Apres cela il semble *que vous reuoquiez en doute, non seulement sçauoir si quelques idées procedent des choses existantes hors de nous, mais mesme que vous doutiez s'il y a aucunes choses qui existent hors de nous : d'où il semble que vous inferez, qu'encore bien que vous ayez en vous les idées de ces choses qu'on appelle exterieures, il ne s'ensuit pas neantmoins qu'il y en ait aucunes qui existent dans le monde, pource que les idées que vous en auez n'en procedent pas necessairement, mais peuuent ou proceder de vous, ou auoir esté introduites en vous par quelque autre maniere qui ne vous est pas connuë. C'est aussi ie croy pour cette raison qu'vn peu auparauant vous ne disiez pas que vous auiez apperceu la terre, le Ciel & les Astres, mais seulement les idées de la terre, du Ciel & des Astres, par qui vous pouuiez estre deceu.* Si donc vous ne croyez pas encore qu'il y ayt vne terre, vn Ciel, & des Astres, pourquoy, ie vous prie, marchez-vous sur

V u

la terre ? pourquoy leuez-vous les yeux pour contempler le Soleil ? pourquoy vous approchez-vous du feu pour en sentir la chaleur ? pourquoy vous mettez vous à table, ou pourquoy mangez-vous pour rassasier vostre faim ? pourquoy remuez-vous la langue pour parler ? & pourquoy mettez-vous la main à la plume pour nous escrire vos pensées ? Certes ces choses peuuent bien estre dites ou inuentées subtilement, mais on n'a pas beaucoup de peine à s'en desabuser ; & n'estant pas possible que vous doutiez tout de bon de l'existence de ces choses, & que vous ne sçachiez fort bien qu'elles sont quelque chose d'existant hors de vous, traittons les choses serieusement & de bonne foy, & accoustumons nous à parler des choses comme elles sont. Que si supposé l'existence des choses exterieures, vous pensez qu'on ne puisse pas demonstrer suffisamment que nous empruntons d'elles les idées que nous en auons, il faut non seulement que vous répondiez aux difficultez que vous vous proposez vous-mesme, mais aussi à toutes celles que l'on vous pouroit objecter.

Pour monstrer que les idées que nous auons de ces choses viennent de dehors, vous dites, *qu'il semble que la nature nous l'enseigne ainsi : & que nous experimentons qu'elles ne viennent point de nous, & ne dépendent point de nostre volonté.* Mais pour ne rien dire ny des raisons ny de leurs solutions, il faloit aussi entre les autres difficultez faire & soudre celle-cy, à sçauoir, pourquoy dans vn aueugle né il n'y a aucune idée de la couleur, ou dans vn sourd aucune idée de la voix ; sinon parce que ces choses exterieures n'ont pû d'elles-mesmes en uoyer aucune image de ce qu'elles font dans l'esprit de cet infortuné, dautant que dés le premier inftant de fa naiffance les auenuës en ont efté bouchées par des obftacles qu'elles n'ont peu forcer. Vous faites apres cela inftance fur l'exemple du Soleil, *de qui nous auons deux idées bien differentes, l'vne que nous auons receuë par les fens, & felon celle-là il nous paroift fort petit ; & l'autre qui eft prife des raifons de l'Aftronomie, felon laquelle il nous paroift fort grand : or de ces deux idées celle-là eft la plus vraye, & la plus conforme à fon exemplaire, qui ne vient point des fens, mais qui eft tirée de certaines notions qui font nées auec nous, ou qui eft faite par nous en quelque autre manière que ce foit.* Mais on peut répondre à cela que ces deux Idées du Soleil font femblables, & vrayes, ou conformes au Soleil, mais l'vne plus, & l'autre moins; de la mefme façon que deux differentes idées d'vn mefme homme, dont l'vne nous eft enuoyée de dix pas, & l'autre de cent, ou de mille, font femblables, vrayes, & conformes ; mais celle-là plus, & celle-cy moins : dautant que celle qui vient de plus prés fe diminuë moins que celle qui vient de plus loin ; comme il me feroit aifé de vous expliquer en peu de paroles, fi c'eftoit icy le lieu de le faire, & que vous vouluffiez tomber d'accord de mes principes. Au refte, quoy que nous n'apperceuions point autrement que par l'efprit, cette vafte idée du Soleil, ce n'eft pas à dire pour cela qu'elle foit tirée de quelque notion qui foit naturellement en nous, mais il arriue que celle que nous receuons par les fens (conformement à ce que l'expérience appuyée de la raifon nous apprend, que les mef-

Vu ij

mes choses estant esloignées paroissent plus petites que lors qu'elles sont plus proches) est autant acreuë par la force de nostre esprit, qu'il est constant que le Soleil est distant de nous, & que son diametre est égal à tant de demy diametres de la terre. Et voulez-vous voir comme quoy la nature n'a rien mis en nous de cette idée ? cherchez la dans vn aueugle né. Vous verrez premierement que dans son esprit elle n'est point colorée, ou lumineuse ; vous verrez en suite qu'elle n'est point ronde, si quelqu'vn ne l'en a auerty, & s'il n'a auparauant manié quelque chose de rond : vous verrez enfin qu'elle n'est point si grande, si la raison, ou l'autorité, ne luy a fait amplifier celle qu'il auoit conceuë. Mais pour dire quelque chose de plus, & ne nous point flater, nous autres qui auons tant de fois contemplé le Soleil, tant de fois mesuré son diametre aparent, tant de fois raisonné sur son veritable diametre, auons nous vne autre idée, ou vne autre image du Soleil que la vulgaire ? La raison nous montre bien à la verité que le Soleil est cent soixante & tant de fois plus grand que la terre, mais auons-nous pour cela l'idée d'vn corps si vaste & si estendu ? nous agrandissons bien celle que nous auons receuë par les sens, autant que nous pouuons, nostre esprit s'efforce de l'accroistre autant qu'il est en luy, mais au bout du compte nostre esprit se confond luy-mesme, & ne se remplit que de tenebres : & si nous voulons auoir vne pensée distincte du Soleil, il faut que nous ayons recours à l'idée que nous auons receuë de luy par l'entremise des sens. C'est assez que nous croyions que le Soleil est beaucoup plus grand que ce qu'il nous paroift, & que fi noftre œil en eftoit plus proche, il en receuroit vne idée bien plus ample & plus eftenduë. Mais il faut que noftre efprit fe contente de celle que nos fens luy prefentent, & qu'il la confidere telle qu'elle eft.

4. En fuitte dequoy reconnoiffant l'inégalité & la diuerfité qui fe rencontre entre les idées ; *Il eft certain, dites-vous, que celles qui me reprefentent des fubftances, font quelque chofe de plus, & contiennent en foy, pour ainfi parler, plus de realité objectiue, que celles qui me reprefentent feulement des modes, ou accidens ; Et enfin celle par laquelle ie conçoy vn Dieu Souuerain, Eternel, Infiny, Tout-puiffant, & Createur vniuerfel de toutes les chofes qui font hors de luy, à fans doute en foy plus de realité objectiue, que celles par qui les fubftances finies me font reprefentées.* Voftre efprit vous conduit icy bien vifte, c'eft pourquoy il le faut vn peu arrefter. Ie ne m'amufe pas neantmoins à vous demander d'abord ce que vous entendez par ces mots de *realité objectiue* : Il fuffit que nous fçachions que fe difant vulgairement que les chofes exterieures font formellemēt & reellement en elles-mefmes, mais objectiuement ou par reprefentation dans l'entendement, il femble que vous ne vouliez dire autre chofe, finon que l'idée doit fe conformer entierement à la chofe dont elle eft l'idée: en telle forte qu'elle ne contienne rien en object, qui ne foit en effet dans la chofe : & qu'elle reprefente d'autant plus de realité, que la chofe reprefentée en contient en elle-mefme. Ie fçay bien qu'incontinent apres vous faites diftinction entre la realité objectiue, & la realité formelle, laquelle, comme ie penfe, eft l'idée

Vu iij

mesme, non plus comme representant quelque chose, mais considerée comme vn estre separé, & ayant de soy quelque sorte d'entité. Mais quoy qu'il en soit, il est certain que ny l'idée, ny sa realité objectiue, ne doit pas estre mesurée selon toute la realité formelle que la chose a en soy : mais seulement selon cette partie dont l'esprit a eu connoissance, ou pour parler en d'autres termes, selon la connoissance que l'esprit en a. Ainsi, certes, on dira que l'idée qui est en vous d'vne personne que vous auez souuent veuë, que vous auez attentiuement considerée, & que vous auez regardée de tous costez, est tres-parfaite : mais que celle que vous pouuez auoir de celuy que vous n'aurez veu qu'vne fois en passant, & que vous n'auez pas pleinement enuisagé, est tres imparfaite. Que si au lieu de sa personne vous n'auez veu que le masque qui en cachoit le visage, & les habits qui en couuroient tout le corps, certainement on doit dire que vous n'auez point d'idée de cet homme, ou si vous en auez, qu'elle est fort imparfaite, & grandement confuse.

D'où j'infere que l'on peut bien auoir vne idée distincte & veritable des accidens ; mais qu'on ne peut auoir tout au plus qu'vne idée confuse, & contrefaite de la substance qui en est voilée. En telle sorte que lors que vous dites *qu'il y a plus de realité obiectiue dans l'idée de la substance que dans celle des accidens* ; on doit premierement nier qu'on puisse auoir vne idée naïue & veritable de la substance, & partant qu'on puisse auoir d'elle aucune realité obiectiue. & de plus quand on vous l'auroit accordé, on ne peut pas dire qu'elle soit plus grande de que celle qui se rencontre dans les idées des accidens : veu que tout ce qu'elle a de realité, elle l'emprunte des idées des accidens, sous lesquels, ou à la façon desquels nous auons dit cy-deuant que la substance estoit conceuë, faisant voir qu'elle ne peut estre conceuë que comme quelque chose d'estendu, figuré, coloré, &c.

Touchant ce que vous adjoustez *de l'idée de Dieu*, dites-moy ie vous prie, puis que vous n'estes pas encore assuré de son existence, comment pouuez-vous sçauoir qu'il nous est representé par son idée comme vn Estre, Eternel, Infiny, Tout-puissant, & Createur de toutes choses, &c? Cette idée que vous en formez, ne vient-elle point plustost de la connoissance que vous auez euë auparauant de luy, entant qu'il vous a plusieurs fois esté representé sous ces Attributs? car à dire vray, le décririez-vous de la sorte, si vous n'en auiez iamais rien ouy dire de semblable? Vous me direz peut-estre que cela n'est maintenant apporté que pour exemple, sans que vous definissiez encore rien de luy : Ie le veux: mais prenez garde de n'en pas faire apres vn prejugé.

Vous dites *qu'il y a plus de realité obiectiue dans l'idée d'un Dieu infiny, que dans l'idée d'vne chose finie*. Mais premierement l'esprit humain n'estant pas capable de conceuoir l'infinité, ne peut pas aussi auoir, ny se figurer vne idée qui represente vne chose infinie. Et partant celuy qui dit vne chose infinie, attribuë à vne chose qu'il ne comprend point, vn nom qu'il n'entend pas non plus; dautant que comme la chose s'étend au delà de toute sa comprehension, ainsi cette infinité, ou cette negation de termes qui est attribuée à cette extension, ne peut estre entenduë par celuy dont l'intelligence est tousiours restrainte & renfermée dans quelques bornes. En aprés toutes ces hautes perfections, que nous auons coûtume d'attribuer à Dieu, semblent auoir esté tirées des choses que nous admirons ordinairement en nous, comme sont la durée, la puissance, la science, la bonté, le bonheur, &c. ausquelles ayant donné toute l'estenduë possible, nous disons que Dieu est eternel, tout puissant, tout connoissant, souuerainement bon, parfaitement heureux, &c. Et ainsi l'idée de Dieu represente bien à la verité toutes ces choses, mais elle n'a pas pour cela plus de realité objectiue qu'en ont les choses finies prises toutes ensemble, des idées desquelles cette idée de Dieu a esté composée, & aprés agrandie en la maniere que ie viens de décrire. Car ny celuy qui dit eternel n'embrasse pas par sa pensée toute l'estenduë de cette durée qui n'a iamais eu de commencement, & qui n'aura iamais fin ; ny celuy qui dit tout-puissant ne comprend pas toute la multitude des effets possibles ; & ainsi des autres Attributs. Et enfin qui est celuy que l'on peut dire auoir vne idée de Dieu entiere & parfaite, c'est à dire qui le represente tel qu'il est ? Que Dieu seroit peu de chose, s'il n'estoit point autre que nous le conceuons, & s'il n'auoit que peu de perfections que nous remarquons estre en nous, quoy que nous conceuions qu'elles sont en luy d'vne façon beaucoup plus parfaite. La proportion qui est entre les perfections de Dieu, & celles de l'homme, n'est elle pas infiniment moindre, que celle qui est entre vn elephant, & vn ciron ? Si donc celuy-là passeroit pour ridicule, lequel formant vne idée sur le modele des perfections qu'il auroit remarquées dans vn ciron, voudroit dire que cette idée qu'il a ainsi formée est celle d'vn elephant, & qu'elle le represente au naïf; pourquoy ne se moquera-t'on pas de celuy qui formant vne idée sur le modele des perfections de l'homme, voudra dire que cette idée est celle de Dieu mesme, & qu'elle le represente parfaitement ? Et mesme ie vous demande, comment pouuons nous reconnoistre que ce peu de perfections que nous trouuons estre en nous, se retrouue aussi en Dieu ? Et aprés l'auoir reconnu, quelle peut estre l'essence que nous pouuons delà nous imaginer de luy ? Certainement Dieu est infiniment éleué au dessus de toute comprehension : & quand nostre esprit se veut appliquer à sa contemplation, non seulement il se reconnoist trop foible pour le comprendre, mais encore il s'aueugle, & se confond luy-mesme. C'est pourquoy il n'y a pas lieu de dire que nous ayons aucune idée veritable de Dieu qui nous le represente tel qu'il est : c'est bien assez si par le rapport des perfections qui sont en nous, nous venons à en produire & former quelqu'vne, qui s'accommodant à nostre foiblesse, soit propre aussi pour nostre vsage ; laquelle ne soit point au dessus de nostre portée, & qui ne contienne aucune realité que nous n'ayons auparauant reconnu estre dans les autres choses, ou que par leur moyen nous n'ayons aperceuë.

5. Vous dites en suite *qu'il est manifeste par la lumiere naturelle, qu'il doit y auoir pour le moins autant de realité dans*

X x

la cauſe efficiente, & totale, qu'il y en a dans l'effect: & *cela pour inferer qu'il doit y auoir pour le moins autant de rea-* *lité formelle, dans la cauſe d'vne idée, que l'idée contient de rea-* *lité objectiue.* Ce pas-cy eſt encore bien grand, & il eſt auſſi à propos que nous nous y arreſtions vn peu. Et premierement cette commune Sentence, *qu'il n'y a rien dans l'effect qui ne ſoit dans ſa cauſe*, ſemble deuoir eſtre plutoſt entenduë de la cauſe materielle, que de la cauſe efficiente. Car la cauſe efficiente eſt quelque choſe d'exterieur, & qui ſouuentefois meſme eſt d'vne nature differente de ſon effect. Et bien qu'vn effect ſoit dit auoir ſa realité de la cauſe efficiente, toutesfois il n'a pas neceſſairement la meſme que la cauſe efficiente a en ſoy, mais il en peut auoir vne autre qu'elle aura empruntée d'ailleurs. Cela ſe voit manifeſtement dans les effects de l'art. Car encore que la maiſon ait toute ſa realité de l'Architecte, toutesfois l'Architecte ne la luy donne pas du ſien, mais il l'emprunte d'ailleurs. Le Soleil fait la meſme choſe lors qu'il change diuerſement la matiere d'icy-bas, & que par ce changement il engendre diuers animaux; Bien plus, il en eſt de meſme des peres & des meres, de qui quoy que les enfans reçoiuent vn peu de matiere, ils ne la reçoiuent pas neantmoins d'eux comme d'vn principe efficient, mais ſeulement comme d'vn principe materiel. Ce que vous objectez *que l'eſtre d'vn effect doit eſtre formellement ou eminemment dans ſa cauſe*, ne veut dire autre choſe, ſinon que l'effect a quelquefois vne forme ſemblable à celle de ſa cauſe, & quelquefois vne differente, mais auſſi moins parfaite : en ſorte qu'alors la forme de la cauſe eſt plus noble que celle de ſon effect. Mais il ne s'ensuit pas pour cela que la cause qui contient eminemment son effect, luy donne quelque partie de son estre, ou bien que celle qui le contient formellement, partage sa propre forme auec son effect. Car bien qu'il semble que cela se fasse de la sorte dans la generation des choses viuantes, qui se fait par la voye de la semence, vous ne direz pas neantmoins, ie pense, que lors qu'vn pere engendre son fils, il retranche & donne à son fils vne partie de son ame raisonnable. En vn mot, la cause efficiente ne contient point autrement son effect, sinon en tant qu'elle le peut former d'vne certaine matiere, & donner à cette matiere sa derniere perfection.

En aprés sur ce que vous inferez touchant *la realité objectiue*, ie prens l'exemple de mon image mesme, laquelle peut estre consideree ou dans vn miroir, deuant lequel ie me presente, ou dans vn tableau que le peintre aura tiré. Car comme ie suis moy-mesme la cause de l'image qui est dans le miroir, entant que de moy j'enuoye mon image dans le miroir, & que le peintre est la cause de l'image qui est dépeinte dans le tableau ; De mesme lors que l'idée ou l'image de moy-mesme est dans vostre esprit, ou dans l'esprit de quelqu'autre, on peut demander, si ie suis moy-mesme la cause de cette image, entant que j'enuoye mon espece dans l'œil, & par son entremise iusqu'à l'entendement mesme: ou bien s'il y a quelqu'autre cause qui comme vn peintre adroit & subtil la trace & la couche dans l'entendement. Mais il semble qu'il n'en faille point rechercher d'autre que moy; car quoy que par

Xx ij

après l'entendement puisse agrandir ou diminuer, composer & manier comme il luy plaist cette image de moy-mesme, ie suis neátmoins la cause premiere & principale de toute la realité qu'elle a en soy. Et ce qui se dit icy de moy, se doit entendre de la mesme façon de tous les autres objets exterieurs. Maintenant vous distinguez en deux façons la realité que vous attribuez à cette idée, sçauoir est, en realité formelle, & en realité objectiue: Et quant à la formelle, elle ne peut estre autre que cette substance subtile & deliée qui coule & exhale incessamment de moy, & qui dés aussi-tost qu'elle est receuë dans l'entendement se transforme en vne idée. (Que si vous ne voulez pas que l'espece qui vient de l'object soit vn écoulement de substance, establissez ce qu'il vous plaira, vous en diminuërez tousiours la realité.) Et pour le regard de la realité objectiue, elle ne peut estre autre que la representation ou la ressemblance que cette idée a de moy-mesme, ou tout au plus que la symmetrie & l'arangement qui fait que les parties de cette idée sont tellement disposées qu'elles me representent. Et de quelque façon que vous le preniez, ie ne voy pas que ce soit rien de réel ; pource que c'est simplement vne relation des parties entr'elles, entant que raportées à moy ; ou bien c'est vn mode de la realité formelle, entant qu'elle est arangée & disposée d'vne telle façon, & non d'vne autre : mais cela importe fort peu ; ie veux bien puisque vous le voulez, qu'elle soit apelée *realité objectiue*. Cela estant posé, vous deuriez, ce semble, comparer la Realité formelle de cette idée auec la mienne propre, ou bien auec ma substance ; & sa realité obje-

CINQVIESMES. 369

ctiue auec la symmetrie des parties de mon corps, ou auec la delineation & la forme exterieure de moy-mesme; mais neantmoins il vous plaist de comparer sa realité objectiue auec ma realité formelle. Enfin quoy qu'il en soit de la façon auec laquelle vous expliquez cét axiome precedent, il est manifeste, que non seulement il y a en moy autant de realité formelle, qu'il y a de realité objectiue dans l'idée de moy-mesme; mais aussi que la realité formelle de cette idée, n'est presque rien au respect de ma realité formelle, c'est à dire de la realité de toute ma substance. C'est pourquoy ie demeure d'accord auec vous, *qu'il doit y auoir pour le moins autant de realité formelle dans la cause d'vne idée, qu'il y a dans cette idée de realité objectiue*, veu que tout ce qui est contenu dans vne idée n'est presque rien en comparaison de sa cause.

6. Vous poursuiuez, & dites *Que s'il y a en vous vne idée dont la realité obiectiue soit si grande, que vous ne l'ayez point contenue ny formellement, ny eminemment, & de qui par consequent vous n'ayez pû estre la cause, que pour lors il suit de là necessairement qu'il y a dans le monde vn autre estre que vous qui existe : & que sans cela vous n'auez aucun argument qui vous rende certain de l'existence d'aucune chose.* Mais, comme i'ay desia dit auparauant, vous n'estes pas la cause de la realité des idées, mais bien les choses mesmes qui sont representées par elles, entant qu'elles enuoyent leurs images dans vous, comme dans vn miroir; quoy que vous puissiez de là prendre quelquefois occasion de vous figurer des chymeres. Mais soit que vous en soyez la cause, soit que vous ne le soyez

Xx iij

point, estes vous pour cela en doute qu'il y ait quelqu'autre chose que vous qui existe dans le monde ? ne nous
en faites point accroire ie vous prie ; car quoy qu'il en
soit des idées, ie ne pense pas qu'il soit besoin de chercher des raisons pour vous prouuer vne chose si
constante. Vous parcourez aprés cela *les idées qui
sont en vous, & entre ces idées, outre celle de vous-mesme,
vous comptez aussi les idées de Dieu, des choses corporelles
& inanimées, des Anges, des animaux, & des hommes.
Et cela pour inferer (aprés auoir dit qu'il ne peut y auoir
aucune difficulté pour ce qui regarde l'idée de vous-mesme) que
les idées des hommes, des animaux, & des Anges peuuent
estre composées de celles que vous auez de Dieu, de vous-mesme, & des choses corporelles ; & mesme que les idées des choses corporelles peuuent venir de vous-mesme.* Mais ie trouue
icy qu'il y a lieu de s'estonner comment vous auancez si
asseurement que vous ayez l'idée de vous-mesme, (&
mesme vne idée si feconde, que d'elle seule vous en
puissiez tirer vn si grand nombre d'autres,) & qu'à son
esgard il ne peut y auoir aucune difficulté : quoy que
neantmoins il soit vray de dire, ou que vous n'auez
point l'idée de vous-mesme, ou si vous en auez aucune, qu'elle est fort confuse & imparfaite, comme i'ay
desia remarqué sur la precedente Meditation. Il est
bien vray que vous sousteniez en ce lieu-là, que rien ne
pouuoit estre connu plus facilement & plus euidemment par vous que vous-mesme ; mais que direz-vous
si je monstre icy, que n'estant pas possible que vous ayez,
ny mesme que vous puissiez auoir l'idée de vous-mesme, il n'y a rien que vous ne connoissiez plus facile-

ment & plus euidemment que vous, ou que voſtre Eſprit.

Et certes conſiderant pourquoy & comment il ſe peut faire que l'œil ne ſe voye pas luy meſme, ny que l'entendement ne ſe conçoiue point: il m'eſt venu en la penſée que rien n'agit ſur ſoy-meſme: car en effect ny la main (ou du moins l'extremité de la main) ne ſe frape point elle meſme, ny le pied ne ſe donne point vn coup. Or eſtant d'ailleurs neceſſaire pour auoir la connoiſſance d'vne choſe, que cette choſe agiſſe ſur la faculté qui connoiſt, c'eſt à dire, qu'elle enuoye en elle ſon eſpece, ou bien qu'elle l'informe & la rempliſſe de ſon image, c'eſt vne choſe éuidente que la faculté meſme n'eſtant pas hors de ſoy, ne peut pas enuoyer ou tranſmettre en ſoy ſon eſpece, ny par conſequent former la notion de ſoy-meſme. Et pourquoy penſez-vous que l'œil ne ſe voyant pas luy-meſme dans ſoy, ſe voit neantmoins dans vn miroir? C'eſt ſans doute parce que entre l'œil & le miroir il y a vn eſpace, & que l'œil agit de telle ſorte contre le miroir, en enuoyant vers luy ſon image, que le miroir apres agit contre l'œil, en renuoyant contre luy ſa propre eſpece. Donnez moy donc vn miroir contre lequel vous agiſſiez en meſme façon, & ie vous aſſure que venant à réfléchir & renuoyer contre vous voſtre propre eſpece, vous pourrez alors vous voir & connoiſtre vous-meſme, non pas à la verité par vne connoiſſance directe, mais du moins par vne connoiſſance reflechie: autrement ie ne voy pas que vous puiſſiez auoir aucune notion ou idée de vous meſme. Ie pourrois encore icy inſiſter, comment il eſt poſſible que vous ayez l'idée de Dieu, si ce n'est peut-estre vne idée telle que ie l'ay n'aguiere décrite ? comment celle des Anges ? desquels si vous n'auiez jamais ouy parler, je doute si jamais vous en auriez eu aucune pensée, comment celles des animaux, & de tout le reste des choses ? dont ie suis presque asseuré que vous n'auriez iamais eu aucune idée, si elles ne vous estoient iamais tombées sous les sens : non plus que vous n'en auez point d'vne infinité de choses dont la veuë ny la renommée n'est iamais paruenuë iusques à vous ; Mais sans insister dauantage la dessus, ie demeure d'accord qu'on peut tellement aranger & composer les idées des diuerses choses qui sont en l'esprit, que de là il en naisse les formes de plusieurs autres choses, combien que celles dont vous faites le denombrement, ne semblent pas suffisantes pour vne si grande diuersité, ny mesme pour l'idée distincte & determinée d'aucune chose que ce soit. Ie m'arreste seulement aux idées des choses corporelles, touchant lesquelles ce n'est pas vne petite difficulté de sçauoir comment de la seule idée de vous-mesme (au moment que vous maintenez n'estre pas corporel, & que vous vous considerez comme tel) vous les auez pû déduire. Car si vous n'auez connoissance que de la substance spirituelle, où incorporelle, comme se peut-il faire que vous conceuiez aussi la substance corporelle ? Y a-t'il aucun rapport entre l'vne & l'autre de ces substances ? Vous dites qu'elles conuiennent entr'elles, en ce qu'elles sont toutes deux capables d'exister : Mais cette conuenance ne peut estre entenduë, si premierement on ne conçoit la nature des choses que l'on dit

auoir

auoir de la conuenance. Car vous en faites vne notion commune, qui ne peut estre formée que sur la connoissance des choses particulieres. Certainement, si par la connoissance de la substance incorporelle l'entendement peut former l'idée de la substance corporelle, il ne faut plus douter qu'vn aueugle né, ou vne personne qui dés sa naissance auroit esté detenuë parmy des tenebres fort épaisses, ne puisse former l'idée des couleurs & de la lumiere. Vous dites *qu'on ne peut en suite auoir l'idée de l'estenduë, de la figure, du mouuement, & des autres sensibles communs;* mais vous le dites seulement sans le prouuer, & cela vous est fort aisé à dire. Aussi ie m'étonne seulement pourquoy vous ne déduisez pas auec la mesme facilité l'idée de la lumiere, des couleurs, & des autres choses qui sont les objects particuliers des autres sens. Mais c'est assez s'arrester sur cette matiere.

7. Vous concluez, *Et partant il ne reste que la seule idée de Dieu, dans laquelle il faut considerer s'il y a quelque chose qui n'ait peu venir de moy-mesme. Par le nom de Dieu i'entens vne substance infinie, eternelle, immuable, independante, toute connoissante, toute puissante, & par laquelle moy-mesme, & toutes les autres choses qui sont (s'il est vray qu'il y en ait qui existent) ont esté creées & produites. Toutes lesquelles choses sont en effect telles, que plus attentiuement ie les considere, & moins ie me persuade que l'idée que i'en ay puisse tirer son origine de moy seul ; & par consequent, de tout ce qui a esté dit cy-deuant, il faut necessairement conclure que Dieu existe.* Vous voila enfin paruenu où vous aspiriez: Quant à moy, comme i'embrasse la conclusion que vous venez de tirer, aussi ne voy-je pas d'où vous la pouuez deduire.

Y.y

Vous dites que les choses que vous conceuez de Dieu sont telles qu'elles n'ont peu venir de vous-mesme, pour inferer de là qu'elles ont deu venir de Dieu. Mais premierement il n'y a rien de plus vray qu'elles ne sont point venuës de vous-mesme, & que vous n'en auez point eu l'intelligence de vous seul. Car outre que les objets mesmes exterieurs vous en ont enuoyé les idées, elles sont aussi parties, & vous les auez apprises de vos parens, de vos maistres, des discours des sages, & enfin de l'entretien de ceux auec qui vous auez conuersé. Mais vous répondrez peut-estre, ie ne suis qu'vn esprit, qui ne sçay pas s'il y a rien au monde hors de moy, ie doute mesme si i'ay des oreilles par qui i'aye peu oüir aucune chose, & ne connois point d'hommes auec qui i'aye peu conuerser. Vous pouuez répondre cela; mais le diriez-vous, si vous n'auiez en effect point d'oreilles pour nous oüir, & s'il n'y auoit point d'hómes qui vous eussent appris à parler ? Parlons serieusement, & ne déguisons point la verité ; ces paroles que vous prononcez de Dieu, ne les auez vous pas apprises de la frequentation des hommes auec qui vous auez vescu ? & puis que vous tenez d'eux les paroles, ne tenez vous pas d'eux aussi les notions designées, & entenduës par ces mesmes paroles ? & partant, quoy qu'on vous accorde qu'elles ne peuuent pas venir de vous seul, il ne s'ensuit pas pour cela, qu'elles doiuent venir de Dieu, mais seulement de quelque chose hors de vous. En aprés, qui a t'il dans ces idées, que vous n'ayez pû former & composer de vous-mesme à l'occasion des choses que vous auez autrefois veuës, & apprises ? Pensez-vous pour cela conceuoir quelque chose qui soit au dessus de l'intelligence humaine ? Certainement si vous conceuiez Dieu tel qu'il est, vous auriez raison de croire que vous auriez esté instruit & enseigné de Dieu mesme : mais tous ces attributs que vous donnez à Dieu, ne sont rien autre chose qu'vn amas de certaines perfections, que vous auez remarquées en quelques hommes, ou en d'autres creatures, lesquelles l'esprit humain est capable d'entendre, d'assembler, & d'amplifier comme il luy plaist, ainsi qu'il a desia esté plusieurs fois obserué.

Vous dites *que bien que vous puissiez auoir de vous mesme l'idée de la substance, parce que vous estes vne substance: vous ne pouuez pas neantmoins auoir de vous-mesme l'idée de la substance infinie, parce que vous n'estes pas infiny*. Mais vous vous trompez grandement, si vous pensez auoir l'idée de la substance infinie, laquelle ne peut estre en vous que de nom seulement, & en la maniere que les hommes peuuent comprendre l'infiny, qui est en effect ne le pas comprendre; De sorte qu'il n'est pas necessaire, qu'vne telle idée soit emanée d'vne substance infinie, puis qu'elle peut estre formée en conjoignant & amplifiant les perfections que l'esprit humain est capable de conceuoir, comme il a desia esté dit. Si ce n'est peut-estre que lors que les anciens Philosophes en multipliant les idées qu'ils auoient de cet espace visible, de ce monde, & de ce peu de principes dont il est composé, ont formé celles d'vn monde infiniment estendu, d'vne infinité de principes, & d'vne infinité de mondes, vous vouliez dire qu'ils n'ont pas formé ces idées par la force de leur pensée, mais qu'elles leur ont esté enuoyées en l'esprit par vn monde veritablement infiny en son estenduë, par vne veritable infinité de principes, & par vne infinité de mondes reellement existans.

Quant à ce que vous dites *que vous conceuez l'infiny par vne vraye idée* : certainement si elle estoit vraye, elle vous representeroit l'infiny comme il est en soy, & partant vous comprendriez ce qui est en luy de plus essentiel, & dont il s'agit maintenant, à sçauoir l'infinité mesme. Mais vostre pensée se termine tousiours à quelque chose de finy, & vous ne dites rien que le seul nom d'infiny, pource que vous ne sçauriez comprendre ce qui est au delà de vostre comprehension : en sorte qu'on peut dire auec raison que vous ne conceuez l'infiny que par la seule negation du finy. Et ce n'est pas assez de dire *Que vous conceuez plus de realité dans vne substance infinie que dans vne finie* ; Car il faudroit que vous conceussiez vne realité infinie, ce que neantmoins vous ne faites pas. Et mesme à vray dire vous ne conceuez pas plus de realité ; dautant que vous estendez seulement la substance finie, & apres vous vous figurez qu'il y a plus de realité dans ce qui est ainsi aggrandy & estendu par vostre pensée, qu'en cela mesme lors qu'il est racourcy, & non estendu. Si ce n'est que vous veüilliez aussi que ces Philosophes conceussent en effect plus de realité, lors qu'ils s'imaginoient plusieurs mondes, que lors qu'ils n'en conceuoient qu'vn seul. Et sur cela ie remarqueray en passant, que la cause pourquoy nostre esprit se confond d'autant plus, que plus il augmente & amplifie quelque espece, ou idée, vient de ce qu'alors il derange cette espece de sa situation naturelle, qu'il en oste la distinction des parties, & qu'il l'étend de telle sorte, & la rend si mince & si déliée, qu'enfin elle s'éuanoüit & se dissipe. Ie ne m'arreste pas à dire que l'esprit se confond pareillement pour vne cause toute opposée, à sçauoir, lors qu'il amoindrit & appetisse par trop vne idée qu'il auoit auparauant conceuë sous quelque sorte de grandeur.

Vous dites qu'il n'importe pas que vous ne puisiez comprendre l'infiny, ny mesme beaucoup de choses qui sont en luy: mais qu'il suffit que vous en conceuiez bien quelque peu de choses, afin qu'il soit vray de dire que vous en auez vne idée tres-vraye, tres-claire, & tres-distincte. Tant s'en faut, il n'est pas vray que vous ayez vne vraye idée de l'infiny, mais bien seulement du finy, s'il est vray que vous ne compreniez pas l'infiny, mais seulement le finy. On peut dire tout au plus que vous connoissez vne partie de l'infiny: mais non pas pour cela l'infiny mesme; en mesme façon qu'on pourroit bien dire que celuy-là auroit connoissance d'vne partie du monde, qui n'auroit jamais rien veu que le trou d'vne cauerne; mais on ne pourroit pas dire qu'il auroit l'idée de tout le monde: en sorte qu'il passeroit pour tout à fait ridicule, s'il se persuadoit que l'idée d'vne si petite portion, fust la vraye & naturelle idée de tout le monde. *Mais, dites-vous, il est du propre de l'infiny, qu'il ne soit pas compris par vous qui estes finy.* Certes ie le croy; mais il n'est pas du propre de la vraye idée de l'infiny, de n'en representer qu'vne tres-petite partie, ou plustost rien du tout, puis qu'il n'y a point de proportion de cette partie auec le tout. *Il suffit, dites-vous, que vous conceuiez bien distin-*

Yy iij

étement ce peu de choses : oüy ; comme il suffit de voir l'extremité des cheueux de celuy duquel on veut auoir vne veritable idée. Vn Peintre n'auroit-il pas bien reüssi, qui pour me representer naïvement sur vne toile, auroit seulement tracé vn de mes cheueux, ou mesme l'extremité de l'vn d'eux ? Or il est vray pourtant qu'il y a vne proportion non seulemét beaucoup moindre, mais méme infinimét moindre, entre tout ce que nous connoissons de l'infiny, & l'infiny mesme, qu'entre vn de mes cheueux, ou l'extremité de l'vn d'eux, & mon corps entier. En vn mot, tout vostre raisonnement ne prouue rien de Dieu, qu'il ne prouue aussi d'vne infinité de mondes ; & ce d'autant plus, qu'il a esté plus aysé à ces anciens Philosophes d'en former & conceuoir les idées, par la connoissance claire & distincte qu'ils auoient de cettuy-cy, qu'il ne vous est aysé de conceuoir vn Dieu, ou vn Estre infiny, par la connoissance de vostre substance, dont la nature ne vous est pas encore connuë.

8. Vous faites aprés cela cét autre raisonnement, *Car comment seroit-il possible que ie peusse connoistre que ie doute, & que ie desire, c'est à dire qu'il me manque quelque chose, & que ie ne suis pas entierement parfait, si ie n'auois en moy aucune idée d'vn estre plus parfait que le mien, par la comparaison duquel ie reconnoistrois mes défaux ?* Mais si vous doutez de quelque chose, si vous en desirez quelqu'vne, si vous connoissez qu'il vous manque quelque perfection, quelle merueille y a-t'il en cela, puis que vous ne connoissez pas tout, que vous n'estes pas en toutes choses, & que vous ne possedez pas tout ? Vous reconnoissez dites vous, *que vous n'estes pas tout parfait* ; certainement ie

vous croy, & vous le pouuez dire sans enuie, & sans vous faire tort; doncques, concluez vous, *il y a quelque chose de plus parfait que moy qui existe: pourquoy* non? combien que ce que vous desirez ne soit pas tousiours en tout plus parfait que vous estes : Car lors que vous desirez du pain, ce pain que vous desirez n'est pas en tout plus parfait que vous, ou que vostre corps : mais il est seulement plus parfait, que cette faim, ou inanition qui est dans vostre estomach. Comment donc concluez vous qu'il y a quelque chose de plus parfait que vous qui existe? C'est à sçauoir, entant que vous voyez l'vniuersité des choses, dans laquelle & vous, & le pain, & les autres choses, auec vous sont renfermées : Car chaque partie de l'vniuers ayant en soy quelque perfection, & les vnes seruant à perfectionner les autres, il est aysé de conceuoir qu'il y a plus de perfection dans le tout que dans vne partie, & par consequent, puis que vous n'estes qu'vne partie de ce tout, vous deuez connoistre quelque chose de plus parfait que vous. Vous pouuez donc en cette façon auoir en vous l'idée d'vn estre plus parfait que le vostre, par la comparaison duquel vous reconnoissiez vos defaux; pour ne point dire qu'il peut y auoir d'autres parties dans cet vniuers plus parfaites que vous, & cela estant vous pouuez desirer ce qu'elles ont, & par leur comparaison, vos defaux peuuent estre reconnus. Car vous auez peu connoistre vn homme qui fust plus fort, plus sain, plus vigoureux, mieux fait, plus docte, plus moderé, & partant plus parfait que vous : & il ne vous a pas esté difficile d'en conceuoir l'idée, & par la comparaison de cette idée connoiſtre que vous n'auez pas tant de ſanté, tant de force, & en vn mot tant de perfections qu'il en poſſede.

Vous vous faites vn peu aprés cette objection, *Mais peut-eſtre que ie ſuis quelque choſe de plus que ie ne penſe, & que toutes ces perfections que i'attribuë à Dieu ſont en quelque façon en moy en puiſſance, quoy qu'elles ne ſe produiſent pas encore, & ne ſe faſſent point paroiſtre par leurs actions, comme il peut arriuer, ſi ma connoiſſance s'augmente de plus en plus à l'infiny.* Mais à cela vous répondez, *encore qu'il fuſt vray que ma connoiſſance acquiſt tous les iours de nouueaux degrez de perfection, & qu'il y euſt en moy beaucoup de choſes en puiſſance, qui n'y ſont pas encore actuellement, toutesfois rien de tout cela n'apartient à l'idée de Dieu, dans laquelle rien ne ſe rencontre ſeulement en puiſſance, mais tout y eſt actuellement & en effect? Et meſme n'eſt-ce pas un argument infaillible d'imperfection en ma connoiſſance, de ce qu'elle s'accroiſt peu à peu, & qu'elle s'augmente par degrez.* Mais on peut repliquer à cela qu'il eſt bien vray que les choſes que vous conceuez dans vne idée, ſont actuellement dans cette meſme idée; mais neantmoins elles ne ſont pas pour cela actuellement dans la choſe meſme dont elle eſt l'idée : Ainſi l'Architecte ſe figure l'idée d'vne maiſon, laquelle de vray eſt actuellement compoſée de murailles, de planchers, de toicts, de feneſtres & d'autres parties ſuiuant le deſſein qu'il en a pris, & neantmoins la maiſon, ny aucunes de ſes parties ne ſont pas encore actuellement, mais ſeulement en puiſſance. De meſme auſſi cette idée que les anciens Philoſophes auoient d'vne infinité de mondes contient en effet des mondes infinis, mais vous ne direz pas pour cela que

ces

les mondes infinis exiſtent actuellement. C'eſt pourquoy ſoit qu'il y ait en vous quelque choſe en puiſſance, ſoit qu'il n'y ait rien, c'eſt aſſez que voſtre idée, ou connoiſſance, ſe puiſſe augmenter & accroiſtre par degrez : & on ne doit pas pour cela inferer, que ce qui eſt repreſenté, ou connu par elle, exiſte actuellement. Ce qu'aprés cela vous remarquez, à ſçauoir, *que voſtre connoiſſance ne ſera iamais actuellement infinie*, vous doit eſtre accordé ſans conteſtation ; mais auſſi deuez-vous ſçauoir, que vous n'aurez iamais vne vraye & naturelle idée de Dieu : dont il vous reſtera touſiours beaucoup plus (& meſme infiniment plus) à connoiſtre, que de celuy dont vous n'auriez veu que l'extremité des cheueux. Car ie veux bien que vous n'ayez pas veu cet homme tout entier ; toutesfois vous en auez veu d'autres, par la comparaiſon deſquels vous pouuez par conjecture vous figurer de luy quelque idée : mais on ne peut pas dire que nous ayons iamais rien veu de ſemblable à Dieu, & à l'immenſité de ſon Eſſence.

Vous dites *que vous conceuez que Dieu eſt actuellement infiny, en telle ſorte qu'on ne ſçauroit rien adiouſter à ſa perfection*. Mais vous en jugez ainſi ſans le ſçauoir, & le jugement que vous en faites ne vient que de la preuention de voſtre eſprit, ainſi que les anciens Philoſophes penſoient qu'il y euſt des mondes infinis, vne infinité de principes, & vn vniuers ſi vaſte en ſon eſtenduë, qu'on ne pouuoit rien adjouſter à ſa grandeur. Ce que vous dites en ſuitte, *que l'eſtre obiectif d'vne idée ne peut pas dépendre ou proceder d'vn eſtre qui n'eſt qu'en puiſſance, mais ſeulement d'vn eſtre formel, ou actuel*. Voyez comment ce-

Zz

là peut-eſtre vray, ſi ce que je viens de dire de l'idée d'vn Architecte, & de celle des anciens Philoſophes eſt veritable ; & principalement ſi vous prenez garde que ces ſortes d'idées ſont compoſées des autres dont voſtre entendement a deſia eſté informé par l'exiſtence actuelle de leurs cauſes.

9. Vous demandez par apres. *Si vous meſme qui auez l'idée d'vn eſtre plus parfait que le voſtre, vous pouriez eſtre, en cas qu'il n'y euſt point de Dieu ?* & vous reſpondez, *de qui aurois-je donc mon exiſtence ? c'eſt à ſçauoir de moy-meſme, ou de mes parens, ou de quelques autres cauſes moins parfaites que Dieu ?* en ſuitte dequoy vous prouuez *que vous n'eſtes point par vous-meſme* : Mais cela n'eſtoit point neceſſaire. Vous rendez auſſi raiſon *pourquoy vous n'auez pas touſiours eſté* : mais cela eſtoit auſſi ſuperflu ; ſinon entant que de là vous voulez inferer que vous n'auez pas ſeulement vne cauſe efficiente & productrice de voſtre eſtre, mais que vous en auez auſſi vne qui dans tous les momens vous conſerue. Et cela, dites-vous, *parce que tout le temps de voſtre vie pouuant eſtre diuiſé en pluſieurs parties, il faut de neceſſité que vous ſoyez creé de nouueau en chacune de ſes parties, à cauſe de la mutuelle indépendance qui eſt entre les vnes & les autres.* Mais voyez ie vous prie, comment cela ſe peut entendre. Car il eſt bien vray qu'il y a certains effects, qui pour perſeuerer dans l'eſtre, & n'eſtre pas à tous momens aneantis, ont beſoin de la preſence & actiuité continuelle de la cauſe qui leur a donné le premier eſtre ; & de cette nature eſt la lumiere du Soleil (combien qu'à vray dire ces ſortes d'effects ne ſoient pas tant en effect les meſmes, que d'autres qui y ſuccedent

imperceptiblement, comme il se void en l'eau d'vn fleu-ue : mais nous en voyons d'autres qui perseuerent dans l'estre, non seulement lors que la cause qui les a produits n'agit plus, mais aussi lors mesme qu'elle est tout à fait corrompuë & aneantie. Et de ce genre sont toutes les choses que nous voyons dont les causes ne subsistent plus, desquelles il seroit inutile de faire icy le dénombrement ; il suffit seulement que vous soyez l'vne d'entr'elles, quelle que puisse estre la cause de vostre estre. Mais, dites-vous, *les parties du temps de vostre vie ne dépendent point les vnes des autres*. Icy l'on pouroit repliquer, qu'on ne se peut imaginer aucune chose dont les parties soient plus inseparables les vnes des autres que sont celles du temps, dont la liaison & la suitte soient plus indissolubles, & dont les parties posterieures se puissent moins détacher, & auoir plus d'vnion, & de dependance, de celles qui les precedent. Mais pour ne pas insister dauantage là dessus, que sert à vostre production, ou conseruation, cette dependance, ou independance des parties du temps, lesquelles sont exterieures, successiues, & n'ont aucune actiuité ? Certes elles n'y contribuent pas dauantage, que fait le flux & reflux continuel des eaux à la production, ou conseruation d'vne roche qu'elles arrousent. Mais, direz-vous, *de ce que i'ay cy deuant esté, il ne s'ensuit pas que ie doiue estre maintenant ?* Ie le croy bien : non que pour cela il soit besoin d'vne cause qui vous crée incessamment de nouueau ; mais parce qu'il n'est pas impossible qu'il y ait quelque cause qui vous puisse détruire, ou que vous ayez en vous si peu de force & de vertu, que vous defailliez enfin de vous-mesme.

Zz ij

Vous dites *que c'est vne chose manifeste par la lumiere naturelle, que la conseruation & la creation, ne diferent qu'au regard de nostre façon de penser, & non point en effect.* Mais ie ne voy point que cela soit manifeste, si ce n'est peut-estre comme ie viens de dire dans ces effects qui demandent la presence & l'actiuité continuelle de leurs causes, comme la lumiere, & autres semblables. Vous adjoutez *que vous n'auez point en vous cette vertu par laquelle vous puissiez vous conseruer vous-mesme, parce qu'estant vne chose qui pense, si vne telle vertu residoit en vous, vous en auriez connoissance.* Mais il y a en vous vne certaine vertu par laquelle vous pouuez vous assurer que vous perseuererez dans l'estre: non pas toutesfois necessairement, ou indubitablement, parce que cette vertu, ou naturelle constitution, quelle qu'elle soit, ne s'estend pas iusques à éloigner de vous toute sorte de cause corruptiue, tant interne, qu'externe. C'est pourquoy vous ne cesserez point d'estre, puis que vous auez en vous assez de vertu, non pour vous reproduire de nouueau, mais pour vous faire perseuerer, au cas que quelque cause corruptiue ne suruienne.

Or de tout vostre raisonnement vous concluez fort bien, *que vous dependez de quelque estre different de vous,* non pas toutesfois comme estant de nouueau par luy produit, mais comme ayant esté autrefois produit par luy. Vous poursuiuez, & dites *que ny vos parens, ny d'autres qu'eux ne peuuent estre cét Estre de qui vous dependez.* Mais pourquoy vos parens ne le seroient-ils pas, de qui vous paroissez si manifestement auoir esté produit conjoinctement auec vostre corps; pour ne rien dire du Soleil, & de plusieurs autres causes, qui ont concouru à vostre generation ? *Mais*, dites-vous, *ie suis vne chose qui pense, & qui ay en moy l'idée de Dieu*. Mais vos parens, ou les esprits de vos parens, n'ont ils pas esté des choses qui pensent, & n'ont ils pas eu l'idée de Dieu aussi bien que vous ? Et à quel propos rebatre en cét endroit, comme vous faites, cét axiome dont vous auez desia cy-deuant parlé, à sçauoir, *que c'est vne chose tres-euidente, qu'il doit y auoir au moins autant de realité dans la cause que dans son effect*. Si, dites-vous, *celuy de qui ie depens est autre que Dieu, on peut demander s'il est par soy, ou par autruy ? Car s'il est par soy il sera Dieu, que s'il est par autruy, on fera derechef la mesme demande, iusques à ce qu'on soit paruenu à vne cause qui soit par soy, & qui par consequent soit Dieu; puis qu'en cela il ne peut y auoir de progrez à l'infini*. Mais si vos parens ont esté la cause de vostre estre, cette cause a pû estre, non pas par soy, mais par autruy, & celle-là derechef par vne autre, & ainsi iusqu'à l'infiny: & iamais vous ne pourrez prouuer qu'il y ait aucune absurdité dans ce progrez à l'infiny, si vous ne prouuez en mesme temps que le monde a eu commencement; & par consequent qu'il y a eu vn premier pere, qui n'en auoit point deuant luy. Certes le progrés à l'infiny paroist absurde seulement dans ces causes qui sont tellement liées & subordonnées les vnes aux autres, que l'inferieur ne peut agir sans vn superieur qui le remuë: Comme lors que quelque chose est meuë par vne pierre, qui a esté poussée par vn baston, que la main auoit ébranlé; ou qu'vn poids est enleué par le dernier anneau d'vne chaisne, qui est entrainé par celuy de deſſus, & celuy-cy par vn autre; car pour lors il faut remonter à vn premier moteur, qui donne le branle à tous les autres. Mais dans ces ſortes de cauſes qui ſont tellement ordonnées, que la premiere eſtant détruite, celle qui en dépend ne laiſſe pas de ſubſiſter, & de pouuoir agir, il ſemble qu'il n'y ait aucune abſurdité de ſupoſer entr'elles vn progrés à l'infiny. C'eſt pourquoy lors que vous dites qu'il eſt tres-maniſeſte, qu'en cela il ne peut y auoir de progrés à l'infiny, voyez ſi Ariſtote en a ainſi jugé, qui a creu que le monde n'auoit point eu de commencement, & qui n'a point reconnu de premier pere. Pourſuiuant voſtre raiſonnement, vous dites, *qu'on ne ſçauroit pas feindre auſſi que peut-eſtre pluſieurs cauſes ont enſemble concouru en partie à la production de voſtre eſtre, & que de l'vne vous auez receu l'idée d'vne des perfections que vous attribuez à Dieu, & d'vne autre l'idée de quelque autre; puis que toutes ces perfections ne ſe peuuent rencontrer qu'en vn ſeul & vray Dieu, de qui l'vnité, ou la ſimplicité eſt la principale perfection.* Touteſfois, ſoit qu'il n'y ait qu'vne ſeule cauſe de voſtre Eſtre, ſoit qu'il y en ait pluſieurs, il n'eſt pas pour cela neceſſaire qu'elles ayent imprimé en vous les idées de leurs perfections, que vous ayez pû puis aprés aſſembler. Mais cependant ie voudrois bien vous demander, pourquoy s'il n'a pû y auoir pluſieurs cauſes de voſtre eſtre, pluſieurs choſes du moins n'auroient pû eſtre dans le monde, dont ayant contemplé, & admiré ſeparement les diuerſes perfections, vous ayez pris occaſion de penſer que cette choſe-là ſeroit heureuſe, en qui elles ſe rencontreroient toutes jointes enſemble? Vous ſçauez comment les Poëtes nous décriuent la Pandore; pourquoy donc vous pareillement, aprés auoir admiré en diuers hommes vne science eminente, vne haute sagesse, vne puissance souueraine, vne santé vigoureuse, vne beauté parfaite, vn bon-heur sans disgrace, & vne longue vie, pourquoy dis-je n'auriez vous pû assembler toutes ces perfections, & penser que celuy-là seroit digne d'admiration, qui les pourroit posseder toutes ensemble? Pourquoy en suite n'auriez vous pû augmenter toutes ces perfections iusqu'à tel point, que l'estat de celuy-là fust encore plus à admirer, si non seulement il ne manquoit rien à sa science, à sa puissance, à sa durée, & à toutes les autres perfections, mais aussi qu'elles fussent si accomplies qu'on n'y pûst rien adjouster, & qu'ainsi il fust tout connoissant, tout-puissant, eternel, & qu'il possedast en vn souuerain degré toutes sortes de perfections? & voyant que la nature humaine n'est pas capable de contenir vn tel assemblage & assortiment de perfectiós, pourquoy n'auriez-vous pû penser que cette nature-là seroit parfaitement heureuse, à qui toutes ces choses pouroient appartenir? pourquoy aussi ne pas croire vne chose digne de vostre recherche, de sçauoir si vne telle nature existe, ou non, dans le monde? pourquoy n'estre pas tellement persuadé par certains argumens, qu'il vous semble que ce soit vne chose plus conuenable qu'vne telle nature existe, que de n'exister pas? & pourquoy enfin supposé qu'elle existe, ne pouriez-vous pas luy dénier la corporeïté, la limitation, & toutes les autres choses qui enferment dans leur concept quelque sorte d'imperfection? C'est ainsi sans doute qu'il paroist que plusieurs ont poussé leur raisonnement ; quoy que neantmoins il soit arriué que tous n'ayans pas suiuy la mesme voye, ny porté si loin leurs pensées les vns que les autres, quelques-vns ayent renfermé la Diuinité dans vn corps, que d'autres luy ayent donné vne forme humaine, que d'autres ne se soient pas contentez d'vn seul, mais en ayent forgé plusieurs à leur fantaisie, & enfin que d'autres ayent laissé emporter leur esprit à toutes ces extrauagances & imaginations touchant la Diuinité, qui ont regné parmy l'ignorance du Paganisme. Touchant ce que vous dites *de la perfection de l'vnité*, il n'y a point de repugnance de conceuoir toutes les perfections que vous attribuez à Dieu, comme intimement vnies & inseparables, quoy que l'idée que vous en auez n'ayt pas esté par luy mise en vous, mais que vous l'ayez tirée des objets exterieurs, & apres augmentée, comme il a esté dit auparauant : & c'est ainsi qu'ils nous dépeignent non seulement la Pandore, comme vne Deesse ornée de toutes sortes de perfections, & à qui chaque Dieu auoit donné vn de ses principaux aduantages ; mais c'est ainsi aussi qu'ils forment l'idée d'vne parfaite Republique, & d'vn Orateur accomply, &c. Enfin *de ce que vous estes, & de ce que l'idée d'vn estre souuerainement parfait est en vous, vous concluez qu'il est tres-euidemment demonstré que Dieu existe* : Mais encore que la conclusion soit tres-vraye, à sçauoir, *Que Dieu existe*, ie ne voy pas neantmoins qu'elle suiue necessairement des principes que vous auez posez.

10. *Il me reste seulement*, dites-vous, *à examiner de quelle façon i'ay acquis cette idée ; car ie ne l'ay pas receuë par les sens*,

sens, & iamais elle ne s'est offerte à moy par rencontre; elle n'est pas aussi vne pure production ou fiction de mon esprit, car il n'est pas en mon pouuoir d'y diminuer, ny d'y adjoûter aucune chose, & partant il ne reste plus autre chose à dire, sinon, que comme l'idée de moy-mesme, elle n'est née & produite auec moy dés lors que i'ay esté creé. Mais i'ay desia fait voir plusieurs fois comment en partie vous pouuez l'auoir receuë des sens, & en partie vous pouuez l'auoir inuentée de vous-mesme. Quant à ce que vous dites *que vous ne pouuez y adjoûter ny diminuer aucune chose,* souuenez-vous combien imparfaite estoit l'idée que vous en auiez au commencement : pensez qu'il peut y auoir des hommes, ou des Anges, ou d'autres natures plus sçauantes que vous, de qui vous pouuez apprendre quelque chose touchant l'essence de Dieu, que vous ne sçauez pas encore : pensez au moins que Dieu peut vous instruire de telle sorte, & rehausser tellement vostre connoissance, soit en cette vie, soit en l'autre, que vous reputerez comme rien, tout ce que vous auez iamais connu de luy : Et enfin pensez, comme quoy de la consideration des perfections des creatures, on peut monter & arriuer iusqu'à la connoissance des perfections de Dieu; & que comme elles ne peuuent pas toutes estre connuës en vn moment, mais que de iour en iour on en peut découurir de nouuelles; ainsi nous ne pouuons pas auoir tout d'vn coup vne idée parfaite de Dieu, mais qu'elle va se perfectionnant à mesure que nos connoissances s'augmentent. Vous poursuiuez ainsi : *Et certes on ne doit pas trouuer estrange que Dieu en me creant ait mis en moy cette idée, pour estre comme la marque de l'ouurier emprainte sur son ou-*

urage. Et il n'est pas aussi necessaire que cette marque soit quelque chose de different de ce mesme ouurage : mais de cela seul que Dieu m'a creé, il est fort croyable qu'il m'a en quelque façon produit à son image & semblance, & que ie conçoy cette ressemblance, dans laquelle l'idée de Dieu se trouue contenuë, par la mesme faculté, par laquelle ie me conçoy moy-mesme ; c'est à dire, que lors que ie fais reflexion sur moy, non seulement ie connois que ie suis vne chose imparfaite, incomplete, & dependante d'autruy, qui tend, & qui aspire sans cesse à quelque chose de meilleur, & de plus grand que ie ne suis : mais ie connois aussi en mesme temps, que celuy duquel ie dépens possede en soy toutes ces grandes choses ausquelles i'aspire, & dont ie trouue en moy les idées, non pas indefiniment, & seulement en puissance, mais qu'il en iouit en effect, actuellement, & infiniment ; & ainsi qu'il est Dieu.* Certainement toutes ces choses sont fort specieuses & fort belles, & ie ne dis pas qu'elles ne soient point vrayes : mais ie voudrois bien pourtant vous demander de quels antecedens vous les deduisez ? Car pour ne me plus arrester à ce que i'ay objecté cy-deuant ; s'il est vray que *l'idée de Dieu soit en nous comme la marque de l'ouurier empreinte sur son ouurage,* dites moy, ie vous prie, quelle est la maniere de cette impression ? quelle est la forme de cette marque ? & comment vous en faites le discernement ? *Que si elle n'est point differente de l'ouurage, ou de la chose mesme :* vous n'estes donc vous mesme qu'vne idée ? Vous n'estes rien autre chose qu'vne maniere, ou façon de penser ? vous estes & la marque empreinte, & le sujet de l'impression ? *Il est fort croyable,* dites vous, *que Dieu vous a fait à son image & semblance :* à la verité cela se peut croire par les lumieres de la foy, & de la religion: mais comment cela se peut-il conceuoir par raison naturelle, si vous ne suposez que Dieu a la forme d'vn homme? & en quoy peut consister cette ressemblance? pouuez vous presumer, vous qui n'estes que cendre & que poussiere, d'estre semblable à cette nature eternelle, incorporelle, immense, tres-parfaite, tres-glorieuse, & qui plus est tres-inuisible, & tres-incomprehensible au peu de lumiere, & à la foiblesse de nos esprits? L'auez vous veuë face à face, pour pouuoir asseurer, faisant comparaison de vous à elle, que vous luy estes conforme? Vous dites *que cela est fort croyable, parce qu'il vous a creé.* Au contraire pour cela mesme cela est incroyable. Car l'ouurage n'est iamais semblable à l'ouurier, sinon lors qu'il est par luy engendré par vne communication de nature. Mais vous n'estes pas ainsi engendré de Dieu; Car vous n'estes pas son fils, & vous ne participez point auec luy sa nature: mais vous estes seulement creé par luy, c'est à dire, fait selon l'idée qu'il en a conceuë, en sorte que vous ne pouuez pas dire que vous ayez plus de ressemblance auec luy, qu'vne maison en a auec vn masson. Et mesme cela s'entend, suposé que vous ayez esté creé de Dieu; ce que vous n'auez point encor prouué. *Vous conceuez, dites vous, cette ressemblance, à mesme que vous conceuez que vous estes vne chose incomplette, dépendante, & qui aspire sans cesse à des choses plus grandes, & meilleures.* Mais pourquoy cela n'est-il pas plustost vne marque de dissemblance, puis que Dieu au contraire est tres-parfait, tres-independant, tres-suffisant à soy-mesme, estant tres-grand, & tres-bon? Pour ne pas dire

Aaa ij

que lors que vous vous conceuez dépendant, vous ne conceuez pas pour cela tout aussi-tost, que celuy duquel vous dependez soit autre que vos parens : Ou si vous conceuez qu'il soit autre, il n'y a point de raison pourquoy vous vous croyïez semblable à luy. Pour ne pas dire aussi qu'il est étrange pourquoy le reste des hommes, ou si vous voulez des Esprits, ne conçoit pas la mesme chose que vous : principalement n'y ayant point de raison de croire que Dieu ne leur ait pas empraint l'idée de soy-mesme, comme il a fait en vous. Et certes cela seul est plus que suffisant pour faire voir que ce n'est pas vne idée emprainte de la main de Dieu ; veu que si cela estoit tous les hommes l'auroient empraincte en mesme façon dans leurs esprits, & conceuroient Dieu d'vne mesme façon, & soubz vne mesme espece ; Tous luy attribuëroient les mesmes choses ; Tous auroient de luy les mesmes sentimens ; & cependant nous voyons manifestement le contraire. Mais ce n'en est desia que trop touchant cette matiere.

CONTRE LA QVATRIESME MEDITATION.

Du vray & du faux.

1. Vous commencez cette Meditation par l'abregé de toutes les choses que vous pensez auoir esté auparauant suffisamment démontrées, & au moyen de quoy vous croyez auoir ouuert le chemin pour

porter plus auant nos connoiſſances. De moy, pour ne point retarder vn ſi beau deſſein, ie n'inſiſteray pas d'abord que vous deuiez les auoir plus clairement démontrées : ce ſera bien aſſez ſi vous vous ſouuenez de ce qui vous a eſté accordé, & de ce qui ne vous l'a pas eſté, de peur que vous n'en faſſiez par aprés vn préiugé. Continuant aprés cela voſtre raiſonnement ; vous dites, *Qu'il n'eſt pas poſſible que iamais Dieu vous trompe; & pour excuſer cette faculté fautiue, & ſujette à l'erreur, que vous tenez de luy, vous en rejettez la faute ſur le neant, dont vous dites que l'idée ſe preſente ſouuent à voſtre penſée, & dont vous eſtes en quelque façon participant, en ſorte que vous tenez comme le milieu entre Dieu, & luy.* Certes ce raiſonnement eſt fort beau : mais ſans m'arreſter à dire qu'il eſt impoſſible d'expliquer qu'elle eſt l'idée du neant, ou comment nous la conceuons, ny en quoy nous participons de luy, & pluſieurs autres choſes : ie remarque ſeulement que cette diſtinction n'empeſche pas que Dieu n'ait pû donner à l'homme vne faculté de iuger exempte d'erreur. Car encore qu'elle n'euſt pas eſté infinie, elle pouuoit neantmoins eſtre telle, qu'elle nous auroit empeſché de conſentir à l'erreur ; en ſorte que ce que nous aurions connu, nous l'aurions connu tres-clairement & tres-certainement ; & de ce que nous n'aurions pas connu, nous n'en aurions porté aucun jugement qui nous euſt obligez a en rien croire de determiné. Ce que vous objectant à vous-meſme, vous dites, *Qu'il n'y a pas lieu de s'étonner ſi vous n'eſtes pas capable de comprendre pourquoy Dieu fait ce qu'il fait.* Cela eſt fort bien dit ; mais neantmoins il y a lieu de s'étonner

Aaa iij

que vous ayez en vous vne idée vraye, qui vous repreſente Dieu tout connoiſſant, tout puiſſant, & tout bon, & que vous voyïez neantmoins quelques-vns de ſes ouurages qui ne ſoient pas entierement acheuez; en ſorte qu'ayant au moins peu en faire de plus parfaits, & ne l'ayant pas fait, il ſemble que ce ſoit vne marque qu'il ait manqué de connoiſſance, ou de pouuoir, ou de volonté : & qu'au moins il ait eſté en cela imparfait, que ſi le ſçachant & le pouuant, il ne l'a pas voulu, il a preferé l'imperfection à ce qui pouuoit eſtre plus parfait.

Quant à ce que vous dites *Que tout ce genre de cauſes, qui a de coûtume de ſe tirer de la fin, n'eſt d'aucun vſage dans les choſes phyſiques*, vous euſſiez peu peut-eſtre le dire auec raiſon dans vne autre rencontre : mais lors qu'il s'agit de Dieu, il eſt à craindre que vous ne rejettiez le principal argument, par lequel la ſageſſe d'vn Dieu, ſa puiſſance, ſa prouidence, & meſme ſon exiſtence puiſſent eſtre prouuées par raiſon naturelle. Car pour ne rien dire de cette preuue conuaincante qui ſe peut tirer de la conſideration de l'vniuers, des cieux, & de ſes autres principales parties : d'où pouuez-vous tirer de plus forts argumens pour la preuue d'vn Dieu, qu'en conſiderant le bel ordre, l'vſage & l'œconomie des parties dans chaque ſorte de creatures, ſoit dans les paintes, ſoit dans les animaux, ſoit dans les hommes, ſoit enfin dans cette partie de vous-meſme, qui porte l'image & le caractere de Dieu, ou bien meſme dans voſtre corps. Et de fait, on a veu pluſieurs grands hommes, que cette conſideration anatomique du corps humain, n'a pas ſeulement éleuez à la connoiſſance d'vn Dieu, mais qui se sont creus obligez de dresser des hymnes à sa loüange, voyans vne sagesse si admirable, & vne prouidence si singuliere, dans la perfection & l'arangement qu'il a donné à chacune de ses parties.

Vous direz peut-estre que ce sont les causes physiques de cette forme, & situation, qui doiuent estre l'objet de nostre recherche : & que ceux-la se rendent ridicules, qui regardent plustost à la fin qu'à l'efficient, ou à la matiere. Mais personne n'ayant encore pû jusques icy comprendre, & beaucoup moins expliquer, comment se forment ces onze petites peaux, qui comme autant de petites portes, ouurent & ferment les quatre ouuertures qui sont aux deux chambres ou concauitez du cœur ; qui leur donne la disposition quelles ont ; quelle est leur nature ; & d'où se prend la matiere pour les faire ; comment leur agent s'aplique à l'action ; de quels organes & outils il se sert, & de quelle façon il les met en vsage ; quelles choses luy sont necessaires pour luy donner le temperament qu'elles ont,& les faire auec la consistance, liaison, flexibilité, grandeur, figure, & situation que nous les voyons. Personne dis-je d'entre les Naturalistes n'ayant encore pû jusques icy comprendre ny expliquer ces choses, & beaucoup d'autres, pourquoy ne nous sera-t'il pas au moins permis d'admirer cét vsage merueilleux, & cette ineffable prouidence, qui a si conuenablement disposé ces petites portes à l'entrée de ces concauitez ? Pourquoy ne loüera-t'on pas celuy qui de là reconnoistra qu'il faut necessairement admettre vne premiere cause, laquelle n'ait pas seulement disposé ainsi sagement ces choses conformement à leur fin, mais mesme tout ce que nous voyons de plus admirable dans l'vniuers.

Vous dites, *qu'il ne vous semble pas que vous puissiez sans temerité rechercher, & entreprendre de découurir les fins impenetrables de Dieu.* Mais quoy que cela puisse estre vray, si vous entendez parler des fins que Dieu a voulu estre cachées, ou dont il nous a defendu la recherche: cela neantmoins ne se peut entendre de celles qu'il a comme exposées à la veuë de tout le monde, & qui se découurent sans beaucoup de trauail ; & qui d'ailleurs sont telles, qu'il en reuient vne tres-grande loüange à Dieu, comme leur auteur.

Vous direz peut-estre que l'idée de Dieu, qui est en chacun de nous, est suffisante pour auoir vne vraye, & entiere connoissance de Dieu, & de sa prouidence: sans auoir besoin pour cela de rechercher quelle fin Dieu s'est proposé en creant toutes choses, ou de porter sa pensée sur aucune autre consideration. Mais tout le monde n'est pas né si heureux, que d'auoir comme vous dés sa naissance cette idée de Dieu si parfaite, & si claire, que de ne voir rien de plus euident. C'est pourquoy l'on ne doit point enuier à ceux que Dieu n'a pas doüez d'vne si grande lumiere, si par l'inspection de l'ouurage ils tachent de connoistre, & de glorifier l'ouurier. Outre que cela n'empesche pas qu'on ne se puisse seruir de cette idée, laquelle semble mesme se perfectionner de telle sorte par la consideration des choses de ce monde, qu'il est certain, si vous voulez dire la vérité, que c'est à elle seule que vous deuez vne bonne partie, pour ne pas dire le tout, de la connoissance que vous en auez.

Car

Car, ie vous prie, iusqu'ou pensez vous que fust allé vostre connoissance, si du moment que vous auez esté infus dans le corps, vous fussiez tousiours resté les yeux fermez, les oreilles bouchées, & sans l'ysage d'aucun autre sens exterieur; en sorte que vous n'eussiés du tout rien connu de cette vniuersité des choses, & de tout ce qui est hors de vous : & qu'ainsi vous eussiez passé toute vostre vie meditant seulement en vous mesmes, & passant & repassant chez vous vos propres pensées ? Dites-nous ie vous prie, mais dites nous de bonne foy, & nous faites vne naïue description de l'idée que vous pensez que vous auriez euë de Dieu, & de vous-mesme.

2. Vous apportez aprés pour solution, *que la creature qui paroist imparfaite, ne doit pas estre consideree comme vn tout detaché, mais comme faisant partie de l'vniuers, car ainsi elle sera trouuee parfaite.* Certainement cette distinction est loüable : mais il ne s'agit pas icy de l'imperfection d'vne partie, entant que partie, ou bien entant que côparée auec le tout; mais bien entant qu'elle est vn tout en elle mesme, & qu'elle exerce vne propre & speciale fonctiô: & quand méme vous la raporteriez au tout, la difficulté restera tousiours, de sçauoir si l'vniuers n'auroit pas esté effectiuement plus parfait, si toutes ses parties eussent esté exemptes d'imperfection, qu'il n'est à present, que plusieurs de ses parties sont imparfaites. Car en mesme façon on peut dire que la Republique dont les citoyens seront tous gens de bien, sera plus accomplie, que ne sera pas celle, qui en aura vne partie dont les mœurs seront corrompuës.

C'est pourquoy lors que vous dites vn peu aprés, *que*

Bbb

c'est en quelque façon vne plus grande perfection dans l'vniuers, de ce que quelques-vnes de ses parties ne sont pas exemptes d'erreur, que si elles estoient toutes semblables ; c'est de mesme que si vous disiez, que c'est en quelque façon vne plus grande perfection en vne Republique, de ce que quelques-vns de ses citoyens sont méchans, que si tous estoient gens de bien. D'où il arriue, que comme il semble qu'il soit à souhaiter à vn bon Prince de n'auoir que des gens de bien pour citoyens : de mesme aussi semble-il qu'il a deu estre du dessein & de la dignité de l'auteur de l'vniuers, de faire que toutes ses parties fussent exemptes d'erreur. Et encore que vous puissiez dire que la perfection de celles qui en sont exemptes paroist plus grande par l'opposition de celles qui y sont sujettes: cela toutefois ne leur arriue que par accident: tout de mesme que si la vertu des bons éclate aucunement par l'opposition des meschans, ce n'est pourtant que par accident qu'elle éclate ainsi d'auantage. De façon que comme il n'est pas à souhaiter qu'il y ait des meschans dans vne Republique, afin que les bons en paroissent meilleurs : de mesme aussi il semble qu'il n'estoit pas conuenable que quelques parties de l'vniuers fussent sujettes à l'erreur, pour donner plus de lustre à celle qui en estoient exemptes.

Vous dites *que vous n'auez aucun droit de vous plaindre, si Dieu vous ayant mis au monde n'a pas voulu que vous fussiez de l'ordre des creatures les plus nobles & les plus parfaites.* Mais cela ne leue pas la difficulté qu'il semble qu'il y a de sçauoir pourquoy ce ne luy auroit pas esté assez de vous donner place parmy celles qui sont les moins parfaites, sans vous mettre au rang des fautiues, & defectueuses. Car tout ainsi que l'on ne blâme point vn Prince de ce qu'il n'éleue pas tous ses citoyens à des hautes dignitez, mais qu'il en reserue quelques-vns pour les offices mediocres, & d'autres encore pour les moindres ; toutesfois il seroit extrememement coupable, & ne pourroit s'exempter de blâme, s'il n'en destinoit pas seulement quelques-vns aux fonctions les plus viles & les plus basses ; mais qu'il en destinast aussi à des actions meschantes & peruerses.

Vous dites, *qu'il n'y a en effect aucune raison qui puisse prouuer que Dieu ait deu vous donner vne faculté de connoistre plus grande, que celle qu'il vous a donnée: & que quelque adroit & sçauant ouurier que vous vous l'imaginiez, vous ne deuez pas pour cela penser qu'il ait deu mettre dans chacun de ses ouurages toutes les perfections qu'il peut mettre dans quelques-vns.* Mais cela ne satisfait point à mon objection, & vous voyez que la difficulté n'est pas tant de sçauoir pourquoy Dieu ne vous a pas donné vne plus ample faculté de connoistre, que de sçauoir pourquoy il vous en a donné vne qui soit fautiue : & qu'on ne met pas en question pourquoy vn ouurier tres-parfait ne veut pas mettre dans tous ses ouurages toutes les perfections de son art ; mais pourquoy il veut mesme mettre des défauts dans quelques-vns.

Vous dites, *que quoy que vous ne puissiez pas vous empescher de faillir, par le moyen d'vne claire & éuidente perception de toutes les choses qui peuuent tomber sous vostre deliberation, vous auez pourtant en vostre pouuoir vn autre moyen pour vous en empescher, qui est de retenir fermement la resolu-*

tion de ne iamais donner voſtre iugement ſur les choſes dont la verité ne vous eſt pas connuë. Mais quand vous auriez à tout moment vne attention aſſez forte pour prendre garde à cela, n'eſt-ce pas touſiours vne imperfection, de ne pas connoiſtre clairement les choſes, ſur qui nous auons à donner noſtre iugement, & d'eſtre continuellement en danger de faillir?

Vous dites, *que l'erreur conſiſte dans l'operation, entant qu'elle procede de vous, & qu'elle eſt vne eſpece de priuation, & non pas dans la faculté que vous auez receuë de Dieu, ny meſme dans l'operation, entant qu'elle depend de luy.* Mais ie veux qu'il n'y ait point d'erreur dans la faculté conſiderée comme venant immediatement de Dieu, il y en a pourtant ſi on la conſidere de plus loin, entant qu'elle a eſté creée auec cette imperfection, que de pouuoir errer. Auſſi, comme vous dites fort bien, *Vous n'auez pas ſujet de vous plaindre de Dieu, qui en effect ne vous a iamais rien deu. mais vous auez ſuiet de luy rendre graces de tous les biens qu'il vous a départis.* Mais il y a touſiours dequoy s'eſtonner, pourquoy il ne vous en a pas donné de plus parfaits, s'il eſt vray qu'il l'ait ſceu, qu'il l'ait peu, & qu'il n'en ait point eſté jaloux.

Vous adjoûtez, *que vous ne deuez pas auſſi vous plaindre, de ce que Dieu concourt auec vous pour former les actes de cette volonté, c'eſt à dire, les iugemens dans leſquels vous vous trompez, d'autant que ces actes-là ſont entierement vrais, & abſolument bons, entant qu'ils dependent de Dieu; & il y a en quelque façon plus de perfection en voſtre nature, de ce que vous les pouuez former, que ſi vous ne le pouuiez pas. Pour la priuation dans laquelle ſeule conſiſte la raiſon* formelle de l'erreur, & du peché, elle n'a besoin d'aucun concours de Dieu, puis que ce n'est pas vne chose, ou vne estre, & que si on la raporte à Dieu comme à sa cause, elle ne doit pas estre nommée priuation, mais seulement negation, selon la signification qu'on donne à ces mots en l'école. Mais quoy que cette distinction soit assez subtile, elle ne satisfait pas neantmoins entierement. Car bien que Dieu ne concoure pas à la priuation qui se trouue dans l'acte, laquelle est proprement ce que l'on nomme erreur, & fausseté; il concourt neantmoins à l'acte, auquel s'il ne concouroit pas il n'y auroit point de priuation; & d'ailleurs il est luy-mesme l'auteur de la puissance qui se trompe, ou qui erre, & partant il est l'auteur d'vne puissance impuissante: & ainsi il semble que le defaut qui se rencontre dans l'acte, ne doit pas tant estre referé à la puissance, qui de soy est foible & impuissante, qu'à celuy qui en est l'auteur, & qui ayant pû la rendre puissante, ou mesme plus puissante qu'il ne seroit de besoin, l'a voulu faire telle qu'elle est. Certainement, comme on ne blâme point vn serrurier de n'auoir pas fait vne grande clef pour ouurir vn petit cabinet, mais de ce qu'en ayant fait vne petite, il luy a donné vne forme mal propre ou difficile pour l'ouurir; ainsi ce n'est pas à la verité vne faute en Dieu, de ce que voulant donner vne puissance de iuger à vne chetiue creature telle que l'homme, il ne luy en a pas donné vne si grande, qu'elle peust suffire à comprendre tout, ou la plus-part des choses, ou les plus hautes & releuées: Mais sans doute il y a lieu de s'étonner, pourquoy, entre le peu de choses qu'il a voulu soumettre à son iugement, il n'y en a presque

Bbb iij

point où la puissance qu'il luy a donnée ne se trouue courte, incertaine, & impuissante.

3. Aprés cela vous recherchez *d'où viennent vos erreurs, & qu'elle en peut estre la cause*. Et premierement ie ne dispute point icy, pourquoy vous apelez l'entendement, *la seule faculté de connoistre les idées*, c'est à dire, qui a le pouuoir d'apprehender les choses simplement, & sans aucune affirmation, ou negation; & que vous apelez la volonté, ou le libre arbitre, *la faculté de iuger*, c'est à dire, à qui il appartient d'affirmer, où de nier, de donner consentement, ou de le refuser. Ie demande seulement, pourquoy vous restraignez l'entendement dans de certaines limites, & que vous n'en donnez aucunes à la volonté, ou à la liberté du franc-arbitre? Car à vray dire ces deux facultez semblent estre d'egale étenduë, ou pour le moins l'entendement semble auoir autant d'étenduë que la volonté; puisque la volonté ne se peut porter vers aucune chose, que l'entendement n'ait auparauant preueuë.

I'ay dit que l'entendement *auoir au moins autant d'étenduë*: car il semble mesme qu'il s'étende plus loin que la volonté; veu que non seulement nostre volonté, ou libre-arbitre ne se porte sur aucune chose, & que nous ne donnons aucun iugement, & par consequent ne faisons aucune élection, & n'auons aucune amour, ou auersion pour quoy que ce soit, que nous n'ayons auparauant apprehendé, & dont l'idée n'ait esté conceuë, & proposée par l'entendement: mais aussi nous conceuons obscurement quantité de choses, dont nous ne faisons aucun iugement, & pour qui nous n'auons aucun sentiment de fuite, ou de desir: Et mesme la faculté de iuger est parfois tellement incertaine, que les raisons qu'elle auroit de iuger estant égales de part & d'autre, ou bien n'en ayant aucune, il ne s'ensuit aucun iugement, quoy que cependant l'entendement conçoiue & apprehende ces choses, qui demeurent ainsi indecises, & indeterminées.

De plus, lors que vous dites, *que de toutes les autres choses qui sont en vous, il n'y en a aucune si parfaite, & si étenduë, que vous ne reconnoissiez bien qu'elle pourroit estre encore plus grande & plus parfaite; & nommément la faculté d'entendre, dont vous pouuez mesme former vne idée infinie:* cela montre clairement que l'entendement n'a pas moins d'étenduë que la volonté, puis qu'il se peut étendre jusqu'à vn objet infiny. Quant à ce que vous reconnoissez que vostre volonté est égale à celle de Dieu, non pas à la verité en étenduë, mais formellement: pourquoy ie vous prie, ne pourez-vous pas dire aussi le mesme de l'entendement, si vous definissez la notion formelle de l'entendement, comme vous faites celle de la volonté. Mais pour terminer en vn mot nostre different, dites-moy, ie vous prie, à quoy la volonté se peut étendre, que l'entendement ne puisse atteindre? Et s'il n'y a rien, comme il y a de l'aparence, *l'erreur ne peut pas venir*, comme vous dites, *de ce que la volonté a de plus d'étenduë que l'entendement, & qu'elle s'étend à iuger des choses que l'entendedement ne conçoit point*; mais plustost de ce que ces deux facultez estans d'égale étenduë, l'entendement conceuant mal certaines choses, la volonté en fait aussi vn mauuais iugement. C'est pourquoy ie ne voy pas que vous deuiez étendre la volonté au de là des bornes de l'entendement, puis qu'elle ne iuge point des choses que l'entendement ne conçoit point, & qu'elle ne iuge mal, qu'à cause que l'entendement ne conçoit pas bien.

L'exemple que vous aportez de vous-mesme (pour confirmer en cela vostre opinion) touchant le raisonnement que vous auez fait de l'existence des choses, est à la verité fort bon, en ce qui regarde le iugement de vostre existence, mais quant aux autres choses, il semble auoir esté mal pris : Car quoy que vous disiez, ou plustost que vous feigniez, il est certain neantmoins que vous ne doutez point, & que vous ne pouuez pas vous empescher de iuger qu'il y a quelqu'autre chose que vous qui existe, & qui est differente de vous ; puisque desia vous conceuiez fort bien que vous n'estiez pas seul dans le monde. La suposition que vous faites, *que vous n'ayez point de raison qui vous persuade l'vn plustost que l'autre*, vous la pouuez à la verité faire, mais vous deuez aussi en mesme temps suposer qu'il ne s'ensuiura aucun iugement, & que la volonté demeurera tousiours indifferente, & ne se determinera iamais à donner aucun iugement, iusqu'à ce que l'entendement ait trouué plus de vray-semblance d'vn costé que de l'autre. Et partant ce que vous dites en suite, à sçauoir, *que cette indifference s'étend tellement aux choses que l'entendement ne découure pas auec assez de clarté & d'euidence, que pour probables que soient les coniectures qui vous rendent enclin à iuger quelque chose, la seule connoissance que vous auez que ce ne sont que des coniectures, suffit pour vous donner occasion de iuger le contraire*, ne peut à mon aduis estre veritable. Car la connoissance que

que vous auez que ce ne font que des conjectures, fera bien que le iugement où elles font pancher voſtre eſprit ne ſera pas ferme & aſſuré, mais iamais elle ne vous portera à iuger le contraire, ſinon aprés que voſtre eſprit aura non ſeulement rencontré des conjectures auſſi probables, mais meſme de plus fortes, & aparentes. Vous adjoûtez, *que vous auez experimenté cela ces jours paſſez, lors que vous auez ſuppoſé pour faux, tout ce que vous auiez tenu auparauant pour tres-veritable* : mais ſouuenez vous que cela ne vous a pas eſté accordé ; car à dire vray vous n'auez pû croire, ny vous perſuader, que vous n'auiez jamais veu le Soleil, ny la terre, ny aucuns hommes ; que vous n'auiez jamais rien ouy, que vous n'auiez iamais marché, ny mangé, ny eſcrit, ny parlé, ny fait d'autres ſemblables actions par le miniſtere du corps.

De tout cela l'on peut enfin conclure, que *la forme de l'erreur*, ne ſemble pas tant conſiſter *dans le mauuais vſage du libre arbitre*, comme vous pretendez, que dans le peu de raport qu'il y a entre le iugement, & la choſe iugée, qui procede de ce que l'entendement conçoit la choſe autrement qu'elle n'eſt. C'eſt pourquoy la faute ne vient pas tant du coſté du libre arbitre, de ce qu'il iuge mal, que du coſté de l'entendement de ce qu'il ne conçoit pas bien. Car on peut dire qu'il y a vne telle dépendance du libre arbitre enuers l'entendement, que ſi l'entendement conçoit, ou penſe conceuoir quelque choſe clairement, alors le libre arbitre porte vn iugement ferme & arreſté, ſoit que ce iugement ſoit vray en effect, ſoit qu'il ſoit eſtimé tel ; mais s'il ne côçoit la choſe qu'auec obſcurité, alors le libre arbitre ne pronôce ſon jugement qu'a-

Ccc

uec crainte, & incertitude, mais pourtāt auec cette créace qu'il est plus vray que son contraire, soit qu'il arriue que le iugement qu'il fait soit conforme à la verité, soit aussi qu'il luy soit contraire. D'où il arriue qu'il n'est pas tant en nostre pouuoir de nous empescher de faillir, que de perseuerer dans l'erreur: & que pour examiner & corriger nos propres iugemens, il n'est pas tant besoin que nous fassions violence à nostre libre arbitre, qu'il est necessaire que nous appliquions nostre esprit à de plus claires connoissances, lesquelles ne manqueront iamais d'estre suiuies d'vn meilleur, & plus asuré iugement.

4. Vous concluez en exagerant le fruit que vous pouez tirer de cette meditation, & en mesme temps *vous prescriuez ce qu'il faut faire pour paruenir à la connoissance de la verité: à laquelle vous dites que vous paruiendrez infailliblement, si vous vous arrestez suffisamment sur toutes les choses que vous conceués parfaitement: & si vous les separés des autres que vous ne conceués qu'auec confusion, & obscurité.*

Pour cecy il est non seulement vray, mais encore tel que toute la precedente meditation, sans laquelle cela a peu estre compris, semble auoir esté inutile, & superfluë. Mais remarquez cependant, que la difficulté n'est pas de sçauoir si l'on doit conceuoir les choses clairement & distinctement pour ne se point tromper; mais bien de sçauoir comment, & par quelle methode on peut reconnoistre, qu'on a vne intelligence si claire & si distincte, qu'on soit asuré qu'elle est vraye, & qu'il ne soit pas possible que nous nous trompions. Car vous remarquerez que nous vous auons objecté dés le commencement, que fort souuent nous nous trompons, lors mesme qu'il nous semble que nous connoissons vne chose si clairement & si distinctement, que nous ne pensons pas que nous puissions connoistre rien de plus clair & de plus distinct. Vous vous estes mesme fait cette objection, & toutesfois nous sommes encore dans l'attente de cét art, ou de cette methode, à laquelle il me semble que vous deuez principalement trauailler.

CONTRE LA CINQVIESME

MEDITATION.

De l'essence des choses materielles ; Et derechef de Dieu, qu'il Existe.

Vous dites premierement que vous imaginez distinctement la quantité, c'est à dire, l'extension en longueur, largeur & profondeur ; comme aussi le nombre, la figure, la situation, le mouuement, & la durée. Entre toutes ces choses dont vous dites que les idées sont en vous, vous prenez la figure, & entre les figures le triangle rectiligne, touchant lequel voicy ce que vous dites. *Encore qu'il n'y ait peut-estre en aucun lieu du monde hors de ma pensée vne telle figure, & qu'il n'y en ait iamais eu, il ne laisse pas neantmoins d'y auoir vne certaine nature, ou forme, ou essence determinée de cette figure, laquelle est immuable, & eternelle, que ie n'ay point inuentée, & qui ne depend en aucune façon de mon esprit; comme il paroist de ce que l'on peut demonstrer diuerses proprietez de ce triangle, à sçauoir, que ses trois angles sont égaux à deux droits; que le plus grand angle est soustenu par le plus grand costé, & autres semblables, lesquelles maintenant, soit*

Ccc ij

que ie le veüille, ou non, ie reconnois tres-clairement, & tres-euidemment estre en luy, encore que ie n'y aye pensé auparauant en aucune façon, lors que ie me suis imaginé la premiere fois vn triangle ; & partant on ne peut pas dire que ie les aye feintes, & inuentées. En cecy consiste tout ce que vous dites touchant l'essence des choses materielles : car le peu que vous adjoûtez de plus, tend, & reuient à la mesme chose. Aussi n'est-ce pas là où ie me veux arrester. Ie remarque seulement que cela semble dur de voir establir *quelque nature immuable & eternelle, autre que celle d'un Dieu souuerain.*

Vous direz peut-estre que vous ne dites rien que ce que l'on enseigne tous les iours dás les écholes, à sçauoir, que les natures, ou les essences des choses sont eternelles, & que les propositions que l'on en forme sont aussi d'vne eternelle verité. Mais cela mesme est aussi fort dur, & fort difficile à se persuader ; & d'ailleurs le moyen de comprendre qu'il y ait vne nature humaine, lors qu'il n'y a aucun homme ; ou que la rose soit vne fleur, lors mesme qu'il n'y a encore point de rose.

Ie sçay bien qu'ils disent que c'est autre chose de parler de l'essence des choses, & autre chose de parler de leur existence, & qu'ils demeurent bien d'accord que l'existence des choses n'est pas de toute eternité, mais cependant ils veulent que leur essence soit eternelle. Mais si cela est vray, estant certain aussi que ce qu'il y a de principal dans les choses est l'essence, qu'est-ce donc que Dieu fait de considerable quand il produit l'existence ? Certainement il ne fait rien de plus qu'vn tailleur, lors qu'il revest vn homme de son habit. Toutesfois, comment soûtiendront-ils que l'essence de l'homme qui est, par exemple, dans Platon soit eternelle, & independante de Dieu ? entant qu'elle est vniuerselle, diront-ils ? mais il n'y a rien dans Platon que de singulier; Et de fait l'entendement a bien de coûtume, de toutes les natures semblables qu'il a veuës dans Platon, dans Socrate, & dans tous les autres hommes, d'en former vn certain concept commun en quoy ils conuiennent tous, & qui peut bien par consequent estre apelé vne nature vniuerselle, ou l'essence de l'homme, entant que l'on conçoit qu'elle conuient à tous en general: mais qu'elle ait esté vniuerselle auant que Platon fust, & tous les autres hommes, & que l'entendement eust fait cette abstraction vniuerselle, certainement cela ne se peut expliquer.

Quoy donc direz-vous, cette proposition, *l'homme est animal*, n'estoit-elle pas vraye auant mesme qu'il y eust aucun homme, & consequemment de toute eternité ? Pour moy ie vous diray franchement que ie ne conçoy point qu'elle fust vraye, sinon en ce sens, que si iamais il y a aucun homme, de necessité il sera animal. Car en effet bien qu'il semble y auoir de la difference entre ces deux propositions, *l'homme est*, & *l'homme est animal*, en ce que par la premiere l'existéce est plus specialemét signifiée, & par la seconde l'essence : neantmoins il est certain que ny l'essence n'est point excluë de la premiere, ny l'existence de la seconde. Car quand on dit que l'homme est, ou existe, l'on entend l'homme animal ; & lors que l'on dit que l'homme est animal, l'on entend l'homme lors qu'il est, ou qu'il existe. De plus cette proposition, *l'homme est animal*, n'estant pas d'vne verité plus necessaire que celle-cy, *Platon est homme*, il s'enfuiuroit par conſequent auſſi que cette derniere ſeroit d'vne eternelle verité, & que l'eſſence ſinguliere de Platon, ne ſeroit pas moins independante de Dieu, que l'eſſence vniuerſelle de l'homme, & autres choſes ſemblables, qu'il ſeroit ennuyeux de pourſuiure. I'adjouſte à cela neantmoins, que lors que l'on dit que l'homme eſt d'vne telle nature qu'il ne peut eſtre qu'il ne ſoit animal, il ne faut pas pour cela s'imaginer que cette nature ſoit quelque choſe de réel, ou d'exiſtant hors de l'entendement : mais que cela ne veut dire autre choſe, ſinon qu'a fin qu'vne choſe ſoit homme, elle doit eſtre ſemblable à toutes les autres choſes, auſquelles à cauſe de la mutuelle reſſemblance qui eſt entr'elles, on a donné le meſme nom d'homme : reſſemblance, diſ-ie, des natures ſingulieres, au ſujet de laquelle l'entendement a pris occaſion de former vn concept, ou idée, ou forme d'vne nature commune, de laquelle rien ne ſe doit éloigner de tout ce qui doit eſtre homme.

Cela ainſi expliqué, i'en dis de meſme de voſtre triangle, ou de ſa nature ; car il eſt bien vray, que le triangle que vous auez dans l'eſprit, eſt comme vne regle qui vous ſert pour examiner ſi quelque choſe doit eſtre appellée du nom de triangle : mais il ne faut pas pour cela penſer, que ce triangle ſoit quelque choſe de réel, ou vne nature vraye, exiſtante hors de l'entendement : puiſque c'eſt l'eſprit ſeul qui l'a formée ſur le modele des triangles materiels que les ſens luy ont fait aperceuoir, & dont il a ramaſſé toutes les idées pour en faire vne commune, en la maniere que ie viens d'expliquer touchant la nature de l'homme.

C'est pourquoy aussi il ne se faut pas imaginer, que les proprietez que l'on demonstre appartenir aux triangles materiels, leur conuiennent pour les auoir empruntées de ce triangle ideal, & vniuersel: puisque tout au contraire ce sont eux qui les ont veritablement en soy, & non pas l'autre, sinon entant que l'entendement luy attribuë ces mesmes proprietez, aprés auoir reconnu qu'elles sont dans les autres, dont puis aprés il leur doit rendre compte, & les leur restituer quand il est question de faire quelque demonstration: Tout ainsi que les proprietez de la nature humaine ne sont point dans Platon, ny dans Socrate, par emprunt qu'ils en ayent fait de cette nature vniuerselle; car tout au contraire cette nature vniuerselle ne les a, qu'à cause que l'entendement les luy attribuë, aprés qu'il a reconnu qu'elles estoient dans Platon, dans Socrate, & dans tout le reste des hommes; à condition neantmoins de leur en tenir compte, & de les restituer à chacun d'eux, lors qu'il sera besoin de faire vn argument.

Car c'est chose claire & connuë d'vn chacun que l'entendement ayant veu Platon, Socrate, & tant d'autres hommes, tous raisonnables, a fait & formé cette proposition vniuerselle, *tout homme est raisonnable*, & que lors qu'il veut puis aprés prouuer que Platon est raisonnable, il la prend pour le principe de son syllogisme: Il est bien vray que vous dites, ô esprit, *que vous auez en vous l'idée du triangle, & que vous n'auriez pas laissé de l'auoir, encore que vous n'eussiez iamais veu dans les corps aucune figure triangulaire: de mesme que vous auez en vous l'idée de plusieurs autres figures, qui ne vous sont iamais tombées sous les sens.*

Mais, si, comme ie disois tantost, vous eussiez esté tellement priué de toutes les fonctions des sens, que vous n'eussiez jamais rien veu, & que vous n'eussiez point touché diuerses superficies, ou extremitez des corps, pensez-vous que vous eussiez peu former en vous mesme l'idée du triangle, ou d'aucune autre figure? *Vous en auez maintenant plusieurs qui iamais ne vous sont tombées sous les sens.* I'en demeure d'accord, & il ne vous a pas esté difficile, parce que sur le modele de celles qui vous ont touché les sens, vous auez pû en former & composer vne infinité d'autres, en la maniere que ie l'ay cy-deuant expliqué.

Il faudroit icy outre cela parler de cette fausse & imaginaire nature du triangle, par laquelle on suppose qu'il est composé de lignes qui n'ont point de largeur, qu'il contient vn espace qui n'a point de profondeur, & qu'il se termine à trois points qui n'ont point de parties; mais cela nous écarteroit trop du sujet.

2. En suitte de cela vous entreprenez derechef la preuue de l'existence d'vn Dieu, dont la force consiste en ces paroles: *Quiconque y pense serieusement trouue, dites-vous, qu'il est manifeste, que l'existence ne peut non plus estre separée de l'essence de Dieu, que de l'essence d'vn triangle rectiligne la grandeur de ses trois angles égaux à deux droits: ou bien de l'idée d'vne montagne, l'idée d'vne valée: en sorte qu'il n'y a pas moins de repugnance de conceuoir vn Dieu (c'est à dire vn Estre souuerainement parfait) auquel manque l'existence (c'est à dire, auquel manque quelque perfection) que de conceuoir vne montagne qui n'ait point de valée.* Où il faut remarquer que vostre comparaison semble n'estre pas assez iuste & exacte. Car

Car d'vn costé vous auez bien raison de comparer comme vous faites l'essence auec l'essence ; mais aprés cela vous ne comparez pas l'existence auec l'existence, ou la proprieté auec la proprieté, mais l'existence auec la proprieté. C'est pourquoy il faloit ce semble dire, ou que la toute-puissance, par exemple, ne peut non plus estre separée de l'essence de Dieu, que de l'essence du triangle cette égalité de la gradeur de ses angles: ou bien que l'existéce ne peut non plus estre separée de l'essence de Dieu, que de l'essence du triangle son existence ; car ainsi l'vne & l'autre comparaison auroit esté bien faite, & non seulement la premiere vous auroit esté accordée, mais aussi la derniere. Et neantmoins ce n'auroit pas esté vne preuue conuaincante de l'existence necessaire d'vn Dieu, non plus qu'il ne s'ensuit pas necessairement qu'il y ait au monde aucun triangle, quoy que son essence & son existence soient en effet inseparables, quelque diuision que nostre esprit en fasse, c'est à dire, quoy qu'il les conçoiue separement ; en mesme façon qu'il peut aussi conceuoir separement l'essence & l'existence de Dieu.

Il faut en suite remarquer que vous mettez l'existence entre les perfections diuines, & que vous ne la mettez pas entre celles d'vn triangle, ou d'vne montagne, quoy que neantmoins elle soit autant, & selon la maniere d'estre de chacun, la perfection de l'vn que de l'autre. Mais à vray dire, soit que vous consideriez l'existence en Dieu, soit que vous la consideriez en quelqu'autre sujet, elle n'est point vne perfection, mais seulement vne forme, ou vn acte sans lequel il n'y en peut auoir.

D dd.

Et de fait ce qui n'exiſte point, n'a ny perfection, ny imperfection : mais ce qui exiſte, & qui outre l'exiſtence a pluſieurs perfections, n'a pas l'exiſtence comme vne perfection ſinguliere, & l'vne d'entr'elles : mais ſeulement comme vne forme, ou vn acte par lequel la choſe meſme & ſes perfections ſont exiſtantes, & ſans lequel ny la choſe, ny ſes perfections ne ſeroient point.

De là vient, ny qu'on ne dit pas que l'exiſtence ſoit dans vne choſe comme vne perfection, ny ſi vne choſe manque d'exiſtence, on ne dit pas tant qu'elle eſt imparfaite, ou qu'elle eſt priuée de quelque perfection, que l'on dit qu'elle eſt nulle, ou qu'elle n'eſt point du tout.

C'eſt pourquoy, comme en nombrant les perfections du triangle vous n'y comprenez pas l'exiſtence, & ne concluez pas auſſi que le triangle exiſte : de meſme en faiſant le denombrement des perfections de Dieu, vous n'auez pas deu y comprendre l'exiſtence, pour conclure de là que Dieu exiſte, ſi vous ne vouliez prendre pour vne choſe prouuée ce qui eſt en diſpute, & faire de la queſtion vn principe.

Vous dites *que dans toutes les autres choſes l'exiſtence eſt diſtinguée de l'eſſence, excepté en Dieu.* Mais comment, ie vous prie, l'exiſtence & l'eſſence de Platon ſont-elles diſtinguées entr'elles, ſi ce n'eſt peut-eſtre par la penſée ? Car ſupoſé que Platon n'exiſte plus, que deuiendra ſon eſſence ? & pareillement en Dieu l'eſſence & l'exiſtence ne ſont-elles pas diſtinguées par la penſée ?

Vous vous faites en ſuite cette objection. *Peut-eſtre que comme de cela ſeul que ie conçoy vne montagne auec vne* valée, ou vn cheual aislé, il ne s'enſuit pas qu'il y ait au monde aucune montagne, ny aucun cheual qui ait des aiſles : ainſi de ce que ie conçoy Dieu comme exiſtant, il ne s'enſuit pas qu'il exiſte : & là-deſſus vous dites qu'il y a vn ſophiſme caché ſous l'aparence de cette objection. Mais il ne vous a pas eſté fort difficile de ſoudre vn ſophiſme que vous vous eſtes feint vous-meſme, principalement vous eſtant ſeruy d'vne ſi manifeſte contradiction, à ſçauoir, que Dieu exiſtant n'exiſte pas, & ne prenant pas de la meſme façon, c'eſt à dire comme exiſtant, le cheual, ou la montagne.

Mais, ſi comme vous auez enfermé dans voſtre comparaiſon la montagne auec la valée, & le cheual auec des aiſles; de meſme vous euſſiez conſideré Dieu auec de la ſcience, de la puiſſance, ou auec d'autres attributs, pour lors la difficulté euſt eſté tout entiere, & fort bié établie: & c'euſt eſté à vous à nous expliquer comment il ſe peut faire, que nous puiſſions conceuoir vne montagne rampante, ou vn cheual aiſlé, ſans penſer qu'ils exiſtent; & cependant qu'il ſoit impoſſible de conceuoir vn Dieu tout-connoiſſant, & tout-puiſſant, ſi nous ne le conceuons en meſme temps exiſtant.

Vous dites *qu'il ne nous eſt pas libre de conceuoir vn Dieu ſans exiſtence, c'eſt à dire, vn Eſtre ſouuerainement parfait ſans vne ſouueraine perfection, comme il nous eſt libre d'imaginer vn cheual ſans aiſles, ou auec des aiſles.* Mais il n'y a rien à adjoûter à cela, ſinon que comme il nous eſt libre de conceuoir vn cheual qui a des aiſles, ſans penſer à l'exiſtence, laquelle ſi elle luy arriue, ce ſera ſelon vous vne perfection en luy; ainſi il nous eſt libre de conce-

Ddd ij

uoir vn Dieu ayant en foy la fcience, la puiſſance, & toutes les autres perfections, ſans penſer à l'exiſtence, laquelle ſi elle luy arriue, ſa perfection pour lors ſera conſommée, & du tout accomplie. C'eſt pourquoy, comme de ce que ie conçoy vn cheual qui a la perfection d'auoir des aiſles, on n'infere pas pour cela qu'il a celle de l'exiſtence, laquelle ſelon vous eſt la principale de toutes; de meſme auſſi de ce que ie conçoy vn Dieu qui poſſede la ſcience, & toutes les autres perfections, on ne peut pas conclure pour cela qu'il exiſte; mais ſon exiſtence a encore beſoin d'eſtre prouuée.

Et encore que vous diſiez *que dans l'idée d'vn Eſtre ſouuerainement parfait, l'exiſtence, & toutes les autres perfections y ſont compriſes*, vous auancez ſans preuue ce qui eſt en queſtion, & vous prenez la concluſion pour vn principe. Car autrement ie dirois auſſi que dans l'idée d'vn Pegaſe parfait, la perfection d'auoir des aiſles n'eſt pas ſeulement contenuë, mais celle auſſi de l'exiſtence. Car comme Dieu eſt conceu parfait en tout genre de perfection, de meſme vn Pegaſe eſt conceu parfait en ſon genre; & il ne ſemble pas que l'on puiſſe icy rien repliquer, que, la meſme proportion eſtant gardée, on ne puiſſe appliquer à l'vn & à l'autre.

Vous dites, *de meſme qu'en conceuant vn triangle, il n'eſt pas neceſſaire de penſer qu'il a ſes trois angles égaux à deux droits: quoy que cela n'en ſoit pas moins veritable, comme il paroiſt par apres à toute perſonne qui l'examine auec ſoin; ainſi on peut bien conceuoir les autres perfections de Dieu, ſans penſer à l'exiſtence, mais il n'eſt pas pour cela moins vray qu'il la poſſede, comme on eſt obligé d'auoüer, lors qu'on vient à recon-*

noître qu'elle est vne perfection. Toutesfois vous iugez bien ce que l'on peut répondre ; c'est à sçauoir, que comme on reconnoist par aprés que cette proprieté se trouue dans le triangle, parce qu'on le prouue par vne bonne demonstration ; ainsi pour reconnoistre que l'existence est necessairement en Dieu, il le faut aussi demonstrer par de bonnes & solides raisons : car autrement il n'y a chose aucune qu'on ne puisse dire, ou pretendre, estre de l'essence de quelqu'autre chose que ce soit.

Vous dites, *que lors que vous attribuez à Dieu toutes sortes de perfections, vous ne faites pas de mesme, que si vous pensiés que toutes les figures de quatre costés peussent estre inscrites dans le cercle: autant que comme vous vous trompés en cecy, parce que vous reconnoissez par aprés que le Rhombe n'y peut estre inscrit; vous ne vous trompés pas de mesme en l'autre, parce que par apres vous venez à reconnoistre que l'existence conuient effectiuement à Dieu.* Mais certes il semble que vous fassiez de mesme, ou si vous ne le faites pas, il est necessaire que vous montriez que l'existence ne repugne point à la nature de Dieu, comme on montre qu'il repugne que le Rhombe puisse estre inscrit dedans le cercle. Ie passe sous silence plusieurs autres choses, lesquelles auroient besoin, ou d'vne ample explication, ou d'vne preuue plus conuaincante, ou mesme qui se détruisent par ce qui a esté dit auparauant; Par exemple, *qu'on ne sçauroit conceuoir autre chose que Dieu seul, à l'essence de laquelle l'existence apartienne auec necessité; puis aussi qu'il n'est pas possible de conceuoir deux ou plusieurs dieux de mesme façon; & posé que maintenant il y en ait vn qui existe, il est necessaire qu'il ait esté auparauant de toute*

Ddd iij

eternité, & qu'il soit eternellement à l'auenir ; & que vous conceués vne infinité d'autres choses en Dieu, dont vous ne pouuez rien diminuer ny changer ; & enfin que ces choses doiuent estre considerées de prez, & tres-soigneusement examinées pour les apperceuoir, & en connoistre la verité, &c.

3. Enfin vous dites que la certitude & verité de toute science dépend si absolument de la connoissance du vray Dieu, que sans elle il est impossible d'auoir iamais aucune certitude, ou verité dans les sciences. Vous en aportez cét exemple, lors que ie considere, dites-vous, la nature du triangle, ie connois euidemment, moy qui suis vn peu versé dans la Geometrie, que ses trois angles sont égaux à deux droits, & il ne m'est pas possible de ne le point croire pendant que i'aplique ma pensée à sa demonstration ; mais aussi-tost que ie l'en détourne, encore que ie me ressouuienne de l'auoir clairement comprise, toutesfois il se peut faire aisément que ie doute de sa verité, si i'ignore qu'il y ait vn Dieu : car ie puis me persuader d'auoir esté fait tel par la nature, que ie me puisse aisément tromper, mesme dans les choses que ie pense comprendre auec le plus d'euidence & de certitude : veu principalement que ie me ressouuiens d'auoir souuent estimé beaucoup de choses pour vrayes & certaines, lesquelles par apres d'autres raisons m'ont porté à iuger absolument fausses. Mais apres que i'ay reconnu qu'il y a vn Dieu, pource qu'en mesme temps i'ay reconnu aussi que toutes choses dependent de luy, & qu'il n'est point trompeur, & qu'en suite de cela i'ay iugé que tout ce que ie conçoy clairement & distinctement ne peut manquer d'estre vray : encore que ie ne pense plus aux raisons pour lesquelles i'auray iugé vne chose estre veritable, pourueu que ie me ressouuienne de l'auoir clairement & distinctement comprise, on ne me peut aporter aucune

raison contraire, qui me la face iamais reuoquer en doute, & ainſi i'en ay vne vraye & certaine ſcience ; Et cette meſme ſcience s'eſtend auſſi à toutes les autres choſes que ie me reſſouuiens d'auoir autresfois demonſtrées, comme aux veritez de Geometrie, & autres ſemblables.

A cela, Monſieur, voyant que vous parlez ſi ſerieuſement, & croyant auſſi que vous le dites tout de bon, ie ne voy pas que i'aye autre choſe à dire, ſinon qu'il ſera difficile que vous trouuiez perſonne qui ſe perſuade que vous ayez eſté autrefois moins aſſuré de la verité des demonſtrations Geometriques, que vous l'eſtes à preſent que vous auez acquis la connoiſſance d'vn Dieu. Car en effect ces demonſtrations ſont d'vne telle euidence, & certitude, que ſans attendre noſtre deliberation elles nous arrachent d'elles-meſmes le conſentement, & lors qu'elles ſont vne fois compriſes, elles ne permettent pas à noſtre eſprit de demeurer dauantage en ſuſpens touchant la creance qu'il en doit auoir ; de façon que i'eſtime que vous auez autant de raiſon de ne pas craindre en cecy les ruſes de ce mauuais genie qui taſche inceſſamment de vous ſurprendre, que lors que vous auez ſoûtenu ſi affirmatiuement, qu'il eſtoit impoſſible que vous peuſſiez vous méprendre touchant cét antecedent & ſa conſequence, ie penſe : donc ie ſuis; quoy que pour lors ne fuſſiez pas encore aſſuré de l'exiſtence d'vn Dieu. Et meſme encore qu'il ſoit tres-vray, (comme en effect il n'y a rien de plus veritable) qu'il y a vn Dieu, lequel eſt l'auteur de toutes choſes, & qui n'eſt point trompeur : toutesfois, parce que cela ne ſemble pas eſtre ſi euident, que le ſont les demonſtrasions de Geometrie, (dequoy il ne faut point d'autre preuue sinon qu'il y en a plusieurs qui mettent en question l'existence de Dieu, la creation du monde, & quantité d'autres choses qui se disent de Dieu, & que pas vn ne reuoque en doute les demonstrations de Geometrie) qui sera celuy qui se poura laisser persuader que celles-cy empruntent leur euidence & leur certitude des autres? Et qui poura croire que Diagore, Theodore, & tous les autres semblables Athées, ne puissent estre rendus certains de la verité de ces sortes de demonstrations? Et enfin où trouuerez-vous personne, qui estant interrogé sur la certitude qu'il a, qu'en tout triangle rectangle le quarré de la baze est égal aux quarrez des costez, réponde qu'il en est assuré, parce qu'il sçait qu'il y a vn Dieu qui ne peut estre trompeur, & qui est luy-mesme l'auteur de cette verité, & de toutes les choses qui sont au monde: mais plutost, où est celuy qui ne répondra qu'il en est assuré, parce qu'il sçait cela certainement, & qu'il en est fortement persuadé par vne tres-infaillible demonstration? Combien à plus forte raison est-il à présumer que Pythagore, Platon, Archymede, Euclide, & tous les autres anciens Mathematiciens feroient la mesme réponse, n'y en ayant ce semble pas vn d'entr'eux, qui ait eu aucune pensée de Dieu pour s'assurer de la verité de telles démonstrations; Toutesfois parce que peut-estre ne respondrez-vous pas des autres, mais seulement de vous-mesme, & que d'ailleurs c'est vne chose loüable & pieuse, il n'y a pas lieu d'insister sur cela dauantage.

CONTRE

CONTRE LA SIXIESME MEDITATION.

De l'existence des choses materielles ; & de la réelle distinction entre l'ame & le corps de l'homme.

1. JE ne m'areste point icy sur ce que vous dites *que les choses materielles peuuent exister, entant qu'on les considere comme l'object des Mathematiques pures*, quoy que neantmoins les choses materielles soient l'objet des Mathematiques composées, & que celuy des pures Mathematiques, comme le point, la ligne, la superficie, & les indiuisibles qui en sont composez, ne puissent auoir aucune existence réelle. Ie m'areste seulement sur ce que vous distinguez derechef icy *l'imagination de l'intellection, ou conception pure*. Car comme i'ay desia remarqué auparauant, ces deux operations semblent estre les actions d'vne mesme faculté ; & s'il y a entr'elles quelque difference, ce ne peut estre que selon le plus & le moins ; Et de fait, prenez garde comme ie le prouue par cela mesme que vous auancez.

Vous auez dit cy deuant *qu'imaginer n'est rien autre chose que contempler la figure, ou l'image d'vne chose corporelle*, & icy vous demeurez d'accord que *conceuoir, ou entendre, c'est contempler vn triangle, vn pentagone, vn Chiliogone, vn Myriogone*, & autres choses semblables, qui sont des figures des choses corporelles ; maintenant vous en establissez la difference, en ce que *l'imagination se fait*, dites-vous, *auec quelque sorte d'application de la faculté qui connoist, vers le corps ; & que l'intellection ne demande point*

E e e

cette sorte d'application ou contention d'esprit. En sorte que lors que tout simplement & sans peine vous conceuez vn triangle comme vne figure qui a trois angles, vous appellez cela vne intellection ; & que lors qu'auec qu. lque sorte d'effort & de contention vous vous rendez cette figure comme presente, que vous la considerez, que vous l'examinez, que vous la conceuez distinctement & par le menu, & que vous en distinguez les trois angles, vous appellez cela vne imagination. Et partant estant vray que vous conceuez fort facilement qu'vn Chiliogone est vne figure de mille angles, & que neantmoins quelque contention d'esprit que vous fassiez, vous ne sçauriez discerner distinctement & par le menu tous ses angles, & vous les rendre tous comme presens; vostre esprit n'ayant pas moins en cela de confusion, que lors qu'il considere vn Myriogone, ou quelque autre figure de beaucoup de costez : pour cette raison vous dites qu'au regard du Chyliogone, ou du Myriogone, vostre pensée est vne intellection, & non point vne imagination.

Toutesfois ie ne voy rien qui puisse empescher que vous n'étendiez vostre imagination, aussi bien que vôstre intellection, sur le Chiliogone, comme vous faites sur le triangle. Car de vray vous faites bien quelque sorte d'effort pour imaginer en quelque façon cette figure composée de tant d'angles : quoy que leur nombre soit si grand que vous ne les puissiés conceuoir distinctemét; & d'ailleurs vous conceuez bien à la verité par ce mot de Chiliogone vne figure de mille angles, mais cela n'est qu'vn effect de la force, ou de la signification du mot; non que pour cela vous *conceuiez*, plutost les mille angles de cette figure que vous ne les *imaginez*.

Mais il faut icy prendre garde comment peu à peu, & comme par dégrez la distinction se perd, & la confusion s'augmente. Car il est certain que vous vous representerez, ou imaginerez, ou mesme que vous concéurez plus confusément vn quarré qu'vn triangle; mais plus distinctement qu'vn Pentagone, & celuy-cy plus confusément qu'vn quarré, & plus distinctement qu'vn Hexagone, & ainsi de suitte, iusqu'à ce que vous ne puissiez plus vous rien proposer nettement ; & parce qu'alors quelque conception que vous ayez, elle ne sçauroit estre nette, ny distincte, pour lors aussi vous negligez de faire aucun effort sur vostre esprit.

C'est pourquoy, si lors que vous conceuez vne figure distinctement, & auec quelque sensible contention, vous voulez apeler cette façon de conceuoir vne imagination, & vne intellection tout ensemble : & si lors que vostre conception est confuse, & qu'auec peu, ou point du tout de contention d'esprit vous conceuez vne figure, vous voulez apeler cela du seul nom d'intellection, certainement il vous sera permis : mais vous ne trouuerez pas pour cela que vous ayez lieu d'establir plus d'vne sorte de connoissance intérieure; à qui ce ne sera tousiours qu'vne chose accidentelle, que tantost plus fortement & tantost moins, tantost distinctement & tantost confusément, vous concevriez quelque figure. Et certes si depuis l'Heptagone, & l'Octogone, nous voulons parcourir toutes les autres figures iusques au Chiliogone, ou au Myriogone, & prendre garde en mesme temps à tous les dégrez où se rencontre vne plus grande ou vne moindre distinction & confusion, pourons nous dire en quel endroit, ou plutost en quelle figure l'imagination cesse, & la seule intellection demeure ? Mais plutost ne verra-t'on pas vne suite & liaison continuelle d'vne seule & mesme connoissance, dont la distinction & contention diminuë tousiours peu à peu, à mesure que la confusion & remission augmente & s'accroist aussi insensiblement. Considerez d'ailleurs ie vous prie de quelle sorte vous raualez l'intellection, & à quel point vous esleuez l'imagination. Car que pretendez vous autre chose que d'auilir l'vne, & esleuer l'autre, lors que vous donnez à l'intellection la negligence & la confusion pour partage, & que vous attribuez à l'imagination toute sorte de distinction, de netteté, & de diligence ?

Vous dites en suitte *que la vertu d'imaginer qui est en vous, entant qu'elle differe de la puissance de conceuoir, n'est point requise à vostre essence, c'est à dire à l'essence de vostre esprit* ; Mais comment cela pourroit-il estre, si l'vne & l'autre ne sont qu'vne seule & mesme vertu, ou faculté, dont les fonctions ne different que selon le plus & le moins ? Vous adjoûtez, *que l'esprit en imaginant se tourne vers les corps, & qu'en conceuant il se considere soy-mesme, ou les idées qu'il a en soy.* Mais comment cela, si l'esprit ne se peut tourner vers soy-mesme, ny considerer aucune idée, qu'il ne se tourne en mesme temps vers quelque chose de corporel, ou representé par quelque idée corporelle ? Car en effect le triangle, le Pentagone, le Chiliogone, le Myriogone, & toutes les autres figures, ou mesme les idées de toutes ces figures sont toutes corporelles ; & l'esprit ne sçauroit penser à elles auec attention, qu'en les conceuant comme corporelles, ou à la façon des choses corporelles. Pour ce qui est des idées des choses que nous croyons estre immaterielles, comme celles de Dieu, des Anges, de l'ame de l'homme, ou de l'esprit, il est mesme constant que les idées que nous en auons sont ou corporelles, ou quasi corporelles, ayant esté tirées de la forme & ressemblance de l'homme, & de quelques autres choses fort simples, fort legeres, & fort imperceptibles, telles que sont le vent, le feu, ou l'air, ainsi que nous auons desia dit. Quant à ce que vous dites *que ce n'est que probablement que vous conjecturez qu'il y a quelque corps qui existe*, il n'est pas besoin de s'y arrester, parce qu'il n'est pas possible que vous le disiez tout de bon.

2. En suite de cela vous traittez du sentiment, & tout d'abord vous faites vne belle enumeration de toutes les choses que vous auiez connuës par le moyen des sens, & que vous auiez receuës pour vrayes, parce que la nature sembloit ainsi vous l'enseigner. Et incontinent aprés vous raportez certaines experiences qui ont tellement renuersé toute la foy que vous adjoustiez aux sens, qu'elles vous ont reduit au point, où nous vous auons veu dans la premiere Meditation, qui estoit de reuoquer toutes choses en doute.

Or ce n'est pas mon dessein de disputer icy de la verité de nos sens. Car bien que la tromperie ou fausseté ne soit pas proprement dans le sens, lequel n'agit point, mais qui reçoit simplement les images, & les raporte comme elles luy aparoissent, & comme elles doiuent necessairement luy aparoistre à cause de la disposition où se trouue lors le sens, l'object, & le milieu: mais qu'elle soit plutost dans le iugement, ou dans l'esprit, lequel n'aporte pas toute la circonspection requise, & qui ne prend pas garde que les choses éloignées, pour cela mesme qu'elles sont éloignées, ou mesme pour d'autres causes, nous doiuent paroistre plus petites, & plus confuses, que lors qu'elles sont plus proches de nous, & ainsi du reste: Toutesfois de quelque costé que l'erreur vienne, il faut auoüer qu'il y en a; & il n'y a seulement de la difficulté, qu'à sçauoir s'il est donc vray que nous ne puissions iamais estre assurez de la verité d'aucune chose que le sens nous aura fait aperceuoir.

Mais certes ie ne voy pas qu'il faille beaucoup se mettre en peine de terminer vne question que tant d'exemples journaliers decident si clairement; ie réponds seulement à ce que vous dites, ou plutost à ce que vous vous objectez, qu'il est tres-constant que lors que nous regardons de prés vne tour, & que nous la touchons quasi de la main, nous ne doutons plus qu'elle ne soit quarrée: quoy qu'en estant vn peu éloignez nous auions occasion de iuger qu'elle estoit ronde, ou du moins de douter si elle estoit quarrée, ou ronde, ou de quelque autre figure.

Ainsi ce sentiment de douleur qui paroist estre encore dans le pied, ou dans la main, après mesme que ces membres ont esté retranchez du corps, peut bien quelquefois tromper ceux à qui on les a coupez, & cela à cause des esprits animaux qui auoient coûtume d'estre portez dans ces membres, & d'y causer le sentiment. Toutesfois ceux qui ont tous leurs membres sains & entiers, font si asseurez de sentir de la douleur au pied, ou à la main, dont la blessure est encore toute fraîche, & toute recente, qu'il leur est impossible d'en douter.

Ainsi nostre vie estant partagée entre la veille & le sommeil, il est vray que celuy-cy nous trompe quelquefois, en ce qu'il nous semble alors que nous voyons deuant nous des choses qui n'y sont point; mais aussi nous ne dormons pas tousiours, & lors que nous sommes en effect éueillez, nous en sommes trop asseurez, pour estre encore dans le doute si nous veillons, ou si nous resuons.

Ainsi quoy que nous puissions penser que nous sommes d'vne nature à se pouuoir tromper mesme dans les choses qui nous semblent les plus veritables; toutefois nous sçauons aussi que nous auons cela de la nature de pouuoir connoistre la verité, & comme nous nous trompons quelquefois, par exemple, lors qu'vn sophisme nous impose, ou qu'vn baston est à demy dans l'eau; aussi quelquefois connoissons nous la verité, comme dans les demonstrations Geometriques, ou dans vn baston qui est hors de l'eau: Car ces veritez sont si apparentes, qu'il n'est pas possible que nous en puissions douter. Et bien que nous eussions sujet de nous défier de la verité de toutes nos autres connoissances, au moins ne pourions nous pas douter de cecy, à sçauoir que toutes les choses nous paroissent telles qu'elles nous paroissent; & il n'est pas possible qu'il ne soit tres-vray qu'elles nous paroissent de la sorte. Et quoy que la raison nous détourne souuent de beaucoup de choses, où la nature semble nous porter, cela toutesfois n'oste pas la verité des Phœnomenes, & n'empefche pas qu'il ne soit vray que nous voyons les choses comme nous les voyons. Mais ce n'est pas icy le lieu de considerer de quelle façon la raison s'oppose à l'impulsion du sens, & si ce n'est point peut-estre de la mesme façon que la main droite soustiendroit la gauche qui n'auroit pas la force de se soustenir elle-mesme, ou bien si c'est de quelque autre maniere.

3. Vous entrez en suitte en matiere, mais il semble que vous vous y engagiez comme par vne legere escarmouche. Car vous poursuiuez ainsi. *Mais maintenant que ie commence à me mieux connoistre moy-mesme, & à découurir plus clairement l'auteur de mon origine, ie ne pense pas à la verité que ie doiue temerairement admettre toutes les choses que les sens me semblent enseigner, mais ie ne pense pas aussi que ie les doiue toutes generalement reuoquer en doute.* Vous auez raison de dire cecy, & ie croy sans doute que ç'a tousiours esté sur celà vostre pensée.

Vous continuez : *Et premierement pour ce que ie sçay que toutes les choses que ie conçoy clairement & distinctement peuuent estre produites par Dieu telles que ie les conçoy, c'est assez que ie puisse conceuoir clairement & distinctement vne chose sans vne autre, pour estre certain que l'vne est distincte ou differente de l'autre, parce qu'elles peuuent estre posées separement, au moins par la toute-puissance de Dieu ; & il n'importe par quelle puissance cette separation se fasse, pour m'obliger à les iuger differentes.* A cela ie n'ay rien autre chose à dire, sinon que vous prouuez vne chose claire par vne qui est obscure : pour ne pas mesme dire qu'il y a quelque sorte d'obscurité dans la consequence que vous tirez. Ie ne m'arreste

CINQVIESMES. 429

m'arreſte pas non plus à vous objecter qu'il falloit auoir auparauant demonſtré que Dieu exiſte, & ſur quelles choſes ſa puiſſance ſe peut eſtendre, pour monſtrer qu'il peut faire tout ce que vous pouuez clairement conceuoir: ie vous demande ſeulement ſi vous ne conceuez pas clairement & diſtinctemēt cette proprieté du triangle, à ſçauoir, *que les plus grands coſtez ſont ſouſtenus par les plus grands angles*, ſeparement de celle-cy, à ſçauoir, *que ſes trois angles pris enſemble ſont égaux à deux droits?* Et ſi pour cela vous croyez que Dieu puiſſe tellement ſeparer cette proprieté d'auec l'autre, que le triangle puiſſe tantoſt auoir celle-cy ſans auoir l'autre, ou tantoſt auoir l'autre ſans celle-cy? Mais pour ne nous point arreſter icy dauantage, dautant que cette ſeparation fait peu à noſtre ſujet, vous adjouſtez, *& partant de cela meſme que ie connois auec certitude que i'exiſte, & que cependant ie ne remarque point qu'il appartienne neceſſairement aucune autre choſe à ma nature, ou à mon eſſence, ſinon que ie ſuis vne choſe qui penſe, ie conclus fort bien que mon eſſence conſiſte en cela ſeul, que ie ſuis vne choſe qui penſe, ou vne ſubſtance dont toute l'eſſence ou la nature n'eſt que de penſer.* Ce ſeroit icy où ie me voudrois arreſter, mais ou il ſuffit de repeter ce que i'ay deſia allegué touchant la ſeconde meditation, ou bien il faut attendre ce que vous voulez inferer.

Voicy donc enfin ce que vous concluez, *& quoy que peut eſtre (ou pluſtoſt certainement comme ie le diray tantoſt), i'aye vn corps, auquel ie ſuis tres-eſtroittement conjoint; Toutesfois parce que d'vn coſté i'ay vne claire & diſtincte idée de moy-meſme, entant que ie ſuis ſeulement vne choſe qui penſe, & non eſtenduë; & que d'vn autre; i'ay vne idée diſtincte du*

Ff f

corps, entant qu'il est seulement une chose estenduë, & qui ne pense point : il est certain que moy, c'est à dire mon esprit, ou mon ame, par laquelle ie suis ce que ie suis, est entierement & veritablement distincte de mon corps, & qu'elle peut estre, ou exister sans luy.

C'estoit icy sans doute le but où vous tendiez : c'est pourquoy puis que c'est en cecy que consiste principalement toute la difficulté, il est besoin de s'y arrester vn peu, pour voir de quelle façon vous vous en démeslez. Premierement il s'agit icy d'vne distinction d'entre l'esprit, ou l'ame de l'homme, & le corps ; mais de quel corps entendez vous parler ? Certainement si ie l'ay bien compris, c'est de ce corps grossier qui est composé de membres ; car voicy vos paroles, *i'ay vn corps auquel ie suis conioint* ; & vn peu apres, *il est certain que moy, c'est à dire mon esprit, est distinct de mon corps*, &c.

Mais i'ay à vous auertir, ô esprit, que la difficulté n'est pas touchant ce corps massif & grossier. Cela seroit bon si ie vous objectois selon la pensée de quelques Philosophes, que vous fussiez la perfection, appellée des Grecs ἐντελέχεια, l'acte, la forme, l'espece, & pour parler en termes ordinaires, le mode du corps ; car de vray ceux qui sont dans ce sentiment n'estiment pas que vous soyez plus distinct, ou separable du corps, que la figure, ou quelque autre de ses modes : & cela, soit que vous soyez l'ame toute entiere de l'homme, soit que vous soyez vne vertu, ou vne puissance sur-adjoustée, que les Grecs appellent νοῦς δυνάμει, νοῦς παθητικός, vn entendement possible, ou passible. Mais ie veux agir auec vous plus liberalement, en vous considerant comme vn entendement agent, appellé des Grecs ποιητικόν, & mesme separable, appellé par eux χωριςόν, bien que ce soit d'vne autre façon qu'ils ne se l'imaginoient.

Car ces Philosophes croyans que cet entendement agent estoit commun à tous les hommes, (ou mesme à toutes les choses du monde) & qu'il faisoit à l'endroit de l'entendement possible, pour le faire entendre, ce que la lumiere fait à l'œil, pour le faire voir ; (d'où vient qu'ils auoient coustume de le comparer à la lumiere du Soleil, & par consequent de le regarder comme vne chose estrangere, & venant de dehors) de moy ie vous considere plustost (puis que d'ailleurs ie voy que cela vous plaist) comme vn certain esprit, ou vn entendement particulier, qui dominez dedans le corps.

Ie repete encore vne fois que la difficulté n'est pas de sçauoir si vous estes separable, où non, de ce corps massif & grossier ; (d'où vient que ie disois vn peu auparauant qu'il n'estoit pas necessaire de recourir à la puissance de Dieu, pour rendre ces choses-là separables, que vous conceuez séparément) mais bien de sçauoir si vous n'estes pas vous-mesme quelque autre corps, pouuant estre vn corps plus subtil & plus delié, diffus dedans ce corps épais & massif, ou residant seulement dãs quelqu'vne de ses parties. Au reste ne pensez pas nous auoir jusques icy monstré que vous estes vne chose purement spirituelle, & qui ne tient rien du corps ; & lors que dans la seconde Meditation vous auez dit, *que vous n'estiez point vn vent, vn feu, vne vapeur, vn air*, vous deuez vous souuenir que ie vous ay fait remarquer que vous difiez cela fans aucune preuue.

Vous difiez aussi, *que vous ne difputiez pas en ce lieu-là de ces chofes* : mais ie ne voy point que vous en ayez traité depuis, & que vous ayez apporté aucune raifon pour prouuer que vous n'eftes point vn corps de cette nature. I'attendois toufiours que vous le fifliez icy, & neantmoins fi vous dites, ou fi vous prouuez quelque chofe, c'eft feulement que vous n'eftes point ce corps groffier & maffif, touchant lequel i'ay defia dit qu'il n'y a point de difficulté.

4. *Mais*, dites-vous, *d'vn cofté i'ay vne claire & diftincte idée de moy-mefme, entant que ie fuis feulement vne chofe qui penfe, & non étendue; & d'vn autre i'ay vne idée diftincte du corps, entant qu'il eft feulement vne chofe étendue, & qui ne penfe point*. Mais premierement pour ce qui eft de l'idée du corps, il me femble qu'il ne s'en faut pas beaucoup mettre en peine: car fi vous difiez cela de l'idée du corps en general, ie ferois obligé de repeter icy ce que ie vous ay defia objecté, à fçauoir, que vous deuez auparauant prouuer que la penfée ne peut conuenir à l'effence, ou à la nature du corps : & ainfi nous retomberions dans noftre premiere difficulté ; puis que la queftion eft de fçauoir fi vous, qui penfez, n'eftes point vn corps fubtil & delié, comme fi c'eftoit vne chofe qui repugnaft à la nature du corps, que de penfer.

Mais, parce qu'en difant cela vous entendez feulement parler de ce corps maffif & groffier, duquel vous fouftenez eftre diftinct, & feparable : auffi ie demeure aucunement d'accord que vous pouuez auoir l'idée du corps ; mais fuppofé, comme vous dites, que vous foyez vne chose qui n'est point estenduë, ie nie absolument que vous en puissiez auoir l'idée.

Car, ie vous prie, dites-nous comment vous pensez que l'espece, ou l'idée du corps qui est estendu, puisse estre receuë en vous, c'est à dire en vne substance qui n'est point estenduë? Car ou cette espece procede du corps, & pour lors il est certain qu'elle est corporelle, & qu'elle a ses parties les vnes hors des autres, & partant qu'elle est estenduë; ou bien elle vient d'ailleurs & se fait sentir par vne autre voye; toutesfois, parce qu'il est tousiours necessaire qu'elle represente le corps qui est estendu, il faut aussi qu'elle ayt des parties, & ainsi qu'elle soit estenduë. Autrement, si elle n'a point de parties, comment en poura-t'elle representer? si elle n'a point d'estenduë, comment poura-t'elle representer vne chose qui en a; si elle est sans figure, comment fera-t'elle sentir vne chose figurée? si elle n'a point de situation, comme nous fera-t'elle conceuoir vne chose qui a des parties les vnes hautes, les autres basses, les vnes à droite, les autres à gauche, les vnes deuant, les autres derriere, les vnes courbées, les autres droittes? si elle est sans varieté, comment representera-t'elle la varieté des couleurs? &c. Doncques l'idée du corps n'est pas tout à fait sans extension; mais si elle en a, & que vous n'en ayez point, comment est-ce que vous la pourez receuoir? comment vous la pourez-vous ajuster & appliquer? comment vous en seruirez-vous? & comment enfin la sentirez-vous peu à peu s'effacer, & s'éuanoüir.

En aprés pour ce qui regarde l'idée de vous-mesme, ie n'ay rien à adjoûter à ce que i'en ay desia dit, principalement sur la seconde Meditation. Car par là l'on voit clairement, que tant s'en faut que vous ayez vne idée claire & distincte de vous-mesme, qu'au contraire il semble que vous n'en ayez point du tout. Car encore bien que vous connoissiez certainement que vous pensez, vous ne sçauez pas neantmoins quelle chose vous estes, vous qui pensez : en sorte que bien que cette seule operation vous soit clairement connuë, le principal pourtant vous est caché, qui est de sçauoir quelle est cette substance qui a pour l'vne de ses operations de penser. D'où il me semble que ie puis fort bien vous comparer à vn aueugle, lequel sentant de la chaleur, & estant auerty qu'elle vient du Soleil, penseroit auoir vne claire & distincte idée du Soleil : dautant que si quelqu'vn luy demandoit ce que c'est que le Soleil, il pourroit répondre que c'est vne chose qui échauffe. Mais, direz-vous, ie ne dis pas seulement icy que ie suis vne chose qui pense, j'aioûte aussi de plus que ie suis vne chose qui n'est point étenduë. Toutesfois, pour ne pas dire que c'est vne chose que vous auancez sans preuue, quoy que cela soit en question entre nous, dites-moy ie vous prie, pensez-vous pour cela auoir vne claire & distincte idée de vous-mesme ? Vous dites que vous n'estes pas vne chose étenduë, certainement i'aprens par là ce que vous n'estes point, mais non pas ce que vous estes. Quoy donc, pour auoir vne idée claire & distincte de quelque chose, c'est à dire vne idée vraye & naturelle, n'est-il pas necessaire de connoistre la chose positiuement en soy, & pour ainsi parler, affirmatiuement : est-ce assez de sçauoir qu'elle n'est point vne telle chofe? Et celuy-là auroit-il vne idée claire & diftincte de Bucephal, qui connoiftroit du moins qu'il n'eft pas vne mouche? Mais pour ne pas infifter dauantage là deffus; Vous eftes donc, dites-vous, vne chofe qui n'eft point étenduë: mais ie vous demande n'eftes-vous pas diffus par tout le corps? certainement ie ne fçay pas ce que vous aurez à répondre; car encore que ie vous aye confideré au commencement comme eftant feulement dans le cerueau, cela neantmoins n'a efté que par conjecture, pluftoft que par vne veritable creance que ce fuft voftre opinion. I'auois fondé ma conjecture fur ces paroles qui fuiuent vn peu aprés, lors que vous dites, *que l'ame ne reçoit pas immediatement l'impreffion de toutes les parties du corps, mais feulement du cerueau, ou peut-eftre mefme de l'vne de fes plus petites parties.* Mais ie n'eftois pas pour cela tout à fait certain, fi vous eftiez feulement dans le cerueau, ou mefme dans l'vne de fes parties, veu que vous pouuez eftre répandu dans tout le corps, & ne fentir qu'en vne feule partie: comme nous difons ordinairement que l'ame eft diffufe par tout le corps, & que neantmoins elle ne void que dans l'œil.

Ces paroles qui fuiuent m'auoient auffi fait douter, lors que vous dites, *& encore que toute l'ame femble eftre vnie à tout le corps, &c.* Car en ce lieu-là vous ne dites pas à la verité que vous foyez vny à tout le corps: mais auffi ne le niez vous pas; Or quoy qu'il en foit, fuppofons premierement, s'il vous plaift, que vous foyez diffus par tout le corps, foit que vous foyez vne mefme chofe auec l'ame, foit que vous foyez quelque chofe de different ; ie vous demande, pouuez-vous n'auoir point d'extenſion, vous qui eſtes eſtendu depuis la teſte juſques aux pieds ? qui eſtes auſſi grand que voſtre corps, & qui auez autant de parties qu'il en faut pour reſpondre à toutes les ſiennes ? Direz-vous que vous n'eſtes point eſtendu, parce que vous eſtes tout entier dans le tout, & tout entier dans chaque partie ? ſi vous le dites, comment, ie vous prie, le comprenez-vous ? vne meſme choſe peut-elle eſtre tout à la fois toute entiere en pluſieurs lieux ? Ie veux bien que la Foy nous enſeigne cela du ſacré Myſtere de l'Euchariſtie ; mais icy ie parle de vous ; & outre que vous eſtes vne choſe naturelle, nous n'examinons icy les choſes qu'autant qu'elles peuuent eſtre connuës par la lumiere naturelle. Et cela eſtant, peut-on conceuoir qu'il y ayt pluſieurs lieux, & qu'il n'y ayt pas pluſieurs choſes logées ? cent lieux ne ſont-ils pas plus qu'vn ? & ſi vne choſe eſt toute entiere en vn lieu, pourra-t'elle eſtre en d'autres, ſi elle n'eſt hors d'elle-meſme, comme ce premier lieu eſt hors des autres ? Reſpondez à cela tout ce que vous voudrez, du moins ſera-ce vne choſe obſcure & incertaine, de ſçauoir ſi vous eſtes tout entier dans chaque partie, ou ſi vous n'eſtes point pluſtoſt dans chacune des parties de voſtre corps, ſelon chacune des parties de vous-meſme. Et comme il eſt bien plus manifeſte que rien ne peut eſtre tout à la fois en pluſieurs lieux, auſſi ſera-t'il touſjours plus euident que vous n'eſtes pas tout entier dans chaque partie, mais ſeulement tout dans le tout, & partant que vous eſtes diffus par tout le corps ſelon chacune de vos parties ; & ainſi que vous n'eſtes point ſans extenſion.

Poſons

Posons maintenant que vous soyez seulement dans le cerueau, ou mesme dans l'vne de ses plus petites parties: vous voyez qu'il reste tousiours le mesme inconuenient; dautant que pour petite que soit cette partie, elle est neantmoins estenduë, & vous autant qu'elle: & partant vous estes estendu; & vous auez des petites parties qui répondent à toutes les siennes. Ne direz vous point peut estre que vous prenez pour vn point cette petite partie du cerueau à laquelle vous estes vny? Ie ne le puis croire; mais je veux que ce soit vn point? Toutesfois, si c'est vn point physique, la mesme difficulté demeure tousiours, parce que ce point est estendu, & n'est pas tout à fait sans parties. Si c'est vn point Mathematique, vous sçauez premierement que ce n'est que nostre imagination qui le forme, & qu'en effet il n'y en a point. Mais posons qu'il y en ayt, ou plustost feignons qu'il se trouue dans le cerueau vn de ces points Mathematiques auquel vous soyez vny, & dans lequel vous fassiez residence. Remarquez, s'il vous plaist, l'inutilité de cette fiction; car quoy que nous feignons, si faut-il tousiours que vous soyez justement dans le concours des nerfs, par où toutes les parties que l'ame informe transmettent dans le cerueau les idées, ou les especes des choses que les sens ont apperceuës. Mais premierement tous les nerfs n'aboutissent pas à vn point; soit parce que le cerueau estant continué & prolongé iusqu'à la moüelle de l'espine du dos, plusieurs nerfs qui sont répandus dans le dos viennent aboutir & se terminer à cette moüelle; ou bien parce qu'on remarque, que les nerfs qui tendent vers le milieu de la teste, ne finissent;

Ggg

ou n'aboutiſſent pas tous à vn meſme endroit du cerueau. Mais quand ils y aboutiroient tous, toutesfois leur concours ne ſe peut terminer à vn point Mathematique : car ce ſont des corps, & non pas des lignes Mathematiques, pour pouuoir tous s'aſſembler & s'vnir en vn point. Et quand cela ſeroit : les eſprits animaux qui ſe coulent le long des nerfs, ne pouroient ny en ſortir ny y entrer, puis qu'ils ſont des corps, & que le corps ne peut pas n'eſtre point dans vn lieu, ou paſſer par vne choſe qui n'occupe point de lieu, comme le point Mathematique. Mais ie veux qu'il y puiſſe eſtre, & qu'il y paſſe ? Toutesfois vous qui eſtes ainſi exiſtant dans vn point, ou il n'y a ny contrées, ny regions, où il n'y a rié qui ſoit à droite ou à gauche, qui ſoit en haut ou en bas, ne pouuez pas diſcerner de quelle part les choſes viennent, ou quel rapport elles vous font. I'en dis auſſi de meſme de ces Eſprits que vous deuez enuoyer par tout le corps, pour luy communiquer le ſentiment, & le mouuement ; Pour ne pas dire qu'il eſt impoſſible de comprendre comment vous leur imprimez le mouuement, ſi vous eſtes dans vn point, ſi vous n'eſtes point vn corps, ou ſi vous n'en auez vn, par le moyen duquel vous les touchiez, & les pouſſiez tout enſemble. Car ſi vous dites qu'ils ſe meuuent d'eux meſmes, & que vous préſidez ſeulement à la conduite de leur mouuement : ſouuenez vous que vous auez dit en quelque part *que le corps ne ſe meut point ſoy-meſme*, de ſorte que l'on peut inferer de là, que vous eſtes la cauſe de ſon mouuement ; & puis expliquez nous comment cette direction ou conduite ſe peut faire ſans quelque ſorte de contention, & partant sans quelque mouuement de voſtre part? comment vne choſe peut-elle faire contention & effort ſur vne autre, & la faire mouuoir, ſans vn mutuel contact du moteur & du mobile? & comment ce contact ſe peut-il faire ſans corps? veu meſme que c'eſt vne choſe que la lumiere naturelle nous apprend, qu'il n'y a que les corps qui peuuent toucher, & eſtre touchez?

Toutesfois, pourquoy m'arreſtay-je icy ſi long-temps, puis que c'eſt à vous à nous monſtrer que vous eſtes vne choſe qui n'a point d'eſtenduë, & par conſequent qui n'eſt point corporelle. Et je ne penſe pas que vous en vouliez tirer la preuue, de ce que l'on dit communément que l'homme eſt compoſé de corps & d'Ame: comme ſi l'on deuoit conclure que le nom de corps eſtant donné à vne partie, l'autre ne doit plus eſtre ainſi appellée: car ſi cela eſtoit, vous me donneriez occaſion de le diſtinguer en cette ſorte. L'homme eſt compoſé de deux ſortes de corps, à ſçauoir d'vn groſſier, & d'vn ſubtil, en telle ſorte que le nom commun de corps eſtant attribué au premier, on donne à l'autre le nom d'Ame, ou d'Eſprit. Outre que le meſme ſe pouroit dire des autres animaux, auſquels ie ſuis aſſuré que vous n'accorderez point vn Eſprit ſemblable à vous: ce leur ſera bien aſſez, ſi vous les laiſſez en la poſſeſſion de leur ame. Lors donc que vous concluez *qu'il eſt certain que vous eſtes diſtinct de voſtre corps*, vous voyez bien que cela vous peut eſtre aiſément accordé, mais non pas que pour cela vous ne ſoyez point corporel, pluſtoſt que d'eſtre vne eſpece de corps fort ſubtil & fort delié, diſtinct de cet autre qui eſt maſſif & groſſier.

Vous adjoustez, *& partant que vous pouuez estre sans luy*; Mais quand on vous aura accordé que vous pouuiez exister sans ce corps grossier & pesant, ainsi que fait vne vapeur odoriferante, laquelle sortant d'vne pomme se va répandant parmy l'air, quel gain, ou quel auantage vous en reuiendra t'il de là ? Certes ce sera vn peu plus que ne vouloient ces Philosophes, dont i'ay parlé auparauant, qui croyoient que par la mort vous estiez entierement aneanty; ne plus ne moins qu'vne figure, qui se perd tellement par le changement de la superficie, qu'elle n'est plus du tout. Car n'estant pas seulement vn mode du corps, comme ils pensoient, mais estant de plus vne legere & subtile substance corporelle, on ne dira pas que vous perissiez totalement en la mort, & que vous retombiez dans vostre premier neant; mais que vous subsistez dans vos parties ainsi dissipées, & écartées les vnes des autres; combien qu'à cause de leur trop grande distraction & dissipation vous ne puissiez plus auoir de pensées, & que vous ayez perdu le droit de pouuoir estre dit vne chose qui pense, ou vn Esprit, ou vne Ame. Toutes lesquelles choses pourtant je vous objecte tousiours, non comme doutant de la conclusion que vous auez intentée, mais comme ayant grande défiance de la demonstration que vous auez proposée sur ce sujet.

5. Vous inferez encore apres cela quelques autres choses qui sont des suittes de cette matiere, sur chacune desquelles ie ne veux pas insister. Ie remarque seulement, que vous dites *que la nature vous enseigne par ces sentimens de douleur, de faim, de soif, &c, que vous n'estes pas*

seulement logé dans vostre corps, ainsi qu'vn Pilote en son nauire: mais outre cela que vous luy estes conjoint tres-estroittement, & tellement confondu & meslé, que vous composez comme vn seul tout auec luy. Car si cela n'estoit, dites vous, lors
que mon corps est blessé, ie ne sentirois pas pour cela de la douleur, moy qui ne suis qu'vne chose qui pense; mais j'apperceurois
cette blessure par le seul entendement, comme vn Pilote apperçoit par la veue si quelque chose se rompt dans son vaisseau. Et
lors que mon corps a besoin de boire, ou de manger, ie connoistrois simplement cela mesme, sans en estre auerty par des sentimens confus de faim & de soif; car en effect ces sentimens de
faim, de soif, de douleur, &c. ne sont autre chose que de certaines façons confuses de penser, qui dependent & prouiennent
de l'vnion, & pour ainsi dire, du mélange de l'esprit auec le
corps. Certes tout cela est fort bien dit, mais il reste toûjours à expliquer, comment cette conjonction, & quasi
permixtion, ou confusion vous peut conuenir, s'il est
vray, comme vous dites, que vous soyez immateriel, indiuisible, & sans aucune étenduë? Car si vous n'estes pas
plus grand qu'vn point, comment estes vous joint &
vny à tout le corps, qui est d'vne grandeur si notable?
comment au moins estes vous conjoint au cerueau, ou
à l'vne de ses plus petites parties, laquelle, comme j'ay
dit auparauant, ne sçauroit estre si petite, qu'elle n'ait
quelque grandeur, ou etenduë? Si vous n'auez point de
parties, comment estes vous meslé, ou quasi meslé auec
les parties les plus subtiles de cette matiere, auec laquelle vous confessez d'estre vny; puis qu'il ne peut y auoir
de mélange, qu'il n'y ait des parties capables d'estre
meslées les vnes auec les autres? & si vous estes entiere-

Ggg iij

ment distinct, comment estes vous confondu auec cette matiere, & composez vous vn tout auec elle? Et puis que toute composition, conjonction ou vnion, ne se fait qu'entre des parties, ne doit-il pas y auoir vne certaine proportion entre ces parties? Mais quelle proportion peut-on conceuoir entre vne chose corporelle, & vne incorporelle? pouuons nous comprendre comment, par exemple, dans vne pierre de ponce, l'air & la pierre sont tellement meslez & vnis ensemble, qu'il s'en fasse de là vne vraye & naturelle composition? & cependant il y a vne bien plus grande proportion entre la pierre & l'air, qui sont tous deux des corps, qu'entre le corps & l'esprit, qui est tout à fait immateriel. De plus, toute vnion ne se doit-elle pas faire par le contact tres-estroit & tres intime des deux choses vnies? Mais, comme ie disois tantost, comment vn contact se peut-il faire sans corps? comment vne chose corporelle poura-t'elle en embrasser vne qui est incorporelle, pour la tenir vnie & jointe à soy-mesme; ou bien comment est-ce que ce qui est incorporel poura s'attacher à ce qui est corporel, pour s'y vnir & s'y joindre reciproquement, s'il n'y a rien du tout en luy par quoy il se le puisse joindre, ny par quoy il luy puisse estre joint. Sur quoy ie vous prie de me dire, puis que vous auoüez vous-mesme que vous estes sujet au sentiment de la douleur, comment vous pensez (estant de la nature & condition que vous estes, c'est à dire incorporel, & non estendu) estre capable de ce sentiment? Car l'impression ou sentiment de la douleur ne vient, si je l'ay bien compris, que d'vne certaine distraction ou separation des parties, laquelle arriue lors que quelque chose se glisse, & se foure de telle sorte entre les parties, qu'elle en rompt la continuité qui y estoit auparauant. Et de vray, l'estat de la douleur est vn certain estat contre nature; mais comment est-ce qu'vne chose peut estre mise en vn estat contre nature, qui de sa nature mesme est tousiours vniforme, simple, d'vne mesme façon, indiuisible, & qui ne peut receuoir de changement ? Et la douleur estant vne alteration, ou ne se faisant jamais sans alteration, comment est-ce qu'vne chose peut estre alterée, laquelle estant moins diuisible que le point, ne peut estre faite autre, ou cesser d'estre ce qu'elle est, sans estre tout à fait aneantie ? De plus, lors que la douleur vient du pied, du bras, & de plusieurs autres parties ensemble, ne faut-il pas qu'il y ayt en vous diuerses parties, dans lesquelles vous la receuiez diuersement, de peur que ce sentiment de douleur ne soit confus, & ne vous semble venir d'vne seule partie. Mais pour dire en vn mot, cette generale difficulté demeure tousiours, qui est de sçauoir comment ce qui est corporel se peut faire sentir, & auoir communication auec ce qui n'est pas corporel; & quelle proportion l'on peut establir entre l'vn & l'autre ?

6. Ie passe sous silence les autres choses que vous poursuiuez fort amplement & fort elegamment, pour monstrer qu'il y a quelque' autre chose, que Dieu & vous, qui existe dans le monde. Car premierement vous inferez que vous auez vn corps, & des facultez corporelles : & en outre qu'il y a plusieurs autres corps autour du vostre, qui enuoyent leurs especes dans les organes de vos sens, & passent ainsi de là jusques à vous,

lesquelles causent en vous des sentimens de plaisir & de douleur, qui vous apprennent ce que vous auez à poursuiure, & à éuiter en ces corps.

De toutes lesquelles choses vous tirez enfin ce fruict, sçauoir est, que puis que tous les sentimens que vous auez vous raportent pour l'ordinaire plutost le vray que le faux, en ce qui concerne les commoditez ou incommoditez du corps, vous n'auez plus suiet de craindre que ces choses-là soient fausses, que les sens vous montrent tous les iours. Vous en dites de mesme des songes qui vous arriuent en dormant, lesquels ne pouuant estre ioints auec toutes les autres actions de vostre vie, comme les choses qui vous arriuent lors que vous veillez, ce qu'il y a de verité dans vos pensées se doit infailliblement rencontrer en celles que vous auez estant éueillé, plutost qu'en vos songes. *Et de ce que Dieu n'est point trompeur*, il suit, dites vous, necessairement que vous n'estes point en cela trompé, & que ce qui vous paroist si manifestement estant éueillé ne peut qu'il ne soit entierement vray. Or comme en cela vostre pieté me semble loüable, aussi faut il auoüer que c'est auec grande raison que vous auez finy vostre ouurage par ces paroles, *que la vie de l'homme est suiette à beaucoup d'erreurs, & qu'il faut par necessité reconnoistre la foiblesse, & l'infirmité de nostre nature.*

Voyla, Monsieur, les remarques qui me sont venuës en l'esprit touchant vos Meditations; mais ie repete icy ce que i'ay dit au commencement, qu'elles ne sont pas de telle importance que vous vous en deuiez mettre en peine; pour ce que ie n'estime pas que mon iugement

soit

soit tel, que vous en deuiez faire quelque sorte de compte. Car tout de mesme que lors qu'vne viande est agreable à mon goust, que ie voy desagreable à celuy des autres, ie ne pretens pas pour cela auoir le goust meilleur qu'vn autre ; ainsi lors qu'vne opinion me plaist, qui ne peut trouuer creance en l'esprit d'autruy, ie suis fort éloigné de penser que la mienne soit la plus veritable. Ie croy bien plutost qu'il a esté fort bien dit, que chacun abonde en son sens ; & ie tiendrois qu'il y auroit quasi autant d'iniustice, de vouloir que tout le monde fust d'vn mesme sentiment, que de vouloir que le goust d'vn chacun fust semblable. Ce que ie dis pour vous asseurer que ie n'empesche point que vous ne fassiez tel iugement qu'il vous plaira de ces obseruations, ou mesme que vous n'en fassiez aucune estime ; ce me sera assez si vous reconnoissez l'affection que i'ay à vostre seruice, & si vous faites quelque cas du respect que i'ay pour vostre vertu. Peut-estre sera-t'il arriué que i'auray dit quelque chose vn peu trop inconsiderement, comme il n'y a rien où ceux qui disputent se laissent plus aysement emporter ; si cela estoit ie le des-auouë entierement, & consens volontiers qu'il soit rayé de mon escrit : Car ie vous puis protester, que mon premier & vnique dessein en cecy n'a esté que de m'entretenir dans l'honneur de vostre amitié, & de me la conseruer entiere & inuiolable. Adieu.

Hhh

RÉPONSES DE L'AVTEVR

Aux cinquiémes Objections faites par Monsieur Gassendy.

Monsieur Des-Cartes à Monsieur Gassendy.

MONSIEVR,

 Vous auez impugné mes Meditations par vn discours si élegant, & si soigneusement recherché, & qui m'a semblé si vtile pour en éclaircir d'auantage la verité, que ie croy vous deuoir beaucoup d'auoir pris la peine d'y mettre la main, & n'estre pas peu obligé au R. P. Mersenne de vous auoir excité de l'entreprendre. Car il a tres-bien reconnu, luy qui a tousiours esté tres-curieux de rechercher la verité, principalement lors qu'elle peut seruir à augmenter la gloire de Dieu, qu'il n'y auoit point de moyen plus propre, pour iuger de la verité de mes demonstrations, que

AVX CINQVIESMES OBIECTIONS. 447

de les soûmettre à l'examen, & à la censure de quelques personnes reconnuës pour doctes par dessus les autres, afin de voir si ie pourois répondre pertinemment à toutes les difficultez qui me pouroient estre par eux proposées. A cét effet il en a prouoqué plusieurs, il l'a obtenu de quelques-vns, & ie me réjoüis que vous ayez aussi acquiescé à sa priere. Car encore que vous n'ayez pas tant employé les raisons d'vn Philosophe pour refuter mes opinions, que les artifices d'vn Orateur pour les éluder, cela ne laisse pas de m'estre tres-agreable, & ce d'autant plus, que ie coniecture de là qu'il est difficile d'aporter contre moy des raisons differentes de celles qui sont conténuës dans les precedentes objections que vous auez leuës. Car certainement s'il y en eust eu quelques-vnes, elles ne vous auroient pas échapé: & ie m'imagine que tout vostre dessein en cecy n'a esté que de m'auertir des moyens dont ces personnes, de qui l'esprit est tellement plongé & attaché aux sens, qu'ils ne peuuent rien conceuoir qu'en imaginant, & qui partant ne sont pas propres pour les speculations Metaphysiques, se pouroient seruir pour éluder mes raisons, & me donner lieu en mesme temps de les préuenir. C'est pourquoy, ne pensez pas que vous répondant icy, i'estime répondre à vn parfait & subtil Philosophe, tel que ie sçay que vous estes: Mais comme si vous estiez du nombre de ces hommes de chair, dont vous empruntez le visage, ie vous adresseray seulement la réponse que ie leur voudrois faire.

Des choses qui ont esté objectées contre la premiere Meditation.

Vous dites que vous aprouuez le dessein que i'ay eu de deliurer l'esprit de ses anciens préjugez, qui est tel en effet que personne n'y peut trouuer à redire. Mais vous voudriez que ie m'en fusse acquité *simplement, & en peu de paroles*, c'est à dire en vn mot *negligemment, & sans tant de precaution*; Comme si c'estoit vne chose si facile, que de se deliurer de toutes les erreurs dont nous sommes imbus dés nostre enfance? & que l'on peust faire trop exactement, ce qu'on ne doute point qu'il ne faille faire? Mais certes ie voy bien que vous auez voulu m'indiquer, qu'il y en a plusieurs, qui disent bien de bouche, qu'il faut soigneusement éuiter la préuention, mais qui pourtant ne l'éuitent iamais, pource qu'ils ne s'étudient point à s'en defaire, & se persuadent qu'on ne doit point tenir pour des préjugez, ce qu'ils ont vne fois receu pour veritable. Certainement vous joüez icy parfaitement bien leur personnage, & n'obmettez rien de ce qu'ils me pourroient objecter, mais cependant vous ne dites rien qui sente tant soit peu son Philosophe. Car ou vous dites qu'il n'estoit pas besoin *de feindre vn Dieu trompeur, ny que ie dormois*, vn Philosophe auroit crû estre obligé d'adjoûter la raison, pourquoy cela ne peut estre reuoqué en doute, ou s'il n'en eust point eu, comme de vray il n'y en a point, il se seroit abstenu de le dire. Il n'auroit pas non plus adjoûté qu'il suffisoit en ce lieu-là d'alleguer pour raison de nostre défiance, le peu de lumiere de l'esprit humain, ou la foiblesse de nostre nature : Car il ne sert de rien pour corriger nos erreurs, de dire que nous nous trompons, parce que nostre esprit n'est pas beaucoup clair-voyant, ou que nostre nature est infirme : car c'est le mesme que si nous disions que nous errons, parce que nous sommes sujets à l'erreur. Et certes on ne peut pas nier qu'il ne soit plus vtile de prendre garde, comme j'ay fait à toutes les choses où il peut arriuer que nous errions, de peur que nous ne leur donnions trop legerement nostre creance. Vn Philosophe n'auroit pas dit aussi, *Qu'en tenant toutes choses pour fausses, ie ne me dépoüille pas tant de mes anciens prejugez, que ie me reuests d'vn autre tout nouueau*, ou bien il eust premierement tâché de monstrer qu'vne telle supposition nous pouuoit induire en erreur; Mais tout au contraire, vous asseurez vn peu apres qu'il n'est pas possible que ie puisse obtenir cela de moy, que de douter de la verité & certitude de ces choses que j'ay supposé estre fausses, c'est à dire que ie puisse me reuestir de ce nouueau prejugé, dont vous apprehendiez que ie me laissasse préuenir. Et vn Philosophe ne seroit pas plus étonné de cette supposition, que de voir quelquefois vne personne, qui pour redresser vn bâton qui est courbé, le recourbe de l'autre part : Car il n'ignore pas que souuent on prend ainsi des choses fausses pour veritables, afin d'éclaircir dauantage la verité ; comme lors que les Astronomes imaginent au Ciel vn Equateur, vn Zodiaque, & d'autres cercles ; ou que les Geometres adjoustent de nouuelles lignes à des figures données ; &

souuent aussi les Philosophes en beaucoup de rencontres. Et celuy qui appelle cela *recourir à vne machine, forger des illusions, chercher des détours & des nouueautez*; & qui dit *que cela est indigne de la candeur d'vn Philosophe, & du zele de la verité*; monstre bien qu'il ne se veut pas luy-mesme seruir de cette candeur Philosophique, ny mettre en vsage les raisons, mais seulement donner aux choses le fard & les couleurs de la Rhethorique.

Des choses qui ont esté objectées contre la seconde Meditation.

VOus continuez icy à nous amuser par des feintes & des déguisemens de Rhetorique, au lieu de nous payer de bonnes & solides raisons: car vous feignez que ie me mocque lors que ie parle tout de bon; & vous prenez comme vne chose dite serieusement, & auec quelque assurance de verité, ce que ie n'ay proposé que par forme d'interrogation, & selon l'opinion du vulgaire. Car quand i'ay dit, *qu'il faloit tenir pour incertains, ou mesme pour faux, tous les témoignages que nous receuons des sens*, ie l'ay dit tout de bon; & cela est si necessaire pour bien entendre mes Meditations, que celuy qui ne peut, ou qui ne veut pas admettre cela, n'est pas capable de rien dire à l'encontre qui puisse meriter réponse; Mais cependant il faut prendre garde à la difference qui est entre les actiós de la vie, & la recherche de la verité, laquelle j'ay tant de fois inculquée: Car quand il est question de la códuite de la vie, ce seroit vne chose tout à fait ridicule de ne s'en pas raporter aux sens ; d'où vient qu'on s'est touſiours mocqué de ces Sceptiques, qui negligeoient iuſques à tel point toutes les choſes du monde, que pour empeſcher qu'ils ne ſe iettaſſent eux-meſmes dans des précipices, ils deuoient eſtre gardez par leurs amis ; & c'eſt pour cela que i'ay dit en quelque part, *qu'vne perſonne de bon ſens ne pouuoit douter ſerieuſement de ces choſes.* Mais lors qu'il s'agit de la recherche de la verité, & de ſçauoir quelles choſes peuuent eſtre certainement connuës par l'eſprit humain, il eſt ſans doute du tout contraire à la raiſon, de ne vouloir pas rejetter ſerieuſement ces choſes-là comme incertaines, ou meſme auſſi comme fauſſes, afin de remarquer que celles qui ne peuuent pas eſtre ainſi rejettées, ſont en cela meſme plus aſſeurées ; & à noſtre égard plus cōnuës & plus certaines.

Quant à ce que i'ay dit, *que ie ne connoiſſois pas encore aſſez ce que c'eſt qu'vne choſe qui penſe,* il n'eſt pas vray, comme vous dites que ie l'aye dit tout de bon ; car ie l'ay expliqué en ſon lieu ; Ny meſme que i'aye dit, que ie ne doutois nullement, en quoy conſiſtoit la nature du corps, & que ie ne luy attribuois point la faculté de ſe mouuoir ſoy-meſme ; ny auſſi que i'imaginois l'ame comme vn vent, ou vn feu, & autres choſes ſemblables, que j'ay ſeulement rapportées en ce lieu-là, ſelon l'opinion du vulgaire, pour faire voir par aprés qu'elles eſtoient fauſſes. Mais auec quelle fidelité dites-vous *que ie rapporte à l'ame les facultez de marcher, de ſentir, d'eſtre nourry, &c.* afin que vous adjouſtiez immediatement aprés ces paroles ; *Ie vous accorde tout cela, pourueu que nous nous donnions de garde de voſtre diſtinctiō d'entre l'eſprit &*

le corps : Car en ce lieu-là mefme i'ay dit en termes exprés, que la nutrition ne deuoit eftre rapportée qu'au corps ; Et pour ce qui eft du fentiment & du marcher, ie les raporte aufli pour la plus grande partie au corps, & ie n'attribuë rien à l'ame, de ce qui les concerne, que cela feul qui eft vne penfée. De plus, quelle raifon auez-vous de dire *qu'il n'eftoit pas befoin d'vn fi grand appareil pour prouuer mon exiftence* ? Certes ie penfe auoir fort bonne raifon de conjecturer de vos paroles mémes, que l'appareil dont ie me fuis feruy n'a pas encore efté affez grád, puis que ie n'ay pû faire encore, que vous compriffiez bien ma penfée. Car quand vous dites que i'euffe pû conclure la mefme chofe de chacune autre de mes actios indifferemment, vous vous méprenez bien fort ; pource qu'il n'y en a pas vne, de laquelle ie fois entierement certain, (i'entens de cette certitude Metaphyfique de laquelle feule il eft icy queftion) excepté la penfée. Car, par exemple, cette confequence ne feroit pas bonne ; *ie me promene, donc ie fuis*, finon en tant que la connoiffance interieure que i'en ay, eft vne penfée, de laquelle feule cette conclufion eft certaine, non du mouuement du corps, lequel par fois peut eftre faux, comme dans nos fonges, quoy qu'il nous femble alors que nous nous promenions ; De façon que de ce que ie penfe me promener, ie puis fort bien inferer l'exiftence de mon efprit, qui a cette penfée, mais non celle de mon corps, lequel fe promene. Il en eft de mefme de tous les autres.

2. Vous commencez en fuitte par vne figure de Rhetorique affez agreable, qu'on nomme Profopopée, à
m'interroger

m'interroger non plus comme vn homme tout entier,
mais comme vne ame separée du corps ; En quoy il semble que vous ayez voulu m'auertir, que ces obiections
ne partent pas de l'esprit d'vn subtil Philosophe, mais de
celuy d'vn homme attaché aux sens, & à la chair. Dites-
moy donc ie vous prie, ô Chair, ou qui que vous soyez,
& quel que soit le nom dont vous voulez qu'on vous
appelle, auez-vous si peu de commerce auec l'esprit,
que vous n'ayez pû remarquer l'endroit où i'ay corrigé
cette imagination du vulgaire, par laquelle on feint que
la chose qui pense, est semblable au vent, ou à quelque
autre corps de cette sorte ? Car ie l'ay sans doute corrigée, lors que i'ay fait voir que l'on peut supposer qu'il
n'y a point de vent, point de feu, ny aucun autre corps
au monde, & que neantmoins sans changer cette supposition, toutes les choses par quoy ie connois que ie
suis vne chose qui pense, ne laissent pas de demeurer en
leur entier. Et partant toutes les questions que vous me
faites en suite, par exemple, *pourquoy ne pourois-je donc pas
estre vn vent ? pourquoy ne pas remplir vn espace ? pourquoy
n'estre pas meu en plusieurs façons*, & autres semblables,
sont si vaines & inutiles, qu'elles n'ont pas besoin de
response.

3. Ce que vous adjoustez en suitte n'a pas plus de force, à sçauoir, *si ie suis vn corps subtil & delié, pourquoy ne
pourois-je pas estre nourry, & le reste ?* Car ie nie absolument que ie sois vn corps. Et pour terminer vne fois
pour toutes, ces difficultez, parce que vous m'objectez
quasi tousiours la mesme chose, & que vous n'impugnez
pas mes raisons, mais que les dissimulant comme si el-

Iii

les estoient de peu de valeur, ou que les rapportant imparfaites & defectueuses, vous prenez de là occasion de me faire plusieurs diuerses obiections, que les personnes peu versées en la Philosophie ont coustume d'opposer à mes conclusions, ou à d'autres qui leur ressemblent, ou mesme qui n'ont rien de commun auec elles, lesquelles ou sont éloignées du sujet, ou ont desia esté en leur lieu refutées, & resoluës, il n'est pas necessaire que ie réponde à chacune de vos demandes, autrement il faudroit repeter cent fois les mesmes choses que i'ay cy-deuant écrites. Mais ie satisferay seulement en peu de paroles à celles qui me sembleront pouuoir arrester des personnes vn peu entenduës. Et pour ceux qui ne s'attachent pas tant à la force des raisons, qu'à la multitude des paroles, ie ne fais pas tant de cas de leur approbation, que ie veüille perdre le temps en discours inutiles pour l'acquerir.

Premierement donc ie remarqueray icy qu'on ne vous croit pas, quand vous auancez si hardiment, & sans aucune preuue, que l'esprit croist & s'affoiblit auec le corps; car de ce qu'il n'agit pas si parfaitement dans le corps d'vn enfant, que dans celuy d'vn homme parfait, & que souuent ses actions peuuent estre empeschées par le vin, & par d'autres choses corporelles, il s'ensuit seulement que tandis qu'il est vny au corps, il s'en sert comme d'vn instrument pour faire ces sortes d'operations ausquelles il est pour l'ordinaire occupé; mais non pas que le corps le rende plus ou moins parfait qu'il est en soy : Et la consequence que vous tirez de là n'est pas meilleure, que si de ce qu'vn artisan ne trauaille pas bien

AVX CINQVIESMES OBIECTIONS. 455

toutes les fois qu'il se sert d'vn mauuais outil, vous inferiez qu'il emprunte son adresse, & la science de son art, de la bonté de son instrument.

Il faut aussi remarquer qu'il ne semble pas, ô chair, que vous sçachiez en façon quelconque ce que c'est que d'vser de raison, puis que pour prouuer que le rapport & la foy de mes sens ne me doit point estre suspect, vous dites, que quoy que sans me seruir de l'œil, il m'ait semblé quelquesfois que ie sentois des choses qui ne se peuuent sentir sans luy, ie n'ay pas neantmoins tousiours experimenté la mesme fausseté : comme si ce n'estoit pas vn fondement suffisant pour douter d'vne chose, que d'y auoir vne fois reconnu de l'erreur ; & comme s'il se pouuoit faire que toutes les fois que nous nous trompons, nous peussions nous en apperceuoir : veu qu'au contraire l'erreur ne consiste qu'en ce qu'elle ne paroist pas comme telle. Enfin, parce que vous me demandez souuent des raisons, lors que vous n'en auez vous-mesme aucune, & que c'est neantmoins à vous d'en auoir, ie suis obligé de vous aduertir, que pour bien philosopher, il n'est pas besoin de prouuer que toutes ces choses là sont fausses, que nous ne receuons pas pour vrayes, à cause que leur verité ne nous est pas connuë ; mais il faut seulement prendre garde tres soigneusement, de ne rien receuoir pour veritable que nous ne puissions demonstrer estre tel. Et ainsi quand i'apperçoy que ie suis vne substance qui pense, & que ie forme vn concept clair & distinct de cette substance, dans lequel il n'y a rien de contenu de tout ce qui appartient à celuy de la substance corporelle ; cela me suffit pleinement pour assurer qu'entant que ie me connois, ie ne suis rien qu'vne chose qui pense, & c'est tout ce que i'ay asseuré dans la seconde Meditation, de laquelle il s'agit maintenant : Et ie n'ay pas dû admettre que cette substance qui pense fust vn corps subtil, pur, delié, &c. dautant que ie n'ay eu lors aucune raison qui me le persuadast; si vous en auez quelqu'vne, c'est à vous de nous l'enseigner, & non pas d'exiger de moy que ie prouue qu'vne chose est fausse, que ie n'ay point eu d'autre raison pour ne la pas admettre, qu'à cause qu'elle m'estoit inconnuë. Car vous faites le mesme, que si disant que ie suis maintenant en Holande, vous disiez que ie ne dois pas estre crû, si ie ne prouue en mesme temps que ie ne suis pas en la Chine, ny en aucune autre partie du monde, dautant que peut-estre il se peut faire qu'vn mesme corps par la toute-puissance de Dieu soit en plusieurs lieux. Et lors que vous adjoustez que ie dois aussi prouuer que les ames des bestes ne sont pas corporelles, & que le corps ne contribuë rien à la pensée, vous faites voir que non seulement vous ignorez à qui appartient l'obligation de prouuer vne chose, mais aussi que vous ne sçauez pas ce que chacun doit prouuer; Car pour moy ie ne croy point, ny que les ames des bestes ne soient pas corporelles, ny que le corps ne contribuë rien à la pensée; mais seulement ie dis que ce n'est pas icy le lieu d'examiner ces choses.

4. L'obscurité que vous trouuez icy est fondée sur l'equiuoque qui est dans le mot d'*Ame*, mais ie l'ay tant de fois nettement éclaircie, que i'ay honte de le repeter icy; C'est pourquoy ie diray seulement que les noms ont esté pour l'ordinaire imposez par des personnes ignorantes,

ce qui fait qu'ils ne conuiennent pas tousiours assez proprement aux choses qu'ils signifient ; neantmoins depuis qu'ils sont vne fois receus, il ne nous est pas libre de les changer, mais seulement nous pouuons corriger leurs significations, quand nous voyons qu'elles ne sont pas bien entenduës. Ainsi dautant que peut-estre les premiers Auteurs des noms n'ont pas distingué en nous ce principe par lequel nous sommes nourris, nous croissons, & faisons sans la pensée toutes les autres fonctions qui nous sont communes auec les bestes, d'auec celuy par lequel nous pensons, ils ont appellé l'vn & l'autre du seul nom *d'Ame* ; & voyant puis apres que la pensée estoit differente de la nutrition, ils ont appellé du nom *d'Esprit*, cette chose qui en nous a la faculté de penser, & ont crû que c'estoit la principale partie de l'ame. Mais moy venant à prendre garde que le principe par lequel nous sommes nourris, est entierement distingué de celuy par lequel nous pensons : I'ay dit que le nom *d'Ame*, quand il est pris conjoinctemét pour l'vn & pour l'autre, est equiuoque, & que pour le prendre precisement pour *cet Acte premier, ou cette forme principale de l'homme*, il doit estre seulement entendu de ce principe par lequel nous pensons ; aussi l'ay-je le plus souuent appellé du nom d'Esprit, pour oster cette equiuoque & ambiguité. Car ie ne considere pas l'*Esprit* comme vne partie de l'ame, mais comme cette ame toute entiere qui pense. Mais, dites-vous, vous estes en peine de sçauoir, *si ie n'estime donc point que l'ame pense tousiours* ; mais pourquoy ne penseroit-elle pas tousiours, puis qu'elle est vne substance qui pense? & quelle merueille y a-t'il de ce que nous ne

Iii iiij

nous ressouuenons pas des pensées que nous auons eu dás le vêtre de nos meres, ou pendant vne lethargie,&c. puis que nous ne nous ressouuenons pas mesme de plusieurs pensées que nous sçauons fort bien auoir eües estans adultes, sains, & éueillez : Dont la raison est, que pour se ressouuenir des pensées que l'esprit a vne fois conceuës, tandis qu'il est conjoint au corps, il est necessaire qu'il en reste quelques vestiges imprimez dans le cerueau, vers lesquels l'esprit se tournant, & appliquant à eux sa pensée, il vient à se ressouuenir ; or qui a t'il de merueilleux, si le cerueau d'vn enfant, ou d'vn lethargique, n'est pas propre pour receuoir de telles impressions ?

Enfin ou j'ay dit, *que peut-estre il se pouuoit faire que ce que ie ne connois pas encore) à sçauoir mon corps) n'est point different de moy que ie connois (à sçauoir de mon esprit) que ie n'en sçay rien, que ie ne dispute pas de cela &c.* vous m'objectez, *si vous ne le sçauez pas, si vous ne disputez point de cela, pourquoy dites-vous que vous n'estes rien de tout cela :* ou il n'est pas vray, que j'aye rien auancé que ie ne sçeusse ; Car tout au contraire, parce que ie ne sçauois pas lors si le corps estoit vne mesme chose que l'Esprit, ou s'il ne l'estoit pas, ie n'en ay rien voulu auancer, mais j'ay seulement consideré l'esprit, iusqu'à ce qu'enfin dans la sixiéme Meditation ie n'ay pas simplement auancé, mais j'ay demonstré tres-clairement qu'il estoit réellement distingué du corps. Mais vous manquez vous-mesme en cela beaucoup, que n'ayant pas la moindre raison pour monstrer que l'esprit n'est point distingué du corps, vous ne laissez pas de l'auancer sans aucune preuue.

AVX CINQVIESMES OBIECTIONS. 459

5. Ce que i'ay dit de l'imagination est assez clair, si l'on y veut prendre garde, mais ce n'est pas merueille si cela semble obscur à ceux qui ne meditent iamais, & qui ne font aucune reflexion sur ce qu'ils pésent. Mais i'ay à les aduertir que les choses que i'ay asseuré ne point appartenir à cette connoissance que i'ay de moy mesme, ne repugnent point auec celles que i'auois dit auparauant ne sçauoir pas si elles appartenoient à mon essence: dautant que ce sont deux choses entierement differentes, appartenir à mon essence, & appartenir à la connoissance que i'ay de moy-mesme.

6. Tout ce que vous alleguez icy, ô tres-bonne chair, ne me semble pas tant des objections, que quelques murmures qui n'ont pas besoin de repartie.

7. Vous continuez encore icy vos murmures, mais il n'est pas necessaire que ie m'y arreste dauantage que i'ay fait aux autres. Car toutes les questions que vous faites des bestes, sont hors de propos, & ce n'est pas icy le lieu de les examiner; dautant que l'esprit meditant en soi-mesme, & faisant reflexion sur ce qu'il est, peut bien experimenter qu'il pense, mais non pas si les bestes ont des pensées, ou si elles n'en ont pas: & il n'en peut rien découurir que lors qu'examinant leurs operations, il remonte des effets vers leurs causes. Ie ne m'arreste pas non plus à refuter les lieux où vous me faites parler impertinemment, parce qu'il me suffit d'auoir vne fois auerty le Lecteur, que vous ne gardez pas toute la fidelité qui est deuë au raport des paroles d'autruy. Mais i'ay souuent apporté la veritable marque par laquelle nous pouuons connoistre que l'esprit est different du corps,

qui est que toute l'essence ou toute la nature de l'esprit consiste seulement à penser, là où toute la nature du corps consiste seulement en ce point, que le corps est vne chose estenduë; & aussi qu'il n'y a rien du tout de commun entre la pensée, & l'extension. I'ay souuent aussi fait voir fort clairement, que l'esprit peut agir independemment du cerueau; car il est certain qu'il est de nul vsage lors qu'il s'agit de former des actes d'vne pure intellection, mais seulement quand il est question de sentir, ou d'imaginer quelque chose ; Et bien que lors que le sentiment, ou l'imagination est fortement agitée (comme il arriue quand le cerueau est troublé) l'esprit ne puisse pas facilement s'appliquer à conceuoir d'autres choses, nous experimentons neantmoins que lors que nostre imagination n'est pas si forte, nous ne laissons pas souuent de conceuoir quelque chose d'entierement different de ce que nous imaginons; comme lors qu'au milieu de nos songes, nous apperceuons que nous réuons : Car alors c'est bien vn effet de nostre imagination de ce que nous réuons, mais c'est vn ouurage qui n'apartient qu'à l'entendement seul, de nous faire apperceuoir de nos réueries.

8. Icy, comme souuent ailleurs, vous faites voir seulement que vous n'entendez pas ce que vous taschez de reprendre : Car ie n'ay point fait abstraction du concept de la cire d'auec celuy de ses accidens, mais plustost i'ay voulu monstrer, comment sa substance est manifestée par les accidens, & combien sa perception, quand elle est claire & distincte, & qu'vne exacte reflexion nous l'a
rendue

renduë manifeste, differe de la vulgaire & confuse. Et ie ne voy pas, ô Chair, sur quel argument vous vous fondez pour asseurer auec tant de certitude qu'vn chien discerne, & iuge de la mesme façon que nous, sinon parce que voyant qu'il est aussi composé de chair, vous vous persuadez que les mesmes choses qui sont en vous, se rencontrent aussi en luy ; pour moy qui ne reconnois dans vn chien aucun esprit, ie ne pense pas qu'il y ayt rien en luy de semblable aux choses qui appartiennent à l'Esprit.

9. Ie m'estonne que vous auoüiez que toutes les choses que ie considere en la cire, prouuent bien que ie connois distinctement que ie suis, mais non pas quel ie suis, ou quelle est ma nature ; veu que l'vn ne se démonstre point sans l'autre. Et ie ne voy pas ce que vous pouuez desirer de plus, touchant cela, sinon qu'on vous die de quelle couleur, de quelle odeur, & de quelle saueur est l'esprit humain, ou de quel sel, soulphre, & mercure il est composé : car voulez que comme par vne espece d'operation chymique, à l'exemple du vin, nous le passions par l'alambic, pour sçauoir ce qui entre en la composition de son essence. Ce qui certes est digne de vous, ô chair, & de tous ceux qui ne conceuans rien que fort confusement, ne sçauent pas ce que l'on doit rechercher de chaque chose. Mais quant à moy ie n'ay iamais pensé, que pour rendre vne substance manifeste, il fut besoin d'autre chose que de découurir ses diuers attributs ; en sorte que plus nous connoissons d'attributs de quelque substance, plus parfaitement aussi nous en connoissons la nature ; & tout ainsi que nous pouuons di-

Kkk

stinguer plusieurs divers attributs dans la cire, l'vn qu'elle est blanche, l'autre qu'elle est dure, l'autre que de dure elle deuient liquide, &c. de mesme y en a-t'il autant en l'Esprit, l'vn qu'il a la vertu de connoistre la blancheur de la cire, l'autre qu'il a la vertu d'en connoistre la dureté, l'autre qu'il peut connoistre le changement de cette dureté, ou la liquefaction, &c. car tel peut connoistre la dureté, qui pour cela ne connoistra pas la blancheur, comme vn aueugle né, & ainsi du reste. D'où l'on voit clairement qu'il n'y a point de chose dont on connoisse tant d'attributs que de nostre esprit, pource qu'autant qu'on en connoist dans les autres choses, on en peut autant compter dans l'esprit, de ce qu'il les connoist : & partant sa nature est plus connuë que celle d'aucune autre chose.

Enfin vous me reprenez icy en passãt, de ce que n'ayãt rien admis en moy que l'esprit, ie parle neantmoins de la cire que ie voy, & que ie touche, ce qui toutesfois ne se peut faire sans yeux ny sans mains : mais vous auez dû remarquer que i'ay expressément aduerty, qu'il ne s'agissoit pas icy de la veuë, ou du toucher, qui se font par l'entremise des organes corporels, mais de la seule pensée de voir, & de toucher, qui n'a pas besoin de ces organes, comme nous experimentons toutes les nuits dans nos songes : Et certes vous l'auez fort bien remarqué, mais vous auez seulement voulu faire voir combien d'absurditez & d'injustes cauillations, sont capables d'inuenter ceux qui ne trauaillent pas tant à bien conceuoir vne chose, qu'à l'impugner, & contredire.

Des choses qui ont esté objectées contre la troisiéme
Meditation.

Ourage; enfin vous apportez icy contre moy quelque raison, ce que ie n'ay point remarqué que vous ayez fait iusques icy; Car pour prouuer que ce n'est point vne regle certaine, *que les choses que nous conceuons fort clairement & fort distinctement sont toutes vrayes.* Vous dites que quantité de grands esprits, qui semblent auoir dû connoistre plusieurs choses fort clairement & fort distinctement, ont estimé que la verité estoit cachée dans le sein de Dieu méme, ou dans le profond des abysmes : En quoy j'auoüe que c'est fort bien argumenter de l'authorité d'autruy ; Mais vous deuriez vous souuenir, ô chair, que vous parlez icy à vn Esprit qui est tellement détaché des choses corporelles, qu'il ne sçait pas mesme si iamais il y a eu aucuns hommes auant luy, & qui partant ne s'émeut pas beaucoup de leur authorité. Ce que vous alleguez en suite des Sceptiques, est vn lieu commun qui n'est pas mauuais, mais qui ne prouue rien, non plus que ce que vous dites qu'il y a des personnes qui mourroient pour la deffence de leurs fausses opinions, parce qu'on ne sçauroit prouuer qu'ils conçoiuent clairement & distinctement ce qu'ils asseurent auec tant d'opiniastreté. Enfin ce que vous adjoustez, qu'il ne faut pas tant se trauailler à confirmer la verité de cette regle, qu'à donner vne bonne methode pour connoistre si nous nous trompons, ou non, lors que nous pensons conceuoir clairement quelque chose, est tres-veritable; mais aussi ie maintiens l'auoir fait exactement en son lieu ; premierement en ostant les prejugez, puis apres en expliquant toutes les principales idées, & enfin en distinguant les claires & distinctes de celles qui sont obscures & confuses.

2. Certes i'admire vostre raisonnement, par lequel vous voulez prouuer que toutes nos idées sont estrangeres, ou viennent de dehors, & qu'il n'y en a point que nous ayons formée, *pource que*, dites-vous, *l'esprit n'a pas seulement la faculté de conceuoir les idées estrangeres ; mais il a aussi celle de les assembler, diuiser, estendre, racourcir, composer, &c. en plusieurs manieres :* d'où vous concluez que l'idée d'vne Chimere que l'esprit fait en composant, diuisant, &c. n'est pas faite par luy, mais qu'elle vient de dehors, ou qu'elle est estrangere. Mais vous pouriez aussi de la mesme façon prouuer que Praxiteles n'a fait aucunes statuës, dautant qu'il n'a pas eu de luy le marbre sur lequel il les peust tailler ; & l'on pouroit aussi dire que vous n'auez pas fait ces objections, pource que vous les auez composées de paroles que vous n'auez pas inuentées, mais que vous auez empruntées d'autruy. Mais certes ny la forme d'vne Chimere ne consiste pas dans les parties d'vne chevre, ou d'vn lion, ny celle de vos objections dans chacune des paroles dont vous vous estes seruy, mais seulement dans la composition & l'arrangemét de ces choses. I'admire aussi que vous sousteniez que l'idée de ce qu'on nomme en general *vne chose*, ne puisse estre en l'esprit, *si les idées d'vn animal, d'vne plante, d'vne pierre, & de tous les vniuersaux n'y sont ensemble :* comme si

pour connoistre que ie suis vne chose qui pense, ie deuois connoistre les animaux & les plantes, pource que ie dois connoistre ce qu'on nomme *vne chose*, ou bien ce que c'est en general *qu'vne chose*. Vous n'estes pas aussi plus veritable en tout ce que vous dites touchant la verité.

Et enfin puis que vous impugnez seulement des choses dont ie n'ay rien affirmé, vous vous armez en vain contre des fantosmes.

3. Pour refuter les raisons pour lesquelles i'ay estimé que l'on pouuoit douter de l'existence des choses materielles, vous demandez icy *pourquoy donc ie marche sur la terre, &c.* en quoy il est euident que vous retombez dans la premiere difficulté. Car vous posez pour fondement ce qui est en controuerse, & qui a besoin de preuue; sçauoir est, qu'il est si certain que ie marche sur la terre, qu'on n'en peut aucunement douter. Et lors qu'aux objections que je me suis fait, & dont i'ay donné la solution, vous voulez y adjouster cette autre, à sçauoir, *pourquoy donc dãs vn aueugle né n'y a-t'il point d'idée de la couleur, ou dans vn sourd des sons, & de la voix*, vous faites bien voir que vous n'en auez aucune de consequence; car comment sçauez-vous que dans vn aueugle né il n'y a aucune idée des couleurs ? veu que par fois nous experimentons, qu'encore bien que nous ayons les yeux fermez, il s'excite neantmoins en nous des sentimens de couleur & de lumiere; & quoy qu'on vous accordast ce que vous dites, celuy qui nieroit l'existence des choses materielles, n'auroit-il pas aussi bonne raison de dire, qu'vn aueugle né n'a point les idées des couleurs, parce que

son esprit est priué de la faculté de les former, que vous en auez de dire, qu'il n'en a point les idées, parce qu'il est priué de la veuë ? Ce que vous adjoustez des deux idées du Soleil, ne prouue rien ; mais quand vous les prenez toutes deux pour vne seule, parce qu'elles se raportent au mesme Soleil, c'est le mesme que si vous disiez que le vray & le faux ne different point, lors qu'ils se disent d'vne mesme chose ; Et lors que vous niez que l'on doiue appeller du nom d'idée, celle que nous inferons des raisons de l'Astronomie, vous restraignez le nom d'idée aux seules images dépeintes en la fantaisie, contre ce que i'ay expressement estably.

4. Vous faites le mesme, lors que vous niez qu'on puisse auoir vne vraye idée de la substance, à cause, dites-vous, que la substance ne s'apperçoit point par l'imagination, mais par le seul entendement : Mais i'ay desia plusieurs fois protesté, ô chair, que ie ne voulois point auoir affaire auec ceux qui ne se veulent seruir que de l'imagination, & non point de l'entendement.

Mais ou vous dites *que l'idée de la substance n'a point de realité qu'elle n'ait emprunté des idées des accidens, sous lesquels ou à la façon desquels elle est conceue* ; vous faites voir clairement que vous n'en auez aucune qui soit distincte, pource que la substance ne peut iamais estre conceuë à la façon des accidens, ny emprunter d'eux sa realité ; mais tout au contraire les accidens sont communement conceus par les Philosophes comme des substances ; sçauoir lors qu'ils les conçoiuent comme reels : car on ne peut attribuer aux accidens aucune realité (c'est à dire aucune entité plus que modale) qui ne soit empruntée de l'idée de la substance.

Enfin là où vous dites *que nous ne formons l'idée de Dieu que sur ce que nous auons appris & entendu des autres*, luy attribuant à leur exemple les mêmes perfections que nous auons veu que les autres luy attribuoient: l'eusse voulu que vous eussiez aussi adjoûté, d'où c'est dôc que ces premiers hommes, de qui nous auons appris & entendu ces choses, ont eu cette mesme idée de Dieu? car s'ils l'ont euë d'eux-mesmes, pourquoy ne la pourons-nous pas aussi auoir de nous-mesmes? que si Dieu la leur a reueleé, par consequent Dieu existe.

Et lors que vous adjoustez, *que celuy qui dit vne chose infinie, donne à vne chose qu'il ne comprend pas, vn nom qu'il n'entend point non plus*: vous ne mettez point de distinction entre l'intellection conforme à la portée de nostre esprit, telle que chacun reconnoist assez en soy-mesme auoir de l'infiny, & la conception entiere & parfaite des choses, (c'est à dire qui comprenne tout ce qu'il y a d'intelligible en elles,) qui est telle que personne n'en eut iamais non seulement de l'infiny, mais mesme aussi peut estre d'aucune autre chose qui soit au monde, pour petite qu'elle soit. Et il n'est pas vray que nous conceuions l'infiny par la negation du finy, veu qu'au contraire toute limitation contient en soy la negation de l'infiny. Il n'est pas vray aussi *que l'idée qui nous represente toutes les perfections que nous attribuons à Dieu, n'a pas plus de realité objectiue qu'en ont les choses finies*. Car vous confessez vous-mesme que toutes ces perfections sont amplifiées par nostre esprit, afin qu'elles puissent estre attribuées à Dieu; pensez-vous donc que les choses ainsi amplifiées ne soient point plus grandes que celles qui ne le sont point ? & d'où nous peut venir cette faculté d'amplifier toutes les perfections creées, c'est à dire de conceuoir quelque chose de plus grand & de plus parfait qu'elles ne sont, sinon de cela seul que nous auons en nous l'idée d'vne chose plus grande, à sçauoir de Dieu mesme? Et enfin il n'est pas vray aussi que Dieu seroit tres-peu de chose, s'il n'estoit point plus grand que nous le conceuons; car nous conceuons qu'il est infiny, & il ne peut y auoir rien de plus grand que l'infiny. Mais vous confondez l'intellection auec l'imagination, & vous feignez que nous imaginons Dieu comme quelque grand & puissant Geant, ainsi que feroit celuy, qui n'ayant iamais veu d'Elephant, s'imagineroit qu'il est semblable à vn Ciron d'vne grandeur & grosseur démesurée ; ce que ie confesse auec vous estre fort impertinent.

5. Vous dites icy beaucoup de choses pour faire semblant de me contredire, & neantmoins vous ne dites rien contre moy, puis que vous concluez la mesme chose que moy. Mais neantmoins vous entremeslez par-cy par-là plusieurs choses dont ie ne demeure pas d'accord : par exemple, que cet Axiome, *il n'y a rien dans vn effet qui n'ait esté premierement dans sa cause*, se doit plustost entendre de la cause materielle que de l'efficiente; car il est impossible de conceuoir que la perfection de la forme préexiste dans la cause materielle, mais bien dans la seule cause efficiente ; *& aussi que la realité formelle d'vne idée soit vne substance* ; & plusieurs autres choses semblables.

6. Si vous auiez quelques raisons pour prouuer l'existence des choses materielles, sans doute que vous les
eussiez

euſſiez icy rapportées. Mais puis que vous demandez ſeulement, s'il eſt donc vray que ie ſois incertain qu'il y ayt quelque autre choſe que moy qui exiſte dans le monde, & que vous feignez qu'il n'eſt pas beſoin de chercher des raiſons d'vne choſe ſi euidente : & ainſi que vous vous en rapportez ſeulement à vos anciens prejugez, vous faites voir bien plus clairement que vous n'auez aucune raiſon pour prouuer ce que vous aſſurez, que ſi vous n'en auiez rien dit du tout. Quant à ce que vous dites touchant les idées, cela n'a pas beſoin de réponſe, pource que vous reſtraignez le nom d'idée aux ſeules images dépeintes en la fantaiſie, & moy ie l'eſtens à tout ce que nous conceuons par la penſée. Mais ie vous demande en paſſant par quel argument vous prouuez *que rien n'agit ſur ſoy-meſme ?* Car ce n'eſt pas voſtre couſtume d'vſer d'argumens, & de prouuer ce que vous dites. Vous prouuez cela par l'exemple du doigt qui ne ſe peut frapper ſoy-meſme, & de l'œil qui ne ſe peut voir, ſi ce n'eſt dans vn miroir. A quoy il eſt aiſé de répondre, que ce n'eſt point l'œil qui ſe void luy-meſme, ny le miroir, mais bien l'eſprit, lequel ſeul connoiſt, & le miroir, & l'œil, & ſoy-meſme. On peut meſme auſſi donner d'autres exemples parmy les choſes corporelles, de l'action qu'vne choſe exerce ſur ſoy, comme lors qu'vn ſabot ſe tourne ſur ſoy-meſme ; cette conuerſion n'eſt-elle pas vne action qu'il exerce ſur ſoy ? Enfin il faut remarquer que ie n'ay point affirmé *que les idées des choſes materielles deriuoient de l'eſprit*, comme vous me voulez icy faire accroire ; car i'ay monſtré expreſſement aprés, qu'elles procedoient ſouuent des corps, & que c'eſt par là que l'on

Lll

prouue l'existence des choses corporelles : mais i'ay seulement fait voir en cét endroit là, qu'il n'y a point en elles tant de realité, qu'à cause de cette Maxime, *Il n'y a rien dans vn effet qui n'ait esté dans sa cause, formellement ou eminemment*, on doiue conclure qu'elles n'ont pû deriuer de l'esprit seul; ce que vous n'impugnez en aucune façó.

7. Vous ne dites rien icy que vous n'ayez desia dit auparauant, & que ie n'aye entierement refuté. Ie vous auertiray seulement icy touchant l'idée de l'infiny, laquelle vous dites ne pouuoir estre vraye si ie ne comprens l'infiny, & que ce que i'en connois n'est tout au plus qu'vne partie de l'infiny, & mesme vne fort petite partie, qui ne represente pas mieux l'infiny que le pourtrait d'vn simple cheueu represente vn homme tout entier. Ie vous auertiray, dis-je, qu'il repugne que ie comprenne quelque chose, & que ce que ie comprens soit infiny : car pour auoir vne idée vraye de l'infiny, il ne doit en aucune façon estre compris, dautant que l'incomprehensibilité mesme est contenuë dans la raison formelle de l'infiny ; & neantmoins c'est vne chose manifeste que l'idée que nous auons de l'infiny, ne represente pas seulement vne de ses parties, mais l'infiny tout entier, selon qu'il doit estre representé par vne idée humaine ; quoy qu'il soit certain que Dieu, ou quelque autre nature intelligente en puisse auoir vne autre beaucoup plus parfaite, c'est à dire beaucoup plus exacte & plus distincte que celle que les hommes en ont ; en même façon que nous disons que celuy qui n'est pas versé dans la Geometrie, ne laisse pas d'auoir l'idée de tout le triangle, lors qu'il le conçoit comme vne figure compo-

sée de trois lignes, quoy que les Geometres puissent connoistre plusieurs autres proprietez du triangle, & remarquer quantité de choses dans son idée, que celuy-là n'y observe pas. Car comme il suffit de conceuoir vne figure composée de trois lignes, pour auoir l'idée de tout le triangle; de mesme il suffit de conceuoir vne chose qui n'est renfermée d'aucunes limites, pour auoir vne vraye & entiere idée de tout l'Infiny.

8. Vous tombez icy dans la mesme erreur, lors que vous niez que nous puissions auoir vne vraye idée de Dieu: Car encore que nous ne connoissions pas toutes les choses qui sont en Dieu, neantmoins tout ce que nous connoissons estre en luy est entierement veritable. Quant à ce que vous dites *Que le pain n'est pas plus parfait que celuy qui le desire; & que de ce que ie conçoy que quelque chose est actuellement contenue dans vne idée, il ne s'ensuit pas qu'elle soit actuellement dans la chose dont elle est l'idée; & aussi que ie donne iugement de ce que i'ignore*, & autres choses semblables; Tout cela, dis-je, nous monstre seulement, que vous voulez temerairement impugner plusieurs choses dont vous ne comprenez pas le sens; Car de ce que quelqu'vn desire du pain, on n'infere pas que le pain soit plus parfait que luy, mais seulement que celuy qui a besoin de pain est moins parfait que lors qu'il n'en a pas besoin. Et de ce que quelque chose est contenuë dans vne idée, ie ne conclus pas que cette chose existe actuellement, sinon lors qu'on ne peut assigner aucune autre cause de cette idée, que cette chose mesme qu'elle represente actuellement existante. Ce que i'ay demonstré ne se pouuoir dire de plusieurs mondes, ny d'aucune autre

chose que ce soit, excepté de Dieu seul. Et ie ne iuge point non plus de ce que i'ignore, car i'ay apporté les raisons du iugement que ie faisois, qui sont telles que vous n'auez encore pû iusques icy en refuter la moindre.

9. Lors que vous niez que nous ayons besoin du concours, & de l'influence continuelle de la cause premiere pour estre conseruez, vous niez vne chose que tous les Metaphysiciens affirment comme tres-manifeste, mais à laquelle les personnes peu lettrées ne pensent pas souuent, parce qu'elles portent seulement leurs pensées sur ces causes qu'on appelle en l'école *secundum fieri*, c'est à dire de qui les effets dependent quant à leur production, & non pas sur celles qu'ils appellent *secundum esse*, c'est à dire de qui les effets dependent, quant à leur subsistance & continuation dans l'estre. Ainsi l'Architecte est la cause de la maison, & le pere la cause de son fils, quant à la production seulement, c'est pourquoy l'ouurage estant vne fois acheué, il peut subsister & demeurer sans cette cause ; Mais le Soleil est la cause de la lumiere qui procede de luy ; & Dieu est la cause de toutes les choses creées, non seulement en ce qui depend de leur production, mais mesme en ce qui concerne leur conseruation, ou leur durée dans l'estre ; C'est pourquoy il doit tousiours agir sur son effet d'vne mesme façon, pour le conseruer dans le premier estre qu'il luy a donné. Et cela se demonstre fort clairement par ce que i'ay expliqué de l'independance des parties du temps ; Ce que vous tâchez en vain d'eluder, en proposant la necessité de la suite qui est entre les parties du temps consideré dans l'abstret, de laquelle il n'est pas icy question, mais seulement du temps, ou de la durée de la chose mesme, de qui

vous ne pouuez pas nier que tous les momens ne puiſſent eſtre ſeparez de ceux qui les ſuiuent immediatement, c'eſt à dire qu'elle ne puiſſe ceſſer d'eſtre dans
chaque moment de ſa durée. Et lors que vous dites *qu'il
y a en nous aſſez de vertu pour nous faire perſeuerer au cas que
quelque cauſe corruptiue ne ſuruienne.* Vous ne prenez pas
garde que vous attribuez à la creature la perfection du
Createur, en ce qu'elle perſeuere dans l'eſtre independemment d'autruy ; & en meſme temps que vous attribuez au Createur l'imperfection de la creature, en ce
que ſi iamais il vouloit que nous ceſſaſſions d'eſtre, il
faudroit qu'il euſt le neant pour le terme d'vne action
poſitiue. Ce que vous dites apres cela *touchant le progrez
à l'infiny*, à ſçauoir, *qu'il n'y a point de repugnance qu'il y ayt
un tel progrez, vous le deſaduoüez incontinent apres*; Car vous
confeſſez vous-meſme, qu'il eſt impoſſible qu'il y en puiſſe auoir
dans ces ſortes de cauſes qui ſont tellement connexes & ſubor-
données entr'elles, que l'inferieur ne peut agir ſi le ſuperieur ne
luy donne le branle : Or il ne s'agit icy que de ces ſortes de
cauſes, à ſçauoir, *de celles qui donnent, & conſeruent l'eſtre à
leurs effects*, & non pas de celles de qui les effects ne dependent qu'au moment de leur production, comme ſont les parens ; & partant l'authorité d'Ariſtote ne m'eſt point
icy contraire, non plus que ce que vous dites de la Pandore ; Car vous auoüez vous-meſme que ie puis tellement accroiſtre & augmenter toutes les perfections que
ie reconnois eſtre dans l'homme, qu'il me ſera facile de
reconnoiſtre qu'elles ſont telles, qu'elles ne ſçauroient
conuenir à la nature humaine ; ce qui me ſuffit entierement pour demonſtrer l'exiſtence de Dieu. Car ie ſou-

Lll iij

tiens que cette vertu-là d'augmenter & d'accroistre les perfections humaines jusqu'à tel point, qu'elles ne soient plus humaines, mais infiniment releuées au dessus de l'estat & condition des hommes, ne pouroit estre en nous, si nous n'auions vn Dieu pour auteur de nostre estre. Mais à n'en point mentir, ie m'estonne fort peu, de ce qu'il ne vous semble pas que i'aye demonstré cela assez clairement : car ie n'ay point veu iusques icy que vous ayez bien compris aucune de mes raisons.

10. Lors que vous reprenez ce que i'ay dit, à sçauoir, *qu'on ne peut rien adjouster ny diminuer de l'idée de Dieu*, il semble que vous n'ayez pas pris garde à ce que disent communement les Philosophes, que les essences des choses sont indiuisibles ; Car l'idée represente l'essence de la chose, à laquelle si on adjouste ou diminuë quoy que ce soit, elle deuient aussi-tost l'idée d'vne autre chose; Ainsi s'est-on figuré autrefois l'idée d'vne Pandore : Ainsi ont esté faites toutes les idées des faux Dieux par ceux qui ne conceuoient pas comme il faut celle du vray Dieu. Mais depuis que l'on a vne fois conceu l'idée du vray Dieu, encore que l'on puisse découurir en luy de nouuelles perfections qu'on n'auoit pas encore apperceuës, son idée n'est point pourtant accreuë ou augmentée, mais elle est seulement renduë plus distincte & plus expresse ; dautant qu'elles ont dû estre toutes contenuës dans cette mesme idée que l'on auoit auparauant, puisqu'on suppose qu'elle estoit vraye ; De la méme façon que l'idée du triangle n'est point augmentée lors qu'on vient à remarquer en luy plusieurs proprietez qu'on auoit auparauant ignorées. Car ne pensez pas

que l'idée que nous auons de Dieu, se forme successiuement de l'augmentation des perfections des creatures ; elle se forme toute entiere, & toute à la fois, de ce que nous conceuons par nostre esprit l'estre infiny, incapable de toute sorte d'augmentation. Et lors que vous demandez comment ie prouue que l'idée de Dieu est en nous comme la marque de l'ouurier emprainte sur son ouurage ? quelle est la maniere de cette impression ? & quelle est la forme de cette marque ? C'est de mesme que si reconnoissant dans quelque tableau tant d'artifice, que ie iugeasse n'estre pas possible qu'vn tel ouurage fust sorty d'autre main que de celle d'Apelles, & que ie vinse à dire que cet artifice inimitable est comme vne certaine marque qu'Apelles a imprimée en tous ses ouurages, pour les faire distinguer d'auec les autres, vous me demandiez quelle est la forme de cette marque, ou quelle est la maniere de cette impression ? Certes il semble que vous seriez alors plus digne de risée que de réponse. Et lors que vous poursuiuez, si cette marque n'est point differente de l'ouurage, vous estes donc vous-mesme vne idée, vous n'estes rien autre chose qu'vne maniere de penser, vous estes & la marque emprainte, & le sujet de l'impression ? Cela n'est-il pas aussi subtil, que si moy ayant dit que cet artifice par lequel les tableaux d'Apelles sont distinguez d'auec les autres, n'est point different des tableaux mesmes, vous obiectiez que ces tableaux ne sont donc rien autre chose qu'vn artifice, qu'ils ne sont composez d'aucune matiere, & qu'ils ne sont qu'vne maniere de peindre, &c.

Et lors que pour nier que nous auons esté faits à l'image & semblance de Dieu, vous dites que Dieu a donc la forme d'vn *homme*, & qu'en suitte vous rapportez toutes les choses en quoy la nature humaine est differente de la diuine, estes-vous en cela plus subtil, que si pour nier que quelques tableaux d'Apelles ont esté faits à la semblance d'Alexandre, vous disiez qu'Alexandre ressemble donc à vn tableau, & neantmoins que les tableaux sont composez de bois & de couleurs, & non pas de chair comme Alexandre ? Car il n'est pas de l'essence d'vne image, d'estre en tout semblable à la chose dont elle est l'image, mais il suffit qu'elle luy ressemble en quelque chose. Et il est est tres-euident, que cette vertu admirable & tres-parfaite de penser, que nous conceuons estre en Dieu, est representée par celle qui est en nous, quoy que beaucoup moins parfaite. Et lors que vous aymez mieux coparer la creation de Dieu auec l'operation d'vn Architecte, qu'auec la generation d'vn pere, vous le faites sans aucune raison. Car encore que ces trois manieres d'agir soient totalement differentes, l'éloignement pourtant n'est si grand de la production naturelle à la diuine, que de l'artificielle à la mesme production diuine. Mais ny vous ne trouuerez point que i'aye dit, qu'il y a autant de rapport entre Dieu & nous, qu'il y en a entre vn pere & ses enfans; ny il n'est pas vray aussi qu'il n'y a iamais aucun rapport entre l'ouurier & son ouurage, comme il paroist lors qu'vn Peintre fait vn tableau qui luy ressemble.

Mais auec combien peu de fidelité rapportez-vous mes paroles, lors que vous feignez que i'ay dit *que ie conçoy cette ressemblance que i'ay auec Dieu, en ce que ie connois que ie suis vne chose incomplette & dependante*, veu qu'au
contraire

contraire ie n'ay dit cela que pour monſtrer la difference qui eſt entre Dieu & nous, de peur qu'on ne creuſt
que ie vouluſſe égaler les hommes à Dieu, & la creature
au Createur. Car en ce lieu-là meſme i'ay dit que ie ne
conceuois pas ſeulement que i'eſtois en cela beaucoup
inferieur à Dieu, & que i'aſpirois cependant à de plus
grandes choſes que ie n'auois, mais auſſi que ces plus
grandes choſes auſquelles i'aſpirois, ſe rencontroient
en Dieu actuellement, & d'vne maniere infinie, auſquelles neanmoins ie trouuois en moy quelque choſe de
ſemblable, puis que i'oſois en quelque ſorte y aſpirer.

Enfin, lors que vous dites qu'il y a lieu de s'étonner
pourquoy le reſte des hommes n'a pas les meſmes penſées de Dieu
que celles que i'ay, puis qu'il a empraint en eux ſon idée auſſi
bien qu'en moy. C'eſt de meſme que ſi vous vous étonniez
de ce que tout le monde ayant la notion du triangle,
chacun pourtant n'y remarque pas également autant de
proprietez, & qu'il y en a meſme peut-eſtre quelques-
vns qui luy attribuent fauſſement pluſieurs choſes.

Des choſes qui ont eſté objectées contre la quatriéme Meditation.

I'Ay deſia aſſez expliqué quelle eſt l'idée que nous
auions *du neant*, & comment nous participons *du*
non eſtre, en nommant cette idée negatiue, & diſant que
cela ne veut rien dire autre choſe, ſinon que nous ne
ſommes pas le ſouuerain eſtre, & qu'il nous manque pluſieurs choſes. Mais vous cherchez par tout des difficultez où il n'y en a point. Et lors que vous dites, *qu'entre*

les ouurages de Dieu, i'en voy quelques-vns qui ne sont pas entierement acheuez, vous controuuez vne chose que ie n'ay
escrite nulle part, & que ie ne pensay iamais ; mais bien
seulement ay-je dit, que si certaines choses estoient considerées, non pas comme faisant partie de tout cet Vniuers, mais comme des tous destachez, & des choses singulieres, pour lors elles pouroient sembler imparfaites.
Tout ce que vous apportez en suite pour la cause finale,
doit estre raporté à la cause efficiente ; Ainsi de cet vsage
admirable de chaque partie dans les plantes, & dans les
animaux, &c. il est iuste d'admirer la main de Dieu qui
les a faites, & de connoistre & glorifier l'ouurier par
l'inspection de ses ouurages ; mais non pas de deuiner
pour quelle fin il a creé chaque chose. Et quoy qu'en
matiere de Morale, où il est souuent permis d'vser de
conjectures, ce soit quelquefois vne chose pieuse de
considerer quelle fin nous pouuons conjecturer que
Dieu s'est proposé au gouuernement de l'Vniuers ; Certainement en Physique, où toutes choses doiuent estre
appuyées de solides raisons, cela seroit inepte. Et on ne
peut pas feindre qu'il y ayt des fins plus aysées à découurir les vnes que les autres, car elles sont toutes également cachées dans l'abysme imperscrutable de sa sagesse.
Et vous ne deuez pas aussi feindre, qu'il n'y a point
d'homme qui puisse comprendre les autres causes ; car
il n'y en a pas vne qui ne soit beaucoup plus aisée à connoistre que celle de la fin que Dieu s'est proposée. Et
mesme celles que vous apportez, pour seruir d'exemple
de la difficulté qu'il y a, ne sont pas si difficiles, que ie
ne sçache qu'il y en a tel qui se persuade de les connoi-

ftre. Enfin puis que vous me demandez si ingenuëment, *quelles idées i'eſtime que mon Eſprit auroit euës de Dieu, & de luy-meſme; ſi du moment qu'il a eſté infus dedans le corps, il y fuſt demeuré iuſqu'à cette heure les yeux fermez, les oreilles bouchées, & ſans aucun vſage des autres ſens:* Ie vous répons auſſi ingenuëment & ſincerement, que (pourueu que nous ſuppoſions qu'il n'euſt eſté ny empeſché ny aydé par le corps à penſer & mediter) ie ne doute point qu'il n'auroit eu les meſmes idées qu'il en a maintenant, ſinon qu'il les auroit euës beaucoup plus claires, & plus pures : Car les ſens l'empeſchent en beaucoup de rencontres, & ne luy aydent en rien pour les conceuoir. Et de fait il n'y a rien qui empeſche tous les hommes de reconnoiſtre également qu'ils ont en eux ces meſmes idées, que parce qu'ils ſont pour l'ordinaire trop occupez à la conſideration des choſes corporelles.

2. Vous prenez par tout icy mal à propos, *eſtre ſuiet à l'erreur*, pour vne imperfection poſitiue, quoy que neantmoins ce ſoit ſeulement (principalement au reſpect de Dieu) vne negation d'vne plus grande perfection dans les creatures. Et la comparaiſon des citoyens d'vne Republique ne quadre pas auec les parties de l'vniuers : car la malice des citoyens, en tant que rapportée à la Republique, eſt quelque choſe de poſitif; mais il n'en eſt pas de meſme de ce que l'homme eſt ſujet à l'erreur, c'eſt à dire de ce qu'il n'a pas toutes ſortes de perfections, eu égard au bien de l'vniuers. Mais la comparaiſon peut eſtre mieux eſtablie, entre celuy qui voudroit que le corps humain fuſt tout couuert d'yeux, afin qu'il en pa-

Mmm ij

rust plus beau, dautant qu'il n'y a point en luy de partie plus belle que l'œil ; & celuy qui pense qu'il ne deuroit point y auoir de creatures au mõde qui ne fussent exemptes d'erreur, c'est à dire qui ne fussent entierement parfaites. De plus, ce que vous supposez en suite n'est nullement veritable, à sçauoir, *que Dieu nous destine à des cœurs mauuaises, & qu'il nous donne des imperfections, & autres choses semblables.* Comme aussi il n'est pas vray que *Dieu ayt donné à l'homme vne faculté de iuger, incertaine, confuse, & insuffisante pour ce peu de choses qu'il a voulu soûmettre à son iugement.*

5. Voulez-vous que ie vous die en peu de paroles *quoy la volonté se peut estendre, qui passe les bornes de l'entendement ?* c'est en vn mot à toutes les choses où il arriue que nous errons. Ainsi quand vous iugés que l'Esprit est vn corps subtil & delié, vous pouuez bien à la verité conceuoir qu'il est vn Esprit, c'est à dire vne chose qui pense ; & aussi qu'vn corps delié est vne chose estenduë, mais que la chose qui pense, & celle qui est estenduë, soient vne mesme chose, certainement vous ne le conceuez point ; mais seulement vous le voulez croire, parce que vous l'auez desia crû auparauant, & que vous ne vous departez pas facilement de vos opinions, ny ne quittez pas volontiers vos prejugez. Ainsi lors que vous iugez qu'vne pôme, qui par hazard est empoisonnée, sera bonne pour vostre aliment, vous conceuez à la verité fort bien que son odeur, sa couleur, & mesme son goust sont agreables, mais vous ne conceuez pas pour cela que cette pomme vous doiue estre vtile si vous en faites vostre aliment ; mais parce que vous le voulez ainsi, vous

en jugez de la sorte. Et ainsi i'aduoüe bien que nous ne voulons rien, dont nous ne conceuions en quelque façon quelque chose ; mais ie nie que nostre entendre, & nostre vouloir, soient d'égale estenduë ; car il est certain que nous pouuons vouloir plusieurs choses d'vne mesme chose, & que cependant nous n'en pouuons connoistre que fort peu. Et lors que nous ne jugeons pas bien, nous ne voulons pas pour cela mal, mais peut-estre quelque chose de mauuais : Et mesme on peut dire que nous ne conceuons mal aucune chose, mais seulement nous sommes dits mal conceuoir, lors que nous jugeons que nous conceuons quelque chose de plus, qu'en effect nous ne conceuons.

Quoy que ce que vous niez en suitte touchant l'indifference de la volonté, soit de soy tres-manifeste, ie ne veux pas pourtant entreprendre de vous le prouuer : car cela est tel que chacun le doit plustost ressentir, & experimenter en soy-mesme, que se le persuader par raison; Et certes ce n'est pas merueille si dans le personnage que vous joüez, & veu la naturelle disproportion qui est entre la chair & l'Esprit, il semble que vous ne preniez pas garde, & ne remarquiez pas la maniere auec laquelle l'Esprit agit au dedans de soy. Ne soyez donc pas libre si bon vous semble, pour moy ie joüiray de ma liberté, puis que non seulement ie la ressens en moy-mesme, mais que ie voy aussi qu'ayant dessein de la combattre, au lieu de luy opposer de bonnes & solides raisons, vous vous contentez simplement de la nier : Et peut-estre que ie trouueray plus de creance en l'esprit des autres, en asseurant ce que i'ay experimenté, & dont chacun peut aussi faire épreuue en soy-mesme, que non pas vous, qui niez vne chose pour cela seul que vous ne l'auez peut-estre iamais experimentée. Et neantmoins il est aisé de iuger par vos propres paroles, que vous l'auez quelquefois éprouuée: Car où vous niez *que nous puissions nous empescher de tomber dans l'erreur*, parce que vous ne voulez pas que la volonté se porte à aucune chose qu'elle n'y soit determinée par l'entendement, là méme vous demeurez d'accord *que nous pouuons nous empécher & prendre garde de n'y pas perseuerer*, ce qui ne se peut aucunemét faire, sans cette liberté que la volonté a de se porter çà où là, sans attendre la determination de l'entendement, laquelle neantmoins vous ne vouliez pas reconnoistre. Car si l'entendement a vne fois determiné la volonté à faire vn faux iugement, ie vous demande, lors que la volonté commence la premiere fois à prendre garde de ne pas perseuerer dans l'erreur, qui est-ce qui la determine à cela ? si c'est elle-mesme, donc elle peut se porter à quelque chose, sans y estre determinée par l'entendement, & neantmoins c'estoit ce que vous niyez tantost, & qui fait encore à present tout le suiet de nostre dispute: Que si elle est determinée par l'entendement, Dóc ce n'est pas elle qui se tient sur ses gardes, mais seulement il arriue que cóme elle se portoit auparauát vers le faux, qui luy estoit par luy proposé: de mesme par hazard elle se porte maintenant vers le vray, parce que l'entendement le luy propose. Mais de plus ie voudrois bien sçauoir quelle vous conceuez estre la nature du faux, & comment vous pensez qu'il peut estre l'obiet de l'entendement ? car pour moy qui par le faux n'entens rien autre chose que la priuatiõ du vray, ie trouue qu'il y a vne entiere repugnance que l'entendement aprehende le faux sous la forme ou l'apparence du vray, ce qui toutesfois seroit necessaire, s'il determinoit iamais la volonté à embrasser la fausseté.

4. Pour ce qui regarde le fruit de ces Meditations, i'ay ce me semble assez aduerty dans la Preface, laquelle ie pense que vous auez leuë, qu'il ne sera pas grand pour ceux qui ne se mettans pas en peine de comprendre l'ordre & la liaison de mes raisons, tascheront seulement de chercher à toutes rencontres des occasions de dispute. Et quant à la methode qui nous aprend à pouuoir discerner les choses que nous cõceuons en effet clairement, de celles que nous nous persuadõs seulement de conceuoir auec clarté & distinction, encore que ie pense l'auoir assez exactement enseignée, comme i'ay desia dit, ie n'oserois pas neantmoins me promettre que ceux-là la puissent aisément comprendre, qui trauaillent si peu à se dépoüiller de leurs preiugez, qu'ils se plaignent *que i'ay esté trop long, & trop exact*, à monstrer le moyen de s'en défaire.

Des choses qui ont esté obiectées contre la cinquiesme Meditation.

1. D'Autant qu'apres auoir icy rapporté quelquesvnes de mes paroles, vous adioustez que c'est tout ce que i'ay dit touchant la question proposée, ie suis obligé d'aduertir le Lecteur, que vous n'auez pas assez

pris garde à la suitte & liaison de ce que i'ay escrit ; car ie croy qu'elle est telle, que pour la preuue de chaque question, toutes les choses qui la precedent y contribuent, & vne grande partie de celles qui la suiuent : en sorte que vous ne sçauriez fidellement rapporter tout ce que i'ay dit de quelque question, si vous ne rapportez en mesme temps tout ce que i'ay escrit des autres. Quant à ce que vous dites, *que cela vous semble dur de voir establir quelque chose d'immuable & d'eternel autre que Dieu*, vous auriez raison s'il estoit question d'vne chose existante, ou bien seulement si j'establissois quelque chose de tellement immuable, que son immutabilité mesme ne dependist pas de Dieu. Mais tout ainsi que les Poëtes feignent que les destinées ont bien à la verité esté faites & ordonnées par Iupiter, mais que depuis qu'elles ont vne fois esté par luy establies, il s'est luy-mesme obligé de les garder ; De mesme ie ne pense pas à la verité que les essences des choses, & ces veritez Mathematiques que l'on en peut connoistre, soient independantes de Dieu, mais neantmoins ie pense que parce que Dieu l'a ainsi voulu, & qu'il en a ainsi disposé, elles sont immuables & eternelles. Or que cela vous semble dur, ou mou, il m'importe fort peu, pour moy il me suffit que cela soit veritable.

Ce que vous alleguez en suitte contre les vniuersaux des Dialecticiens, ne me touche point ; puis que ie les conçoy tout d'vne autre façon qu'eux. Mais pour ce qui regarde les essences que nous connoissons clairement & distinctement, telle qu'est celle du triangle, ou de quelqu'autre figure de Geometrie, ie vous feray aysément

auoüer

auoüer que les idées de celles qui sont en nous, n'ont point esté tirées des idées des choses singulieres ; Car ce qui vous meut icy à dire qu'elles sont fausses, n'est que parce qu'elles ne s'accordent pas auec l'opinion que vous aurez conceuë de la nature des choses.

Et mesme vn peu apres vous dites *que l'objet des pures Mathematiques, comme le point, la ligne, la superficie, & les indiuisibles qui en sont composez, ne peuuent auoir aucune existence hors de l'entendement* ; D'où il suit necessairement qu'il n'y a iamais eu aucun triangle dans le monde, ny rien de tout ce que nous conceuons appartenir à la nature du triangle, ou à celle de quelque autre figure de Geometrie, & partāt que les essences de ces choses n'ont point esté tirées d'aucunes choses existantes. Mais, dites-vous, elles sont fausses : ouy selon vostre opinion, parce que vous supposez la nature des choses estre telle, qu'elles ne peuuent pas luy estre conformes. Mais si vous ne soustenez aussi que toute la Geometrie est fausse, vous ne sçauriez nier qu'on n'en demonstre plusieurs veritez, qui ne changeant iamais, & estant tousiours les mesmes, ce n'est pas sans raison qu'on les appelle immuables & eternelles.

Mais de ce qu'elles ne sont peut-estre pas conformes à l'opinion que vous auez de la nature des choses, ny mesme aussi à celle que Democrite, & Epicure ont bastie & composée d'atômes, cela n'est à leur égard qu'vne denomination exterieure, qui ne cause en elles aucun changement ; & toutesfois on ne peut pas douter qu'elles ne soient conformes à cette veritable nature des choses, qui a esté faite & construite par le vray Dieu : Non qu'il y ayt dans le monde des substances qui ayent de la longueur sans largeur, ou de la largeur sans profondeur ; mais parce que les figures Geometriques ne sont pas considerées comme des substances, mais seulement comme des termes sous lesquels la substance est contenuë. Ce pendant ie ne demeure pas d'accord que les idées de ces figures nous soient iamais tombées sous les sens, comme chacun se le persuade ordinairement ; car encore qu'il n'y ayt point de doute qu'il y en puisse auoir dans le monde de telles que les Geometres les considerent, ie nie pourtant qu'il y en ayt aucunes autour de nous, sinon peut-estre de si petites, qu'elles ne font aucune impression sur nos sens : car elles sont pour l'ordinaires composées de lignes droites, & ie ne pense pas que iamais aucune partie d'vne ligne ayt touché nos sens, qui fust veritablement droite ; Aussi quand nous venons à regarder au trauers d'vne lunette, celles qui nous auoient semblé les plus droites, nous les voyons toutes irregulieres, & courbées de toutes parts comme des ondes. Et partant lors que nous auons la premiere fois apperceu en nostre enfance vne figure triangulaire tracée sur le papier, cette figure n'a pû nous apprendre côme il falloit conceuoir le triangle Geometrique, parce qu'elle ne le representoit pas mieux, qu'vn mauuais crayon vne image parfaite. Mais d'autant que l'idée veritable du triangle estoit desia en nous, & que nostre esprit la pouuoit plus ayfément conceuoir, que la figure moins simple, ou plus composée d'vn triangle peint ; de là vient qu'ayant veu cette figure composée, nous ne l'auons pas conceuë elle-mesme, mais plustost le veritable triangle. Tout ainſi que quand nous jettons les yeux ſur vne carte, où il y a quelques traits qui ſont diſpoſez & arrangez de telle ſorte, qu'ils repreſentent la face d'vn homme, alors cette veuë n'excite pas tant en nous l'idée de ces meſmes traits, que celle d'vn homme: ce qui n'arriueroit pas ainſi, ſi la face d'vn homme ne nous eſtoit cönuë d'ailleurs, & ſi nous n'eſtions plus accouſtumez à penſer à elle, que non pas à ces traits ; leſquels aſſez ſouuent meſme nous ne ſçaurions diſtinguer les vns des autres, quand nous en ſommes vn peu éloignez. Ainſi certes, nous ne pourions iamais connoiſtre le triangle Geometrique par celuy que nous voyons tracé ſur le papier, ſi noſtre eſprit d'ailleurs n'en auoit eu l'idée.

2. Ie ne voy pas icy de quel genre de choſes vous voulez que l'exiſtence ſoit, ny pourquoy elle ne peut pas auſſi bien eſtre dite vne proprieté, comme la toute-puiſſance, prenant le nom de proprieté pour toute ſorte d'attribut, ou pour tout ce qui peut eſtre attribué à vne choſe, ſelon qu'en effect il doit icy eſtre pris. Mais bien dauantage, l'exiſtence neceſſaire eſt vrayement en Dieu vne proprieté priſe dans le ſens le moins eſtendu, parce qu'elle conuient à luy ſeul, & qu'il n'y a qu'en luy qu'elle faſſe partie de l'eſſence. C'eſt pourquoy auſſi l'exiſtence du triangle ne doit pas eſtre comparée auec l'exiſtence de Dieu, parce qu'elle a manifeſtement en Dieu vne autre relation à l'eſſence, qu'elle n'a pas dans le triangle. Et ie ne commets pas pluſtoſt en cecy la faute que les Logiciens nomment vne petition de principe, lorſque ie mets l'exiſtence entre les choſes qui appar-

tiennent à l'essence de Dieu, que lors qu'entre les proprietez du triangle ie mets l'egalité de la grandeur de ses trois angles auec deux droits. Il n'est pas vray aussi que l'essence & l'existence en Dieu, aussi bien que dans le triangle, peuuent estre conceuës l'vne sans l'autre, parce que Dieu est son estre, & non pas le triangle. Et toutesfois ie ne nie pas que l'existence possible ne soit vne perfectiō dans l'idée du triāgle, comme l'existence necessaire est vne perfection dans l'idée de Dieu ; car cela la rend plus parfaite que ne sont les idées de toutes ces Chimeres que nous suposons ne pouuoir estre produites. Et partāt vous n'auez en rien diminué la force de mon argument, & vous demeurez tousiours abusé par ce sophisme, que vous dites auoir esté si facile à resoudre. Quant à ce que vous adjoustez en suitte, i'y ay desia assez suffisamment respondu ; Et vous vous trompez grandement, lors que vous dites qu'on ne demonstre pas l'existence de Dieu, comme on demonstre que tout triangle rectiligne a ses trois angles égaux à deux droits : car la raison est pareille en tous les deux, horsmis que la demonstration qui prouue l'existence en Dieu, est beaucoup plus simple, & plus euidente que l'autre. Enfin ie passe sous silence le reste, parce que lors que vous dites que ie n'explique pas assez les choses, & que mes preuues ne sont pas conuaincantes, ie pense qu'à meilleur titre on pouroit dire le mesme de vous, & des vostres.

3. Contre tout ce que vous rapportez icy de Diagore, de Theodore, de Pythagore, & de plusieurs autres, ie vous oppose les Sceptiques, qui reuoquoient en doute les demonstrations mesme de Geometrie, & ie soustiens qu'ils ne l'auroient pas fait, s'ils auoient connu

AVX CINQVIESMES OBIECTIONS. 491
Dieu comme il faut. Et mesme de ce qu'vne chose paroist vraye à plus de personnes, cela ne prouue pas que cette chose soit plus notoire & plus manifeste qu'vne autre ; mais bien de ce que ceux qui ont vne connoissance suffisante de l'vne & de l'autre, reconnoissent que l'vne est premierement connuë, plus euidente & plus asseurée que l'autre.

Des choses qui ont esté obiectées contra la sixiéme Meditation.

1. I'Ay desia cy-deuant refuté ce que vous niez icy, à sçauoir *que les choses materielles entant qu'elles sont l'objet des Mathematiques pures, puissent auoir aucune existence.* Pour ce qui est de l'intellection d'vn Chiliogone, il n'est nullement vray qu'elle soit confuse : car on en peut tres-clairement & tres-distinctement démonstrer plusieurs choses ; ce qui ne se pourroit aucunement faire, si on ne le connoissoit que confusément, ou, comme vous dites, si on n'en connoissoit que le nom : Mais il est tres-certain que nous le conceuons tres-clairement tout entier & tout à la fois, quoy que nous ne le puissions pas ainsi clairement imaginer : D'où il est euident que les facultez d'entendre & d'imaginer ne different pas seulement selon le plus & le moins, mais comme deux manieres d'agir totalement differentes. Car dans l'intellection l'esprit ne se sert que de soy-mesme, au lieu que dans l'imagination il contemple quelque forme corporelle. Et encore que les figures Geometriques soient

Nnn iij

tout à fait corporelles, neantmoins il ne se faut pas perſuader que ces idées qui ſeruent à nous les faire conceuoir, le ſoient auſſi, quand elles ne tombent point ſou l'imagination. Et enfin cela ne peut eſtre digne que de vous, ô chair, de penſer *que les idées de Dieu, de l'Ange & de l'ame de l'homme ſoient corporelles, ou quaſi corporelles, ayant eſté tirées de la forme du corps humain, & de quelques autres choſes fort ſimples, fort legeres, & fort imperceptibles.* Car quiconque ſe repreſente Dieu de la ſorte, ou meſme l'eſprit humain, tâche d'imaginer vne choſe qui n'eſt point du tout imaginable, & ne ſe figure autre choſe qu'vne idée corporelle, à qui il attribuë fauſſement le nom de Dieu, ou d'Eſprit ; Car dans la vraye idée de l'Eſprit, il n'y a rien de contenu que la ſeule penſée auec tous ſes attributs, entre leſquels il n'y en a aucun qui ſoit corporel.

2. Vous faites voir icy clairement que vous vous appuyez ſeulement ſur vos préjugez ſans iamais vous en défaire, puiſque vous ne voulez pas que nous ayons le moindre ſoupçon de fauſſeté, pour les choſes où iamais nous n'en n'auons remarqué aucune ; Et c'eſt pour cela que vous dites, *que lors que nous regardons de prés, & que nous touchons quaſi de la main vne tour, nous ſommes aſſeurez qu'elle eſt quarrée, ſi elle nous paroiſt telle ; & que lors que nous ſommes en effet éueillez, nous ne pouuons pas eſtre en doute ſi nous veillons, ou ſi nous reſuons*, & autres choſes ſemblables ; car vous n'auez aucune raiſon de croire que vous ayez iamais aſſez ſoigneuſement examiné & obſervé toutes les choſes en quoy il peut arriuer que vous erriés ; Et peut eſtre ne ſeroit-il pas mal aiſé de moſtrer que

vous vous trompez quelquefois en des choses que vous admettez ainsi pour vrayes & pour asseurées. Mais lors que vous en reuenez là, de dire *qu'au moins on ne peut pas douter que les choses ne nous paroissent comme elles sont*, vous en reuenez à ce que i'ay dit : car cela mesme est en termes expres dans ma seconde Meditation ; Mais icy il estoit question de la verité des choses qui sont hors de nous, surquoy ie ne voy pas que vous ayez du tout rien dit de veritable.

3. Ie ne m'arreste pas icy sur des choses que vous auez tant de fois rebatuës, & que vous repetez encore en cet endroit si vainement : Par exemple, qu'il y a beaucoup de choses que i'ay auancées sans preuue, lesquelles ie maintiens neantmoins auoir tres-euidemment demonstrées ; Comme aussi que i'ay seulement voulu parler du corps grossier & palpable, lors que i'ay exclus le corps de mon essence : quoy que neantmoins mon dessein ayt esté d'en exclure toute sorte de corps, pour petit & subtil qu'il puisse estre, & autres choses semblables ; car qu'y a t'il à répondre à tant de paroles dites & auancées sans aucun raisonnable fondement, sinon que de les nier tout simplement ? Ie diray neantmoins en passant que ie voudrois bien sçauoir sur quoy vous vous fondez, pour dire que i'ay plustost parlé du corps massif & grossier, que du corps subtil & delié ? C'est, dites-vous, parce que i'ay dit, que i'ay vn corps auquel ie suis conjoint, & aussi, *qu'il est certain que moy, c'est à dire mon ame est distincte de mon corps*, où ie confesse que ie ne voy pas, pourquoy ces paroles ne pouroient pas aussi bien estre rapportées au corps subtil & imperceptible, qu'à celuy qui est plus grossier & pal-

pable ; & ie ne croy pas que cette pensée puisse tomber en l'esprit d'vn autre que de vous. Au reste i'ay fait voir clairement dans la seconde Meditation, que l'esprit pouuoit estre conceu comme vne substance existante, aurauant mesme que nous sçachions s'il y a au monde aucun vent, aucun feu, aucune vapeur, aucun air, ny aucun autre corps que ce soit, pour subtil & delié qu'il puisse estre : Mais de sçauoir si en effet il estoit different du corps, i'ay dit en cet endroit-là, que ce n'estoit pas là le lieu d'en traitter : ce qu'ayant reserué pour cette sixiéme Meditation, c'est là aussi où i'en ay amplement traitté, & où i'ay decidé cette question par vne tres-forte & veritable demonstration : Mais vous au contraire confondant la question qui concerne comment l'esprit peut estre conceu, auec celle qui regarde ce qu'il est en effect, ne faites paroistre autre chose, sinon que vous n'auez rien compris distinctement de toutes ces choses.

4. Vous demandez icy *comment i'estime que l'espece ou l'idée du corps, lequel est estendu, peut estre receue en moy qui suis vne chose non estendue.* Ie répons à cela qu'aucune espece corporelle n'est receuë dans l'esprit, mais que la conception, ou l'intellection pure des choses, soit corporelles, soit spirituelles, se fait sans aucune image, ou espece corporelle ; Et quant à l'imagination, qui ne peut estre que des choses corporelles, il est vray que pour en former vne, il est besoin d'vne espece qui soit vn veritable corps, & à laquelle l'esprit s'applique, mais non pas qui soit receuë dans l'esprit. Ce que vous dites de l'idée du Soleil, qu'vn aueugle né forme sur la simple con-

noissance

noissance qu'il a de sa chaleur, se peut aisément refuter: Car cet aueugle peut bien auoir vne idée claire & distincte du Soleil, comme d'vne chose qui échauffe, quoy qu'il n'en ayt pas l'idée, comme d'vne chose qui éclaire & illumine. Et c'est sans raison que vous me comparez à cet aueugle; premierement parce que la connoissance d'vne chose qui pense, s'estend beaucoup plus loin que celle d'vne chose qui échauffe, voire mesme elle est plus ample qu'aucune que nous ayons de quelque autre chose que ce soit, comme i'ay monstré en son lieu; & aussi parce qu'il n'y a personne qui puisse monstrer que cette idée du Soleil que forme cet aueugle, ne contienne pas tout ce que l'on peut connoistre de luy, sinon celuy qui estant doüé du sens de la veuë, connoist outre cela sa figure, & sa lumiere: Mais pour vous, non seulement vous n'en connoissez pas dauantage que moy touchant l'Esprit, mais vous n'y apperceuez pas tout ce que i'y voy. De sorte qu'en cela c'est plustost vous qui ressemblez à vn aueugle, & ie ne puis tout au plus, à vostre esgard, estre appellé que louche, ou peu clair-voyant, auec tout le reste des hommes. Au reste ie n'ay pas adjousté que l'esprit n'estoit point estendu, pour expliquer quel il est, & faire connoistre sa nature, mais seulement pour auertir que ceux-là se trompent, qui pensent qu'il soit estendu. Tout de mesme que s'ils en trouuoit quelques vns qui voulussent dire que Bucephal est vne musique, ce ne seroit pas en vain & sans raison que cela seroit nié par d'autres. Et de vray dans tout ce que vous adjoustez icy pour prouuer que l'esprit a de l'estendue, dautant, dites vous, qu'il se sert du corps lequel est étendu, il

Ooo

me semble que vous ne raisonnez pas mieux, que si de ce que Bucephal hannit, & ainsi pousse des sons qui peuuēt estre raportez à la musique, vous tiriez cette consequence, que Bucephal est donc vne musique. Car encore que l'esprit soit vny à tout le corps, il ne s'ensuit pas delà qu'il soit estendu par tout le corps, parce que ce n'est pas le propre de l'esprit d'estre estendu, mais seulement de penser. Et il ne conçoit pas l'extension par vne espece estenduë qui soit en luy, bien qu'il l'imagine en se tournant & s'appliquant à vne espece corporelle, qui est étenduë, comme i'ay dit auparauant. Et enfin il n'est pas necessaire que l'esprit soit de l'ordre & de la nature du corps, quoy qu'il ayt la force ou la vertu de mouuoir le corps.

5. Ce que vous dites icy touchant l'vnion de l'esprit auec le corps, est semblable aux difficultez precedentes. Vous n'objectez rien du tout contre mes raisons, mais vous proposez seulement les doutes qui vous semblent suiure de mes conclusions : quoy qu'en effet ils ne vous viennent en l'esprit, que parce que vous voulez soumettre à l'examen de l'imagination, des choses qui de leur nature ne sont point sujettes à sa jurisdiction. Ainsi quand vous voulez comparer icy le mélange qui se fait du corps & de l'esprit, auec celuy de deux corps meslés ensemble, il me suffit de respondre qu'on ne doit faire entre ces choses aucune comparaison, pource qu'elles sont de deux genres totalement differents ; & qu'il ne faut pas imaginer que l'esprit aye des parties, encore qu'il conçoiue des parties dans le corps. Car qui vous appris que tout ce que l'esprit conçoit doiue estre reelle-

ment en luy ? Certainement si cela estoit, lors qu'il conçoit la grandeur de l'Vniuers, il auroit aussi en luy cette grandeur, & ainsi il ne seroit pas seulement estendu, mais il seroit mesme plus grand que tout le monde.

6. Vous ne dites rien icy qui me soit contraire, & ne laissez pas d'en dire beaucoup; d'où le Lecteur peut apprendre qu'on ne doit pas iuger de la force de vos raisons, par la prolixité de vos paroles.

Iusques icy l'Esprit a discouru auec la Chair, & comme il estoit raisonnable, en beaucoup de choses n'a pas suiuy ses sentimens. Mais maintenant ie leue le masque, & reconnois que veritablement ie parle à Monsieur Gassendi, personnage autant recommandable pour l'integrité de ses mœurs & la candeur de son esprit, que pour la profondeur & la subtilité de sa doctrine, & de qui l'amitié me sera tousiours tres-chere; Aussi ie proteste, & luy-mesme le peut sçauoir, que ie rechercheray tousiours autant qu'il me sera possible, les occasions de l'acquerir. C'est pourquoy ie le supplie de ne pas trouuer mauuais, si en refutant ses objections i'ay vsé de la liberté ordinaire aux Philosophes; comme aussi de ma part ie l'assure que ie n'y ay rien trouué qui ne m'ayt esté tres-agreable; mais sur tout i'ay esté rauy qu'vn homme de son merite, dans vn discours si long & si soigneusement recherché, n'ait apporté aucune raison qui ait pû destruire & renuerser les miennes, & qu'il n'ayt aussi rien opposé contre mes conclusions, à quoy il ne m'ait esté tres-facile de respondre.

FIN.

LETTRE
DE MONSIEVR DES-CARTES
A MONSIEVR C. L. R.

Seruant de réponse à vn Recüeil des principales Instances faites par Monsieur Gassendi contre les precedentes Responses.

MONSIEVR,

Ie vous ay beaucoup d'obligation de ce que voyant que i'ay negligé de respondre au gros Liure d'instances que l'Auteur des cinquiesmes Objections a produit contre mes Réponses, vous auez prié quelques-vns de vos amis de recüeillir les plus fortes raisons de ce Liure, & m'auez enuoyé l'extrait qu'ils en ont fait. Vous auez eu en cela plus de soin de ma reputation que moy-mesme; car ie vous assure qu'il m'est indifferent d'estre estimé ou mesprisé par ceux, que de semblables raisons auront pû persuader. Les meilleurs esprits de ma connoissance qui ont leu son Liure, m'ont tesmoigné qu'ils n'y auoient trouué aucune chose qui les arrestast ; c'est à eux seuls que ie desire satisfaire. Ie sçay que la pluspart des hommes remarque mieux les apparences que la verité, & juge plus souuent mal que bien ; c'est pourquoy ie ne croy pas que leur approbation vaille la peine que ie fasse tout ce qui pouroit estre vtile pour l'acquerir. Mais ie ne laisse pas d'estre bien ayse du recüeil que vous m'auez enuoyé, & ie me sens obligé d'y respondre, plustost pour reconnoissance du trauail de vos amis, que par la necessité de ma defense ; Car ie croy que ceux qui ont pris la peine de le faire, doiuent maintenant iuger comme moy, que toutes les objections que ce Liure contient, ne sont fondées que sur quelques mots mal entendus, ou quelques suppositions qui sont fausses ; veu que toutes celles qu'ils ont remarquées sont de cette sorte, & que neantmoins ils ont esté si diligens, qu'ils en ont mesme adjousté quelques-vnes que ie ne me souuiens point d'y auoir leuës.

Ils en remarquent trois contre la premiere Meditation, à sçauoir : 1. *Que ie demande vne chose impossible, en voulant qu'on quitte toutes sortes de prejugez* : 2. *Qu'en pensant les quitter on se reuest d'autres prejugez qui sont plus preiudiciables* ; 3. *Et que la methode de douter de tout ce que i'ay proposée, ne peut seruir à trouuer aucune verité.* La premiere desquelles est fondée sur ce que l'Auteur de ce Liure n'a pas consideré que le mot de prejugé ne s'estend point à toutes les notions qui sont en nostre esprit ; desquelles i'auoüe qu'il est impossible de se défaire, mais seulement

Ooo iij

à toutes les opinions que les jugemens que nous auons faits auparauant, ont laissé en nostre creance; & pource que c'est vne action de la volonté que de juger, ou ne pas juger, ainsi que i'ay expliqué en son lieu, il est euident qu'elle est en nostre pouuoir. Car enfin pour se défaire de toute sorte de prejugez, il ne faut autre chose que se resoudre à ne rien assurer, ou nier de tout ce qu'on auoit asseuré, ou nié auparauant, sinon apres l'auoir derechef examiné, quoy qu'on ne laisse pas pour cela de retenir toutes les mesmes notions en sa memoire. I'ay dit neantmoins qu'il y auoit de la difficulté à chasser ainsi hors de sa creance tout ce qu'on y auoit mis auparauant, partie à cause qu'il est besoin d'auoir quelque raison de douter auant que de s'y determiner (c'est pourquoy i'ay proposé les principales en ma premiere Meditation) & partie aussi à cause que quelque resolution qu'on ayt prise de ne rien nier, ny asseurer, on s'en oublie aisément par apres, si on ne l'a fortement imprimée en sa memoire; c'est pourquoy i'ay désiré qu'on y pensast auec soin. La 2. Objection n'est qu'vne supposition manifestement fausse; car encore que i'aye dit qu'il falloit mesme s'efforcer de nier les choses qu'on auoit trop asseurées auparauant, i'ay tres-expressément limité que cela ne se deuoit faire que pendant le temps qu'on portoit son attention à chercher quelque chose de plus certain que tout ce qu'on pouroit ainsi nier, pendant lequel, il est euident qu'on ne sçauroit se reuestir d'aucun prejugé qui soit prejudiciable. La troisiesme aussi ne contient qu'vne cauillation, car bien qu'il soit vray que le doute seul ne suffit pas pour establir aucune verité, il ne laisse pas d'estre vtile à preparer l'esprit pour en establir par aprés, & c'est à cela seul que ie l'ay employé.

Contre la seconde Meditation vos amis remarquent six choses. La premiere est qu'en disant, *ie pense, donc ie suis*, l'Auteur des Instances veut que ie suppose cette majeure, *celuy qui pense, est*; & ainsi que i'aye desia espousé vn prejugé. En quoy il abuse derechef du mot de prejugé. Car bien qu'on en puisse donner le nom à cette proposition, lors qu'on la profere sans attention, & qu'on croit seulement qu'elle est vraye, à cause qu'on se souuient de l'auoir ainsi iugé auparauant, on ne peut pas dire toutesfois qu'elle soit vn prejugé, lors qu'on l'examine, à cause qu'elle paroist si euidente à l'entendement, qu'il ne se sçauroit empescher de la croire, encore que ce soit peut-estre la premiere fois de sa vie qu'il y pense, & que par consequent il n'en ayt aucun prejugé. Mais l'erreur qui est icy la plus considerable, est que cet Auteur suppose que la connoissance des propositions particulieres doit tousiours estre déduite des vniuerselles, suiuant l'ordre des syllogismes de la Dialectique ; en quoy il monstre sçauoir bien peu de quelle façon la verité se doit chercher ; Car il est certain que pour la trouuer, on doit tousiours commencer par les notions particulieres, pour venir aprés aux generales ; bien qu'on puisse aussi reciproquement ayant trouué les generales, en déduire d'autres particulieres. Ainsi, quand on enseigne à vn enfant les elemens de la Geometrie, on ne luy fera point entendre en general, que *lors que de deux quantitez égales, on oste des parties égales, les restes demeurent égaux*, ou que *le tout est plus grand que ses parties*; si on ne luy en monstre des exemples en des cas particuliers. Et c'est faute d'auoir pris garde à cecy, que nostre Auteur s'est trompé en tant de faux raisonnemens, dont il a grossi son Liure: car il n'a fait que composer de fausses majeures à sa fantaisie, comme si i'en auois déduit les veritez que i'ay expliquées.

La seconde Objection que remarquent icy vos amis, est *que pour sçauoir qu'on pense, il faut sçauoir ce que c'est que pensée, ce que ie ne sçay point*, disent-ils, *à cause que i'ay tout nié*. Mais ie n'ay nié que les prejugez, & non point les notions, comme celle-cy, qui se connoissent sans aucune affirmation, ny negation.

La troisiéme est, *Que la pensée ne peut estre sans objet, par exemple sans le corps*. Où il faut euiter l'equiuoque du mot de pensée, lequel on peut prendre pour la chose qui pense, & aussi pour l'action de cette chose; or ie nie que la chose qui pense ait besoin d'autre objet que de soy mesme pour exercer son action, bien qu'elle puisse aussi l'estendre aux choses materielles, lors qu'elle les examine.

La quatriéme, *Que bien que i'aye vne pensée de moy-mesme, ie ne sçay pas si cette pensée est vne action corporelle, ou vn atosme qui se meut, plustost qu'vne substance immaterielle*. Où l'equiuoque du nom de pensée est reperé, & ie n'y voy rien de plus, sinon vne question sans fondement, & qui est semblable à celle-cy. Vous jugez que vous estes vn homme, à cause que vous apperceuez en vous toutes les choses à l'occasion desquelles vous nommez hommes ceux en qui elles se trouuent, mais que sçauez-vous vous n'estes point vn elephant, plustost qu'vn homme,

pour

pour quelques autres raisons que vous ne pouuez aperceuoir? Car aprés que la substance qui pense a iugé qu'elle est intellectuelle, à cause qu'elle a remarqué en soy toutes les proprietez des substances intellectuelles, & n'y en a pû remarquer aucune de celles qui apartiennent au corps, on luy demande encore comment elle sçait qu'elle n'est point vn corps, plutost qu'vne substance immaterielle.

La cinquiéme Objection est semblable. *Que bien que ie ne trouue point d'étenduë en ma pensée, il ne s'ensuit pas qu'elle ne soit point étendue, pource que ma pensée n'est pas la regle de la verité des choses.* Et aussi la sixiéme, *Qu'il se peut faire que la distinction que ie trouue par ma pensée, entre la pensée, & le corps, soit fausse.* Mais il faut particulierement icy remarquer l'equiuoque qui est en ces mots, *ma pensée n'est pas la regle de la verité des choses,* car si on veut dire que ma pensée ne doit pas estre la regle des autres, pour les obliger à croire vne chose à cause que ie la pense vraye, i'en suis entierement d'accord; mais cela ne vient point icy à propos: car ie n'ay iamais voulu obliger personne à suiure mon autorité, au contraire i'ay auerty en diuers lieux qu'on ne se deuoit laisser persuader que par la seule euidence des raisons. De plus si on prend indifferemment le mot de pensée, pour toute sorte d'operation de l'ame, il est certain qu'on peut auoir plusieurs pensées, desquelles on ne doit rien inferer touchant la verité des choses qui sont hors de nous; mais cela ne vient point aussi à propos en cét endroit, où il n'est question que des pensées qui sont des perceptions claires & distinctes, & des iugemens que chacun doit faire à par soy, en suite de ces perceptions. C'est pourquoy au sens que ces mots doiuent icy estre entendus, ie dis que la pensée d'vn chacun, c'est à dire la perception ou connoissance qu'il a d'vne chose, doit estre pour luy la regle de la verité de cette chose, c'est à dire, que tous les iugemens qu'il en fait, doiuent estre conformes à cette perception pour estre bons; mesme touchant les veritez de la foy, nous deuons aperceuoir quelque raison qui nous persuade qu'elles ont esté reuelées de Dieu, auant que de nous determiner à les croire ; Et encore que les ignorans fassent bien de suiure le iugement des plus capables touchant les choses difficiles à connoistre, il faut neantmoins que ce soit leur perception qui leur enseigne qu'ils sont ignorans, & que ceux dont ils veulent suiure les iugemens ne le sont peut-estre pas tant, autrement ils feroient mal de les suiure, & ils agiroient plutost en automates, ou en bestes, qu'en hommes. Ainsi c'est l'erreur la plus absurde & la plus exorbitante qu'vn Philosophe puisse admettre, que de vouloir faire des iugemens qui ne se raportent pas aux perceptions qu'il a des choses ; & toutefois ie ne voy pas comment nostre Auteur se pourroit excuser d'estre tombé en cette faute en la pluspart de ses objections : car il ne veut pas que chacun s'areste à sa propre perception, mais il pretend qu'on doit plutost croire des opinions ou fantaisies qu'il luy plaist nous proposer, bien qu'on ne les aperçoiue aucunement.

Contre la troisiéme Meditation vos amis ont remarqué, 1. *Que tout le monde n'experimente pas en soy l'idée de Dieu.* 2. *Que si i'auois cette idée ie la comprendrois.* 3. *Que*

plusieurs ont leu mes raisons qui n'en sont point persuadez. 4.
*Et que de ce que ie me connois imparfait, il ne s'ensuit pas que
Dieu soit.* Mais si on prend le mot d'idée en la façon que
i'ay dit tres-expressement que ie le prenois, sans s'excuser par l'equiuoque de ceux qui le restreignent aux
images des choses materielles qui se forment en l'imagination, on ne sçauroit nier d'auoir quelque idée de
Dieu, si ce n'est qu'on die qu'on n'entend pas ce que signifient ces mots, *la chose la plus parfaite que nous puissions
conceuoir;* car c'est ce que tous les hommes apellent *Dieu.*
Et c'est passer à d'estranges extremitez pour vouloir
faire des objections, que d'en venir à dire qu'on n'entend pas ce que signifient les mots qui sont les plus ordinaires en la bouche des hommes. Outre que c'est la
confession la plus impie qu'on puisse faire, que de dire
de soy-mesme, au sens que i'ay pris le mot d'idée, qu'on
n'en a aucune de Dieu: car ce n'est pas seulement dire
qu'on ne le connoist point par raison naturelle, mais
aussi que ny par la foy, ny par aucun autre moyen, on ne
sçauroit rien sçauoir de luy: pource que si on n'a aucune
idée, c'est à dire aucune perception qui réponde à la signification de ce mot, *Dieu*, on a beau dire qu'on croit
que *Dieu* est, c'est le mesme que si on disoit qu'on croit
que *rien* est, & ainsi on demeure dans l'abysme de l'impieté, & dans l'extremité de l'ignorance. Ce qu'ils adjoutent, *que si i'auois cette idée, ie la comprendrois*, est dit sans
fondement; car à cause que le mot de *comprendre* signifie quelque limitation, vn esprit fini ne sçauroit comprendre Dieu, qui est infini, mais cela n'empesche pas
qu'il ne l'aperçoiue, ainsi qu'on peut bien toucher vne

Ppp ij

montagne, encore qu'on ne la puisse embrasser. Ce qu'ils disent aussi de mes raisons, *que plusieurs les ont leües sans en estre persuadez*, peut aisement estre refuté, parce qu'il y en a quelques autres qui les ont comprises, & en ont esté satisfaits : car on doit plus croire à vn seul qui dit sans intention de mentir qu'il a veu, ou compris quelque chose, qu'on ne doit faire à mille autres qui la nient, pour cela seul qu'ils ne l'ont pû voir, ou comprendre. Ainsi qu'en la découuerte des Antipodes, on a plutost creu au raport de quelques matelots qui ont fait le tour de la terre, qu'à des milliers de Philosophes qui n'ont pas creu qu'elle fust ronde. Et pour ce qu'ils alleguent icy les Elemens d'Euclide, comme s'ils estoient faciles à tout monde ; ie les prie de considerer, qu'entre ceux qu'on estime les plus sçauans en la Philosophie de l'Eschole, il n'y en a pas de cent vn qui les entende, & qu'il n'y en a pas vn, de dix mille, qui entende toutes les démonstrations d'Apollonius, ou d'Archimede, bien qu'elles soient aussi éuidentes & aussi certaines que celles d'Euclide. Enfin quand ils disent *que de ce que ie reconnois en moy quelque imperfection, il ne s'ensuit pas que Dieu soit*, ils ne prouuent rien ; car ie ne l'ay pas immediatement déduit de cela seul sans y adjouter quelque autre chose, & ils me font seulement souuenir de l'artifice de cét Auteur, qui a coustume de tronquer mes raisons & n'en raporter que quelques parties, pour les faire paroistre imparfaites.

Ie ne voy rien en tout ce qu'ils ont remarqué touchant les trois autres Meditations, à quoy ie n'aye amplement répondu ailleurs, comme à ce qu'ils objectent.

1. *Que i'ay commis vn cercle en prouuant l'existence de Dieu par certaines notions qui sont en nous, & disant aprés qu'on ne peut estre certain d'aucune chose sans sçauoir auparauant que Dieu est.* 2. *Et que sa connoissance ne sert de rien pour acquerir celle des veritez de Mathematique :* 3. *Et qu'il peut estre trompeur.* Voyez sur cela ma réponse aux secondes objections nombre 3. & 4. & la fin de la 2. partie des quatriémes. Mais ils adjoutent à la fin vne pensée, que ie ne sçache point que nostre Auteur ait écrite dans son liure d'Instances, bien qu'elle soit fort semblable aux siennes. *Plusieurs excellens esprits,* disent-ils, *croyent voir clairement que l'étendüe Mathematique, laquelle ie pose pour le principe de ma Physique, n'est rien autre chose que ma pensée, & qu'elle n'a ny ne peut auoir aucune subsistence hors de mon esprit, n'estant qu'vne abstraction que ie fais du corps Physique ; & partant que toute ma Physique ne peut estre qu'imaginaire & feinte, comme sont toutes les pures Mathematiques ; & que dans la Physique réelle des choses que Dieu a creées il faut vne matiere réelle, solide, & non imaginaire.* Voilà l'objection des objections, & l'abregé de toute la doctrine des excellens esprits qui sont icy alleguez. Toutes les choses que nous pouuons entendre & conceuoir, ne sont à leur conte que des imaginations & des fictions de nostre esprit, qui ne peuuent auoir aucune subsistence, d'où il suit qu'il n'y a rien que ce qu'on ne peut aucunement entendre, ny conceuoir, ou imaginer, qu'on doiue admettre pour vray ; c'est à dire qu'il faut entierement fermer la porte à la raison, & se contenter d'estre Singe, ou Perroquet, & non plus Homme, pour meriter d'estre mis au rang de ces excellens esprits. Car si les choses qu'on peut con-

ceuoir doiuent estre estimées fausses, pour cela seul qu'on les peut conceuoir, que reste-t'il, sinon qu'on doit seulement receuoir pour vrayes, celles qu'on ne conçoit pas, & en composer sa doctrine, en imitant les autres, sans sçauoir pourquoy on les imite, comme font les Singes, & en ne proferant que des paroles dont on n'entend point le sens, comme font les Perroquets. Mais i'ay bien dequoy me consoler, pource qu'on joint icy ma Physique auec les pures Mathematiques, ausquelles ie souhaitte sur tout qu'elle ressemble.

Pour les deux questions qu'ils adjoutent aussi à la fin, à sçauoir, *comment l'ame meut le corps, si elle n'est point materielle; & comment elle peut receuoir les especes des objets corporels*; elles me donnent seulement icy occasion d'auertir, que nostre Auteur n'a pas eu raison, lors que sous pretexte de me faire des objections, il m'a proposé quantité de telles questions, dont la solution n'estoit pas necessaire pour la preuue des choses que i'ay écrites, & que les plus ignorans en peuuent plus faire en vn quart d'heure, que tous les plus sçauans n'en sçauroient résoudre en toute leur vie; ce qui est cause que ie ne me suis pas mis en peine de répondre à aucunes. Et celles-cy entre autres présupposent l'explication de l'vnion qui est entre l'ame & le corps, de laquelle ie n'ay point encore traité. Mais ie vous diray, à vous, que toute la difficulté qu'elles contiennent ne procede que d'vne supposition qui est fausse, & qui ne peut aucunement estre prouuée, à sçauoir, que si l'ame & le corps sont deux substances de diuerse nature, cela les empesche de pouuoir agir l'vne contre l'autre; car au contraire ceux qui

DES PRINCIPALES INSTANCES. 509
admettent des accidens réels, comme la chaleur, la pesanteur, & semblables, ne doutent point que ces accidens ne puissent agir contre le corps; & toutefois il y a plus de difference entre eux & luy, c'est à dire entre des accidens & vne substance, qu'il n'y a entre deux substances.

Au reste, puisque i'ay la plume en main, ie remarqueray encore icy deux des équiuoques que i'ay trouuées dans ce liure d'Instances, pource que ce sont celles qui me semblent pouuoir surprendre le plus aisement les Lecteurs moins attentifs, & ie desire par là vous témoigner, que si i'y auois rencontré quelque autre chose que ie creusse meriter réponse, ie ne l'aurois pas negligé.

La premiere est en la page 63. où, pource que i'ay dit en vn lieu, que pendant que l'ame doute de l'existence de toutes les choses materielles, elle ne se connoist que précisement, *præcisè tantum*, comme vne substance immaterielle; & sept ou huit lignes plus bas, pour montrer que par ces mots, *præcisè tantum*, ie n'entens point vne entiere exclusion, ou negation, mais seulement vne abstraction des choses materielles; i'ay dit que nonobstant cela on n'estoit pas assuré qu'il n'y a rien en l'ame qui soit corporel, bien qu'on n'y connoisse rien, on me traite si injustement que de vouloir persuader au Lecteur, qu'en disant, *præcisè tantum*, i'ay voulu exclure le corps, & ainsi que ie me suis contredit par aprés en disant que ie ne le voulois pas exclure. Ie ne répons rien à ce que ie suis accusé en suite d'auoir supposé quelque chose en la 6. Meditation que ie n'auois pas prouué auparauant, & ainsi d'auoir fait vn paralogisme; car il est facile de reconnoistre la fausseté de cette accusation, qui n'est que trop commune en tout ce liure, & qui me pouroit faire soupçonner que son Auteur n'auroit pas agi de bonne foy, si ie ne connoissois son esprit, & ne croyois qu'il a esté le premier surpris par vne si fausse creance.

L'autre equiuoque est en la page 84. où il veut que *distinguere* & *abstrahere* soient la mesme chose, & toutefois il y a grande difference : car en distinguant vne substance de ses accidens, on doit considerer l'vn & l'autre, ce qui sert beaucoup à la connoistre ; au lieu que si on separe seulement par abstraction cette substance de ses accidens, c'est à dire, si on la considere toute seule sans penser à eux, cela empesche qu'on ne la puisse si bien connoistre, à cause que c'est par les accidens que la nature de la substance est manifestée.

Voilà, Monsieur, tout ce que ie croy deuoir répondre au gros liure d'Instances : car bien que ie satisferois peut-estre dauantage aux amis de l'Auteur, si ie refutois toutes ses Instances l'vne aprés l'autre, ie croy que ie ne satisferois pas tant aux miens, lesquels auroient sujet de me reprendre d'auoir employé du temps en vne chose si peu necessaire, & ainsi de rendre maistres de mon loisir tous ceux qui voudroient perdre le leur à me proposer des questions inutiles. Mais ie vous remercie de vos soins. Adieu.

FIN.

SIXIESMES OBIECTIONS
FAITES PAR DIVERS THEOLOGIENS
& Philosophes.

PRES auoir leu auec attention vos Meditations, & les réponses que vous auez faites aux difficultez qui vous ont esté cy deuant objectées; il nous reste encore en l'esprit quelques scrupules, dont il est à propos que vous nous re-leuiez.

Le premier est, qu'il ne semble pas que ce soit vn argument fort certain de nostre existence, de ce que nous pensons; Car pour estre certain que vous pensez, vous deuez auparauant sçauoir ce que c'est que penser, ou que la pensée, & ce que c'est que vostre existence : Et dans l'ignorance où vous estes de ces deux choses, comment pouuez-vous sçauoir que vous pensez, ou que vous estes? Puis donc qu'en disant *ie pense*, vous ne sçauez pas ce que vous dites ; & qu'en adjoustant *donc ie suis*, vous ne vous entendez pas non plus; que mesme vous ne sçauez pas si vous dites, ou si vous pensez quelque chose, étant pour cela necessaire que vous connoissiez que vous sçauez ce que vous dites, & derechef que vous sçachiez que vous connoissez que vous sçauez ce que vous dites, & ainsi iusques à l'infiny, il est euident que vous ne pouuez pas sçauoir si vous estes, ou mesme si vous pensez.

Mais pour venir *au second scrupule*, lors que vous dites *ie pense, donc ie suis*, ne pouroit-on pas dire que vous vous trompez, *que vous ne pensez point*, mais que vous estes seulement mû, & que vous n'estes rien autre chose qu'vn mouuement corporel; personne n'ayant encore pû iusques icy comprendre vostre raisonnement, par lequel vous pretendez auoir demonstré qu'il n'y a point de mouuement corporel qui puisse legitiment estre appellé du nom de pensée. Car pensez-vous auoir tellement couppé & diuisé par le moyen de vostre analyse tous les mouuemens de vostre matiere subtile, que vous soyez asseuré, & que vous nous puissiez persuader à nous qui sommes tres-attentifs, & qui pensons estre assez clairuoyans, qu'il y a de la repugnance que nos pensées soient répandues dans ces mouuemens corporels.

Le troisiesme scrupule n'est point different du second. Car bien que quelques Peres de l'Eglise ayent crû auec tous les Platoniciens, que les Anges estoient corporels: D'où vient que le Concile de Latran a defini qu'on les pouuoit peindre; & qu'ils ayent eu la mesme pensée de l'ame raisonnable, que quelques-vns d'entr'eux ont estimé venir de pere à fils, ils ont neantmoins tous dit que les Anges, & l'Ame pensoient; Ce qui nous fait croire que leur opinion estoit que la pensée se pouuoit faire par des mouuemens corporels, ou que les Anges n'estoient eux-mesmes que des mouuemens corporels, dont ils ne diftinguoient point la penfée. Cela fe peut auffi confirmer par les penfées qu'ont les finges, les chiens, & les autres animaux ; Et de vray les chiens aboyent en dormant, comme s'ils pourfuiuoient des liévres, ou des voleurs ; ils fçauent auffi fort bien en veillant qu'ils courent, & en révant qu'ils aboyent, quoy que nous reconnoiffions auec vous qu'il n'y a rien en eux qui foit diftingué du corps. Que fi vous dites que les chiens ne fçauent pas qu'ils courent, ou qu'ils penfent, outre que vous le dires fans le prouuer, peut-eftre eft-il vray qu'ils font de nous vn pareil jugement, à fçauoir, que nous ne fçauons pas fi nous courons, ou fi nous penfons, lors que nous faifons l'vne ou l'autre de ces actions : Car enfin vous ne voyez pas quelle eft la façon interieure d'agir qu'ils ont en eux, non plus qu'ils ne voyent pas quelle eft la voftre : Et il s'eft trouué autrefois de grands perfonnages, & s'en trouue encore aujourd'huy qui ne dénient pas la raifon aux beftes. Et tant s'en faut que nous puiffions nous perfuader que toutes leurs operations puiffent eftre fuffifamment expliquées par le moyen de la mechanique, fans leur attribuer ny fens, ny ame, ny vie, qu'au contraire nous fommes prefts de fouftenir au dédit de ce que l'on voudra, que c'eft vne chofe tout à fait impoffible, & mefme ridicule : Et enfin s'il eft vray que les finges, les chiens, & les elephans agiffent de cette forte dans toutes leurs operations, il s'en trouuera plufieurs qui diront, que toutes les actions de l'homme font auffi femblables à celles des machines, & qui ne voudront plus admettre en luy de fens, ny d'entendement ; veu que fi la foible raifon des bestes differe de celle de l'homme, ce n'est que par le plus & le moins, qui ne change point la nature des choses.

Le quatriesme scrupule est touchant la science d'vn Athée, laquelle il souftient estre tres-certaine, & mesme selon vostre regle tres euidente, lors qu'il assure que si de choses égales on oste choses égales, les restes seront égaux ; ou bien que les trois angles d'vn triangle rectiligne sont égaux à deux droits, & autres choses semblables : puis qu'il ne peut penser à ces choses, sans croire qu'elles sont tres-certaines. Ce qu'il maintient estre si veritable, qu'encore bien qu'il n'y eust point de Dieu, ou mesme qu'il fust impossible qu'il y en eust, comme il s'imagine, il ne se tient pas moins assuré de ces veritez, que si en effect il y en auoit vn qui existast : Et de fait il nie qu'on luy puisse iamais rien obiecter là dessus qui luy cause le moindre doute ; Car que luy objecterez-vous ? que s'il y a vn Dieu il le peut deceuoir ? mais il vous souftiendra qu'il n'est pas possible qu'il puisse iamais estre en cela deceu, quand mesme Dieu y employeroit toute sa puissance.

De ce scrupule en naist *vn cinquième* qui prend sa force de cette deception que vous voulez dénier entierement à Dieu : Car si plusieurs Theologiens sont dans ce sentiment, que les damnez, tant les Anges que les hommes, sont continuellement deceus par l'idée que Dieu leur a imprimée d'vn feu deuorant ; en sorte qu'ils croyent fermement, & s'imaginent voir & ressentir effectiuement qu'ils sont tourmentez par vn feu qui les consomme, quoy qu'en effect il n'y en ayt point ; Dieu ne peut-il pas nous deceuoir par de semblables especes, & nous imposer continuellement, imprimant sans cesse dans nos ames de ces fausses, & trompeuses idées? En sorte que nous pensions voir tres-clairement, & toucher de chacun de nos sens, des choses qui toutesfois ne sont rien hors de nous; estant veritable qu'il n'y a point de Ciel, point d'Astres, point de Terre, & que nous n'auons point de bras, point de pieds, point d'yeux &c. Et certes quand il en vseroit de la sorte il ne pourroit estre blasmé d'injustice, & nous n'aurions aucun sujet de nous plaindre de luy, puis qu'estant le souuerain Seigneur de toutes choses, il peut disposer de tout comme il luy plaist, veu principalement qu'il semble auoir droit de le faire pour abbaisser l'arrogance des hommes, chastier leurs crimes, ou punir le peché de leur premiere pere, ou pour d'autres raisons qui nous sont inconnuës. Et de vray il semble que cela se confirme par ces lieux de l'Escriture, qui prouuent que l'homme ne peut rien sçauoir, comme il paroist par ce texte de l'Apostre en la premiere aux Corinth. chapitre 8. verset 2. *Quiconque estime sçauoir quelque chose, ne connoist pas encore ce qu'il doit sçauoir, ny comment il doit sçauoir*; & par celuy de l'Ecclesiaste chapitre 8. verset 17. *I'ay reconnu que de tous les ouurages de Dieu qui se font sous le Soleil, l'homme n'en peut rendre aucune raison, & que plus il s'efforcera d'en trouuer, d'autant moins il en trouuera; mesmes s'il dit en sçauoir quelqu'vne, il ne la poura trouuer.* Or que le Sage ait dit cela pour des raisons meurement consideréés, & non point à la haste, & sans y auoir bien pensé, cela se void par le contenu de tout le Liure, & principalement où il traitte la que-

Qqq iij

stion de l'Ame, que vous souftenez estre immortelle. Car au chap. 3. verset 19. il dit *Que l'homme & la iument passent de mesme façon*, & afin que vous ne disiez pas que cela se doit entendre seulement du corps, il adjouste vn peu apres, *que l'homme n'a rien de plus que la iument*; & venant à parler de l'esprit mesme de l'homme, il dit *qu'il n'y a personne qui sçache s'il monte en haut*, c'est à dire s'il est immortel, *ou si auec ceux des autres animaux il descend en bas*, c'est à dire s'il se corrompt. Et ne dites point qu'il parle en ce lieu-là en la personne des impies, autrement il auroit dû en auertir, & refuter ce qu'il auoit auparauant allegué: ne pensez pas aussi vous excuser en renuoyant aux Theologiens d'interpreter l'Escriture: car estant Chrestien comme vous estes, vous deuez estre prest de respondre & de satisfaire à tous ceux qui vous objectent quelque chose contre la Foy, principalement quand ce qu'on vous objecte choque les principes que vous voulez establir.

Le sixiesme scrupule vient de l'indifference du jugement, ou de la liberté, laquelle tant s'en faut que selon vostre doctrine elle rende le franc-arbitre plus noble & plus parfait, qu'au contraire c'est dans l'indifference que vous mettez son imperfection; en sorte que tout autant de fois que l'entendement connoist clairement & distinctement les choses qu'il faut croire, qu'il faut faire, ou qu'il faut obmettre, la volonté pour lors n'est iamais indifferente. Car ne voyez-vous pas que par ces principes vous destruisez entierement la liberté de Dieu, de laquelle vous ostez l'indifference lors qu'il crée ce monde-cy plustost qu'vn autre, ou lors qu'il n'en crée aucun; estant neantmoins de la Foy, de croire que Dieu a esté de toute eternité indifferent à creer vn monde, ou plusieurs, ou mesme à n'en creer pas vn. Et qui peut douter que Dieu n'ayt tousiours veu tres-clairement toutes les choses qui estoient à faire, ou à laisser? Si bien que l'on ne peut pas dire que la connoissance tres claire des choses, & leur distincte perception oste l'indifference du libre arbitre, laquelle ne conuiendroit iamais auec la liberté de Dieu, si elle ne pouuoit conuenir auec la liberté humaine; estant vray que les essences des choses aussi bien que celles des nombres, sont indiuisibles, & immuables; & partant l'indifference n'est pas moins comprise dans la liberté du franc-arbitre de Dieu, que dans la liberté du franc-arbitre des hommes.

Le septiesme scrupule sera de la superficie, en laquelle, ou par le moyen de laquelle vous dites que se font tous les sentimens. Car nous ne voyons pas comment il se peut faire qu'elle ne soit point partie des corps qui sont apperceus, ny de l'air, ou des vapeurs, ny mesme l'extremité d'aucune de ces choses: & nous n'entendons pas bien encore comment vous pouuez dire, qu'il n'y a point d'accidens réels, de quelque corps ou substance que ce soit, qui puissent par la toute-puissance de Dieu estre separez de leur sujet, & exister sans luy, & qui veritablement existent ainsi au Saint Sacrement de l'Autel. Toutesfois nos Docteurs n'ont pas occasion de s'émouuoir beaucoup, iusqu'à ce qu'ils ayent veu si dans cette Physique que vous nous promettez, vous aurez suffisamment demonstré toutes ces choses; il est vray qu'ils ont de la peine à croire qu'elle nous les puisse si clairement propofer, que nous les deuions embraffer, au préjudice de ce que l'Antiquité nous en a appris.

La réponfe que vous auez faite aux cinquiefmes Objections, a donné lieu *au huictiéme fcrupule*. Et de vray comment fe peut il faire que les veritez Geometriques, ou Metaphyfiques, telles que font celles dont vous auez fait mention en ce lieu-là, foient immuables & eternelles, & que neantmoins elles ne foient pas independantes de Dieu. Car en quel genre de caufe dependent-elles de luy? A-t'il donc bien pû faire que la nature du triangle ne fuft point? & comment, ie vous prie, auroit il pû faire qu'il n'euft pas efté vray de toute eternité que deux fois quatre fuffent huict? ou qu'vn triangle n'euft pas trois angles? Et partant, ou ces veritez ne dependent que du feul entendement, lors qu'il penfe, ou elles dependent de l'exiftence des chofes mefmes, ou bien elles font independantes: veu qu'il ne femble pas poffible que Dieu ayt pû faire qu'aucune de ces effences, ou veritez, ne fuft pas de toute eternité.

Enfin le 9. *fcrupule* nous femble fort preffant, lors que vous dites qu'il faut fe défier des fens, & que la certitude de l'entendement eft beaucoup plus grande que la leur. Car comment cela pouroit-il eftre, fi l'entendemét mefme n'a point d'autre certitude que celle qu'il emprunte des fens bien difpofez? Et de fait ne voit on pas qu'il ne peut corriger l'erreur d'aucun de nos fens, fi premierement vn autre ne l'a tiré de l'erreur où il eftoit luy-mefme. Par exemple, vn bafton paroift rompu dans l'eau à caufe de la refraction; qui corrigera cet erreur? fera-ce l'entendement? point du tout, mais le fens du toucher.

SIXIESMES.

toucher. Il en eſt de meſme de tous les autres. Et partant ſi vne fois vous pouuez auoir tous vos ſens bien diſpoſez, & qui vous rapportent touſiours la meſme choſe, tenez pour certain que vous acquerrez par leur moyen la plus grande certitude dont vn homme ſoit naturellement capable; Que ſi vous vous fiez par trop aux raiſonnemens de voſtre eſprit, aſſurez-vous d'eſtre ſouuent trompé : car il arriue aſſez ordinairement que noſtre entendement nous trompe en des choſes qu'il auoit tenuës pour indubitables.

Voilà en quoy conſiſtent nos principales difficultez: à quoy vous adjouſterez auſſi quelque regle certaine, & des marques infaillibles ſuiuant leſquelles nous puiſſions connoiſtre auec certitude, quand nous conceuons vne choſe ſi parfaitement ſans l'autre, qu'il ſoit vray que l'vne ſoit tellemét diſtincte de l'autre, qu'au moins par la toute-puiſſance de Dieu elles puiſſent ſubſiſter ſeparement: C'eſt à dire en vn mot, que vous nous enſeigniez comment nous pouuons clairement, diſtinctement, & certainement connoiſtre, que cette diſtinction que noſtre entendement forme, ne prend point ſon fondement dans noſtre eſprit, mais dans les choſes meſmes. Car lors que nous contemplons l'immenſité de Dieu, ſans penſer à ſa juſtice, ou que nous faiſons reflexion ſur ſon exiſtence, ſans penſer au Fils, ou au S. Eſprit, ne conceuons-nous pas parfaitement cette exiſtence, ou Dieu meſme exiſtant, ſans ces deux autres perſonnes, qu'vn Infidele peut auec autant de raiſon nier de la Diuinité, que vous en auez de dénier au corps, l'eſprit ou la penſée. Tout ainſi donc que celuy-là concluroit mal, qui diroit que le Fils, & que le S. Esprit sont essentiellement distinguez du Pere, ou qu'ils peuuent estre separez de luy; De mesme on ne vous concedera iamais que la pensée, ou plustost que l'esprit humain, soit reellement distingué du corps, quoy que vous conceuiez clairement l'vn sans l'autre, & que vous puissiez nier l'vn de l'autre, & mesme que vous reconnoissiez que cela ne se fait point par aucune abstraction de vostre esprit. Mais certes si vous satisfaites pleinement à touttes ces difficultez, vous deuez estre asseuré qu'il n'y aura plus rien qui puisse faire ombrage à nos Theologiens.

ADDITION.

I'Adjousteray icy ce que quelques autres m'ont proposé, afin de n'auoir pas besoin d'y respondre separément, car leur sujet est presque semblable.

Des personnes de tres-bon esprit, & d'vne rare doctrine, m'ont fait les trois questions suiuantes.

La premiere est, comment nous pouuons estre assurez que nous auons l'idée claire & distincte de nostre ame.

La seconde, comment nous pouuons estre assurez que cette idée est tout à fait differente des autres choses.

La troisiesme, comment nous pouuons estre assurez qu'elle n'a rien en soy de ce qui appartient au corps.

Ce qui suit m'a aussi esté enuoyé auec ce titre.

DES PHILOSOPHES ET GEOMETRES,
à Monsieur Des-Cartes.

MONSIEVR,

Quelque soin que nous prenions à examiner si l'idée que nous auons de nostre esprit, c'est à dire si la notion, ou le concept de l'esprit humain ne contient rien en soy de corporel, nous n'osons pas neantmoins asseurer que la pensée ne puisse en aucune façon conuenir au corps agité par de secrets mouuemens. Car voyant qu'il y a certains corps qui ne pensent point, & d'autres qui pensent, comme ceux des hommes, & peut-estre des bestes, ne passerions-nous pas aupres de vous pour des Sophistes, & ne nous accuseriez-vous pas de trop de temerité, si nonobstant cela nous voulions conclure qu'il n'y a aucun corps qui pense? Nous auons mesme de la peine à ne pas croire que vous auriez eu raison de vous moquer de nous, si nous eussions les premiers forgé cet argument qui parle des idées, & dont vous vous seruez pour la preuue d'vn Dieu, & de la distinction réelle de l'esprit d'auec le corps, & que vous l'eussiez en suite fait passer par l'examen de vostre analyse. Il est vray que vous paroissez en estre si fort preuenu, & preoccupé, qu'il semble que vous vous soyez vous-mesme mis vn voile au deuant de l'esprit, qui vous empesche de voir que toutes les operations & proprietez de l'ame, que vous remarquez eſtre en vous, dependent purement des mouuemens du corps; ou bien défaires le nœud qui ſelon voſtre jugement tient nos eſprits enchaiſnez, & qui les empeſche de s'éleuer au deſſus du corps, & de la matiere.

Le nœud que nous trouuons en cecy eſt, que nous comprenons fort bien que deux & trois joints enſemble font le nombre de cinq. Et que ſi de choſes égales on oſte choſes égales, les reſtes feront égaux: nous ſommes conuaincus de ces veritez, & de mille autres, auſſi bien que vous; pourquoy donc ne ſommes-nous pas pareillement conuaincus par le moyen de vos idées, ou meſme par les noſtres, que l'ame de l'homme eſt réellement diſtincte du corps, & que Dieu exiſte? Vous direz peut-eſtre que vous ne pouuez pas nous mettre cette verité dans l'eſprit, ſi nous ne meditons auec vous; Mais nous auons à vous reſpondre, que nous auons lû plus de ſept fois vos Meditations auec vne attention d'eſprit preſque ſemblable à celle des Anges, & que neantmoins nous ne ſommes pas encore perſuadez. Nous ne pouuons pas toutesfois nous perſuader que vous veüilliez dire, que tous tant que nous ſommes, nous auons l'eſprit ſtupide & groſſier comme des beſtes, & du tout inhabile pour les choſes Metaphyſiques, auſquelles il y a trente ans que nous nous exerçons, pluſtoſt que de confeſſer que les raiſons que vous auez tirées des idées de Dieu, & de l'eſprit, ne ſont pas d'vn ſi grand poids, & d'vne telle authorité, que des hommes ſçauans, qui taſchent autant qu'ils peuuent d'éleuer leur eſprit au deſſus de la matiere, s'y puiſſent, & s'y doiuent entierement ſoûmettre.

Au contraire nous estimons que vous confesserez le mesme auec nous, si vous voulez vous donner la peine de relire vos Meditations auec le mesme esprit, & les passer par le mesme examen que vous feriez, si elles vous auoient esté proposées par vne personne ennemie. Enfin puis que nous ne connoissons point iusqu'où se peut estendre la vertu des corps, & de leurs mouuemens, veu que vous confessez vous-mesme qu'il n'y a personne qui puisse sçauoir tout ce que Dieu a mis, ou peut mettre dans vn sujet, sans vne reuelation particuliere de sa part, d'où pouuez-vous auoir appris que Dieu n'ait point mis cette vertu & proprieté dans quelques corps, que de penser, de douter, &c.

Ce sont là, Monsieur, nos argumens, ou si vous aymez mieux, nos prejugez, ausquels si vous apportez le remede necessaire, nous ne sçaurions vous exprimer de combien de graces nous vous serons redeuables, ny quelle sera l'obligation que nous vous aurons, d'auoir tellement défriché nostre esprit, que de l'auoir rendu capable de receuoir auec fruict la semence de vostre doctrine. Dieu veüille que vous en puissiez venir heureusement à bout ; & nous le prions qu'il luy plaise donner cette recompense à vostre pieté, qui ne vous permet pas de rien entreprendre que vous ne sacrifiez entierement à sa gloire.

RESPONSES DE L'AVTEVR

Aux sixiesmes Objections faites par diuers Theologiens, Philosophes, & Geometres.

1. C'EST vne chose tres-asseurée que personne ne peut estre certain s'il pense, & s'il existe, si premierement il ne sçait ce que c'est que la pensée, & que l'existence. Non que pour cela il soit besoin d'vne science reflechie, ou acquise par vne demonstration, & beaucoup moins de la science de cette science, par laquelle il connoisse qu'il sçait, & derechef qu'il sçait qu'il sçait, & ainsi iusques à l'infiny, estant impossible qu'on en puisse iamais auoir vne telle d'aucune chose que ce soit; mais il suffit qu'il sçache cela par cette sorte de connoissance interieure, qui precede tousiours l'acquise, & qui est si naturelle à tous les hommes, en ce qui regarde la pensée & l'existence, que bien que peut-estre estant aueuglez par quelques preiugez, & plus attentifs au son des paroles, qu'à leur veritable signification, nous puissions feindre que nous ne l'auons point, il est neantmoins impossible qu'en effect nous ne l'ayons. Ainsi donc, lors que quel-

quelqu'vn apperçoit qu'il pense, & que de là il suit tres-euidemment qu'il existe, encore qu'il ne se soit peut-estre iamais auparauant mis en peine de sçauoir ce que c'est que la pensée, & que l'existence, il ne se peut faire neantmoins qu'il ne les connoisse assez l'vne & l'autre, pour estre en cela pleinement satisfait.

2. Il est aussi du tout impossible que celuy qui d'vn costé sçait qu'il pense, & qui d'ailleurs connoist ce que c'est que d'estre mû, puisse iamais croire qu'il se trompe, & qu'en effet il ne pense point, mais qu'il est seulement mû : Car ayant vne idée, ou notion, toute autre de la pensée que du mouuement corporel, il faut de necessité qu'il conçoiue l'vn comme different de l'autre ; quoy que, pour s'estre trop accoustumé à attribuer à vn mesme sujet plusieurs proprietez differentes, & qui n'ont entr'elles aucune affinité, il se puisse faire qu'il reuoque en doute, ou mesme qu'il assure, que c'est en luy la mesme chose qui pense, & qui est meuë. Or il faut remarquer que les choses dont nous auons differentes idées, peuuent estre prises en deux façons pour vne seule & mesme chose ; c'est à sçauoir, ou en vnité & identité de nature, ou seulement en vnité de composition. Ainsi, par exemple, il est bien vray que l'idée de la figure n'est pas la mesme que celle du mouuement ; que l'action par laquelle i'entens est conceuë sous vne autre idée que celle par laquelle ie veux ; que la chair & les os ont des idées differentes ; & que l'idée de la pensée est toute autre que celle de l'extension : Et neantmoins nous conceuons fort bien que la mesme substance à qui la figure conuient, est aussi capable de

mouuement, de sorte qu'estre figuré, & estre mobile, n'est qu'vne mesme chose en vnité de nature; comme aussi n'est ce qu'vne mesme chose en vnité de nature, qui veut, & qui entend; mais il n'en est pas ainsi de la substance que nous considerons sous la forme d'vn os, & de celle que nous considerons sous la forme de chair, ce qui fait que nous ne pouuons pas les prendre pour vne mesme chose en vnité de nature, mais seulement en vnité de composition, entant que c'est vn mesme animal qui a de la chair, & des os. Maintenant la question est de sçauoir si nous conceuons que la chose qui pense, & celle qui est estenduë, soient vne mesme chose en vnité de nature; en sorte que nous trouuions qu'entre la pensée & l'extension, il y ayt vne pareille connexion & affinité que nous remarquons entre le mouuement & la figure, l'action de l'entendement & celle de la volonté; ou plustost si elles ne sont pas appellées vne en vnité de composition, entant qu'elles se rencontrent toutes deux dans vn mesme homme, comme des os & de la chair dans vn mesme animal : & pour moy c'est là mon sentiment. car la distinction ou diuersité que ie remarque entre la nature d'vne chose estenduë, & celle d'vne chose qui pense, ne me paroist pas moindre que celle qui est entre des os, & de la chair.

Mais pource qu'en cet endroit on se sert d'autoritez pour me combattre, ie me trouue obligé, pour empescher qu'elles ne portent aucun prejudice à la verité, de répondre à ce qu'on m'objecte (*que personne n'a encore pû comprendre ma demonstration*) qu'encore bien qu'il y en ayt fort peu qui l'ayent soigneusement examinée, il s'en

trouue

trouue neantmoins quelques-vns qui se persuadent de l'entendre, & qui s'en tiennent entierement conuaincus. Et comme on doit adiouster plus de foy à vn seul tesmoin, qui apres auoir voyagé en Amerique, nous dit qu'il a veu des Antipodes, qu'à mille autres qui ont nié cy-deuant qu'il y en eust, sans en auoir d'autre raison, sinon qu'ils ne le sçauoient pas: De mesme ceux qui pesent comme il faut la valeur des raisons, doiuent faire plus d'estat de l'authorité d'vn seul homme, qui dit entendre fort bien vne demonstration, que de celle de mille autres, qui disent sans raison qu'elle n'a pû encore estre comprise de personne: Car bien qu'ils ne l'entendent point, cela ne fait pas que d'autres ne la puissent entendre; & pource qu'en inferant l'vn de l'autre, ils font voir qu'ils ne sont pas assez exacts dans leurs raisonnemens, il semble que leur authorité ne doiue pas estre beaucoup consideree.

Enfin à la question qu'on me propose en cet endroit, *sçauoir si i'ay tellement couppé & diuisé par le moyen de mon analyse tous les mouuemens de ma matiere subtile, que non seulement ie sois asseuré, mais mesme que ie puisse faire connoistre à des personnes tres-attentiues, & qui pensent estre assez clairuoyantes, qu'il y a de la repugnance que nos pensées soient répandues dans des mouuemens corporels*, c'est à dire, comme ie l'estime, que nos pensées ne soient autre chose que des mouuemens corporels; ie répons que pour mon particulier i'en suis tres-certain, mais que ie ne me promets pas pour cela de le pouuoir persuader aux autres, quelque attention qu'ils y apportent, & quelque capacité qu'ils pensent auoir, au moins tandis qu'ils n'a-

Sss

pliqueront leur esprit qu'aux choses qui sont seulement imaginables, & non point à celles qui sont purement intelligibles; comme il est aysé de voir que ceux-là font, qui se sont imaginez que la distinction ou la difference qui est entre la pensée & le mouuement, se doit connoistre par la dissection de quelque matiere subtile ; Car cette difference ne peut estre connuë, que de ce que l'idée d'vne chose qui pense, & celle d'vne chose estenduë ou mobile, sont entierement diuerses, & mutuellement independantes l'vne de l'autre ; & qu'il repugne que des choses que nous conceuons clairement & distinctement estre diuerses, & independantes, ne puissent pas estre separées, au moins par la toute-puissance de Dieu: De sorte que tout autant de fois que nous les rencontrons ensemble dans vn mémé sujet, comme la pensée & le mouuement corporel dans vn mesme homme, nous ne deuons pas pour cela estimer qu'elles soient vne mesme chose en vnité de nature, mais seulement en vnité de composition.

3. Ce qui est icy rapporté des Platoniciens, & de leurs Sectateurs, est aujourd'huy tellement décrié par toute l'Eglise Catholique, & communement par tous les Philosophes, qu'on ne doit plus s'y arrester. D'ailleurs il est bien vray que le Concile de Latran a definy qu'on pouuoit peindre les Anges ; mais il n'a pas conclu pour cela qu'ils fussent corporels. Et quand en effect on les croiroit estre tels, on n'auroit pas raison pour cela de penser que leurs esprits fussent plus inseparables de leurs corps, que ceux des hommes: Et quand on voudroit aussi feindre que l'ame humaine viendroit de pere à fils, on ne

pouroit pas pour cela conclure qu'elle fuſt corporelle, mais ſeulement que comme nos corps prennent leur naiſſance de ceux de nos parens, de même nos ames procederoient des leurs. Pour ce qui eſt des chiens, & des ſinges, quand ie leur attribuërois la penſée, il ne s'enſuiuroit pas de là que l'ame humaine n'eſt point diſtincte du corps, mais pluſtoſt que dans les autres animaux les eſprits & les corps ſont auſſi diſtinguez; ce que les meſmes Platoniciens, dont on nous vantoit tout maintenant l'authorité, ont eſtimé auec Pythagore, comme leur Metempſycoſe fait aſſez connoiſtre. Mais pour moy ie n'ay pas ſeulement dit que dans les beſtes il n'y auoit point de penſée, ainſi qu'on me veut faire accroire, mais qui plus eſt, ie l'ay prouué par des raiſons qui ſont ſi fortes, que iuſques à preſent ie n'ay veu perſonne qui ayt rien oppoſé de conſiderable à l'encontre. Et ce ſont pluſtoſt ceux qui aſſurent *que les chiens ſçauent en veillant qu'ils courent, & meſme en dormant qu'ils aboyent*, & qui en parlent comme s'ils eſtoient d'intelligence auec eux, & qu'ils viſſent tout ce qui ſe paſſe dans leurs cœurs, leſquels ne prouuent rien de ce qu'ils diſent. Car bien qu'ils adjouſtent *qu'ils ne peuuent pas ſe perſuader que les operations des beſtes puiſſent eſtre ſuffiſamment expliquées par le moyen de la mechanique, ſans leur attribuer ny ſens, ny ame, ny vie* (c'eſt à dire ſelon que ie l'explique ſans la penſée; car ie ne leur ay iamais denié ce que vulgairement on appelle vie, ame corporelle, & ſens organique) *qu'au contraire ils veulent ſouſtenir au dédit de ce que l'on voudra, que c'eſt vne choſe tout à fait impoſſible, & meſme ridicule*, cela neantmoins ne doit pas paſſer pour vne preuue:

SſſSſſ ij

Car il n'y a point de proposition si veritable dont on ne puisse dire en mesme façon qu'on ne se la sçauroit persuader, & mesme ce n'est point la coustume d'en venir aux gageures, que lors que les preuues nous manquent; Et puis qu'on a veu autresfois de grands hommes qui se sont moquez d'vne façon presque pareille, de ceux qui soustenoient qu'il y auoit des Antipodes, i'estime qu'il ne faut pas legerement tenir pour faux tout ce qui semble ridicule à quelques autres.

Enfin ce qu'on adjouste en suite *qu'il s'en trouuera plusieurs qui diront que toutes les actions de l'homme sont semblables à celles des machines, & qui ne voudront plus admettre en luy de sens, ny d'entendement, s'il est vray que les singes, les chiens, & les Elephans agissent aussi comme des machines en toutes leurs operations*, n'est pas aussi vne raison qui prouue rien; si ce n'est peut-estre qu'il y a des hommes qui conçoiuent les choses si confusément, & qui s'attachent auec tant d'opiniastreté aux premieres opinions qu'ils ont vne fois conceuës, sans les auoir iamais bien examinées, que plustost que de s'en départir, ils nieront qu'ils ayent en eux-mesmes les choses qu'ils experimentent y estre. Car de vray il ne se peut pas faire que nous n'experimentions tous les iours en nous-mesmes que nous pensons; & partant, quoy qu'on nous fasse voir qu'il n'y a point d'operation dans les bestes qui ne se puissent faire sans la pensée, personne ne poura de là raisonnablement inferer qu'il ne pense donc point; si ce n'est celuy qui ayant tousiours supposé que les bestes pensent comme nous, & pour ce sujet s'estant persuadé qu'il n'agit point autrement qu'elles, se voudra tellement opiniaftrer à maintenir cette propofition, *l'homme & la befte operent d'vne mefme façon*, que lors qu'on viendra à luy monftrer que les beftes ne penfent point, il aimera mieux fe dépoüiller de fa propre penfée (laquelle il ne peut toutesfois ne pas connoiftre en foy-mefme par vne experience continuelle, & infaillible) que de changer cette opinion, *qu'il agit de mefme façon que les beftes*. Ie ne puis pas neantmoins me perfuader qu'il y ayt beaucoup de ces efprits ; mais ie m'affure qu'il s'en trouuera bien dauantage, qui, fi on leur accorde *que la penfée n'eft point diftinguée du mouuement corporel*, fouftiendront (& certes auec plus de raifon) qu'elle fe rencontre dans les beftes auffi bien que dans les hommes, puis qu'ils verront en elles les mefmes mouuemens corporels que dans nous ; & adjouftant à cela *que la difference qui n'eft que felon le plus ou le moins, ne change point la nature des chofes*, bien que peut-eftre ils ne faffent pas les beftes fi raifonnables que les hommes, ils auront neantmoins occafion de croire qu'il y a en elles des efprits de femblable efpece que les noftres.

4. Pour ce qui regarde la fcience d'vn athée, il eft aifé de montrer qu'il ne peut rien fçauoir auec certitude, & affurance ; car comme i'ay defia dit cy-deuant, d'autant moins puiffant fera celuy qu'il reconnoiftra pour l'auteur de fon eftre, d'autant plus aura t'il occafion de douter, fi fa nature n'eft point tellement imparfaite qu'il fe trompe, mefme dans les chofes qui luy femblent tres-euidentes : & iamais il ne poura eftre deliuré de ce doute, fi premierement il ne reconnoift qu'il a efté creé par vn Dieu, principe de toute verité, & qui ne peut eftre trompeur.

5. Et on peut voir clairement qu'il est impossible que Dieu soit trompeur, pourueu qu'on veuille considerer que la forme, ou l'essence de la tromperie est vn non estre, vers lequel iamais le souuerain Estre ne se peut porter. Aussi tous les Theologiens sont ils d'accord de cette verité, qu'on peut dire estre la baze, & le fondement de la religion Chrestienne, puis que toute la certitude de sa foy en depend. Car comment pourions nous adjoûter foy aux choses que Dieu nous a reuelées, si nous pensions qu'il nous trompe quelquefois ? Et bien que la commune opinion des Theologiens soit que les damnez sont tourmentez par le feu des enfers, neantmoins leur sentiment n'est pas pour cela, qu'ils sont *deceus par vne fausse idée que Dieu leur a imprimée d'vn feu qui les consomme*, mais plutost qu'ils sont veritablement tourmentez par le feu ; parce que comme *l'esprit d'vn homme viuant, bien qu'il ne soit pas corporel, est neantmoins detenu dans le corps ; ainsi Dieu par sa toute puissance peut aisement faire qu'il souffre les atteintes du feu corporel aprés sa mort &c.* Voyez le maistre des Sentences lib. 4. Dist. 44. Pour ce qui est des lieux de l'Escriture, ie ne iuge pas que ie sois obligé d'y répondre, si ce n'est qu'ils semblent contraires à quelque opinion qui me soit particuliere ; car lors qu'ils ne s'ataquent pas à moy seul, mais qu'on les propose contre les opinions qui sont communement receuës de tous les Chrestiens, comme sont celles que l'on impugne en ce lieu-cy : Par exemple, que nous pouuons sçauoir quelque chose, & que l'ame de l'homme n'est pas semblable à celle des animaux, ie craindrois de passer pour presomptueux, si ie n'aimois pas mieux

me contenter des réponses qui ont desia esté faites par d'autres, que d'en rechercher de nouuelles ; veu que ie n'ay iamais fait profession de l'étude de la Theologie, & que ie ne m'y suis apliqué qu'autant que i'ay creu qu'elle estoit necessaire pour ma propre instruction, & enfin que ie ne sens point en moy d'inspiration diuine, qui me fasse iuger capable de l'enseigner. C'est pourquoy ie fais icy ma declaration, que desormais ie ne respondray plus à de pareilles obiections.

Mais ie ne lairray pas d'y respondre encore pour cette fois, de peur que mon silence ne donnast occasion à quelques-vns de croire que ie m'en abstiens faute de pouuoir donner des explications assez commodes aux lieux de l'Escriture que vous proposez. Ie dis donc premierement que le passage de S. Paul de la premiere aux Corinth. Chap. 8. vers. 2. se doit seulement entendre de la science qui n'est pas iointe auec la charité, c'est à dire de la science des Athées : parce que quiconque connoist Dieu comme il faut, ne peut pas estre sans amour pour luy, & n'auoir point de charité. Ce qui se prouue tant par ces paroles qui precedent immediatement, *la science enfle, mais la charité edifie*, que par celles qui suiuent vn peu aprés, *que si quelqu'vn aime Dieu, iceluy* (à sçauoir Dieu) *est connu de luy*. Car ainsi l'Apostre ne dit pas qu'on ne puisse auoir aucune science, puis qu'il confesse que ceux qui aiment Dieu, le connoissent, c'est à dire, qu'ils ont de luy quelque science; mais il dit seulement que ceux qui n'ont point de charité, & qui par consequent n'ont pas vne connoissance de Dieu suffisante, encore que peut-estre ils s'estiment sçauans en d'autres choses, *ils ne connoissent pas neantmoins encore ce qu'ils doiuent sçauoir, ny comment ils le doiuent sçauoir*, dautant qu'il faut commencer par la connoissance de Dieu, & aprés faire dépendre d'elle toute la connoissance que nous pouuons auoir des autres choses, ce que i'ay aussi expliqué dans mes Meditations. Et partant ce mesme texte, qui estoit allegué contre moy, confirme si ouuertement mon opinion touchant cela, que ie ne pense pas qu'il puisse estre bien expliqué par ceux qui sont d'vn sentiment contraire. Car si on vouloit pretendre que le sens que i'ay donné à ces paroles (*que si quelqu'vn aime Dieu, iceluy, à sçauoir Dieu, est connu de luy*) n'est pas celuy de l'écriture; & que ce pronom, *iceluy*, ne se refere pas à Dieu, mais à l'homme qui est connu & aprouué par luy, l'Apostre S. Iean en sa premiere Epistre Chapitre 2. vers. 2. fauorise entierement mon explication, par ces paroles, *en cela nous sçauons que nous l'auons connu si nous obseruons ses commandemens*, & au Chap. 4. vers. 7. *Celuy qui aime est enfant de Dieu, & le connoist.*

Les lieux que vous alleguez de l'Ecclesiaste ne sont point aussi contre moy : car il faut remarquer que Salomon dans ce liure ne parle pas en la personne des impies, mais en la sienne propre, en ce qu'ayant esté auparauant pecheur & ennemy de Dieu, il se repent pour lors de ses fautes, & confesse que tant qu'il s'estoit seulement voulu seruir pour la conduite de ses actions des lumieres de la sagesse humaine, sans la referer à Dieu, ny la regarder comme vn bien-fait de sa main, iamais il n'auoit rien pû trouuer qui le satisfist entierement, ou qu'il ne

AVX SIXIESMES OBIECTIONS. 535

ne vist remply de vanité C'est pourquoy en diuers lieux il exhorte & follicite les hommes de se conuertir à Dieu, & de faire penitence. Et notamment au chap. 11. verf. 9. par ces paroles, *Et sçache*, dit-il, *que Dieu te fera rendre compte de toutes tes actions*, ce qu'il continuë dans les autres suiuans iusqu'à la fin du liure. Et ces paroles du chapitre 8. verf. 17. *Et i'ay reconnu que de tous les ouurages de Dieu qui se font sous le Soleil, l'homme n'en peut rendre aucune raison*, &c. ne doiuent pas estre entenduës de toutes sortes de personnes, mais seulement de celuy qu'il a décrit au verset precedent, *Il y a tel homme qui passe les iours & les nuits sans dormir*: comme si le Prophete vouloit en ce lieu-là nous auertir, que le trop grand trauail, & la trop grande assiduité à l'estude des lettres, empesche qu'on ne paruienne à la connoissance de la verité, ce que ie ne croy pas que ceux qui me connoissent particulierement, iugent pouuoir estre appliqué à moy. Mais sur tout il faut prendre garde à ces paroles, *qui se font sous le Soleil*, car elles sont souuent repetées dans tout ce liure, & dénotent tousiours les choses naturelles, à l'exclusion de la subordination & dependance qu'elles ont à Dieu; parce que Dieu estant esleué au dessus de toutes choses, on ne peut pas dire qu'il soit contenu entre celles qui ne sont que sous le Soleil: De sorte que le vray sens de ce passage est, que l'homme ne sçauroit auoir vne connoissance parfaite des choses naturelles, tandis qu'il ne connoistra point Dieu, en quoy ie conuiens aussi auec le Prophete. Enfin au chap. 3. verf. 19. où il est dit *que l'homme & la iument passent de mesme facon, & aussi que l'homme n'a rien de plus que la iument*, il est manifeste que

Ttt

cela ne ſe dit qu'à raiſon du corps; car en cet endroit il n'eſt fait mention que des choſes qui appartiennent au corps; & incontinent apres il adjouſte en parlant ſeparement de l'ame, *qui ſçait ſi l'eſprit des enfans d'Adam monte en haut, & ſi l'eſprit des animaux deſcend en bas?* C'eſt à dire, qui peut connoiſtre par la force de la raiſon humaine, &, à moins que de ſe tenir à ce que Dieu nous en a reuelé, ſi les ames des hômes iouyront de la beatitude eternelle? A la verité i'ay bien tâché de prouuer par raiſon naturelle que l'ame de l'homme n'eſt point corporelle; mais de ſçauoir ſi elle montera en haut, c'eſt à dire ſi elle iouyra de la gloire de Dieu, i'auouë qu'il n'y a que la ſeule Foy qui nous le puiſſe apprendre.

6. Quant à la liberté du franc arbitre, il eſt certain que la raiſon ou l'eſſence de celle qui eſt en Dieu eſt bien differente de celle qui eſt en nous; dautant qu'il repugne que la volôté de Dieu n'ayt pas eſté de toute eternité indifferéte à toutes les choſes qui ont eſté faites, ou qui ſe ferôt iamais; n'y ayât aucune idée qui repreſente le bien ou le vray, ce qu'il faut croire, ce qu'il faut faire, ou ce qu'il faut obmettre, qu'on puiſſe feindre auoir eſté l'objet de l'entendemêt diuin, auant que ſa nature ayt eſté conſtituée telle par la determination de ſa volonté. Et ie ne parle pas icy d'vne ſimple priorité de temps, mais bien dauantage ie dis qu'il a eſté impoſſible qu'vne telle idée ayt precedé la determination de la volonté de Dieu par vne priorité d'ordre, ou de nature, ou de raiſon raiſonnée, ainſi qu'on la nomme dans l'eſcole; en ſorte que cette idée du bien ayt porté Dieu à élire l'vn pluſtoſt que l'autre. Par exemple, ce n'eſt pas pour auoir

veu qu'il estoit meilleur que le monde fust creé dans le temps, que dés l'eternité, qu'il a voulu le creer dans le temps; & il n'a pas voulu que les trois angles d'vn triangle fussent égaux à deux droits, parce qu'il a connu que cela ne se pouuoit faire autrement, &c. Mais au contraire, parce qu'il a voulu creer le monde dans le temps, pour cela il est ainsi meilleur, que s'il eust esté creé dés l'eternité : & dautant qu'il a voulu que les trois angles d'vn triangle fussent necessairement égaux à deux droits, pour cela, cela est maintenant vray, & il ne peut pas estre autrement, & ainsi de toutes les autres choses. Et cela n'empesche pas qu'on ne puisse dire que les merites des Saints sont la cause de leur beatitude eternelle: Car ils n'en sont pas tellement la cause qu'ils determinent Dieu à rien vouloir, mais ils sont seulement la cause d'vn effect, dont Dieu a voulu de toute eternité qu'ils fussent la cause. Et ainsi vne entiere indifference en Dieu est vne preuue tres-grande de sa toute-puissance. Mais il n'en est pas ainsi de l'homme, lequel trouuant desia la nature de la bonté, & de la verité establie & determinée de Dieu, & sa volonté estant telle, qu'elle ne se peut naturellement porter que vers ce qui est bon, il est manifeste qu'il embrasse d'autant plus librement, le bon, & le vray, qu'il les conoist plus euidément; & que iamais il n'est indifferét, que lors qu'il ignore ce qui est de mieux ou de plus veritable, ou du moins lors que cela ne luy paroist pas si clairement qu'il n'en puisse aucunement douter: Et ainsi l'indifference qui conuient à la liberté de l'homme est fort differente de celle qui conuient à la liberté de Dieu. Et il ne sert icy de rien d'alleguer que les essences des choses sont indiuisibles ; car premierement il n'y en a point qui puisse conuenir d'vne mesme façon à Dieu, & à la creature ; Et enfin l'indifference n'est point de l'essence de la liberté humaine, veu que nous ne sommes pas seulement libres quand l'ignorance du bien, & du vray, nous rend indifferens, mais principalement aussi lors que la claire & distincte connoissance d'vne chose nous pousse, & nous engage à sa recherche.

7. Ie ne conçoy point la superficie, par laquelle i'estime que nos sens sont touchez, autrement que les Mathematiciens, ou Philosophes conçoiuent ordinairement, ou du moins doiuent conceuoir, celle qu'ils distinguent du corps, & qu'ils supposent n'auoir point de profondeur. Mais le nom de superficie se prend en deux façons par les Mathematiciens, à sçauoir, ou pour le corps dont on ne côsidere que la seule longueur, & largeur, sans s'arrester du tout à la profondeur, quoy qu'on ne nie pas qu'il ayt quelque profôdeur : ou il est pris seulement pour vn mode du corps, & pour lors toute profondeur luy est deniée. C'est pourquoy pour euiter toute sorte d'ambiguité, i'ay dit que ie parlois de cette superficie, laquelle estant seulement vn mode, ne peut pas estre partie du corps : Car le corps est vne substance, dont le mode ne peut estre partie. Mais ie n'ay iamais nié qu'elle fust le terme du corps ; au contraire, ie croy qu'elle peut fort proprement estre appellée l'extremité tant du corps contenu, que de celuy qui contient, au sens que l'on dit que les corps contigus sont ceux dont les extremitez sont ensemble. Car de vray quand deux

corps se touchent mutuellement, ils n'ont ensemble qu'vne méme extremité, qui n'est point partie de l'vn ny de l'autre, mais qui est le méme mode de tous les deux, & qui demeurera tousiours le méme, quoy que ces deux corps soient ostez, pourueu seulement qu'on en substituë d'autres en leur place qui soient precisement de méme grandeur & figure. Et mesme ce lieu, qui est appellé par les Peripateticiens la superficie du corps qui enuironne, ne peut estre conceu estre vne autre superficie que celle qui n'est point vne substance, mais vn mode. Car on ne dit point que le lieu d'vne tour soit changé, quoy que l'air qui l'enuironne le soit, ou qu'on substituë vn autre corps en la place de la tour; Et partant la superficie, qui est icy prise pour le lieu, n'est point partie de la tour, ny de l'air qui l'enuironne. Mais pour refuter entierement l'opinion de ceux qui admettent des accidens reels, il me semble qu'il n'est pas besoin que ie produise d'autres raisons que celles que i'ay desia auancées. Car, premierement, puis que nul sentiment ne se fait sans contact, rien ne peut estre senty que la superficie des corps. Or s'il y a des accidens reels, ils doiuent estre quelque chose de different de cette superficie, qui n'est autre chose qu'vn mode; Doncques s'il y en a, ils ne peuuent estre sentis. Mais qui a iamais pensé qu'il y en eust, que parce qu'il a crû qu'ils estoient sentis? De plus c'est vne chose entierement impossible, & qui ne se peut conceuoir sans repugnance, & contradiction, qu'il y ayt des accidens reels, pource que tout ce qui est reel peut exister separement de tout autre sujet: Or ce qui peut ainsi exister separement est vne substance, & non

Ttt iij

point vn accident. Et il ne sert de rien de dire que les accidens reels ne peuuent pas naturellement estre separez de leurs sujets, mais seulement par la toute-puissance de Dieu : Car estre fait naturellement n'est rien autre chose, qu'estre fait par la puissance ordinaire de Dieu, laquelle ne differe en rien de sa puissance extraordinaire : & laquelle ne mettant rien de nouueau dans les choses, n'en change point aussi la nature : De sorte que si tout ce qui peut estre naturellement sans sujet est vne substance, tout ce qui peut aussi estre sans sujet par la puissance de Dieu, tant extraordinaire qu'elle puisse estre, doit aussi estre appellé du nom de substance. I'auouë bien à la verité qu'vne substance peut estre appliquée à vne autre substance, mais quand cela arriue, ce n'est pas la substance qui prend la forme d'vn accident, mais seulement le mode, ou la façon dont cela arriue; par exemple, quand vn habit est appliqué sur vn homme, ce n'est pas l'habit, mais *estre habillé* qui est vn accident. Et pource que la principale raison qui a mû les Philosophes à establir des accidens reels, a esté qu'ils ont crû que sans eux on ne pouuoit pas expliquer comment se font les perceptions de nos sens, i'ay promis d'expliquer par le menu en escriuant de la Physique, la façon dont chacun de nos sens est touché par ses objets ; non que ie veüille qu'en cela, ny en aucune autre chose on s'en rapporte à mes paroles, mais parce que i'ay crû que ce que i'auois expliqué de la veuë dans ma Dioptrique, pouuoit seruir de preuue suffisante de ce que ie puis dans le reste.

8. Quand on considere attentiuement l'immensité

dé Dieu, on void manifestement qu'il est impossible, qu'il y ayt rien qui ne dépende de luy, non seulement de tout ce qui subsiste, mais encore qu'il n'y a ordre, ny loy, ny raison de bonté & de verité qui n'en depende; autrement (comme ie disois vn peu auparauant) il n'auroit pas esté tout à fait indifferent à creer les choses qu'il a creées. Car si quelque raison ou apparence de bonté eust precedé sa preordination, elle l'eust sans doute determiné à faire ce qui estoit de meilleur : Mais tout au contraire parce qu'il s'est determiné à faire les choses qui sont au monde, pour cette raison, comme il est dit en la Genese, *elles sont tres-bonnes*, c'est à dire que la raison de leur bonté depend de ce qu'il les a ainsi voulu faire. Et il n'est pas besoin de demander en quel genre de cause cette bonté, ny toutes les autres veritez tant Mathematiques, que Metaphysiques depédent de Dieu: Car les genres des causes ayant esté establis par ceux qui peut-estre ne pensoient point à cette raison de causalité, il n'y auroit pas lieu de s'estonner quand ils ne luy auroient point donné de nom, mais neantmoins ils luy en ont donné vn, car elle peut estre appellée efficiente; de la mesme façon que la volonté du Roy peut estre dite la cause efficiente de la loy, bien que la loy mesme ne soit pas vn estre naturel, mais seulement (comme ils disent en l'escole) vn estre moral. Il est aussi inutile de demander comment Dieu eust pû faire de toute eternité que deux fois quatre n'eussent pas esté huit, &c. car i'auouë bien que nous ne pouuons pas comprendre cela : mais puis que d'vn autre costé ie comprens fort bien que rien ne peut exister, en quelque genre d'estre que ce soit, qui ne depende de Dieu, & qu'il luy a esté tres-facile d'ordonner tellement certaines choses, que les hommes ne pussent pas comprendre qu'elles eussent pû estre autrement qu'elles sont, ce seroit vne chose tout à fait contraire à la raison, de douter des choses que nous comprenons fort bien, à cause de quelques autres que nous ne comprenós pas, & que nous ne voyons point que nous deuions comprendre. Ainsi donc il ne faut pas penser que *les veritez eternelles dependent de l'entendement humain, ou de l'existence des choses*, mais seulement de la volonté de Dieu, qui comme vn souuerain Legislateur les a ordonnées, & establies de toute eternité.

9. Pour bien comprendre quelle est la certitude du sens, il faut distinguer en luy trois sortes de degrez. Dans le premier, on ne doit rien precisement considerer, que ce que les objets exterieurs causent immediatement dans l'organe corporel; & cela ne peut estre autre chose que le mouuement des particules de cet organe, & le changement de figure, & de situation qui prouient de ce mouuement. Le second contient tout ce qui resulte immediatement en l'esprit, de ce qu'il est vny à l'organe corporel ainsi mû, & disposé par ses objets; tels sont les sentimens de la douleur, du chatoüillement, de la faim, de la soif, des couleurs, des sons, des saueurs, des odeurs, du chaud, du froid, & autres semblables, que nous auons dit dans la sixiéme Meditation, prouenir de l'vnion, & pour ainsi dire, du mélange de l'esprit auec le corps. Et enfin, le troisiesme comprend tous les iugemens que nous auons coustumé de

defaire depuis nostre jeunesse, touchant les choses qui sont autour de nous, à l'occasion des impressions, ou mouuemens qui se font dans les organes de nos sens. Par exemple, lors que ie voy vn baston, il ne faut pas s'imaginer qu'il sorte de luy de petites images voltigeantes par l'air, appellées vulgairement des especes intentionnelles, qui passent iusques à mon œil, mais seulement que les rayons de la lumiere refléchis de ce baston, excitent quelques mouuemens dans le nerf optique, & par son moyen dans le cerueau mesme, ainsi que i'ay amplement expliqué dans la Dioptrique. Et c'est en ce mouuement du cerueau, qui nous est commun auec les bestes, que consiste le premier degré du sentiment. De ce premier suit le second, qui s'estend seulement à la perception de la couleur, & de la lumiere qui est refléchie de ce baston, & qui prouient de ce que l'esprit est si intimement conjoint auec le cerueau, qu'il se ressent mesme, & est comme touché par les mouuemens qui se font en luy : & c'est tout ce qu'il faudroit rapporter au sens, si nous voulions le distinguer exactement de l'entendement. Car que de ce sentiment de la couleur, dont ie sens l'impression, ie vienne à juger que ce baston qui est hors de moy est coloré, & que de l'estenduë de cette couleur, de sa terminaison, & de la relation de sa situation auec les parties de mon cerueau, ie détermine quelque chose touchant la grandeur, la figure, & la distance de ce mesme baston ; quoy qu'on ayt accoustumé de l'attribuer au sens, & que pour ce sujet ie l'aye rapporté à vn troisiéme degré de sentiment, c'est neantmoins vne chose manifeste que cela ne depend que de l'enten-

Vuu

dement seul ; & mesme i'ay fait voir dans la Dioptrique que la grandeur, la distance & la figure, ne s'apperçoiuent que par le raisonnement, en les déduisant les vnes des autres. Mais il y a seulement icy cette difference, que nous attribuons à l'entendemét les jugemens nouueaux & non accoustumez, que nous faisons touchant toutes les choses qui se presentent à nos sens, & que nous attribuons aux sens ceux que nous auons coustume de faire depuis nostre enfance touchant les choses sensibles, à l'occasion des impressions qu'elles font dans les organes de nos sens ; Dont la raison est, que la coustume nous fait raisonner, & juger si promptement de ces choses-là (ou plustost nous fait ressouuenir des jugemens que nous en auons faits autresfois) que nous ne distinguons point cette façon de juger d'auec la simple apprehension, ou perception de nos sens. D'où il est manifeste, que lors que nous disons que la certitude de l'entendement est plus grande que celle des sens, nos paroles ne signifient autre chose, sinon que les jugemés que nous faisons dans vn aage plus auancé, à cause de quelques nouuelles obseruations que nous auons faites, sont plus certains, que ceux que nous auós formez dés nostre enfance, sans y auoir fait de reflexion ; ce qui ne peut receuoir aucun doute Car il est constant qu'il ne s'agit point icy du premier, ny du 2. degré du sentiment, dautant qu'il ne peut y auoir en eux aucune faussété. Quand donc on dit *qu'vn baston paroist rompu dans l'eau, à cause de la refraction*, c'est de mesme que si l'on disoit, qu'il nous paroist d'vne telle façon, qu'vn enfant jugeroit de là qu'il est rompu, & qui fait aussi que selon les prejugez ausquels nous sommes accoustumez dés nostre enfance, nous jugeons la mesme chose. Mais ie ne puis demeurer d'accord de ce que l'on adjouste en suite, à sçauoir *que cette erreur n'est point corrigée par l'entendemét, mais par le sens de l'attouchement*: Car bien que ce sens nous fasse iuger qu'vn baston est droit, & cela, par cette façon de iuger à laquelle nous sommes accoustumez dés nostre enfance: Et qui par consequent peut estre appellée *sentiment*: neantmoins cela ne suffit pas pour corriger l'erreur de la veuë; mais outre cela il est besoin que nous ayons quelque raison qui nous enseigne que nous deuons en ce rencontre nous fier plustost au jugement que nous faisons en suitte de l'attouchement, qu'à celuy où semble nous porter le sens de la veuë: laquelle raison n'ayant point esté en nous dés nostre enfance, ne peut estre attribuée au sens, mais au seul entendement; Et partant dans cet exemple mesme, c'est l'entendement seul qui corrige l'erreur du sens, & il est impossible d'en apporter iamais aucun, dans lequel l'erreur vienne pour s'estre plus fié à l'operation de l'esprit, qu'à la perception des sens.

10. D'autant que les difficultez qui restent à examiner, me sont plustost proposées comme des doutes, que comme des objections, ie ne presume pas tant de moy, que j'ose me promettre d'expliquer assez suffisamment des choses que ie voy estre encore aujourd'huy le sujet des doutes de tant de sçauans hommes. Neantmoins pour faire en cela tout ce que ie puis, & ne pas manquer à ma propre cause, ie diray ingenuement de quelle façon il est arriué, que ie me sois moy-mesme entierement

delivré de ces doutes. Car en ce faisant, si par hazard il arriue que cela puisse seruir à quelques-vns, i'auray sujet de m'en réjoüir, & s'il ne peut seruir à personne, au moins auray-je la satisfaction, qu'on ne me poura pas accuser de presomption, ou de temerité.

 Lors que i'eus la premiere fois conclu, en suite des raisons qui sont contenues dans mes Meditations, que l'esprit humain est reellement distingué du corps, & qu'il est mesme plus aysé à connoistre que luy, & plusieurs autres choses dont il est là traitté, ie me sentois à la verité obligé d'y acquiescer, pource que ie ne remarquois rien en elles qui ne fust bien suiuy, & qui ne fust tiré de principes tres-euidens, suiuant les regles de la Logique ; Toutesfois ie confesse que ie ne fus pas pour cela pleinement persuadé, & qu'il m'arriua presque la mesme chose qu'aux Astronomes, qui apres auoir esté conuaincus par de puissantes raisons, que le Soleil est plusieurs fois plus grand que toute la terre, ne sçauroient pourtant s'empescher de iuger qu'il est plus petit, lors qu'ils viennent à le regarder. Mais apres que i'eus passé plus auant, & qu'appuyé sur les mesmes principes i'eus porté ma consideration sur les choses Physiques, ou naturelles, examinant premierement les notions, ou les idées que ie trouuois en moy de chaque chose, puis les distinguant soigneusement les vnes des autres, pour faire que mes iugemens eussent vn entier rapport auec elles, ie reconnus qu'il n'y auoit rien qui appartinst à la nature, ou à l'essence du corps, sinon qu'il est vne substance estenduë en longueur, largeur, & profondeur, capable de plusieurs figures, & de diuers mouuemens; & que ses figures & ses mouuemens n'estoient autre chose que des modes, qui ne peuuent iamais estre sans luy. Mais que les couleurs, les odeurs, les saueurs, & autres choses semblables n'estoient rien que des sentimens, qui n'ont aucune existence hors de ma pensée, & qui ne sont pas moins differens des corps, que la douleur differe de la figure, ou du mouuement de la fleche qui la cause; & enfin que la pesanteur, la dureté, la vertu d'échauffer, d'attirer, de purger, & toutes les autres qualitez que nous remarquons dans les corps, consistent seulement dans le mouuement, ou dans sa priuation, & dans la configuration & arrangement des parties. Toutes lesquelles opinions estant fort differentes de celles que i'auois eües auparauant touchant les mesmes choses; ie commençay apres cela à considerer pourquoy i'en auois eu d'autres par cy-deuant, & ie trouuay que la principale raison estoit que dés ma jeunesse i'auois fait plusieurs jugemens touchant les choses naturelles, (comme celles qui deuoient beaucoup contribuer à la conseruation de ma vie, en laquelle ie ne faisois que d'entrer) & que i'auois tousiours retenu depuis les mesmes opinions que i'en auois eu autrefois. Et dautant que mon esprit ne se seruoit pas bien en ce bas âge des organes du corps, & qu'y estant trop attaché il ne pensoit rien sans eux, aussi n'apperceuoit-il que confusement toutes choses. Et bien qu'il eust connoissance de sa propre nature, & qu'il n'eust pas moins en soy l'idée de la pensée, que celle de l'estenduë, neantmoins pource qu'il ne conceuoit rien de purement intellectuel, qu'il n'imaginast aussi en mesme temps quelque

Vuu iij

chose de corporel, il prenoit l'vn & l'autre pour vne méme chose, & rapportoit au corps toutes les notions qu'il auoit des choses intellectuelles. Et dautant que ie ne m'eſtois iamais depuis deliuré de ces prejugez, il n'y auoit rien que ie connuſſe aſſez diſtinctement, & que ie ne ſuppoſaſſe eſtre corporel, quoy que neantmoins ie formaſſe ſouuent de telles idées de ces choſes meſmes que ie ſuppoſois eſtre corporelles, & que i'en euſſe de telles notions, qu'elles repreſentoient pluſtoſt des eſprits que des corps. Par exemple, lorsque ie conceuois la peſanteur comme vne qualité reelle, inherante & attachée aux corps maſſifs & groſſiers, encore que ie la nommaſſe vne qualité, entant que ie la rapportois aux corps dans leſquels elle reſidoit, neantmoins parce que j'adiouſtois ce mot de reelle, ie penſois en effet que c'eſtoit vne ſubſtance : de meſme qu'vn habit conſideré en ſoy eſt vne ſubſtance, quoy qu'eſtant raporté à vn homme habillé, il puiſſe eſtre dit vne qualité ; & ainſi bien que l'eſprit ſoit vne ſubſtance, il peut neantmoins eſtre dit vne qualité, eu eſgard au corps auquel il eſt vny. Et bien que ie conceuſſe que la peſanteur eſt répanduë par tout le corps qui eſt peſant, ie ne luy attribuois pas neantmoins la meſme ſorte d'eſtenduë qui conſtituë la nature du corps ; car cette eſtenduë eſt telle, qu'elle exclut toute penetrabilité de parties ; & ie penſois qu'il y auoit autant de peſanteur dans vne maſſe d'or, ou de quelque autre metail de la longueur d'vn pied, qu'il y en auoit dans vne piece de bois longue de dix pieds ; voire meſme i'eſtimois que toute cette peſanteur pouuoit eſtre contenuë ſous vn point Mathematique. Et meſme lors que cette pesanteur estoit ainsi également estenduë par tout le corps, ie voyois qu'elle pouuoit exercer toute sa force en chacune de ses parties, parce que de quelque façon que ce corps fust suspendu à vne corde, il la tiroit de toute sa pesanteur, comme si toute cette pesanteur eust esté renfermée dans la partie qui touchoit la corde. Et certes ie ne conçoy point encore aujourd'huy que l'esprit soit autrement estendu dans le corps, lors que ie le conçoy estre tout entier dans le tout, & tout entier dans chaque partie. Mais ce qui fait mieux paroistre que cette idée de la pesanteur, auoit esté tirée en partie de celle que i'auois de mon esprit, est que ie pensois que la pesanteur portoit les corps vers le centre de la terre, côme si elle eust eu en soy quelque connoissance de ce centre: Car certainemét il n'est pas possible ce semble, que cela se fasse sans connoissance, & par tout où il y a connoissance, il faut qu'il y ayt de l'esprit. Toutesfois i'attribuois encore d'autres choses à cette pesanteur, qui ne peuuent pas en mesme façon estre entenduës de l'esprit, par exéple, qu'elle estoit diuisible, mesurable, &c. Mais apres que i'eus consideré toutes ces choses, & que i'eus soigneusement distingué l'idée de l'esprit humain, des idées du corps, & du mouuement corporel, & que ie me fus aperceu que toutes les autres idées que i'auois eu auparauāt, soit des qualitez reelles, soit des formes substantielles, en auoient esté par moy composées, ou forgées par mon esprit, ie n'eus pas beaucoup de peine à me défaire de tous les doutes qui sont icy proposez.

Car premierement, ie ne doutay plus que ie n'eusse vne claire idée de mon propre esprit, duquel ie ne pouuois pas nier que ie n'eusse connoissance, puis qu'il m'estoit si present, & si conjoint. Ie ne mis plus aussi en doute que cette idée ne fust entierement differente de celles de toutes les autres choses, & qu'elle n'eust rien en soy de ce qui appartient au corps; pource qu'ayant recherché tres-soigneusement les vrayes idées des autres choses, & pensant mesme les connoistre toutes en general, ie ne trouuois rien en elles qui ne fust en tout different de l'idée de mon esprit. Et ie voyois qu'il y auoit vne bien plus grande difference entre ces choses, qui, bien qu'elles fussent tout à la fois en ma pensée, me paroissoient neantmoins distinctes, & differentes, comme sont l'esprit & le corps; qu'entre celles dont nous pouuons à la verité auoir des pensées separées, nous arrestant à l'vne sans penser à l'autre, mais qui ne sont iamais ensemble en nostre esprit, que nous ne voyions bien qu'elles ne peuuent pas subsister separément. Comme par exemple, l'immensité de Dieu peut bien estre conceuë, sans que nous pensions à sa iustice: mais on ne peut pas les auoir toutes deux presentes à son esprit, & croire que Dieu puisse estre immense sans estre iuste. Et l'on peut aussi fort bien connoistre l'existence de Dieu, sans que l'on sçache rien des personnes de la tres-sainte Trinité, (qu'aucun esprit ne sçauroit bien entendre, s'il n'est esclairé des lumieres de la Foy) mais lors qu'elles sont vne fois bien entenduës, ie nie qu'on puisse conceuoir entr'elles aucune distinction reelle à raison de l'essence diuine, quoy que cela se puisse à raison des relations. Et enfin ie n'apprehenday plus de m'estre peut-estre laissé surprendre, & preuenir par mon analyse, lors que voyant

qu'il

qu'il y a des corps qui ne pensent point, ou plustost concevant tres-clairement que certains corps peuuent estre sans la pensée ; i'ay mieux aimé dire que la pensée n'appartient point à la nature du corps, que de conclure qu'elle en est vn mode, pource que i'en voyois d'autres (à sçauoir ceux des hommes) qui pensent : Car à vray dire, ie n'ay iamais veu, ny compris que les corps humains eussent des pensées : mais bien que ce sont les mesmes hommes qui pensent, & qui ont des corps : Et i'ay reconnu que cela se fait par la composition, & l'assemblage de la substance qui pense, auec la corporelle; pource que considerant separement la nature de la substance qui pense, ie n'ay rien remarqué en elle qui pust appartenir au corps, & que ie n'ay rien trouué dans la nature du corps consideré toute seule, qui pust appartenir à la pensée. Mais au contraire examinant tous les modes tant du corps, que de l'esprit, ie n'en ay remarqué pas vn, dont le concept ne dependist entierement du concept mesme de la chose dont il est le mode. Aussi de ce que nous voyons souuent deux choses jointes ensemble, on ne peut pas pour cela inferer qu'elles ne sont qu'vne mesme chose ; Mais de ce que nous voyons quelquefois l'vne de ces choses sans l'autre, on peut fort bien conclure qu'elles sont diuerses. Et il ne faut pas que la puissance de Dieu nous empesche de tirer cette consequence : Car il n'y a pas moins de repugnance à penser que des choses que nous conceuons clairement & distinctement comme deux choses diuerses, soient faites vne mesme chose en essence, & sans aucune composition, que de penser qu'on puisse separer ce qui n'est aut

Xxx

cunement distinct. Et partant si Dieu a mis en certains corps la faculté de penser (comme en effet il l'a mise en ceux des hommes) il peut quand il voudra l'en separer, & ainsi elle ne laisse pas d'estre reellement distincte de ces corps. Et ie ne m'estonne pas d'auoir autresfois fort bien compris, auant mesme que ie me fusse deliuré des prejugez de mes sens, *que deux & trois ioints ensemble font le nombre de cinq; & que lors que de choses égales on oste choses égales, les restes font égaux*, & plusieurs choses semblables, bien que ie ne songeasse pas alors que l'ame de l'homme fust distincte de son corps: car ie voy tres-bien, que ce qui a fait que ie n'ay point en mon enfance donné de faux iugement touchant ces propositions qui sont receuës generalement de tout le monde, a esté parce qu'elles ne m'estoient pas encore pour lors en vsage, & que les enfans n'apprennent point à assembler deux auec trois, qu'ils ne soient capables de iuger s'ils font le nombre de cinq, &c. Tout au contraire dés ma plus tendre ieunesse, i'ay conceu l'esprit & le corps (dont ie voyois confusement que i'estois composé) comme vne seule & mesme chose; Et c'est le vice presque ordinaire de toutes les connoissances imparfaites, d'assembler en vn plusieurs choses, & les prendre toutes pour vne mesme; c'est pourquoy il faut par apres auoir la peine de les separer, & par vn examen plus exact les distinguer les vnes des autres. Mais ie m'estonne grandement que des personnes tres-doctes, & accoustumées depuis trente années aux speculations Metaphysiques, apres auoir lû mes Meditations plus de sept fois, se persuadent *que si ie les relisois auec le mesme esprit, que ie les examinerois si elles m'é-*

AVX SIXIESMES OBIECTIONS.

uoient esté proposées par vne personne ennemie, ie ne ferois pas tant de cas, & n'aurois pas vne opinion si auantageuse des raisons qu'elles contiennent, que de croire que chacun se deuroit rendre à la force, & au poids de leurs veritez, & liaisons, veu cependant qu'ils ne font voir eux-mesmes aucune faute dans tous mes raisonnemens. Et certes ils m'attribuent beaucoup plus qu'ils ne doiuent, & qu'on ne doit pas mesme penser d'aucun homme, s'ils croyent que ie me serue d'vne telle analyse, que ie puisse par son moyen renuerser les demonstrations veritables, ou donner vne telle couleur aux fausses, que personne n'en puisse iamais découurir la fausseté; veu qu'au contraire ie professe hautement, que ie n'en ay iamais recherché d'autre, que celle au moyé de laquelle on pust s'asseurer de la certitude des raisons veritables, & découurir le vice des fausses, & captieuses. C'est pourquoy ie ne suis pas tant estonné de voir des personnes tres-doctes n'acquiescer pas encore à mes conclusions, que je suis joyeux de voir qu'apres vne si serieuse, & frequente lecture de mes raisons, ils ne me blasment point d'auoir rien auancé mal à propos, ou d'auoir tiré aucune conclusion autrement que dans les formes. Car la difficulté qu'ils ont à receuoir mes conclusions, peut aylément estre attribuée à la coustume inueterée qu'ils ont, de juger autrement de ce qu'elles contiennent, comme il a desia esté remarqué des Astronomes, qui ne peuuent s'imaginer que le Soleil soit plus grand que la terre, bien qu'ils ayent des raisons tres certaines qui le demonstrent; Mais ie ne voy pas qu'il puisse y auoir d'autre raison, pourquoy ny ces Messieurs, ny personne que ie sçache, n'ont pû iusques icy rien reprendre dans mes raisonnemens, si non parce qu'ils sont entierement vrays, & indubitables: veu principalement que les principes sur quoy ils sont appuyez ne sont point obscurs, ny inconnus, ayant tous esté tirez des plus certaines, & plus euidentes notions, qui se presentét à vn esprit qu'vn doute general de toutes choses a desia deliuré de toutes sortes de prejugez: Car il suit de là necessairement, qu'il ne peut y auoir d'erreurs, que tout homme d'esprit vn peu mediocre n'eust pû facilement remarquer. Et ainsi ie pense que ie n'auray pas mauuaise raison de conclure, que les choses que i'ay escrites ne sont pas tant affoiblies par l'authorité de ces sçauans hommes, qui apres les auoir leuës attentiuement plusieurs fois, ne se peuuent pas encore laisser persuader par elles, qu'elles sont fortifiées par leur authorité mesme, de ce qu'apres vn examen si exact, & des reueuës si generales, ils n'ont pourtant remarqué aucunes erreurs, ou paralogismes dans mes demonstrations.

LETTRE
DE MONSIEVR DES-CARTES

Au Reuerend Pere Dinet, Prouincial des Iesuites, écritte à l'occasion des septiesmes Obiections.

MON REVEREND PERE,

Ayant tesmoigné au R. P. Mersenne par la Lettre que ie me donnay l'honneur de luy escrire ces iours passez, que i'aurois fort souhaitté que le R. P.* eust fait imprimer la dissertation que i'auois appris qu'il auoit faite contre mes Meditations, ou du moins qu'il me l'eust enuoyée pour la joindre auec les Objections que i'auois desia receuës d'ailleurs, afin de faire imprimer le tout ensemble; & l'ayant prié qu'il taschast d'obtenir cela de luy, ou, en cas qu'il le refusast, de s'adresser à vostre Reuerence; Il me fist response qu'il vous auoit mis ma Lettre entre les mains, & que non seulement vous l'auiez fauorablement receuë, mais que vous auiez mesme tesmoigné auoir pour moy beaucoup de bienveillance & de bonté. Ce que i'ay fort bien reconnu en ce rencontre-cy mesme, par le soin que vous auez eu de me faire tenir aussi-tost apres ces nouuelles Objections. Ce qui m'oblige non seulement à de grands remerciemens enuers vostre R. mais mesme cela m'inuite à luy dire icy librement ce que i'en pense, & à vous demander aduis touchant le dessein de mes Estudes. Et à dire le vray, ie vous auoüe que ie n'eus pas plustost cette dissertation entre les mains, que ie ne m'en resiouyssois pas moins que si i'eusse possedé quelque riche thresor. Car comme ie ne souhaitte rien tant que d'esprouuer la certitude de mes opinions, & de me confirmer dans leur verité, si apres auoir esté examinées par tous les sçauans, elles se trouuent à l'espreuue de leurs atteintes; ou d'estre auerty de mes erreurs, afin de m'en corriger; ie croyois y trouuer dequoy remplir vne si iuste attente, m'imaginant qu'elle ne contiendroit autre chose qu'vn examen tres-fidele des choses que i'ay escrittes, ou du moins vn auertissement charitable des fautes que mon insuffisance y auroit laissé glisser. Et comme dans les corps bien disposez il y a vne telle vnion & communication de toutes les parties entr'elles, que iamais pas vne n'agit simplement auec les forces qui luy sont propres & particulieres, mais que la force qui est commune à tout le corps se ioint & s'vnit pour concourir ensemble à son action: Ainsi sçachant l'estroite vnion qui a coustume d'estre entre tous les membres de vostre Societé, ie ne croyois pas, lors que ie receus l'escrit du R. P. *, receuoir le sentiment d'vn seul, mais ie m'attendois que ce feroit vn jugement exact & equitable de tout le corps de voſtre Societé, touchant mes opinions. Neantmoins apres l'auoir lû ie fus fort eſtonné que mon attéte eſtoit deceuë ; & ie commençay dés lors à reconnoiſtre qu'il en falloit juger tout autrement que ie ne m'eſtois imaginé juſques icy : Car ſans doute que ſi cet eſcrit eſtoit venu de la part d'vne perſonne qui fuſt animée du meſme eſprit que toute voſtre Societé, on n'y remarqueroit pas moins de bonté, de douceur, & de modeſtie, que dans ceux des particuliers qui m'ont eſcrit ſur la meſme matiere ; Mais bien loin de cela, ſi vous le comparez auec leurs Objections, il n'y a perſonne qui ne iuge que celles-cy viennent pluſtoſt de la part de quelques perſonnes religieuſes ; Car il eſt conceu en termes ſi pleins d'aigreur, qu'vn particulier meſme, & qui ne ſeroit tenu par aucun vœu ſolemnel de pratiquer la vertu plus que le commun des hommes, ne pourroit auec bien-ſeance ſe donner la licence d'eſcrire de la ſorte. On y remarqueroit auſſi vn amour de Dieu, & vn zele ardent pour l'auancement de ſa gloire ; mais tout au contraire il ſemble qu'il ayt pris plaiſir à y impugner contre toute ſorte de raiſon & de verité, par des pures fictions, & des authoritez mal fondées, les principes dont ie me ſuis ſeruy pour prouuer l'exiſtence de Dieu, & la reelle diſtinction de l'ame de l'homme d'auec le corps. On y remarqueroit outre cela de la ſcience, de la raiſon, & de l'eſprit ; mais à moins de vouloir mettre au rang de la ſcience vne mediocre connoiſſance de la Langue Latine, telle que l'auoit autrefois la populace dans Rome, ie n'en ay vû aucune marque dans ſon eſcrit ; non plus que de raisonnement qui ne fust ou mal déduit, ou mal fondé ; ni enfin aucune pointe d'esprit, qui ne fust plustost digne d'vn artisan, que d'vn Pere de la Societé. Ie ne parle point de la prudence, ny de tant d'autres vertus qui sont si admirables, & si communes parmy vous, dont neantmoins cette dissertation ne fait voir non plus aucune marque. Mais du moins y remarqueroit-on du respect pour la verité, de la probité, & de la candeur : Et tout au contraire l'on verra manifestement par les Notes que i'ay faites dessus, qu'on ne sçauroit rien inuenter qui soit plus esloigné de toute apparence de verité, que tout ce qu'il m'impute dans cet escrit. Et partant, comme lors qu'vne des parties de nostre corps est dans vne telle disposition, qu'elle est quasi dans l'impuissance de pouuoir suiure la loy qui est commune à son tout, nous jugeons qu'elle est atteinte de quelque maladie qui luy est particuliere ; Ainsi la dissertation du R. P. * fait voir tres-manifestement, qu'il ne joüit pas de cette loüable santé & vigueur qui est respanduë dans tout le reste du Corps de vostre Societé. Ce qui toutesfois ne diminuë en rien l'estime & le respect que i'ay pour vostre R. Car comme nous ne faisons pas moins d'estat de la teste d'vn hôme, ou mesme d'vn hôme tout entier, de ce que quelques mauuaises humeurs sont coulées par hasard ou dans son pied, ou ailleurs, malgré luy & contre sa volonté ; mais plustost que nous loüons la constance & la generosité auec laquelle il se presente pour souffrir les douleurs de sa cure ; Et comme personne ne s'est iamais auisé de mespriser Caius Marius pour auoir des varices aux jambes ; mais qu'au contraire il est souuent plus

loüé

loüé par les Autheurs, pour auoir souffert courageusement qu'on luy en couppast vne seule, que pour auoir obtenu par ses triomphes sept fois le Consulat, & pour auoir remporté plusieurs victoires sur ses ennemis. De mesme n'ignorant pas auec quelle pieuse & paternelle affection vous cherissez tous les vostres, plus la dissertation du R. P. * me semble mauuaise, d'autant plus fais-je d'estime de vostre integrité & prudence, d'auoir bien voulu qu'elle me fust enuoyée, & d'autant plus aussi ay-je de veneration & de respect pour toute vostre Compagnie. Mais dautant que le R. P. * a pris le soin de m'enuoyer sa dissertation ; de peur qu'il ne semble que ce soit temerairement que ie juge qu'il ne l'a pas fait de luy-mesme, mais par vn commandement expres qu'il en a receu de la part de vostre R. vous me permettrez de déduire icy les raisons qui me portent à le croire ; & pour cela ie vous feray le narré de tout ce qui s'est passé entre luy & moy iusques icy.

Il escriuit en l'année 1640. quelques Traittez contre moy touchant l'Optique, dont i'ay appris qu'il auoit fait des leçons à ses disciples, & mesme qu'il les auoit prestez pour en prendre coppie, non pas peut-estre à tous, car ie ne le sçay point, mais du moins à quelques-vns, & comme il est croyable, à ceux qui luy estoient les plus chers & les plus fideles ; Car en ayant fait demander la copie à quelqu'vn d'eux, entre les mains de qui on l'auoit veuë, il fut tout à fait impossible de l'obtenir. Apres cela il en composa des Theses qu'il fit imprimer, & qu'il soustint pendant trois iours, auec vne pompe & vn appareil extraordinaire, dans vostre College de Paris, où entre autres choses dont on disputa, l'on combattit fort & ferme contre mes opinions, & remporta par ce moyen sans beaucoup de peine, plusieurs victoires sur vn absent. De plus i'ay veu la velitation ou la declamation qui fut recitée à l'ouuerture de ces disputes, enrichie de l'explication du R. P. dont tout le but n'estoit autre que d'impugner mes opinions; mais neantmoins il n'y reprenoit pas vn seul mot, comme mien, que i'aye iamais escrit ou pensé, & qui ne soit si visiblement absurde, qu'il est aussi peu vray-semblable que cela puisse iamais tomber dans l'esprit d'vn homme vn peu sensé, que l'est tout ce qu'il m'impute dans sa nouuelle dissertation, comme ie fis voir pour lors par les Notes que ie fis dessus, lesquelles i'enuoyay sous main à l'Autheur, que ie ne sçauois pas encore estre du nombre de vostre Societé. Or il est à remarquer que dans ces Theses il ne condamnoit pas seulement comme fausses, quelques-vnes de mes opinions, ce qui est permis à vn chacun de faire, principalement lors qu'il a en main des raisons toutes prestes pour le prouuer; mais aussi, pour agir tousiours auec sa candeur ordinaire, il changeoit la signification de quelques termes; par exemple il appelloit angle de refraction *angulum refractionis*, celuy qui a tousiours esté appellé par les Dioptriciens, angle rompu, *angulus refractus*; vsant en cecy d'vne subtilité toute pareille à celle dont il se sert dans sa dissertation, lors qu'il dit que par le corps il entend ce qui pense, & par l'ame ce qui est estendu; Et par cet artifice il auançoit, comme venant de luy, mais en termes bien esloignez de ma façon ordinaire de parler, plusieurs de mes inuentions, &

me reprenoit comme ſi i'euſſe eu touchant cela d'autres penſées fort mauuaiſes & fort eſtranges. Dequoy eſtant auerty, i'eſcriuis auſſi-toſt au R. P. Recteur, & le priay que *puis que mes opinions auoient eſté iugées dignes d'eſtre examinées chez eux en public, il ne me iugeaſt pas auſſi indigne, moy qui pouuois encore eſtre cenſé au nombre de ſes diſciples, de voir les argumens qu'on auoit employez pour les refuter. I'adjouſtois encore pluſieurs autres raiſons qui me ſembloient ſuffire pour le porter à m'accorder ce que ie luy demandois, comme entr'autres, que i'aymois beaucoup mieux eſtre enſeigné par ceux de voſtre Compagnie, que par tout autre que ce puſt eſtre, pource que ie les honorois tous & reſpectois encore comme mes Maiſtres, & comme les ſeuls Directeurs de ma jeuneſſe; Et de plus que i'auois prié en termes ſi exprez dans mon diſcours de la Methode page 75. tous ceux qui liroient mes eſcrits, de prendre la peine de m'auertir des erreurs qu'ils verroient s'y eſtre gliſſées, & qu'ils me trouueroient touſiours diſpoſé à m'en corriger, que ie ne croyois pas apres cela, qu'il ſe duſt rencontrer perſonne (ſur tout parmy vne Compagnie qui fait profeſſion de pieté & de religion) qui aymaſt mieux me condamner d'erreur deuant les autres, que de me monſtrer à moy-meſme mes fautes, de la charité duquel il me fuſt au moins permis de douter.* A quoy le R. P. Recteur ne me fit point de reſponſe; mais le R. P. * m'eſcriuit vne Lettre, par laquelle il me mandoit qu'il m'enuoyeroit dans huit iours ſes Traittez, c'eſt à dire les raiſons auec leſquelles il auoit impugné mes opinions. A quelque temps de là ie receus des Lettres de quelques autres Peres de la Société qui me promettoient de ſa part dans ſix mois la meſme choſe; peut-eſtre pource que

Y y y ij

n'approuuans par ces Traittez (car ils n'auoüoient pas ouuertement qu'ils fçeuffent rien de ce qu'il auoit fait contre moy) ils demandoient ce terme pour les corriger. Enfin le R. P. * m'enuoya des Lettres, non seulement escrittes de sa main, mais scellées mesme du seau de la Compagnie, ce qui me faisoit voir que c'auoit esté par l'ordre de ses Superieurs qu'il m'auoit escrit. La premiere chose dont il me parloit dans ses Lettres, estoit que le R. P. Recteur voyant que celles que ie luy auois addreffées ne regardoient que luy seul, luy auoit commandé de me faire luy-mesme response, & de me rendre raison de son procedé. 2. Qu'il n'auoit iamais entrepris, ny mesme qu'il n'entreprendroit iamais aucun combat particulier contre mes opinions : 3. Que s'il n'auoit rien accordé à la priere que i'ay faite dans la Methode page 75. il n'en falloit accuser que son ignorance, pource qu'il ne l'auoit iamais leuë : 4. Que pour ce qui estoit des Notes que i'auois faites sur le discours qui fut recité à l'ouuerture de ses Theses, il n'auoit rien à adjouster à ce qu'il m'en auoit desia fait sçauoir, & qu'il m'auroit mesme aussi escrit, si ses amis ne luy euffent conseillé de n'en rien faire ; c'est à dire pour parler sainement, qu'il n'auoit rien du tout à me dire sur mes Notes, pource qu'il ne m'auoit fait sçauoir autre chose, sinon qu'il m'enuoyeroit les raisons qu'il auoit pour combattre mes opinions ; si bien qu'il me declaroit seulement par là, qu'il ne me les enuoyeroit iamais, pource que ses amis l'en auoient disfuadé. Et bien que toutes ces choses donnaffent assez à connoistre qu'il n'auoit pas eu grande enuie de parler de moy auantageusement, & que c'auoit esté de son chef, & sans le consentement des autres Peres de la Société, qu'il auoit entrepris tout ce qu'il auoit fait, & partant qu'il agiſſoit par vn autre eſprit que celuy de la Compagnie ; & enfin qu'il ne vouloit rien moins que ie viſſe ce qu'il auoit eſcrit contre moy ; encore auſſi qu'il me ſemblaſt que c'eſtoit vne choſe tout à fait indigne, de voir qu'vn homme de ſa robe, auec qui ie n'auois iamais eu aucun demeſlé, & qui meſme m'eſtoit tout à fait inconnu, s'eſtoit ſi publiquement, ſi ouuertement, & ſi extraordinairement emporté contre moy, n'alleguant pour toute excuſe rien autre choſe, ſinon qu'il n'auoit pas encore lû mon diſcours de la Methode ; ce qui neantmoins paroiſſoit ſi peu veritable, que meſme il m'auoit ſouuent repris de mon analyſe, ſoit dans ſes Theſes, ſoit dans tout ce diſcours qui fut recité à leur ouuerture, quoy que ie n'en euſſe traitté nulle part ailleurs, non pas méme ſeulement parlé du nom d'analyſe, que dans ce diſcours de la Methode qu'il diſoit n'auoir point lû. Et toutesfois pource qu'il promettoit qu'à l'auenir il ceſſeroit de m'inquieter, ie diſſimulois tres-volontiers le paſſé, & ne m'eſtonnois pas de ce que le R. P. Recteur ne luy auoit rien ordonné de plus rude, que de me rendre luy-meſme raiſon de ſon procedé, & de confeſſer ainſi ingenuëment & ouuertement, qu'il ne pouuoit ſouſtenir en ma preſence pas vne des choſes qu'il auoit auancées contre moy, ſoit dans ſes Theſes, ou pendant ſes diſputes, ou meſme dans ſes Traittez, & qu'il n'auoit auſſi rien à repartir aux Nottes que i'auois eſcrites ſur ſa velitation. Mais certes ie m'eſtonne grandement que le R. P. * ayt eu vn ſi grand deſir de m'attaquer, qu'apres auoir veu combien cette premiere velitation luy

Yyy iij

auoit peu heureusement succedé, & que depuis le temps qu'il m'auoit promis de n'entreprendre plus aucun combat particulier contre mes opinions, il ne s'estoit rien passé de nouueau entre luy & moy, ny mesme entre pas vn des vostres, n'ayt pas laissé ce pendant d'escrire apres cela sa dissertation : Car s'il n'y liure vn combat particulier contre mes opinions, i'ignore tout à fait ce que c'est que de combattre les opinions d'autruy ; si peut-estre il ne s'excuse de le faire, en disant qu'en effet il n'impugne pas mes opinions, mais d'autres qui en sont tout à fait esloignées, & que l'erreur où il est luy fait prendre pour miennes : ou bien qu'il n'auroit iamais crû que sa dissertation eust pû me tomber entre les mains. Car il est aisé à iuger par le stile dont elle est escrite, qu'elle n'a iamais esté conceuë à dessein d'estre mise au nombre des obiections qui ont esté faites sur mes Meditations ; Ce que l'on peut aussi assez manifestement reconnoistre, en ce qu'il n'a pas voulu que ie visse ses autres Traittez ; car qu'ont-ils pû contenir de moins obligeant que ce qu'elle contient ? Enfin il est tres-manifeste par l'admirable licence qu'il se donne de m'attribuer des opinions tout à fait differentes des miennes, qu'il ne l'a iamais escrite à ce dessein ; car il se fust monstré vn peu plus retenu qu'il n'a esté, s'il eust iamais crû que ie luy en eusse dû faire publiquement des reproches ; c'est pourquoy ie ne luy ay aucune obligation de me l'auoir enuoyée, mais i'en suis redeuable à V. R en particulier, & en general à toute vostre Compagnie. Et l'vne des choses que ie souhaitterois le plus, dans cette occasion où ie me trouue obligé à vn remerciement, ce seroit de pouuoir m'en acquitter, en diffimulant plutoft les iniures que i'ay receuës de luy, qu'en vous en tefmoignant le moins du monde de reffentiment, de peur qu'il ne femble que ie ne l'ay recherchée que pour me fatisfaire. Mais ie vous puis affurer que ie me ferois mefme difpenfé de m'acquitter de ce deuoir, fi ie n'auois crû qu'il y alloit de voftre honneur & de celuy de toute la Societé, & que ie pouuois par ce moyen faire l'ouuerture de plufieurs chofes, qu'il n'eft peut-eftre pas inutile que l'on fçache, pour le bien des Lettres, & pour la découuerte de la verité. Mais dautant que le R. P. * enfeigne les Mathematiques dans voftre College de Paris, que l'on peut dire eftre l'vn des plus celebres de l'Europe, & que les Mathematiques font les principaux fondemens fur lefquels i'appuye tous mes raifonnemés, Comme il n'y a perfonne dans toute voftre Societé, de qui l'authorité feule puiffe plus pour combattre mes opinions, que la fienne ; de mefme auffi n'y en a-t'il point de qui l'on pouroit plus facilement vous attribuer les fautes qu'il auroit commifes en cette matiere, fi ie les paffois icy fous filence. Car plufieurs fe perfuaderoient ayfement qu'il auroit efté choifi feul entre tous pour iuger de mes opinions, & ainfi qu'on pouroit là deffus s'en raporter autant à luy feul, qu'au jugement de toute la Societé, ce qui pouroit donner lieu de croire que vos fentimens ne feroient point en cela differens du fien. Et de plus, cóme le confeil qu'il a en cela fuiuy eft fort propre pour empefcher & retarder pour quelque temps la connoiffance de la verité, auffi n'eft-il pas fuffifant pour la fupprimer tout à fait, & vous ne pouriez iamais en

receuoir que du blasme, s'il venoit iamais à estre découuert. Car il ne s'est pas donné la peine de refuter par raison mes opinions, mais il s'est contenté d'en proposer
d'autres pour miennes, fort estranges & peu croyables,
conceuës en termes assez approchans des miens, & s'en
est simplement mocqué comme indignes d'estre refutées ; & par cet artifice il auroit facilement destourné de
la lecture de mes escrits tous ceux qui ne me connoissent pas, ou qui ne les ont iamais veus ; Et peut-estre
aussi qu'il auroit empesché par ce moyen ceux qui les
ayant veus ne les entendent pas encore assez, c'est à dire
en vn mot la pluspart de ceux qui les ont veus, de les
examiner dauantage ; Car en effet ils ne se seroient iamais doutez qu'vne personne comme luy eust osé auec
tant d'asseurance proposer des opinions comme miennes, qui en effet ne le seroient pas, & s'en mocquer. Et
à cela eust beaucoup seruy que sa dissertation n'eust pas
esté veuë de tout le monde, mais qu'il l'eust seulement
cōmuniquée en particulier à quelques vns de ses amis ;
car par ce moyen il luy auroit esté facile de faire en sorte qu'elle ne fust veuë de pas vn de ceux qui auroient
pû reconnoistre ses fictions ; & les autres luy auroient
encore adjousté d'autant plus de foy, qu'ils se seroient
persuadez qu'il ne l'auroit pas voulu mettre en lumiere, de peur qu'elle ne portast prejudice à ma reputation,
& ainsi qu'en cela mesme il me rendoit vn seruice d'a-
my. Et cependant il ne se seroit pas fort soucié qu'elle
eust esté veuë par beaucoup de personnes ; Car s'il eust
pû seulement persuader cela, comme il esperoit, aux
amis qu'il auoit dans vostre College de Paris, cette opinion

nion auroit de là facilement passé chez tous les autres Peres de la Societé qui sont respandus par toute la Terre, & en suitte auroit pris creance en l'esprit de la pluspart des hommes qui auroient adjousté foy à l'authorité de vostre Compagnie. Et quand cela seroit arriué, ie ne m'en estonnerois pas beaucoup : Car chacun de vous estant presque incessamment occupé à ses estudes particulieres, il est impossible que tous puissent examiner tous les Liures nouueaux qui se mettent en lumiere tous les iours en grand nombre ; mais ie m'imagine que pour le jugement d'vn Liure, on s'en rapporte au sentiment de celuy de la Compagnie qui le premier en entreprend la lecture, & ainsi que selon le jugement qu'il en fait, les autres puis apres ou le lisent, ou s'en abstiennent. Et il me semble auoir desia esprouué cecy à l'esgard du Traitté que i'ay fait imprimer touchant les Meteores : car y traittant là d'vne matiere de Philosophie, que i'y explique si ie ne me trompe, d'vne maniere plus exacte & plus vray-semblable, que pas vn des Autheurs qui en ont escrit auant moy ; Ie ne voy point qu'il y ayt de raison pourquoy vos Maistres de Philosophie qui enseignent tous les ans les Meteores dans vos Colleges, n'en parlent point, sinon pource que s'en raportás peut estre aux mauuais jugemens que R. P. * en a fait, ils n'ont iamais voulu se donner la peine de le lire. Et certes, tandis qu'il n'a fait qu'impugner ceux de mes escrits qui regardent la Physique ou les Mathematiques, ie me suis fort peu soucié de ses jugemens ; mais voyant que dans sa dissertation il a entrepris de destruire, non par des raisons, mais par de pures cauillations, les principes Metaphysiques desquels ie me suis seruy pour demonstrer l'existence de Dieu, & la reelle distinction de l'ame de l'homme d'auec le corps; i'ay iugé la connoissance de ces veritez si importante, que i'ay crû que pas vn homme de bien ne pouroit trouuer à redire, si i'entreprenois de deffendre de tout mon pouuoir ce que i'en ay escrit. Et il ne me sera pas difficile de le faire, car ne m'ayant rien objecté autre chose qu'vn doute trop grand & trop general, il n'est pas besoin pour monstrer combien c'est à tort qu'il me blasme de l'auoir proposé, que je rapporte icy tous les endroits de mes Meditations, où i'ay tasché auec tout le soin possible, & si ie ne me trompe, auec plus de solidité que pas vn autre de qui nous ayons les escrits, de l'oster & de le refuter : Mais il suffit que ie vous auertisse icy de ce que i'ay escrit en termes exprez au commencement de ma responce aux troisiesmes Objections, c'est à sçauoir, que ie n'auois proposé aucunes raisons de douter, à dessein de les persuader aux autres, mais au contraire pour les refuter ; ayant en cela suiuy entierement l'exemple des Medecins, qui descriuent les maladies, dont leur dessein est d'enseigner la cure. Et dites-moy ie vous prie, qui a iamais esté si osé & si impudent que de blasmer Hypocrate ou Gallien, pour auoir exposé les causes qui ont coustume d'engendrer les maladies ? & qui est-ce qui a iamais tiré de là cette mauuaise consequence, qu'ils n'enseignoient tous deux rien autre chose que la maniere de deuenir malades ? Certainement ceux qui sçauent que le R. P.* a eu cette audace, auroient assez de peine à se persuader qu'il n'auroit en cela agy que de este & suiuy son propre conseil, si ie ne le tesmoignois moy-mesme; & si ie ne faisois connoistre que ce qu'il auoit escrit auparauant contre moy, n'a point esté approuué par les vostres, & qu'il a fallu que vostre R. ayt interposé son authorité pour l'obliger à m'enuoyer sa derniere dissertation. Ce que ne pouuant faire plus commodement que dans cette Lettre, ie croy qu'il ne sera pas hors de propos que ie la fasse imprimer, auec les Notes que i'ay faites sur sa dissertation.

Mais aussi afin que i'en puisse tirer moy-mesme quelque profit, ie veux vous dire icy quelque chose touchant la Philosophie que ie medite, & que i'ay dessein, s'il ne suruient rien qui m'en empesche, de mettre en lumiere dans vn an ou deux. Ayant fait imprimer en l'année 1637. quelques-vns de ses Essais, ie fis tout ce que ie pûs pour me mettre à couuert de l'enuie que ie preuoyois bien, tout indigne que ie suis, qu'ils attireroient sur moy. Ce qui fut la seule cause pourquoy ie ne voulus point y mettre mon nom; non pas comme il a peut-estre semblé à quelques-vns, pource que ie me défiois de la verité des raisons qui y sont contenuës, & que i'eusse quelque honte, ou que ie me repentisse de les auoir faits. Ce fut aussi pour le mesme sujet que ie declaray en termes exprez dans mon discours de la Methode, page 66. qu'il me sembloit que ie ne deuois aucunement consentir que ma Philosophie fust publiée pendant ma vie; Et ie serois encore dans la mesme resolution, si, comme i'esperois, & que la raison sembloit me promettre, i'eusse esté par ce moyen deliuré de mes enuieux. Mais il en est arriué tout autrement. Car telle a

Zzz ij

esté la fortune de mes Essais, que bien qu'ils n'ayent pû estre entendus de plusieurs, neantmoins parce qu'ils l'ont esté de quelques-vns, & mesme de personnes tres-doctes & tres-ingenieuses, qui ont daigné les examiner auec plus de soin que les autres; on n'a pas laissé de reconnoistre qu'ils contenoient plusieurs veritez qui n'auoient point cy-deuant esté descouuertes; Et ce bruit s'estant incontinent répandu par tout, a tout aussi-tost fait croire à plusieurs que ie sçauois quelque chose de certain & d'asseuré en la Philosophie, & qui n'estoit sujet à aucune dispute. Ce qui fut cause en suitte que la plus grande partie, non seulement de ceux qui estant hors des Escoles, ont la liberté de philosopher comme il leur plaist, mais mesme la pluspart de ceux qui font profession d'enseigner, & sur tout les plus jeunes, & qui se fondent plus sur la force de leur esprit, que sur vne fausse reputation de science & de doctrine; & en vn mot tous ceux qui aiment la verité, me solliciterent de mettre au iour ma Philosophie. Mais pour les autres, c'est à dire, ceux qui ayment mieux paroistre sçauans que l'estre en effet, & qui s'imaginent desia auoir acquis quelque renom parmy les doctes, pour cela seul qu'ils sçauent disputer fortement de toutes les controuerses de l'Escole, comme ils craignent que si la verité venoit vne fois à estre descouuerte, toutes ces controuerses ne fussent abolies, & que par mesme moyen toute leur doctrine ne deuinst méprisable; Et d'ailleurs ayant quelque opinion que la verité se pourroit découurir, si ie publiois ma Philosophie, ils n'ont pas à la verité osé declarer ouuertement qu'ils ne souhaittoient point qu'elle fuſt imprimée ; mais ils ont fait paroiſtre vne grande animoſité contre moy. Or il m'a eſté tres-facile de reconnoiſtre & diſtinguer les vns d'auec les autres ; Car ceux qui ſouhaittoient de voir ma Philoſophie imprimée, ſe reſſouuenoient fort bien que i'auois fait deſſein de ne la point publier de mon viuant; & méme pluſieurs ſe ſont plaints à moy, de ce que i'aymois mieux la laiſſer à nos neueux, que de la donner à mes Contemporains; bien que tous les gens d'eſprit qui en ſçauoient la raiſon, & qui voyoient que ce n'eſtoit point que ie manquaſſe de volonté de ſeruir le public, ne m'en ayent pas pour cela moins aymé. Mais pour ceux qui apprehendoient qu'elle ne viſt le iour, ils ne ſe ſont point du tout reſſouuenus de ce deſſein que i'auois pris, ou du moins ils n'ont pas voulu le croire, mais au contraire ils ont ſuppoſé que i'en auois promis la publication ; ce qui faiſoit que ces gens m'appelloient quelquefois *Celebre prometteur*, & qu'ils me comparoient à certains eſtourdis & ambitieux, qui s'eſtoient vantez pendant pluſieurs années de faire imprimer des Liures, auſquels ils n'auoient pas mis la premiere main ; Ce qui fait dire auſſi au R. P. * *que ie differe ſi long-temps de publier ma Philoſophie, que deſormais il ne faut plus eſperer que iamais ie la publie.* Mais où eſt ſon eſprit & ſon jugement, s'il s'imagine qu'on puiſſe dire d'vn homme qui n'eſt pas encore vieil, qu'il ayt pû differer long-temps l'execution d'vne choſe, qui n'a pû encore juſques icy eſtre executée par perſonne pendant pluſieurs ſiecles; Et ne teſmoigne-t'il pas auſſi de l'imprudence, puis qu'en penſant me blaſmer, il auoüé neantmoins que ie ſuis tel, que peu d'an-

Zzz iij

nées ont suffi pour faire qu'on ayt pû long-temps attendre de moy vne chose que ie ne me promettrois pas de luy en des siecles entiers, quand nous aurions tous deux autant à viure. Ces Messieurs donc ne doutant point que ie n'eusse resolu de mettre au iour cette malheureuse Philosophie qui leur donnoit tant d'apprehension, si-tost qu'elle seroit en estat de le pouuoir souffrir, commencerent à décrier par des calomnies & médisances, tant cachées que découuertes, non seulement les opinions qui sont expliquées dans les escrits que i'auois desia publiez, mais principalement aussi cette Philosophie encore toute inconnuë, à dessein ou de me détourner de la faire imprimer, ou de la destruire si tost qu'elle verroit le iour, & de l'estouffer, pour ainsi dire, dés son berceau. Ie ne faisois que rire au commencement de la vanité de tous leurs desseins, & plus ie les voyois portez à combattre auec chaleur mes escrits, plus aussi faisoient-ils paroistre qu'ils faisoient cas de moy. Mais quand ie vis que leur nombre croissoit de iour en iour, & qu'il s'en trouuoit beaucoup plus qui n'oublioient rien pour chercher les occasions de me nuire, qu'il n'y en auoit d'autres qui fussent portez à me proteger : l'apprehenday que par leurs secrettes pratiques ils ne s'acquissent du pouuoir & de l'authorité, & qu'ils ne troublassent dauantage mon loisir, si ie demeurois tousiours dans le dessein de ne point faire imprimer ma Philosophie, que si ie m'opposois à eux ouuertement. C'est pourquoy, pour leur oster desormais tout sujet de crainte, j'ay resolu de donner au public tout ce peu que i'ay medité sur la Philosophie, & de faire tout mon possible à ce que mes opinions soient embrassées par plusieurs, si elles se trouuent conformes à la verité. Ce qui sera cause que ie ne les proposeray pas dans le mesme ordre, ny du mesme stile que i'ay desia fait cy-deuant la plus grande partie, dans le Traitté dont i'ay expliqué l'argument dans le discours de la Methode ; mais ie me seruiray d'vne regle & d'vne façon d'escrire plus accommodée à l'vsage des Escoles, en traittant par petits articles chaque question dans vn tel ordre, que pas vne ne depende pour sa preuue, que de celles qui l'auront precedée, afin que toutes ayant de la connexion & du rapport les vnes auec les autres, elles ne composent toutes ensemble qu'vn mesme corps. Et par ce moyen i'espere de faire voir si clairement la verité de toutes les choses dont on a coustume de disputer en Philosophie, que tous ceux qui voudront la chercher, la trouueront sans beaucoup de peine dans les escrits que ie prepare. Or tous les ieunes gens la cherchent sans difficulté, lors qu'ils commencent à s'adonner à l'estude de la Philosophie ; Tous les autres aussi de quelque aage qu'ils soient, la cherchent pareillement, lors qu'ils meditent seuls en eux-mesmes touchant les matieres de la Philosophie, & qu'ils les examinent afin d'en tirer quelque vtilité pour eux. Les Princes mesme & les Magistrats, & tous ceux qui establissent des Academies ou des Colleges, & qui fournissent de grandes sommes de deniers pour y faire enseigner la Philosophie, veulent tous vnanimement qu'autant que faire se peut on n'y enseigne que la vraye. Et si les Princes souffrent qu'on y agite des questions douteuses & controuersées, ce n'est pas afin que leurs Subjets par cette

habitude de disputer, & de contester, apprennent à deuenir plus contentieux, plus refractaires, & plus opiniastres, & ainsi à estre moins obeyssans à leurs Superieurs, & plus propres à émouuoir des seditions ; mais bien seulement sous l'esperance qu'ils ont que par ces disputes la verité se pourra enfin découurir. Et bien qu'vne longue experience leur ayt desia assez fait connoistre que tres-rarement on la découure par ce moyen, ils en sont toutesfois si jaloux, qu'ils croyent qu'on ne doit pas mesme negliger ce peu d'esperance qu'on en peut auoir. Car il n'y a iamais eu de nation si sauuage ou si barbare, & qui eust tellement en horreur le bon vsage de la raison, qui ayt voulu ou permis qu'on enseignast chez elle des opinions contraires à la verité connuë. Et partant il n'y a point de doute qu'on ne doiue preferer la verité à toutes les opinions qui luy sont opposées, pour anciennes & communes qu'elles puissent estre ; Et que tous ceux qui enseignent les autres ne soient obligez de la rechercher de tout leur possible, & de l'enseigner apres l'auoir trouuée. Mais on dira peut-estre, & cela non sans apparence de raison, qu'on ne doit pas se promettre que la verité se rencontre dans cette nouuelle Philosophie que ie prepare ; Qu'il n'est pas vray-semblable que i'aye veu moy seul plus clair qu'vne infinité de personnes des plus habiles du monde, qui ont tous suiuy les opinions communement receuës dans les Escoles ; Que les chemins frequentez & connus sont tousiours plus surs que les nouueaux & inconnus : principalement à cause de nostre Theologie, auec laquelle vne experience de plusieurs années a desia fait voir que s'accorde
fort

fort bien l'ancienne & commune Philosophie, ce qui est encore incertain d'vne nouuelle. Et c'est pour cela que quelques-vns souftiennent qu'il faut de bonne heure en empescher la publication, & l'esteindre auant qu'elle paroisse, de peur qu'en attirant à soy par les charmes de la nouueauté, vne multitude ignorante, elle ne croisse & ne se fortifie peu à peu auec le temps, ou qu'elle ne trouble la paix & le repos des Escoles, ou mesme qu'elle n'apporte auec soy de nouuelles heresies dans l'Eglise.

A quoy ie répons qu'à la verité ie ne me vante de rien, & que ie ne croy pas voir plus clair que les autres; mais que peut-estre cela m'a beaucoup seruy, de ce que ne me fiant pas trop à mon propre genie, i'ay suiuy seulement les voyes les plus simples & les plus faciles; Car il ne se faut pas beaucoup estonner, si i'ay peut-estre plus auancé en suiuāt ces routes faciles & ouuertes à tout le móde, que peut-estre d'autres n'ont fait auec tout leur esprit, en suiuant des chemins difficiles & impenetrables, I'adjouste de plus, que ie ne veux pas que l'on en croye à ma simple parole touchant la verité des choses que ie promets; mais que ie desire que l'on en juge par les essais que i'ay desia publiez; Car ie n'y ay pas traitté pour vne question ou deux seulement, mais i'en ay traitté plus de six cens, qui n'auoient point encore esté ainsi expliquées par personne auant moy. Et bien que jusques icy plusieurs ayent regardé mes escrits de trauers, & qu'ils ayent essayé par toutes sortes de moyens de les refuter, personne toutesfois, que ie sçache, n'y a encore pû rien trouuer que de vray. Que l'on fasse le denombrement de toutes les questions, qui depuis tant de siecles que les autres Philosophies ont eu cours, ont esté resoluës par leur moyen, & peut-estre s'estonnera-t'on de voir qu'elles ne sont pas en si grand nombre, ny si celebres, que celles qui sont contenuës dans mes Essays. Mais bien dauantage ie dis hardiment, que l'on n'a iamais donné la solution d'aucune question, suiuant les principes de la Philosophie Peripateticienne, que ie ne puisse demonstrer estre fausse, ou non receuable. Qu'on en fasse l'espreuue; Qu'on me les propose, non pas toutes, car ie n'estime pas qu'elles vaillent la peine qu'on y employe beaucoup de temps, mais quelques-vnes des plus belles & des plus celebres, & l'on verra l'effet de ma promesse. I'auertis seulement icy, pour oster tout sujet de caption & de dispute, que quand ie parle des principes particuliers à la Philosophie Peripateticienne, i'en excepte ces questions dont les solutions sont tirées, ou de la seule experience, qui est commune à tous les hommes; ou de la consideration des figures & des mouuemens, qui est propre aux Mathematiciens; ou des notions communes de la Metaphysique, qui sont communement receuës de toutes les personnes de bons sens; & que i'admets aussi bien que tout ce qui depend de l'experience, des figures, & des mouuemens, côme il paroist par mes Meditations. Ie dis de plus, ce qui peut-estre poura sembler paradoxe, qu'il n'y a rien en toute cette Philosophie, entant que Peripateticienne & differente des autres, qui ne soit nouueau, & qu'au contraire il n'y a rien dans la mienne qui ne soit ancien: Car pour ce qui est des principes, ie ne reçois que ceux qui iusques icy ont esté connus & admis generalement de tous les Philosophes, & qui pour cela mesme sont les plus anciens de tous: Et ce qu'en suite i'en déduis, paroist si manifestement, ainsi que ie fais voir, estre contenu & renfermé dans ces principes, qu'il paroist aussi en mesme temps que cela est tres-ancien, puis que c'est la Nature mesme qui l'a graué & imprimé dans nos esprits. Mais tout au contraire, les principes de la Philosophie vulgaire, du moins à le prendre du temps qu'ils ont esté inuentez par Aristote, ou par d'autres, estoient nouueaux, & ils ne doiuent pas à present estre estimez meilleurs qu'ils estoient alors; Or l'on n'en a encore rien deduit iusques icy qui ne soit contesté, & qui selon l'vsage ordinaire des Escoles, ne soit sujet à estre changé tous les ans par ceux qui se mélent d'enseigner la Philosophie, & qui par consequent ne soit aussi fort nouueau, puis que tous les iours on le renouuelle. Pour ce qui est de la Theologie, comme vne verité ne peut iamais estre contraire à vne autre verité, ce seroit vne espece d'impieté d'apprehender que les veritez découuertes en la Philosophie, fussent contraires à celles de la Foy. Et mesme i'auance hardiment que nostre Religion ne nous enseigne rien qui ne se puisse expliquer aussi facilement, ou mesme auec plus de facilité, suiuant mes principes, que suiuant ceux qui sont communement receus. Et il me semble auoir desia donné vne assez belle preuue de cela, sur la fin de ma réponse aux quatriesmes Objections, touchant vne question où l'on a pour l'ordinaire le plus de peine à faire accorder la Philosophie auec la Theologie; Et ie serois encore prest de faire la mesme chose sur toutes les autres que ſtions, s'il en eſtoit beſoin ; Et meſme auſſi de faire voir qu'il y a au contraire pluſieurs choſes dans la Philoſophie vulgaire, qui en effet ne s'accordent pas auec celles qui en Theologie ſont certaines, quoy que ſes Sectateurs ordinairement le diſſimulent, ou que l'on ne s'en apperçoiue pas, à cauſe de la longue habitude qu'on a de les croire. Il ne faut pas auſſi apprehender que mes opinions prennent trop d'accroiſſement, en attirant apres ſoy par leur nouueauté, vne multitude ignorante, puis que l'experience nous monſtre au contraire, qu'il n'y a que les plus habiles qui les approuuent ; leſquels ne pouuant eſtre attirez à les ſuiure par les charmes de la nouueauté, mais par la ſeule force de la verité, doiuent faire ceſſer l'apprehenſion qu'on pouroit auoir qu'elles ne priſſent vn trop grand accroiſſement. Enfin il ne faut pas non plus apprehender qu'elles troublent la paix des Eſcoles : Mais tout au contraire, la guerre eſtant maintenant autant allumée entre les Philoſophes, qu'elle le ſçauroit eſtre, il n'y a point de meilleur moyen pour eſtablir la paix entr'eux, & pour retrancher toutes les hereſies iuſqu'à la racine, qui renaiſſét tous les iours de leurs controuerſes, que de les obliger à receuoir dans leurs Eſcoles des opinions qui ſoient vrayes, telles que i'ay deſia prouué que ſont les miennes. Car la facilité qu'on aura à les conceuoir, & la certitude qui naiſtra de leur euidence, oſtera tout ſujet de conteſtation & de diſpute. Or de tout cecy l'on void clairement, qu'il n'y a point d'autre raiſon pourquoy il y en a qui s'eſtudient auec tant de ſoin de deſtourner les autres de la connoiſſance de mes opinions, ſinon que les eſtimant trop euidentes & trop certaines, ils craignent qu'elles ne diminuent cette vaine reputation de gens sçauants, qu'ils se sont acquis par la connoissance d'autres opinions moins probables. En sorte que cette enuie mesme qu'ils tesmoignent, n'est pas vne petite preuue de la verité & de la certitude de ma Philosophie. Mais de peur qu'il ne semble peut-estre icy, que c'est à tort que ie me vante de l'enuie que l'on me porte, & que ie n'en ay point d'autre tesmoignage que la dissertation du R. P.* Ie vous diray icy ce qui s'est passé il n'y a pas long-temps, dans vne des plus nouuelles Academies de ces Prouinces.

Vn certain Docteur en Medecine (*que chacun sçait à present estre* M^r *le Roy, Professeur à Vtrech*) homme d'vn esprit subtil & clair-voyant, & du nombre de ceux, qui, bien qu'ils ayent fort bien appris la Philosophie de l'Escole, neantmoins pource qu'ils y croyent fort peu, & qu'ils ont de l'esprit & de l'ingenuité, ne s'en orgueillissent pas pour cela beaucoup, & ne s'imaginent pas estre fort sçauans, comme font quelques-autres qui en sont, pour ainsi dire, comme enyurez, prit la peine de lire ma Dioptrique & mes Meteores, si tost qu'ils furent mis en lumiere, & jugea d'abord qu'ils contenoient & renfermoient en eux les principes d'vne Philosophie plus vraye que la vulgaire; Et les ayant tous ramassez le plus diligemment qu'il luy fut possible, & en ayant mesme déduit quelques-autres, il se les mit si auant dans l'esprit, & trauailla si heureusement, auec tant d'adresse & de viuacité, qu'en peu de temps il composa vn Traitté entier de Physiologie, lequel ayant fait voir à quelques-vns de ses amis, ils le trouuerent si beau, & leur agrea de telle sorte, qu'ils furent eux-mesmes demander pour luy au Magistrat, & obtinrent de luy vne chaise de Medecine, qui pour lors se trouuoit vacante, & qu'auant cela il n'auoit point recherchée. Ainsi estant deuenu Professeur, il jugea qu'il estoit de son deuoir de s'attacher principalement à enseigner ces choses qui luy auoient merité la chaise qu'il possedoit ; & cela d'autant plus, qu'il les croyoit estre vrayes, & qu'il tenoit pour faux tout ce qui leur estoit contraire. Mais comme il arriua que par ce moyen il attiroit à luy vn tres-grand nombre d'auditeurs, & que cela desertoit les classes des autres, quelques-vns de ses Collegues voyans qu'on le preferoit à eux, commencerent à luy porter enuie, & formerent souuent contre luy des plaintes au Magistrat, requerans qu'on luy deffendist cette nouuelle façon d'enseigner. Et toutesfois ils ne purent en trois années rien obtenir de luy, sinon qu'on le prieroit d'enseigner en mesme temps & conjointement auec ses principes, ceux de la Philosophie & de la Medecine vulgaire, afin que par ce moyen il rendist aussi ses auditeurs capables de lire les escrits des autres. Car ce Magistrat qui estoit prudent, jugeoit fort bien que si ces nouuelles opinions estoient vrayes, il ne deuoit pas en deffendre la publication ; & que si elles estoient fausses, il n'en estoit pas de besoin, pource qu'en peu de temps elles se destruiroient d'elles-mesmes. Mais voyant qu'au contraire elles croissoient de jour en jour & se fortifioient auec le temps, & qu'elles estoient suiuies & embrassées principalement par les gens d'honeur & d'esprit, beaucoup plus que par les plus ieunes ou par les perſonnes de baſſe condition, qui en eſtoient plus facilement deſtournez, par le conſeil & l'authorité de ſes enuieux ; le Magiſtrat donna à ce Medecin vn nouuel employ, qui fut d'expliquer certains iours de la ſemaine, hors les leçons ordinaires, les Problemes Phyſiques, tant d'Ariſtote, que des autres Philoſophes ; & par ce moyen luy donna vne nouuelle & plus belle occaſion de traitter de toutes les parties de la Phyſique, qu'il n'auoit fait auparauant en luy donnant la chaiſe de Medecine. Et peut-eſtre que ſes autres Collegues en ſeroient pour iamais demeurez là, ſi vn d'entr'eux, qui pour lors eſtoit Recteur de cette Academie, n'euſt reſolu de dreſſer contre luy toutes ſes machines pour le debuſquer ; Or afin que l'on ſçache de quelle qualité ſont mes aduerſaires, ie veux vous en faire icy en peu de mots le portrait : C'eſt vn homme qui paſſe dans le monde pour Theologien, pour Predicateur, & pour vn homme de controuerſe & de diſpute, lequel s'eſt acquis vn grand credit parmy la populace, de ce que declamant tantoſt contre la Religion Romaine, tantoſt contre les autres qui ſont differentes de la ſienne, & tantoſt inuectiuant contre les puiſſances du Siecle ; il fait eſclatter vn zele ardent & libre pour la Religion, entremeſlant auſſi quelquefois dans ſes diſcours des paroles de raillerie qui gagnent l'oreille du menu peuple ; Et de ce que mettant tous les iours en lumiere pluſieurs petits liurets, mais qui ne meritent pas d'eſtre leus ; & que citant diuers Autheurs, mais qui ſont plus ſouuent contre luy que pour luy, & que peut-eſtre il ne connoiſt que par les tables ; & enfin que parlant treshardiment, mais auſſi tres-impertinemment, de toutes les ſciences, comme s'il y eſtoit fort ſçauant, il paſſe pour docte deuant les ignorans. Mais les perſonnes qui ont vn peu d'eſprit, & qui ſçauent combien il s'eſt touſiours monſtré importun à faire querelle à tout le monde, & combien de fois dans la diſpute il a apporté des injures au lieu de raiſons, & s'eſt honteuſement retiré apres auoir eſté vaincu, s'ils ſont d'vne Religion differente de la ſienne ils ſe mocquent ouuertement de luy & le méepriſent, & quelques-vns meſme l'ont deſia publiquement ſi mal-traitté, qu'il ſemble qu'il ne reſte plus rien deſormais à eſcrire contre luy. Et s'ils ſont d'vne meſme Religion, encore qu'ils l'excuſent & le ſupportent autant qu'ils peuuent, ils ne l'approuuent pas toutesfois en eux-meſmes. Apres que ce perſonnage euſt eſté quelque temps Recteur, il arriua que ce Medecin faiſant ſouſtenir des Theſes par quelques vns de ſes diſciples, auſquelles il preſidoit, on ne leur donna pas le loiſir de répondre aux argumens qui leur eſtoient propoſez; & qu'on les troubla continuellement par des bruits ſcholaſtiques & importuns, leſquels ie ne dis pas auoir eſté excitez par les amis de ce Theologien, car ie n'en ſçay rien, mais ſeulement ie dis qu'ils n'auoient pas couſtume de ſe faire auparauant. Et i'ay ſçeu meſme depuis de quelques perſonnes dignes de foy qui eſtoient preſens à ces diſputes, qu'ils n'ont pû auoir eſté excitez par la faute du Preſident ou des Reſpondans, puis que ces bruits commençoient touſiours auant qu'ils ſe fuſſent mis en deuoir d'expliquer leurs penſées; Et ce pendant le bruit couroit que la Philoſophie nouuelle s'y deffendoit mal,

afin

afin de faire conclure à vn chacun, qu'elle ne meritoit pas qu'on l'enseignast publiquement. Il arriua aussi que comme il se faisoit souuent des disputes où ce Medecin presidoit, & que les Theses estoient remplies de diuerses questions, qui n'auoient point de raport ny de liaison entr'elles, selon la phantaisie de ceux qui les soûtenoient; que quelqu'vn d'eux mit inconsiderément dans l'vne de leurs assertions: *Que de l'vnion de l'ame & du corps il ne se faisoit pas vn estre par soy, mais seulement par accident*; appellant estre par accident tout ce qui estoit composé de deux substances tout à fait differentes, sans pour cela nier l'vnion substantielle, par laquelle l'ame est iointe auec le corps; ny cette aptitude ou inclination naturelle, que l'vne & l'autre de ces parties ont pour cette vnion. Comme l'on voyoit de ce qu'ils auoient adiousté aussi-tost ensuite: *Que ces substances estoient dites incompletes, eu égard au composé qui resultoit de leur vnion*; Si bien que l'on ne pouuoit trouuer rien à reprendre dans l'vne ou dans l'autre de ces dux positions, sinon peut-estre la maniere de parler, qui n'estoit pas en tout conforme à celle de l'Escole. Mais cette occasion sembla assez grande à ce Recteur Theologien, pour faire niche au Medecin, & le condamner d'heresie; & pour luy oster par ce moyen sa chaise, si la chose eust reüssi comme il esperoit, mesme malgré le Magistrat. Et il ne seruit de rien à ce Medecin, sitost qu'il eust reconnu que le Recteur n'approuuoit pas cette These, de l'auoir esté luy-mesme trouuer, & tous les autres Professeurs de Theologie, & leur ayant expliqué sa pensée, de les auoir asseurez qu'il n'auoit jamais eu intention de rien faire ny dire, qui choquaſt leur Theologie, ou la ſienne; car nonobſtant cela ce Recteur ne laiſſa pas peu de iours apres de faire imprimer des Theſes, auſquelles (comme l'on m'a aſſeuré) il auoit deſſein de mettre ce titre: *Corollaires propoſez par l'authorité de la ſacrée Faculté de Theologie à tous les Eſtudians, pour leur ſeruir d'aduertiſſement & d'inſtruction. Auec cette addition, que l'opinion de Taurellus, que les Theologiens d'Heidelberg appellent le Medecin Athée, & du ieune eſtourdy Gorlæus, qui dit que l'homme eſt vn eſtre par accident, choque en pluſieurs manieres la Phyſique, la Methaphyſique, la Pneumatique, & la Theologie,* &c. Afin qu'apres les auoir fait ſigner à tous les autres Profeſſeurs en Theologie, & meſme à tous les Predicateurs (ſi toutes fois il euſt pû les y porter, dont ie doute fort) il deputaſt auſſi-toſt quelques vns de ſes Collegues vers le Magiſtrat, pour l'aduertir que ce Medecin auoit eſté condamné d'hereſie par vn Concile Eccleſiaſtique, & mis au rang de Taurellus & de Gorlæus, Autheurs, que peut eſtre il n'a iamais lûs, & qui pour moy me ſont tout à fait inconnus, & que par ce moyen le Magiſtrat ne puſt plus de bonne grace luy laiſſer plus long-temps la Chaiſe. Mais comme ces Theſes eſtoient encore ſous la preſſe, elles tomberent par hazard entre les mains de quelques vns des Magiſtrats, qui ayans fait venir le Theologien, l'auertirent de ſon deuoir, & luy enchargerent qu'il euſt du moins à changer le titre, & à ne pas abuſer ainſi publiquement de l'authorité de la Faculté de Theologie, pour appuyer ſes calomnies. Mais nonobſtant cela, il continua de faire imprimer ſes Theſes, &

à l'imitation du R. P. *. il les fit soûtenir durant trois iours. Et pour ce qu'elles auroient esté trop steriles, s'il n'y eust traité que cette question de nom ; Sçauoir, *Si vn composé de deux substances doit estre appellé vn estre par accident*: il en adiousta à celle-cy quelques autres, dont la plus considerable estoit *touchant les formes substantielles des choses materielles*: que ce Medecin auoit toutes niées, excepté *l'ame raisonnable*: mais que luy aucontraire auoit tasché d'appuyer & de deffendre par toutes les raisons qu'il auoit pû, cóme le *Palladium* & le bouclier de l'Escole Peripateticienne. Et afin qu'on ne croye pas icy que c'est à tort que ie m'interesse dans toutes ces disputes, outre que ce Theologien auoit mis mon nom dans ses Theses, cóme auoit fait aussi souuent le Medecin dans les sienes, il me nommoit encore dans la chaleur de sa dispute, & demandoit à son opposant, si ce n'estoit point moy qui luy auois fourny & suggeré ses argumens ; & se seruant d'vne comparaison tout à fait odieuse, il disoit que ceux à qui la maniere commune de Philosopher déplaisoit, en attendoient de moy vne autre, comme les Iuifs font leur Elie, qui leur deuoit enseigner toute verité. Ayant donc ainsi triomphé pendant trois iours, le Medecin qui preuoyoit bien, que s'il ne disoit mot, plusieurs s'imagineroient qu'il auroit esté vaincu : & d'vn autre costé, que s'il entreprenoit de se deffendre par des disputes publiques, on ne manqueroit pas, comme auparauant, de faire du bruit, pour empescher qu'il ne fust entendu ; prit resolution de faire responce par escrit aux Theses de ce Theologien, dans laquelle quoy qu'il y refutast par de bonnes & solides raisons tout ce qui auoit

BBbb ij

esté dit contre luy, ou contre ses opinions, il ne laissoit pas cependant de traiter leur Autheur, si doucement & auec tant d'honneur, qu'il faisoit bien voir que son dessein estoit de se le rendre fauorable, ou du moins de ne le pas aigrir. Et en effet, sa responce estoit telle, que plusieurs de ceux qui l'ont leüe, ont iugé qu'elle ne contenoit rien dont le Theologien eust sujet de se plaindre, sinon, peut estre, de ce qu'il l'auoit appellé homme de bien, & ennemy de toute sorte de medisance. Mais encore qu'il n'y eust point esté mal traité de paroles, il crût neantmoins que ce Medecin luy auoit fait vne fort grande iniure, pource qu'il l'auoit vaincu à force de raisons, & mesme de raisons qui luy faisoient voir clairement qu'il estoit vn calomniateur, & vn ignorant. Et pour remedier à ce mal, il crût ne pouuoir mieux faire que d'vser de son pouuoir, & de deffendre dans sa ville la vente d'vne responce qui luy estoit si odieuse. Peut-estre auoit il oüy dire ce que quelques vns reprochent à Aristote, que n'ayant point d'assez bonnes raisons pour refuter les opinions des Philosophes qui l'auoient precedé, il leur en auoit attribué quelques autres fort absurdes, à sçauoir celles qui se voyent dans ses escrits; & que pour empescher que ceux qui viendroient apres luy ne descouurissent sa fourbe, il auoit fait ietter dans le feu tous leurs liures, qu'il auoit fait auparauant soigneusement rechercher. Ce que nostre Theologien, comme fidelle sectateur de son Maistre, taschant d'imiter, il conuoqua l'assemblée generale de son Academie, où il se plaignit du libelle qui auoit esté fait contre luy par vn de ses Collegues, & dit qu'il falloit le suprimer,

& exterminer en mesme temps toute cette Philosophie qui troubloit le repos de l'Academie. Plusieurs souscriuirent à cét aduis ; & trois d'entr'eux furent deputez vers le Magistrat, qui luy firent lesmesmes plaintes. Le Magistrat pour les satisfaire en quelque façon, fit enleuer de chez le Libraire quelques vns des Exemplaires, ce qui fit que les autres qui resterent se vendirent plus cher, qu'on les rechercha auec plus d'empressement, & qu'on les lût auec plus de soin. Mais comme personne n'y trouua rien dont le Theologien eust droit de se plaindre, que la seule force des raisons qu'il ne pouuoit éuiter, il fut mocqué de tout le monde. Cependant il ne se donnoit point de repos, & assembloit tous les iours son Senat Academique, pour luy faire part de cette infamie ; il auoit vne grande affaire sur les bras, il luy falloit rendre raison pourquoy il vouloit que la response du Medecin, & toute sa Philosophie fust condamnée, & il n'en auoit point. Mais neantmoins il parut enfin vn Iugement rendu au nom de toute l'Academie ; mais que l'on doit plutost attribuer au Recteur seul : Car comme dans toutes les Assemblées qu'il conuoquoit, il y prenoit seance en qualité de Iuge, & tout ensemble d'accusateur tres-seuere, & que le Medecin au contrairen'y estoit ny oüy pour se deffendre, ny pas mesme receu pour y assister ; qui doute qu'il n'ait facilement entraisné la plus grande partie de ses Collegues du costé où il a voulu, & que le grand nombre des suffrages qu'il auoit pour luy, n'ait preualu sur le petit nombre des autres ; veu principalement qu'il y en auoit parmy eux quelques vns qui auoient autant, ou mesme plus de sujet de vouloir mal au Medecin, & que les autres qui estoient paisibles & pacifiques, sçachant de quelle humeur estoit leur Recteur, ne luy contredisoient pas volõtiers. Et il y eut cecy de remarquable, que pas vn d'eux ne voulut estre nommé comme approbateur de ce Iugement, & mesme qu'il y en eust vn, qui n'estoit ny amy du Medecin, ny de ma connoissance, lequel preuoyant bien l'infamie que l'Academie en receuroit vn iour, voulut expressément, pour s'en garentir, que son nom y fut mis, comme ne l'approuuant pas. Et ie mettray icy la coppie de ce Iugement, tant parce que peut-estre V. R. sera bien aise d'apprendre ce qui se passe en ces quartiers entre les gens de lettres, comme aussi pour empescher autant qu'il me sera possible, que dans quelques années, quand les Exemplaires auront esté tous distribuez, quelques malveillans ne se seruent de son authorité, & ne fassent à croire qu'il contenoit des raisons assez iustes & valables pour condamner ma Philosophie. Ie tairay seulement le nom de l'Academie, de peur que ce qui est arriué depuis peu par l'imprudence d'vn Recteur turbulent, & qu'vn autre poura peut-estre changer & reparer dans peu de temps, ne la rende mesprisable chez les estrangers.

IVGEMENT IMPRIMÉ SOVS LE
nom du Senat Academique de ***.

Les Professeurs de l'Academie de ***. n'ayant pû voir sans grande douleur, le libelle qui parut au iour au mois de Feburier de l'année 1642. qui portoit ce titre : Responsio seu notæ ad corollaria Theologico-philosophica, &c. *Et ayant reconnu qu'il ne tendoit qu'à la ruine & à la honte de l'Academie, & qu'il n'estoit propre qu'à faire naistre de mauuais soupçons dans les esprits des autres, ont iugé à propos de certifier tous & vn chacun de ceux qu'il appartiendra.*

Premierement qu'ils n'approuuent point ce procedé; qu'vn Collegue se donne la licence de faire imprimer publiquement contre vn autre de ses Collegues, des liures ou des libelles qui portent le nom de celuy contre qui ils sont faits; & cela à l'occasion seulement de quelques Theses, ou corollaires qui ont esté faits & imprimez sans aucun nom, touchant des matieres controuersées dans l'Academie.

2. Qu'ils n'approuuent pas non plus cette façon superbe de deffendre la nouuelle & pretenduë Philosophie, dont l'Autheur se sert dans le susdit libelle: pource qu'estant insolente en ses termes, elle charge de honte & d'opprobre ceux qui icy ou ailleurs enseignent vne Philosophie contraire à celle là, & qui s'attachent à la vulgaire, comme la plus vraye, & celle qui est la plus vniuersellement receüe, comme lors que l'Autheur du susdit libelle page 6. dit. Car il y a desia long-temps que ie m'apperçois que les grands progrez que font sous moy mes Auditeurs en fort peu de temps font ialousie à quelques vns. *Page 7.* Que les termes dont les autres se seruent d'ordinaire pour soudre les difficultez, ne satisfont iamais pleinement des esprits tant soit peu éclairez & clairuoyans; mais au contraire ils les obscurcissent & les remplissent de tenebres & de nuages. *Et au mesme endroit.* L'on apprend chez moy bien plus ayfément & plus promptement à conceuoir le vray sens d'vne diffi-

culté, que l'on ne fait ordinairement chez les autres, ce que l'experience fait voir tres-clairement; car il est constant que plusieurs de mes Disciples ont desia fort souuent paru auec honneur dans les disputes publiques, sans auoir donné sous moy à l'estude que quelques mois de leur temps. Et ie ne fais point de doute, que toute personne qui aura l'esprit bien fait, ne iuge qu'il n'y a rien du tout à reprendre en cecy, mais qu'au contraire tout y est digne de loüange. *Page* 9. Nous auons reconnu que ces miserables estres (sçauoir est les formes substantielles, & les qualitez réelles) ne sont propres à rien du tout, sinon peut-estre à aueugler les esprits de ceux qui estudient, & à faire qu'au lieu de cette docte ignorance que vous estimez & vantez tant, leur esprit ne se remplisse que d'vne certaine autre ignorance toute boufie d'orgueil & de vanité. *Page* 15. Mais aucontraire, de l'opinion de ceux qui admettent & establissent les formes substantielles, l'on tombe facilement dans l'opinion de ceux qui disent que l'ame est corporelle & mortelle. *Page* 20. On pouroit demander si cette façon de philosopher, qui a coustume de reduire toutes choses à vn seul principe actif, à sçauoir à la forme substantielle, n'est point plutost digne de quelque malotru maistre à danser, qui ne sçait qu'vn air, ou qu'vne chanson. *Page* 25. D'où il suit clairement, que ce ne sont pas ceux qui nient les formes substantielles, mais bien plutost ceux qui les establissent, qu'on peut par de bonnes consequences reduire à vn tel point, qu'ils auroient de la peine à se deffendre de n'estre pas des bestes ou des Athées. *Page* 39. Pourceque les principes qui ont esté iusques

ques icy establis par les autres, pour rendre raison des moindres effets de la nature, sont pour la pluspart tres-steriles & peu vray-semblables, & ne satisfont point vn esprit qui recherche la verité.

3. Qu'ils rejettent & condamnent cette nouuelle Philosophie, premierement parce qu'elle est contraire à l'ancienne, laquelle auec beaucoup de raison a esté jusques icy enseignée dans toutes les Academies du monde, & qu'elle renuerse ses fondemens. Secondement, parce qu'elle détourne la jeunesse de l'estude de l'ancienne, & de la vraye Philosophie, & qu'elle l'empesche de paruenir au comble de l'erudition, à cause qu'estant vne fois imbue des principes de cette pretendue Philosophie, elle n'est plus capable d'entendre les termes qui sont vsitez chez les Autheurs, & dont les Professeurs se seruent dans leurs leçons & disputes. Et enfin, parce que non seulement plusieurs fausses, & absurdes opinions suiuent de cette Philosophie ; mais mesme qu'vne jeunesse imprudente en peut aysément deduire quelques vnes qui soient opposées aux autres disciplines & facultez, & principalement à la vraye Theologie.

Que pour ces causes ils veulent & entendent que tous ceux qui enseignent la Philosophie dans cette Academie, s'abstiennent d'oresnauant d'vn pareil dessein & d'vne telle entreprise ; se contentant de cette mediocre liberté, que chacun a de contredire sur quelques points particuliers les opinions des autres, ainsi qu'il se pratique dans les Academies les plus celebres ; sans pour cela choquer ou ruiner les fondemens de la Philosophie communement receüe : trauaillans de tout leur pouuoir à conseruer en toutes choses, le repos & la tranquillité de l'Academie. Rendu ce jourd'huy 16. Mars 1642.

Or c'est vne chose digne de remarque, que ce Iugement ne parut que quelque temps apres qu'on s'eſtoit deſia moqué, de ce que le Recteur auoit mieux aymé faire ſupprimer le Liure du Medecin, que d'y reſpondre. Et partant qu'il ne faut point douter qu'il n'y ait mis, ſinon toutes les raiſons poſſibles, du moins toutes celles qu'il auoit pû inuenter pour excuſer ſon procedé. Parcourons les donc toutes, s'il vous plaiſt, les vnes apres les autres.

1. Ce Iugement porte, *Que le Liure du Medecin tend à la ruine & à la honte de l'Academie, & à faire naiſtre de mauuais ſoupçons dans les eſprits des autres*: ce que ie ne puis interpreter autrement, ſinon que de là, l'on prendra occaſion de ſoupçonner, ou pluroſt que l'on reconnoiſtra que le Recteur de l'Academie a eſté imprudent de s'oppoſer à la verité connuë; ou meſme malicieux, de ce qu'ayant eſté vaincu par raiſon, il taſchoit de vaincre par authorité. Mais cette honte & ignominie a maintenant ceſſé, parce qu'il n'eſt plus Recteur; & que l'Academie ſouffre moins de deshonneur d'auoüer encore celuy-cy pour l'vn de ſes Maiſtres, qu'elle ne reçoit d'honneur d'auoir auſſi le Medecin; pourueu toutesfois qu'elle ne s'en rende pas indigne.

2. *Qu'on trouue mauuais qu'vn Collegue faſſe imprimer contre vn autre de ſes Collegues, des Liures qui portent le nom de celuy contre qui ils ſont faits*: Mais pour cette raiſon le Recteur meſme, qui dans ce Iugement eſtoit accuſateur & Preſident tout enſemble, deuoit eſtre le ſeul coupable, & le ſeul qui deuoit eſtre condamné. Car luy meſme auparauant, ſans qu'on l'y euſt prouoqué, auoit fait imprimer contre ſon Collegue deux petits Liurets

en forme de Theses, & mesme auoit tasché de les appuyer & fortifier de l'authorité de la sacrée Faculté de Theologie, afin de circonuenir vn innocent, & de l'opprimer par calomnie. Et il est ridicule, s'il s'excuse sur ce qu'il ne l'a pas nommé, puis qu'il a cité les mesmes paroles que ce Medecin auoit fait imprimer auparauant, & qu'il l'a tellement dépeint, que personne ne pouuoit douter, que ce ne fust luy à qui il en vouloit. Mais le Medecin au contraire luy a répondu si modestement, & a parlé de luy auec tant d'eloges, qu'on pouuoit plutost croire qu'il luy auoit escrit en amy, & comme à vne personne de qui le nom mesme luy estoit en honneur, que non pas comme à vn aduersaire: Ce qu'en effect tout le monde auroit crû, si le Theologien au lieu d'vser de son authorité, se fust seruy de raisons tant soit peu probables, pour refuter celles que le Medecin auoit apportées. Mais qu'y a-t'il de plus iniuste, que de voir vn Recteur accuser vn de ses Collegues d'auoir dit des iniures à vn autre de ses Confreres, pour cela seul, qu'il a apporté des raisons si manifestes & si veritables, pour se purger du crime d'heresie & d'Atheïsme, dont il l'auoit chargé, qu'il a par ce moyen empesché qu'il n'ait esté par luy circonuenu.

3. *Mais le Theologien n'approuue pas cette façon de deffendre la nouuelle & pretenduë Philosophie*, dont se sert le Medecin dans le susdit libelle, *parce qu'estant insolente en ses termes, elle charge de honte & d'opprobre ceux qui enseignent la Philosophie vulgaire, comme la plus vraye*. Mais cét homme tres-modeste ne prend pas garde qu'il reprend dans vn autre l'insolence des paroles, dont ie suis asseu-

CCcc ij

ré neantmoins que personne ne pourra voir la moindre marque, pourueu seulement qu'on veuille considérer les lieux qui sont icy citez, & qui ont esté triez de costé & d'autre du Liure du Medecin, comme les plus insolens, & les plus propres à attirer sur luy l'enuie d'vn chacun. Principalement, si l'on veut aussi prendre garde, qu'il n'y a rien de plus vsité dans les Escoles des Philosophes, que de voir vn chacun dire librement, & sans aucun déguisement ou adoucissement de paroles, ce qu'il pense; d'où vient qu'on ne s'estonne point de voir vn Philosophe soustenir hardiment que toutes les opinions des autres sont fausses, & que les siennes seules sont veritables; car l'habitude qu'ils ont contractée par leur frequentes disputes, les a insensiblement accoustumez à cette liberté, qui peut-estre pourroit sembler vn peu rude à ceux qui menent vne vie plus ciuile. Comme aussi que la pluspart des choses qui sont icy rapportées, comme ayant esté dites par vne espece d'enuie contre tous ceux qui professent la Philosophie, ne doiuent estre entendues que du seul Theologien, ainsi qu'il est manifeste par le Liure du Medecin; Et qu'il n'a parlé au pluriel & à la troisiesme personne, qu'afin de l'espargner. Et enfin que s'il a fait cette iniurieuse comparaison, d'vn Maistre à danser, & s'il a parlé de bestes & d'Athées, &c. ce n'a point esté de gayeté de cœur; mais apres auoir esté honoré de ces beaux titres par le Theologien, dont il n'a pû reietter l'opprobre, qu'en faisant voir par de bonnes & euidentes raisons, qu'ils ne luy conuenoient point du tout, mais plutost à son aduersaire. Et ie vous prie, qui pouroit souffrir l'humeur d'vn homme, qui pretendroit qu'il luy fust permis d'appeller les autres par calomnie, Athées, ou bestes, & qui cependant ne pourroit souffrir, que par de bonnes & conuaincantes raisons on repoussast modestement ces outrages ?

Mais ie viens aux choses qui me regardent le plus. Il allegue trois raisons pour lesquelles il condamne ma nouuelle Philosophie. La premiere est pource qu'elle est opposée à l'ancienne. Ie ne repete point icy ce que i'ay desia dit cy-dessus; àsçauoir que ma Philosophie est la plus ancienne de toutes, & qu'il n'y a rien dans le vulgaire, qui luy soit contraire, qui ne soit nouueau. Mais seulement ie demande s'il est croyable qu'vn homme entende bien cette Philosophie qu'il condamne, qui est si impertinent, si vous voulez si malicieux, que d'auoir voulu la rendre suspecte de Magie, à cause qu'elle considere les figures. Ie demande outre cela quelle est la fin de toutes ces disputes qui se font dans les Escoles, sans doute, me dira t'on, qu'elles ne se font que pour découurir par leur moyen la verité : Car si on l'auoit vne fois découuerte, toutes ces disputes cesseroient, & n'auroient plus de lieu; comme l'on voit dans la Geometrie, de laquelle pour l'ordinaire on ne dispute point. Mais si cette euidente verité, si long-temps recherchée & attenduë, nous estoit enfin proposée par vn Ange, ne faudroit-il point aussi la rejetter, pour cela mesme qu'elle sembleroit nouuelle à ceux qui sont accoustumez aux disputes de l'Escole ? Mais peut-estre me dira t'il, que dans les Escoles on ne dispute point des principes, lesquels cependant sont renuersez par nostre pretenduë Philosophie:

Mais pourquoy les souffre-t'il ainsi abbattre sans les releuer ? pourquoy ne les souſtient-t'il pas par de bonnes raiſons ? Et ne reconnoiſt on pas aſſez leur incertitude, puis que depuis tant de ſiecles qu'on les cultiue, on n'a encore pû rien baſtir deſſus de certain & d'aſſuré. L'autre raiſon eſt, pource que la jeuneſſe eſtant vne fois imbuë des principes de cette pretenduë Philoſophie, elle n'eſt plus apres cela capable d'entēdre *les termes de l'Art*, qui ſont en vſage chez les Autheurs. Comme ſi c'eſtoit vne choſe neceſſaire, que la Philoſophie, qui n'eſt inſtituée que pour connoiſtre la verité, enſeignaſt aucuns termes dont elle meſme n'a point de beſoin. Pourquoy ne condamne-t'il pas pluſtoſt pour cela la Grammaire & la Rhetorique, puiſque leur principal office eſt de traiter des mots, & que cependant bien loin de les enſeigner, elles les reiettent comme eſtants impropres & barbares. Qu'il ſe plaigne donc, *que ce ſont elles qui detournent la ieuneſſe de l'eſtude de la vraye Philoſophie, & qui empeſchent qu'elle ne puiſſe paruenir au comble de l'erudition*; Il le peut faire ſans craindre que pour cela il ſe rende plus digne de riſée, que lors qu'il forme les meſmes plaintes contre ma Philoſophie; car ce n'eſt pas d'elle qu'on doit attendre l'explication de ces termes, mais de ceux qui s'en ſont ſeruis, ou de leurs liures. La troiſieſme & derniere raiſon contient deux parties, dont l'vne eſt tout à fait ridicule; & l'autre iniurieuſe & fauſſe; Car qu'y a-t'il de ſi vray & de ſi clair, *donc vne jeuneſſe mal-auiſée ne puiſſe ayſément déduire pluſieurs opinions fauſſes & abſurdes*. Mais de dire que de ma Philoſophie il s'enſuiue en effet aucunes opinions qui ſoient contraires à la vraye Theo-

logie, c'eſt vne choſe entierement fauſſe & iniurieuſe. Et ie ne veux point me ſeruir icy de cette exception, que ie ne tiens pas ſa Theologie pour vraye & pour orthodoxe : Ie n'ay jamais mépriſé perſonne, pour n'eſtre pas de meſme ſentiment que moy, principalement touchant les choſes de la Foy ; car ie ſçay que la Foy eſt vn don de Dieu ; bien au contraire, ie cheris meſme, & honore pluſieurs Theologiens & Predicateurs qui profeſſent la meſme Religion que luy. Mais j'ay deſia ſouuent proteſté que ie ne voulois point me méler d'aucunes controuerſes de Theologie : Et dautant que ie ne traitte auſſi dans ma Philoſophie que des choſes qui ſont connuës clairement par la lumiere naturelle, elles ne ſçauroient eſtre contraires à la Theologie de perſonne, à moins que cette Theologie ne fuſt elle-meſme manifeſtement oppoſée à la lumiere de la raiſon ; ce que ie ſçay que perſonne n'auoüera de la Theologie dont il fait profeſſion.

Au reſte, de peur que l'on ne croye que c'eſt ſans fondement que ie juge que le Theologien n'a pû refuter aucune des raiſons dont le Medecin s'eſt ſeruy. I'apporteray icy deux ou trois exemples qui ſemblent le confirmer clairement : car il y a deſia eu deux ou trois petits Liurets qui ont eſté imprimez pour ce ſujet, non pas à la verité par le Theologien, mais pour luy, & par des perſonnes telles, que s'ils euſſent contenu quelque choſe de bon, elles luy en auroient fort volontiers attribué la gloire ; & ainſi il eſt à croire qu'il n'auroit pas voulu permettre, en ſe couurant comme il fait de leur nom, qu'ils euſſent dit des choſes impertinentes, s'il en euſt eu de meilleures à dire. Le premier de ces libelles fut imprimé en forme de Theses par son fils, qui estoit Professeur en la mesme Academie, dans lequel n'y ayant fait que repeter les mauuais argumens dont son pere s'estoit seruy pour prouuer & establir les formes substantielles, ou mesme y en ayant adjousté d'autres encore plus vains & inutiles, & n'y ayant du tout fait aucune mention des raisons du Medecin, par lesquelles il auoit desia refuté tous ces mauuais argumens, on ne peut rien de là conclure, sinon que son Autheur ne les comprenoit pas, ou du moins qu'il n'estoit pas docile & traitable.

L'autre libelle, & qui en comprend deux, parut sous le nom de cét estudiant, qui auoit répondu dans cette seditieuse dispute, qui dura trois iours, à laquelle le Recteur presidoit, dont voicy le titre, *Prodromus, siue examen titulare Orthodoxæ Philosophiæ principiorum.* Examen ou deffense des principes de la vraye & Orthodoxe Philosophie. Il est vray que dans ce libelle, on y mit toutes les raisons qui jusques-icy auoient pû estre inuentées par son Autheur, ou par ses autheurs, pour refuter celles du Medecin. Car mesme on y adjousta vne seconde partie, ou vne nouuelle deffense, afin de ne rien obmettre de tout ce qui pouuoit estre venu en pensée à l'Autheur, pendant qu'on faisoit imprimer le premier. Mais neantmoins on ne verra point que dans pas vn de ces deux Libelles la moindre raison apportée par le Medecin ait esté, ie ne diray pas solidement ; mais mesme vray-semblablement refutée. Et ainsi il semble que leur Autheur n'ait point eu d'autre dessein, en composant ce gros volume de pures inepties, & l'intitulant *Prodromus*,

afin

afin d'en faire encore attendre quelqu'autre, sinon d'empescher que personne se vouluft donner la peine d'y respondre; Et par ce moyen de triompher deuant vne populace ignorante, qui croit que les Liures sont d'autant meilleurs qu'ils sont plus gros; & que ceux qui parlent le plus haut & le plus long-temps, ont tousiours gain de cause.

Mais pour moy qui ne recherche point les bonnes graces de la populace, & qui n'ay point d'autre but que de contenter les honnestes gens, & de satisfaire à ma propre conscience, en deffendant autāt qu'il m'est possible la verité, i'espere de faire voir si à descouuert toutes ces finesses & menées extraordinaires dont nos aduersaires ont coustume de se seruir, que personne doresnauant n'osera les mettre en pratique, à moins qu'il n'ayt assez d'effronterie pour ne point rougir d'estre connu de tout le monde pour vn calomniateur, & pour vne personne qui n'ayme pas la verité. Et à vray dire, cela n'a pas peu seruy iusques icy, pour retenir les moins effrontez, de ce que dés le commencement de mes ouurages, i'ay prié tous ceux qui trouueroiēt quelque chose à reprendre en mes escrits, de me faire la faueur de m'en aduertir, & qu'en mesme temps i'ay promis que ie ne manquerois pas de leur respondre : Car ils ont fort bien veu qu'ils ne pouuoient rien dire de moy deuant le monde, qu'ils ne m'eussent point auparauant fait sçauoir, sans se mettre en danger de passer pour des calomniateurs. Mais il est arriué neantmoins que plusieurs s'en sont mocquez, & qu'ils n'ont pas laissé de censurer secrettement mes escrits, bien qu'en effet ils n'y trou-

DDdd

uaſſent rien qu'ils puſſent conuaincre de fauſſeté, ou meſme que peut-eſtre ils ne les euſſent iamais lûs : Iuſques-là meſme que quelques-vns ont compoſé des liures entiers, non pas à deſſein de les publier, mais qui pis eſt à deſſein de les communiquer en particulier à des perſonnes credules ; & ils les ont remplis en partie de fauſſes raiſons, mais couuertes du voile & de l'embaras des paroles, & en partie auſſi de vrayes, mais dont ils combattoient ſeulement des opinions qu'ils m'auoient fauſſement attribuées. Ie les prie donc tous derechef, & les exhorte de vouloir mettre en lumiere les écrits qu'ils ont auſſi compoſez; Car l'experience m'a fait connoiſtre que cela ſera beaucoup mieux, que s'ils me les adreſſoient à moy meſme, comme ie les en auois priez auparauant; Afin que ſi peut-eſtre ie ne les jugeois pas dignes de reſponſe, ils n'euſſent pas lieu de ſe plaindre que ie les aurois mépriſez, ou de ſe vanter fauſſement que ie n'aurois pû les ſatisfaire ; Et meſme pour empeſcher que d'autres, de qui ie publierois les eſcrits, ne s'allaſſent imaginer que ie leur ferois injure d'y joindre en meſme temps mes reſponſes; parce que, comme i'entendois dire dernierement à quelqu'vn qui paroiſſoit en cela intereſſé, ils ſeroient priuez par ce moyen du fruit qui leur en pouroit reuenir, s'ils les faiſoient imprimer eux meſmes, qui ſeroit de les faire courir pendant quelques mois parmy le monde, & de preuenir ainſi, & preoccuper les eſprits de pluſieurs, auant que i'euſſe le temps d'y reſpondre. Ie ne veux donc point leur enuier ce fruict qu'ils eſperent de recueillir : au contraire ie ne promets point de leur reſpondre, ſi ie ne trouue que leurs raiſons ſoient telles, que ie craigne qu'elles ne puiſſent que difficilement eſtre reſoluës par ceux qui viendront à les lire. Car pour ce qui eſt des cauillations, ou des médiſances, & de toutes les autres choſes dites hors du ſujet, ie croiray qu'elles ſont plutoſt pour moy, que contre moy; pource que ie ne penſe pas qu'aucun s'en vueille ſeruir dans vne rencontre pareille à celle-cy, ſinon celuy qui voudra perſuader plus de choſes qu'il n'en pourra prouuer, & qui par cela meſme donnera manifeſtement à connoiſtre qu'il ne cherche pas la verité, mais que tout ſon but n'eſt que de l'impugner, & partant qu'il n'eſt pas homme d'honneur. Ie ne doute point auſſi que pluſieurs honneſtes gens ne puiſſent auoir mes opinions pour ſuſpectes; tant parce qu'ils voyent que pluſieurs les rejettent, que parce qu'on les fait paſſer pour nouuelles, & que peu de perſonnes juſques icy les ont bien entenduës. Et meſme difficilement ſe pouroit il rencontrer aucune compagnie, dans laquelle, ſi on venoit à deliberer ſur mes opinions, il ne s'en rencontraſt beaucoup plus qui jugeroient qu'on les doit rejetter, que d'autres qui oſaſſent les approuuer : Car la prudence & la raiſon veulent, qu'ayant à dire noſtre aduis ſur vne choſe qui ne nous eſt pas tout à fait connuë, nous en jugions ſuiuant ce qui a couſtume d'arriuer dans vne ſemblable rencontre. Or il eſt tant de fois arriué que l'on a voulu introduire de nouuelles opinions en Philoſophie, leſquelles on a reconnu par apres n'eſtre pas meilleures, voire meſme eſtre plus dangereuſes que celles qui ſont communement receuës, que ce ne ſeroit pas ſans raiſon, ſi ceux qui ne conçoiuent pas encore aſſez clairement

DDdd ij

les miennes, jugeoient qu'il les faut rejetter, & en empefcher la publication. Et partant, pour vrayes qu'elles foient, ie croirois neantmoins auoir fujet d'apprehender, qu'à l'exemple de cette Academie dont ie vous ay parlé cy-deffus, elles ne fuffent peut-eftre condamnées de voftre Societé, & generalement de tous ceux qui font profeffion d'enfeigner, fi ie ne me promettois de voftre bonté & prudence, que vous les prendrez en voftre protection. Mais dautant que vous eftes le Superieur d'vne Compagnie, qui peut plus facilement que beaucoup d'autres lire mes Effais, dont la plus grande partie eft efcrite en François, ie ne doute point que vous ne puiffiez feul beaucoup en cela. Et ie ne vous demande point icy d'autre grace, finon que vous preniez vous-mefme la peine de les examiner, ou fi vos affaires ne vous le permettent pas, que vous n'en donniez pas le foin & la charge au R. P. * feul, mais à d'autres plus finceres, ou moins preoccupez que luy. Et comme dans les jugemens qui fe rendent au Barreau, lors que deux ou trois tefmoins dignes de foy difent auoir veu quelque chofe, on les en croit plus que toute vne multitude, qui portée peut-eftre par de fimples conjectures, s'imagine le contraire ; De mefme ie vous prie d'adjoufter foy feulement à ceux qui fe feront fort d'entendre parfaitement les chofes fur lefquelles ils porteront leur jugement. Enfin, la derniere grace que ie vous demande eft, que fi vous auez quelques raifons pour lefquelles vous jugiez que ie doiue changer le deffein que i'ay pris de publier ma Philofophie, vous daigniez prendre la peine de me les faire fçauoir. Car ce petit nombre de Meditations que i'ay mises au iour, contient tous les principes de cette Philosophie que ie prepare ; & la Dioptrique & les Meteores, où i'ay déduit de ces principes les raisons de plusieurs choses particulieres qui arriuent tous les iours dans le monde, font voir quelle est ma maniere de raisonner sur les effets de la Nature. C'est pourquoy bien que ie ne fasse pas encore paroistre toute cette Philosophie ; l'estime neantmoins que ce peu que i'en ay desia fait voir, est suffisant pour faire iuger quelle elle doit estre. Et ie pense n'auoir pas eu mauuaise raison, d'auoir mieux aymé faire voir d'abord quelques-vns de ses Essais, que de la donner toute entiere, auant qu'elle fust souhaittée & attenduë. Car, pour en parler franchement, quoy que ie ne doute point de la verité de ma Philosophie, neantmoins, pource que ie sçay que tres-aysement la verité mesme, pour estre impugnée par quelques enuieux sous pretexte de nouueauté, peut estre condamnée par des personnes sages & aduisées, ie ne suis pas entierement assuré qu'elle soit desirée de tout le monde, & ie ne veux point la donner à des mécontens, ny contraindre personne à la receuoir. C'est pourquoy i'auertis long-temps auparauant vn chacun que ie la prepare; plusieurs particuliers la souhaittent & l'attendent ; vne seule Academie a iugé à la verité qu'il la falloit rejetter: mais pource que ie sçay qu'elle ne l'a fait qu'à la sollicitation de son Recteur, homme turbulent & peu iudicieux, ie ne fais pas grand compte de son iugement. Mais si peut-estre plusieurs autres celebres Compagnies ne la vouloient pas non plus, & qu'elles eussent des raisons plus iustes de ne la pas vouloir, que ces particuliers

DDdd iij

n'en ont de la vouloir. Ie ne fais point de doute que ie ne deuſſe pluſtoſt les ſatisfaire que ceux-cy. Et enfin ie declare ſincerement que ie ne feray iamais rien de propos deliberé, ny contre le conſeil des Sages, ny contre l'authorité ou la volonté des Puiſſans. Et comme ie ne doute point que le party où voſtre Societé ſe rangera ne doiue l'emporter pardeſſus tous les autres, vous m'obligerez infiniment de me mander quel eſt en cela voſtre aduis, & celuy des Voſtres; afin que comme ie vous ay touſiours principalement honorez & reſpectez pendant ma vie, ie n'entreprenne auſſi rien dans vne affaire de quelque importance, ſans vous auoir en meſme temps pour Conſeillers, & pour Protecteurs. Ie ſuis, &c.

OBIECTIONS SEPTIESMES,

AVEC LES RESPONSES
DE L'AVTHEVR.

OV DISSERTATION

Touchant la premiere Philosophie.

ONSIEVR,

Les demandes que vous me faites touchant la nou- A
uelle methode de chercher la verité dans les sciences,
sont en grand nombre, & importantes; Et quoy que
pour tirer responsé de moy, vous n'vsiez pas de simples
prieres, mais de coniurations fort pressantes, ie me tai- B
ray pourtant, & ne satisferay point à vostre desir, si
premierement vous ne me promettez, que dans tout

ce discours, nous n'aurons égard en aucune façon à pas vn de ceux qui ont cy-deuant escrit ou enseigné quelque chose touchant cette matiere; & que vous reglerez tellement vos demandes, qu'on ne poura pas croire que vous ayez dessein de sçauoir ce qu'ils ont pensé là dessus, & auec quel succez ils ont escrit; Mais comme si iamais personne auant vous n'auoit, ny pensé, ny dit, ny escrit aucune chose sur ce sujet, que vous me proposerez seulement les difficultez qui se pouront rencontrer dans la recherche que vous faites d'vne nouuelle Methode de philosopher; afin que par ce moyen, non seulement nous cherchions la verité, mais que nous la cherchions aussi de telle sorte, que nous ne blessions point les loix de l'Amitié, & du respect qui se doit garder entre les Sçauans. Puis que vous en estes d'accord, & que vous me le promettez, ie vous promets aussi de respondre à toutes vos demandes.

REMARQVES.

A **L**es demandes que vous me faites. Ayant receu cette dissertation par les mains de son Autheur, apres l'instante priere que ie luy auois faite, de donner au public, ou du moins de m'enuoyer les objections qu'il auoit faites contre les meditations que i'ay escrites touchant la premiere Philosophie, pour les joindre à celles que i'auois receuës d'ailleurs sur le mesme sujet; ie n'ay pû me deffendre de la mettre icy, ny aussi douter que ie ne sois celuy à qui il s'addresse, encore que ie ne sçache point luy auoir iamais demandé son sentiment touchant

la

la methode dont ie me fers pour rechercher la verité. Car au contraire ayant veu depuis vn an & demy la vellitation qu'il auoit efcrite contre moy, dans laquelle ie voyois qu'il s'éloignoit de la verité, m'attribuant plufieurs chofes que ie n'ay iamais ny efcrites, ny penfées, ie ne diffimule point que deflors ie iugeay que tout ce qui pouroit venir de luy feul, ne vaudroit pas la peine qu'on perdit beaucoup de temps à y répondre. Mais pource qu'il eft du Corps d'vne Societé tres-celebre pour fa pieté & pour fa doctrine, & de qui tous les membres font ordinairement fi bien vnis, qu'il arriue rarement que rien fe faffe par quelqu'vn d'eux qui ne foit approuüé de tous les autres, i'auoüe que non feulement i'ay prié, mais mefme que i'ay preffé tres-inftamment quelques vns d'entr'eux, de vouloir prendre la peine d'examiner mes efcrits, & s'ils y trouuoient quelque chofe de contraire à la verité, d'auoir la bonté de m'en informer. A quoy i'ay mefme adioufté plufieurs raifons, qui me faifoient efperer qu'ils ne me refuferoient pas cette grace: Et dans cette efperance, ie me fuis auancé de dire, *que deformais ie ferois beaucoup d'eftat de tout ce qui viendroit, tant de la part de cét Autheur, que de quelqu'autre de la Compagnie, & que ie ne douterois point, que ce qui me feroit ainfi enuoyé de leur part, ne fuft la cenfure, l'examen, & la correction, non pas de celuy-là feul, de qui l'efcrit pouroit porter le nom, mais de plufieurs des plus doctes, & des plus fages de la Societé; Et par confequent, qu'il ne contiendroit aucunes Cauillations, aucuns Sophifmes, aucune calomnie, ny aucun difcours inutile, mais feulement de bonnes & folides raifons; & qu'on n'y auroit obmis pas vn des argu-*

EEee

mens qui ſe peuuent auec raiſon alleguer contre moy; En ſorte que i'eſpererois par ce ſeul eſcrit, eſtre entierement deliuré de toutes mes erreurs: Et que s'il arriuoit qu'il y euſt quelque choſe en ce que i'ay écrit qui échapaſt à ſa cenſure, ie croirois qu'il ne pouroit eſtre refuté par perſonne, & partant qu'il ſeroit tres-certain, & tres-veritable. C'eſt pourquoy ie iugerois maintenant la meſme choſe de cette diſſertation, & ie croirois qu'elle auroit eſté eſcrite par l'aduis de toute la Société, ſi i'eſtois aſſeuré qu'elle ne continſt aucunes Cauillations, aucuns Sophiſmes, ny aucun diſcours inutile; Mais s'il eſt vray que cét eſcrit en ſoit plein, ie croirois commettre vn crime, de ſoupçonner qu'vn ſi grand nombre de pieux perſonnages y ayent mis la main. Et pource qu'en cecy ie ne m'en veux pas fier à mon iugement; ie diray icy ingenuëment & franchement ce qu'il m'en ſemble, non pas afin que le Lecteur adiouſte foy à mes paroles, mais ſeulement pour luy donner occaſion d'examiner de plus pres la verité.

Ie me tairay pourtant, &c. Icy noſtre Autheur promet de n'impugner les opinions de perſonne, mais ſeulement de répondre aux queſtions que ie luy ay faites, bien que ie ne ſçache point luy en auoir iamais fait aucune, & que meſme ie ne l'aye iamais ny veu, ny entretenu d'aucune choſe; Mais cependant les queſtions qu'il feint que ie luy propoſe eſtant compoſées, pour la pluſpart des paroles qui ſont couchées dans mes Meditations, ce ſeroit s'aueugler ſoy-meſme, que de ne pas voir que ce ſont elles ſeules qu'il a deſſein de combattre par cet eſcrit. Toutefois il ſe peut faire que les raiſons qui l'obligent à feindre le contraire, ſoient pieuſes &

honnestes : Mais pour moy ie n'en puis soupçonner d'autres, sinon qu'il a crû que par ce moyen il luy seroit plus libre de m'imposer tout ce que bon luy sembleroit, pource qu'il ne pouroit pas estre conuaincu du contraire par mes escrits, ayant declaré tout d'abord qu'il n'en vouloit à personne ; comme aussi afin de ne pas donner occasion à ceux qui viendront à lire son escrit, d'examiner mes Meditations ; ce qu'il feroit peut-estre si seulement il en auoit parlé : Et qu'il ayme mieux me faire passer pour mal-habile, & pour ignorant, afin de les détourner de lire iamais aucune chose qui puisse venir de moy. Et ainsi ayant composé vn masque de quelques pieces de mes Meditations mal cousuës, sans cacher mon visage, il tasche de le defigurer, & de le rendre difforme. C'est pourquoy ie leue icy le masque & me montre à découuert, tant parce que ie ne suis pas accoustumé à iouër de semblables personnages, que parce qu'il me semble qu'il ne me seroit pas icy bien-seant d'en vser, ayant à traiter auec vne personne religieuse, d'vn sujet si serieux & si important.

QVESTION PREMIERE.

S'il faut tenir les choses douteuses pour fausses ; Et comment.

VOus demandez en premier lieu si c'est vne bonne regle pour rechercher la verité, que celle-cy : *Tout ce qui a la moindre apparence de doute, doit estre tenu pour faux.* Mais afin que ie vous puisse répondre là-dessus, i'ay icy auparauant quelques questions à vous faire. La premiere, Qu'entendez vous par ces mots ; Ce qui a la moindre apparence de doute. La seconde, que veulent dire ceux-cy, doit estre tenu pour faux. La troisiéme, Comment doit-on tenir vne chose pour fausse. Quant à la premiere, qui regarde le doute que l'on peut auoir de quelque chose, Voicy comme vous y répondez, & en peu de mots.

§. I.

Ce que c'est que d'auoir la moindre apparence de doute.

Vne chose peut estre dite auoir quelque apparence de doute, de laquelle ie puis douter si elle est, ou si elle est telle que ie dis qu'elle est, non pour quelques soupçons legers & mal-fondez, mais pour de bonnes & solides raisons. De plus, vne chose peut estre dite auoir quelque apparence de doute, qui bien qu'elle me semble claire, peut neantmoins estre sujette aux tromperies de quelque mauuais genie, qui prenne plaisir à employer toute son industrie pour faire en sorte, que ce qui est faux en effet, me paroisse neantmoins clair & asseuré. Ce qui est douteux au premier sens a beaucoup d'apparence de doute : par exemple, qu'il y ait vne terre, des couleurs, que vous ayez vne teste, des yeux, vn corps, & vn esprit : Ce qui l'est au second, en a moins, mais pourtant en a assez pour ne pas laisser d'estre estimé douteux, & pour l'estre en effet : par exemple, que deux & trois font cinq, que le tout est plus grand que sa partie, & semblables.

C'est fort bien répondu. Mais s'il est ainsi, qu'y a t'il, ie vous prie, qui n'ait quelque apparence de doute?

Qu'y aura-t'il qui soit exempt des ruses de ce mauuais genie? Rien, dites vous, rien du tout, iusques à ce que nous soyons asseurez par les principes inébranlables de la Metaphysique, qu'il y a vn Dieu, & qu'il ne peut estre trompeur; En sorte que l'on doit establir pour vnique regle & fondement de toute nostre certitude, qu'auant que nous sçachions, *s'il y a vn Dieu; Et posé qu'il y en ait vn, s'il peut estre trompeur, nous ne pouuons iamais estre tout à fait certains, ny asseurez d'aucune chose.* Et mesme pour vous donner icy entierement à connoistre ma pensée, si ie ne sçay qu'il y a vn Dieu, & vn Dieu veritable, qui empesche ce mauuais genie de me tromper, ie pouray & deuray mesme tousiours apprehender qu'il ne me seduise par ses artifices, & que sous l'apparence du vray, il ne me fasse voir ce qui est faux, comme clair & asseuré; Mais lors que ie connoistray entierement qu'il y a vn Dieu, & qu'il ne peut estre ny trompé, ny trompeur, & ainsi que necessairement il empesche que ce mauuais genie ne m'abuse dans les choses que i'auray clairement & distinctement conceuës: ce sera pour lors que, s'il s'en rencontre de telles, c'est à dire s'il arriue que i'en aye conceu clairemét & distinctement quelques vnes, ie les tiendray pour veritables & pour certaines. Si bien que ie pouray alors auec asseurance establir pour regle de verité & de certitude; *Que tout ce que nous conceuons clairement & distinctement est vray.* Ie ne souhaitte rien de plus sur cet article. Ie viens maintenant à ma seconde question.

E E ee iij

§. II.

Que veut dire cela, Tenir vne chose pour fausse.

PVisque selon vous c'est vne chose douteuse que vous ayez des yeux, vne teste, vn corps, & mesme que vous deuez tenir cela pour faux; Ie vous prie donc de me dire ce que c'est que de tenir vne chose pour fausse? ne seroit-ce point de croire, & de dire; Il est faux que i'aye des yeux, vne teste, vn corps; ou bien de croire, & de dire par vne determination tout à fait opposée à nostre doute, Ie n'ay point d'yeux, de teste, ny de corps; Et pour dire en vn mot, ne seroit-ce point croire, dire, & asseurer, l'opposé de la chose dont on doute? C'est cela mesme, dites vous, Voila qui va bien. Mais ie vous prie de me dire encore vostre pensée là dessus. Ce n'est pas vne chose certaine, que deux & trois fassent cinq; Dois-ie donc croire & asseurer que deux & trois ne font pas cinq. Ouy, dites vous, c'est ainsi qu'il le faut croire, & asseurer. Ie vous demande encore. Il n'est pas asseuré, si, pendant que ie dis ces choses, ie veille, ou si ie dors; Dois-ie donc croire, & dire; Ouy, pendant que ie dis ces choses, ie ne veille pas, mais ie dors. Voyla, dites vous, comme il le faut croire, & le dire. Ie ne vous demanderay plus qu'vne chose, afin de ne vous pas ennuyer. Il n'est pas certain que ce qui paroist clair & asseuré à celuy qui doute s'il veille, ou s'il dort; soit clair & asseuré; Dois-ie donc croire & dire, Ce qui paroist clair & asseuré à celuy qui doute, s'il dort & s'il veille, n'est pas clair & asseuré, mais est faux & obscur? Pourquoy hesitez vous là dessus? *Vous ne sçauriez rien accorder de trop à vostre défiance.* Ne vous est il iamais arriué comme à plusieurs, que les mesmes choses qui en dormant vous auoient semblé claires & certaines, vous ont depuis paru fausses & douteuses? *Sans doute qu'il est de la prudence de ne se fier iamais entierement à ceux qui nous ont vne fois trompez.* Mais, dites vous, il en est bien autrement des choses qui sont tout à fait certaines. Car elles sont telles qu'à ceux mesme qui dorment, ou qui sont fols, elles ne peuuent iamais paroistre douteuses. Est-ce donc tout de bon, ie vous prie, que vous dites que les choses tout à fait certaines sont telles, qu'elles ne peuuent pas mesmes paroistre douteuses à ceux qui dorment, ou qui sont fols? Mais enfin, *où les trouuerez vous ces choses?* Et pourquoy, s'il est vray qu'à ceux qui dorment, ou qui ont l'esprit troublé, les choses qui sont ridicules & absurdes, leur paroissent cependant quelquefois non seulement vrayes, mais aussi tres certaines ; pourquoy aussi celles qui sont les plus assurées, ne leur paroistront elles pas fausses & douteuses? Et pour preuue de cecy, i'ay connu vne personne, qui vn iour, comme elle sommeilloit, ayant entendu sonner quatre heures, se mit à compter ainsi l'horloge, vne, vne, vne, vne. Et pour lors l'absurdité qu'elle conceuoit dans son esprit la fit escrier, Ie pense que cette horloge est demontée, elle a sonné quatre fois vne heure : Et en effet, y a-t-il rien de si absurde & de si contraire à la raison, qui ne puisse tomber dans l'esprit d'vn fol, ou d'vn homme qui dort? y a-t-il rien que celuy qui resue n'approuue & ne croye, & dont il ne se flatte comme d'vne fort belle chose qu'il auroit trouuée & inuentée. Enfin pour terminer tout en vn mot, ie dis que vous ne pourez iamais establir si bien la certitude de cét axiome; c'est à sçauoir, Que tout ce qui semble vray à celuy qui doute s'il dort ou s'il veille, est certain, & si certain qu'on le peut prendre pour le fondement d'vne science, & d'vne Metaphysique tres-vraye & tres-exacte, que ie le tienne pour aussi certain que celuy-cy, deux & trois font cinq, ny mesme pour si certain, que personne n'en puisse en aucune façon douter, ny estre trompé en cela, par quelque mauuais genie. Et cependant ie n'apprehende point de passer pour opiniastre, bien que ie persiste dans cette pensée. C'est pourquoy, ou ie concluray icy suiuant vostre regle, Il n'est pas certain, que ce qui paroist certain à celuy qui doute s'il veille, ou s'il dort, soit certain ; Donc ce qui paroist certain à celuy qui doute s'il veille ou s'il dort, peut & doit estre reputé pour faux. Ou bien si vous auez quelque regle particuliere, vous prendrez la peine de me la communiquer. Ie viens à ma troisiéme question, qui regarde la façon dont on doit tenir vne chose pour fausse.

§. III.

Comment on doit tenir vne chose pour fausse.

IE vous demande, puisque ie ne suis pas asseuré que 2. & 3. font 5. & que par la regle precedente ie dois croire & dire que 2. & 3. ne font pas 5. si tout aussi-tost ie ne dois pas tellement le croire, que ie me persuade que la chose ne peut estre autrement ; & partant qu'il est

est certain que deux & trois ne font pas cinq. Vous vous estonnez que ie vous fasse cette demande ; mais ie ne m'en estonne pas, puisque cela m'a aussi surpris moy-mesme. Si est-ce pourtant qu'il est necessaire que vous y respondiez, si vous voulez aussi que ie vous responde. Voulez-vous donc que ie tienne pour certain que deux & trois ne font pas cinq ? Ie voy bien que vous le voulez, & mesme que vous voulez que tout le monde le croye & le tienne pour si certain, qu'il ne puisse estre rendu douteux par les ruses de ce mauuais genie ?

Vous vous mocquez, me dites-vous, cela peut-il tomber dans l'esprit d'vn homme sage ?

Quoy donc ? cela sera-t'il aussi douteux & incertain, que cecy, deux & trois font cinq ? s'il est ainsi, si c'est vne chose douteuse que deux & trois ne font pas cinq, ie n'en croiray rien, & diray suiuant vostre regle, que cela est faux ; Et partant i'admettray le contraire, & ainsi ie diray, deux & trois font cinq : Et i'en feray de mesme par tout ailleurs. Et pource qu'il ne semble pas certain, qu'il y ait aucun corps au monde, ie diray qu'il n'y en a point du tout ; Mais aussi pource que ce n'est pas vne chose certaine qu'il n'y ait aucun corps au monde, ie diray par opposition qu'il y a quelque corps au monde ; & ainsi en mesme temps il y aura quelque corps au monde, & il n'y en aura point.

Il est vray, dites-vous, c'est ainsi qu'il faut faire, & c'est proprement ce qu'on appelle douter, aller & reuenir sur ses pas, auancer & reculer, affirmer cecy & cela, & aussi-tost le nier, s'arrester à vne chose, & puis s'en departir

FFff

Il ne se peut rien de mieux ; mais pour me seruir des choses qui seront douteuses, que feray-ie ? Par exemple, que feray-ie de celle-cy, deux & trois font cinq ? & de cette autre, Il y a quelque corps ? l'asseureray-ie ? ou le nieray-ie ?

Vous ne l'asseurerez, dites-vous, ny ne le nierez ; vous ne vous seruirez ny de l'vn, ny de l'autre, mais vous tiendrez l'vn & l'autre pour faux, & n'attendrez rien que de chancelant, de douteux, & d'incertain des choses qui sont ainsi chancelantes & incertaines.

Puis qu'il ne me reste plus rien à vous demander, ie m'en vas répondre à toutes vos questions l'vne aprés l'autre, si tost que i'auray fait icy vne breue recapitulation de toute vostre doctrine. 1. Nous pouuons douter de toutes choses, & principalement des choses materielles, pendant que nous n'aurons point d'autres fondemens dans les sciences, que ceux que nous auons eus iusques à present. 2. Tenir quelque chose pour fausse, c'est refuser son approbation à cette chose, comme si elle estoit manifestement fausse, ou mesme feindre que l'on a d'elle la mesme opinion, que d'vne chose fausse & imaginaire. 3. Ce qui est douteux doit tellement estre tenu pour faux, que son opposé soit aussi douteux, & tenu pour faux.

REMARQVES.

I'Aurois honte de paroistre trop diligent, si i'employois beaucoup de paroles à faire des annotations sur toutes les choses, que ie ne reconnois point pour miennes, bien qu'elles soient icy toutes conceuës presque dans mes propres termes. C'est pourquoy ie prie seulement les Lecteurs de se ressouuenir de ce que i'ay écrit dans ma premiere Meditation, & au commencement de la seconde, & de la troisiéme; & aussi de ce que i'ay dit dans leur abregé. Car ils reconnoistront que la pluspart des choses qui sont icy rapportées, en ont à la verité esté tirées, mais qu'elles sont icy proposées dans vn tel desordre, & tellement corrompuës, & mal interpretées, que bien que dans les lieux où elles sont placées, elles ne contiennent rien que de fort raisonnable, icy neantmoins elles paroissent pour la plus part fort absurdes.

Pour de bonnes & solides raisons. I'ay dit sur la fin de la premiere Meditation, que des raisons *tres-fortes & meurement considerées* nous pouuoient obliger de douter de toutes les choses que nous n'auions iamais encore assez clairement conceuës, pource qu'en cét endroit-là, ie traittois seulement de ce doute general & vniuersel, que i'ay souuent moy-mesme appellé hyperbolique & Metaphysique, & duquel i'ay dit qu'il ne falloit point se seruir pour les choses qui regardent la conduite de la vie. Et partant qu'à son égard, tout ce qui pouuoit faire naistre le moindre soupçon d'incertitude, deuoit estre pris pour vne assez valable raison de douter. Mais icy cét homme officieux & sincere apporte, pour exemple des choses dont i'ay dit que l'on pouuoit douter pour de bonnes & solides raisons ; Sçauoir, s'il y a vne Terre, si i'ay vn coprs, & choses semblables, afin que ses Lecteurs, qui n'aurót point de connoissance de ce douteMetaphyſiſtre, le rapportant à l'vſage & à la conduite de la vie, me tiennent pour vn homme qui a perdu le ſens.

D   *Rien, dites vous, rien du tout.* I'ay aſſez expliqué en diuers endroits, en quel ſens cela ſe doit entendre. C'eſt à ſçauoir, que tandis que nous ſommes attentifs à quelque verité que nous conceuons fort clairement, nous n'en pouuons alors en aucune façon douter; Mais lors que nous n'y ſommes pas ainſi attentifs, & que nous ne ſongeons point aux raiſons qui la prouuent, comme il arriue ſouuent, pour lors encore que nous nous reſſouuenions d'en auoir ainſi clairement conceu pluſieurs, il n'y en a toutesfois aucune, de laquelle nous ne puiſſions douter auec raiſon, ſi nous ignorons que toutes les choſes que nous conceuons fort clairement & fort diſtinctement, ſont toutes vrayes. Mais icy cét homme fort exact interprete tellement ce mot là, *rien*, que de ce que i'ay dit vne fois dans ma premiere Meditation, où ie ſuppoſois n'aperceuoir aucune choſe clairement & diſtinctement, qu'il n'y auoit rien dont il ne me fuſt permis de douter, il conclud que ie ne puis auſſi connoiſtre rien de certain dans les ſuiuantes; comme ſi les raiſons que nous auons quelquefois de douter d'vne choſe, n'eſtoient pas valables ny legitimes, ſi elles ne prouuoient auſſi que nous en deuons touſiours douter.

E   *Croire, dire, & aſſurer l'oppoſé de la choſe dont on doute.* Lors que i'ay dit qu'il falloit pour quelque temps tenir les choſes douteuſes pour fauſſes, ou bien les reietter comme telles. I'ay donné ſi clairement à connoiſtre que i'entendois ſeulement, que pour faire vne exacte recherche des veritez tout à fait certaines, il ne falloit faire aucune distinction entre les choses douteuses, & celles qui estoient absolument fausses; qu'il me semble que toute personne de bon sens ne pouuoit autrement interpreter mes paroles; & qu'il ne pouuoit s'en rencontrer aucun qui pûst feindre que i'aye voulu croire l'opposé de ce qui est douteux (principalement comme il est dit vn peu apres, *le croire de telle sorte que ie me persuade, qu'il ne peut estre autrement, & ainsi qu'il est tres-certain*) à moins qu'il n'eust point de honte de passer pour vn Cauillateur, ou pour vne personne qui dit les choses autrement qu'elles ne sont; Et bien que nostre Autheur n'asseure pas ce dernier; mais qu'il le propose seulement comme douteux. Ie m'estonne toutesfois qu'vne personne comme luy ait semblé imiter en cela ces infames detracteurs, qui se comportent souuentefois de la mesme maniere qu'il à fait, dans le rapport des choses qu'ils veulent que l'on croye des autres; adjoûtant mesme que pour eux ils ne le croyent pas, afin de pouuoir médire plus impunément.

Mais il en va bien autrement *des choses qui sont tout à fait* F *certaines; Car elles sont telles, qu'à ceux mesmes qui dorment, ou qui sont fols, elles ne peuuent paroistre douteuses.* Ie ne sçay par quelle Analyse cét homme subtil a pû deduire cela de mes escrits. Car ie ne me ressouuiens point d'auoir iamais rien dit de tel, ny mesme résué en dormant. Il est bien vray qu'il en eust pû conclure, que tout ce qui est clairement & distinctement conceu par quelqu'vn est vray, encore que celuy-là cependant puisse douter s'il dort, ou s'il veille; ou mesme aussi si l'on veut encore qu'il dorme, ou qu'il ne soit pas en son bon sens; pour-

FFff iij

ce que rien ne peut estre clairement & distinctemēt conceu par qui que ce soit, qu'il ne soit tel qu'il le conçoit, c'est à dire qu'il ne soit vray. Mais pource qu'il n'appartient qu'aux personnes sages de distinguer entre ce qui est clairement conceu, & ce qui semble & paroist seulement l'estre, ie ne m'estonne pas que ce bon homme prenne icy l'vn pour l'autre.

G *Et c'est proprement ce qu'on appelle douter, aller & reuenir sur ses pas, &c.* I'ay dit qu'il ne falloit faire aucune distinction entre les choses douteuses, & celles qui estoient absolument fausses, afin d'en détacher tout à fait nostre pensée, & non pas afin d'affirmer tantost vne chose, & tantost son contraire. Mais nostre Autheur n'a laissé échapper aucune occasion de pointiller; Et cependant c'est vne chose digne de remarque qu'en ce lieu-là mesme, où sur la fin il dit qu'il fait vne breue recapitulation de ma doctrine, il ne m'attribue rien des choses qu'il auoit repris, ou qu'il reprend dans la suitte, & dont il se mocque. Ce que ie dis afin que chacun sçache que ce n'estoit que par ieu, & non pas tout de bon, qu'il me les auoit attribuées.

RÉPONSES.

Rep. 1. Si dans la recherche que nous faisons de la verité, cette regle, à sçauoir, *Que tout ce qui a la moindre apparence de doute, doit estre tenu pour faux*, s'entend ainsi; Lors que nous recherchons ce qui est certain, nous ne deuons en aucune façon nous appuyer sur ce qui n'est pas certain, ou sur ce qui a quelque apparence de doute, ie dis qu'elle est bonne, qu'elle est en vsage, & communement receuë de tous les Philosophes.

Rep. 2. Si cette regle dont nous parlons, s'entend ainsi. Lors que nous recherchons ce qui est certain, nous deuons tellement rejetter toutes les choses qui ne sont pas certaines, ou qui sont en quelque façon douteuses, que nous ne nous en seruions point du tout; ou mesme nous ne deuons non plus les considerer, que si elles n'estoient point; ou plutost nous ne deuons point les considerer, mais nous en deuons détourner entierement nostre pensée; Ie dis aussi qu'elle est legitime, asseurée, & familiere mesme aux moindres apprentifs; & qu'elle a tant de rapport & d'affinité auec la precedente, qu'à peine la peut-on distinguer de l'autre.

Rep. 3. Que si cette regle s'entend ainsi; Lors que nous recherchons ce qui est certain, nous deuons tellement rejetter toutes les choses qui sont douteuses, que nous suppofions qu'en effet elles ne sont point, ou bien qu'il est vray que leur opposé existe; & que nous nous seruions de cette supposition, comme de quelque fondement asseuré; ou mesme que nous nous seruions des choses qui ne sont point, & que nous nous appuyons sur leur inexistence; ie dis qu'elle est illegitime, fausse, & contraire à la vraye Philosophie, pource qu'elle suppose quelque chose de douteux & d'incertain, pour rechercher ce qui est vray & certain: ou pource qu'elle suppose comme certain ce qui peut estre tantost d'vne façon, tantost d'vne autre: par exemple, que les choses douteuses n'existent point en effet, veu toutefois qu'il se peut faire qu'elles existent,

Resp. 4. Si quelqu'vn entendant cette regle au sens cy-dessus expliqué, vouloit s'en seruir pour rechercher ce qui est vray & certain, sans doute qu'il y perdroit son temps & sa peine, & qu'il trauailleroit sans fruict & sans recompense, veu qu'il ne viendroit pas plustost à bout de ce qu'il cherche que de son opposé. Par exemple, supposons que quelqu'vn cherche & examine s'il a vn corps, ou s'il peut estre corporel; & que pour s'esclaircir de cette verité, il argumente ainsi : Il n'est pas certain qu'aucun corps existe, donc suiuant nostre regle, l'asseureray & diray l'opposé; à sçauoir, aucun corps n'existe; puis il reprendra ainsi son argument, Aucun corps n'existe, & moy cependant ie sçay fort bien d'ailleurs que ie suis & que i'existe, donc ie ne puis estre vn corps, c'est fort bien conclu; Mais sans doute que voyez comme par le mesme raisonnement, il peut aussi prouuer le contraire. Il n'est pas certain, dit-il, qu'aucun corps existe; Donc suiuant nostre regle, l'asseureray & diray, Aucun corps n'existe; Mais cette proposition, Aucun corps n'existe, n'est-elle point douteuse? Sans doute qu'elle l'est, & qui me pourroit monstrer le contraire? Si cela est : i'ay ce que ie demande. Il est incertain qu'aucun corps n'existe. Donc suiuant nostre regle: Ie diray, quelque corps existe : Or est-il que ie suis, & que i'existe, donc ie puis estre vn corps, si rien autre chose ne l'empesche. Vous voyez donc que ie puis estre vn corps, & que ie puis n'estre pas vn corps. Estes-vous satisfait? i'ay peur que vous le soyez trop, autant que ie le puis coniecturer de ce qui suit. C'est pourquoy ie viens à vostre seconde question.

Remarques.

SEPTIESMES
REMARQVES.

IL approuue icy dans ces deux premieres réponses tout ce que i'ay pensé touchant la question proposée, ou tout ce qui se peut déduire de mes escrits, mais il adjouste que cela *est tres commun, & familier mesme aux moindres apprentifs.*

Et dans les deux dernieres, il reprend ce qu'il veut que l'on croye que i'ay pensé là dessus, encore qu'il soit si peu croyable, qu'il ne puisse tomber dans l'esprit d'aucune personne de bon sens. Mais il le fait sans doute, afin que ceux qui n'ont point leu mes Meditations, ou qui ne les ont iamais leuës auec assez d'attention pour bien sçauoir ce qu'elles contiennent, s'en rapportant à ce qu'il en dit, croyent que ie soustienne des opinions estranges & peu croyables; Et que ceux qui ne pouront auoir vne si mauuaise opinion de moy, se persuadent au moins que ie n'ay rien mis dans mes escrits qui ne soit tres-commun & familier à tout le monde. Mais ie ne me mets pas fort en peine de cela. Et ie puis dire que ie n'ay iamais eu dessein de tirer aucune loüange de la nouueauté de mes opinions: Car au contraire, ie les croy tres-anciennes estant tres-veritables; Et toute ma principale estude ne va qu'à rechercher certaines veritez tres-simples, lesquelles pour estre nées auec nous, aussi-tost que quelqu'vn les apperçoit, il pense ne les auoir iamais ignorées; Mais il n'est pas mal-aysé de reconnoistre que cet Autheur n'impugne mes opinions pour aucune autre raison, que pour ce qu'il les croit bonnes, &

nouuelles. Car il n'eſt pas poſſible que s'il les auoit creuës ſi peu croyables qu'il les feint, il ne les euſt pluſtoſt iugées dignes de mépris & du ſilence, que d'vne refutation ſi ample & ſi eſtudiée.

H. *Donc ſuiuant noſtre regle, i'aſſureray l'oppoſé.* Ie voudrois bien ſçauoir dans qu'elles tables il a iamais trouué cette Loy eſcritte; Il eſt bien vray qu'il l'a deſia cy-deſſus aſſez inculquée; Mais auſſi eſt-il vray que i'ay deſia aſſez nié qu'elle vinſt de moy, à ſçauoir dans mes notes ſur ces parolles : *Croire, dire, & aſſurer l'oppoſé de la choſe dont on doute*. Et ie ne penſe pas qu'il vouluſt ſouſtenir qu'elle vient de moy, ſi on l'interrogeoit là deſſus : Car vn peu auparauant il m'a introduit parlant des choſes qui ſont douteuſes, en cette ſorte. *Vous ne l'aſſurerez, ny ne le nierez, vous ne vous ſeruirez ny de l'vn ny de l'autre, mais vous tiendrez l'vn & l'autre pour faux*. Et vn peu apres dans l'abbregé qu'il fait de ma doctrine, il dit qu'il faut refuſer ſon approbation à vne choſe douteuſe, comme ſi elle eſtoit manifeſtement fauſſe; ou meſme feindre que l'on a d'elle la meſme opinion que d'vne choſe fauſſe & imaginaire. Ce qui eſt toute autre choſe que d'aſſurer & de croire l'oppoſé, en telle ſorte que cet oppoſé ſoit tenu pour vray, comme il ſuppoſe icy. Mais moy, lors que i'ay dit dans ma premiere Meditation que ie voulois pour quelque temps taſcher de me perſuader l'oppoſé des choſes que i'auois auparauant legerement creuës, i'ay adjouſté auſſi-toſt que ie ne le faiſois qu'afin que tenant pour ainſi dire la balance égale entre mes prejugez, ie ne panchaſſe point plus d'vn coſté que de l'autre, mais non pas afin de prendre l'vn ou l'autre pour vray, & de l'eſtablir comme le fondement d'vne science tres-certaine, comme il dit ailleurs. C'est pourquoy ie voudrois bien sçauoir à quel dessein il a apporté cette regle ; Si c'est pour me l'attribuer, ie luy demande où est sa candeur; Car il est manifeste, par ce qui a esté dit auparauant, qu'il sçait fort bien qu'elle ne vient pas de moy ; pource qu'il n'est pas possible qu'vne personne croye qu'il faut tenir l'vn & l'autre pour faux, comme il dit que ie croy, & en mesme temps qu'elle assure & dise, qu'il faut tenir pour vray l'opposé de l'vn des deux, comme il est dit par cette regle. Mais si c'est seulement par plaisir qu'il l'a apportée, afin d'auoir quelque chose à reprendre, I'admire la subtilité de son esprit, de n'auoir pû rien inuenter de plus vray semblable ou de plus subtil: I'admire son loysir d'auoir employé tant de paroles à refuter vne opinion si absurde, qu'elle ne peut pas mesme sembler probable à vn enfant de sept ans : Car il est à remarquer que iusques icy il n'a repris autre chose que cette impertinente loy : Enfin i'admire la force de son imagination, d'auoir pû, nonobstant qu'il ne combatist que contre cette vaine chymere qu'il auoit luy mesme forgée, se comporter tout à fait de la mesme maniere, & se seruir tousiours de mesmes termes, que s'il m'eust eu en effet pour aduersaire, & qu'il m'eust veu en personne luy faire teste.

QVESTION DEVXIESME.

Si c'est vne bonne Methode de Philosopher, que de faire vne abdication generale de toutes les choses dont on peut douter.

Vous me demandez en second lieu, si c'est vne bonne Methode de philosopher, que de faire vne abdication de toutes les choses dont on peut en quelque façon douter ; Mais vous ne deuez point attendre de moy aucune réponse ; Si vous n'expliquez plus au long quelle est cette Methode, & voicy comme vous le faites.

Pour philosopher, dites vous, & pour rechercher s'il y a quelque chose de certain, & de tres-certain, & sçauoir quelle est cette chose, voicy comme ie m'y prens. Puisque toutes les choses que i'ay cruës autrefois, & que i'ay sçeuës iusques icy, sont douteuses & incertaines, ie les tiens toutes pour fausses, & il n'y en a pas vne que ie ne réiette ; Et ainsi ie me persuade qu'il n'y a point de Terre, ny de Ciel, ny pas vne des choses que i'ay cruës autrefois estre dans le monde, & mesme aussi qu'il n'y a point de monde, point de corps, point d'esprits, & en vn mot, qu'il n'y a rien du tout, Apres auoir ainsi fait cette abdication generale, & protesté qu'il n'y a rien du tout dans le monde, i'entre dans ma Philosophie, & la prenant pour guide, ie cherche auec circonspection & prudence ce qui peut estre vray & certain, de mesme que s'il y auoit quelque mauuais genie, tres-puissant & tres rusé, qui employast toute sa force & toute son industrie pour me faire tomber dans l'erreur. C'est pourquoy pour ne me point laisser tromper, ie regarde attentiuement de tous costez; & ie tiens pour maxime inébranlable, de ne rien admettre pour vray qui ne soit tel, qu'en cela ce mauuais genie, pour rusé qu'il soit, ne me puisse rien imposer; & que ie ne puisse pas mesme m'empescher de croire, & beaucoup moins le nier. Ie pense donc, ie considere, ie passe & repasse tout en mon esprit, iusques à ce qu'il se presente quelque chose de tout à fait certain: & lors que ie l'ay rencontré, ie m'en sers, comme Archimede de son point fixe, pour en tirer toutes les autres choses, & par ce moyen ie deduis des choses tres-certaines & tres-assurées les vnes des autres.

Tout cela est fort bien; & s'il n'estoit question que de l'apparence, ie ne ferois point de difficulté de répondre que cette methode me semble fort belle & fort releuée. Mais pource que vous attendez de moy vne réponse exacte, & que ie ne puis vous la rendre, si premierement ie ne me sers de vostre methode, & ne la mets en pratique. Commençons à en faire l'espreuue par les choses les plus aysées, & voyons nous mesmes ce qu'elle a de bon. Et pource que vous en connoissez les detours, les routes, & les sentiers, pour y auoir passé plusieurs fois, ie vous prie de me seruir de guide. Faites & dites seulement, ie suis tout prest à vous seruir de Cópagnon ou de Disciple. Que voulez-vous de moy? Ie veux bien m'exposer dans ce chemin, quoy qu'il soit tout nouueau, & qu'il me fasse peur à cause de son obscurité, tant la beauté & le desir de la verité m'attire puissamment. Ie vous entends; vous voulez que ie fasse tout ce que ie vous verray faire, que ie mette le pied où vous mettrez le voſtre. Voyla ſans doute vne belle façon de commander, & de conduire vn autre; & comme elle me plaiſt, i'attens voſtre commandement.

§. I.

On ouure la voye qui donne entrée à cette methode.

VOicy comme tout d'abord vous philoſophez. Apres que i'ay fait reflexion, dites-vous, ſur toutes les choſes qu'autrefois i'ay receuës en ma creance, ie ſuis enfin contraint d'aduoüer qu'il n'y en a pas vne de celles que ie croyois alors eſtre vrayes, dont ie ne puiſſe douter; & cela non point pour quelques ſoupçons legers & mal fondez, mais pour des raiſons tres-fortes & meurement conſiderées: en telle ſorte qu'il eſt neceſſaire que ie n'y donne pas plus de creance, que ie pourois faire à des choſes qui me paroiſtroient euidemment fauſſes, ſi ie deſire trouuer quelque choſe de conſtant & d'aſſeuré dans les ſciences: C'eſt pourquoy ie penſe que ie ne feray pas mal, ſi prenant vn ſentiment contraire, i'employe tous mes ſoins à me tromper moy-meſme, feignant pour quelque temps que toutes ces opinions ſont fauſſes & imaginaires; iuſqu'à ce qu'enfin ayant mis, pour ainſi dire, la Balance égale entre mes préiugez, mon jugement ne ſoit plus maiſtriſé par de mauuais vſages, & détourné du droit chemin qui le peut conduire à la connoiſſance de la verité. Ie ſuppoſeray donc qu'vn mauuais genie, non moins puiſſant que ruſé, a employé toute ſon induſtrie à me tromper:

Ie penſeray que le Ciel, l'Air, la Terre, les couleurs, les figures, les ſons, & toutes les choſes exterieures que nous voyons, ne ſont que des illuſions & tromperies dont il ſe ſert pour ſurprendre ma credulité. Ie me perſuaderay qu'il n'y a rien du tout dans le monde, qu'il n'y a point de Ciel, point de Terre, point d'Eſprits, point de corps, ie dis point d'Eſprits & point de corps, &c. c'eſt vne chaſſe à remarquer, & la principale. Ie me conſidereray moy-meſme comme n'ayant point de mains, point d'yeux, point de chair, point de ſang, comme n'ayant aucun ſens, mais croyant fauſſement auoir toutes ces choſes. Ie demeureray obſtinément attaché à cette penſée.

Arreſtons nous vn peu icy, s'il vous plaiſt, afin de prendre de nouueaux eſprits. La nouueauté de la choſe m'a vn peu émeu & eſtonné: Ne cōmandez-vous pas que ie reiette toutes les choſes que par le paſſé i'ay receuës en ma creance? Ouy ie veux que vous les rejettiez toutes. Quoy toutes? Car qui dit tout, n'excepte rien. Ie l'entends ainſi, adiouſtez-vous. Ie vous obeïs, mais c'eſt auec bien de la peyne; car c'eſt vne choſe fort dure; & pour vous le dire franchement, ie ne le fais pas ſans ſcrupule; C'eſt pourquoy ſi vous ne m'en deliurez, ie crains fort que nous ne nous égarions dés l'entrée. Vous auoüez que toutes les choſes que vous auez autrefois receuës en voſtre creance, ſont toutes douteuſes, & vous dites vous meſme que vous eſtes forcé à le croire; pourquoy ne faites vous pas vne pareille violence à mon eſprit, afin que ie ſois auſſi contraint d'auoüer la meſme choſe que vous? Qui vous a ie vous prie ainſi contraint?

Ie viens d'apprendre tout à l'heure, que c'ont esté des raisons tres-fortes, & meurement considerées. Mais quelles sont elles enfin ces raisons? Car si elles sont bonnes, pourquoy les rejetter? Que ne les retenez-vous plutost? Et si elles sont douteuses & pleines de soupçons, par quelle force, ie vous prie, ont elles pû vous contraindre?

Les voicy, dites-vous, tout le monde les sçait, & i'ay coustume de les faire tousiours marcher deuant, comme on fesoit autrefois les tireurs de fronde & les Archers, pour commencer le choc. Nos sens nous trompent quelquefois; quelquefois nous resuons; il y a quelquefois certains fols qui pensent voir ce qu'ils ne voyent point, & ce qui peut-estre n'est & ne sera iamais.

Sont-ce là toutes vos raisons? Lors que vous en auez promis de fortes & meurement considerées, je me suis aussi attendu qu'elles seroient certaines, & exemptes de toute sorte de doute, telles que les demande vostre regle, dont nous nous seruons à present, qui est exacte iusques à ce point, qu'elle n'admet pas mesme la moindre ombre de doute. Mais ces raisons que vous venez d'apporter, à sçauoir, Nos sens nous trompent quelquefois, quelquefois nous resuons, il y a des fols, sont-elles certaines & exemptes de doute? ou plutost ne sont-ce pas simplement de purs doutes & soupçons? Qui vous a appris qu'elles sont certaines & hors de tout doute, & conformes à cette regle que vous auez tousiours à la main, à sçauoir; *Qu'il faut bien se donner de garde de rien admettre pour vray, que nous ne puissions prouuer estre tel:* Y a-t'il eu vn temps auquel vous ayez pû dire, certainement rainement & indubitablement mes sens me trompent à present, ie le sçay fort bien. Maintenant ie resue ; vn peu auparauant ie resuois : celuy-cy est fol, & pense voir ce qu'il ne voit point, & il ne ment point ? Si vous dites qu'ouy, prenez garde comment vous le prouuerez : voire mesme prenez garde que ce mauuais genie dont vous parlez, ne vous ait peut-estre deceu ; car il est fort à craindre qu'à l'heure mesme, que vous apportez cecy comme vne raison bien forte de douter, & meurement considerée ; *Les sens nous trompent quelquefois*, ce rusé genie ne vous monstre au doigt, & ne se mocque de vous, de vous estre ainsi laissé abuser. Si vous dites que non, pourquoy dites-vous si asseurement que quelquefois nous resuons ? Pourquoy suiuant vostre premiere regle, ne dites-vous pas plutost ainsi ? il n'est pas tout à fait certain que les sens nous ayent quelquefois trompez ; que nous ayons quelquefois resué ; qu'il y ait eu quelquefois des fols ; donc ie diray ainsi, & establiray pour principe, Que nos sens ne nous trompent iamais ; que iamais nous ne resuons ; & qu'il n'y a point de fols.

Mais, dites vous, i'en ay quelque soupçon. Et moy ie vous dis, que c'est ce qui cause mon scrupule ; Car lors que i'ay pensé auancer mon pié, i'ay senty ces fortes raisons plier sous moy, & s'euanouïr comme des ombres & des soupçons, ce qui a fait que i'ay apprehendé de les presser. Cela pouroit pourtant bien estre.

Vous en auez quelque soupçon, dites-vous ? C'est assez que vous le soupçonniez, c'est assez que vous disiez, ie ne sçay si ie dors ou si ie veille : ie ne sçay si mes sens me

H H h h

trompent, ou ne me trompent point.

Mais pardonnez moy si ie vous dis que ce n'est pas assez pour moy, & que ie ne suis pas satisfait de cela. Car ie ne voy pas bien comment vous pouuez inferer de cecy : *Ie ne sçay si ie veille ou si ie dors*, donc ie dors quelquefois. Car si vous ne dormiez iamais ? si vous dormiez tousiours ? si vous ne pouuiez mesme dormir ? Et que ce genie se mocquast de vous, pour auoir eu le pouuoir de vous persuader que vous dormez quelquefois, que quelquefois vous vous trompez, quoy que cela ne soit point ? Croyez moy, depuis que vous auez introduit ce genie, depuis que vous auez reduit à vn *peut-estre* vos plus fortes & plus solides raisons, vous auez tout gasté, & ne pouuez de cela en tirer rien bon. Que sçauez-vous si ce rusé genie ne vous propose point toutes choses comme douteuses, & incertaines, nonobstant qu'elles soient certaines & assurées, afin qu'apres les auoir toutes reiettées, il vous iette tout nud dans la fosse que vous vous estes vous mesme creusée ? Ne feriez-vous pas mieux, si auparauant que de faire ainsi vne abdication generale de toutes choses, vous vous establissiez vne regle certaine, par laquelle vous pussiez reconoistre, si toutes les choses que vous reietterez seront bien ou mal reiettées. Sans doute que c'est vne chose d'vne importance tout à fait grande, que cette abdication generale de toutes nos connoissances passées. Et si vous m'en croyez, ie vous conseille d'appeller encore vne fois vos pensées en iugement, pour en deliberer meurement & serieusement.

Cela n'est pas necessaire, dites-vous, ie ne sçaurois

icy trop accorder à ma defiance, & ie sçay qu'il ne peut y auoir en cela de peril ny d'erreur.

Que dites-vous ie sçay ? Est-ce certainement ? Est-ce sans aucun doute? en sorte que de tant de connoissances que vous auez reiettées, celle-cy vous soit demeurée, pour estre seule placée dans le temple de la verité, comme les restes d'vn si grand naufrage. Ou, parce que vous entreprenez vne nouuelle Philosophie, & que vous songez aux moyens de l'accroistre, voulez-vous qu'on escriue sur le frontispice en lettres d'or cette maxime, *Ie ne puis trop accorder à ma défiance ?* afin de signifier tout d'abord à ceux qui voudront mettre le pié dans vostre Philosophie, qu'il faut reietter cette vieille proposition, deux & trois font cinq, & retenir celle-cy, Ie ne sçaurois trop accorder à ma défiance. Mais s'il arriue que quelque nouice, en murmure, & qu'il dise entre ses dens ; Quoy l'on veut que ie reiette ce dire ancien, deux & trois font cinq, qui n'a, &c. qui n'a iamais esté reuoqué en doute par personne, à cause qu'il se peut faire que quelque mauuais genie me trompe; & l'on m'ordonne de retenir celuy-cy, qui est remply de doutes & de difficultez, Ie ne sçaurois trop accorder à ma défiance, comme si ce mauuais genie ne me pouuoit en cela rien imposer ?

Que direz-vous cela ? Et vous mesme pouriez-vous bien faire en sorte que ie ne craignisse & n'apprehendasse rien de ce mauuais genie ? En verité quoy que vous m'assuriez & de la main, & de la voix, ce n'est pas sans vne grande apprehension de paroistre trop défiant, que ie reiette & bannis comme fausses ces maximes anciènes, & qui sont quasi nées auec nous, à sçauoir vn argument en *Barbara* conclud fort bien ; Ie suis vne chose composée de corps & d'ame ; Et mesme, s'il m'est permis de iuger à la mine & à la voix, vous mesme qui vous meslez de conduire les autres, & de rendre le chemin seur, vous n'estes pas exempt de crainte. Car répondez moy ingenument & franchement comme vous auez de coustume ; Reiettez-vous sans scrupule comme vne chose fausse, cette proposition ancienne, i'ay en moy l'idée claire & distincte de Dieu, ou celle-cy, Tout ce que ie conçoy fort clairement, & fort distinctement est vray ? Ou enfin cette autre, Les facultez de penser, de se nourir, & de sentir n'appartiennent point au corps, mais à l'esprit, & mille autres semblables ? Ie vous demande cela tout de bon : répondez moy, s'il vous plaist, Pouuez-vous en verité, à la sortie de l'ancienne Philosophie, & à l'entrée d'vne nouuelle, bannir, chasser, & abiurer comme fausses toutes ces choses ? i'entens les bannir & abiurer à bon escient. Quoy donc, oserez vous assurer le contraire, & dire hardiment, & sans scrupule, ouy, maintenant & à l'heure mesme que ie parle, ie n'ay pas en moy l'idée claire & distincte de Dieu : Iusques icy i'ay crû faussement que les facultez de se nourir, de penser, & de sentir n'appartenoient point au corps, mais à l'Esprit ? Mais helas ! que i'oublie ayséement la resolution que i'auois prise : Qu'ay-ie fait ? Ie m'estois abandonné au commencement tout entier à vous & à vostre conduite. Ie m'estois donné à vous pour Compagnon & pour Disciple, & voicy que ie hesite dés l'entrée, tout effrayé & irresolu. Pardonnez-moy, ie vous prie, i'ay peché ie l'auoüe, & peché largement, & n'ay fait en cela paroiſtre que l'imbecillité de mon eſprit; Ie deuois ſans aucune apprehenſion marcher hardiment auec vous dans les tenebres de l'abdication. Et tout au contraire i'ay heſité, & reſiſté. Cela ne m'arriuera plus ſi vous me pardonnez; & par vne ample & liberale abdication de toutes les choſes que i'ay iamais cruës par le paſſé, ie repareray le mal que ie viens de faire. Ie reiette donc & abiure toutes mes anciennes opinions; & vous ne trouuerez pas mauuais ſi ie n'en prens point le Ciel & la Terre à teſmoin, puiſque vous ne voulez pas qu'il y en ait. Ie confeſſe donc qu'il n'y a rien du tout. Allez, marchez le premier, ie vous ſuis. Sans mentir ie vous trouue facile, d'aller ainſi le premier ſans regnance.

REMARQVES.

I *Puiſque toutes les choſes que i'ay ſceuës, iuſques icy ſont douteuſes.* Il a mis icy que, *I'ay ſceuës*, pour que *i'ay crû ſçauoir:* Car il y a de la contrarieté entre ces termes, que *i'ay ſçeuës*, & *ſont douteuſes*, à laquelle ſans doute il n'a pas pris garde; Mais il ne faut pas pour cela luy imputer à malice; Car autrement il ne l'auroit pas ſi legerement touchée qu'il a fait, mais au contraire feignant qu'elle ſeroit venuë de moy, il auroit employé beaucoup de parolles à inſiſter à l'encontre.

K *Ie dis point d'eſprits, point de corps.* Il dit cela afin d'auoir lieu par apres de pointiller long-temps, ſur ce qu'au commencement, ſuppoſant que la nature de l'eſprit ne m'estoit pas encore assez connuë, ie l'ay mise au rang des choses douteuses ; & qu'apres cela reconnoissant que cependant vne chose qui pense, ne pouuoit pas ne point exister, & appellant du nom d'esprit cette chose qui pense, l'ay dit qu'vn esprit existoit ; Comme si i'eusse oublié que ie l'auois nié auparauant, lors que ie prenois l'esprit pour vne chose qui m'estoit inconnuë ; Et comme si i'eusse crû, que les choses que ie niois en vn temps, pource qu'elles me paroissoient incertaines, deussent tousiours ainsi tousiours estre niées : Et qu'il ne se pûst faire qu'elles me deuinsent par apres euidentes & certaines. Et il est à remarquer que par tout il considere le doute & la certitude, non pas comme des relations de nostre connoissance aux obiects, mais comme des proprietez des obiects mesmes, qui y demeurent tousiours attachées ; en sorte que les choses que nous auons vne fois reconnu estre douteuses, ne peuuent iamais estre rendües certaines. Ce que l'on doit plutost attribuer à simplicité qu'à malice.

L. *Quoy toutes choses ?* Il chicane icy sur ce mot, *toutes*, comme auparauant sur le mot, *rien* ; mais inutilement & en vain.

M. *Vous auoüez y estant forcé.* Il en fait de mesme sur ce terme, *forcé*, mais aussi inutilement que sur les precedens ; Car il est certain que ces raisons-là sont assez fortes pour nous obliger de douter, qui sont elles mesmes douteuses, & incertaines, & qui pour cela ne doiuent point estre retenuës, mais reiettées, comme il a esté remarqué cy-dessus, elles sont dis-ie assez fortes, tandis que nous n'en auons point d'autres, qui en chassant le doute, apportent en mesme temps la certitude; Et pource que ie n'en trouuois aucunes de telles dans la premiere Meditation, bien que ie regardaſſe de tous coſtez, & que ie meditaſſe ſans ceſſe, i'ay dit pour cela que les raiſons que i'ay eu de douter, eſtoient fortes & meurement conſiderées. Mais cela paſſe la portée de noſtre Autheur; Car il adiouſte, *Lors que vous auez promis de bonnes & de fortes raiſons, ie me ſuis auſſi attendu, qu'elles ſeroient certaines, telles que les demande voſtre regle*: Comme ſi cette regle qu'il feint, pouuoit eſtre appliquée aux choſes que i'ay dites dans la premiere Meditation: Et vn peu apres il dit, *Y a-t'il eu vn temps, auquel vous ayez pû dire certainement (t) indubitablement mes ſens me trompent à preſent. Ie ſçay cela fort bien.* Où il tombe dans vne contrarieté pareille à la precedente, ne s'apperceuant pas que tenir vne choſe pour indubitable, & en meſme temps douter de la meſme choſe, ſont deux choſes qui ſe contrarient. Mais c'eſt vn bon homme.

Pourquoy dites-vous ſi aſſurément que quelquefois nous reſuons. Il tombe encore innocemment dans la meſme faute; car ie n'ay rien du tout aſſuré dans la premiere Meditation, qui eſt toute remplie de doutes, & de laquelle ſeule il peut auoir tiré ces paroles; Et par la meſme raiſon il auroit pû auſſi trouuer cecy, *Nous ne reſuons iamais*, ou bien, *Quelquefois nous reſuons.* Et lors qu'il adiouſte vn peu apres, *Car ie ne voy pas bien comment vous pouuez inferer de cecy, Ie ne ſçay ſi ie veille ou ſi ie dors, donc ie dors quelquefois.* Il m'attribue icy vn raiſonnement purement digne de luy, auſſi eſt-ce vn homme.

Que ſçauez-vous, ſi ce ruzé genie ne vous propoſe point

toutes choses comme douteuses & incertaines, nonobstant qu'elles soient certaines & assurées. Il paroist manifestement par cecy, comme i'ay desia obserué, qu'il considere le doute & la certitude comme dans les obiects, & non pas comme dans nostre pensée. Car autrement comment pouroit-il feindre que ce genie proposast quelque chose comme douteuse, qui ne fust pas douteuse, mais certaine ? puisque de cela seul qu'il me la proposeroit comme douteuse, elle seroit douteuse. Mais peut-estre que ce genie l'a empesché de reconnoistre la repugnance qui est dans ses paroles. Et il est à plaindre, de ce qu'il trouble ainsi si souuent sa pensée.

P.   *Sans doute que c'est vne chose d'vne importance tout à fait grande que cette abdication generale de toutes nos connoissances passées.* I'en ay assez auerty sur la fin de ma réponse aux quatriémes obiections, & dans la preface de ces meditations, que ie n'ay pour cela proposé à lire qu'aux plus solides esprits. I'ay aussi auerty de la mesme chose fort expressément dans mon discours de la Methode, imprimé en François en l'année 1637. page 16. & 17. où ayant descrit deux diuers genres d'esprits, à qui cette abdication generale n'est pas propre, si peut-estre nostre Autheur se trouue compris sous l'vn ou sous l'autre, il ne me doit pas pour cela imputer ses erreurs.

Q.   *Que dites-vous ie sçay ?* Lors que i'ay dit que ie sçauois qu'il ne pouuoit y auoir de peril en cette abdication generale, i'ay adiousté, *Parce qu'alors ie ne consideroy pas les choses pour agir, mais seulement pour les connoistre :* Ce qui fait voir si manifestement que ie n'ay parlé en cét endroit-là, que d'vne façon morale de sçauoir, qui suffit

pour

pour la conduite de la vie, & que i'ay souuent dit estre fort differente de la façon Metaphysique dont il s'agit icy, qu'il semble qu'il n'y ait que nostre Autheur seul qui ait pû l'ignorer.

Et l'on veut que ie retienne celuy-cy qui est remply de dou- R *tes & de difficultez, ie ne sçaurois trop accorder à ma défiance.* Il y a encore icy derechef de la contrarieté dans ses paroles; Car tout le monde sçait que celuy qui se défie, pendant qu'il se défie, & que par consequent il n'affirme ny ne nie aucune chose, ne peut estre induit en erreur par aucun genie, pour rusé qu'il soit; ce qu'on ne peut pas dire de celuy qui adjouste deux & trois ensemble, ainsi que le prouue l'exemple qu'il a luy-mesme apportée cy-dessus, de celuy qui contoit quatre fois vne heure.

Ce n'est pas sans vne grande apprehension de paroistre trop S *défiant, que ie rejette ces maximes anciennes.* Encore qu'il employe icy beaucoup de paroles pour tascher de persuader qu'il ne faut pas se défier trop, C'est pourtant vne chose digne de remarque, qu'il n'apporte pas la moindre raison pour le prouuer, sinon seulement celle-cy, qui est qu'il craint, ou qu'il se défie, qu'il ne faut pas tant se défier. Où il y a encore de la repugnance; Car de cela seul qu'il craint, & qu'il ne sçait pas certainement qu'il ne doit point se défier, delà il s'ensuit qu'il doit se défier.

Reiettez-vous sans scrupule comme vne chose fausse cette T *proposition ancienne; l'ay en moy l'idée claire & distincte de Dieu? Ou celle-cy, Tout ce que ie conçoy fort clairement & fort distinctement est vray.* Il appelle ces choses-cy ancien-

IIii

nes, pource qu'il craint qu'on ne les tiéne pour nouuelles, & que i'aye la gloire de les auoir le premier remarquées. Mais ie m'en soucie fort peu. Il semble aussi vouloir faire glisser quelque scrupule touchant l'idée que nous auons de Dieu; Mais ce n'est qu'en passant; de peur, peut-estre que ceux qui sçauent auec quel soin, i'ay excepté de cette abdication toutes les choses qui regardent la pieté, & en general les mœurs, ne le prissent pour vn calomniateur.

Enfin il ne voit pas que l'abdication ne regarde que celuy qui ne conçoit pas encore clairement & distinctement quelque chose. Comme par exemple, les Sceptiques, ausquels cette abdication est familiere, entant que Sceptiques, n'ont iamais rien conçeu clairement; Car du moment qu'ils auroient conçeu clairement quelque chose, ils auroient cessé d'en douter, & d'estre en cela Sceptiques. Et pource qu'il est aussi fort difficile que personne, auant que d'auoir fait cette abdication, puisse iamais rien conceuoir fort clairement, i'entens d'vne clairté telle qu'il est requis pour vne certitude Metaphysique, c'est pour cela que cette abdication est fort vtile à ceux qui estant capables d'vne connoissance si claire, ne l'ont pourtant pas encore acquise; Mais non pas à nostre Autheur, comme l'euenement le montre; & i'estime au contraire qu'il la doit soigneusement éuiter.

V. *Ou enfin cette autre-cy, Les facultez de penser, de se nourir, & de sentir, n'appartiennent point au corps, mais à l'esprit?* Il cite ces paroles comme venant de moy, & en mesme temps il les debite pour si certaines qu'il semble que personne ne puisse en aucune façon les reuoquer en doute. Mais cependant il n'y a rien de plus clair dans mes Meditations que ie rapporte au corps seul la puissance de se nourir, & non pas à l'esprit, ou à cette partie de l'homme qui pense: En telle sorte, que par cela seul l'on voit manifestement, premierement qu'il ne les entend point, encore qu'il ait entrepris de les refuter; Secondement, qu'il n'est pas vray que de ce que dans la deuxiesme Meditation i'ay parlé selon l'opinion du vulgaire, i'aye pour cela voulu rapporter la puissance de se nourir à l'ame; Et enfin qu'il tient plusieurs choses pour indubitables qu'il ne faut pas admettre pour telles, sans vn grand examen. Mais toutefois il a fort bien conclu vers la fin, que par toutes ces choses il a fait seulement paroistre la mediocrité de son esprit.

§. II.

On prepare la voye qui donne l'entrée à cette Methode.

LOrs que i'ay fait ainsi vne abdication de toutes mes connoissances passées, ie commence à philosopher de la sorte. Ie suis; Ie pense: Ie suis pendant que ie pense. Cette proposition, *I'existe*, est necessairement vraye, toutes les fois que ie la prononce, ou que ie la conçois en mon esprit.

Vous dites merueilles. Vous auez trouué ce point fixe d'Archimede. Sans doute que vous ferez mouuoir toute la machine du monde, si vous l'entreprenez. Toutes choses chancelent desia. Mais ie vous prie (Car vous voulez, comme ie croy, coupper toutes choses iusques au vif, afin qu'il n'y ait rien dans voſtre Methode que de propre, de bien ſuiuy, & de neceſſaire) pourquoy faites-vous mention de l'eſprit, quand vous dites; *Lors que ie la concois en mon eſprit?* N'auez vous pas vous meſme banny le corps & l'eſprit? Mais peut-eſtre l'auiez-vous oublié; tant il eſt difficile, meſme aux plus experimentez, de chaſſer tout à fait de leur memoire le ſouuenir des choſes auſquelles ils ſe ſont accouſtumez dés leur ieuneſſe; En ſorte qu'il ne faudra pas perdre eſperance, s'il arriue que i'y manque, moy qui n'y ſuis point encore bien verſé.

Ie conſidereray, dites-vous, tout de nouueau ce que ie ſuis, & ce que ie croyois eſtre auant que i'entraſſe dans ces dernieres penſées; Et de mes anciennes opinions, ie retrancheray tout ce qui peut-eſtre tant ſoit peu combattu par les raiſons que i'ay cy-deuant alleguées, afin que par ce moyen il ne demeure preciſement rien qui ne ſoit entierement certain & indubitable.

Oſeray-ie bien auant que vous paſſiez plus outre, vous demander, pourquoy apres auoir fait vne abdication ſolemnelle de toutes vos anciennes opinions, comme d'autant de choſes fauſſes ou douteuſes, vous voulez encore vne fois repaſſer les yeux deſſus, comme ſi vous eſperiez tirer quelque choſe de bon & de certain de ſes vieux lambeaux ou fragmens? Que ſera-ce ſi vous auez autrefois mal penſé de vous? Bien plus, puiſque toutes les choſes que vous auez reiettées vn peu auparauant, eſtoient douteuſes & incertaines (car autrement pourquoy les auriez vous reiettées) comment ſe poura-t'il faire que les meſmes choſes ne ſoient plus à preſent douteufes & incertaines? Si ce n'eſt peut-eſtre que cette abdication ſoit comme vn breuuage de Circé, pour ne pas dire vne leſſiue? Mais toutefois i'ayme mieux admirer & reuerer voſtre procedé. Il arriue ſouuent que ceux qui menent leurs Amis dans les maiſons des Grands pour les leur faire voir, les font entrer par des portes ſecrettes, & non pas par la grande & principale porte. De moy auſſi, ie vous ſuis fort volontiers, par quelques détours que vous me meniez; Ie vous ſuiuray par tout, pourueu que vous me donniez eſperance de paruenir vn iour au palais de la verité.

Qu'eſt-ce donc, dittes-vous, que i'ay crû autrefois que i'eſtois? ſans difficulté i'ay penſé que i'eſtois vn homme.

Souffrez auſſi que i'admire icy voſtre addreſſe, de vous ſeruir de ce qui eſt douteux, pour chercher ce qui eſt certain; de nous plonger dans les tenebres, pour nous faire voir la lumiere. Voulez-vous que ie conſulte ce que i'ay crû autrefois que i'eſtois. Voulez-vous que ie reprenne ce vieux dictum, rebattu & reietté il y a ſi long-temps, à ſçauoir, *Ie ſuis vn homme*. Que ſeroit-ce ſi Pythagore, ou quelqu'vn de ſes Diſciples, ſe trouuoit icy? Que luy diriez-vous, s'il vous diſoit qu'il a eſté autrefois vn cocq? Et que pouriez-vous répondre à tant de furieux, d'inſenſez, & d'extrauagans, ſur toutes les chymeres qu'ils s'imaginent? Mais i'ay tort, vous eſtes ſçauant & experimenté, Vous eſtes vn bon guide, Vous connoiſſez tous les détours, & tous les ſentiers, par où nous auons à paſſer; i'auray bonne eſperance.

Qu'eſt-ce qu'vn homme, dites vous? Si vous voulez que ie vous réponde, permettez-moy auparauant de

IIii iij

vous demander de quel homme vous entendez parler. Ou ce que cherchez, quand vous cherchez ce que c'est qu'vn homme ? Est-ce cét homme que ie me feignois autrefois ; que ie pensois estre ; & que depuis que i'ay tout reietté, ie suppose que ie ne suis point ? Si c'est luy que vous cherchez, si c'est celuy que ie m'imaginois faussement que i'estois, c'est vn certain composé de corps & d'ame. Estes vous content ? ie croy que ouy ; puis que vous continuez de la sorte.

REMARQVES.

X — IE commence de la sorte à philosopher. Ie suis, Ie pense. Ie suis pendant que ie pense. Il est icy à remarquer qu'il auouë luy-mesme que pour bien commencer à philosopher, ou pour establir la certitude de quelque proposition, il faut suiure la voye que i'ay tenuë, qui est de commencer par la connoissance de sa propre existence ; Ce que ie dis, afin que l'on sçache que dans les autres endroits où il a feint que i'ay commencé par vne positiue, ou affirmatiue abdication de toutes les choses qui sont douteuses, il a dit le contraire de ce qu'en effet il pensoit. Ie n'adiouste point icy auec quelle subtilité il m'introduit, commençant à philosopher, lors qu'il me fait parler de la sorte. Ie suis, Ie pense, &c. Car l'on peut aysement reconnoistre, sans que i'en parle, la candeur qu'il garde en toutes choses.

Y — *Pourquoy faites-vous mention de l'esprit, quand vous dites, lors que ie la conçois en mon esprit ? n'auez-vous pas mesme banny le corps & l'esprit ?* I'ay desia cy-deuant auerty qu'il cherchoit occasion de pointiller sur le mot d'esprit. Mais icy conceuoir en son esprit ne signifie rien autre chose que penser; Et partant il suppose mal que ie fais mention de l'esprit entant que consideré comme vne partie de l'homme. De plus, encore que i'aye reietté cy-deuant le corps & l'esprit, auec tout le reste de mes anciennes opinions, comme des choses douteuses, ou des choses que ie ne conceuois pas encore clairement, cela n'empesche pas que ie ne les puisse reprendre par apres, s'il arriue que ie les conçoiue clairement. Mais cela est au dessus de la portée de nostre Autheur, qui pense que le doute soit quelque chose attaché inseparablement aux obiects : Car il demande vn peu apres; *Comment se poura-t'il faire que les mesmes choses qui auparauant estoient douteuses, ne soient plus maintenant douteuses & incertaines?* Il veut mesme que i'en aye fait vne abdication solemnelle; Et il admire aussi mon addresse, en ce que ie me sers de ce qui est douteux, pour chercher ce qui est certain, &c. Comme si i'auois pris pour fondement de ma Philosophie, qu'il faut tousiours tenir pour fausses les choses douteuses.

Voulez-vous que ie consulte ce que i'ay crû autrefois que i'estois: Voulez-vous que ie reprenne ce vieux dictum, &c. Ie me seruiray icy d'vn exemple fort familier pour luy faire icy entendre la conduite de mon procedé, afin que desormais il ne l'ignore plus, ou qu'il n'ose plus feindre qu'il ne l'entend pas.

Si d'auenture il auoit vne corbeille pleine de pommes, & qu'il apprehendast que quelques vnes ne fussent pouries, & qu'il voulust les oster, de peur qu'elles ne corrompissent le reste, comment s'y prendroit il pour le faire? Ne commenceroit-il pas tout d'abord à vuider sa corbeille; Et apres cela regardant toutes ces pommes les vnes apres les autres, ne choisiroit-il pas celles-là seules qu'il verroit n'estre point gastées, & laissant là les autres, ne les remettroit-il pas dedans? Tout de mesme aussi, ceux qui n'ont iamais bien philosophé ont diuerses opinions en leur esprit, qu'ils ont commencé à y amasser dés leur bas aage; Et apprehendent auec raison que la plus-part ne soient pas vrayes, & taschent de les separer d'auec les autres, de peur que leur meslange ne les rende toutes incertaines. Et pour ne se point tromper, ils ne sçauroient mieux faire que de les reietter vne fois toutes ensemble, ne plus ne moins que si elles estoient toutes fausses & incertaines; Puis les examinant par ordre les vnes apres les autres, reprendre celles-là seules, qu'ils reconnoistront estre vrayes & indubitables. C'est pourquoy ie n'ay pas mal fait au commencement de reietter tout; Puis considerant que ie ne connoissois rien plus certainement, ny plus euidemment, sinon que moy qui pensois, estois quelque chose, ie n'ay pas eu aussi mauuaise raison d'establir cela comme le premier fondement de toute ma connoissance; Et enfin ie n'ay pas aussi mal fait de demander apres cela, ce que i'auois crû autrefois que i'estois; Non pas afin que ie crusse encore de moy toutes les mesmes choses, mais afin de reprendre celles que ie reconnoistrois estre vrayes, de reietter celles que ie trouuerois estre fausses, & de remettre à examiner à vn autre temps celles qui me sembleroient douteuses Ce qui fait voir que nostre Autheur n'a pas raison d'appeler cecy *vn art de* de tirer des choses certaines des incertaines, ou comme il dit cy-apres, *vne methode de refuer*; Et que tout ce qu'il raconte icy, & dans les deux paragraphes suiuans, du coq de Pythagore, & des opinions des Philosophes, touchant la nature du Corps & de l'Ame, sont choses tout à fait inutiles & hors de propos; puis que selon la methode que ie m'estois prescrite, ie n'ay point dû, & n'ay point aussi voulu me mesler de rapporter rien de ce que les autres ont iamais pensé là dessus; mais seulement ce qu'il m'en a semblé autrefois, ou ce qui a coustume de sembler aux autres en se laissant seulement conduire par la lumiere naturelle; soit qu'il fust vray, soit qu'il fust faux; pource que ie ne l'ay point rapporté afin de le croire, mais seulement pour l'examiner.

§ III.
Ce que c'est que le Corps.

QV'est-ce que le Corps, dites-vous? Qu'entendois-je autrefois par le Corps?

Vous ne trouuerez pas mauuais si ie regarde de tous costez, si ie crains par tout de peur de tomber dans des pieges. C'est pourquoy dites moy, ie vous prie, de quel corps entendez-vous parler? Est-ce de celuy que ie m'imaginois autrefois estre composé de certaines proprietez, mais que j'imaginois mal, suiuant les loix de nostre abdicatio? Ou bien est-ce de quelque autre, si peut-estre il y en peut auoir? car que sçay ie? Ie doute si cela se peut, ou non. Si c'est du premier dont vous entendez parler, ie n'auray pas de peine à vous respodre. Par le Corps i'entédois tout ce qui peut estre terminé par quelque figure;

KKkk.

qui peut estre compris en quelque lieu, & remplir vn espace, en telle sorte que tout autre Corps en soit exclus, qui peut estre apperceu par les sens, & meu par vn autre qui le touche & dont il reçoiue l'impression. Voylà comme ie décriuois le premier que j'ay conceu ; de telle sorte que ie croyois estre obligé de donner le nom de Corps à tout ce que je verrois reuestu de toutes ces proprietez que ie viens d'expliquer. Et neantmoins ie ne pensois pas pour cela estre aussi-tost obligé de croire qu'il n'y eust rien autre chose que cela qui fust ou qui pust estre appellé Corps ; veu principalement que c'est bien autre chose de dire, je conceuois par le Corps, cecy, ou cela ; & dire, je ne conceuois rien que cecy, ou cela qui fust Corps.

Si c'est du second dont vous entendez parler, je vous répondray suiuant l'opinion des Philosophes les plus modernes ; Car aussi bien vous ne demandez pas tant ce que i'en pense, que ce que chacun en peut penser. Par le Corps j'entens tout ce qui peut estre compris en quelque lieu, comme vne pierre ; ou definy par le lieu, en telle sorte qu'il soit tout entier dans le tout, & tout entier dans chaque partie de ce lieu, comme les indiuisibles, de la quantité, ou d'vne pierre, & de semblables autres Corps, que quelques nouueaux Autheurs comparent aux Anges, ou aux Ames des hommes ; Et mesme ils enseignent, non sans quelque applaudissement, ou du moins sans quelque complaisance de leur part, que le Corps est ou estendu actuellement, comme vne pierre, ou en puissance, comme les susdits indiuisibles : Qu'il est diuisible en plusieurs parties, comme vne pierre, ou indiuisible, comme les indiuisibles susdits: Qu'il peut estre meu par vn autre, comme vne pierre quand elle est poussée en haut: Ou par soy, comme vne pierre quand elle tombe en bas; Qu'il peut sentir, comme vn chien, ou penser comme vn Singe, ou imaginer, comme vn Mulet. Et si j'ay autrefois rencontré quelque chose qui fust meuë ou par vn autre ou par soy, qui sentist, qui imaginast, qui pensast, ie l'ay appellé Corps, si rien ne l'a empesché, & ie l'appelle encore maintenant ainsi.

Mais c'est mal fait, dites-vous. Car je jugeois que la faculté de se mouuoir soy-mesme, de sentir, ou de penser, n'appartenoit en aucune façon à la nature du Corps.

Vous le jugiez ainsi, dites-vous, puis que vous le dites ie vous croy; car les pensées sont libres: Mais lors que vous le pensiez ainsi, vous laissiez aussi à chacun la liberté de son sentiment; & ie ne croy pas que vous vouliez vous rendre l'arbitre de toutes les pensées des hommes, pour rejetter les vnes & approuuer les autres, à moins que vous n'ayez vne regle certaine & infaillible qui vous fasse connoistre celles qu'il faut approuuer ou rejetter. Mais pource que vous ne nous en auez point parlé, lors que vous nous auez commandé de faire cette abdication generale de toutes choses, vous trouuerez bon que i'vse icy de la liberté que la Nature nous a donnée. Autrefois vous le jugiez. Autrefois je le jugeois aussi; Moy à la verité d'vne façon, & vous d'vne autre, mais peut-estre tous deux mal: Au moins n'a-ce pas esté sans quelque scrupule; puis que nous auons esté obligez & vous, & moy de rejetter dés la premiere entrée cette vieille opinion que l'on a eu du Corps ; C'est pourquoy pour ne pas traisner long-temps cette dispute, si vous voulez définir le corps selon vostre sentiment particulier, comme il a esté definy au commencement, ie ne l'empesche point ; au contraire i'admets fort volontiers cette façon de définir le corps ; pourueu que vous vous souueniez que par vostre définition vous ne décriuez pas generalement toute sorte de corps, mais seulement vne certaine espece que vous auez consideré ; Et que vous auez obmis les autres dont les Doctes disputent entr'eux, & sont en question s'il y en a, ou s'il y en peut auoir ; ou du moins dont l'on ne peut conclure, d'vne certitude telle que vous la desirez, s'il y en peut auoir ou non ; En sorte que c'est encore vne chose douteuse & incertaine, si iusques icy le corps a esté bien ou mal définy. C'est pourquoy continuez s'il vous plaist, pendant que ie vous suis ; & que ie vous suis mesme si volontiers, que ie n'ay aucune repugnance à le faire, tant i'ay enuie de voir comment vous reüssira cette nouuelle façon de tirer le certain de l'incertain.

REMARQVES

A a   *OV sentir comme vn Chien, ou penser comme vn Singe, ou imaginer comme vn Mulet.* Il tasche icy de nous surprendre dans ces mots ; Et pour faire en sorte qu'on trouue que i'aye mal establi la difference qui est entre l'esprit & le corps, en ce que celuy-là pense & que celuy cy ne pense point, mais est estendu, Il dit que tout ce qui sent, qui imagine, & qui pense, il l'appelle corps; mais qu'il l'appelle auſſi vn Mulet ou vn Singe, ſi bon luy ſemble; S'il peut iamais faire que ces mots nouueaux viennent en vſage, ie ne refuſeray pas de m'en ſeruir; Mais cependant il n'a aucun droict de me reprendre de ce que ie me ſers de ceux qui ſont communément receus & approuuez.

§. IV.
Ce que c'eſt que l'Ame.

QV'eſt-ce que l'Ame, dites-vous? Qu'entendois-ie autrefois par l'Ame? Sans doute que ou i'ignorois ce qu'elle eſtoit, ou que ie l'imaginois comme vn ie ne ſçay quel vent fort ſubtil, & comme vn eſprit de feu, ou vn air fort delié, qui eſtoit diffus & répandu dans mes parties les plus groſſieres: Et ie luy attribuois la faculté de ſe nourir, de marcher, de ſentir, & de penſer.

Certainement voyla bien des choſes. Mais ie croy que vous ne trouuerez pas mauuais que ie vous faſſe icy vne queſtion ou deux. Quand vous demandez ce que c'eſt que l'eſprit. Ne demandez-vous pas quels ſentimens l'on en a eu par le paſſé, & ce que l'on en a crû autrefois.

C'eſt cela meſme dites-vous. Mais croyez-vous donc que nous en ayons eu des ſentimens ſi raiſonnables que nous n'ayons point du tout Beſoin de voſtre Methode? Croyez vous que tout le monde ait ſuiuy le bon chemin parmy tant de tenebres? Les opinions des Philoſophes touchant l'Ame, ſont ſi diuerſes & ſi differentes les vnes des autres, que ie ne puis assez admirer cette addresse, par laquelle, d'vne si vile Matière, vous esperez faire vn remede certain & salubre; quoy que pourtant le Theriaque se fasse du venin de Vipere. Voulez-vous donc que i'adiouste à cette opinion que vous auez de l'ame, ce que quelques vns en pensent aussi, ou ce qu'ils en peuuent penser? Vous ne vous souciez pas que ce soit bien ou mal. C'est assez qu'ils le pensent de telle sorte, qu'ils croyent ne pouuoir estre persuadez du contraire par la force d'aucune raison. Quelques vns diront que l'ame est vn certain genre de corps, qu'on appelle ainsi. Pourquoy vous estonnez-vous? C'est là leur sentiment, qu'ils ne trouuent pas sans quelque apparence de verité: Car puisque l'on appelle corps, & qu'en effet tout cela est corps qui est estendu, qui a les trois dimensions, & qui est diuisible en certaines parties; & puis qu'ils trouuent dans vn cheual quelque chose d'estendu, & de diuisible, comme de la chair, des os, & cét assemblage exterieur qui frappe les sens; & que d'ailleurs ils concluent par la force de la raison, Qu'outre cét assemblage de parties, il y a encore ie ne sçay quoy d'interieur, qui doit estre tres subtil & tres délié, & qui est repandu & estendu dans toute sa machine; qui a les trois dimensions, & qui est diuisible; en sorte qu'ayant retranché quelque membre, on couppe aussi en mesme temps quelque partie de cette chose interieure, qui est esparse dans luy; Ils conçoiuent vn cheual composé de deux estenduës, qui toutes deux ont les trois dimensions, & qui sont diuisibles; & partant ils le conçoiuent composé de deux corps, qui, de mesme qu'ils disferent entr'eux, ont aussi des noms differens, & dont l'vn, à sçauoir l'externe, retient le nom de corps, & l'autre, à sçauoir l'interne, est appellé du nom d'Ame. Enfin pour ce qui regarde le sentiment, l'imagination, & la pensée, ils croyent que c'est l'Ame, ou ce corps interieur, qui a les facultez de sentir, d'imaginer, & de penser, mais toutefois auec quelque rapport à l'exterieur, sans l'entremise duquel il ne se fait aucun sentiment. D'autres diront & controuueront d'autres choses, mais à quoy bon me mettre en peine de les rapporter toutes? & je m'assure qu'il y en aura plusieurs qui croiront que generalement toutes les Ames sont telles que ie les viens de descrire.

Que dites-vous là, cecy est tout à fait impie. Mais pourquoy me faites vous de telles questions? Qu'y feroit-on, se sont des Athées & des hommes charnels, dont toutes les pensées sont tellement attachées à la matiere, qu'ils ne connoissent rien que la chair & le corps. Et mesme, puisque par vostre Methode vostre dessein Cc est d'establir & de démonstrer que l'esprit de l'homme n'est pas corporel, mais spirituel, vous ne deuez nullement le supposer; mais vous deuez plutost vous attendre qu'il y en aura qui vous le nieront, & qui du moins par forme de dispute, diront ce que vous venez icy de m'entendre dire. C'est pourquoy imaginez-vous qu'il y en a icy quelqu'vn de ceux-là, qui à la demande que vous luy faites, sçauoir ce que c'est que l'esprit, répond comme vous faisiez autrefois, l'esprit est quelque chose de corporel, de délié, & de subtil, diffus dans toute l'estenduë de ce corps externe, qui est le principe du sentiment de l'imagination, & de la pensée; En sorte que le corporel comprend & embrasse trois degrez; c'est à sçauoir le corps, le corporel ou l'Ame, la pensée ou l'esprit, dont on recherche l'Essence. C'est pourquoy exprimons desormais ces trois degrez par ces trois mots, à sçauoir, le corps, l'Ame, l'esprit. Supposons donc que quelqu'vn réponde ainsi à la demande que vous me faites; Serez-vous satisfait de sa réponse? Mais ie ne veux pas preuenir vostre art & vostre Methode; Ie vous suis. Voicy donc comme vous poursuiuez.

REMARQVES.

Bb *C'Est cela mesme, dites-vous.* Icy, & presque par tout ailleurs, il m'introduit luy répondant des choses tout à fait contraires à mon opinion. Mais il seroit trop ennuyeux de faire remarquer toutes ses fictions.

Cc *Et mesme, puisque vostre dessein est d'establir & de demontrer que l'esprit de l'homme n'est pas corporel, vous ne deuez nullement le supposer.* Il feint icy à tort que ie suppose ce que i'ay deu prouuer. Mais à des choses qui sont ainsi feintes gratuitement, & qui ne peuuent estre appuyées & soustenuës par aucune raison, on ne doit ce me semble, répondre autre chose, sinon qu'elles sont fausses. Et ie n'ay iamais en aucune façon, disputé de ce qui doit estre appellé corps, ou Ame, ou esprit. Mais i'ay seulement expliqué deux differentes sortes de choses, sçauoir est celle qui pense, & celle qui est estenduë, ausquelles seules i'ay fait voir que toutes les autres se rapportent, & que i'ay prouué aussi par de bonnes

nes raisons estre deux substances réellement distinctes; l'vne desquelles i'ay appellé *Esprit*, & l'autre *Corps*. Mais si ces noms luy déplaisent, il leur en peut attribuer d'autres, si bon luy semble, ie ne l'empescheray point.

§. V.

On tente l'entrée de cette Methode.

TOut va bien, dites-vous, les fondemens sont heureusement iettez. Ie suis, pendant que ie pense. Cela est certain, cela est inébranlable. Desormais tout ce que i'ay à faire, c'est de bien prendre garde que ce mauuais genie ne m'abuse. Ie suis. Mais qu'est-ce que ie suis? Sans difficulté ie suis quelqu'vne des choses que ie croyois autrefois que i'estois. Or ie croyois autrefois que i'estois vn homme; & ie croyois qu'vn homme auoit vn corps & vne ame. Suis-ie donc vn corps? ou bien vn esprit? Le corps est estendu, renfermé dans vn lieu, impenetrable, visible. Y a-t'il quelque chose de tout cela en moy? y a-t'il de l'estenduë? Comment y en pouroit-il auoir, puis qu'il n'y en a point du tout? Ie l'ay reiettée dés le commencement. Puis-ie estre touché? puis-ie estre veu? Quoy qu'à vray dire, ie pense maintenant estre veu, & estre touché par moy-méme; si est-ce pourtant que ie ne suis ny veu, ny touché; i'en suis bien certain, depuis que i'en ay fait l'abdication. Que suis-ie donc? Ie regarde, ie pense, ie considere & examine, il ne se presente rien du tout. Ie suis fatigué de repeter si souuent les mesmes choses. Ie ne trouue en moy rien de ce qui appartient au corps. Ie ne fuis point vn corps. Ie fuis pourtant, & ie fçay que ie fuis, & pendant que fçay que ie fuis, ie ne reconnois rien en moy qui appartienne au corps. Suis-ie donc vn efprit ? Que croyois-ie autrefois qui appartinſt à l'efprit ? Y a t il quelque chofe de cela en moy ? Ie croyois qu'il appartenoit à l'efprit de penfer. Mais il eſt vray en effet que ie penfe, ὅπηϰα, ὅπηϰα. Ie fuis, ie penfe, ie fuis pendant que ie penfe, Ie fuis vne chofe qui penfe, ie fuis vn Efprit, vn Entendement, vne Raifon. Voyla quelle eſt ma Methode, par laquelle ie fuis heureufement entré où ie voulois. C'eſt à vous maintenant à me fuiure, ſi vous en auez le courage.

Que vous eſtes heureux d'eſtre fauté prefque tout d'vn coup d'vn pays ſi remply de tenebres dans celuy de la lumiere. Mais ie vous prie, ne me refufez pas voſtre main pour m'aſſurer, moy qui chancelle en fuiuant vos veſtiges. Ie repete les mefmes chofes que vous mot pour mot, mais tout doucement comme ie puis. Ie fuis, Ie penfe. Mais qu'eſt-ce que ie fuis ? Ne fuis-ie point quelqu'vne des chofes que ie croyois autrefois que i'eſtois ? Mais croyois-ie bien ? Ie n'en fçay rien. I'ay reietté toutes les chofes douteufes, & ie les tiens pour fauſſes. Ie n'ay donc rien crû qui vaille.

Tout au contraire, vous efcriez vous, arreſtez vous là, placez-y hardiment voſtre pié, & vous aſſurez. L'y poferay-ie ? toutes chofes chancellent. Quoy donc, ſi i'eſtois autre chofe. Que vous eſtes craintif, adiouſtez-vous ? n'eſtes-vous pas vn corps ou vn efprit.

Ie le veux bien, puifque vous le voulez: I'en doute

pourtant ; & quoy que vous me donniez la main, à peine ofay-je auancer vn pas. Que feroit-ce, ie vous prie, fi i'eſtois vne Ame, ou quelque autre choſe? Car ie n'en ſçay rien.

Il n'importe, dites-vous, vous eſtes vn corps, ou vn eſprit.

Bien donc, ie ſuis vn corps, ou vn eſprit. Mais ne ſuis-ie donc point vn corps? Sans difficulté ie ſeray vn corps, ſi ie trouue en moy quelqu'vne des choſes que i'ay crû autrefois appartenir au corps ; Quoy que pourtant i'apprehende de n'auoir pas bien crû.

Courage, dites-vous, il ne faut rien craindre.

Ie pourſuiuray donc hardiment, puiſque vous m'aſſurez ainſi. I'auois crû autrefois que la penſée appartenoit au corps. Mais il eſt vray en effet que ie penſe à preſent, ὅρικα, ὅρικα. Ie ſuis, ie penſe, ie ſuis vne choſe qui penſe, ie ſuis quelque choſe de corporel, ie ſuis vne eſtenduë, ie ſuis quelque choſe de diuiſible, qui ſont des termes dont i'ignorois auparauant la ſignification. Pourquoy vous mettez-vous en colere ; & pourquoy me repouſſez-vous ſi rudement de la main, apres auoir franchy ce mauuais pas ? Me voyla ſur le bord, & ie me trouue par voſtre faueur, & par celle de voſtre abdication ferme & ſtable ſur le meſme riuage que vous.

Mais c'eſt en vain, adiouſtez-vous?

En quoy donc ay-ie failly?

Vous auiez mal crû autrefois, dites-vous, que la penſée appartenoit au corps ; vous deuiez croire au contraire qu'elle appartenoit à l'eſprit. Que ne m'en auiez-vous donc auerty dés le commencement ? Que ne m'auez-vous commandé, lors que vous m'auez veu tout prest & tout disposé à reietter toutes mes vieilles connoissances de retenir du moins celle-cy, *La pensée appartient à l'esprit*, & de la receuoir de vous comme vn passeport, sans lequel on ne peut auoir entrée dans vostre Philosophie. Si vous m'en croyez, ie vous conseille d'inculquer desormais cét Axiome dans l'esprit de vos Disciples, & de leur recommander sur tout qu'ils prennent garde de ne le pas reietter auec les autres : par exemple, auec celuy cy, deux & trois font cinq. Quoy que pourtant ie ne vous réponde pas s'ils vous obeïront, ou non. Car, comme vous sçauez, chacun a son sentiment particulier ; & vous en trouuerez peu aujourd'huy qui se veuillent soumettre à ne point receuoir d'autre loy que celle qu'auoient autrefois les Disciples de Pythagore, qui se contentoient d'vn αὐτὸς ἔφα. Quoy donc s'il y en a qui ne veuillent pas ? qui refusent de le faire ? & qui persistent dans leur ancienne opinion ? Que ferez-vous à cela.

Et pour ne point mettre en ieu les autres, ie vous en prens seul à tesmoin. Lors que vous promettez de montrer par la force de la raison, que l'Ame de l'homme n'est pas corporelle, mais qu'elle est spirituelle ; si vous posez cecy pour fondement de toutes vos demonstrations, à sçauoir que *penser est le propre de l'esprit*, ou d'vne chose spirituelle & incorporelle, ne verra t'on pas que vous supposez en termes nouueaux, ce qu'il y a long temps qui est en question ? Comme si l'on pouuoit estre stupide iusqu'à ce point, croyant que penser est le propre d'vne chose spirituelle & incorporelle, & sçachant d'ailleurs par sa propre experience que l'on pense (car qui est celuy qui ne s'est point encore apperceu de sa pensée, & qui ait besoin de quelqu'vn qui l'en auertisse) que de douter que l'on a en soy quelque chose de spirituel, & qui n'est point du tout corporel? Et afin que vous ne pensiez pas que ie dis cecy sans raison; Combien y a-t'il de Philosophes, & mesme des plus celebres, qui veulent que les bestes pensent, & qui par consequent croyent que la pensée n'est pas à la verité commune à toute sorte de corps, mais à l'Ame estenduë; telle qu'elle est dans les bestes; & qu'ainsi elle n'est pas vne particuliere & veritable proprieté de l'esprit, & d'vne chose spirituelle. Que diront ces Philosophes, ie vous prie, lors que vous leur voudrez faire quitter leur opinion, pour embrasser sous vostre bonne foy la vostre. Et vous-mesme, lors que vous demandez qu'on vous accorde cela, ne demandez-vous pas qu'on vous accorde vne grace, & ne supposez-vous pas ce qui est en question. Mais pourquoy disputer dauantage? Si ie n'ay pas eu droit de passer, voulez-vous que ie m'en retourne?

REMARQVES.

Mais qu'est-ce que ie suis? sans difficulté, ie suis quel- Dd
qu'vne des choses que ie croyois autrefois que i'estois.
Il m'attribue à son ordinaire, cecy, & vne infinité de choses semblables, sans aucune apparence de verité.

I'en suis bien certain, depuis que i'en ay fait l'abdication. Ee
Il m'attribue encore icy vne chose à quoy ie n'ay iamais pensé; Car ie n'ay iamais rien inferé d'vne chose pour

LLll iij

en auoir fait l'abdication. Mais tant s'en faut, i'ay expressément auerty du contraire par ces termes. Mais peut-estre aussi qu'il se peut faire que ces choses-là mesmes, que ie suppose n'estre point, parce qu'elles me sont inconnuës, ne sont point en effet differentes de moy que ie connois, &c.

Ff   *Suis-donc vn esprit?* Il n'est pas vray non plus que i'aye examiné si i'estois vn esprit; Car pour lors ie n'auois pas encore expliqué ce que i'entendois par le nom *d'esprit*. Mais i'ay examiné, si i'auois en moy quelqu'vne des choses que i'attribuois à l'ame dont ie venois de faire la description; & ne trouuant pas en moy toutes les choses que luy auois attribuées, mais n'y remarquant que la pensée, pour cela ie n'ay pas dit que i'estois vne Ame, mais seulement i'ay dit que i'estois vne chose qui pense; & i'ay donné à cette chose qui pense le nom d'Esprit, ou celuy d'Entendement & de raison; n'entendant rien de plus par le nom d'esprit, que par celuy d'vne chose qui pense; & partant ie n'auois garde de m'escrier, ὥπηκα, ὥπηκα, comme il fait icy assez mal à propos. Car au contraire i'ay expressément adiousté que i'ignorois auparauant la signification de ces mots; En sorte qu'il est impossible qu'on puisse douter que par ces mots ie n'aye entendu precisément la mesme chose, que par celuy d'vne chose qui pense.

Gg   *Ie n'ay donc rien crû qui vaille. Tout au contraire, vous escriez-vous.* Cela n'est pas vray encore; car ie n'ay iamais supposé nulle part que les choses que i'auois crûes auparauant fussent vrayes; mais seulement i'ay examiné si elles l'estoient.

Il n'importe, dites-vous, Vous estes vn corps ou vn esprit.
Il n'est pas vray non plus, que i'aye iamais dit cela.

Vous auiez mal crû autrefois, dites-vous, que la pensée appartenoit au corps. Vous deuiez croire au contraire qu'elle appartenoit à l'esprit. Il est faux encore que i'aye dit cela; Car qu'il dise, si bon luy semble, qu'vne chose qui pense, est mieux nommée du nom de corps, que du nom d'esprit; Ie ne m'en mets pas en peine, & il n'a rien à demesler là-dessus auec moy, mais seulement auec les Grammairiens. Mais s'il feint que i'aye voulu dire par le nom d'esprit quelque chose de plus que par celuy d'vne chose qui pense, c'est à moy à le nier. Comme vn peu apres, où il dit, *Si vous posez cecy pour fondement de toutes vos demonstrations, à sçauoir que penser est quelque chose de propre à l'esprit, ou à vne chose spirituelle & incorporelle, &c. N'est-ce pas demander vne grace, & supposer ce qui est en question.* Ie nie que i'aye supposé en aucune façon que l'esprit fust incorporel; Mais ie dis que ie l'ay demonstré dans la sixiéme Meditation.

Mais ie suis si las de le reprendre de ne pas dire la verité, que doresnauant ie ne feray pas semblant de le voir, & écouteray seulement, sans rien dire, le reste de ses railleries iusques à la fin. Quoy que pourtant si c'estoit vn autre que luy, ie croirois qu'il se seroit voulu déguiser, pour satisfaire à l'enuie déreglée qu'il auroit eu de railler; & qu'en contrefaisant tantost le craintif, tantost le paresseux, & tantost l'homme de peu d'esprit, il auroit voulu imiter, non les Epidiques, ou les Parmenons de l'ancienne comedie, mais le plus vil personnage de la nostre, qui par ses niaseries & boufonneries prend plaisir d'apprester à rire aux autres.

§. VI.

L'on en tente derechef l'entrée.

IE le veux bien, dites-vous, pourueu que vous me suiuiez de prés.

Ie vous obeïs, & ne vous abandonne point, recommencez.

Ie pense, dites-vous, & moy aussi. Ie suis, adioustez-vous, pendant que ie pense. Et moy pareillement aussi ie suis pendant que ie pense. Mais que suis-ie, poursuiuez-vous. O que vous faites bien de le demander? car c'est cela mesme que ie cherche, & c'est ce qui fait que ie dis tres volontiers comme vous. Mais que suis-ie donc? Vous continuez. Qu'ay-ie crû estre autrefois? Qu'elle pensée ay ie eu autrefois de moy? Il n'est pas besoin de multiplier vos paroles; Ie les entens assez bien. Ie vous prie seulement de m'ayder, & de me donner la main. Ie ne vois pas où mettre le pied parmy tant de tenebres. Dites comme moy, me dites-vous, suiuez-moy seulement. Qu'ay-ie crû autrefois que i'estois? Autrefois? ce temps-là a-t'il esté? Ay ie rien crû autrefois? Vous vous trompez, adioustez-vous. Tant s'en faut, c'est vous mesme, s'il vous plast, qui vous trompez, quand vous parlez d'autrefois? I'ay fait vne abdication generale de tout ce qui a esté autrefois en ma creance. Ie ne connois plus d'autrefois, non plus que s'il n'auoit iamais esté, & que ce ne fust rien. Mais que vous estes vn bon guide & vn bon conducteur. comme
vous

vous me ferrez à propos la main, comme vous me tirez. Ie penfe, dites vous, ie fuis. Cela eft vray. Ie penfe, ie fuis. Ie fçay cela, ie ne fçay que cela; & horfmis cela il n'y a rien, & rien n'a efté. Courage, me dites-vous, Qu'auez-vous crû autrefois que vous eftiez? Ie penfe que vous voulez fçauoir fi ie n'ay point employé quinze iours ou vn mois à apprendre à me defaire ainfi de tout; Ie n'y ay mis qu'enuiron vne heure, encore a-ce efté auec vous: mais à la verité c'a efté auec tant de contention d'efprit, que cela a recompenfé la briéueté du temps. C'eft pourquoy ie puis dire que i'y ay mis vn mois, ou fi vous voulez, vne année. Ie penfe donc, ie fuis. Ie ne fçay que cela. I'ay tout reietté.

Mais fongez y bien, me dites-vous, tafchez de vous reffouuenir.

Que veut dire cela, fe reffouuenir? Ie penfe à la verité prefentement que i'ay autrefois penfé; Mais ay-ie pour cela autrefois penfé, de ce que ie penfe prefentement, que i'ay autrefois penfé.

Vous eftes craintif, me dites-vous, voftre ombre vous fait peur. Recommencez. Ie penfe.

Ha que ie fuis mal heureux! Ie vois moins que ie ne faifois; Et ce *Ie penfe* que ie voyois auparauant fi clairement, ie ne l'apperceuois pas maintenant. Ie fonge que ie penfe; ie ne penfe pas.

Tant s'en faut, me dites-vous, celuy qui fonge, ou qui refue, penfe.

Ie vous entens maintenant, refuer c'eft penfer, & penfer c'eft refuer.

Ce n'eft pas cela, me dites-vous, penfer a plus d'étenduë que resuer. Celuy qui resue pense, mais celuy qui pense, ne resue pas tousiours, & pense quelque-fois estant éueillé.

Cela est-il vray? mais dites-moy, ne resuez-vous point, ou si en effet vous pensez quand vous me dites cela? Que si vous resuiez, en disant que penser s'estend plus loin que resuer, s'estendra-t'il pour cela en effet plus loin? Certainement ie m'imagineray, si vous voulez que resuer a plus d'estenduë que penser. Mais qui vous a appris que penser a plus d'estenduë? peut-estre ne pensez vous point, mais que vous resuez seulement; Car que sçauez-vous s'il n'est point vray que toutes les fois que vous auez crû penser en veillant, vous n'ayez pourtant point pensé, mais que vous ayez seulement resué que vous pensiez estant éueillé? En sorte que tout ce que vous faites, n'est que de resuer que tantost vous pensez en veillant, & tantost que vous resuez en effet. Que répondrez-vous à cela? vous ne dites mot. Voulez-vous me croire? Tentons vn autre guay, celuy-cy n'est pas seur; Et ie m'estonne que ne l'ayant point sondé auparauant, vous ayez voulu m'y faire passer. Ne me demandez donc plus ce que i'ay pensé autrefois que i'estois; Mais demandez-moy ce que ie songe à present que i'ay songé autrefois que i'estois. Si vous le faites, ie vous répondray. Et afin que les paroles mal concertées d'vn resueur ne troublent point nostre discours, ie me seruiray de celles d'vn homme qui veille; souuenez-vous seulement que penser ne signifie desormais rien autre chose que resuer; & ne vous assurez pas dauantage sur vos pensées, qu'vn homme qui dort sur ses resueries. Ou bien, pour mieux vous en souuenir, appellez voſtre Methode, *La Methode de reſuer*. Et tenez pour principale maxime, *Que pour bien raiſonner, il faut reſuer*. Ie voy que cét aduis vous plaiſt, puiſque vous continuez ainſi.

Qu'ay-donc crû cy-deuant que i'eſtois?

Voicy la pierre d'achoppement où i'ay tantoſt heurté. Il faut icy que nous nous tenions ſur nos gardes. C'eſt pourquoy permettez-moy de vous demander, pourquoy vous n'auancez pas auparauant cecy comme vne maxime. Ie ſuis quelqu'vne des choſes que i'ay crû autrefois que i'eſtois; ou bien, ie ſuis cela meſme que i'ay crû autrefois que i'eſtois? Cela n'eſt pas neceſſaire, me dites-vous. Pardonnez-moy, cela eſt tres neceſſaire, autrement vous perdez voſtre temps, quand vous examinez ce que vous penſez que vous auez eſté autrefois. Car par exemple, ſuppoſez qu'il ſoit poſſible que vous ne ſoyez pas auiourd'huy ce que vous auez crû autrefois que vous eſtiez, comme l'on dit de Pythagore, mais que vous ſoyez quelque autre choſe, ne rechercherez vous pas alors en vain, ce que vous auez crû autrefois que vous eſtiez?

Mais, me dites-vous, cette maxime eſt vieille, & partant abolie. Ie le ſçay bien, car nous auons tout reietté. Mais que faire à cela? ou il faut s'arreſter icy, & ne pas paſſer outre, ou il faut nous en ſeruir. Non pas, me dites-vous; il faut s'efforcer derechef, & taſcher d'auancer, mais par vne autre voye. La voicy. Ie ſuis ou vn corps, ou vn eſprit. Ne ſerois-donc point vn corps?

Ne paſſez pas outre. Qui vous a appris cela, Ie ſuis

vn corps, ou vn esprit, puisque vous auez reietté l'vn & l'autre? Et que sçauez-vous si au lieu d'estre vn corps ou vn esprit, vous n'estes point vne Ame, ou quelqu'autre chose? Car qu'en sçay-ie rien; c'est ce que nous recherchons; & si ie le sçauois, ie ne me donnerois pas tant de peine. Car ne pensez pas que ie sois venu dans ce pays d'abdication, où tout est à craindre, & remply d'obscurité, à dessein seulement de me promener, & de me diuertir ; La seule esperance d'y rencontrer la verité m'y a amené & attiré?

Reprenons donc, me dites-vous, ie suis vn corps, ou quelque chose qui n'est pas cors, ou bien qui n'est pas corporel.

Voicy vne autre voye, & toute nouuelle, dans laquelle vous entrez ; Mais cela est-il certain. Cela est tres-certain, me dites vous, & necessaire.

Pourquoy donc vous en estes vous defait N'auois-ie pas raison de craindre qu'il ne fallust pas tout rejetter, & qu'il se pouuoit faire que vous accordiez trop à vostre défiance. Mais passons, ie veux que cela soit certain. Que s'en ensuit-il? Vous poursuiuez. Ne suis-ie point vn corps? n'y a-t'il point en moy quelqu'vne des choses que i'ay crû autrefois appartenir au corps;

Ll Voicy vne autre pierre d'achoppement. Nous y chopperons sans doute, si vous ne prenez cette maxime pour guide. I'ay bien pensé autrefois touchant ce qui appartient au corps; ou bien, rien n'appartient au corps que ce que i'ay crû autrefois qui luy appartenoit.

Pourquoy cela, me dites-vous?

C'est que si vous auez autrefois oublié quelque chofe, si vous auez mal pensé (& ie croy qu'eſtant homme comme vous eſtes, vous ne deſauoüerez pas que vous n'ayez pû faillir) toute la peine que vous prenez ſera inutile; Et vous auez grand ſujet d'apprehender qu'il ne vous arriue la meſme choſe, qui arriua derniere-ment à vn pauure payſan.

 Cét homme ruſtique & ſimple ayant vn iour apperceu de loin vn Loup, tint ce diſcours à ſon maiſtre, qui eſtoit vn jeune homme affable & fort bien né, lequel il accompagnoit: Qu'eſt-ce que ie voy? Sans doute que c'eſt vn animal, car il remuë, & marche. Mais quel animal eſt-ce? Il faut que ce ſoit quelqu'vn de ceux que ie connois. Quels ſont-ils ces animaux? Vn Bœuf, vn Cheual, vne Cheure, vne Aſne. N'eſt-ce donc point vn Bœuf? Non il n'a point de cornes. N'eſt-ce point vn cheual? Ce n'en eſt pas vn, il a la queuë trop courte. N'eſt-ce point vne Cheure? Ce n'eſt pas vne Cheure, elle a de la barbe, & cettuy-là n'en a point. C'eſt donc vn Aſne, puis que ce n'eſt ny vn Bœuf, ny vn Cheual, ny vne Cheure. Vous vous ſouſriez? Attendez la fin de la fable. Son maiſtre voyant la beſtiſe ou la ſimplicité de ſon valet, luy dit; Vous pouuiez dire que c'eſtoit vn Cheual auſſi-toſt qu'vn Aſne. Comment cela, luy dit ſon valet? Le voicy luy repart ſon maiſtre. Cét animal que tu vois n'eſt ce point vn Bœuf? Non, auez-vous dit, il n'a point de cornes. N'eſt-ce point vne Cheure? Non, il n'a point de barbe. N'eſt-ce donc point vn Aſne? Nullement, car ie n'y voy point d'oreilles. C'eſt donc vn Cheual? Ce bon homme ſurpris de cette nouuelle Analyſe, s'eſcrie auſſi-toſt, Ie me ſuis mépris ce n'eſt pas vn animal, car ie ne connois d'animaux que le Bœuf, le Cheual, la Cheure & l'Aſne; or eſt il que ce n'eſt ny vn Bœuf, ny vn Cheual, ny vne Cheure, ny vn Aſne; Par conſequent, dit il, tout joyeux & triomphant, ce n'eſt pas vn animal. Donc c'eſt quelque choſe qui n'eſt pas animal. C'eſtoit ſans doute vn bon Philoſophe pour vn payſan; mais non pas pour vn homme qui ſeroit ſorty du lycée. Voulez-vous voir ſa faute?

Ie la voy aſſez, me dites-vous. Il a mal penſé en luy-meſme, quand il a dit, quoy qu'il n'en ait pas parlé, Ie connois tous les animaux; ou bien, il n'y a point d'autres animaux que ceux que ie connois. Mais que fait cela pour noſtre deſſein?

Ne voyez-vous pas qu'il n'y a rien de plus ſemblable? Ne faites point le fin? Le laict n'eſt pas plus ſemblable au laict, que ce raiſonnement l'eſt au voſtre. Vous ne dites pas tout ce que vous en penſez. N'eſt-ce pas tout de meſme quand vous dites, ie connois tout ce qui appartient, ou qui peut appartenir au corps; ou bien, Rien n'appartient au corps que ce que i'ay connu autrefois qui luy appartenoit. Car ſi vous n'auez pas tout connu, ſi vous auez obmis la moindre choſe; Si vous auez attribué à l'eſprit quelqu'vne des choſes qui appartiennent au corps, ou aux choſes corporelles, comme à l'ame. Si tout au contraire vous auez mal fait, oſtant & retranchant du corps ou de l'ame corporelle, la penſée, le ſentiment, & l'imagination. Ie dis bien plus, ſi ſeulement vous auez le moindre ſoupçon d'auoir commis quelqu'vne de ces fautes, ne deuez vous pas apprehéder, comme noſtre payſan, que tout ce que vous auez conclu n'ait esté mal conclu. En verité, quoy que vous vouliez m'obliger de passer outre, & que ie sente que vous me tiriez par la main, si vous ne leuez cét empeschement, ie suis resolu de demeurer ferme, & de ne pas remuer le pié.

Retournons sur nos pas, me dites-vous, & tentons pour la troisiéme fois l'entrée. Ne laissons aucun passage, aucune voye, aucun détour, aucun sentier où nous ne mettions le pié.

Ie le veux fort bien ; Mais à condition que s'il se rencontre quelque difficulté, nous ne l'effleurerons pas seulement, mais que nous l'enleuerons tout à fait. Allez apres cela à la bonne heure ; Marchez le premier ; Mais ie veux tout couper iusques à la racine. Vous poursuiuez ainsi.

§. VII. *L'on tente l'entrée pour la troisiéme fois.*

IE pense, dites-vous. Ie vous le nie, vous songez, que vous pensez, C'est, me dites-vous, ce que i'appelle penser ? Vous faites mal. Il faut appeller chaque chose par son nom. Vous songez, & voyla tout. Continuez.

Ie suis, dites-vous, pendant que ie pense. Passe pour cela, puisque vous voulez parler de la sorte, ie ne chicaneray point là dessus. Cela est certain & éuident, adioustez-vous ? Ie vous le nie. Vous resuez seulement que cela vous paroist certain & éuident. Vous insistez ? Donc à tout le moins, cela est-il certain & éuident à vn homme qui resue, ou qui songe. Ie vous le nie, cela le paroift feulement, il le femble, mais il ne l'eft pas.

Vous preffez, & dites, i'en fuis certain, ie le fçay par ma propre experience, ce mauuais genie ne me fçauroit en cela tromper.

Ie vous le nie, vous ne le fçauez pas par voftre propre experience, vous n'en eftes point certain. Cela ne vous eft point éuident, mais feulement vous vous l'imaginez. Or ces deux chofes font fort differentes l'vne de l'autre, à fçauoir, cecy femble certain & éuident à vn homme qui dort, & qui refue, ou fi vous voulez mefme à vn homme qui veille; Et cecy eft tout à fait certain & éuident. Nous voicy au bout. On ne fçauroit aller plus auant. Il faut chercher vne autre voye, de peur de perdre icy tout noftre temps à refuer. Ie veux pourtant vous accorder quelque chofe; car pour recueillir il faut femer. Et puis que vous en eftes certain, à ce que vous dites, & que vous le fçauez par voftre propre experience, continuez s'il vous plaift. Ie le veux bien, me dites-vous.

Qu'eft-ce que i'ay crû eftre autrefois? Que dites-vous, autrefois. Cette voye-là n'eft pas feure. Combien de fois vous ay-je dit que tous les vieux paffages eftoient bouchez? Vous eftes pendant que vous penfez, & vous eftes alors certain que vous eftes. Ie dis pendant que vous penfez. Tout le paffé eft douteux & incertain, & il ne vous refte que le prefent. Vous perfiftez pourtant. Ie vous en ayme, d'auoir ainfi vn courage qui ne fe rebute d'aucune mauuaife fortune.

Il

Il n'y a rien, dites vous, en moy qui suis, qui pense, qui suis vne chose qui pense, il n'y a rien de tout ce qui appartient au corps, ou aux choses corporelles.

Ie le nie. Vous le prouuez.

Depuis le moment, dites vous, que i'ay fait vne abdication de toutes choses, il n'y a plus de Corps, plus d'Ame, plus d'Esprit, en vn mot, il n'y a plus rien. Et partant si ie suis, comme il est certain que ie suis, ie ne suis pas vn corps, ny rien de corporel.

Que ie vous sçay bon gré de vous échauffer comme vous faites, & de voir que vous commencez à raisonner, & à argumenter en forme. Poursuiuez; Voyla le vray moyen de sortir promptement de tous ces labyrinthes; Et comme ie voy que vous estes liberal, ie le veux estre encore dauantage. Ie vous dis donc que pour moy ie nie, & l'antecedent, & le consequent, & la consequence. Ne vous en estonnez pas, ie vous prie; Ce n'est sans raison, la voicy. Ie nie la consequence, parce que par le mesme argument vous pouuiez conclure le contraire, en cette façon. Depuis que i'ay fait vne abdication generale de toutes choses, il n'y a plus ny Esprit, ny Ame, ny corps; en vn mot il n'y a plus rien. Et partant si ie suis, comme il est certain que ie suis, ie ne suis point vn Esprit. Voyla vne noix pourie, qui gaste & qui corrompt les autres, & dont vous reconnoistrez mieux le vice par ce qui suit. Cependant considerez vn peu en vous mesme, si vous ne pouriez pas mieux doresnauant tirer cette consequence de vostre Antecedent. Et partant si ie suis, comme il est certain que ie suis, ie ne suis rien. Car ou vostre Antecedent a esté mal posé, ou s'il a esté bien posé, il est détruit par la proposition conditionelle qui suit, à sçauoir, Si ie suis. C'est pourquoy ie nie cét Antecedent, Depuis que i'ay fait vne abdication generale de toutes choses, il n'y a plus de Corps, plus d'Ame, plus d'Esprit, il n'y a plus rien ; Et ce n'est pas sans raison que ie le nie ; Car ou vous faites mal de faire cette abdication generale ; ou il n'est pas vray que vous le fassiez ; & mesme vous ne la sçauriez faire, puisque vous estes necessairement vous qui la faites. Et pour vous respondre en forme ; Quand vous dites, *Il n'y a plus rien, point de Corps, point d'Ame, point d'esprit*, &c. Ou vous ne vous comprenez pas dans cette proposition, *il n'y a plus rien*. Et vous entendez seulement, il n'y a plus rien, Que moy ; ce que vous deuez necessairement faire, afin que vostre proposition soit vraye, & subsiste, ainsi que dans ces autres propositions de Logique ; Toute proposition écrite dans ce liure est fausse. Ie ne dis pas vray. Et mille autres, qui s'excluent elles mesmes de ce qu'elles disent. Ou bien vous vous y comprenez & renfermez vous-mesme, en sorte que vous entendez vous rejetter vous-mesme, quand vous rejettez tout, & n'estre point, quand vous dites, *Il n'y a plus rien*, &c. Si le premier, cette proposition, à sçauoir, depuis que i'ay fait vne abdication generale, il n'y a plus rien, &c. n'est pas vraye. Car vous estes, & vous estes quelque chose ; & par necessité vous estes ou vn Corps, ou vne Ame, ou vn Esprit, ou quelqu'autre chose ; Et partant quelque chose existe necessairement, soit vn Corps, ou vn Esprit, &c. Si le second, vous vous trompez, & mefme doublement; tant parce que vous voulez vne chofe impoffible, en difant que vous n'eftes point pendant que vous eftes. Comme auffi, parce que vous détruifez vous mefme voftre propofition dans le confequent, en difant donc, fi ie fuis, comme il eft certain, &c. Car comment ce peut-il faire que vous foyez, s'il n'y a rien. Et pendant que vous fuppofez qu'il n'y a rien, comment pouuez-vous dire que vous eftes ? Et fi vous dites que vous eftes, ne détruifez-vous pas ce que vous auiez auancé auparauant, à fçauoir, il n'y a rien, &c. Par confequent l'Antecedent eft faux, & le Confequent auffi. Mais vous n'en demeurez pas là, & vous renouuellez le combat ainfi.

Quand, dites-vous, ie dis, *Il n'y a rien*, Ie ne fuis pas affuré que ie fois, ou vn Corps, ou vne Ame, ou vn Efprit, ou quelque autre chofe. Ie ne fçay pas méme s'il y a quelqu'autre Corps, ou quelqu'autre Ame, ou quelqu'autre Efprit. Et partant, fuiuant noftre loy, qui veut que nous tenions pour faux tout ce qui eft douteux, ie diray, il n'y a point de Corps, point d'Ame, point d'Efprit, point d'autre chofe. Et partant, fi ie fuis, comme il eft certain, ie ne fuis point vn Corps.

Voyla qui eft fort bien; Mais permettez-moy, ie vous prie d'examiner chaque chofe l'vne apres l'autre, de les mettre dans la balance, & de les pezer feparément. Quand ie dis, dites-vous, il n'y a rien, &c. Ie ne fuis pas affuré que ie fois ou vn corps, ou vne Ame, ou vn

Efprit, ou quelqu'autre chofe. Ie diftingue l'Antecedent. Vous n'eftes pas affuré que vous foyez déterminément vn Corps, ou vne Ame, ou vn Efprit, ou quelqu'autre chofe. Ie vous l'accorde, car c'eft ce que vous cherchez. Vous n'eftes pas affuré que vous foyez indeterminément ou vn Corps, ou vne Ame, ou vn Efprit, ou quelqu'autre chofe. Ie le nie. Car vous eftes, & vous eftes quelque chofe ; Et vous eftes neceffairement ou vn corps, ou vne Ame, ou vn Efprit, ou quelqu'autre chofe. Et vous ne fçauriez tout de bon reuoquer cela en doute, quoy que faffe ce mauuais genie pour vous furprendre.

Ie viens maintenant au confequent. Et partant ie diray fuiuant la loy que nous nous fommes prefcrite, Il n'y a point de corps, point Ame, point d'Efprit, point d'autre chofe. Ie diftingue auffi le confequent. Ie diray déterminément, il n'y a point de corps, point d'Ame, point d'Efprit, point d'autre chofe : Paffe pour cela. Ie diray indeterminément, il n'y a point de Corps, ny d'Ame, ny d'Efprit, ny autre chofe. Ie nie la confequence. Et pareillement ie diftingueray auffi voftre dernier confequent, fçauoir eft. Et partant fi je fuis comme il eft certain, je ne fuis point vn Corps. Determinément, ie l'accorde. Indeterminément, je le nie. Voyez comme je fuis liberal. I'ay accrû vos propofitions d'vne fois autant. Mais vous ne perdez pas courage ; vous ralliez vos troupes, & reuenez à la charge. Que je vous en fçay bon gré.

Ie connois, dites-vous, que i'exifte ; & je cherche quel, je fuis moy que ie connois eftre. Il eft tres-certain que la connoissance de mon Estre ainsi precisement prise ne dépend point des choses dont l'existence ne m'est pas encore connuë.

N'y a-t'il que cela? Auez vous tout dit? I'attendois quelque consequence, comme vn peu auparauant. Mais peut-estre auez vous eu peur qu'elle ne vous reüssît pas mieux que l'autre. Sans doute que vous faites prudemment selon vostre coustume. Mais ie reprens tout ce que vous auez dit. Vous sçauez que vous estes, passe. Vous cherchez quel vous estes, vous que vous connoissez. Il est vray, & ie le cherche auec vous, & il y a long temps que nous le cherchons. La connoissáce de la chose que vous cherchez, c'est à dire de vostre Estre, ne dépend point, dites-vous, des choses dont l'existence ne vous est pas encore connuë. Que vous diray-ie la dessus? cela ne me paroist pas assez clair ; & ie ne vois pas assez où va cette maxime. Vous cherchez, dites-vous, quel est celuy que vous connoissez, & moy ie le cherche aussi auec vous. Mais dites-moy pourquoy le cherchez-vous, si vous le connoissez?

Ie connois, dites-vous, que ie suis, mais ie ne connois pas quel ie suis.

Vous dites bien ; Mais comment pourez vous reconnoistre quel vous estes, si ce n'est ou par les choses que vous auez autrefois connuës, ou par celles que vous connoistrez cy-apres? Ce ne sera pas, comme ie croy, par celles que vous auez autrefois connuës. Elles sont pleines de doute ; vous les auez toutes reiettées. Ce sera donc par celles que vous ne connoissez pas encore, & que vous connoistrez cy apres. Ie voy bien que cela vous choque, mais ie ne sçay pas pourquoy.

Ie ne sçay pas encore, dites-vous, si ces choses-là existent.

Ayez bonne esperance, vous le sçaurez quelque iour.

Mais cependant que feray-ie, adjoustez-vous.

Vous aurez patience. Quoy que pourtant ie ne veuille pas vous tenir long-têps en suspens. Ie distingueray vostre proposition, comme i'ay fait cy-deuant. Vous ne connoissez pas quel vous estes ; Déterminément, ie l'accorde. Vous ne connoissez pas quel vous estes, indeterminément & confusément. Ie le nie. Car vous connoissez que vous estes quelque chose, & mesme que vous estes necessairement ou vn corps, ou vne Ame, ou vn Esprit, ou quelqu'autre chose. Mais quoy enfin ? Vous vous connoistrez cy-apres clairement & determinément. Qu'y feriez-vous ? Ces deux mots seuls, *Déterminément, & indeterminément*, sont capables de vous arrester vn siecle entier. Cherchez vne autre voye, s'il vous en reste aucune. Essayez hardiment ; Car ie n'ay pas encore mis bas les armes. Les choses grandes & nouuelles, sont enuironnées de nouuelles & grandes difficultez.

Il me reste encore, dites-vous, vne voye ; Mais si elle a le moindre obstacle, & le moindre empeschement, c'en est fait, ie n'y songeray plus, ie reuiendray sur mes pas, & l'on ne me verra plus errant & vagabond dans ces pays & contrées, où regne vne abdication generale. Voulez-vous bien la tenter auec moy ?

Ie le veux bien, mais à condition, que comme elle est la derniere, vous attendiez aussi de moy les dernieres difficultez. Allez maintenant, marchez le premier.

§. VIII. *L'on tente pour la quatriéme fois l'entrée dans cette Méthode, & l'on en desespere.*

IE suis, dites-vous. Ie le nie. Vous poursuiuez, ie pense. Ie le nie. Vous adjoustez. Que niez-vous-là? Ie nie que vous soyez & que vous pensiez. Et ie sçay fort bien ce que i'ay fait quand i'ay dit, il n'y a plus rien. Voyla sans doute vn trait bien hardy & remarquable. I'ay d'vn seul coup tranché la teste à tout. Il n'y a rien, vous n'estes point; & vous ne pensez point.

Mais, ie vous prie, me dites-vous; i'en suis assuré, i'en ay vn tesmoignage certain, ie sçay par ma propre experience que ie suis, & que ie pense.

Quand vous en mettriez la main à la conscience, quand vous en iureriez, & me le protesteriez, ie le nie. Il n'y a rien, vous n'estes point, vous ne pensez point, vous ne le sçauez point. Voyla l'accroc, & l'encloüeure. Et afin que vous la connoissiez bien, & que vous l'éuitiez, si vous pouuez, ie veux vous la montrer au doigt. Si cette proposition est vraye, *Il n'y a rien*; celle-cy est aussi vraye, & necessaire, *Vous n'estes point, vous ne pensez point*. Or est-il que selon vous, celle-cy, *Il n'y a rien*, est vraye, comme vous le sçauez & le voulez. Par consequent celle-cy est aussi vraye, *Vous n'estes point, vous ne pensez point*.

Vous estes bien rigoureux, me dites vous, il faut vn peu vous addoucir.

Puisque vous m'en priez, ie le veux, & de bon cœur. Vous estes ; ie l'accorde. Vous pensez, ie le veux. Vous estes vne chose qui pense, dittes vne substance qui pense ; car vous vous plaisez aux termes magnifiques, i'en suis bien aise, & ie m'en resioüis ; Mais n'en demandez pas dauantage. Ie voy que vous en estes content ; car vous reprenez ainsi vos Esprits.

Qq Ie suis, me dites-vous, vne substance qui pense ; & ie sçay que i'existe moy qui suis vne substance qui pense ; & ie sçay qu'vne substance qui pense existe ; Or i'ay vne claire & distincte notion ou idée de cette substance qui pense, & neantmoins ie ne sçay point si aucun corps existe, & ne connois rien de tout ce qui appartient à la notion de la substance corporelle ; Ie nie mesme qu'aucun corps existe, ny aucune chose corporelle. I'ay fait vne abdication de tout; I'ay tout reietté; Par consequent la connoissance de l'existence d'vne chose qui pense, ou la connoissance d'vne chose qui pense existante, ne dépend point de la connoissance de l'existence d'vne chose corporelle, ou de la connoissance d'vne chose corporelle existante. Par consequent puisque i'existe, & que ie suis vne chose qui pense, & qu'aucun corps n'existe, ie ne suis point vn corps; Et partant ie suis vn Esprit. Voyla mes raisons ; Voyla ce qui me force à donner mon consentement, n'y ayant rien en tout cela qui ne soit bien suiuy & bien lié, & deduit de principes tres éuidens suiuant les regles de la Logique.

Q que

O que voyla bien dit! Mais que ne parliez vous auparauant ainsi clairement & nettement, sans nous parler de voſtre abdication generale? I'ay en verité sujet de me plaindre de vous, de nous auoir ainsi laissé courir çà & là, & de nous auoir mesme mené par des chemins détournez & inconnus; veu que vous pouuiez tout d'vn coup nous amener icy. Il y auroit lieu de vous en faire reproche; & si vous n'estiez bien mon amy, ie m'en fascherois tout de bon; Car vous n'agissez pas auec moy candidement & rondement comme vous faisiez autrefois; & ie voy que vous vous reseruez des choses en particulier, sans me les communiquer. Vous vous estonnez de ce que ie vous dis. Cela ne durera pas long-temps Ie m'en vas vous dire le sujet de mes plaintes. Vous demandiez nagueres, il n'y a pas encore vn quart d'heure, Quel estoit celuy que vous connoissiez: Maintenant vous ne sçauez pas seulement quel il est, mais vous en auez mesme vne claire & distincte notion. Ou vous ne découuriez pas alors tout ce que vous sçauiez, & feigniez de ne pas connoistre ce que vous connoissiez fort bien; ou vous auez quelque tresor caché, d'où vous tirez le vray & le certain quand bon vous semble. Mais i'ayme mieux vous demander où est ce tresor, & si vous y mettez souuent la main, que de me plaindre de vous dauantage. Dites-moy, ie vous prie, d'où auez vous eu cette claire & distincte notion de la substance qui pense? si elle est si claire & si euidente, ie vous prierois volontiers de me la faire voir vne fois, afin de me recréer de sa veuë; veu principalement que de cela seul dépend presque tout l'esclaircissement de la vérité que nous cherchons auec tant de peine.

Le voicy, dites vous. Ie sçay certainement que ie suis, que ie pense, que ie suis vne substance qui pense.

N'allons pas si viste, s'il vous plaist, afin que ie me dispose à bien former vn concept si difficile. Ie sçay fort bien aussi que ie suis, que ie pense, que ie suis vne substance qui pense. Continuez maintenant, s'il vous plaist.

Ie n'ay plus rien à adiouster à cela, me dites-vous, i'ay tout dit, & tout fait. Quand i'ay pensé que i'existois moy qui suis vne substance qui pense, i'ay formé en mesme temps vn concept clair & distinct de la substance qui pense.

Bon Dieu! que vous estes fin & subtil? Comme en vn moment vous penetrez, & parcourez toutes choses, tant celles qui sont, que celles qui ne sont pas, celles qui peuuent estre, & celles qui ne le peuuent. Vous formez, dites-vous, vn concept clair & distinct de la substance qui pense, lorsque vous conceuez clairement & distinctement, que la substance qui pense, existe. Quoy donc, si vous connoissiez clairement, (comme ie n'en doute point, car ie sçay que vous auez bon esprit) qu'il n'y a point de montagne sans vallée, auez vous pour cela tout aussi-tost vn concept clair & distinct d'vne montagne sans vallée? Mais i'ay tort; parce que ie ne sçay pas l'art de former ainsi vn concept clair & distinct, ie l'admire. Ie vous prie de me l'enseigner, & de me faire voir comment ce concept est clair & distinct.

Toute à l'heure, me dites-vous. Ie conçoy clairement & diſtinctement qu'vne ſubſtance qui penſe exiſte, & ie ne conçoy cependant rien de corporel, rien de ſpirituel, ie ne conçoy rien que cela, rien que la ſeule ſubſtance qui penſe. Doncques, le concept que i'ay d'vne ſubſtance qui penſe, eſt clair & diſtinct.

Ie vous entens enfin, & ſi ie ne me trompe, ie comprens ce que vous voulez dire.

Le concept que vous auez eſt clair, parce que vous le connoiſſez certainement, & il eſt diſtinct, parce que vous ne connoiſſez rien autre choſe. N'ay-ie pas bien compris voſtre penſée ? Ie croy qu'ouy. Car vous adjouſtez.

Il ſuffit, dites vous, que i'aſſure, qu'entant que ie me connois, ie ne ſuis rien autre choſe qu'vne choſe qui penſe.

C'eſt bien aſſez. Et ſi i'ay bien pris voſtre penſée, ce concept clair & diſtinct d'vne ſubſtance qui penſe, que vous formez, conſiſte en ce qu'il vous repreſente qu'vne ſubſtance qui penſe exiſte, ſans penſer au Corps, à l'Ame, à l'Eſprit, à aucune autre choſe ; mais ſeulement qu'elle exiſte. Et ainſi vous dites, qu'entant que vous vous connoiſſez, vous n'eſtes rien autre choſe qu'vne ſubſtance qui penſe, & non point vn Corps, vne Ame, vn Eſprit, ou quelqu'autre choſe ; En ſorte que ſi vous exiſtiez preciſement comme vous vous connoiſſez, vous ſeriez ſeulement vne ſubſtance qui penſe, & rien dauantage. Vous vous ſouſriez, ie croy, & vous vous applaudiſſez tout enſéble ; Et vous croyez que par cette longue ſuitte de paroles, dont ie me ſers contre ma couſtume, Ie ne cherche qu'à gagner du temps,

& qu'à efquiuer, pour n'en point venir au combat contre des troupes si fortes & si agguerries que sont les vostres. Mais sans mentir, ce n'est pas-là mon dessein. Voulez vous que ie renuerse d'vne seule parole tout cét equipage, & tous ces vieux champions, que vous auez reserué adroitement pour la fin du combat, quoyque serrez & disposez en bataillon? I'en employeray trois, afin qu'il n'en reste pas vn. Voicy la premiere.

R r *Du connoistre à l'estre la consequence n'est pas bonne.* Meditez là dessus pour le moins quinze iours, & vous en verrez le fruict, dont vous ne vous repentirez point, pourueu qu'apres cela vous iettiez les yeux sur la table suiuante. La substance qui pense est celle qui entend, ou qui veut, ou qui doute, ou qui resue, ou qui imagine, ou qui sent, & partant tous les actes intellectuels, comme sont entendre, vouloir, imaginer, sentir conuiennent tous sous la raison commune de pensée, de perception, ou de conscience; & nous appellons la substance où ils resident, vne chose qui pense.

La substance qui pense est

ou

| Corporelle, c'est à dire ayant vn corps, & s'en seruant, | Incorporelle, c'est à dire n'ayant point de corps & ne s'en seruant point. |

ou   ou

| Estenduë, & Diuisible. | Non estenduë, Indiuisible. | Dieu. | l'Ange. |

comme   comme

l'ame, l'ame   l'Esprit l'Esprit
d'vn d'vn   de   de
Cheual. Chien. Socrate. Platon.

Voicy la seconde. *Determinément, Indeterminément. Distinctement, Confusément. Explicitement, Implicitement.* Passez aussi & repassez ces mots quatre ou cinq iours dans vostre Esprit. Vous ne perdrez pas vostre temps, si vous les appliquez chacun comme il faut à toutes vos propositions, si vous les diuisez & distinguez par leur moyen. Et mesme ie ne refuserois pas de le faire maintenant, si ie ne craignois de vous ennuyer.

Voicy la troisiéme. *Ce qui conclut trop, ne conclut rien.* Ie ne vous prescris point de temps pour y penser; Elle presse, elle serre de prés. Mettez la main à l'œuure, pensez à ce que vous auez dit, & voyez si ie vous suis bien. Ie suis vne chose qui pense; Ie connois que ie suis vne substance qui pense, ie connois qu'vne substance qui pense existe, & neantmoins ie ne connois pas encore qu'vn Esprit existe, voire mesme il n'y a point d'Esprit qui existe ; Il n'y a rien ; Tout est reietté. Et par consequent la connoissance de l'existence d'vne substance qui pense, ou d'vne substance qui pense existante, ne depend point de la connoissance de l'existence d'vn Esprit, ou d'vn Esprit existant. Partant, puis que i'existe, & que ie suis vne chose qui pense, & qu'il n'y a point d'Esprit qui existe ; ie ne suis point vn Esprit, doncques ie suis vn Corps. Vous ne dites mot Pourquoy vous en retournez-vous ? Pour moy ie n'ay pas encore perdu toute esperance. Suiuez moy maintenant. Ayez bon courage ; Ie vas vous proposer l'ancienne forme de conduire sa raison : C'est vne Methode connuë de tous les anciens ; Que dis-ie ? Elle est connuë & familiere à tous les hommes. Souffrez-moy, ie vous prie, & ne vous rebutez point. I'ay eu patience à mon tour. Elle nous ouurira, peut-estre quelque voye, comme elle a de coustume quand les choses sont fort intriquées, & presque desesperées. Ou bien, si elle n'en peut venir à bout, elle nous monstrera au doigt, pendant que nous ferons retraitte, les vices de vostre Methode, s'il y en a aucun. Voicy donc comme ie mets en forme ce que vous auez entrepris de nous prouuer.

§. IX. *On fait seurement retraite dans l'ancienne forme.*

NVlle chose, qui est telle que ie puis douter si elle existe, n'existe en effet.

Or est t'il que tout le corps est tel que ie puis douter s'il exiſte. Doncques nul corps n'exiſte en effet.

La majeure n'eſt elle pas tout à fait de vous, pour ne point redire ce que nous auons deſia dit? Il en eſt de meſme de la Mineure; Et de la concluſion auſſi. Ie reprens donc mon argument.

Nul corps n'exiſte en effet.

Doncques nulle choſe qui exiſte en effet n'eſt corps. Ie pourſuis, nulle choſe qui exiſte en effet n'eſt corps.

Or eſt il que moy (qui ſuis vne ſubſtance qui penſe) exiſte en effet.

Doncques moy (qui ſuis vne ſubſtance qui penſe) ie ne ſuis point vn corps.

D'où vient que voſtre viſage eſt gay, & qu'il paroiſt riant? La forme ſans doute vous plaiſt, & ce qu'elle conclut. Mais il rit bien qui rit le dernier. Au lieu du corps mettez l'Eſprit, & alors vous conclurez en bonne forme. Doncques moy (qui ſuis vne ſubſtance qui penſe) ie ne ſuis point vn Eſprit. Voicy comment.

Nulle choſe, qui eſt telle que ie puis douter ſi elle exiſte, n'exiſte en effet.

Or eſt-il que tout Eſprit eſt tel que ie puis douter s'il exiſte.

Doncques nul Eſprit n'exiſte en effet.

Nul Eſprit n'exiſte en effet.

Doncques nulle choſe qui exiſte en effet, n'eſt Eſprit.

Nulle choſe qui exiſte en effet n'eſt Eſprit.

Or eſt-il que moy (qui ſuis vne ſubſtance qui penſe) exiſte en effet,

Doncques moy (qui ſuis vne ſubſtance qui penſe) ie ne ſuis point vn Eſprit.

Qu'eſt-ce que cecy? La forme eſt bonne & legitime; Elle ne pèche iamais, iamais elle ne conclut faux, ſinon peut-eſtre de quelque propoſition fauſſe. Et partant le vice qui vous peut déplaire dans le conſequent, ne vient pas de la forme, mais vient neceſſairement de quelque choſe mal poſé dans les prémiſſes. Et de vray, penſez-vous que cette propoſition, ſur laquelle vous auez fondé tout voſtre raiſonnement, & qui vous a ſeruy d'apuy pour auancer pays, ſoit vraye. C'eſt à ſçauoir : *Nulle choſe, qui eſt telle que ie puis douter ſi elle exiſte, ou ſi elle eſt vraye, n'exiſte en effet, ou n'eſt pas vraye.* Cela eſt-il tout à fait certain, & tellement éprouué, que vous puiſſiez fermement & ſans aucune apprehenſion vous y aſſurer? Parlez, ie vous prie : pourquoy niez-vous cecy, i'ay vn corps? Sans doute que c'eſt parce que vous en doutez. Mais cecy n'eſt-il pas auſſi douteux, Ie n'ay point de corps? Y a-t'il perſonne tant ſoit peu ſage, qui vouluſt ſe ſeruir pour fondement de ſa ſcience, & meſme d'vne ſcience qu'il tient pour plus aſſurée que les autres, qui ſe vouluſt dis-ie, ſeruir d'vne choſe qu'il a lieu de tenir pour fauſſe. Mais en voyla aſſez. Voicy où ie veux m'arreſter, & mettre fin à ces erreurs. Ie n'ay plus rien deſormais à eſperer : C'eſt pourquoy pour ſatisfaire à la demande que vous m'auez faite, ſçauoir *Si la Methode de philoſopher par l'abdication de tout ce qui eſt douteux, eſt bonne.* Ie réponds ingenument & librement, comme vous le ſouhaittez, & ſans aucun embaras de paroles.

REMARQVES

REMARQVES.

IVsques icy le R. P. s'est ioüé : & pource que dans la suitte il semble vouloir agir serieusement, & prendre vn autre personnage, ie mettray cependant icy en peu de paroles les remarques que i'ay faites sur les ieux de son Esprit. Voicy ce qu'il dit. *Autrefois? Ce temps-là a-t'il esté?* Et en vn autre endroit, *Ie resue que ie pense, ie ne pense point.* Mais tout cela n'est que raillerie, digne du personnage qu'il a voulu representer. Comme aussi cette importante question qu'il propose, sçauoir *si penser a plus d'estenduë que resuer.* Et mesme ce bon mot, *de la Methode de resuer.* Et cét autre, *Que pour bien raisonner, il faut resuer.* Mais ie ne pense pas auoir donné la moindre occasion de se railler de la sorte ; Car i'ay dit en termes exprés, en parlant des choses dont i'auois fait abdication, que ie n'assurois point qu'elles fussent, mais seulement qu'elles sembloient estre. Si bien qu'en cherchant ce que i'ay pensé que i'estois autrefois, ie n'ay voulu chercher autre chose, que ce qu'il me sembloit à present que i'auois pensé que i'estois autrefois. Et lors que i'ay dit que ie pensois ; Ie n'ay point consideré, si c'estoit en veillant ou en dormant. Et ie m'estonne qu'il appelle cela la Methode de resuer ; Car il semble qu'elle ne l'a pas peu éueillé.

Il raisonne encore conformement à son personnage, lors que, pour chercher ce que i'ay pensé que i'estois autrefois, il veut que i'auance cecy comme vne maxime fondamentale, *Ie suis quelqu'vne des choses que*

PPpp

i'ay crû autrefois que i'eſtois : ou bien, *Ie ſuis cela meſme que i'ay crû autrefois que i'eſtois.* Et vn peu apres, pour chercher ſi ie ne ſuis point vn corps, il veut que l'on prenne cette maxime pour guide. *I'ay bien penſé autrefois touchant ce qui appartient au corps.* Ou bien, *Rien n'appartient au corps que ce que i'ay crû autrefois qui luy appartenoit.* Car les maximes qui repugnent manifeſtement à la raiſon ſont propres à faire rire. Et il eſt manifeſte que i'ay pû rechercher vtilement, ce que i'ay crû autrefois que i'eſtois, & meſme ſi i'eſtois vn corps ; bien que j'ignoraſſe ſi i'eſtois quelqu'vne des choſes que i'ay crû eſtre autrefois, & que j'ignoraſſe meſme ſi i'auois lors bien crû ; afin que par le moyen des choſes que ie viendrois à connoiſtre tout de nouueau, i'examinaſſe le tout auec ſoin ; Et ſi par ce moyen ie ne découurois rien autre choſe, que i'appriſſe au moins que ie ne pouuois par là rien découurir.

мm Il joüe encore parfaitement bien ſon perſonnage, quand il raconte la fable de ce payſan : Et il n'y a rien de plus plaiſant que de voir qu'en penſant l'appliquer à mes paroles, il l'applique ſeulement aux ſiennes. Car tout maintenant il me reprenoit de n'auoir pas auancé cette maxime. *I'ay fort bien penſé autrefois touchant ce qui appartient au corps,* ou bien, *Rien n'appartient au corps que ce que i'ay crû autrefois qui luy appartenoit ;* Et maintenant, cela meſme qu'il ſe plaignoit n'auoir pas eſté par moy auancé, & qu'il a tout tiré de ſon imagination propre, il le reprend comme s'il venoit de moy ; & le compare auec le ſot raiſonnement de cét homme ruſtique. Pour moy, ie n'ay iamais nié qu'vne choſe qui penſe fuſt vn corps, pour auoir ſuppoſé que i'auois autrefois bien penſé touchant la nature du corps; Mais parce que ne me ſeruant point du nom *de Corps*, ſinon pour ſignifier vne choſe qui m'eſtoit bien connuë, à ſçauoir pour ſignifier vne ſubſtance eſtenduë, i'ay reconnu que la ſubſtance qui penſe eſt differente de celle qui eſt eſtenduë.

Ces façons de parler elegantes & agreables, qui ſont icy pluſieurs fois repetées, c'eſt à ſçauoir, *Ie penſe, dites-vous ; Ie le nie moy, vous refueʒ. Cela eſt certain & euident, adiouſteʒ-vous, ie le nie, vous refueʒ; il vous le ſemble ſeulement, il le paroiſt, mais il ne l'eſt pas, &* c. Au moins ſeroient elles capables de faire rire, de ce qu'en la bouche d'vne perſonne qui agiroit ſerieuſement, elles ſeroient ineptes & ridicules. Mais de peur que ceux qui ne font que commencer, ne ſe perſuadent que rien ne peut eſtre certain & euident à celuy qui doute s'il dort ou s'il veille, mais peut ſeulement luy ſembler & luy paroiſtre ; Ie les prie de ſe reſſouuenir de ce que i'ay cy-deuant remarqué, ſous la Cotte F. C'eſt à ſçauoir, que ce que l'on conçoit clairement & diſtinctement, par qui que ce puiſſe eſtre qu'il ſoit ainſi conceu, eſt vray, & ne le ſemble, ou ne le paroiſt pas ſeulement. Quoy que pourtant, à vray dire, il s'en trouue fort peu qui ſçachent bien faire diſtinction entre ce que l'on apperçoit veritablement, & ce que l'on penſe ſeulement apperceuoir ; parce qu'il y en a fort peu qui s'accoutument à ne ſe feruir que de claires & diſtinctes perceptions.

Iuſques icy noſtre Acteur ne nous a encore fait la

repreſentation d'aucune memorable action ; Mais il s'eſt ſeulement forgé certains petits obſtacles, contre leſquels apres s'eſtre vn peu agité & tourmenté, tout auſſi-toſt il a fait retraitte, & a tourné viſage ailleurs. Il commence icy le premier celebre combat, contre vn ennemy tout à fait digne de ſa Scene, à ſçauoir contre mon ombre, qui n'eſt à la verité viſible qu'à luy, & qu'il a luy meſme forgée ; Et de peur que cét ombre ne fuſt pas aſſez vaine, il l'a compoſée du neant meſme. Cependant c'eſt tout de bon qu'il en vient aux priſes auec elle, il argumente, il ſuë, il demande treue, il appelle la Logique à ſon ſecours, il recommence le combat, il examine tout, il peſe tout, il balance tout; Et dautant qu'il n'oſeroit pas receuoir ſur ſon bouclier les coups d'vn ſi puiſſant aduerſaire, il les eſquiue autant qu'il peut, il diſtingue ; & enfin par le moyen de ces mots, *Determinément, & indeterminément*, comme par autant de petits ſentiers détournez, il s'enfuit & s'échape. Sans mentir le ſpectacle en eſt aſſez agreable, principalement quand on ſçait le ſujet de la querelle ; qui vient de ce qu'ayant lû par hazard dans mes eſcrits, Que pour commencer à bien philoſopher, il faut ſe reſoudre vne fois en ſa vie de ſe defaire de toutes les opinions qu'on a auparauant receuës en ſa creance, quoy que peut-eſtre il y en ait pluſieurs parmy elles qui ſont vrayes, à cauſe qu'eſtant meſlées auec pluſieurs autres, qui ſont la pluſpart ou fauſſes, ou douteuſes, il n'y a point de meilleur moyen pour ſeparer celles-là des autres, que de les reietter toutes du commencement, ſans en retenir aucune ; afin de pouuoir par apres plus ayfément reconnoiftre celles qui font vrayes, en découurir de nouuelles, & n'admettre que celles qui font certaines & indubitables. Ce qui eft la mefme chofe, que fi i'auois dit, que pour prendre garde que dans vn panier plein de pommes, il n'y en ait quelques vnes qui foient gaftées, il les faut toutes vuider du commencement, & n'y en laiffer pas vne, & puis n'y remettre que celles qu'on auroit reconnu eftre tout à fait faines, ou n'y en mettre point d'autres. Mais noftre Autheur ne comprenant pas, ou pluftoft feignant de ne pas comprendre vn raifonnement d'vne fi fublime fpeculation, s'eft principalement eftonné de ce qu'on difoit qu'il n'y auoit rien qu'il ne falluft rejetter; Et paffant cela long-temps & fouuent dans fon Efprit, il fe l'eft fi fortement imprimé dans fon imagination, qu'encore qu'à prefent il ne combatte le plus fouuent que contre vn rien & vn phantofme, il a toutefois bien de la peine à s'en deffendre.

Apres vn combat fi heureufement entrepris & acheué, deuenu fuperbe par l'opinion de la victoire, il attaque vn nouuel ennemy, qu'il croit encore eftre mon ombre, car elle fe prefente fans ceffe à fa phantaifie, mais il la compofe d'vne autre matiere, à fçauoir de mes paroles. *Ie connois que i'exifte, & ie cherche quel ie fuis, moy que ie connois, &c.* Et parce qu'il ne la reconnoift pas fi bien que la precedente, il fe tient plus fur fes gardes, & ne l'attaque que de loin. La premiere pierre, ou le premier dard qu'il luy iette, eft celuy-cy. *Pourquoy le cherchez-vous, fi vous le connoiffez ?* Et pource qu'il s'imagine que fon ennemy pour receuoir &

soutenir ce coup, luy presente aussi-tost ce bouclier. *Ie connois que ie suis, & ne connois pas quel ie suis*; Tout aussi-tost il lance contr'elle ce long jauelot. *Comment pouuez-vous connoistre quel vous estes, si ce n'est ou par les choses que vous auez autrefois connues, ou par celles que vous connoistrez cy-apres ? ce ne sera pas par celles que vous auez autrefois connues; elles sont pleines de doute, vous les auez toutes reiettées; Ce sera donc par celles, que vous ne connoissez pas encore, & que vous connoistrez cy-apres.* Et croyant de ce coup auoir terrassé & effrayé cette pauure & miserable ombre, il s'imagine qu'il l'entend qui s'escrie. *Ie ne sçay pas encore si ces choses-là existent.* Et alors sa colere se changeant en pitié il la console par ces paroles. *Ayez bonne esperance, vous le sçaurez quelque iour.* Et aussi-tost il suppose que cette pauure ombre d'vne voix plaintiue, & suppliante luy respond, *Que feray-ie cependant ?* Mais luy d'vn ton imperieux & superbe, tel qu'il conuient à vn victorieux, luy repart. *Vous aurez patience.* Et toutefois, comme il est bonace, il ne la laisse pas long-temps en suspens; Mais gaignant derechef ses détours ordinaires, *Déterminément, indeterminément ; clairement, confusément.* Et ne voyant personne qui le suiue, il se resioüit de sa victoire, & triomphe tout seul. Toutes lesquelles choses sont sans doutes, tres propres à faire rire, estant dites par vn homme, qui contrefaisát le graue & le serieux, vient à dire quelque trait de raillerie à quoy l'on ne s'attendoit point.

Mais pour voir cela plus clairement, il faut se figurer nostre Acteur, comme vn personnage graue & docte, lequel pour impugner cette Methode de rechercher la verité, qui veut qu'ayant reietté toutes les choses où il y a la moindre apparence de doute, nous commencions à philosopher par la connoissance de nostre propre existence, & que de là nous passions à la consideration de nostre Nature, lequel, dis-ie, tasche de monstrer que par cette voye, l'on ne sçauroit estendre plus auant sa connoissance, & qui pour le faire se sert de ce raisonnement; *Puisque vous connoissez seulement que vous estes, & non pas quel vous estes; vous ne le sçauriez apprendre par le moyen des choses que vous auez autrefois connuës, puisque vous les auez toutes reiettées; Doncques ce ne peut estre que par le moyen de celles que vous ne connoissez pas encore.* A quoy vn enfant mesme pouroit répondre, que rien n'empesche qu'il ne le puisse apprendre par les choses qu'il connoissoit auparauant; à cause que quoy qu'il les eust toutes reiettées, pendant qu'elles luy parroissoient douteuses, il les pouuoit neantmoins par apres reprendre, qnand il les auroit reconnu pour vrayes. Et de plus, quand il luy auroit accordé qu'il ne pouroit rien apprendre par le moyen des choses qu'il auroit autrefois connuës, au moins le pouroit-il par le moyen de celles qu'il ne connoissoit pas encore, mais qu'auec le soin & la diligence qu'il pourroit apporter, il pouroit connoistre par apres. Mais nostre Autheur se propose icy vn aduersaire qui ne luy accorde pas seulement que la premiere voye luy est bouchée, mais qui se bouche luy-mesme celle qui luy reste en disant, *Ie ne sçay pas si ces choses-là existent.* Comme si nous ne pouuions acquerir de nouueau la connoissance de l'existence d'aucune chose; & comme si l'ignorance de l'existence d'vne chose pouuoit empescher que nous n'eussions aucune connoissance de son essence. Ce qui sans difficulté est fort impertinét. Mais il fait allusion à quelques-vnes de mes paroles; Car i'ay escrit en quelque endroit, qu'il n'estoit pas possible que la connoissance que i'ay de l'existéce d'vne chose dépendist de la cónoissance de celle dont l'existence ne m'est pas encore connuë; Et ce que i'ay dit icy seulement du temps present, il le transfere au temps futur : Comme si de ce que nous ne pouuons presentement voir les personnes qui ne sont pas encore nées, mais qui naistront cette année, il s'ensuiuoit que nous ne les pourions iamais voir. Car certainement il est manifeste que la connoissance presente que l'on a d'vne chose actuellement existante, ne dépend point de la connoissance d'vne chose que l'on ne sçait pas encore estre existante. Car de cela mesme que l'on conçoit vne chose comme appartenant à vne chose existante, on conçoit necessairement en mesme temps que cette chose existe. Mais il n'en est pas de mesme à l'esgard du futur; car rien n'empesche que la connoissance d'vne chose que ie sçay estre existante, ne soit augmentée par celle de plusieurs autres choses que ie ne sçay pas encore exister, mais que ie pouray connoistre par apres, quand ie sçauray qu'elles luy appartiennent.

Apres il continuë, & dit, *Ayez bonne esperance, vous le sçaurez quelque iour.* Et incontinent apres il adiouste, *Ie ne vous tiendray pas long-temps en suspens.* Par lesquelles paroles il veut que nous attendions de luy, ou qu'il démonstrera que par la voye que i'ay proposée on ne
sçauroit

sçauroit estendre plus auant sa connoissance; ou bien, s'il suppose que son aduersaire mesme se l'est bouchée, (ce qui pourtant seroit impertinent) qu'il nous en ouurira quelqu'autre. Mais neantmoins il ne nous dit rien autre chose, sinon, *Vous sçauez quel vous estes indeterminément & confusément, mais non pas determinément & clairement.* D'où l'on peut, ce me semble fort bien conclure, que nous pouuons donc estendre plus auant nostre connoissance, puisqu'en meditant & repassant les choses auec attention en nostre Esprit, nous pouuons faire que celles que nous ne connoissons que confusément & indeterminément, nous soient par apres connuës clairement & determinément. Mais nonobstant cela il conclut, *Que ces deux mots seuls, determinément, indeterminément, sont capables de nous arrester vn siecle entier;* Et partant que nous deuons chercher vne autre voye. Par toutes lesquelles choses il fait si bien paroistre la bassesse & la mediocrité d'vn Esprit, que ie doute s'il eust pû rien inuenter de mieux pour simuler celle du sien.

Ie suis, dites-vous, ie le nie, Vous poursuiuez, ie pense, Q *ie le nie, &c.* Il recommence icy le combat contre la premiere ombre qu'il auoit attaquée, & croyant l'auoir taillée en pieces du premier coup, tout glorieux il s'escrie, *Voyla sans doute vn trait bien hardy & remarquable; I'ay d'vn seul coup tranché la teste à tout.* Mais d'autant que cette ombre ne tire sa vie que de son cerueau, & qu'elle ne peut mourir qu'auec luy, toute en pieces qu'elle est, elle ne laisse pas de reuiure. Et mettant la main à la conscience, elle iure qu'elle est &

qu'elle pense. Sur quoy s'estant laissé flechir & gagner il luy permet de viure, & de dire mesme, apres auoir repris ses Esprits, tout plein de choses inutiles ou impertinentes, ausquelles il ne répond rien, & à l'occasion desquelles il semble plutost vouloir contracter amitié auec elle. Apres quoy il passe à d'autres galanteries.

Rr Premierement il la tance ainsi; *Vous demandiez naguéres, qui vous estiez; Maintenant vous ne le sçauez pas seulement, mais vous en auez mesme vne claire & distincte notion.* Puis apres il la prie, de luy faire voir cette notion claire & distincte, pour estre recrée de sa veüe. Apres cela il feint qu'on la luy monstre, & dit, *Ie sçay certainement que ie suis, que ie pense; que ie suis vne substance qui pense; Il n'y a rien à dire à cela.* Il prouue ensuite que cela ne suffit pas, par cét exemple. *Vous connoissez qu'il n'y a point de montagne sans vallee, vous auez donc vne notion claire & distincte d'vne montagne sans vallée.* Ce qu'il interprete ainsi; *La notion que vous auez est claire, parce que vous la connoissez certainement; elle est distincte, parce que vous ne connoissez rien autre chose.* Et partant cette notion claire & distincte d'vne substance qui pense, que vous formez, consiste en ce qu'elle vous represente qu'vne substance qui pense existe, sans penser au corps, à l'ame, à l'Esprit, ou à aucune autre chose, mais seulement qu'elle existe. Enfin reprenant de nouuelles forces, il s'imagine voir là vn grand appareil de guerre, & de vieux soldats rangez en bataille, qu'il renuerse tous auec le soufle de sa parole, sans qu'il en reste pas vn. Au premier soufle il pousse ces mots. *Du connoistre à l'estre, la consequence* n'est pas bonne. Et en mesme temps il porte en forme de drapeau vne table, où il a mis à sa phantaisie la diuision de la substance qui pense. Au second il pousse ceux-cy. *Determinément, indeterminément ; Distinctement, confusément ; Explicitement, implicitement.* Et au troisiéme ceux-cy. *Ce qui conclut trop, ne conclut rien.* Et voicy comme il l'explique. *Ie connois que i'existe moy qui suis vne substance qui pense, & neantmoins ie ne connois pas encore qu'vn Esprit existe, par consequent la connoissance de mon existence ne dépend pas de la connoissance d'vn Esprit existant. Partant puisque i'existe, & qu'vn Esprit n'existe point, ie ne suis point vn Esprit, doncques ie suis vn corps.* A ces paroles, cette pauure ombre ne dit mot, elle lasche le pié, elle perd courage, & se laisse mener par luy en triomphe comme vne pauure captiue. Où ie pourois faire remarquer plusieurs choses dignes d'vne immortelle risée. Mais i'ayme mieux épargner nostre acteur, & pardonner à sa robe ; Et mesme ie ne pense pas qu'il me fust bien seant de rire plus long-temps de choses si legeres. C'est pourquoy ie ne remarqueray icy que les choses, qui, quoy que fort éloignées de la veté, pourroient peut-estre neantmoins estre creuës par quelques-vns comme venant de moy, ou du moins comme des choses que i'aurois accordées, si ie m'en taisois tout à fait.

Et premierement ie nie qu'il ait eu lieu de me reprocher que i'aye dit que i'auois vne claire & distincte conception de moy-mesme, auant que d'auoir suffisamment expliquée de quelle façon on la peut auoir, ou comme il dit ; *Ne venant que de demander qui i'estois.*

QQqq ij

Car entre ces deux choses, c'est à dire entre cette demande & la réponse, i'ay rapporté toutes les proprietez qui appartiennent à vne chose qui pense, par exemple, qu'elle entend, qu'elle veut, qu'elle imagine qu'elle se ressouuient, qu'elle sent, &c. & mesme celles qui ne luy appartiennent point, pour distinguer les vnes d'auec les autres; qui estoit tout ce que l'on pouuoit souhaitter, apres auoir osté les preiugez. Mais i'auoüe bien, que ceux qui ne se défont point de leurs prejugez, ne sçauroient que tres difficilement auoir iamais la conception claire & distincte d'aucune chose; Car il est manifeste que toutes les notions que nous auons eu des choses en nostre enfance n'ont point esté claires & distinctes; & partant toutes celles que nous acquerons par apres sont par elles renduës confuses & obscures, si l'on ne les reiette vne bonne fois. Quand donc il demande qu'on luy fasse voir cette notion claire & distincte pour estre recréé de sa veuë, il se ioüe. Comme aussi lors qu'il m'introduit comme la luy montrant en ces termes, *Ie sçay certainement que ie suis, que ie pense, que ie suis vne substance qui pense, &c.* Et lors qu'il veut refuter ces jeux de son Esprit par cet exemple, *Vous sçauez aussi certainement qu'il n'y a point de montagne sans vallée, donc vous auez vn concept clair & distinct d'vne montagne sans vallée*, Il se trompe luy-mesme par vn Sophisme; Car de son Antecedent il doit seulement conclure; Donc vous conceuez clairement & distinctement qu'il n'y a point de montagne sans vallée; Et non pas, Donc vous auez la notion d'vne montagne sans vallée; Car puisqu'il n'y en a point, on n'en doit pas auoir la notion, pour conceuoir qu'il n'y a point de montagne sans vallée. Mais quoy, noſtre Autheur a ſi bon Eſprit, qu'il ne ſçauroit refuter les inepties qu'il a luy-meſme controuuées, que par d'autres nouuelles.

Et lors qu'il adiouſte apres cela que ie conçoy la ſubſtance qui penſe, ſans rien conceuoir de corporel, ny de ſpirituel, &c. Ie luy accorde pour le corporel, parce que i'auois auparauant expliqué ce que i'entendois par le nom de corps, ou de choſe corporelle, c'eſt à ſçauoir cela ſeul qui a de l'eſtenduë, ou qui dans ſa notion enferme de l'eſtenduë. Mais ce qu'il adiouſte du ſpirituel, il le feint là vn peu groſſierement, comme auſſi en pluſieurs autres lieux, où il me fait dire, ie ſuis vne choſe qui penſe. Or eſt-il que ie ne ſuis point vn Corps, ny vne Ame, ny vn Eſprit, &c. Car ie ne puis dénier à la ſubſtance qui penſe, que les choſes que ie ſçay ne contenir dans leur notion aucune penſée; Ce que ie n'ay iamais crû ny penſé de l'Ame de l'homme, ou de l'Eſprit. Et quand apres cela il dit qu'il comprend à preſent fort bien ma penſée, qui eſt que ie penſe que le concept que i'ay eſt clair, parce que ie le connois certainement; Et qu'il eſt diſtinct, parce que ie ne connois rien autre choſe, il fait voir qu'il n'eſt pas fort intelligent; Car c'eſt autre choſe de conceuoir clairement, & autre choſe de ſçauoir certainement; veu que nous pouuons ſçauoir certainement pluſieurs choſes, ſoit pour nous auoir eſté reuelées de Dieu, ſoit pour les auoir autrefois clairement conceuës, leſquelles neantmoins nous ne conceuons pas alors clairement; Et de plus, la connoiſſance que nous pouuons auoir de plusieurs autres choses, n'empesche point que celle que nous auons d'vne chose, ne soit distincte ; Et ie n'ay iamais escrit la moindre parole d'où l'on pust conclure des choses si friuoles.

De plus, la maxime qu'il apporte, *Du connoistre à l'estre la consequence n'est pas bonne*, est entierement fausse. Car quoy qu'il soit vray que pour connoistre l'Essence d'vne chose, il ne s'ensuiue pas que cette chose existe ; & que pour penser connoistre vne chose, il ne s'ensuiue pas qu'elle soit, s'il est possible que nous soyons en cela trompez ; Il est vray neantmoins *que du connoistre à l'estre la consequence est bonne* ; parce qu'il est impossible que nous connoissions vne chose, si elle n'est en effet comme nous la connoissons, à sçauoir existante, si nous conceuons qu'elle existe ; ou bien de telle ou telle nature, s'il n'y a que sa nature seule qui nous soit connuë.

Il est faux aussi, ou du moins il n'a pas esté prouué qu'il y ait quelque substance qui pense qui soit diuisible en plusieurs parties, comme il met dans cette table, où il propose les diuerses especes de la substance qui pense, de mesme que s'il auoit esté enseigné par vn oracle. Car nous ne pouuons conceuoir d'estenduë en longueur, largeur & profondeur, ny aucune diuisibilité de parties en la substance qui pense ; Et c'est vne chose absurde d'affirmer vne chose pour vraye, qui n'a ny esté reuelée de Dieu, ny qui ne peut estre comprise par l'Entendement humain. Et ie ne puis icy m'empescher de dire, que cette opinion de la diuisibilité de la substance qui pense, me semble tres dangereuse, & fort contraire à la Religion Chrestienne; à cause que tandis qu'vne personne sera dans cette opinion, iamais il ne poura reconnoistre, par la force de la raison, la distinction réelle qui est entre l'Ame, & le Corps.

Ces mots-là, *Determinément, indeterminément; distinctement, confusément; explicitement, implicitement;* estant tout seuls, comme ils sont icy, n'ont aucun sens; & ne sont autre chose que des subtilitez par lesquelles nostre Autheur semble vouloir persuader à ses Disciples, que lors qu'il n'a rien à leur dire, il ne laisse pas de penser quelque chose de bon.

Cette autre maxime qu'il apporte, *Ce qui conclut trop ne conclut rien*, ne doit pas non plus estre admise sans distinction: Car si par le mot *de trop* il entend seulement quelque chose de plus que l'on ne demandoit, comme lors qu'vn peu plus bas il reprend les argumens dont ie me suis seruy pour demonstrer l'existence de Dieu, à cause, dit-il, qu'il croit que par ces argumens on conclut quelque chose de plus que n'exigent les loix de la prudence, ou que iamais personne n'a demandé) elle est entierement fausse & friuole; Car plus on en conclut de choses, pourueu que ce que l'on conclut, soit bien conclu, & meilleure elle est; & iamais les loix de la prudence n'ont esté contraires à cela. Que si par le mot *de trop*, il entend, non pas simplement quelque chose de plus que l'on ne demandoit, mais quelque chose de faux, alors cette maxime est vraye. Mais le R. P. me pardonnera si ie dis qu'il se trompe quand il m'attribuë quelque chose de semblable. Car

quand i'ay raisonné de la sorte, *La connoissance des cho-*
ses dont l'existence m'est connue, ne dépend point de celle
des choses dont l'existence ne m'est pas encore connue. Or est-il
que ie sçay qu'vne chose qui pense, existe, & que ie ne sçay
pas encore si aucun Corps existe ; Donc la connoissance d'vne
chose qui pense, ne dépend point de la connoissance du Corps;
Ie n'ay rien par-là conclu de trop, ny rien qui n'ait
esté bien conclu. Mais lors qu'il dit, *Ie sçay qu'vne chose*
qui pense existe, & ie ne sçay pas encore si aucun Esprit exi-
ste, voire mesme il n'y en a point qui existe, il n'y a rien, tout
est rejetté. Il dit vne chose entierement fausse & friuole.
Car ie ne puis rien affirmer ou nier de l'Esprit, si ie ne
sçay auparauant ce que l'on doit entendre par le nom
d'Esprit ; Et ie ne puis conceuoir pas vnes des choses
que l'on a coustume d'entendre par ce nom, où la pensée ne soit enfermée ; Si bien qu'il repugne qu'on puisse sçauoir qu'vne chose qui pense existe, sans sçauoir
en mesme temps qu'vn Esprit, ou vne chose qu'on entend par le nom d'Esprit, existe. Et ce qu'il adiouste vn
peu apres ; *Voire mesme il n'y a point d'Esprit qui existe, il*
n'y a rien ; Tout est reietté, est si absurde, qu'il ne merite
pas de réponse ; Car quand apres cette abdication on a
reconnu l'existence d'vne chose qui pense, on a en
mesme temps reconnu l'existence d'vn Esprit (au
moins entant que par le nom d'Esprit on entend vne
chose qui pense) & partant l'existence d'vn Esprit n'a
pû alors estre reiettée.

Enfin quand ayant à se seruir d'vn argument en forme, il l'exalte comme la veritable Methode de conduire sa raison, laquelle il oppose à la mienne, il semble

ble vouloir infinuer que ie n'approuue pas les formes des Syllogifmes, & partant que ie me fers d'vne Methode fort éloignée de la raifon ; Mais mes efcrits me iuftifient affez là-deffus ; où toutes les fois qu'il a efté neceffaire, ie n'ay pas manqué de m'en feruir.

Il propofe icy vn Syllogifme composé de fauffes premiffes, qu'il dit eftre de moy; mais quant à moy ie le nie, & le renie ; Car pource qui eft de cette Majeure, *Nulle chofe, qui eſt telle que ie puis douter fi elle exiſte, n'exiſte en effet*, elle eft fi abfurde, que ie ne crains pas qu'il puiffe iamais perfuader à perfonne qu'elle vienne de moy, fi en mefme temps il ne leur perfuade que i'ay perdu le fens. Et ne puis affez admirer à quel deffein, auec quelle fidelité, fous quelle efperance, & auec quelle confiance il a entrepris cela. Car dans la premiere Méditation, où il ne s'agiffoit pas encore d'eftablir aucune verité, mais feulement de me défaire de mes anciens prejugez, apres auoir monftré que toutes les opinions que i'auois receu dés ma jeuneffe en ma creance, pouuoient eftre reuoquées en doute, & partant que ie ne deuois pas moins foigneufement fufpendre mon jugement à leur égard, qu'à l'égard de celles qui font manifeftement fauffes, de peur qu'elles ne m'empefchaffent de chercher comme il faut la verité, i'ay expreffement adjoûté ces paroles. *Mais il ne fuffit pas d'auoir fait ces remarques, il faut encore que ie prenne foin de m'en fouuenir, car ces anciennes & ordinaires opinions me reuiennent encore fouuent en la pensée ; le long & familier vfage qu'elles ont eû auec moy, leur donnant droit d'occuper mon Efprit contre mon gré, & de fe rendre presque maistresses de ma creance. Et ie ne me desacoutumeray iamais de leur deferer, & de prendre confiance en elles, tant que ie les considereray telles qu'elles sont en effet, c'est à sçauoir en quelque façon douteuses, comme ie viens de monstrer, & toutefois fort probables ; en sorte que l'on a beaucoup plus de raison de les croire que de les nier. C'est pourquoy ie pense que ie ne feray pas mal, si prenant de propos déliberé vn sentiment contraire, ie me trompe moy-mesme, & si ie feins pour vn temps, que toutes ces opinions sont entierement fausses & imaginaires ; Iusqu'à ce qu'enfin, ayant également balancé mes anciens & mes nouueaux prejugez, mon iugement ne soit plus desormais maistrisé par de mauuais vsages, & detourné du droit chemin, qui le peut conduire à la connoissance de la verité.* Entre lesquelles nostre Autheur a choisy ces mots, & laissé les autres. *Prenant de propos deliberé vn sentiment contraire, ie feindray que les opinions qui sont en quelque façon douteuses, sont entierement fausses & imaginaires.* Et de plus en la place du mot de *feindre*, il met ceux-cy, *Ie diray, ie croiray, & croiray mesme de telle sorte que i'assureray pour vray le contraire de ce qui est douteux.* Et a voulu que cela me seruist de maxime ou de regle certaine, non pour me deliurer de mes prejugez, mais pour ietter les fondemens d'vne Methaphysique tout à fait certaine & accomplie. Il est vray neantmoins qu'il a proposé cela d'abord vn peu ambiguement, & comme en hesitant dans le second & troisiéme Paragraphe de la premiere question ; Et mesme dans ce troisiéme Paragraphe, apres auoir supposé que suiuant cette regle il deuoit croire que deux & trois ne faisoient pas cinq, il demande, si tout aussi-toſt il doit tellemét le croire, qu'il ſe perſuade que cela ne peut eſtre autrement. Et pour ſatisfaire à cette belle demande, apres pluſieurs paroles ambigues & ſuperflues, il m'introduit luy répondant de la ſorte, *Vous ne l'aſſurerez, ny ne le nierez; vous ne vous ſeruirez ny de l'vn, ny de l'autre, mais vous tiendrez l'vn & l'autre pour faux.* D'où il eſt manifeſte qu'il a fort bien ſceu que ie ne tenois pas pour vray le contraire de ce qui eſt douteux; Et que perſonne, ſelon moy, ne s'en pouuoit ſeruir pour Majeure d'vn Syllogiſme, duquel on duſt attendre vne concluſion certaine; Car il y a de la contradiction entre ne point aſſurer, ne point nier, ne ſe ſeruir ny de l'vn ny de l'autre; & aſſurer pour vray l'vn des deux, & s'en ſeruir. Mais perdant par apres inſenſiblement la memoire de ce qu'il auoit rapporté comme eſtant mon opinion, il n'a pas ſeulement aſſuré le contraire, mais il l'a meſme ſi ſouuent repeté & inculqué, qu'il ne reprend preſque que cela ſeul dans toute ſa diſſertation, & ne compoſe auſſi que de cela ſeul ces douze fautes qu'il m'attribue dans toute la ſuitte de ſon traitté. D'où il ſuit, ce me ſemble, tres manifeſtement, que non ſeulement icy, où il m'attribue cette Majeure, *Nulle choſe, qui eſt telle que l'on peut douter, ſi elle exiſte, n'exiſte en effet,* mais auſſi en tous les autres endoits, où il m'attribue des choſes ſemblables, il parle contre ſon ſentiment & contre la verité. Et quoy que ce ſoit à regret que ie luy faſſe ce reproche, neantmoins la défenſe de la verité que i'ay entrepris, m'oblige à ne pas eſtre plus reſerué enuers vne perſonne qui n'a pas eu plus de reſpect pour elle. Et

RRrr ij

comme dans toute sa dissertation il n'a, ce me semble, presque point d'autre dessein que de persuader & d'inculquer dans l'Esprit de ses Lecteurs cette fausse maxime, qu'il a deguisée en cent façons, ie ne voy point d'autre moyen pour l'excuser, que de dire qu'il en a si souuent parlé, qu'à la fin il se l'est persuadée à luy-mesme, & n'en a plus reconnu la fausseté.

Pour ce qui est maintenant de la Mineure, sçauoir est, *Or est-il que tout Cops est tel que ie puis douter s'il existe*, ou bien, *Or est-il que tout Esprit est tel que ie puis douter s'il existe*. Si on l'entend indefiniment de toute sorte de temps, ainsi qu'elle doit estre entenduë pour seruir de preuue à la conclusion qu'on en tire, elle est encore fausse, & ie nie qu'elle soit de moy. Car vn peu apres le commencement de la seconde Meditation, où i'ay certainement reconnu qu'vne chose qui pense existoit, laquelle, suiuant l'vsage ordinaire on appelle du nom d'Esprit, ie n'ay pû douter dauantage qu'vn Esprit existast. De mesme apres la sixiéme Meditation, dans laquelle i'ay reconnu l'existence du corps, ie n'ay pû aussi douter dauantage de son existence. Admirez cependant l'excellence de l'Esprit de nostre Autheur, d'auoir eu l'adresse d'inuenter si ingenieusement deux fausses premisses, que les employant en bonne forme dans vn Syllogisme, il s'en soit ensuiuy vne fausse conclusion. Mais ie ne comprens point pourquoy il ne veut pas que i'aye icy sujet de rire ; Car ie ne trouue dans toute sa dissertation que des sujets de joye pour moy, non pas à la verité fort grande, mais pourtant veritable & solide ; dautant que reprenant là plusieurs choses qui ne sont point de moy, mais qu'il m'a seulement attribuées, il fait voir clairement, qu'il a fait tout son possible pour trouuer dans mes escrits quelque chose digne de censure, sans en auoir pourtant iamais pû rencontrer.

Et de vray il paroist bien, qu'il n'a pas ry du bon du cœur, par la serieuse reprimande dont il conclut toute cette partie; Ce que les réponses qui suiuent font encore mieux voir, dans lesquelles il ne paroist pas seulemét triste & seuere, mais méme chagrin & cruel. Car n'ayant aucune raison de me vouloir du mal, & n'ayát aussi rien trouué dans mes écrits qui pust meriter sa censure, si vous exceptez cette fausse maxime qu'il a luy-mesme controuuée, & qu'il ne m'a pû legitimement attribuer; Toutefois parce qu'il croit l'auoir entierement persuadé à ses Lecteurs (non pas à la verité par la force de ses raisons, car il n'en a point; mais premierement par cette admirable confiance qu'il a eu de le dire, & que dans vn homme de sa profession on ne soupçonne pas pouuoir estre fausse; Et de plus par vne frequente & constante repetition de la mesme maxime, qui fait souuent qu'à force d'entendre la mesme chose, nous acquerons l'habitude de receuoir pour vray ce que nous sçauons estre faux; Et ces deux moyens sont ordinairement plus puissans que toutes les raisons, pour persuader le peuple, & ceux qui n'examinent pas de prés les choses) Il insulte superbement au vaincu; Et comme vn graue Pedagogue, me prenant pour vn de ses petits Escoliers, il me tance aigrement; & dans les douze réponses suiuantes, il me rend coupable de plus de pechez qu'il n'y a de preceptes dans le Decalogue. Ie veux bien pourtant excuser le R. P. à cause qu'il semble n'estre pas bien à soy; Et quoy que ceux qui ont bû vn peu plus qu'ils ne doiuent, ayent coutume de ne voir tout au plus que deux choses pour vne, le zele qui l'emporte le trouble tellement, que dans cette vnique chose qu'il a luy-mesme controuuée, il trouue en moy douze fautes à reprendre. Lesquelles ie pourois dire estre autant d'iniures & de calomnies, si ie voulois parler ouuertement & sans aucun déguisement de paroles; mais que i'ayme mieux appeller des béueuës, & des égaremens, pour rire à mon tour comme il a fait. Et cependant ie prie le Lecteur de se souuenir, que dans tout ce qui suit, il n'a pas dit contre moy vne seule parole, où il ne se soit trompé & mépris.

RESPONSE A LA SECONDE QVESTION,

Sçauoir, si c'est vne bonne Methode de philosopher, que de faire vn abdication generale de toutes les choses dont on peut douter.

RESPONSE I. Cette Methode peche dans les principes; car elle n'en a point, & en a vne infinité. Dans toutes les autres Methodes, pour découurir la verité, & tirer le certain du certain, on se sert de principes clairs, éuidens, connus d'vn chacun, & naturels à l'Esprit humain; Par exemple, le tout est plus grand que sa partie. De rien, rien ne se fait; & mille autres semblables, par le moyen desquels on éleue peu à peu sa connoissance, & on auance seurement dans la recherche de la verité. Mais celle-cy tout au contraire, pour faire quelque chose, non pas de quelqu'autre, mais de rien, elle tranche, elle reiette, elle abiure tous les principes anciens, sans en retenir pas vn; Et prenant de propos deliberé des sentimens contraires, de peur qu'il ne semble que tous les moyens luy soient retranchez, & qu'elle manque d'aisles, elle se feint des principes noueaux, directement opposez aux anciens; Et par ce moyen elle se dépoüille de ses anciens preiugez, pour se reuestir d'autres tout noueaux. Elle quitte le certain, pour embrasser l'incertain; Elle se met des aisles, mais des aisles de cire; Elle s'éleue bien haut, mais pour tomber; Enfin de rien elle veut faire quelque chose, mais en effet elle ne fait rien.

Resp. II. Cette Methode peche dans les moyens. Car elle n'en a point, puis qu'elle retranche les anciens & qu'elle n'en propose point de noueaux. Les autres disciplines ont des formes de Logique, des Syllogismes, des façons d'argumenter toutes certaines, par le moyen & par la conduite desquelles, ne plus ne moins que par vn filet d'Ariadne, elles sortent aisément de leur labyrinthes, & déuelopent auec seureté & facilité les questions les plus embroüillées. Celle-cy tout au contraire, corrompt & gaste toute la forme ancienne, lors qu'elle pallit de crainte à la seule pensée de ce mauuais genie qu'elle s'est figuré; lors qu'elle apprehende de resuer tousiours; lors qu'elle ne sçait si elle est en son bon sens. Proposez luy vn Syllogisme, elle s'effrayera à la Majeure; quelle qu'elle soit. Peut-estre, dira-t'elle, que ce mauuais genie me trompe. Que fera-t'elle à la Mineure ? Elle tremblera ; elle dira qu'elle est incertaine ; qu'elle ne sçait si elle ne dort point ; Et que les choses qui luy ont paru les plus claires & les plus certaines en dormant, se sont cent fois trouuées fausses apres s'estre reueillée. Que fera-t'elle enfin à la Conclusion ? Elle les fuira toutes comme autant de filets qu'on auroit tendus pour la surprendre. Ne voit on pas, dira-t'elle, que les fols, les enfans, & les insensez pensent raisonner à merueille, quoy qu'ils n'ayent ny Esprit, ny Iugement ? Que sçay-ie s'il ne m'arriue point à moy la mesme chose à present ? Que sçay-ie si ce genie ne me trompe point ? Il est ruzé & meschant. Et ie ne sçay pas encore qu'il y ait vn Dieu, qui empesche & qui retienne ce ruzé trompeur. Que direz-vous à cela ? Et que pourez-vous faire, quand son Autheur vous dira auec vne opiniastreté inuincible. Que la consequence de vostre argument sera tousiours douteuse, si vous ne sçauez auparauant non seulement que vous ne dormez point, & que vous estes en vostre bon sens, mais mesme qu'il y a vn Dieu, & vn Dieu veritable, lequel tient enchaisné ce mauuais genie ? Que faire quand il vous dira que la Matiere ny la forme de ce Syllogisme ne vaut rien (*Dire que quelque attribut est contenu dans la Nature ou dans le concept d'vne chose, c'est le mesme que de dire que cét attribut est vray de cette chose, & qu'on peut asseurer qu'il est en elle; Or est-il que l'existence, &c.*) Et cent autres choses semblables ; Sur lesquelles si vous pensez

le

le presser, il vous dira tout aussi-tost, attendez que ie sçache qu'il y a vn Dieu, & que ie voye lié & garoté ce mauuais genie. Mais au moins, me direz-vous, cette Methode a-t'elle cela de commode que n'admettant aucun Syllogisme, elle éuite infailliblement les Paralogismes. La commodité est belle sans doute ; Et n'est-ce pas comme qui arracheroit le nez à vn enfant de peur qu'il ne deuinst morueux ; Les autres meres ne font elles pas mieux de moucher simplement leurs enfans ? C'est pourquoy, tout bien consideré, ie n'ay qu'vne chose à dire : c'est à sçauoir, que toute forme estant ostée, il ne peut rien rester que d'informe.

Resp. III. Cette Methode peche contre la fin ; ne pouuant rien conclure, ny nous apprendre rien de certain. Mais le moyen qu'elle le pûst, puis qu'elle se bouche elle mesme toutes les voyes qui la pouroient conduire à la verité. Vous l'auez vû vous mesme, & experimenté auec moy, dans ces détours, ou plutost ces erreurs semblables à celles d'Vlisse, que vous m'auez fait prendre, & qui nous ont tous deux grandement fatiguez. Vous sousteniez que vous estiez vn Esprit, ou que vous auiez de l'Esprit ; Mais vous ne l'auez iamais sceu prouuer, & vous estes demeuré en chemin, embarassé de mille difficultez, & cela tant de fois, que i'ay de la peine à m'en souuenir. Et neantmoins il sera bon de s'en souuenir à present, afin que la réponse que i'ay à vous faire ne perde rien de sa force. Voicy donc les principaux chefs de cette Methode, par lesquels elle se coupe elle-mesme les nerfs, & s'oste toute esperance de pouuoir iamais paruenir à la connoissance de la verité.

SSss

1. Vous ne sçauez si vous dormez, ou si vous veillez ; & partant vous ne deuez non plus faire de cas de toutes vos pensées & raisonnemens (si toutefois vous en formez aucun, ou si plutost vous ne songez pas que vous en formez) qu'vn homme qui dort de ses resueries. De là vient qu'il n'y a rien qui ne soit douteux & incertain. Ie ne vous en apporteray point d'exemples pensez-y vous mesme, & parcourez tous les magazins de vostre memoire, & voyez si vous y trouuerez aucune chose qui ne soit infectée de cette tache. Vous me ferez plaisir de m'en montrer quelqu'vne. 2. Auant que ie sçache qu'il y a vn Dieu, qui tienne enchaisné ce mauuais genie, l'ay occasion de douter de tout, & de me défier de la verité de toutes sortes de propositions ; ou du moins, selon la Methode ordinaire de philosopher & de raisonner, il faut auant toutes choses définir s'il peut y auoir des propositions exemptes de doute, & qu'elles sont ces propositions ; & apres cela l'on doit aduertir ceux qui commencent de les bien retenir. D'où il s'ensuit, comme auparauant, que toutes choses sont incertaines, & partant inutiles pour la recherche de la verité. 3. Tout ce qui peut receuoir le moindre doute, doit par vne determination toute opposée estre tenu pour faux, & le contraire tenu pour vray, duquel il faut se seruir comme d'vn principe. Delà il s'ensuit que toutes les ouuertures pour la verité sont bouchées. Car que pouriez vous esperer de ce principe, Ie n'ay point de teste. Il n'y a point de Corps, point d'Esprits ; & de cent autres semblables ? Et ne me dites point que cette abdication n'est pas pour tousiours, mais pour vn temps

seulement, comme vn temps de vacances, à sçauoir pour quinze iours, ou vn mois, afin que chacun s'y applique plus fortement. Car ie veux que ce soit seulement pour vn temps ; Tousiours est il vray que c'est pour le téps que vous vacquez à la recherche de la verité, pendant lequel vous vsez & abusez des choses que vous auiez reiettées, tout de mesme que si la verité dependist de ces choses, ou qu'elle fust appuyée sur elles comme sur son veritable fondement. Mais, me direz-vous, ie me sers de cette abdication comme d'vne machine que ie dresse pour vn temps, pour construire la baze & la colomne de la science, & en éleuer l'edifice, ainsi que font ordinairement les Architectes, qui ont coutume de bastir des machines qui ne leur seruent que qour vn temps, afin d'éleuer leurs colomnes & les placer en leur lieu, & apres en auoir tiré le seruice qu'ils en veulent, ils les défont, & ne s'en seruent plus. Pourquoy ne voudriez vous pas que ie fisse comme eux. Faites le, à la bonne heure ; Mais prenez garde que vostre colomne & son pied d'estail, & tout vostre edifice ne soient tellement appuyez & soustenus sur cette machine, qu'ils ne tombent par terre quand vous la voudrez retirer. Et c'est ce que ie trouue principalement à redire en cette Methode. Elle pose ou establit de mauuais fondemens, & s'y appuye de telle sorte, que ces fondemens estans détruits ou retirez, elle mesme se détruit ou ne paroist plus.

Resp. IV. Cette Methode peche par excez ; C'est à dire qu'elle en fait plus que ne demandent d'elle les loix de la prudence, & que iamais personne n'a desiré. J'auoüe à la verité qu'il y a des hommes qui veulent qu'on leur demonstre l'existence de Dieu, & l'immortalité de l'Ame; Mais il ne s'est encore trouué personne iusques icy, qui n'ait pas esté satisfait, de connoistre auec autant de certitude qu'il y a vn Dieu qui gouuerne toutes choses, & que l'Ame de l'homme est spirituelle & immortelle, comme il sçait certainement que deux & trois font cinq, ou que les hommes ont des corps; En sorte qu'il est tout à fait inutile & superflu de rechercher en cela vne plus grande certitude. De plus, comme dans les choses qui regardent l'vsage de la vie, Il y a certaines bornes de certitude qui nous suffisent pour nous conduire seurement & prudemment dans nos actions; De mesme pour les choses speculatiues il y a aussi des bornes, ausquelles quand on est paruenu, on est en assurance; si bien que sans faire cas de tout ce qu'on voudroit tenter ou rechercher au delà, on peut auec prudence & seureté s'en tenir ou l'on est; De peur d'aller trop loin, & d'en faire trop. Mais, me direz-vous, ce n'est pas vne petite loüange d'aller plus loin que les autres, & de trauerser vn guay qui n'a iamais esté tenté de personne. Ie l'auoüe, la loüange est grande, mais c'est pourueu qu'on le puisse passer sans se mettre en danger du naufrage. C'est pourquoy,

Pour V. Resp. Ie dis que cette Methode peche par défaut; c'est à dire que voulant embrasser plus de choses qu'elle ne peut, elle ne tient rien. Ie n'en veux que vous pour tesmoin & pour Iuge. Qu'auez vous fait iusques icy auec tout ce magnifique appareil? Que vous a produit cette abdication si solemnelle, & mesme si generale, & si genereuse, que vous ne vous estes pas épargné vous-mesme; ne vous estant reserué pour vous que cette commune notion, Ie pense, Ie suis, Ie suis vne chose qui pense? Si commune, disie, & si familiere au moindre des hommes, qu'il ne s'est iamais trouué personne, depuis que le monde est, qui en ait tant soit peu douté, & qui ait iamais serieusement demandé qu'on luy prouuast qu'il est, qu'il existe, qu'il pense, qu'il est vne chose qui pense; si bien que vous ne deuez pas vous attendre à receuoir de grands remercimens de personne, si ce n'est peut-estre que quelqu'vn porté, comme moy, d'vne singuliere affection pour vous, vous remercie de la bonne volonté que vous auez pour tout le genre humain, & loüe vos genereux & extraordinaires desseins.

Resp. VI. Cette Methode peche, & tombe dans la faute qu'elle reprend dans les autres. Car elle admire que tous les hommes sans exception croyent & disent auec tant de confiance, i'ay vn corps, vne teste, des yeux, &c. Et elle ne s'admire pas elle mesme, quand elle dit auec vne pareille confiance, Ie n'ay point de corps, point de teste, point d'yeux, &c.

Resp. VII. Cette Methode peche, & commet vne faute qui luy est particuliere. Car ce que le reste des hommes tient en quelque façon pour certain, & mesme pour suffisamment certain. Par exemple, i'ay vne teste, il y a des corps, des Esprits, &c. Cette Methode, par vn dessein qui luy est particulier, le reuoque en doute, & tient pour certain son opposé; à sçauoir, Ie n'ay point de teste, il n'y a point de Corps, point d'Es-

SSss iij

prits ; & le tient mesme pour si certain, qu'elle pretend qu'il peut seruir de fondement à vne Metaphysique fort exacte & fort accomplie; & si appuye elle-mesme de telle sorte, que si vous luy ostez cét appuy, elle donnera du nez en terre.

Resp. VIII. Cette Methode peche par imprudence; Car elle ne prend pas garde qu'vn glaiue à deux tranchans est à craindre par tout; & pensant en éuiter l'vn elle se voit blessée par l'autre : par exemple, Elle ne sçait s'il y a vn Corps qui existe veritablement dans le monde; Et parce qu'elle en doute, elle le reiette, & admet son opposé, Il n'y a point de Corps au monde; Et prenant cét opposé, qui est pour le moins aussi douteux que son contraire, pour vne chose tres-certaine, & s'appuyant sur luy sans aucune consideration, elle peche & s'offense.

Resp. IX. Cette Methode peche auec connoissance. Car le sçachant & le voulant, & apres en estre aduertie, elle s'aueugle elle mesme ; & faisant vne abdication volontaire de toutes les choses qui sont necessaires pour découurir la verité, elle se laisse tromper elle mesme par son Analyse; en ne prouuant pas seulement ce qu'elle pretend, mais aussi ce qu'elle apprehende le plus.

Resp. X. Cette Methode peche par commission. Lorsque, contre ce qu'elle auoit expressement & solemnellement défendu, elle retourne à ses anciennes opinions, & que contre les loix de son abdication, elle reprend ce qu'elle auoit reietté. Ie croy que vous vous en souuenez assez.

Resp. XI. Cette Methode peche par omission. Car apres auoir estably pour vn de ses principaux fondemens ; *Qu'il faut tres soigneusement prendre garde de ne rien admettre pour vray, que nous ne puissions prouuer estre tel;* Elle s'en oublie souuent ; admettant inconsiderément pour vray & pour tres-certain tout cecy sans le prouuer, *Les sens nous trompent quelque fois; nous resuons tous; Il y a des fols.* Et cent autres choses de cette nature.

Resp. XII. Cette Methode peche en ce qu'elle n'a rien de bon, ou rien de nouueau ; & qu'elle a beaucoup de superflu.

Car 1. si par cette abdication de tout ce qui est douteux, on entend seulement vne abstraction qu'ils appellent Metaphysique, qui fait que l'on ne considere les choses douteuses que comme douteuses, & qui pour cela nous oblige d'en détourner nostre Esprit, lors que nous voulons chercher quelque chose de certain, sans nous y attacher dauantage, qu'aux choses qui sont entieremeut fausses : Si cela est, dis-ie, elle dit quelque chose de bon, mais elle ne dit rien de nouueau ; & cette abstraction n'aura rien de particulier, & qui ne soit commun à tous les Philosophes, sans en excepter pas vn seul.

2. Si par cette abdication elle veut qu'on rejette tellement les choses douteuses, qu'on les suppose & qu'on les tienne pour fausses, & que sur ce pié elle s'en serue comme de choses fausses, ou de leurs opposez comme de choses vrayes ; elle dira à la verité quelque chose de nouueau, mais elle ne dira rien de bon ; Et cette abdication sera à la verité nouuelle, mais elle ne sera pas legitime.

3. Si elle dit que par la force & le pois de ses raisons elle prouue certainement & éuidemment cecy, ie suis vne chose qui pense, & entant que telle, ie ne suis ny vn Esprit, ny vne Ame, ny vn Corps, mais vne chose tellement separée de tout cela, que ie puis estre conceuë sans que l'on conçoiue rien d'eux; de mesme que l'on conçoit l'animal, ou vne chose qui sent, sans que l'on conçoiue encore celle qui hannit, ou qui rugit, &c. elle dira quelque chose de bon, mais elle ne dira rien de nouueau, puisque les chaires des Philosophes ne chantent autre chose, & que cela est enseigné par autant d'hommes, qu'il y en a qui croyent que les bestes pensent; ou mesme (posé que la pensée embrasse aussi le sentiment, en sorte qu'vne chose pense, qui sent, qui voit, ou qui oit) par autant qu'il y en a qui croyent que les bestes sentent, c'est à dire, en vn mot, par tous les hommes.

4. Si l'on dit qu'il a esté prouué par de bonnes raisons & meurement considerées, que celuy qui pense existe en effet, & qu'il est vne chose ou vne substance qui pense; Et que pendant qu'il existe, il ne s'ensuit pas pour cela qu'il y ait ny Esprit, ny Corps, ny Ame qui existe veritablement dans le monde. On dira quelque chose de nouueau, mais on ne dira rien de bon; ne plus ne moins que si l'on disoit qu'vn animal existe, & qu'il n'y a pourtant, ny Lion, ny Renard, ny autre animal qui existe.

5. Si celuy qui se sert de cette Methode dit qu'il pense, c'est à dire, qu'il entend, qu'il veut, qu'il imagine, & qu'il sent; Et qu'il pense de telle sorte, que

par

par vne action reflechie, il enuisage sa pensée, & la considere, ce qui fait qu'il pense, ou bien qu'il sçait, & considere qu'il pense (ce que proprement l'on appelle apperceuoir, ou auoir vne connoissance interieure) Et s'il dit que cela est le propre d'vne faculté, ou d'vne chose qui est au dessus de la matiere; qui est spirituelle, & partant qu'il est vn Esprit, il dira ce qu'il n'a point encore dit, ce qu'il deuoit dire, ce que ie m'attendois qu'il diroit, & ce que ie luy ay mesme voulu souuent suggerer, lors que ie l'ay vû, s'efforçant en vain pour nous dire ce qu'il estoit; il dira, disje, quelque chose de bon, mais il ne dira rien de nouueau; n'y ayant personne qui ne l'ait autrefois appris de ses Precepteurs, & ceux-cy de leurs Maistres, iusques à Adam.

Certainement s'il dit cela, combien y aura-t'il de choses superflues dans cette Methode? Combien d'exorbitantes? Quelle battalogie? Combien de Machines qui ne seruent qu'à la pompe, ou qu'à nous deceuoir? A quoy bon nous obiecter les tromperies des sens, les illusions de ceux qui dorment, & les extrauagances des fols? Quelle est la fin de cette abdication si austere, qu'elle ne nous laisse que le neant de reste? Pourquoy des peregrinations si longues, & qui durent si long-temps, dans des pays estrangers, d'où les sens n'approchent point, parmy des ombres & des spectres? Que seruent toutes ces choses pour la conuiction & la preuue de l'existence de Dieu; Comme si elle ne se pouuoit prouuer, si l'on ne renuerse tout? Mais à quoy bon ce mélange & ce changement de tant d'opinions?

Pourquoy tantost reietter les anciennes, pour se reuestir de nouuelles, & tantost reietter ces nouuelles, pour reprendre les anciennes ? Ne seroit-ce point, peut-estre, que comme autrefois chaque Dieu auoit ses ceremonies particulieres, de mesme à ces nouueaux Mysteres, il faut aussi de nouuelles ceremonies. Mais pourquoy, sans s'amuser à tant d'embaras, n'a-t'il point plutost ainsi clairement, nettement & briéuement exposé la verité. Ie pense, I'ay connoissance de ma pensée, Doncques ie suis vn Esprit ?

6. Enfin s'il dit qu'entendre, vouloir, imaginer, sentir, c'est à dire penser, sont tellement le propre de l'Esprit, que pas vn animal, hormis l'homme, ne pense, n'imagine, ne sent, ne voit, &c. Il dira quelque chose de nouueau, mais il ne dira rien de bon ; Et encore le dira-t'il sans preuue, & sans adueu ; si ce n'est peut-estre qu'il nous garde & nous cache quelque chose (qui est le seul refuge qui luy reste) pour nous la monstrer auec estonnement & admiration en son temps. Mais il y a si long-temps qu'on attend cela de luy, qu'il n'y a plus du tout lieu de l'esperer ?

Resp. derniere. Vous craignez icy sans doute (& ie vous le pardonne) pour vostre Methode, laquelle vous cherissez, & que vous caressez & embrassez comme vostre propre production. Vous auez peur, que l'ayant renduë coupable de tant de pechez, & que la voyant maintenant qui fait eau par tout, ie ne la condamne au rebut. Ne craignez pourtant point, ie vous suis amy plus que vous ne pensez. Ie vaincray vostre attente, ou du moins ie la tromperay ; Ie me tairay,

& auray patience. Ie sçay qui vous estes, & ie connois la force & la viuacité de vostre Esprit. Quand vous aurez pris du temps suffisamment pour mediter, & principalement quand vous aurez consulté en secret vostre Analyse, qui ne vous abandonne iamais, vous secoüerez toute la poussiere de vostre Methode, vous en lauerez toutes les taches, & vous nous ferez voir pour lors vne Methode bien propre & bien nette, & exempte de tout defaut. Cependant contentez-vous de cecy, & continuez de me prester vostre attention, pendant que ie continueray de satisfaire à vos demandes. I'ay compris beaucoup de choses en peu de paroles, pour n'estre pas long, & n'en ay touché la pluspart que legerement, comme sont celles qui regardent l'Esprit, & celles qui concernent la conception claire & distincte, la vraye & la fausse, & autres semblables; Mais vous sçaurez bien ramasser ce que nous aurons laissé tomber tout exprez. C'est pourquoy ie viens à vostre troisiéme Question.

QVESTION TROISIESME.

Si l'on peut inuenter vne nouuelle Methode.

VOus demandez en troisiéme lieu*.
Voyla tout ce que le R. P. m'a enuoyé. & ayant esté supplié d'enuoyer le reste, il a fait réponse qu'il n'auoit pas alors le loisir d'en faire dauantage. Mais pour moy i'aurois crû commettre vn crime d'obmettre icy la moindre syllabe de son écrit.

REMARQVES.

JE croirois que ce seroit assez d'auoir rapporté le beau Iugement que vous venez d'entendre, touchant la Methode dont ie me sers pour rechercher la verité, pour faire connoistre le peu de raison & de verité qu'il contient, s'il auoit esté rendu par vne personne inconnuë. Mais d'autant que l'Autheur de ce Iugement tient vn rang dedans le monde qui est tel, que difficilement se pouroit on persuader qu'il eust manqué d'Esprit, & de toutes les autres qualitez qui sont requises en vn bon Iuge; De peur que da trop grande authorité de son Ministere ne porte préjudice à la verité, Ie supplie icy les Lecteurs de se souuenir, qu'auparauant qu'il en soit venu à ses douze réponses qu'il vient de faire, il n'a rien impugné de tout ce que i'ay dit, mais qu'il a seulement employé de vaines & inutiles cauillatons, pour prendre de là occasion de m'attribuer des opinions si peu croyables, qu'elles ne meritoient pas d'estre refutées ; Et que maintenant dans ces douze réponses, au lieu de prouuer rien contre moy, il se contente de supposer vainement qu'il a déja prouué auparauant les choses qu'il m'auoit attribuées ; Et que pour faire paroistre dauantage l'equité de son Iugement, il s'est seulement voulu jouër lors qu'il a rapporté les causes de ses accusations, mais qu'icy, où il est question de juger, il fait le graue, le serieux, & le seuere ; Et que dans les onze premieres réponses, il prononce hardiment & diffinitiuement contre moy vne Sentence de condamnation; Et qu'enfin dans la douziéme il commence à deliberer & à diſtinguer en cette ſorte, *S'il entend cecy, il ne dit rien de nouueau, ſi cela, il ne dit rien de bon, &c.* Quoy que neantmoins il ne s'agiſſe là que d'vne ſeule & meſme choſe conſiderée diuerſement, ſçauoir eſt, de ſa propre fiction, de laquelle ie veux vous faire voir icy l'abſurdité par cette comparaiſon.

I'ay declaré en pluſieurs endroits de mes écrits, que ie taſchois par tout d'imiter les Architectes, qui pour éleuer de grands Edifices aux lieux où le roc, l'argille, & la terre ferme eſt couuerte de ſable & de grauier, creuſent premierement de profondes foſſes, & reiettent de là non ſeulement le grauier, mais tout ce qui ſe trouue appuyé ſur luy, ou qui eſt meſlé ou confondu enſemble, afin de poſer par apres leurs fondemens ſur le roc & la terre ferme. Car de la meſme façon i'ay premierement reietté comme du ſable & du grauier, tout ce que i'ay reconnu eſtre douteux & incertain; Et apres cela ayant conſideré qu'on ne pouuoit pas douter que la ſubſtance qui doute ainſi de tout, ou qui penſe, ne fuſt pendant qu'elle doute. Ie me ſuis ſeruy de cela comme d'vne terre ferme, ſur laquelle i'ay poſé les fondemens de ma Philoſophie.

Or noſtre Autheur eſt ſemblable à vn certain Maſſon, lequel pour paroiſtre plus habile homme qu'il n'eſtoit, jaloux de la reputation d'vn Maiſtre Architecte qui faiſoit conſtruire vne belle Egliſe dans ſa Ville, a cherché auec grãd ſoin toutes les occaſions de controller ſon art & ſa maniere de baſtir; Mais pource qu'il estoit si peu versé, qu'il ne pouuoit rien comprendre de tout ce que ce Maistre Architecte faisoit, il ne s'est osé prendre qu'aux premiers rudimens de cét art, & aux choses qui se presentent d'elles-mesmes. Par exemple, il a fait remarquer qu'il commençoit par creuser la terre, & reietter non seulement le sable & la terre mobile, mais aussi les bois, les pierres, & tout ce qui se trouuoit meslé auec le sable, afin de paruenir à la terre ferme, & poser là dessus les fondemens de son Edifice. Et de plus il a ouy dire, que pour satisfaire à ceux qui luy demandoient d'où venoit qu'il creusoit ainsi la terre, il leur auoit répondu, que la superficie de la terre sur laquelle nous marchons, n'est pas tousiours assez ferme pour soûtenir de grands Edifices; & principalement le sable, à cause que non seulement il s'affaisse quand il est beaucoup chargé, mais aussi à cause que les eaux & les rauines l'entraisnent souuent auec elles; D'où s'ensuit la ruine infaillible & inesperée de tout l'Edifice : Et enfin que quand la mesme chose arriue dans les fondemens qu'on a creusez, les fossoyeurs pour trouuer des excuses à leur faute, attribuent cela à des Esprits folets ou malins, qu'on dit habiter les lieux souterrains. D'où nostre Masson a pris occasion de faire à croire que ce Maistre Architecte n'auoit point d'autre secret pour bastir sa chapelle, que de bien creuser : ou du moins qu'il prenoit la fosse, ou la pierre qu'on auoit découuerte au fond, ou bien ce qui estoit tellement éleué sur cette fosse, que cependant elle demeuroit vuide, pour la construction de sa chapelle ou de son bastiment ; & que cét Architecte estoit si sot que de craindre que la terre ne s'abifmaft fous fes pieds, ou qu'elle ne fuft bouleuerfée par des Efprits malins. Ce qu'ayant fait à croire à des enfans, ou à d'autres gens fi peu verfez dans l'Architecture, qu'ils prenoient pour vne chofe nouuelle & merueilleufe, de voir creufer des fondemens pour éleuer des Edifices; & qui d'ailleurs donnant facilement creance à cét homme qu'ils connoiffoient, & qu'ils tenoient pour homme de bien, & pour affez experimenté en fon art, fe defioient de la fuffifance de l'Architecte qui leur eftoit inconnu, & qu'on leur difoit n'auoir encore rien bafty, mais auoir feulement creufé de grands fondemens; Il en deuint fi joyeux & fi plein de prefomption, qu'il crûft le pouuoir auffi perfuader au refte des hommes. Et quoy que cét Architecte euft déja remply de bonnes pierres toutes les foffes qu'il auoit faites, & que là il euft bafty & conftruit fa chapelle d'vne matiere tres folide & tres ferme, & qu'elle parûft aux yeux de tout le monde, ce pauure homme ne laiffoit pas neantmoins de demeurer dans la mefme efperance & dans le mefme deffein de perfuader à tous les hommes fes contes & fes imaginations. Et pour cela il ne manquoit pas tous les iours de le debiter dans les places publiques à tous les paffans, & de faire deuant tout le monde des Comedies de noftre Architecte, dont le fujet eftoit tel.

Premierement, il le faifoit paroiftre commandant qu'on creufaft bien auant, & qu'on fift de grandes foffes; & qu'on n'en oftaft pas feulement tout le fable & tout le grauier, mais auffi tout ce qui fe trouuoit meflé auec luy, iufques aux moiflons, & aux pierres de taille, en vn mot, qu'on en oſtaſt tout, & qu'on n'y laiſſaſt rien. Et il prenoit plaiſir d'appuyer principalement ſur ces mots, rien, tout, iuſques aux moiſlons & aux pierres de taille ; Et en meſme temps faiſoit ſemblant de vouloir apprendre de luy l'art de bien baſtir, & de vouloir deſcendre auec luy dans ces foſſes. *Seruez moy de Guide,* luy diſoit-il, *commandez, parlez, ie ſuis tout preſt à vous ſuiure, ou comme compagnon ; ou comme diſciple. Que vous plaiſt-il que ie faſſe ? Ie veux bien m'expoſer dans ce chemin quoy qu'il ſoit nouueau, & qu'il me faſſe peur à cauſe de ſon obſcurité. Ie vous entens, vous voulez que ie faſſe ce que ie vous verray faire, que ie mette le pié où vous mettrez le voſtre. Voyla ſans doute vne façon de commander & de conduire tout à fait admirable, & comme vous me plaiſez en cela, ie vous obeis.*

Puis apres faiſant ſemblant d'auoir peur des Lutins dans cette foſſe, il taſchoit de faire rire ſes ſpectateurs en leur diſant ces paroles. *Et de vray pourez-vous bien faire en ſorte que ie ſois ſans crainte & ſans frayeur à preſent, & que ie n'aye point de peur de ce mauuais genie ? En verité quoy que vous faſſiez voſtre poſſible pour m'aſſurer, ſoit de la main, ſoit de la voix, ce n'eſt pourtant pas ſans beaucoup de frayeur que ie deſcens dans ces lieux obſcurs & remplis de tenebres.* Et pourſuiuant ſon diſcours, il leur diſoit. *Mais helas, que i'oublie ayſément la reſolution que i'ay priſe ? Qu'ay-ie fait, ie m'eſtois abandonné au commencement tout entier à vous & à voſtre conduite, ie m'eſtois donné à vous pour Compagnon & pour diſciple, & voicy que ie heſite dés l'entrée, tout effrayé & irreſolu. Pardonnez moy, ie vous coniure ; i'ay peché ie l'auoue, & peché largement ; &*

n'ay fait en cela paroiſtre que l'imbecillité de mon Eſprit. Ie deuois ſans aucune apprehenſion me ietter hardiment dans l'obſcurité de cette foſſe, & tout au contraire i'ay heſité, & reſiſté.

Dans le troiſiéme Acte il repreſentoit cét Architecte qui luy monſtroit dans le fond de cette foſſe vne pierre, ou vn gros rocher, ſur lequel il vouloit appuyer tout ſon Edifice. Et luy en ſe mocquant, luy diſoit. Voyla qui va bien ; vous auez trouué ce point fixe d'Archimede ; ſans doute que vous déplacerez la machine du monde, ſi vous l'entreprenez. Toutes choſes branlent déja. Mais ie vous prie (car vous voulez, comme ie croy, couper toutes choſes iuſques au vif, afin qu'il n'y ait rien dans voſtre art que de propre, de bien ſuiuy, & de neceſſaire) pourquoy retenez vous icy cette pierre ? N'auez vous pas vous meſme commandé qu'on iettaſt, & qu'on miſt dehors & les pierres & le ſable ? Mais peut-eſtre l'auez vous oublié ; Tant il eſt mal ayſé, meſme aux plus experimentez, de chaſſer tout à fait de leur memoire le ſouuenir des choſes auſquelles ils ſe ſont accouſtumez dés leur jeuneſſe ; En ſorte qu'il ne faudra pas perdre eſperance s'il arriue que i'y manque, moy qui ne ſuis pas encore bien verſé dans cét art, &c. Outre cela ce Maiſtre Architecte ramaſſoit quelques pierres & quelques moiſlons, qu'on auoit auparauant iettez auec le ſable, afin de s'en ſeruir & de les employer dans ſon baſtiment, de quoy l'autre ſe riant luy diſoit : Oſeray bien Mr. auant que vous paſſiez plus outre, vous demander, pourquoy apres auoir reietté ſolemnellement, comme vous auez fait, tous ces grauois & tous ces moiſlons, comme ne les ayant pas iugé aſſez fermes, vous voulez encore repaſſer les

VVuu

yeux deſſus, & les reprendre, comme s'il y auoit eſperance de rien baſtir de ferme de ces lopins de pierre, &c. Bien plus, puiſque toutes les choſes que vous auez reiettées vn peu auparauant n'eſtoient pas fermes, mais chancelantes (Car autrement pourquoy les auriez-vous reiettées) comment ſe poura-t'il faire que les meſmes choſes ne ſoient plus à preſent foibles et chancelantes, &c. Et vn peu apres. Souffrez auſſi que i'admire icy voſtre artifice, de vous ſeruir de choſes foibles, pour en eſtablir de fermes, & de nous plonger dans les tenebres, pour nous faire voir la lumiere, &c. Apres quoy il diſoit mille choſes impertinentes du nom & de l'Office d'Architecte & de Maſſon, qui ne ſeruoient de rien à l'affaire, ſinon que confondant la ſignification de ces mots, & les deuoirs de ces deux arts, il faiſoit qu'il eſtoit plus difficile de diſtinguer l'vn d'auec l'autre.

Au quatrieſme Acte, on les voyoit tous deux dans le fond de cette foſſe; Et là cét Architecte taſchoit de commencer, la conſtruction de ſa chappelle; Mais en vain; Car premierement ſi toſt qu'il penſoit mettre la premiere pierre à ſon baſtiment, tout auſſi-toſt le Maſſon l'aduertiſſoit qu'il auoit luy meſme commandé qu'on iettaſt dehors toutes les pierres, & ainſi que cela eſtoit contre les regles de ſon art, ce qu'entendant ce pauure Architecte, vaincu qu'il eſtoit par la force de cette raiſon, il eſtoit contraint de quitter là ſon ouurage. Et quand apres cela il penſoit prendre des moiſlons, des briques, du mortier, ou quelque autre choſe pour recommencer; ce Maſſon ne manquoit pas de luy ſouffler continuellement aux oreilles, Vous auez commandé qu'on reiettaſt tout; vous n'auez rien retenu ; Et par ces paroles seules *de rien & de tout*, comme par quelques enchantemens il détruisoit tout son ouurage. Et enfin tout ce qu'il disoit estoit si conforme à tout ce qui est icy depuis le Paragraphe cinquiéme iusques au neufiéme, qu'il n'est pas besoin que ie le repete.

Enfin dans le cinquiéme Acte, voyant vn assez grand nombre de peuple autour de soy, il changea tout d'vn coup, & d'vne façon toute nouuelle, la gayeté de sa comedie en vne tragique seuerité ; Et apres auoir osté de dessus son visage les marques de chaux & de plastre, qui le faisoient paroistre pour ce qu'il estoit, d'vn ton graue, & d'vn visage serieux, il se mit à raconter & à condamner tout ensemble toutes les fautes de cét Architecte, qu'il disoit auoir fait remarquer auparauant dans les Actes precedens. Et pour vous faire voir le rapport qu'il y a entre nostre Autheur & ce Maistre Masson, ie veux vous rapporter icy tout au long le Iugement qu'il fist la derniere fois qu'il diuertit le peuple par de semblables spectacles. Il feignoit auoir esté prié par cét Architecte de luy dire son aduis touchant l'art qu'il a de bastir : Et voicy ce qu'il luy répondit.

Premierement, cét art peche dans les fondemens ; Car il n'en a point, & en a vne infinité. Et de vray tous les autres arts qui prescriuent des regles pour bastir, se seruent de fondemens tres-fermes, comme de pierres de taille, de briques, de moislons, & de mille autres choses semblables, sur lesquelles ils appuyent leurs Edifices & les éleuent fort haut. Cettuy-cy tout au contraire, pour faire vn bastiment, non de quelque matiere, mais de rien, renuerse, creuse, & reiette tous

V V u u iij

les anciens fondemens sans en reseruer quoy que ce soit ; Et prenant de propos déliberé vne Methode toute contraire, pour ne pas manquer tout à fait de moyens, il en inuente luy-mesme, qui luy seruent d'aisles, mais d'aisles de cire ; & establit des fondemens nouueaux directement opposez à ceux des anciens ; Et par ce moyen pensant euiter l'instabilité de ceux-cy, il tombe dans vne nouuelle ; Il renuerse ce qui est ferme, pour s'appuier sur ce qui ne l'est pas ; Il inuente luy-mesme des moiens, mais des moiens ruineux ; Il prend des aisles, mais des aisles de cire ; Il eleue bien haut son bastiment, mais c'est pour tomber ; Enfin, de rien il veut faire quelque chose, mais en effet il ne fait rien.

Or qui vit iamais rien de plus foible que tout ce discours, Que la seule chapelle bastie auparauant par cét Architecte, faisoit voir manifestement estre faux. Car il estoit aysé de voir que les fondemens en estoient tres fermes ; qu'il n'auoit rien détruit & renuersé que ce qui le deuoit estre, qu'il ne s'estoit écarté en quoy que ce soit de la façon ordinaire, que lors qu'il auoit eu quelque chose de meilleur ; & que son bastiment estoit de telle hauteur, qu'il ne menaçoit point de cheute ny de ruine. Et enfin qu'il s'estoit seruy d'vne matiere tres solide & non pas de rien, pour éleuer & construire en l'honneur de Dieu, non pas vn Edifice vain & chymerique, mais vne grande & forte chapelle, où Dieu pouroit estre long-temps honoré. Ie pourois répondre les mesmes choses à nostre Autheur pour renuerser tout ce qu'il a dit contre moy, puis que les seules Meditations que i'ay escrites font assez voir la futilité de ses obiections. Et il ne faut pas icy accuser l'Historien de n'auoir pas fait vn rapport fidele des paroles du Maſſon, de ce qu'il l'introduit donnant des aiſles à l'Architecture, & pluſieurs autres choſes qui luy conuiennent fort peu ; car peut-eſtre l'a-t il fait tout exprés, pour faire voir le trouble où eſtoit ſon Eſprit ; Et ie ne voy pas que ces choſes-là conuiennent mieux à la Methode de rechercher la verité, à laquelle pourtant noſtre Autheur les applique.

2. *Il répondoit. Cette maniere d'Architecture peche dans les moyens. Car elle n'en a point, puis qu'elle retranche les anciens, ſans en propoſer de nouueaux. Les autres manieres ont vne Eſquierre, vne regle, vn plomb, par la conduite deſquels, ne plus ne moins que par vn fil d'Ariadne, elles ſortent ayſément de leurs labyrinthes, & diſpoſent auec iuſteſſe & facilité les pierres les plus informes. Mais celle-cy tout au contraire, corrompt & gaſte toute la forme ancienne, lors qu'elle paſlit de crainte à la ſeule penſée des Lutins & des Loups-garoux ; lors qu'elle craint que la terre ne luy manque, & ne s'affaiſſe ; lors qu'elle apprehende que le ſable ne s'echappe & ne s'emporte. Propoſez-luy d'eleuer vne colomne, elle paſlira de crainte à la ſeule poſition de la baze, de quelque forme qu'elle puiſſe eſtre ; Peut-eſtre dira-t'elle, que les Lutins la renuerſeront. Mais que fera-t'elle quand il faudra dreſſer ſon corps ? elle tremblera, & dira qu'il eſt trop foible. Qu'il n'eſt peut-eſtre, que de plaſtre & non pas de marbre ; Et que ſouuent on en a vû qu'on croyoit bien durs & bien fermes, que l'experience a fait connoiſtre eſtre tres-fragiles. Enfin qu'eſperez vous qu'elle fera quand il ſera queſtion de planter le chapiteau à cette colomne ? Elle ſe défiera de tout, comme ſi c'eſtoit des fers qu'on luy vouluſt met-*

tre aux pieds. N'a t'on pas vû, dira-t'elle, de mauuais Architectes qui en ont dreßé plusieurs qu'ils pensoient bien fermes, & qui n'ont pas laißé de tomber d'eux mesmes? Que sçay-je s'il n'arriuera point la mesme chose à cettuy-cy? Et si les Lutins n'ebranleront point la terre? Ils sont mauuais; Et ie ne sçay pas encore si la baze est si bien appuyée, que ces malins Esprits ne puissent rien contre elle. Que direz-vous à cela? Et que pouriez vous faire, quand son Autheur vous dira auec vne opiniastreté inuincible, que vous ne sçauriez répondre de la fermeté du chapiteau, si vous ne sçauez auparauant que le corps de la colomne n'est pas d'vne matiere fragile, qu'il n'est pas appuyé sur le sable, mais sur la pierre, & mesme sur la pierre si ferme qu'il n'y a point de malins Esprits qui la puissent ébranler? Que faire quand il vous dira que la matiere ny la forme de cette colomne ne vaut rien? (Icy par vne audace plaisante & boufonne il montroit à tout le monde le portrait d'vne des colomnes que cét Architecte auoit employé dans le bastiment de sa chapelle) Et cent autres choses semblables; sur lesquelles si vous pensez le presser, il vous dira tout aussi-tost, attendez que ie sçache qu'elle est bastie sur le roc, & qu'il n'y a point d'Esprits malins en ce lieu-là. Mais au moins, me direz vous, cette maniere d'Architecture a-t'elle cela de commode, que ne voulant point du tout de colomnes, elle empesche infailliblement qu'on n'en dresse de mauuaises? La commodité est belle sans doute, Et n'est-ce pas comme qui arracheroit le nez à vn enfant, &c. Car cela ne vaut pas la peine d'estre redit; Et ie prie icy les Lecteurs de vouloir prendre la peine de comparer chacune de ces réponses à celles de nostre Autheur.

Or cette responſe, auſſi bien que la precedente, eſtoit manifeſtement conuaincuë de faux par la ſeule inſpection de cette Chapelle; puis qu'on y voyoit quantité de colomnes tres-ſolides, & entr'autres celle-là meſme dont il auoit fait voir le portrait, comme d'vne choſe qui auoit eſté rejettée par cet Architecte. Et de la meſme façon mes ſeuls eſcrits ſont aſſez voir que ie n'improuue point les ſyllogiſmes, & meſme que ie n'en change ny n'en corromps point les formes, puis que ie m'en ſuis ſeruy moy-meſme toutes les fois qu'il en a eſté beſoin. Et entr'autres celuy-là meſme qu'il rapporte, & dont il dit que ie condamne la matiere & la forme, eſt tiré de mes eſcrits : Et on le peut voir ſur la fin de la reſponſe que i'ay faite aux ſecondes Objections, dans la propoſition premiere où je demonſtre l'exiſtence de Dieu. Et ie ne puis deuiner à quel deſſein il feint cela, ſi ce n'eſt peut-eſtre pour moſtrer que toutes les choſes que i'ay propoſées comme vrayes & certaines, repugnent entierement à cette abdication generale de tout ce qui eſt douteux, laquelle il veut faire paſſer pour la ſeule Methode que i'aye de rechercher la verité : Ce qui reſſemble tout à fait, & qui n'eſt pas moins puerile & inepte, que la penſée impertinente de ce Maſſon, qui faiſoit conſiſter tout l'art de l'Architecture, à creuſer des fondemens; & qui reprenoit tout ce que faiſoit en ſuitte cet Architecte, comme contraire à cela.

3. *Il reſpondoit. Cette maniere peche contre la fin, ne pouuant rien conſtruire de ferme & de durable. Mais comment le pouroit elle, puis qu'elle s'oſte elle meſme tous les moyens pour*

cela? Vous l'auez vû vous-mesme & experimenté auec moy, dans ces destours, ou plustost ces erreurs, semblables à celles d'Vlysse, que vous m'auez fait prendre, & qui nous ont tous deux grandement fatiguez. Vous sousteniez que vous estiez vn Architecte, ou que vous en sçauiez l'art, mais vous ne l'auez iamais sçeu prouuer, & vous estes demeuré en chemin, embarassé de mille difficultez ; & cela tant de fois, que i'ay de la peine à m'en souuenir. Et neantmoins il sera bon de s'en souuenir à present, afin que la response que i'ay à vous faire ne perde rien de sa force. Voicy donc les principaux chefs de cette nouuelle maniere d'Architecture, par lesquels elle se coupe elle-mesme les nerfs, & s'oste toute esperance de pouuoir iamais rien auancer dans cet art. Premierement, vous ne sçauez si au dessous de la superficie de la terre il y a du sable ou de la roche : & partant vous ne deuez non plus vous fier à cette roche, ou à cette pierre (si toutesfois vous pouuez iamais vous appuyer sur la roche) qu'à du sable mesme. De là vient que tout est incertain & chancelant, & que l'on ne peut rien bastir de ferme. Ie ne vous en apporteray point d'exemples, pensez-y vous-mesme, & parcourez tous les magazins de vostre memoire, & voyez si vous y trouuerez aucune chose qui ne soit infectée de cette tache, vous me ferez plaisir de m'en monstrer quelqu'vne : 2. Auparauant que i'aye trouué la terre ferme, au dessous de laquelle ie sçache qu'il n'y a point de sable, ny d'esprits malins qui puissent l'esbranler, ie dois rejetter toutes choses, & auoir pour suspecte toute sorte de matiere. Ou pour le moins, selon la commune & ancienne façon de bastir, ie dois auant toutes choses definir s'il peut y auoir quelque matiere qu'on ne doiue point rejetter, & quelle est cette matiere, & aduertir en mesme temps les fossoyeurs de la retenir dans leur fosse.

foſſe. D'où il s'enſuit comme auparauant, qu'il n'y a rien de ferme; mais que tout eſt trop foible, & partant inutile pour la conſtruction d'vn edifice. 3. S'il y a aucune choſe qui puiſſe eſtre tant ſoit peu esbranlée, tenez deſia pour certain, & faites eſtat qu'elle eſt deſia renuerſée; ne ſongez qu'à creuſer, & ſeruez-vous de cette foſſe vuide, comme d'vn fondement. De là il s'enſuit que tous les moyens pour baſtir luy ſont retranchez. Car que pourroit faire cet Architecte? Il n'a plus ny terre, ny ſable, ny pierre, ny aucune autre choſe. Et ne me dites point qu'on ne creuſera pas touſiours, que ce n'eſt que pour vn temps, & iuſques à vne certaine profondeur, ſelon qu'il y aura plus ou moins de ſable. Car ie veux que ce ne ſoit que pour vn temps; mais touſiours eſt-ce pour le temps que vous voulez baſtir; & pendant lequel vous vſez & abuſez de la vacuité de cette foſſe, comme ſi toute l'edification en dependoit, & qu'elle s'appuyaſt ſur elle comme ſur ſon veritable fondement. Mais me direz-vous, ie m'en ſers pour eſtablir & aſſurer la pate & la baſe de ma colomne, comme font ordinairement les autres Architectes. N'eſt-ce pas leur couſtume de fabriquer certaines Machines qui ne leur ſeruent que pour vn temps, afin d'éleuer leurs colomnes & les placer en leur lieu? &c. comme cy-deſſus.

Or ſi en tout cela ce Maſſon vous a ſemblé ridicule, je trouue que noſtre Autheur ne l'eſt gueres moins. Car comme cet Architecte pour auoir commencé à creuſer & à rejetter de ces fondemens tout ce qui n'eſtoit appuyé que ſur le ſable, n'a pas laiſſé de baſtir & d'éleuer vne belle & grande Chappelle; de meſme on ne trouuera point que l'abdication que i'ay faite au commencement, de tout ce qui peut eſtre douteux, m'ayt fermé les routes qui peuuent conduire à la connoissance de la verité, comme l'on peut voir par ce que i'ay demonstré dans mes Meditations ; ou du moins il deuroit me faire voir que ie me suis trompé, en m'y faisant remarquer quelque chose de faux ou d'incertain ; ce que ne faisant point, & mesme ce que ne pouuant faire, il faut confesser qu'il ne peut s'excuser de s'estre grandement mépris. Et ie n'ay jamais non plus songé à prouuer que moy (c'est à dire vne chose qui pense) estois vn esprit, que l'autre à prouuer qu'il estoit vn Architecte. Mais à dire vray, nostre Autheur, auec toute la peine qu'il s'est icy donnée, n'a rien prouué autre chose, sinon que s'il auoit de l'esprit, il n'en auoit pas beaucoup. Et encore qu'en poussant son doute Metaphysique jusques au bout, on en vienne jusqu'à ce point, que de supposer qu'on ne sçait si l'on dort ou si l'on veille, il ne s'ensuit pas mieux que pour cela on ne puisse rien trouuer de certain & d'assuré, qu'il s'ensuit de ce qu'vn Architecte qui commence à creuser ses fondemens, ne sçait pas s'il trouuera sous le sable ou de la pierre, ou de l'argille, ou quelque autre chose, qu'il s'ensuit, dis-je, qu'il ne poura iamais en ce lieu-là rencontrer la Terre ferme, ou que l'ayant trouuée il ne deura point s'y assurer. Et il s'ensuit aussi peu que toutes choses soient inutiles pour la recherche de la verité, de ce qu'auparauant que de sçauoir qu'il y a vn Dieu, chacun a occasion de douter de toutes choses, à sçauoir de toutes celles dont on n'a pas la claire perception presente à l'esprit, ainsi que i'ay dit plusieurs fois ; Que de ce que cet Architecte auoit commandé de rejetter toutes choses de la fosse qu'il faisoit pour creuser ses fondemens, auparauant & iusques à ce qu'il eust trouué la Terre ferme, il s'ensuiuoit qu'il n'y auoit eu ny moislon, ny pierre dans cette fosse, qu'il pust par apres employer à bastir & esleuer ses fondemens. Et ce Masson n'erroit pas moins impertinemment, en disant, que selon la commune & ancienne Architecture on ne deuoit pas rejetter toutes ces pierres & tous ces moislons de la fosse que l'on creuse, & qu'on deuoit auertir les fossoyeurs de les retenir & conseruer: Que fait aujourd'huy nostre Autheur, soit en disant *qu'il faut auant toutes choses définir s'il peut y auoir des propositions exemptes de doute, & quelles sont ces propositiōs*; Car comment pouroient-elles estre definies par celuy que nous supposons n'en connoistre encore pas vne? soit en proposant cela comme vn des preceptes de la cōmune & ancienne Philosophie, en laquelle il ne se trouue rien de semblable. Et ce Masson ne feignoit pas moins sottement que cet Architecte se vouloit seruir pour fondement de cette fosse vuide, & que tout son art en dependoit; Que nostre Autheur se trompe visiblement en disant *que ie prens pour principe le contraire de ce qui est douteux, & que i'abuse des choses que i'ay vne fois rejettées, comme si la verité en estoit dependante, & qu'elle y fust appuyée comme sur son veritable fondement*: Ne se ressouuenant pas de ce qu'il auoit dit vn peu auparauant, & qu'il auoit rapporté comme venant de moy; c'est à sçauoir: *Vous n'asurerez ny l'vn ny l'autre, ny vous ne le nierez aussi; Vous ne vous seruirez ny de l'vn ny de l'autre, & vous tiendrez l'vn & l'autre pour faux.* Et enfin ce

Maſſon ne monſtroit pas mieux ſon ignorance, en comparant la foſſe que l'on creuſe pour jetter les fondemens à vne Machine que l'on ne fait que pour vn temps, pour ſeruir ſeulement à dreſſer & mettre ſur pied vne colomne : que fait noſtre Autheur, en comparant à cette machine l'abdication generale de tout ce qui eſt douteux.

4. *Il reſpondoit. Cette maniere peche par excez, c'eſt à dire qu'elle en fait plus que ne demandent d'elle les loix de la prudence, & que iamais perſonne n'a deſiré. Il eſt bien vray qu'il s'en trouue aſſez qui veulent qu'on leur baſtiſſe de bons & ſolides edifices ; mais il ne s'eſt encore trouué perſonne juſques icy, qui n'ait pas crû que c'ait eſté aſſez que la maiſon où il habitoit fuſt auſſi ferme que la terre meſme qui nous ſouſtient; en ſorte qu'il eſt tout à fait inutile & ſuperflu de rechercher en cela vne plus grande fermeté. De plus, comme pour ſe promener, il y a certaines bornes de fermeté & de ſtabilité de la terre, qui ſont plus que ſuffiſantes pour pouuoir ſe promener deſſus auec aſſurance. De meſme pour la conſtruction des maiſons, il y a certaines bornes de fermeté, leſquelles quand on a atteintes, on eſt aſſuré, &c.* comme cy-deſſus.

Or quoy que ce Maſſon euſt tort de reprendre ainſi cet Architecte, noſtre Autheur me ſemble auoir eu encore moins de raiſon de me reprendre comme il a fait, en vn ſujet preſque pareil. Car il eſt bien vray qu'en matiere de baſtiment, il y a certaines bornes de fermeté, au deſſous de la plus grande, au delà deſquelles il eſt inutile de paſſer. Et ces bornes ſont diuerſes, ſelon la diuerſité & la grandeur des baſtimens qu'on veut éleuer. Car les cabanes & les caſes des Bergers ſe peuüent mesme seurement appuyer sur le sable. Et il n'est pas moins propre & moins ferme pour les soustenir, que le Roc l'est pour soustenir de grandes Tours. Mais il n'en va pas de mesme quand il est question d'establir les fondemens de la Philosophie : Car on ne peut pas dire qu'il y ayt certaines bornes de douter, au dessous de la plus grande certitude, au delà desquelles il est inutile de passer, & sur qui mesme nous pouuons auec raison & assurance nous appuyer; Car la verité consistant dans vn indiuisible, il peut arriuer, que ce que nous ne voyons pas estre tout à fait certain, pour probable qu'il nous paroisse, soit neantmoins absolument faux : Et sans doute que celuy-là philosopheroit fort mal, qui n'auroit point d'autres fondemens en sa Philosophie, que des choses qu'il reconnoistroit pouuoir estre fausses. Mais que respondra-t'il aux Sceptiques, qui vont au delà de toutes les limites de douter ? Comment les refutera-t'il ? sans doute qu'il les mettra au nombre des desesperez, & des incurables. Cela est fort bien : Mais cependant en quel rang pensez vous que ces gens-là le mettront ? Et ne me dites-point que cette Secte est à present abolie ; elle est en vigueur autant qu'elle fust jamais ; Et la plus-part de ceux qui pensent auoir vn peu plus d'esprit que les autres, ne trouuant rien dans la Philosophie ordinaire qui les satisfasse, & n'en voyant point de meilleure, se jettent aussi-tost dans celle des Sceptiques ; Et ce sont principalement ceux qui veulent qu'on leur demonstre l'existence de Dieu, & l'immortalité de leur Ame. De sorte que ce qui est dit icy par nostre Autheur sonne mal, & est de fort mauuais exemple, veu principalement qu'il passe pour habile homme; Car cela monstre qu'il croit qu'on ne sçauroit refuter les erreurs des Sceptiques qui sont Athées; & ainsi il les soustient & les confirme autant qu'il est en luy. Car tous ceux qui sont aujourd'huy Sceptiques ne doutent point, quant à la pratique, qu'ils n'ayent vne teste, & que deux joints auec trois ne fassent cinq, & choses semblables; mais ils disent seulement qu'ils s'en seruent comme de choses vrayes, pource qu'elles leur semblent telles; mais qu'ils ne les croyent pas certainement, pource qu'ils n'en sont pas plainement persuadez & conuaincus par des raisons certaines & inuincibles. Et dautant qu'il ne leur semble pas de mesme que Dieu existe, & que leur Ame est immortelle; De là vient qu'ils n'estiment pas qu'ils s'en doiuent seruir comme de choses vrayes, mesme quant à la pratique, si premierement on ne leur prouue ces deux choses par des raisons plus certaines qu'aucunes de celles qui leur font embrasser celles qui leur paroissent. Or les ayant ainsi prouuées toutes deux dans mes Meditations, ce que personne que ie sçache auant moy n'auoit fait, il me semble qu'on ne sçauroit rien controuuer de plus déraisonnable, que de m'imputer, comme fait nostre Autheur en cent endroits de sa dissertation, vne affectation trop grande de douter, qui est l'vnique erreur en quoy consiste toute la Secte des Sceptiques. Et certainement il est tout à fait liberal à faire le denombrement de mes fautes; Car bien qu'en ce lieu-là il dise *que ce n'est pas vne petite loüange d'aller plus loin que les autres, & de trauerser vn guay* qui n'a iamais esté tenté de personne, & qu'il n'ayt aucune raison de croire que ie ne l'aye pas fait au sujet dont il s'agit, comme ie feray voir tout maintenant: neantmoins il met cela au nombre de mes fautes; parce, dit-il, *que la loüange n'est grande que lors qu'on peut le trauerser sans se mettre en danger de perir.* Où il semble vouloir persuader aux Lecteurs que i'ay fait icy naufrage, & que i'ay commis quelque faute insigne; & neantmoins, ny il ne le croit pas luy mesme, ny il n'a aucune raison de le soupçoner. Car s'il en auoit pû trouuer quelqu'vne, tant legere qu'elle eust esté, pour faire voir que ie me suis escarté du droit chemin, dans tout le cours que i'ay pris pour conduire nostre esprit de la connoissance de sa propre existence, à celle de l'existence de Dieu, & de la distinction de soy-mesme d'auec le corps, sans difficulté qu'il ne l'auroit pas obmise dans vne dissertation si longue, si pleine de paroles, & si vuide de raisons; Et il auroit sans doute beaucoup mieux aimé la produire, que de changer tousiours de question comme il a fait, lors que le sujet demandoit qu'il en parlast, & de m'introduire disputât sottemét, si la chose qui pense est Esprit. Il n'a donc eu aucune raison de croire, ny mesme de soupçonner que i'aye cômis la moindre faute en tout ce que i'ay dit & auancé, & par quoy i'ay renuersé, tout le premier, ce doute enorme des Sceptiques: Il confesse que cela est digne d'vne grande loüange; & neantmoins il ne feint point de me reprendre comme coupable de cette faute, & de m'attribuer ce doute des Sceptiques, qui pourroit à plus juste raison estre attribué à tout autre qu'à moy.

5. *Ce Maſſon reſpondoit.* Cette maniere de baſtir peche par defaut, c'eſt à dire que voulant entreprendre plus qu'elle ne peut, elle ne vient à bout de rien. Ie ne veux point pour cela d'autre teſmoin, ny d'autre Iuge que vous. Qu'auez-vous fait juſques icy auec tout ce magnifique appareil? Que vous a ſeruy de tant creuſer? & à quoy bon cette foſſe ſi grande & ſi vniuerſelle, que vous n'auez pas meſme retenu les pierres les plus dures & les plus ſolides; & qui ne vous a rien appris autre choſe que ce que chacun ſçait deſia, ſçauoir eſt, que la pierre ou le roc qui eſt au deſſous du ſable & de la terre mouuante, eſt ferme & ſolide, &c.

Ie penſois que ce Maſſon duſt icy prouuer quelque choſe, comme auſſi noſtre Autheur en pareille occaſion: Mais comme celuy-là reprochoit à cet Architecte de n'auoir fait autre choſe en creuſant, que de découurir le roc; ne faiſant pas ſemblant de ſçauoir que ſur ce roc il auoit baſty ſa Chappelle; Ainſi noſtre Autheur ſemble me reprocher, que ie n'ay fait autre choſe en rejettant tout ce qui eſt douteux, que de découurir la verité de ce vieux dictum, *Ie penſe, donc ie ſuis;* à cauſe peut-eſtre qu'il ne compte comme pour rien, que par ſon moyen i'ay prouué l'exiſtence de Dieu, & pluſieurs autres choſes qui ſont demonſtrées dans mes Meditations. Et a bien l'aſſurance de me prendre ſeul icy à teſmoin de la liberté qu'il ſe donne de dire ce que bon luy ſemble; comme en d'autres endroits, ſur des ſujets auſſi peu croyables, il ne laiſſe pas de dire, *que tout le monde le croit comme il le dit; Que les pupitres ne chantent autre choſe; Que nous auons tous appris la meſme choſe de nos Maiſtres, depuis le dernier iuſques à Adam,* &c. A quoy l'on l'on ne doit pas adjouſter plus de foy, qu'aux ſermens de certaines perſonnes, qui s'emportent d'autant plus à jurer, que ce qu'ils taſchent de perſuader aux autres eſt moins croyable, & plus eſloigné de la verité.

6. *Il reſpondoit. Cet Architecte par ſa maniere de baſtir tombe dans la faute qu'il reprẽd dans les autres. Car il s'eſtonne de voir que tous les hommes ſans exception diſent tous vnanimement, & croyent que le ſable ou la pouſſiere qui nous ſouſtient eſt aſſez ferme; Que la terre ſur laquelle nous ſommes ne branle point, &c. Et il ne s'eſtonne point de voir qu'auec vne aſſurance pareille ou plus grande, il dit hardiment, qu'il faut rejetter le ſable, & tout ce qui eſt meſlé auec luy, &c.*

Ce qui eſtoit auſſi peu raiſonnable, que tout ce que dit noſtre Autheur en pareille occaſion.

7. *Il reſpondoit. Cet art peche, & nous jette dans vne faute qui luy eſt particuliere. Car ce que le reſte des hommes tient pour aucunement ferme, à ſçauoir la terre où nous ſommes, du ſable, des pierres; Cet art, par vn deſſein qui luy eſt particulier, prend tout le contraire, ſçauoir eſt la foſſe, d'où l'on a tiré & rejetté le ſable, les pierres, & tout ce qui s'eſt rencontré dedans, non ſeulement pour vne choſe ferme, mais meſme pour vne choſe ſi ferme, que l'on peut y fonder & baſtir vne Chapelle tres-ſolide; & s'y appuye de telle ſorte, que ſi vous luy oſtez ce ſouſtien, il tombera par terre.*

Où ce pauure Maſſon ne ſe trompe pas moins que noſtre Autheur, lors que ne ſe reſſouuenant plus de ces mots qu'il auoit dits vn peu auparauant, ſçauoir eſt, *vous ne l'aſſurerez, ny ne le nierez, &c.*

8. *Il répondoit. Cet art peche par imprudence. Car ne prenant pas garde que l'inſtabilité de la terre eſt comme vn glai-*

ue à deux trenchans, pensant en éuiter l'vn, il se voit blessé par l'autre. Le sable n'est pas pour luy vn sol assez ferme & stable, car il le rejette, & se sert de son opposé, sçauoir de la fosse d'où on l'a rejetté ; & s'appuyant vn peu trop imprudemment sur cette fosse, comme sur quelque chose de ferme, il se trouue accablé.

Où derechef il ne faut que se ressouuenir de ces mots, *vous ne l'assurerez, ny ne le nierez*. Et ce qui est dit icy d'vn glaiue à deux trenchans, est plus digne de la sagesse de ce Masson, que de celle de nostre Autheur.

9. *Il répondoit. Cet art & cet Architecte peche auec connoissance. Car le sçachant & le voulant, & apres en estre aduerty il s'aueugle luy-mesme ; & rejettant volontairement toutes les choses qui sont necessaires pour bastir, il se laisse tromper soy-mesme par sa propre regle, en faisant non seulement ce qu'il pretend, mais aussi ce qu'il ne pretend point, & qu'il apprehende le plus.*

Or comme ce qui est dit icy de cet Architecte est suffisamment conuaincu de faux par la seule inspection de la Chappelle qu'il a bastie ; de mesme les choses que i'ay demonstrées prouuent assez que ce que l'on a dit de moy en pareille occasion est aussi peu veritable.

10. *Il respondoit. Il peche par commission, lors que, contre ce qu'il auoit expressement & solemnellement deffendu, il retourne aux choses anciennes, & s'en sert ; & que contre les loix qu'il auoit obseruées en creusant, il reprend ce qu'il auoit reietté. Vous vous en souuenez bien.*

De mesme nostre Autheur ne se ressouuient pas de

ces paroles, *Vous ne l'asseurerez, ny ne le nierez, &c.* Car autrement comment oseroit-il dire icy qu'vne chose a esté solemnellement deffenduë, qu'vn peu auparauant il a dit qu'il ne falloit pas mesme nier.

11. *Il répondoit. Il peche par omission. Car, apres auoir establypour vn de ses principaux fondemens, qu'il faut tres-soigneusement prendre garde de rien admettre pour vray, que nous ne puissions prouuer estre tel, il s'en oublie souuent; admettant inconsiderement pour vray & pour tres-certain, tout cecy, sans le prouuer; la terre sablonneuse n'est pas assez ferme pour soustenir des edifices, & plusieurs autres semblables maximes.*

En quoy ce Masson ne se trompoit pas moins que nostre Autheur; Celuy là appliquant au fossoyement, & celuy-cy à l'abdication des doutes, ce qui n'appartient proprement qu'à la construction tant des bastimens, que de la Philosophie. Car il est tres-certain qu'il ne faut rien admettre pour vray, que nous ne puissions prouuer estre tel, quand il s'agit d'asseurer ou d'establir ce qui est vray; Mais quand il est seulement question de creuser ou de rejetter, le moindre soupçon d'instabilité ou de doute suffit pour cela.

12. *Il répondoit. Cet art peche, en ce qu'il n'a rien de bon, ou rien de nouueau, & qu'il a beaucoup de superflu. Car, 1. si par le rebut & le rejet qu'il fait du sable, il entend seulement ce fossoyement dont se seruent tous les autres Architectes, qui ne rejettent le sable, qu'entant qu'il n'est pas assez ferme pour soustenir le faix d'vn grand edifice; il dira quelque chose de bon, mais il ne dira rien de nouueau; & cette façon de creuser ne sera pas nouuelle, mais tres-ancienne, & commune à tous*

YYyy ij

les Architectes, sans en excepter pas vn seul.

2. Si par cette façon de creuser il veut qu'on reiette tellement le sable, qu'on l'enleue tout à fait, qu'on n'en retienne rien ; & qu'on se serue de son neant, c'est à dire de la vacuité du lieu qu'il remplissoit auparauant, comme d'vne chose ferme & solide ; il dira quelque chose de nouueau, mais il ne dira rien de bon ; & cette façon de creuser sera à la verité nouuelle, mais elle ne sera pas legitime.

3. S'il dit que par la force & le poids de ses raisons, il prouue certainement & euidemment, qu'il est experimenté dans l'Architecture, & qu'il l'exerce, & que neantmoins entant que tel, il n'est ny Architecte, ny Masson, ny Manœuure, mais qu'il est d'vne condition tellement differente ou separée de la leur, qu'on peut conceuoir quel il est, sans qu'on ayt connoissance des autres, de mesme que l'on peut conceuoir l'animal ou vne chose qui sent, sans que l'on conçoiue encore celle qui hannit, ou qui rugit, &c. Il dira quelque chose de bon, mais il ne dira rien de nouueau, puis que l'on ne chante autre chose par tout dans les carrefours, & que cela est enseigné par autant d'hommes qu'il y en a qui sont tant soit peu versez dans l'Architecture ; ou même, (posé que l'Architecture embrasse aussi la construction des murs, en sorte que ceux-là soient dits estre versez dans l'Architecture, qui mêlent le sable auec la chaux, qui taillent les pierres, ou qui portent le mortier) par autant d'hommes qu'il y en a qui croyent que ce que ie viens de dire est le mestier des Artisans & des Manœuures, c'est à dire en vn mot, par tous les hommes.

4. S'il dit auoir prouué par de bonnes raisons & meurement considerées, qu'il existe veritablement, & qu'il est versé dans l'art d'Architecture ; & que pendant qu'il existe, il ne

s'enfuit pas pour cela qu'il y ayt ny Architecte, ny Maſſon, ny Manœuure qui exiſte veritablement ; Il dira quelque choſe de nouueau, mais il ne dira rien de bon ; ne plus ne moins que s'il diſoit qu'vn animal exiſte, & qu'il n'y a pourtant ny lion, ny renard, ny aucun autre animal qui exiſte.

5. S'il dit qu'il baſtit, c'eſt à dire qu'il ſe ſert de l'art d'Architecture dans la conſtruction de ſes baſtimens ; & qu'il baſtit de telle ſorte, que par vne action réflechie il enuiſage & conſidere ce qu'il fait, & qu'ainſi il ſcache & voye qu'il baſtit (ce qui proprement s'appelle auoir connoiſſance, & s'apperceuoir de ce que l'on fait) Et s'il dit que cela eſt le propre de l'Architecture, ou de cet art de baſtir qui eſt au deſſus de l'experience des Maſſons & des Manœuures, & partant qu'il eſt veritablement Architecte, il dira ce qu'il n'a point encore dit, ce qu'il deuoit dire, ce que ie m'attendois qu'il diroit, & ce que ie luy ay même voulu ſouuent ſuggerer, lors que ie l'ay vû s'efforcant en vain pour nous dire ce qu'il eſtoit ; Il dira, dis-je, quelque choſe de bon ; mais il ne dira rien de nouueau, n'y ayant perſonne qui ne l'ayt autrefois appris de ſes Precepteurs, & ceux-cy de leurs Maiſtres, iuſques à Adam.

Certainement s'il dit cela, combien y aura-t'il de choſes ſuperfluës dans cet art ? combien d'exorbitantes ? Quelle battalogie ? combien de machines qui ne ſeruent qu'à la pompe, ou qu'à nous deccuoir ? A quoy bon nous faire peur de l'inſtabilité de la terre, des tremblemens, des Lutins, & d'autres vaines frayeurs ? Quelle eſt la fin d'vne foſſe ſi profonde, qu'elle ne nous laiſſe ce ſemble que le neant de reſte ? Pourquoy des peregrinations ſi longues, & de tant de durée, dans des pays eſtrangers, où les ſens n'approchent point, parmy des ombres

& des spectres ? Que seruent toutes ces choses pour la construction d'vne Chapelle ; comme si l'on ne pouuoit en bastir vne, que l'on ne renuersast tout sans dessus dessous. Mais à quoy bon ce mélange & ce changement de tant de diuerses matieres; pourquoy tantost rejetter les anciennes ; & en employer de nouuelles ; & tantost rejetter les nouuelles pour reprendre les anciennes ? Ne seroit-ce point peut-estre que comme nous deuons nous comporter autrement dans le Temple, ou en la presence des personnes de merite, que dans vne Hostellerie, ou vne Tauerne ; De mesme à ces nouueaux mysteres il faut de nouuelles ceremonies ? Mais pourquoy sans s'amuser à tant d'embaras, n'a-t'il point plutost ainsi clairement, nettement & briéuement exposé la verité ? Ie bastis ; i'ay connoissance du bastiment que ie fais ; donc ie suis vn Architecte ?

6. Enfin, S'il dit que de bastir des maisons, de disposer, & d'ordonner de leurs chambres, cabinets, portiques, portes, fenestres, colomnes, & autres ornemens, & de commander à tous les ouuriers qui y mettent la main, comme Charpentiers, Tailleurs de pierre, Massons, Couureurs, Manœuures, & autres, & de conduire tous leurs ouurages ; C'est tellement le propre d'vn Architecte, qu'il n'y a pas vn autre artisan & ouurier qui le puisse faire ; Il dira quelque chose de nouueau, mais il ne dira rien de bon, & encore le dira-t'il sans preuue & sans adueu ; si ce n'est peut-estre qu'il nous garde & nous cache quelque chose (qui est le seul refuge qui luy reste) pour nous la monstrer auec estonnement & admiration en son temps ; Mais il y a si long-temps qu'on attend cela de luy, qu'il n'y a plus du tout lieu de l'esperer.

En dernier lieu il répondoit. Vous craignez icy sans doute, (& ie vous le pardonne) pour vostre art & maniere de bastir, laquelle vous cherissez, & que vous caressez & embrassez comme vostre propre production. Vous auez peur que l'ayant renduë coupable de tant de pechez, & la voyant maintenant qui fait eau par tout, ie ne la condamne au rebut. Ne craignez pourtant point, ie vous suis amy plus que vous ne pensez. Ie vaincray vostre attente, ou du moins ie la tromperay; Ie me tairay & auray patience. Ie sçay qui vous estes, & ie connois la force & viuacité de vostre esprit. Quand vous aurez pris du temps suffisamment pour mediter, mais principalement quand vous aurez consulté en secret vostre regle, qui ne vous abandonne iamais, vous secoüerez toute la poussiere, vous lauerez toutes les taches, & vous nous ferez voir pour lors vne Architecture bien propre & bien nette & exempte de tout defaut. Cependant contentez-vous de cecy, & continuez de me prester vostre attention, pendant que ie continuëray de satisfaire à vos demandes. I'ay compris beaucoup de choses en peu de paroles, pour n'estre pas long, & n'en ay touché la plus-part que legerement, comme sont celles qui concernent les voûtes, l'ouuerture des fenestres, les colomnes, les portiques, & autres semblables. Mais voicy le dessein d'vne nouuelle Comedie.

Si l'on peut inuenter vne nouuelle Architecture.

VOus demandez en troisiesme lieu, si l'on peut inuenter, &c.

Comme il demandoit cela, quelques-vns de ses amis voyant que son extreme ialousie, & la hayne dont il estoit emporté, estoient passées en maladie, ne luy permirent pas de declamer ainsi dauantage dans les places publiques, mais le firent aussi-tost conduire chez le Medecin.

Pour moy, ie n'oserois pas à la verité soupçonner rien de pareil de nostre Autheur; Mais ie continueray seulement de faire voir icy, auec quel soin il semble qu'il ait tasché de l'imiter en toutes choses. Il se comporte entierement comme luy en Iuge tres seuere, & qui prend soigneusement & scrupuleusement garde de ne rien prononcer temerairement; Car, apres m'auoir onze fois condamné, pour cela seul que i'ay reietté tout ce qui est douteux, pour fonder & établir ce qui est certain, de mesme que si i'auois creusé profondemét pour jetter les fondemés de quelque grand edifice; enfin à la douziesme fois il commence à examiner la chose, & dit : 1. Que si ie l'ay entenduë de la maniere qu'il sçait que ie l'ay entenduë; ainsi qu'il paroist par ces paroles ; *vous ne l'assurerez, ny ne le nierez*, & qu'il m'a luy-mesme attribuées, qu'à la verité i'ay dit quelque chose de bon, mais que ie n'ay rien dit de nouueau.

2. Que si ie l'ay entenduë de cette autre façon, d'où il a pris sujet de me rendre coupable de ces onze pechez precedens, & qu'il sçait neantmoins estre si éloignée du veritable sens que i'y ay donné, qu'vn peu auparauant, dans le paragraphe 3. de sa premiere question, il m'introduit luy-mesme parlant d'elle auec risée & admiration, en cette sorte ; *Et comment cela pouroit-il venir en l'esprit d'vn homme de bon sens*, que pour lors i'ay bien dit quelque chose de nouueau, mais que ie n'ay rien dit de bon. Qui a jamais esté, ie ne diray pas si insolét en paroles, & si peu soucieux de la verité,

ou

ou mesme de ce qui en a l'apparence; mais si imprudét, & si oublieux, que de reprocher, comme fait nostre Autheur, plus de cent fois à vn autre dans vne dissertation estudiée, & vne opinion qu'il a confessé tout au commencement de cette dissertation méme, estre si éloignée de la pensée de celuy à qui il en fait le reproche, qu'il ne pense pas qu'elle puisse iamais venir en l'esprit d'vn homme de bon sens?

Pour ce qui est des questions qui sont côtenuës dans les nomb. 3, 4, & 5. soit dans les réponses de nostre Autheur, soit dás celles de ce Masson, elles ne sont rien du tout au sujet, & n'ont iamais esté meuës ny par moy, ny par cet Architecte; Mais il est vray-semblable qu'elles ont premierement esté inuentées par ce Masson, afin que comme il n'osoit pas toucher aux choses qui auoient esté faites par cet Architecte, de peur de découurir trop manifestement son ignorance, l'on crût neantmoins qu'il reprenoit quelque chose de plus que cette seule façon de creuser; En quoy nostre Autheur l'a aussi parfaitement bien imité.

3. Car quand il dit qu'on peut conceuoir vne chose qui pense, sans conceuoir vn Esprit, ny vne Ame, ny Corps, il ne philosophe pas mieux que fait ce Masson, quand il dit, qu'vn homme qui est experimenté dans l'Architecture, n'est pas pour cela plustost Architecte, que Masson, ou Manœuure, & que l'vn se peut fort bien conceuoir sans pas vn des autres.

4. Comme aussi c'est vne chose aussi peu raisonnable, de dire qu'vne chose qui pense existe sans qu'vn Esprit existe, que de dire qu'vn homme versé dans l'Architecture existe, sans qu'vn Architecte existe: (au moins quand on prend le nom d'Esprit, ainsi que du consentement de tout le monde j'ay dit qu'il le falloit

prendre). Et il y a aussi peu de répugnance qu'vne chose qui pense existe, sans qu'aucun corps existe, qu'il y en a qu'vn homme versé dans l'Architecture existe, sans qu'aucun Masson ou Manœuure existe ?

5. De mesme quand nostre Autheur dit, qu'il ne suffit pas qu'vne chose soit vne substance qui pense, pour estre tout à fait spirituelle & au dessus de la matiere (laquelle seule il veut pouuoir estre proprement appellée du nom d'Esprit) mais qu'outre cela il est requis que par vn acte refléchy sur sa pensée, elle pense qu'elle pense, ou qu'elle ayt vne connoissance interieure de sa pensée; Il se trompe en cela comme fait ce Masson, quand il dit, qu'vn homme experimenté dans l'Architecture, doit par vn acte reflechy considerer qu'il en a l'experience auant que de pouuoir estre Architecte; Car bien qu'il n'y ayt point d'Architecte qui n'ayt souuent consideré, ou du moins qui n'ayt pû souuent considerer, qu'il sçauoit l'art de bastir, c'est pourtant vne chose manifeste que cette consideration n'est point necessaire pour estre veritablement Architecte; Et vne pareille consideration ou reflexion est aussi peu requise, afin qu'vne substance qui pense soit au dessus de la matiere. Car la premiere pensée, quelle qu'elle soit, par laquelle nous apperceuons quelque chose, ne differe pas dauantage de la seconde, par laquelle nous apperceuons que nous l'auons desia auparauant apperceuë, que celle-cy differe de la troisiesme, par laquelle nous apperceuons, que nous auons desia apperceu auoir apperceu auparauant cette chose : Et l'on ne sçauroit apporter la moindre raison, pourquoy la seconde de ces pensées ne viendra pas d'vn sujet corporel, si l'on accorde que la premiere en peut venir. C'est pourquoy nostre Autheur peche en cecy bien

plus dangereusement que ce Masson : Car en ostant la veritable & tres-intelligible difference qui est entre les choses corporelles & les incorporelles, c'est à sçauoir que celles-cy pensent & que les autres ne pensent point ; & en substituant vne autre en sa place, qui ne peut auoir le caractere d'vne difference essentielle, c'est à sçauoir que celles-cy considerent qu'elles pensent, & que les autres ne le considerent point, il empesche autant qu'il peut qu'on ne puisse entendre la reelle distinction qui est entre l'ame & le corps.

6. Et il est encore moins excusable de fauoriser le party des bestes brutes, en leur accordant la pensée, aussi bien qu'aux hommes, que ne l'est ce Masson, de s'estre voulu attribuer à soy & à ses semblables, la connoissance de l'Architecture, aussi bien qu'aux Architectes.

Et enfin il paroist bien que l'vn & l'autre n'ont point eu égard à ce qui estoit vray, ou mesme vray-semblable; mais seulement à ce qui pouuoit estre le plus propre pour décrier son aduersaire, & le faire passer pour vn homme de peu de sens aupres de ceux qui ne le connoissoient point, & qui ne se mettroient pas beaucoup en peine d'en sçauoir la verité. Et pour cela celuy qui a fait le rapport de toute cette histoire a fort bien remarqué, pour exprimer la furieuse enuie & jalousie de ce Masson, qu'il auoit vanté comme vn magnifique appareil la fosse qu'auoit fait creuser cet Architecte; mais que pour le roc que l'on auoit découuert par son moyen, & pour la Chapelle que l'on auoit bastie dessus, il l'auoit negligée & méprisée comme vne chose de peu d'importance ; & que neantmoins pour satisfaire à l'amitié qu'il luy portoit, & à la bonne volonté qu'il auoit pour luy, il n'auoit pas laissé de luy rendre graces & de le remercier, &c. Comme aussi dans la conclusion il l'introduit auec ces paroles subtiles & pointes d'esprit en la bouche. *Enfin s'il dit cela, combien y aura-t'il de choses superflues? combien d'exorbitantes? Quelle battalogie? combien de machines qui ne seruent qu'à la pompe, ou à nous deceuoir?* Et vn peu apres. *Vous craignez icy sans doute (& ie vous le pardonne) pour vostre art & maniere de bastir, laquelle vous cherissez, & que vous caressez & embrassez comme vostre propre production, &c. Ne craignés pourtant point, ie vous suis amy plus que vous ne pensez, &c.* Car tout cela represente si naïfuement la maladie de ce Masson, que ie doute qu'aucun Poëte eust sçeu la mieux dépeindre. Mais ie m'estonne que nostre Autheur l'ayt si bien imité en toutes choses, qu'il semble ne prendre pas garde à ce qu'il fait, & auoir oublié de se seruir de cet acte reflechy de la pensée, qu'il disoit tout à l'heure faire la difference de l'homme d'auec la beste. Car certainement il ne diroit pas qu'il y a vn trop grand appareil de paroles dans mes escrits, s'il consideroit que celuy dont il s'est seruy, ie ne diray pas pour impugner, car il n'apporte aucune raison pour le faire, mais pour abboyer (qu'il me soit icy permis d'vser de ce mot vn peu rude, car ie n'en sçay point de plus propre pour exprimer la chose) apres ce seul doute metaphysique dont i'ay parlé dans ma premiere Meditatiõ, est beaucoup plus grand que celuy dont ie me suis seruy pour le proposer. Et il se seroit bien empesché d'accuser mon discours de battalogie, s'il auoit pris garde de quelle longue, superfluë, & inutile loquacité il s'est seruy dans toute sa dissertation, à la fin de laquelle il assure pourtant n'auoir pas voulu estre long. Mais parce qu'en cet endroit-là mème il dit qu'il est mon amy; pour le traitter aussi le plus amiablement qu'il m'est possible; de mesme que ce Masson fut conduit par ses amis chez le Medecin, de mesme aussi j'auray soin de le recommander à son Superieur.

F I N.

www.ingramcontent.com/pod-product-compliance
Lightning Source LLC
Chambersburg PA
CBHW060903300426
44112CB00011B/1316